현대 한미관계의 이해

김계동 · 김준형 · 박태균 · 서정건
석재왕 · 신욱희 · 이상현 · 전봉근
차두현 · 차창훈 · 채 욱 · 최 강
최진욱 지음

명인문화사

현대 한미관계의 이해

제1쇄 펴낸 날 2019년 1월 18일

지은이 김계동, 김준형, 박태균, 서정건, 석재왕, 신욱희, 이상현,
전봉근, 차두현, 차창훈, 채 욱, 최 강, 최진욱
펴낸이 박선영
주 간 김계동
디자인 전수연
교 정 김유원

펴낸곳 명인문화사
등 록 제2005-77호(2005.11.10)
주 소 서울시 송파구 백제고분로 36가길 15 미주빌딩 202호
이메일 myunginbooks@hanmail.net
전 화 02)416-3059
팩 스 02)417-3095

ISBN 979-11-6193-014-5
가 격 25,000원

ⓒ 명인문화사

이 도서의 국립중앙도서관 출판예정도서목록(CIP)은 서지정보유통지원시스템 홈페이지(http://seoji.nl.go.kr)와 국가자료종합목록시스템(http://www.nl.go.kr/kolisnet)에서 이용하실 수 있습니다. (CIP제어번호 : CIP2018042930)

국내외 저작권법에 의거하여 복사제본과 PPT제작 등 **무단 전재**와 **무단 복제**를 **금지**합니다.

간략목차

서문   xv

1부 한미관계의 태동과 발전   1
   1장 현대 한미관계의 기원: 분단, 전쟁과 한미동맹 / 김계동   3
   2장 한국전쟁 이후 한미관계의 변천 / 박태균   47

2부 국제체제에서의 한미관계   85
   3장 한국의 대미국외교정책 / 이상현   87
   4장 미국의 대한반도 국가이익과 정책 / 서정건   121
   5장 동북아 질서와 한미관계 / 김준형   152
   6장 중국의 위상제고와 한미관계 / 차창훈   189
   7장 대북정책과 한미공조 / 최진욱   231
   8장 변화하는 동아시아 안보환경과 한미일관계 / 신욱희   261

3부 한미관계의 분야별 쟁점과 이슈   285
   9장 한미 FTA와 통상문제 / 채 욱   287
   10장 북핵문제와 북미관계 / 전봉근   316
   11장 한미동맹 구조, 체계, 역할분담의 문제 / 최 강   351
   12장 한미정보체계 비교와 정보협력 / 석재왕   383
   13장 한국과 미국의 상호인식 / 차두현   418

   14장 한반도의 평화와 통일, 그리고 한미동맹의 미래 / 김계동   452

세부목차

서문 • xv

1부 한미관계의 태동과 발전

1장 현대 한미관계의 기원: 분단, 전쟁과 한미동맹 • 3

1. 한반도 분단: 미국의 동북아 거점 확보 • 4
   1) 한반도 독립·분단과 미국의 개입: 신탁통치안과 38선 분할 제의 • 4
   2) 미국의 점령정책: 남한지역의 미국화 • 8
   3) 미국의 한반도 분단정부 수립 주도 • 11

2. 한국전쟁: 미국의 개입과 세력구축 • 17
   1) 한국전쟁에 대한 미국의 인식과 참전 과정 • 18
   2) 미국의 한국전 개입 결과: 억지 성공, 확장 실패 • 23

3. 한국전 휴전과 한미동맹 수립: 한반도 세력균형의 모색 • 27
   1) 휴전협상의 갈등과 이승만의 저항 • 27
   2) 한미상호방위조약과 한미합의의사록 체결 • 31

2장 한국전쟁 이후 한미관계의 변천 • 47

1. 이승만 정부 시기 한미 간의 갈등 • 48
   1) 아이젠하워 행정부의 뉴룩정책 • 48
   2) 뉴룩 하에서의 대한정책과 이승만 정부와의 갈등 • 50

2. 1960년대 미국의 대한정책 변화와 한미관계 • 57
   1) 1960년대 미국의 대외정책 변화 • 57
   2) 1960년대 미국의 대한정책 변화 • 60
   3) 1960년대 한미 간의 갈등 • 62
3. 1970년대 데탕트와 한미관계 • 67
   1) 닉슨 행정부의 데탕트정책 • 67
   2) 미국의 대한정책 • 70
   3) 1970년대 한미 간의 갈등 • 74

2부 국제체제에서의 한미관계

3장 한국의 대미국외교정책 • 87

1. 한국의 대미외교: 과거와 현재 • 89
   1) 한미관계 65년의 평가 • 89
   2) 대미외교의 특징 • 95
2. 대미외교의 발전방향 • 97
   1) 한미동맹을 둘러싼 환경 변화 • 97
   2) 미국 트럼프 행정부의 동맹정책 변화와 대미외교 • 103
   3) 동맹현안 및 정책적 고려 사항 • 108
3. 대미외교 과제와 전망 • 114

4장 미국의 대한반도 국가이익과 정책 • 121

1. 대외전쟁과 미국정치: 역사적 개요 • 122
2. 한국전쟁과 미국정치: 역사적 사례 • 127
   1) 한국전쟁과 미국 의회-대통령 관계 변화 • 128
   2) 한국전쟁과 미국 군비 재증강(NSC-68) • 130
   3) 한국전쟁과 미국 대통령선거 및 정당정치 • 132

3. 트럼프 시대 미국정치와 북한 비핵화 이슈 • 133
　　1) 트럼프 시대 미국정치의 변화와 지속 • 134
　　2) 북한 비핵화를 다루는 미국정치 현실 • 137
　　3) 미국 의회의 역할과 한반도 이슈 전망 • 141
4. 한반도 이슈의 미국문제화(Americanization):
　현실과 전망 • 146

5장　동북아 질서와 한미관계 • 152

1. 자유주의 국제질서의 위기와 동북아 질서 • 153
2. 냉전해체 이후 미국의 안보패러다임의 변화 과정과
　대동북아전략 • 159
3. 미국의 대동북아전략과 한미동맹 • 167
4. 한미 양국의 신정부 출범과 한미관계 • 173
5. 한미관계와 동북아 및 한반도 평화체제 공존 • 177

6장　중국의 위상제고와 한미관계 • 189

1. 양자택일이 아닌 한미관계와 한중관계 • 190
2. 한미관계 및 한중관계의 역사적 연원 • 192
　　1) 한미관계와 한미상호방위조약 • 193
　　2) 한중수교와 한중 전략적 협력동반자관계 • 196
3. 한미관계와 한중관계 비교 • 198
　　1) 정치 및 안보 분야 • 199
　　2) 경제적 상호의존성 • 201
　　3) 한미관계와 한중관계를 바라보는 국민들의 의식 • 204
4. 한반도 냉전구조의 전환 • 209
　　1) 한반도 냉전구조와 북중관계 • 209

2) 북중관계의 불안정성과 북한의 엔드게임 • 211
　　3) 중국의 위상제고와 한반도 • 214
　5. 한미관계와 한중관계의 사이에서 • 217
　　1) 미국과 중국의 협력 혹은 경쟁? • 217
　　2) 한국의 전략적 선택 • 221
　6. 남북관계 개선으로 시작해서 • 225

7장　대북정책과 한미공조 • 231
　1. 한미공조의 기원과 냉전의 유산 • 232
　　1) 한미공조의 기원 • 232
　　2) 냉전의 유산 • 234
　2. 유일초강대국 미국과 북한체제의 불확실성
　　(1989~2009년) • 236
　　1) 남북공존의 모색(1989~1993년) • 236
　　2) 북핵위기의 고조와 대북 포용 • 239
　　3) 9·11테러와 제2차 북핵위기 • 243
　　4) 특징 • 245
　3. 미중 패권경쟁과 급변하는 동북아 질서
　　(2009~2018년) • 246
　　1) 중국의 부상과 한국의 피봇(Pivot) 논란 • 246
　　2) 트럼프 대통령의 미국 우선정책과
　　　한반도 운전자론 • 249
　　3) 특징 • 250
　4. 쟁점과 평가 • 251
　　1) 쟁점 • 251
　　2) 평가 • 255

8장 변화하는 동아시아 안보환경과 한미일관계 · 261

1. 부상하는 중국과 경쟁구도의 등장 · 262
2. 샌프란시스코체제 · 265
3. 미국의 역할 대 중국의 부상 · 270
4. 한국의 샌프란시스코체제 전환 모색 · 272
5. 마음의 평화, 용기, 그리고 지혜 · 276

3부 한미관계의 분야별 쟁점과 이슈

9장 한미 FTA와 통상문제 · 287

1. 미국 통상제도 및 정책의 변화 · 288
   1) 미국통상정책의 시대별 변화 · 288
   2) 트럼프 행정부의 통상정책 · 292
2. 한미 통상관계의 변화와 한미 FTA · 293
   1) 한미 통상관계의 변화 · 293
   2) 한미 FTA의 주요 내용 및 평가 · 295
3. 한미 통상현안과 향후 전망 · 306
   1) 통상현안 · 306
   2) 한미통상관계의 향후 전망 · 307

10장 북핵문제와 북미관계 · 316

1. 북한 핵무장 배경과 동향 · 317
   1) 북한의 핵개발 역사 · 317
   2) 핵무장 배경과 동기 · 321
   3) 북한의 핵무장 법제화 · 324

2. 북핵협상 경과와 성과 • 328
    1) 남북 핵협상과 한반도 비핵화 공동선언 • 328
    2) 북미 핵협상과 제네바기본합의 • 330
    3) 6자회담과 6자합의 • 332
3. 북핵협상 악순환 패턴 분석 • 335
    1) 북핵협상의 악순환 패턴과 특징 • 335
    2) 비핵화외교 실패 원인 분석 • 339
4. 싱가포르 북미정상회담 개최와 북핵문제 전망 • 342
    1) 1차 북미정상회담 개최 배경과 의의 • 342
    2) 북미정상 공동성명의 성격과 '비핵화' 조항 평가 • 346

11장 한미동맹 구조, 체계, 역할분담의 문제 • 351

1. 동맹구조 및 운영체계의 3대 이슈 • 352
2. 전시작전통제권 전환의 문제 • 355
    1) 작전통제권의 변천 과정 • 356
    2) 문재인 정부와 전시작전통제권 전환 • 362
    3) 전시작전통제권 전환에 관한 미국의 입장 • 364
3. 효율적인 지휘와 협조체계 구축 • 367
4. 방위비분담 문제 • 371
    1) 적정규모의 방위비분담 • 372
    2) 현물 대 현금의 비율 문제 • 375
    3) 방위비분담 결정 방식과 투명성 문제 • 376

12장   한미정보체계 비교와 정보협력 • 383

1. 비교정보의 유용성과 한계 • 384
2. 정보의 역사와 환경의 변화 • 387
   1) 정보의 역사 • 387
   2) 정보환경의 변화 • 390
3. 정보체계: 구조, 기능, 활동 • 393
   1) 구조와 기능 • 393
   2) 정보활동 • 397
4. 정보활용과 통제 • 400
   1) 정보활용: 정보와 정책 • 400
   2) 정보통제 • 403
5. 한미정보협력의 구조와 과제 • 406
   1) 연혁과 특징 • 406
   2) 의제와 방식 • 409
   3) 성과와 과제 • 409

13장   한국과 미국의 상호인식 • 418

1. 한미 상호인식의 역사적 변화 과정 • 419
2. 한국은 미국에게, 미국은 한국에게 어떤 존재인가? • 424
3. 한미의 상호인식에 영향을 미친 요인들 • 433
   1) 분단체제와 한미동맹 • 433
   2) 한국의 경제발전과 민주화 • 436
   3) 주요 사건/사고 • 438
   4) 북한의 존재 • 440
   5) 떠오르는 중국 • 442
4. 해결되어야 할 상호 간의 착시(錯視) 현상 • 444
5. 어떤 상호인식이 최선인가? • 446

14장 한반도의 평화와 통일, 그리고 한미동맹의 미래 • 452

1. 한반도의 평화와 한미동맹의 미래 • 454
2. 한반도의 통일과 한미동맹의 미래 • 460

찾아보기 • 465
저자소개 • 472

도해목차

표

- 2.1 1950년대의 협정환율과 시장환율의 추이 ······················ 56
- 2.2 1965년부터 1967년 사이 남북 간의 충돌 횟수 및 피해자 현황 ··· 66
- 6.1 한중 양국의 교류 현황 ·· 198
- 6.2 한국의 대미 및 대중 무역구조의 변화 ·························· 203
- 9.1 2012년 한미 FTA 협상 결과 ······································ 298
- 9.2 한미 FTA 개정협상 결과 ··· 303
- 10.1 북핵협상 악순환 패턴 ·· 336
- 11.1 전시작전통제권 전환 및 북한 핵실험 관련 주요 일지 ········ 358
- 11.2 주한미군 규모 변화 ··· 366
- 11.3 한국의 방위비분담 현황 ··· 373
- 12.1 한미 안보환경 및 정보체계 비교 ································ 400
- 13.1 1990년대~2000년대 초반 간 한국인의 대미인식 변화 ········ 421
- 13.2 국가별 무역 증대와 자유무역협정의 영향에 대한
  미국인들의 인식 ··· 438

도표

- 4.1 미국의 지정학적 위치와 '공짜 안보' 개념 ····················· 123
- 5.1 단층선 ··· 158
- 6.1 한반도 전쟁 시 미국과 중국의 태도 예상 ······················ 207
- 6.2 남북관계와 한미중 협력 인식 ····································· 208
- 7.1 역대정부별 한미공조 정도 ·· 256
- 11.1 지휘구조 비교 ··· 368
- 11.2 미일 간 안보협력에 관한 포괄적 메커니즘 ···················· 370

11.3	한국의 방위비분담 체계	372
12.1	미국 정보공동체 체계도	394
12.2	미국의 정보와 정책 간 관계	401
12.3	한국의 정보와 정책관계	403
13.1	한국 내 미국에 대한 호감도 변화	423
13.2	미국의 국제적 역할과 부시/오바마 대통령 리더십 평가	424
13.3	미국인들의 한국에 대한 호감도 변화	425
13.4	한국인의 미국에 대한 이미지	426
13.5	한국인의 주변국에 대한 호감도와 미·중·일 국민의 한국에 대한 호감도	427
13.6	한국인들이 보는 세계 각국에 대한 국제적 평판	428
13.7	세계인들이 보는 미국에 대한 국제적 평판	429
13.8	세계인들이 보는 한국의 국제적 평판	431
13.9	2014년 22개국 한국에 대한 국가이미지 조사결과	432
13.10	한국 내 미국에 대한 호감도 변화	434
13.11	미국인들의 남북한에 대한 호감도 변화	441
13.12	향후 10년 내 아시아 지역에서의 주변국 영향력에 대한 인식 조사	443

해설

1.1	미국의 한반도 신탁통치안	5
1.2	미소공동위원회	15
1.3	미국의 반전: 인천상륙작전	23
2.1	인도네시아의 대량학살(1965~1966년)	60
2.2	반혁명 사건	64
2.3	오일쇼크	70
3.1	한미동맹미래비전(2009.6) 주요 내용	104
3.2	퍼싱 원칙	110
4.1	자유주의적 국제주의	122
4.2	트럼프와 트위터 정치	138
5.1	투키디데스 함정	157

5.2	GPR과 미국의 신 안보패러다임	161
5.3	아시아로의 중심축 이동	164
6.1	비대칭동맹	196
6.2	경제적 상호의존성	202
6.3	결박	210
6.4	연루와 방기	211
7.1	한민족공동체통일방안	238
7.2	남북기본합의서	239
8.1	샌프란시스코평화회의	266
9.1	미국 반덤핑 규정상의 '불리한 가용정보(AFA)' 및 '특별시장상황(PMS)'	291
9.2	투자자·국가 간 소송제도(ISD)	300
9.3	포괄적·점진적 환태평양경제동반자협정(CPTPP)	310
10.1	핵분열물질	320
10.2	핵억지	326
11.1	연합토지관리계획	353
11.2	10대 특정임무전환	354
11.3	연합권한위임	356
11.4	작전지휘권과 작전통제권	357
11.5	한미동맹의 현대화 관련 논의	360
12.1	정보공동체 명칭의 유래	396
12.2	전략정보실(OSS)	407
13.1	양주 여중생 사망사건	420
13.2	한미주둔군지위협정(SOFA)	422
13.3	비대칭동맹	435
13.4	공공외교	448

서문

한국은 미국에게 어떠한 국가이고, 미국은 한국에게 어떠한 국가인가? 보는 관점에 따라 차이가 있지만, 세계에서 미국과 가까운 국가들을 꼽으라면, 영국, 일본, 이스라엘, 한국을 떠올리게 된다. 이 중에서 한국이 미국에 대해서 가장 역동적인 관계를 보이고 있다. 아무리 동맹국 관계이고 우호국이라 하더라도 각 주권국가들은 나름대로의 국가 목표, 가치, 이익이 있기 때문에 모든 면에서 동체(同體)와 같은 관계를 가질 수는 없다. 미국이 영국, 이스라엘, 일본과 상충되는 이익이 있다면, 그것은 단순한 견해 차이 수준인 반면, 한국과 미국의 관계에서는 심각한 충돌이 발생하는 경우가 종종 있다.

이승만 대통령이 한국전쟁 당시 휴전을 반대하자 미국은 이승만을 제거하려는 계획까지 수립한 적이 있다. 미국이 한국전쟁에 개입하여 남한의 공산화를 방지해 주었기 때문에 한국인들은 미국에 대하여 기본적으로 고마운 마음도 갖고 있지만, 그 내부를 자세히 살펴보면 미국에 대한 한국인들의 시각은 양분되어 있다. 특히 한국의 진보와 보수진영의 미국에 대한 생각이 판이하다. 진보진영은 한국이 미국으로부터의 '종속관계'에서 벗어나야 진정한 의미의 주권국가의 위상을 가질 수 있다고 주장한다. 그리고 미국이 한반도 분단의 책임이 있고, 미국이 한반도 통일의 주된 반대세력이라는 시각도 존재한다. 과거 미국이 한국의 독재정부들을 묵시적으로 인정했기 때문에 민주화가 지연되었다는 시각도 갖고 있다.

반면에 한국의 보수층은 미국이 없었다면, 한국은 6·25전쟁 당시 사라져 버릴 국가였거나 한반도 전체가 공산주의가 되었을 것이라고 주장한다.

미국이 한국의 안보를 책임져 줬기 때문에 한국은 경제성장을 할 수 있었다는 주장을 하기도 한다. 그리고 아직 북한의 남한에 대한 적대감이 고조되어 있기 때문에 미국에 안보적 의존을 해야 한다며 전시작전통제권의 조기 환수를 반대하고 있다. 이러한 시각을 가지고 극보수층은 태극기와 성조기를 동일시 취급하고 있으며, 미국과 관련이 없는 국내정치 문제로 인한 시위에 나갈 때 태극기와 함께 성조기를 들고 나간다. 심지어는 미국의 혈맹인 이스라엘의 국기까지 드는 사람도 있다.

이러한 미국에 대한, 그리고 한미관계에 대한 상반된 시각을 하나의 책에 담아내는 것은 쉬운 일이 아니다. 이러한 이유로 한미관계를 포괄적으로 다루는 책이 한국과 미국에 별로 없다. 이러한 점에서 이 책의 시도는 가치가 있고, 여기 참여한 학자들은 시각의 차이보다는 전문성에 치중하여 원고를 작성했다. 이 책에 참여한 학자들은 진보, 보수, 중도 학자들이 모두 망라되어 있다. 어떻게 보면 한미관계라는 주제는 단순하다고 할 수 있고, 장들의 내용이 겹치는 부분도 있지만, 필자들의 다양한 시각이 포괄되어 있기 때문에 독자들은 이 책을 읽으면서 한미관계에 대해 다양하게 느끼고 배우고 생각하는 기회를 가질 수 있을 것이다.

현대의 한미관계를 공부하려면 단순히 한국과 미국의 관계에만 초점을 맞추어서는 안 된다. 한미관계는 좁게는 동북아, 크게는 세계적 차원의 질서 내에서 점차 중요한 부분을 차지해 나가고 있다. 세계적으로 크게 부각되고 있는 중국과 미국의 관계에 한미관계가 영향을 미칠 수도 있으며, 중미관계가 한미관계에 영향을 미칠 수도 있다. 중국과 미국 사이에서 한국의 외교적 선택도 한미관계에 영향을 미칠 수 있다. 이 책의 몇 개 장들이 중국의 부상과 그 영향에 대해 자세히 다루고 있는데, 모두 각기 다른 시각으로 살펴보고 있다. 이러한 시각들은 독자들에게 다양한 관점과 정보를 제공해 줄 것이다.

유엔이 관여하고 있고 세계적 관심사인 북한의 비핵화 문제도 한미관계와 밀접한 연관성이 있다. 2018년부터 문재인-트럼프-김정은 세 지도자들은 한반도의 비핵화와 평화를 위해 다양한 접촉과 협상을 전개하기 시작했다. 북한에 대한 한국과 미국의 정책은 협력적이면서도 때로는 제로섬적인 모습을 보이기도 한다. 간혹 한국과 미국이 각각 북한과 화해와 협력을 하는 데 있어서 상호 부담을 느낄 때도 있다. 한국과 미국 중에 어느 한 국가가 북한과 관계를 개선하려는 조짐을 보이면, 다른 국가는 동맹국인데 그러면 되냐고 불만을 보이는 경우도 있다. 예를 들어, 미국의 클린턴 정부가 북한과 대화를 시작하자, 김영삼 정부는 북미관계가 남북한관계를 앞서 가면 안 된다고 주장했고, 미국도 이와 유사한 태도를 보인 적이 있다. 한국의 대북정책은 궁극적으로 통일을 목표로 하는 평화를 지향하고 있다. 반면 미국의 대북정책은 동북아에서 미국의 세력을 강화하고 유지하는 개입정책에 비중을 두고 있다. 현재 한국과 미국은 북한의 비핵화라는 공통목표를 향해서 협력하고 있지만, 비핵화 이후의 평화를 만들고 유지하는 데 있어서는 이견이 나타날 수도 있다.

한국의 외교와 안보정책에 있어서 미국이 절반 이상을 차지하고 있음에도 불구하고 한미관계에 대한 연구 결과물은 별로 많지 않다. 이는 한미관계가 매우 복합적인 성격을 가지고 있기 때문이다. 북한의 비핵화와 한반도의 평화에서 중요한 역할을 하게 될 한미관계에 대한 서적의 출판에 적극적으로 참여해 주신 학자분들께 진심으로 감사드린다. 그리고 의미는 있지만, 얼마나 대중적으로 판매가 될지 의문이 가는 이 책의 출판을 선뜻 응해 준 명인문화사의 박선영 사장에게, 그리고 13명의 학자들이 쓴 글이라 포맷과 용어가 다른 데에도 이를 통합적으로 편집 작업을 해준 전수연 디자이너와 관련 직원들에게 감사드린다. 이 책이 한미관계에 대해 보다 폭넓고, 다차원적으로 생각할 수 있는 계기가 되기를 진심으로 바란다.

2018년 12월 4일
엮은이 김계동

1부
한미관계의 태동과 발전

1장 현대 한미관계의 기원:
     분단, 전쟁과 한미동맹 / 김계동 • 3
2장 한국전쟁 이후 한미관계의 변천 / 박태균 • 47

현대 한미관계의 기원: 분단, 전쟁과 한미동맹

1장

김계동 (건국대 안보·재난관리학과)

- 한반도 분단: 미국의 동북아 거점 확보 _ 4
- 한국전쟁: 미국의 개입과 세력구축 _ 17
- 한국전 휴전과 한미동맹 수립: 한반도 세력균형의 모색 _ 27

동북아에 영토적 기반이 없는 미국은 제2차 세계대전이 끝난 후 새로운 초강대국으로 등장하면서, 동북아의 주요 세력으로 존재하려는 의도를 보였다. 특히 일본과의 전쟁에서 승리하여 일본을 단독으로 점령한 이후 일본을 미국의 세력권 내에 지켜내기 위해서 동북아에 대한 개입을 본격적으로 추진하게 되었다. 이의 전초기지가 한반도였다. 한반도를 소련과 양분하여 점령한 미국은 남한지역을 친미지역으로 수호하기 위해서 다양한 전략을 추구했다. 특히 한반도는 동북아 대륙으로 향하는 미국의 동북아 전략의 전초기지이면서 전략적 주요 거점으로서의 역할을 수행했다. 소련과의 냉전이 시작된 이후, 미국의 입장에서 태평양을 사이에 둔 아시아에서 영향력을 행사하고 세력권을 형성하여 소련을 봉쇄하기 위해서는 보다 적극적인 개입정책이 필요했다. 그랬기 때문에 한반도의 분단을 주도했고, 한국전쟁에 개입했으며, 궁극적으로 한국과 동맹조약을 체결했다.

1945년 분단 과정부터 시작하여 1953년 휴전이 이루어지고 동맹조약이 체결될 때까지의 한국 현대사에 있어서 미국은 최고 주연급의 역할을 하였다. 동북아에 한 치의 영토도 없음에도 미국은 동북아의 열강에 포함될 수 있었고, 냉전을 거치면서 한미동맹과 주한미군을 통하여 소련을 봉쇄하는 전략을 성공적으로 추진할 수 있었다.

1. 한반도 분단: 미국의 동북아 거점 확보

제2차 세계대전이 끝나 가면서 강대국들은 전후 처리과정의 하나로 일본의 식민지였던 한반도의 독립문제를 고려하기 시작하였다. 강대국에 둘러싸인 한반도는 강대국의 이익이 교차하는 요충지였고, 강대국들은 상당히 구체적인 한반도 처리방안을 모색하였다. 이 절에서는 제2차 세계대전 이후 한반도를 독립시키기 위하여 강대국들은 어떠한 전략을 추구했는지, 한반도는 어떠한 이유로 분단이 되었는지를 분석하고, 이 과정에서 미국이 어떠한 목표를 세우고 역할을 전개했는지 탐구할 것이다.[1]

1) 한반도 독립·분단과 미국의 개입: 신탁통치안과 38선 분할 제의

제2차 세계대전의 아시아 전쟁을 주도적으로 수행하던 미국은 전쟁이 끝나가면서 아시아, 특히 동북아 지역에 대한 미국의 세력권 형성을 모색하게 되었다. 이를 위해서 미국은 중국과 소련 등 경쟁이 될 만한 세력에 대한 견제를 하였다. 특히 미국정부는 전후 한국문제 처리에 있어서 예상되는 중국의 영향력 행사를 심각하게 우려하였다. 중국에 위치하던 한국임시정부는 장제스(蔣介石) 정부에 과도하게 밀착되어 일종의 종속적인 관계에 놓여 있었고, 광복군도 중국군 사령부의 명령을 받는 하급부대의 위상에 놓여 있었기 때문에, 미 국무부는 한국독립 후 중국의 영향력을 견제할만

한 제도적 장치를 구상하였다. 군사적인 면에서는 미국에 거주하거나 미국인들이 통제할 수 있는 한국인들을 한반도에 침투시켜 게릴라전 수행, 또는 첩보활동을 하도록 하는 NAPKO계획을 마련하였고, 정치외교적인 면에서는 독립된 한반도를 일정기간 동안 몇 나라의 공동통제 하에 두는 신탁통치안을 준비했다. 이 안은 독립되는 국가에 통치기술을 전수하는 목적을 가지고 있었으나, 다른 측면에서 승전국들의 공동적인 신제국주의 발상이라는 비판도 받았다. 미국의 경우, 한반도와의 역사적·지리적 관계에 있어서 중국과 소련에 비해 열세에 놓여 있는 자국의 영향력을 최대한도로 부상시키기 위한 안이었다는 평가도 있다.

식민 상태에 놓여 있던 아시아 국가들이 자립정부를 수립하는 데 필요한

해설 1.1

미국의 한반도 신탁통치안

신탁통치(trusteeship)는 제2차 세계대전 이후 패전국이 보유하고 있던 식민지들을 독립시켜 주기 위한 하나의 방편으로 미국의 루즈벨트 대통령이 제안한 것이다. 제1차 세계대전 직후에는 위임통치(mandate)라는 이름으로 윌슨 대통령이 제안하였다. 제2차 세계대전 이후 승전국들이 패전국의 식민지를 이양 받을 수는 없었고, 독립을 시키기에는 자생력이 부족했기 때문에 선진국들이 일정기간 간접통치를 하면서 토착세력들에게 통치술을 가르쳐 준 후 어느 정도 수준이 되면 독립을 시켜 준다는 취지였다. 식민지 독립문제가 제2차 세계대전 전후 처리문제에 있어서 중대 사안이었기 때문에 1945년 유엔창설 당시 유엔의 주요 기구로 신탁통치이사회를 설치하였다.

1945년 모스크바삼상회의에서 한반도 신탁통치의 실시가 결정되었고, 1946년 봄부터 미소공동위원회를 개최하여 신탁통치 실시를 위한 협상을 했으나, 신탁통치를 위한 임시정부에의 남북한 대표권에 대한 미국과 소련 점령군의 시각 차이와 세계적인 냉전의 등장으로 협상은 결렬되었다.

기술을 훈련시키는 제안을 가장 먼저 한 사람은 미국의 루즈벨트(Franklin D. Roosevelt) 대통령이었다. 1943년 3월 영국의 이든(Anthony Eden) 외상과 만난 자리에서 그는 일본에게 점령당하고 있던 아시아 국가들의 전후처리문제를 언급하면서, "만주와 대만은 중국에 반환되고 한국은 독립 후 미국·중국 외에 한두 나라가 참여하는 신탁통치 하에 놓이는 것이 바람직하다"는 의견을 제시하였다. 1943년 12월 개최된 테헤란회담에서 루즈벨트는 세계대전이 끝난 이후 한반도는 완전독립 이전에 약 40년 동안의 견습기간(apprenticeship)을 가져야 한다는 제의를 하였고, 이를 소련의 스탈린은 별 이의 없이 받아들였다.[2]

1945년 2월에 개최된 얄타회담에서 루즈벨트는 소련, 미국과 중국이 참여하는 한반도 신탁통치 구상을 제시하였다. 필리핀이 자치정부를 세우는 데는 50년 정도가 걸렸지만, 한국의 경우는 20년 내지 30년 정도의 신탁통치를 하면 자립정부를 세울 수 있을 것이라고 제의했고, 스탈린(Joseph Stalin)도 이에 동의하였다.[3] 한반도 신탁통치에 대해서 문서는 아니었지만, 공식적인 정상회의에서 합의가 된 것이다. 신탁통치안이 제대로 실현된다면, 태평양전쟁에서 미국의 역할이 차지하던 비중과 한반도를 신탁통치할 미국, 소련, 영국, 중국 4개국 중 영국과 중국의 미국에 대한 충성도로 보아 신탁통치 후에 수립될 한반도의 독립정부는 친서방정부가 되리라고 미국인들이 확신하였으리라는 점은 의심의 여지가 없다.

유럽에서의 전쟁이 끝난 후인 1945년 7월 미국·영국·소련 정상은 유럽의 전후처리 문제와 아시아 전쟁을 종식시키기 위한 논의를 위하여 포츠담에서 만났다. 같은 달 미국은 원자탄 실험을 성공리에 마쳤다. 트루먼(Harry S. Truman) 대통령과 참모들은 원자탄이 소련의 아시아전 참전 전에 일본이 항복할 수 있도록 압력을 가하는 도구가 될 수 있을 것이라 믿었다. 미국의 지도층은 소련이 참전하게 된다면, 소련은 독일에서와 마찬가지로 일본의 일부 점령을 요구하게 될 것이기 때문에, 4개국 신탁통치에 대하여 소련과 합의를 해 두어야 한다고 생각했다. 그러나 포츠담에서 신탁통치는 논의되지 않았다. 스탈린이 신탁통치 문제를 제기하자, 처칠(Winston Churchill) 영국 수상은 미국이 영국제국을 해체하기 위하여 신탁통치 개념을 발굴해 냈다고 하며, 이 문제에 대한 토의를 거부했다. 많은 식민지를 보유하고 있던 영국은 식민지를 독립시키기 위한 신탁통치 개념에 과민반응을 보였다.[4]

포츠담회담 기간, 그리고 그 이후 미국의 한반도 신탁통치에 대한 관심이 크게 줄어들었다. 새로 개발한 원자탄으로 전쟁을 조기에 종식시킬 수 있을 것으로 생각했기 때문에, 미국의 전후 한반도처리계획은 소련이 한반도 전체를 점령하는 것을 봉쇄하는 정책으로 전환되고 있었다. 1945년 8월 6일 미국이 히로시마에 원자탄 폭격을 하자 일본의 항복이 다가온 것으로 생각한 스탈린은 아시아 전쟁에의 즉각적인 참전을 결정하고, 8월 8일 일본에 대해 선전포고를 하였다. 당시까지 소련은 일본과 중립조약을 체결하고 있었다. 1945년 5월 유럽 전쟁이 끝나고 난 후 미국은 소련의 아시아 전쟁 참전을 적극적으로 요청하고 있었으며, 소련은 위상과 요구조건을 높이기 위하여 머뭇거리고 있던 상황이었다. 급하게 선전포고를 한 소련군의 남진이 시작되었고, 일본의 관동군은 본토를 지키기 위하여 대부분 철수한 상황이었기 때문에 소련은 쉽고 빠른 진격을 할 수 있었다. 소련의 진격이 빠르게 이루어지자 미국 정책결정자들은 당황하게 되었다.

미국은 소련이 단독으로 한반도 전체를 점령하는 것을 방지하기 위하여 미·소공동점령정책을 추진했다. 제2차 세계대전 기간 전쟁과 관련된 모든 정책과 전략을 토의 및 결정하던 기구였던 미국의 3부합동위원회(SWNCC: State-War-Navy Coordinating Committee)는 8월 10일부터 수차에 걸쳐 회의를 개최하여 이 문제를 논의했다. SWNCC가 육군부에 한반도에서 소련의 진격을 멈출 수 있는 방안을 제시하도록 요구했고, 육군부는 북위 38도선을 소련 진격의 저지선으로 제안했다. 38선을 제의한 육군부의 두 대령인 러스크(Dean Rusk)와 본스틸(Charles Bonesteel)은 북위 38도선이 소련이 동의하지 않을 경우 미군이 현실적으로 도달할 수 있는 가장 북쪽의 분할선이라고 생각하였다. 8월 11일과 12일 개최된 SWNCC회의는

38도선 분할안을 채택하였으며, 트루먼 대통령도 8월 13일 이 안을 승인하였다. 스탈린도 이 제의를 받아들여 38선 이북지역만 점령을 했다.

2) 미국의 점령정책: 남한지역의 미국화

전쟁의 패배가 다가오자 일본인들은 자신들의 신변보호와 일본으로의 안전한 귀국을 위해서 한국의 지도자들을 찾아 가서, 신변보호와 질서유지를 해 주는 대가로 과도정부를 구성할 권리를 주겠다는 제안을 했다. 우선 일본인들은 우익 민족주의자인 송진우에게 접근하였으나, 송진우는 중경 임시정부의 귀환을 기다려야 한다며 일본의 제의를 거절하였다. 결국 일본인들은 여운형에게 접근하였으며, 여운형은 몇 가지 조건을 제시한 후 일본의 제의를 수락하였다. 그 후 여운형은 자신이 일본에 항거하기 위하여 조직한 비밀지하조직인 '조선건국동맹'을 기반으로 하여, 8월 16일 자신을 위원장으로 하는 '건국준비위원회(약칭 건준)'를 창설했다. 이어서 건준은 전국 각 지역에 '인민위원회'를 설립했는데, 이 인민위원회들은 한반도의 질서를 효율적으로 유지시킨 '지역적인 기반을 가진 책임 있는 조직'이 되었다. 8월말까지 한반도 전체에 145개의 인민위원회가 설치되었고 이들은 각 지역의 주요 인사에 의하여 통솔되었다.

여운형은 미군이 남한을 점령한다는 소식을 듣고, 미군이 진주하기 전에 과도정부를 세울 필요성을 느꼈다. 9월 6일 건국준비위원회는 1,000명의 대의원이 참석한 국민대회를 서울에서 개최하고 '조선인민공화국'의 이름으로 정부를 구성한 뒤 한반도 전역에 대한 지배권을 선포하였다. 이 정부는 좌우익을 총망라한 연합정부의 성격을 가지고 있었으며, 이승만을 주석, 여운형을 부주석으로 선정하였다. 내부적 갈등을 막기 위하여 각 부 장관은 좌익과 우익에서 동등한 비율로 배분하였다.[5]

미군의 한반도 점령은 일본이 항복한 8월 15일 직후에 이루어지지 않았다. 소련군은 8월 8일 일본에 대한 선전포고 직후부터 남진을 했으나,

미국은 약 1개월이 지난 9월 8일에야 한반도에 도착했다. 하지(John R. Hodge) 장군의 지휘를 받는 7만 2,000명의 미 제24군단이 인천항에 도착하자, 인민공화국 대표단이 승선하여 새 정부의 행정기구로써 각 지역에 인민위원회가 설립되어 있다는 내용을 알리는 문서를 전달하였다. 그러나 하지는 인민공화국의 존재를 무시하였고, 미군이 진주할 때 인천항의 질서를 유지시킨 일본인들을 치하하였다. 미 점령군을 환영하러 부두에 몰린 한국인들에 대하여 일본군이 발포를 하였고, 그 결과 두 명의 한국인이 사망하고 10명이 부상당하였다.[6] 이 사건이 하지가 한국인들 사이에서 인기를 끌지 못한 이유 중의 첫 번째였다. 한국인들은 미국인들이 한국을 패전국으로부터 독립한 국가가 아니라 패전국으로 대하는 태도를 보이고 있다는 불평을 했다.

9월 9일 일본인들의 공식적 항복을 받은 하지는 일본 총독인 아베 노부유키(阿部信行)를 비롯한 일본 관리들이 행정을 지원하고 질서 있는 정부의 인수인계를 위하여 당분간 과거 관직을 유지할 것이라는 성명을 발표했다. 미 합참이나 본국 정부로부터 점령에 대한 아무런 훈령을 받지 못한 상태에서 전투사령관인 하지는 한국점령 기간 동안 강력한 군사력을 사용하여 한국을 효과적으로 통치한 일본 관료와 경찰에 의존하지 않을 수 없다고 생각하였다. 그러나 한국인들의 강한 반발에 직면하여, 미국정부는 일본인들을 모든 관직으로부터 제거하도록 하지에게 명령을 내렸다. 아베 총독은 9월 12일 면직되었지만 엔도 류사쿠(遠藤柳作) 정무총감은 고문으로 남았고, 많은 수의 일본인들은 4개월 이상 관직에 그대로 남아 있었다. 해방 당시에 7만 명이던 관리들은 1946년 1월말 60명으로 줄었다.[7] 이 사건들은 미국정부가 얼마나 한국점령에 대한 사전준비가 없었는가를 보여주는 동시에, 미국이 남한지역의 미국화를 위하여 무리한 점령정책을 펼치게 되는 이유가 되었다. 점령 초기부터 하지는 미 군사정부를 수립하고, 이를 남한에서의 유일 합법정부로 공표하였다. 미 군사정부에 대해서 한국인들의 반발이 점차 거세지자, 한국에 주재하던 미국인들은 당시의 한국 상태를 '이

제 막 폭발하려고 하는 화약통'에 비유하였다.[8]

하지는 여운형이 수립한 인민공화국을 인정하지 않았지만, 미 군사정부는 지방의 법과 질서를 유지하는 데 인민위원회를 사용하지 않을 수 없었다. 하지의 민사행정 자문관이었던 베닝호프(Merrell H. Benninghoff)는 인민공화국이 남한의 어느 정치단체보다 효율적으로 조직되어 있다고 고백하였다.[9] 그러나 하지는 인민공화국의 활동을 막기 위하여 10월 5일 11명의 한국인들로 '국가고문회의'를 구성하는 등 미 군사정부의 권한을 강화시켰다. 11명의 고문회의 위원 중에 9명은 지주와 기업가들을 중심으로 9월 16일 설립된 한국민주당으로부터 선정되었다. 위원 중 대부분은 친일파로 알려진 인사들이었다. 고문회의를 구성한 지 닷새 후인 10월 10일 군정장관이었던 아놀드(Archibald Arnold) 소장은 남한지역에서 미 군사정부가 유일한 정부라는 성명을 발표하였다. 인민공화국이 중앙정부가 되려는 것은 '늙은이들의 유치한 짓'에 불과하며, 그들의 활동은 '광대극'에 불과하며 그들은 하루 빨리 막을 내려야 한다고 주장하였다.[10]

인민공화국은 거세게 반발하였다. 1945년 11월 21일~22일 서울 천도교 강당에서 개최된 전국 인민위원회 대표자 대회에서 보고한 내용에 따르면, 북한지역에는 564개의 면, 28개의 읍, 70개의 군, 9개의 시, 6개의 도가 있는데 이곳 전체에 인민위원회가 설립되어 있으며, 남한지역은 1,680개의 면 중 1,667개, 75개의 읍 중 75개, 148개의 군 중 145개(3개는 창설 준비 중)의 인민위원회가 설치되어 있었다.[11] 당시 한국인들은 해방군이 탄압군으로 되었으며, 과거 일본점령자와 새로운 점령자간의 차이는 '피부색'뿐이라고 생각하였다.

한국의 토착 정치세력을 인정하지 않는 것은 미 정부의 정책이었다. 10월 17일 워싱턴 정부는 '한국의 임시정부 또는 유사한 정치단체에 대한 공식적인 승인이나 정치적 목적의 사용'을 하지 말도록 하였고, 군사점령에 필요하거나 점령군에 협조하는 정치단체에 대해서는 격려를 하되 점령군은 이 단체를 반드시 통제할 수 있는 조치를 취하여야 한다고 지시하였다.[12] 다시 말하면 친미적인 성격을 가진 정치단체만을 존속시키고 세력을 키워주라는 뜻이었다.

미국의 남한점령 정책의 새로운 변수가 생겼는데, 그것은 이승만의 귀국이었다. 10월 16일 귀국한 이승만은 지지자들을 결속하며 한국의 정치권을 지배하기 위한 행동을 전개하기 시작하였다. 이승만은 10월 25일 '한국독립촉성위원회'를 조직하였으며, 이 위원회는 남한에 존재하던 54개의 정당 중 43개 정당의 지지를 받음으로써 임시나마 우익정당들의 결속을 도모하는 데 성공하였다.[13] 하지는 이승만을 활용하여 군사정부의 통치를 해나갈 구상을 했지만, 국무부는 두 가지 점에서 이승만을 배제하려 했다. 첫째, 제2차 세계대전 기간 이승만의 임시정부 승인을 요구하는 끈질긴 투쟁 때문에 국무부는 그에 대하여 별로 좋지 않은 시각을 가지고 있었으며, 일부 미국 관료들은 이승만을 '불평분자(grumbler)'로 간주하고 있었다. 둘째, 국무부는 남한지역에 이승만 중심의 반소 성향의 위원회를 설립하게 되면 소련을 자극할 것이라는 우려를 하였다.[14] 제2차 세계대전 당시에 소련과 연합전선을 펼쳤던 미국은 당시 소련과의 협력을 기대하고 있었다. 냉전이 시작되기 전이었다.

3) 미국의 한반도 분단정부 수립 주도

한반도의 남쪽 지역을 점령하고 미국화하려는 시도를 하고 있었지만, 세계대전이 끝난 후 세계 초강대국으로 등장한 미국은 유럽, 중동 등 국가이익에 더 중요한 지역들이 있었다. 국가이익의 핵심지역이 아니었기 때문에 남한지역에 대한 점령정책은 완벽하지 못했고, 해방을 시켜 주었으면서도 한국인들로부터 불평과 불만을 들어야만 했다. 점령초기 미국인들은 한국정치에 미국식 정치이념을 주입시키는 것이 별로 어렵지 않을 것이라고 생각하였다. 이 목적으로 한국에 존재하던 모든 정치단체들을 불법화하고 미국에 협조하는 조직만을 육성하였다. 그러나 한국의 강한 민족주의는 이에 대하여 거부반응을 보였으며, 이러한 상황에서 미국인들은 분단된 남한에 친미정부를 세우는 것은 시간도 걸리고 매우 어려운 작업이 될 것이라 느끼기 시작하였다. 대다수의 한국인들이 미 군사정부에 협력하는 태도를 보이지 않고 미 점령군의 인기가 날로 실추하게 되자, 미국은 4개국 신탁통치안을 적극 추진하였다. 사실 미국정부로서는 신탁통치안을 실시하기 위해서 소련과 협상하는 것 외에 격동기의 한반도 문제를 해결하는 별다른 방안을 강구하기가 힘들었다.

　미국이 신탁통치 실시를 고려하고 있다는 사실이 한국 내에 보도가 됨으로써 한국인들은 처음으로 한반도 신탁통치안을 접하게 되어 반대 여론이 비등하게 되었다. 자신들의 미래에는 신탁통치 이외에 다른 대안이 없다는 것을 알게 되자, 한국인들은 격렬하게 반탁운동을 전개하였다. 좌익과 우익은 정부를 수립하는 데 있어서 경쟁적 태도를 보였지만, 그들이 즉각적으로 독립정부를 수립할 능력이 있다는 데 대하여는 공감하고 있었다. 하지도 신탁통치가 바람직하지 않다는 견해를 보였다. 신탁통치는 한국인들의 '물리적 저항'만을 유발시킬 것이라고 경고하였다. 미 군사정부가 해야 할 일은 38선을 제거하는 협정을 소련과 체결하고, 신탁통치 포기 선언을 하고, 일본의 한국에 대한 대규모 배상을 약속하고, 특히 한국의 조기 독립에 대하여 연합국들이 약속을 하는 것이라고 하였다. 이러한 것들을 할 수 없다면 미국은 소련과 협정을 체결한 후 양국이 한반도에서 철수를 하여 한국인들이 스스로 운명을 결정할 수 있게 내버려두어야 한다고 주장하였다.[15]

　모든 한국인들과 일부 미국인들이 신탁통치를 반대하는 상황에서, 1945년 12월 모스크바삼상회의에서 개최된 미국·영국·소련 3국의 외상회담에서 한반도 신탁통치 실시에 대한 합의가 이루어졌다. 회의 벽두부터 중국에 미군이 계속 주둔하고 있는 문제와 일본을 미국이 독점하려는 데 대하여 소련이 공세를 펼쳐 미국은 수세에 몰리게 되었다. 미국은 4개국 신탁통치 기간을 5년으로 하되 4국의 합의에 의하여 10년으로 할 수 있도록 하고, 신탁통치의 방법으로 한국인에 의한 임시정부를 세우지 말고 4개국의 대표로 단일 행정부를 구성하여 입법, 사법, 행정권을 수행하자는 제의를 하였다. 이에 대해 소련대표는 신탁통치 기간을 5년으로 제한하고, 한국인들에 의한 임시정부를 세워서 이를 통한 신탁통치를 하자고 제의하였다. 회의기간 내내 수세에 몰리던 미국은 소련의 제의를 수용하지 않을 수가 없었다. 마침내 1945년 12월 28일 미국·영국·소련의 외무장관들은 5년 동안 신탁통치를 하며, 신탁통치에 활용될 한국임시정부를 수립하기 위하여 공동위원회를 설치하기로 합의하였다.[16]

신탁통치 실시에 대한 한국민들의 저항이 거세게 일어났다. 모스크바회의에서 신탁통치에 대한 합의를 하기 전까지는 좌우를 막론하고 모든 한국인들이 신탁통치를 반대하였으나, 모스크바 합의 이후 소련의 지시를 받은 남쪽의 공산주의자들은 입장을 전환하여 1946년 1월부터 찬탁운동을 벌이기 시작하였다. 공산주의자들은 신탁통치 결정이 '배신행위', '기만'도 아니고, '국제법 위반'도 아니라고 하면서, 민족의 통일을 위해서는 신탁통치가 실시되어야 한다는 찬탁운동을 전개했다. 결국 미국과 소련정부, 한국의 공산주의자들이 신탁통치를 지지하였고, 한국의 우익 계열만이 강력한 반탁운동을 전개하였다.

한국의 우익인사들의 신탁통치에 대한 반대는 심했지만, 국제적인 합의였기 때문에 신탁통치는 빠르게 진전되었다. 1946년 2월 6일 신탁통치에 활용될 임시정부를 수립하기 위해서 서울에 미소공동위원회가 설치되었다. 임시정부는 미국과 소련이 남북한 인사들을 추천하여 구성하기로 되어 있었는데, 미 점령군은 임시정부를 구성할 남한 인사들을 선정하는 데 어려움을 겪었다. 미국이 신뢰할 수 있던 남한의 보수층들은 신탁통치를 강력히 반대하여 매우 곤란한 입장에 놓이게 되었다. 하지의 입장에서는 우익인사들이 소련의 팽창주의를 봉쇄하는 유일한 장벽 역할을 할 것이기 때문에 그들을 지지하지 않을 수 없었다.

1946년 2월 14일 하지는 이승만을 의장으로 하고, 김구와 김규식을 부의장으로 하는 '대표민주의원(代表民主議院)'을 설치하였다. 이 기구는 점령정책 수립에 있어서 한국인들의 역할을 중대시키기 위한 자문기구였다. 하지는 25명의 위원 중 거의 대부분을 우익인사들로 충당하였지만, 광범위한 정치적 협력을 획득하기 위하여 공산주의자들도 참여하도록 요청하였다. 그러나 박헌영과 여운형을 비롯한 좌익인사들은 이 요청을 거부하고 2월 16일 '민주주의 민족전선(민전)'을 설립하였다.[17]

예상했던 바와 같이, 1946년 3월 30일에 서울에서 개최된 제1차 미소공동위원회 회의에서 소련대표는 반탁운동을 하는 우익인사 또는 단체가 임시정부에 포함되는 것에 대해서 극렬한 반대의 태도를 보였다. 미국인들은 그러한 단체들을 배제하는 것은 표현의 자유를 포함하는 민주주의 개념에 어긋나기 때문에 동의할 수 없다는 입장을 밝혔다. 소련측이 반탁운동을 하는 단체들을 제외시키자는 요구를 계속하자, 미국은 많은 좌익단체들이 '비민주적'이라고 하며 이들 또한 제외하기를 요구하였다. 결국 24차례에 걸친 회의 동안 아무런 합의점을 도출하지 못한 상황에서 5월 8일 슈티코프(Terenti Fomitch Stykov) 소련대표는 북한으로 철수하여 회의는 실패하였다.[18]

제1차 미소공동위원회의 실패 이후 하지는 소련과 협상을 하기 위해서 남한지역에 새로운 정치구조를 건설하여야 한다고 생각하고, 1946년 7월 22일 '좌우합작위원회'를 설립하였다. 이 위원회는 미 군정의 랭던(William Langdon), 버치(Leonard Bertsch) 등 정치고문관들이 주도하였다. 이 위원회에 참여한 주요인사로는 우익의 김규식, 원세훈, 김명준, 안재홍, 최동오 등이었고, 좌익에서는 여운형, 허헌, 정노식, 이강국, 성주경 등이 참여하였다.[19] 당시 국제적으로 미국과 소련의 냉전이 1947년부터 시작되었다. 1947년 3월에 발표된 트루먼독트린은 소련과의 냉전을 시작하는 미국의 공식적 선전포고로 인식되었다. 트루먼독트린은 남한의 우익진영, 특히 이승만의 반공, 반소이념을 강화시켰다. 이러한 상황에서 1947년에 제2차 미소공동위원회가 개최되었으나 결국 1차 회의와 같은 논쟁을 계속하다가 실패로 돌아갔다. 이후 미국정부는 한국독립 문제는 '다른 회

> **해설 1.2**
>
> **미소공동위원회**
>
> 모스크바삼상회의의 결정에 따라 한반도 신탁통치를 실시하기 위한 임시정부 수립방안을 협의할 목적으로 설립된 미국과 소련 양국의 점령군 대표자 회의였다. 1946년 1월 16일 예비회담을 가진 후, 3월 20일 서울 덕수궁에서 제1차 회의를 개최했다. 회의는 모스크바삼상회의의 신탁통치 실시 결정을 지지하는 정당·사회단체들만이 미소공동위원회와 임시정부 수립문제를 협의할 대상이 될 수 있다는 소련측 주장과 반탁 세력들도 협의 대상이 되어야 한다는 미국측의 주장이 대립하여 협상의 어려움을 겪었다.
>
> 1946년 4월 18일 과거에 반탁운동을 했더라도 모스크바삼상회의의 결의에 지지서명을 하는 정당과 사회단체들을 협의대상으로 삼겠다는 내용의 공동성명 5호가 발표되면서 회의는 타결될 전망을 보였다. 그러나 미국측의 협의대상 정당단체 명부작성의 편파성(20개 중 17개가 우익)과 공동성명의 선언에 서명하는 행위는 신탁통치 반대를 포기하는 행위가 아니라는 하지 사령관의 성명이 문제가 되면서 5월 9일부터 무기휴회에 들어갔다. 1947년 5월 21일 제2차 미소공동위원회가 개최되었으나, 7월 소련측이 신탁통치 반대투쟁 단체를 제외하자고 주장하면서 완전히 결렬되었다. 더구나 세계적으로 냉전이 시작되어 미국과 소련은 갈등관계에 진입하고 있었다. 1947년 10월 미국은 한국문제를 유엔으로 이관하였다.

원국들의 공명정대한 판단을 필요로 하는 문제'가 되었다고 강조하며 한국문제를 공식적으로 유엔에 상정하였다.

1947년 10월 17일 한국문제를 유엔에 상정한 미국은 유엔감시 하에 1948년 3월 31일까지 총선거실시, 정부수립, 자체군대 창설과 점령군 철수를 제의하였다. 1948년 3월 31일 이전에 실시될 총선거를 감시할 유엔한국임시위원단(UNTCOK: United Nations Temporary Commission on Korea)을 설립하고, 새 정부수립 이후 90일 이내에 점령군이 동시 철수하는 내용의 미국 결의안이 11월 14일에 유엔에서 통과되었다. 호주, 캐나다, 중국, 엘살바도르, 프랑스, 인도, 필리핀, 시리아, 우크라이나 등 8개국으로 구성된 유엔임시위원단은 1948년 1월 12일 서울에서 활동을 시작했지만 공산측의 반대로 북한 지역을 방문하지는 못했다. 결국 임시위원단은 원래의 목표를 이룰 수 없게 되었고, 1948년 2월 개최된 유엔 임시총회에서 이 문제를 재논의하였다. 미국은 임시위원단이 감시가 가능한 지역, 즉 남한에서만 총선거를 실시하려는 의도를 보였다. 토의 과정에서 전통적으로 미국의 우호국이었던 인도, 캐나다, 호주 등 영연방 국가들이 남한지역에 단독 정부를 수립하려는 미국의 정책에 강력한 반대 입장을 보였다. 호주대표는 남한에 정부를 수립하게 되면 경쟁적인 정부가 북한에 반드시 설립될 것이고, 북한에 설립된 정부가 남한에 위협을 가한다면 유엔은 남한정부를 "적극적으로 보호하든가, 또는 유엔이 설립한 정부에 대한 모든 책임을 회피하든가" 둘 중의 하나를 선택해야 하는 기로에 놓일 것이라고 경고하였다.[20]

영연방 국가들의 반발에도 불구하고 미국정부는 원래의 계획을 변함없이 추진하였다. 미국인들은 유엔의 지원 하에 남한에 정부를 수립하는 것이 실패로 돌아간다면 미국은 원하지 않는 군사점령을 지속하거나, 아니면 한국에 대한 개입을 중단하고 소련이 힘의 공백을 채우게 내버려 두는 수밖에 없을 것이라고 우려하였다. 미국의 압력 결과 유엔 임시총회는 한국 임시위원단이 감시 가능한 지역에서만 총선거를 실시하도록 하는 미국 결의안을 통과시켰다. 미국의 우호국이면서 임시위원단의 일원이었던 호주와 캐나다가 반대표를 던졌고, 통상적으로 미국 결의안에 찬성표를 던지던 3개의 남미 국가들과 3개의 스칸디나비아 국가들이 기권하였다. 소련진영은 투표를 거부하였다. 이러한 점에서 보면, 적지 않은 유엔 회원국들이 한반도의 분단을 영구화시킬 뿐만 아니라 냉전 적대감을 고조시키는 미국의 정책은 잘못된 것이라는 판단을 하고 있었다는 점을 알 수가 있다.

많은 국가들의 반대와 국내 김구 세력의 불참 속에서 1948년 5월 10일 남한지역의 총선거가 실시되었다. 선거권자의 75%인 750만 명이 참여한 총선거 결과 이승만의 한국독립촉성중앙위원회와 한국민주당이 승리하였다. 200석 중에 이승만 계열이 54석, 한국민주당 29석, 이청천의 대동청년단 12석, 14석은 기타 군소 정당, 6석은 기타 청년단이 차지하였고, 나머지 85석은 무소속이 당선되었다. 무소속의 분포를 보면 45석이 우익진영에 속하였는데, 7석은 이승만 지지, 38석은 한국민주당을 지지하였다. 나머지 40명은 온건 우익인사들이었다. 이 중 지주가 84명, 자본가 32명, 부일 협력자 23명이 포함되어 있었다. 해방일로부터 만 3년이 되는 날인 1948년 8월 15일 대한민국 정부가 공식적으로 수립되었다. 미국의 입장에서 남한에서의 단독 정부수립은 성공적인 것으로 평가되었다. 대한민국정부가 소련과 적대적인 정책을 유지하는 한 미국의 아시아에서의 가장 중요한 기지인 일본의 안보를 공산주의 침투로부터 막아낼 수 있었기 때문이었다.

2. 한국전쟁: 미국의 개입과 세력구축

한반도에 분단정부를 수립하여 남쪽 지역을 미국의 세력권에 편입한 미국은 한국정부가 미국의 경제 지원을 받아 스스로 자립하기를 바랐다. 미국은 유럽, 중동 등 더 중요하게 개입할 지역이 많았기 때문에 세계전략에 있어서 한반도는 우선순위에 있지 않다는 언급을 미 군부 인사들이 공공연하게 언급하곤 했다. 1950년 1월 12일에는 애치슨(Dean Acheson) 국무장관마저도 한반도가 아시아의 미국 방어선에서 제외되어 있다는 내용의 기자회견을 하기도 했다. 미국은 한반도에서 분쟁이 발생하면 미국이 개입해야 할 필요가 있기 때문에, 이승만 대통령의 북진통일에 대해서도 견제를 하고, 남한에 전투기와 탱크 등 공격용 무기를 제한적으로 제공했다. 미국은 한반도에 미국이 개입해야 할 분쟁이 발생하지 않기를 바랐으나, 분쟁이 발생하면 개입을 할지의 여부는 다른 문제였다.[21]

1) 한국전쟁에 대한 미국의 인식과 참전 과정

한반도 분쟁 발생에 대비하여 준비한 미국의 기본전략은 개입이 필요한 경우 유엔을 활용하는 것이었다. 냉전시대 미국이 타국의 분쟁에 개입한 사례를 보면, 대체로 단독개입보다는 집단개입을 모색했고, 특히 유엔을 활용하려는 시도를 많이 했다. 1949년 6월 미 점령군이 한반도로부터 철수를 완료할 즈음 미 국방부는 38선에서의 대규모 전쟁을 가상하여 미국이 선택할 수 있는 대안들을 검토한 비망록을 완성하였다. 이 비망록은 한반도가 공산화되어 가는데도 미군이 개입을 하지 않는다면, 미국이 한국을 지키지 못한 데 대한 세계의 비난을 면하기 힘들 것이라고 경고하였다.

북한의 공격을 남한이 격퇴할 능력이 부족할 경우 미국정부는 미국인들과 군사고문단을 한국으로부터 철수시키는 동시에, '세계평화에 대한 위협'으로 간주하여 북한의 남침 사실을 유엔 안전보장이사회에 즉각 제출하도록 하였다. 한국문제의 유엔 제출은 '지연, 논쟁, 비난'의 불필요한 토의과정을 거쳐야 할지 모르나, 한국정부는 유엔에 의하여 수립되었으므로 '논리적이고 필요한' 것으로 받아들여질 것으로 기대하였다. 유엔 안보리는 소련의 거부권 행사로 적절한 행동을 취하는 데 어려움을 겪을지 모르나, 세계 여론 앞에서 소련은 결국 거부권 행사를 포기하게 될 것으로 예상하였다.[22]

미 행정부는 공산주의자들에 의한 외부의 공격과 내부의 전복으로부터 아시아 국가들의 안전을 보장하고 강화하기 위한 국가안보회의(NSC) 보고서인 NSC 48/2(1949년 12월 30일 채택)와 소련의 팽창을 '봉쇄하고 회복'하기 위하여 1950 회계연도의 국방예산을 130억 달러에서 500억 달러로 증가시키는 내용을 골자로 하는 NSC 68(1950년 4월 초안 완성)을 준비하였으나, 미국인들은 한국에의 군사개입을 아직도 주저하고 있었다.[23] 한반도에 전쟁이 발발할 경우 미국이 취하려던 정책은 한국을 공산주의자들에게 잃어 미국의 위신에 손상이 가는 것을 막기 위하여 세계 여론을 환기시키고, 1947년 소련과의 한국문제에 대한 협상이 실패로 돌아갔을 때 취하였던 정책처럼 한국문제를 유엔에 상정시켜 세계로부터의 지원을 요구하는 것이었다.

1950년 6월 25일 한국전쟁이 발발하자 미국은 지체하지 않고, 계획했던 대로 이 문제를 유엔 안보리에 상정했다. 즉시 개최된 안보리에서 미국은 북한의 '예고 없는 공격(unprovoked aggression)'을 비난하고 공격행위의 중단을 요청하는 결의안을 제출하였다. 그러나 영국, 프랑스, 이집트, 노르웨이, 인도 대표들은 한국에서의 분쟁은 한국 내부의 다툼이기 때문에 '내전'으로 취급되어야 한다며, 두 한국 사이에서는 오래 전부터 적대행위가 계속되고 있는 상황이기 때문에 결의문에서 '예고 없는(unprovoked)'이라는 단어를 삭제하고, 무력행위를 북한뿐만 아니라 양측 모두에게 멈추도록 명령하기를 요구하였다.[24] 그들은 유엔이 중립적인 입장을 취하기를 원하였고, 무력행위에 대하여 무력의 방법으로 대항하기보다는 평화적인 방법으로 해결하기를 원하였다. 결국 미국이 제출한 결의안이 유고슬라비아의 기권과 소련의 불참 하에 9대 0으로 통과되었다. 남침을 '평화의 파괴'로 규정한 이 결의안은 '즉각적인 적대행위 종료', 북한군의 38선에로의 철수를 요구하는 동시에 유엔의 모든 회원국들에게 "이 결의안을 수행하는 유엔에 대하여 모든 지원을 제공하고 북한에 어떠한 지원도 하지 않도록 요구"하였다.[25]

전쟁은 시작단계부터 남한에게 매우 불리한 상황으로 전개되었다. 미국 등 외부의 적극적이고 즉각적인 지원이 없으면 전쟁은 남한의 패배로 끝날 가능성이 높았다. 한국의 이승만 대통령은 트루먼 대통령에게 편지를 보내 미국은 이와 같은 세계평화파괴 행위를 막기 위하여 '유효적절한 지원'을 하여야 한다는 요구를 하였다. 한국 국회도 비슷한 호소문을 미국 의회와 유엔 총회에 보냈다.[26]

미국이 한국전에 참전을 하게 된 가장 중요한 이유는 한국전쟁이 세력권을 팽창시키려는 소련의 전략이라고 미국인들이 믿었기 때문이었다. 트루먼 대통령은 만약 소련이 '히틀러나 무솔리니 독재의 방식'을 답습하려 한다면, 제2차 세계대전 이후 이란에서 철수하여야 했던 것과 유사한 상황을 한국에서 당해야 할 것이라고 경고하였다. 따라서 무력은 소련의 독재자들이 이해할 수 있는 '유일한 언어'라고 하였다.[27] 애치슨 국무장관은 전쟁 발발 직후 주소미대사관에 전문을 보내 소련의 비신스키(Andrei Vyshinski) 외상을 만나 소련이 침략에 대한 책임을 지고 북한에게 영향력을 행사하여 침략군을 즉각적으로 철수시키도록 요구할 것을 지시하였다. 이 메시지는 6월 27일 소련정부에 전달되었다. 소련정부는 남한이 전쟁을 일으켰다고 하면서 소련은 다른 국가에 대한 내정불간섭 원칙을 고수할 것이라는 내용의 회답을 보냈다.[28]

그동안 미국에서는 국무부-국방부 합동 고위층 회의가 6월 25일 오전에 열려 '소련이 후원한 전쟁'에 대하여 미국이 적극 개입해야 한다는 결의를 하였다. 군사 장비를 한국에 보내는 권한을 맥아더(Douglas MacArthur)에게 부여했고, 1949년 점령군 철수시 남겨졌던 미 군사고문단이 한국에의 주둔을 계속하도록 했으며, 미 해군과 공군은 유엔이 정치적 방안을 강구할 시간을 벌도록 하기 위하여 서울 주변에 '방어구역(protective zone)'을 설치하도록 했다. 유엔이 회원국들에게 한국에 대한 직접적 지원을 권유할 경우 맥아더에게 휘하의 군대와 제7함대를 파견할 수 있는 권한을 부여했으며, 맥아더는 서울을 지키기 위하여 얼마만큼의 지원이 필요한지를 결정하기 위한 조사단을 한국에 즉시 파견하도록 지시 받았다.[29] 미국의 정책결정자들은 유엔의 한국 지원 결정이 나기 이전에 이미 미군을 한국전쟁에 투입하는 방안을 강구하기 시작하였다.

미국의 개입이 결정되었지만, 미 군부는 지상군의 파견보다는 공군력에 의한 전세회복을 우선적으로 고려했다. 소련이 지시하여 일으킨 전쟁으로 간주했기 때문에, 트루먼 대통령과 참모들은 한반도 부근에 있는 소련의 공군기지들을 파괴시킬 전략을 구상하고 있었으며, 특히 원자탄을 사용할 수도 있다는 생각도 했다. 트루먼의 참모들은 대체로 지상군의 파견을 반대하면서, 미국의 강력한 공군력으로 한국의 생존을 지켜줄 수 있다고 믿고 있었다. 한국에 군사 장비를 지원하라는 명령과 함께 트루먼 대통령은 미 공군이 극동에 있는 소련의 공군기지들을 전부 파괴시키는 계획을 준비하도록 지시하였고, 국무부과 국방부에는 소련이 다음으로 침략할 만한 지역을 조사, 연구하도록 지시하였다.[30]

미국정부는 다른 유엔 회원국들과 함께 집단개입하기를 원하였으나, 한국의 상황이 극도로 불리하게 전개되어 한국군이 붕괴 직전의 상태에 있다는 정보를 접하고 우선 미국의 해·공군을 파견하였다. 6월 26일 트루먼 대통령은 당분간 38선을 넘지 않는다는 조건 하에 해·공군에 가해졌던 제한을 모두 해제하였다. 더불어 제7함대를 대만해협으로 보내고, 필리핀과 인도차이나 반도에 원조와 군대를 증가시키는 결정을 하였다.[31] 이로써 미국은 한국전쟁에 깊숙이 개입하는 첫 번째 단계를 거치게 되었다.

미국의 해·공군 파견만으로 전세를 뒤집기에는 역부족이었다. 맥아더는 한국군이 큰 혼란 속에서 계속 후퇴를 하고 있다면서, 현재의 전선을 유지하고 실지회복을 하기 위한 유일한 방법은 미 지상군을 전투지역에 파견하는 것이라고 보고하였다. 지상군 없이는 해군과 공군이 결정적인 역할을 하지 못할 것이라고 주장하며, 맥아더는 즉시 1개 전투연대를 한국에 파견하고, 반격전을 위하여 2개 사단을 추가로 일본으로부터 파견하여야 한다는 제의를 하였다.[32] 급한 보고를 받은 트루먼 대통령은 즉시 1개 전투연대를 전투지역으로 파견하도록 6월 30일 새벽에 승인하였다. 군 통수권자가 지상군을 파견하기로 결정을 하자, 미 군부는 작전이 효율적으로 운용되는 데 충분한 규모의 군대 파견을 원하였다. 특히 미 합참은 한국에 몇 개 사단을 추가적으로 파견하기를 원하였다. 이에 따라 트루먼은 맥아더에게 그가 통솔하고 있는 4개 사단을 한국에서 사용할 수 있는 권한을 부여하였다. 트루먼은 또한 북한 해안 봉쇄안을 승인하였다.[33]

미 지상군 개입은 1950년 7월 1일부터 시작되었다. 스미스(Charles Smith) 중령이 지휘하던 24사단 소속의 기동부대인 스미스 대대가 일본으로부터 부산으로 공수되었다. 406명의 인원 중에 5/6 정도가 전투경험이 없던 이

부대는 부산 도착 며칠 후에 남진을 계속하고 있던 북한군과 첫 교전을 가지게 되었다. 곧 이어 24사단, 25사단, 제1기갑 사단 등 다른 부대들이 참전을 하였다. 7월 13일 일본에 주둔하고 있던 8군 사령관인 워커(Walton Walker) 장군이 주한 미 지상군을 지휘하게 됨에 따라 미 8군이 주한미육군(USAFIK)의 임무를 맡게 되었다.[34]

유엔군의 참전은 미국의 참전보다 늦은 7월 7일에 결정되었다. 유엔 안보리는 6월 27일과 7월 7일, 두 번에 걸쳐 한국을 지원하는 결의안을 추가로 통과시켰다. 6월 27일의 결의안은 북한군을 격퇴시키려고 노력하는 남한정부를 유엔 회원국들이 심리석이고 물실적으로 지원하라는 내용을 포함하고 있었다. 이러한 결의안에도 불구하고 한국전에 기여하려는 국가들이 별로 나타나지 않자 7월 7일 새로운 결의안을 통과시켜 한국전에 참전할 유엔군을 창설하여 유엔 깃발을 사용토록 하고 사령관은 미국이 임명하도록 하였다. 미국이 지상군 참전을 결정한 시기보다 1주일 늦은 7월 7일에 유엔 안보리가 유엔군 창설 결의안을 통과시켰다.

미국정부는 1950년 6월 25일 전쟁이 발발하자 단 5일 만에 지상군 파견을 결정하였다. 이렇게 개입을 서둘렀던 이유는 미국인들이 한국전쟁을 소련이 서방세계의 의지를 테스트하기 위하여 북한에 지시하여 일어난 전쟁으로 해석하였기 때문이었다. 유엔 헌장을 준수한다는 미국의 결정을 과시함은 물론 미국인들은 자유세계를 주도하고 수호한다는 위신을 고양시키는 의도도 가지고 있었다. 아시아에서의 봉쇄정책이 실패하면 유럽에서의 동맹체제도 심리적으로 부정적 영향을 받을 것을 우려한 점도 있다. 한국을 성공적으로 지켜낸다면 유럽의 나토(NATO) 동맹국들은 미국이 어떠한 비용을 치르더라도 동맹국들의 안보를 지킨다는 점을 확신하게 될 것이다. 따라서 한국전쟁은 미국에게 있어서 자유세계의 집단안보체제를 시험하는 첫 번째 사례였고, 따라서 일부 미국 관료, 유엔회원국, 유엔한국위원단의 평화적 해결 요구를 무시하고 무력대결을 선택한 것이다.

2) 미국의 한국전 개입 결과: 억지 성공, 확장 실패

9월 15일 인천상륙작전의 성공을 정점으로 유엔군의 반격이 한국전쟁의 전황을 완전히 뒤집어 놓았다. 워커 장군이 지휘하는 미 8군도 남동쪽 낙동강 유역에서 북진을 시작하였다. 10군단과 8군은 9월 26일 오산에서 만났고, 9월 28일 서울을 탈환하였다.

10월 1일 38선에 도달한 유엔군은 38선 이북 진격 여부를 결정해야 했다. 유엔군 참전의 법적 뒷받침이 되는 유엔 안보리 결의안은 단순히 '즉각적인 전투행위의 중지'와 북한군의 38선 이북으로의 철수를 요구하고 있었다. 따라서 유엔군의 원래 전쟁목표는 북한군을 38선 이북으로 격퇴시키는 것이었고, 38선 이북으로의 진격을 포함하지 않고 있었다.

반격에 성공한 유엔군이 38선 이북으로 진격해야 하는가에 대한 논의가 미국 내에서 전개되었다. 1950년 7월초부터 국무부의 일부 관리들은 한반

해설 1.3

미국의 반전: 인천상륙작전

1950년 6월 25일 한국전쟁 발발 이후 북한군의 진격은 빠른 속도로 전개되어 낙동강 유역까지 점령하였다. 미 지상군이 파견되어 전세를 역전시키려 했으나 성공을 하지 못하였다. 맥아더는 북한군의 후방을 공격하는 전략을 구상하여 인천상륙작전을 계획하였고, 워싱턴의 군사전문가들은 대체로 성공가능성이 낮다면서 실행을 반대하였다. 그러나 맥아더가 뜻을 굽히지 않고 작전을 수행하여 성공하였다.

9월 15일 새벽 5시 45분 알몬드(Edward M. Almond) 소장이 지휘하는 미 10군단의 제5해병여단이 주축이 되고, 호주, 캐나다, 뉴질랜드, 프랑스와 영국군을 포함한 약 7만 명의 병력이 260척의 함정을 동원하여 적의 후방인 인천에 상륙작전을 감행하여 적의 보급로와 진격선을 가로질러 끊어 놓았다.

도의 통일을 위하여 유엔군은 38선 이북으로 진격을 해야 한다는 의견을 조심스럽게 개진하기 시작하였다. 38선에서의 분단이 계속되는 한 한국에서 '영구적인 평화와 안정'은 기대할 수 없기 때문에 미국은 보다 과감한 전략을 수행해야 한다고 주장했다. 유엔군이 38선까지 반격만 하는 것은 한반도 문제의 군사적인 해결이 될 수 없으며, 가능하다면 미국은 정치적 분단선인 38선을 폐기시키는 동시에 북한군을 궤멸해야 한다는 논리가 제시되었다.[35] 한반도에서 자본주의 진영의 세력 확대를 모색하기 시작했다.

일부 미국인들은 분쟁이 북한지역까지 확대될 경우 소련이나 중국이 참전할지도 모른다는 우려감 때문에 신중하게 결성해야 한다고 주장했다. 그러나 맥아더는 미군의 한국전 참전 목적은 북한군을 패망시키는 것이지 단순히 38선 이북으로 격퇴시키는 것이 아니라고 천명하였다. 그는 소련과 중국의 참전 가능성은 별로 없다고 하면서, 만주나 블라디보스토크로부터 '막다른 지역(cul-de-sac)'인 한반도로 통하는 길에는 수많은 터널과 다리들이 있는데, 이들에 대하여 원자탄으로 결정적 타격을 한다면 복구시키는 데 적어도 6개월이 소요될 것이라고 덧붙였다.[36] 맥아더를 비롯하여 38선 이북으로의 진격을 옹호하던 인사들은 북한 침략군에 대한 응징을 하지 않으면 다른 지역의 잠재적인 침략자들을 부추기는 결과가 초래될 것이라고 우려하였다.

결국 미 국가안보회의(NSC)는 8월말 맥아더 군대가 38선 이북으로 진격하도록 허용하는 결정을 내렸다. 이러한 결정을 내렸지만 NSC는 소련 및 중국과의 교전을 피하기 위하여 국경지역까지 진격을 하지 않도록 못을 박았다. 특히 유엔군이 38선을 넘어 진격할 경우 미군의 개입은 최대한 줄이면서 한국군이나 다른 나라 군대의 개입을 극대화시켜야 한다는 결정을 하였다. 소련이 참전을 한다면 NSC는 한국문제를 즉각적으로 유엔에 상정시킬 계획을 수립했다.[37]

유엔군이 38선에 다가가자 중국정부는 9월초부터 유엔의 북진에 대하여 강력한 경고성명을 발표하였다. 북한군대가 한만국경까지 퇴각하게 된다면 중국은 국경선 남쪽으로 군대를 파견하여 북한의 투쟁을 도울 것이며, '침략군'이 국경까지 접근하도록 허용하지 않을 것이라는 태도를 명확히 하였다. 이러한 중국의 경고를 무시하고 미국은 38선 이북 진격을 준비했다. 10월 1일 38선에 도달한 유엔군이 북진을 하기 위해서는 국제법적인 합당성을 찾아야 했다. 당시까지 유엔군의 전쟁목표는 북한군을 38선까지 격퇴하는 것이었기 때문에 새로운 전쟁목표를 세워야 했고, 이를 위해서는 유엔에서 새로운 결의안을 통과시켜야 했다. 그러나 한국군은 이에 개의치 않고 10월 1일 북진을 단행하였다.

마침내 10월 7일 유엔 총회는 유엔군이 38선을 넘어 진격을 할 수 있는 근거를 제공하는 내용의 결의안을 통과시켰다. 이 총회 결의안은 군사 활동을 유도하고 허가하는 데 있어서 의도적으로 모호한 내용을 포함하였다. 한반도에 통일되고, 독립되고, 민주적인 정부를 수립하는 문제에 있어서 한반도의 안정적 조건을 보장하기 위한 '모든 적절한 조치(all appropriate steps)'를 취하도록 권고하였다. 10월 7일 맥아더의 정찰대가 38선을 넘었으며, 10월 9일 항복을 요구하는 최후통첩을 발표한 직후 북한지역에 대한 전면적 공격이 시작되었다. 유엔군의 38선 이북 진격에 따라 미국개입의 최초 목표인 '원상회복'을 수정하여 한반도 무력통일을 시도하게 되었다. 워싱턴 관리들은 한반도에서의 승리는 냉전에서의 승리가 될 것이고, 미국이 한반도 통일을 시키는 데 성공한다면, 아시아에 미국이 개입하는 데 있어서의 안보와 안전을 함유하는 미국 국익신장에도 기여를 할 수 있을 것이라고 기대했다.

미국의 한반도에서의 자본주의 세력의 확장은 중국의 참전으로 실패로 돌아갔다. 유엔군은 10월 25일 중국의 '의용군'과 첫 교전을 가졌다. 한국군 제6사단 2연대를 공격한 후 중국부대는 주로 한국부대에 대한 공격을 하였고, 10월 26일 유엔군이 국경도시인 초산(楚山)에 도달하자 동부와 서부의 미군에 대하여 공격을 하였다. 당시 승리를 자신한 맥아더는 미 8군의 제2보병사단을 1950년 말까지 미국이나 유럽으로 재배치하려는 계획을 수립하고 있었으며, 새로 모집하여 구성한 부대를 극동에 파견하려던 계획도 취소하였다. 더구나 워커 장군은 한국으로 공급하기 위하여 미국 항구에 대기 중이던 지상군 추가 장비도 다시 하역하기를 요청하였다. 그는 당시에 유엔군이 한국전에서 승리하는 데 필요한 충분한 장비와 탄약을 보유하고 있는 것으로 파악하였다.[38] 미 정보기관도 전술적 관점에서 중국 참전의 호기는 이미 지나갔다고 판단하고 있었다. 중국군과 실제 전투를 벌이고 있던 미 8군사령부도 조직적인 중국군 부대와 전쟁을 하고 있다는 사실을 부인하는 상황이 벌어졌다. 미군은 전선에 있는 중국군이 중국 공산부대로부터 병력지원을 받아 강화된 북한군이라고 오판하고 있었다. 그러나 10월중 한국에 침투한 중국군은 18개 사단 18만 병력에 달하였다.[39]

결국 유엔군은 대규모 중국군의 인해전술을 막아내지 못하고 후퇴를 하여 38선 이남으로 다시 밀리게 되었다. 38선 이북으로 진격하여 한반도를 서방 중심의 국가로 통일하려던 미국의 꿈은 실패로 돌아가고 말았다. 미국은 총력을 기울여 중국군의 남진을 막으려는 노력을 기울였으나, 결국은 38선 이남으로 밀리게 되었다. 미국정부는 전쟁 목표를 수정하지 않을 수 없게 되었다. 미국은 한반도에서 군사적인 승리를 하기에는 어렵다는 판단을 하게 되어 정치적 협상에 의하여 전쟁을 종료시키기를 고려하기 시작하였다. 특히 국내적으로 한국전쟁에 대한 열기와 인기가 시들해져서 여론의 지원도 없어졌기 때문에 전쟁수행에 어려움을 겪기 시작하였다. 대체로 38선, 아니면 38선 부근을 경계로 정전을 하여 크게 위신손상이 없이 한국에서 철수하기를 원하고 있었다. 공산측도 한반도에서 더 이상의 군사작전은 아무런 결실이 없는 소모전에 불과하다는 판단을 하고 있었다. 결국 양측은 휴전을 하기로 합의를 하고, 1951년 7월 10일 개성에서 휴전회담을 시작했다. 자본주의와 공산주의 어느 진영도 한반도를 독점하지 못하게 된 상황에서 다시 세력균형을 위한 분할을 모색하게 된 것이다.

3. 한국전 휴전과 한미동맹 수립: 한반도 세력균형의 모색

미국의 한국전 개입은 공산주의가 한반도 전체를 점령하는 것을 막는 데에는 성공을 했지만, 한반도 전체를 비공산주의화하려는 목표는 실패하고, 결국은 한반도의 재분단을 모색하게 되었다. 1951년 7월 10일부터 시작된 휴전협상은 1953년 7월 27일까지 2년 이상 계속되었다. 휴전선을 휴전이 이루어진 당일의 전선으로 정하도록 합의했기 때문에, 휴전협상을 하면서도 전투는 치열하게 전개되어 더 많은 사상자와 피해가 발생했다. 결국 휴전협정이 체결됨으로써 한반도는 재분단이 되었고, 한국과 미국은 전쟁의 재발에 대비하여 군사동맹을 체결하였다.

1) 휴전협상의 갈등과 이승만의 저항

휴전협상이 오랜 시간 지연된 이유는 포로교환 문제 때문이었다. 표면적으로 전쟁포로 문제는 매우 단순한 문제였다. 1949년의 제네바협정은 "전쟁포로는 적대행위가 끝난 후 지체 없이 석방되고 송환되어야 한다"고 명시하고 있었다. 그러나 한국전쟁에서만은 그리 간단한 문제가 아니었다. 북한은 남한을 점령하였을 당시 남한의 주민들과 포로군인들을 징발하여 인민군에 강제 편입시켰고, 중국군도 과거 내전에서 포로로 잡힌 장제스 군대의 군인들을 인민군에 편입시켰기 때문에 유엔측 캠프에 있는 전쟁포로 중 많은 인원이 공산주의 통제 하의 사회에 송환되는 것을 거부하고 있었다.

결국 미국은 자발적인 포로송환 원칙을 수립했는데, 그 배경은 인도적인 이유뿐만이 아니었다. 유엔측이 보유했던 공산군 포로는 17만 명에 달했으며, 공산군이 보유한 유엔군 포로는 그 숫자의 10분의 1에 불과했으므로, '전체 대 전체'를 교환할 경우 미국측이 공산측보다 10배나 많은 포로를 송환하여야 하는데, 이는 군사적으로 불리한 협상으로 생각하고 있었다. 송환된 포로들이 북한 인민군으로 편입되면 막강한 군사력이 될 우려도 가지고 있었다. 정치적으로 많은 포로가 송환을 거부하는 것은 미국이 냉전에서 승리하고 있다는 선전에 매우 많은 기여를 할 것이라는 기대도 가지고 있었다. 1952년 중반 포로들의 개인 의견을 조사한 결과 약 17만 명의 포로 중에서 1/2 이상이 자발적인 송환을 원한다는 의사표시를 하였다. 유엔군 측은 인도적인 차원에서 북송을 거부하는 포로들을 북한에 보낼 수 없다는 입장을 견지하였고, 공산측은 제네바협정에 의거하여 전체 대 전체의 교환을 요구하였다. 전혀 타협점을 찾을 수 없는 논쟁만 되풀이되었다.

포로교환 문제로 지루하게 전개되던 휴전회담은 뜻밖에도 1953년 3월 5일의 스탈린 사망에 의하여 전기를 맞게 되었다. 새로 들어선 말렌코프(Goorgy Malenkov) 체제는 내부결속을 위하여 소련 국력을 크게 소모시키는 한반도 문제와 같은 외부의 분쟁들을 조속히 해결해야 할 필요성을 느끼게 되었다. 중국의 입장에서도 조속한 해결을 원하고 있었다. 3월 30일 저우언라이(周恩來)는 송환을 원하지 않는 모든 포로를 중립국에 넘겨 그들의 송환문제를 해결하도록 하자는 제의를 하였다. 이 제의가 휴전협상의 획기적 전기를 만들었다. 우선 4월 20일부터 부상포로 교환이 시작되었는데, 공산주의자들은 총 600명의 유엔군 포로를 하루에 100명씩 송환하였고 유엔측은 5,800명을 하루에 500명씩 송환하였다.

휴전협상의 밝은 전망은 한국정부의 극렬한 휴전반대로 다시 먹구름이 끼기 시작하였다. 1951년 중반에 시작된 휴전회담 초기부터 이승만 대통령은 한반도를 재분단시키는 휴전을 강력히 반대하면서, 통일이 달성되지 않는 한 한국 군대는 단독으로라도 전쟁을 계속하겠다고 선언하였다. 판문점에서 휴전의 타협 가능성이 보일 때마다 이승만은 휴전반대의 성명을 발표하는 동시에 학생과 시민들을 동원하여 대대적인 휴전반대 시가행진을 벌이도록 하였다. 이승만의 이러한 태도에 당황한 미 행정부는 만약 한국정부가 유엔정책에 협조하지 않는다면 미국은 한국에 대한 향후 지원을 다시 고려할 것이라고 경고하는 등 외교적인 압력을 계속 한국정부에 가하였다. 미국의 한국에 대한 미래의 지원은 한국정부가 보여주는 책임감, 한국인들의 결속을 유지시킬 수 있는 능력과 민주주의 이상에의 집념에 달려 있다는 점을 강조하였다. 이에 대해 이승만은 휴전회담에 대한 자신의 협조를 받기 위해서 미국은 한국과 '상호안보협정(mutual security pact)'을 체결하고 단독으로 국가를 지킬 수 있는 수준으로 한국군대를 강화시켜 줘야 한다고 요구하였다. 그러나 미국 지도자들은 당시 한국과 안보협정을 논의하는 것은 미국국익에 반하는 것으로 생각하였다. 미군이 한국에 주둔하고 있는 한, 공식적인 안보협정을 맺을 필요가 없다는 것이었다.[40]

부상포로 교환이 이루어지고 휴전협상에 서광이 비치기 시작하자 한국정부의 휴전반대 저항은 더욱 강화되었다. 4월 9일 아이젠하워(Dwight Eisenhower) 대통령에게 보내는 서한에서 이승만은 만약 중국군이 한반도에 주둔한 상태로 휴전이 이루어진다면, 한국정부는 한국군과 같이 압록강까지 진격을 하지 않는 모든 동맹국 군대에게 한국으로부터 철수하도록 요구할 것이라고 천명하였다. 미국도 통일을 위하여 압록강까지 진격하는 한국의 노력을 지원하지 않으려면 군대를 철수해야 한다고 선언하였다.[41] 과연 이승만이 진실로 단독 북진을 할 것인지, 단독 북진을 하여 공산군과 전투를 벌여서 승리할 수 있을지에 대해서는 의문이 있었지만, 미국의 입장에서 이승만의 저항을 무시하기는 어려웠다.

한국이 휴전을 강력하게 반대한 이유는 통일에 대한 열망에 더하여 불안한 안보적 상황에 대한 보장을 받기 위한 목적이 많았다. 한국전쟁이 재발할 경우 미국이 확실히 도와줄 것이라는 확신을 받고 싶었다. 따라서 미국이 이승만의 휴전에 대한 반대를 무마하기 위해서는 동맹조약을 체결해 주는 것이 가장 최선의 방법이었다. 그러나 미국은 이승만의 휴전반대를 우려는 했지만, 결정적인 행동까지 취할 것이라고는 생각하지 못하고 있었다. 국무부관리들은 이승만이 "휴전을 성취하려는 미국의 결정에 반대하는 것은 거의 불가능하다"고 느끼고 있을 것이라고 자신하면서, 오로지 이승만과 그의 추종자들의 반대행동은 동맹조약을 얻어내기 위한 제스처라고까지 생각하고 있었다.

1953년 5월 이후 휴전협상이 진전되면서 이승만의 반대가 더욱 거세지자 미국은 이승만을 제거하고 좀 더 다루기 쉬운 정부를 세우는 방안을 심각하게 생각하기 시작하였다. 클라크(Mark Clark) 유엔사령관은 이와 관련하여 유엔사령부에 의하여 주도되는 쿠데타작전, 즉 에버레디작전(Operation Everready) 계획을 5월초 완성하였다. 한국군이 유엔사령부의 명령에 불복종하고 단독행동을 할 경우 추진할 에버레디작전에 의한 임무는 불복종하고 반항적인 지도자들을 제거하고 미군에 충성하는 지휘관들로 대체할 것, 이반(disaffected)한 한국군대에 대한 연료와 탄약 공급을 중지할 것, 한국군과 정부 사이의 교신망 장악 및 두절, 유엔사 이름으로 계엄령 선포, 명령 불복종하는 군 및 민간지도자 삼금, 유엔사에 의한 군사정부 수립 선포 등을 포함했다. 무엇보다도 이승만은 임시수도인 부산으로부터 서울로 유인하여 감금시키는 내용을 핵심으로 했다.[42]

이승만을 제거하려는 작전까지 준비했지만, 한국에 주재하던 일부 미국인들은 이승만이 요구하는 것들, 특히 동맹조약은 한국의 입장에서는 미래 안보를 위하여 이해할 만하고 합리적이라고 생각하고 있었다. 그들은 미국에게 있어서 휴전은 반드시 필요한 것이며, 한국과 동맹조약을 체결하지 않고는 한국인들의 반대를 무마시킬 수 없으므로 이 협정을 체결해 줘야 한다고 강조하였다. 그러나 한국과의 동맹조약 체결을 반대하는 세력도 상당수 있었다. 동맹조약을 체결해 주는 것은 이승만에 대한 미국의 협상카드를 잃게 되는 것이고, 이 조약으로 이승만이 충분히 만족하여 휴전협정에 전폭 동의할지에 대한 의문도 가지고 있었기 때문에 동맹조약을 체결해 주면 안 된다는 주장을 했다.[43]

이승만에게 보내는 편지에서 아이젠하워 대통령은 미국이 한국과 상호방위조약을 체결하지 못하는 이유를 다음과 같이 열거하였다. 첫째, 한미상호방위조약 체결은 미국과 한국이 유엔을 비효율적인 기구라고 간주하는 인상을 줄 것이다. 둘째, 이 조약은 미국이 한반도의 통일을 원치 않거나 한반도 일부분에 대한 공산지배의 정당성을 부여할 인상을 줄 것이다. 셋째, 한국정부에 의한 휴전반대 성명과 단독 북진 위협 때문에 미국 국민들과 의회에 이 조약을 설명하기가 어려워졌다. 넷째, 한미 간에 방위조약이 체결되면 일부 참전국들은 군의 개입을 축소하려 할 것이다. 아이젠하워는 동맹조약은 불가능하지만, 미래의 한국방위를 지원할 '군사원조와 이에 관련된 포괄적 협정'이라는 모호한 내용의 제안을 하였다. 그는 한국이 휴전에 협조하게 되면 한국군대를 20사단 규모로 증강시키는 제의를 했다.[44]

미국의 설득과 압박에도 불구하고 전혀 변하지 않는 이승만에 대한 제거 계획을 실시할지의 여부에 대해서 국방부, 합참, 국무부는 5월 29일 회합을 가지고 논의했다. 전반적으로 군부는 에버레디작전의 실행을 지지하였지만 국무부 관리들은 주저하는 태도를 보였다. 국무부는 에버레디작전 대신에 방위조약을 체결해 주는 것이 바람직하다는 의견을 제시하였다. 결국 다음 날에 이어진 회의에서 에버레디작전을 수행하지 말아야 한다는 데 의견이 일치되었고, 대한민국에게 미국·필리핀 방위조약과 앤저스(ANZUS: 호주-뉴질랜드-미국)조약과 유사한 내용의 상호방위조약을 맺어 줘야 한다는 데 합의를 보았다.[45]

클라크 장군과 브릭스(Ellis O. Briggs) 대사에게 보낸 명령서에 의하면 미국은 이미 한국에게 제시한 휴전반대 행동 중단, 휴전 조항 준수, 한국군 지휘권의 유엔사령부 귀속 유지 등 3개 항의 조건만 수락하면 상호방위조약을 체결하기 위한 협의를 즉시 시작할 준비가 되어 있다고 하였다.[46] 결국 미국은 이승만을 제거하지 않고, 이승만이 원하는 동맹조약을 체결해 주기로 결정했다. 이승만을 제거한다 하더라도 이승만 이상의 반공 및 반소주의자를 찾기가 쉽지 않을 것으로 예상했다.

2) 한미상호방위조약과 한미합의의사록 체결

이승만 대통령은 정전협정 체결 이전에 미국과 동맹조약의 체결을 희망했지만, 이루어지지 않았다. 정전협정 체결 전부터 양국은 동맹조약을 체결하기 위한 본격적인 협상에 들어갔으나, 전쟁 발생시 개입조항에 대하여 양국의 의견 차이로 협상이 지연되었다. 한국정부가 요구한 내용은 전쟁이 재발할 경우 미국이 즉각적이고 자동적으로 한국에 대한 군사지원을 하고, 정전 이후에 미 공군과 해군이 한반도에 주둔하는 것이었다.

그러나 미국은 자동개입조항의 삽입에 대해서 반대의 입장을 보였다. 그리고 미국인들은 한국이 정전 이후 북한을 공격하는 경우를 예상하여 조약의 효력이 발생하는 지역을 '대한민국의 법과 권위가 미치는 평화로운 지역'으로 한정하기를 원하였다. 미국이 작성한 초안은 어느 일방의 독립과 안보가 외부의 공격으로 인하여 위협을 받을 경우 양측은 협의를 하고, 양 당사국의 '행정적 통제(administrative control)'가 미치는 지역에 발생한 공동위험에 대하여는 각국의 '헌법적 절차(constitutional processes)'에 따라 활동을 하도록 하였다.[47] 이에 대해서 이승만은 동맹조약에 자동개입조항이 삽입되어야 한다고 강력하게 주장했고, 이와 더불어 미군의 주둔도 요구했다. 사실 미군이 한국에 주둔하고 있는 이상, 자동개입조항이 없더라도 한반도의 새로운 분쟁 발생 시 미군이 자동적으로 개입되는 '인계철선(引繼鐵線, trip wire)' 효과를 노린 것이다.[48] 자동개입조항 요구가 받아들여지지 않는 대안으로 미군의 한국주둔을 요구한 것이다.

1953년 7월 9일 한국정부는 한미상호방위조약의 골격이 되는 주요 사항들을 제시했다. 첫째, 대한민국의 법적인 권한은 압록강과 두만강까지 미친다. 둘째, 미국이 한국에 육·해·공군의 주둔이 필요하다고 생각하면 즉시 이를 위한 조치를 취할 수 있다. 셋째, 일방 당사자에 대한 무력공격은 다른 당사자에 대한 무력공격으로 간주되고, 공격받은 측에 대하여 즉각적으로 무력을 사용하여 지원한다. 이 조치는 유엔 안보리가 국제평화와 안보를 회복하기 위한 조치를 취할 때까지 계속된다.[49] 그러나 미국은 '헌법적 절차'에 의한 개입조항, 즉 의회의 승인을 받은 후 전쟁에 개입하여야 한다는 입장을 고수했다. 이에 대해 이승만은 전쟁개입 문제는 긴급히 결정되어야 할 사안이기 때문에 의회와 협의를 하거나 동의를 받을 시간적 여유가 없을 것이라고 반박하였다.[50]

한국과 미국의 입장 차이를 줄이기 위하여 덜레스(John Foster Dulles) 국무장관이 정전협정 체결 이후인 1953년 8월 2일 한국을 방문했다. 덜레스는 조약의 힘은 미사여구보다는 그 조약 뒤에 있는 정신으로부터 나온다고 강조한 반면, 이승만은 자신이 강한 조약을 원하는 이유를 몇 가지 제시했다. 첫째, 자신은 대통령으로서 미국이 한국에 대하여 강한 입장을 보이고 있다는 점을 국민들에게 인식시켜야 한다. 둘째, 한국전 발발 이전에 일부 미국인들이 한국이 전략적 가치가 없다고 주장했는데, 이는 전쟁을 일으킨 쪽에 많은 영향을 미쳤다. 셋째, 한국인들은 소련보다 일본을 더 두려워하고 있기 때문에 미국의 중간역할이 필요하다. 미국인들은 일본이 과거의 제국주의를 꿈꾸는 속마음을 모른다고 하면서, 일본을 군사적이나 경제적으로 재건시키는 것은 현명하지 못하다고 부연 설명하였다. 이어서 이승만은 한반도 통일을 위한 정치회담이 90일 동안 결실을 이룩하지 못할 경우 미국은 전쟁을 재개하든가, 한국이 통일을 이룩할 때까지 정신적·물질적 지원을 해야 한다고 요구하였다. 덜레스는 미국이 한국의 전쟁 재개를 지원할 수 없다는 점을 단호하게 선언하였다. 이승만은 여태까지 피를 흘리며 희생하였으면서 반만 이룩하고 떠나지 말고 목표를 완수하라고 되받았다.[51]

이러한 협의 과정을 거친 한미상호방위조약은 1953년 8월 8일 서울에서 가조인되었고, 1953년 10월 1일 워싱턴에서 덜레스 국무장관과 변영태 외무장관의 참석 하에 정식으로 체결되었다. 조약의 대부분 조항들은 미국의 초안을 기초로 하였다. 조약의 핵심 내용은 어느 체결 당사국이 외부로부터 무력공격을 받을 경우 "각자의 헌법상의 절차에 따라 행동할 것을 선언한다"라고 되어 있다. 주한미군에 대해서는 "미국의 육군, 해군과 공군을 대한민국의 영토 내와 그 부근에 배치하는 권리를 대한민국은 허여하고 미합중국은 이를 수락한다"로 되어 있다. 가장 중요한 논쟁점이 되었던 자동개입조항이 제외되는 대신 미국은 한국정부의 우려를 고려하고 설득하기 위해서 미군 2개 사단을 서울과 휴전선 사이 서부전선에 배치하여 인계철선을 구축함으로써 자동개입의 현실적 조치를 취했다.

한미상호방위조약을 서명한 후 미국정부의 가장 큰 관심사는 이승만이 단독 북진을 하지 못하도록 하는 것이었다. 이 문제는 상원의 한미상호방위조약의 비준과도 연관이 되어 있었다. 이러한 이유로 1953년 말에 닉슨(Richard Nixon) 부통령이 서울을 방문하여 이승만과 회담을 가졌고, 아이젠하워 대통령은 1954년 1월 초에 이승만에게 서한을 보냈다. 아이젠하워는 이 서한에서 이승만이 닉슨을 만나 미국에 사전통보하지 않고 독자적인 군사 활동을 하지 않겠다고 약속을 한 데 대해서 치하했다.[52]

1954년 4월 20일부터 7월 20일까지 베트남과 한반도 문제를 다루기 위해서 개최된 제네바회담에서 한반도 문제의 해결이 실패로 돌아간 이후 이승만의 태도는 다시 경직되었다. 정전협정 제4조 60항은 6·25전쟁을 평화적으로 종결하기 위해 정전협정 발효 후 3개월 이내에 고위급 정치회담을 개최하고 한반도로부터 외국군대 철수 및 한국문제의 평화적 해결 등을 협의하도록 규정하고 있다. 하지만 1954년 4월 남북한과 유엔 참전국, 중국 및 소련 등이 참석한 가운데 스위스 제네바에서 개최된 정치회담은 유엔군 철수 등을 둘러싼 입장 차를 해소하지 못하고 결렬됐다.

미 행정부는 제네바회담이 실패로 돌아간 1954년 7월부터 한국정부가 미국에 통고를 하지 않고 일방적인 행동을 취하지 못하도록 한국과 일종의 협약을 맺기를 희망하고 있었다. 그러기 위해서 미국은 다양한 수준의 유인책과 상황평가를 실시했다. 우선 미국은 한국군의 증강을 위해 매년 1억 달러를 지출하고, 3~4년 동안 총 10억 달러의 경제 원조를 할 준비를 하고 있었다. 지원의 조건은 한국정부가 정치적, 군사적, 경제적으로 미국에 완전한 협력을 해야 한다는 것이었다. 한국의 단독 무력통일 시도를 막기 위해 통일문제는 유엔 총회에 의존하도록 유도하는 정책을 수립했다. 이와 더불어 한국과 일본의 관계에 있어서 미국인들은 한국인들의 일본에 대한 역사적인 감정을 이해하지만, 지역안보를 위해서 한국과 일본의 관계가 개선되기를 희망했다. 특히 미국은 한국이 일본과 외교정상화 관계를 가지기

를 기대했다.[53]

이러한 내용을 중심으로 한 한미 간의 협의를 위해 이승만과 아이젠하워 대통령은 1954년 7월 27일부터 30일까지 정상회담을 개최했다. 양 정상은 공산주의의 침략에 대해서 양국이 적극적인 협력을 해 나가기로 합의하면서, 현안 문제들을 협의했다. 우선 미국은 한국정부가 유엔을 통하여 평화적인 방법으로 한반도 통일을 추진해 나가고, 군사적으로 한국군을 유엔사령부의 작전지휘권 하에 유지시키기를 요구했다. 이에 대한 보상으로 미국은 한국의 경제발전과 군사력 확충을 위해서 충분한 지원을 하기로 약속했다. 미국은 한국의 군사력을 총 72만 명으로 1955년까지 확충하고, 이에 따른 비용을 미국이 지원하기로 결정했다. 또한 미국의 지원 하에 한국은 일본과 현안 문제들을 해결하기 위한 협상을 재개하기로 했다.[54] 정상회담에서 이승만은 마지못해서 미국의 유엔을 통한 평화적 한반도 통일 제안을 수용하였지만, 아직 그가 이를 확고하게 받아들였는지는 불분명했다. 이승만의 기본적인 입장은 한반도의 평화통일은 불가능하다는 것이었고, 미국은 이승만의 북진이 핵전쟁을 야기할 수도 있다고 우려했다.

미국은 이승만이 일방적인 군사적 행동을 취하지 않겠다는 약속을 문서로 남기기를 원했다. 한미정상회담 이후 1개월 이상이 지난 9월 14일에 한미합의의사록의 초안이 완성되었다. 여기에는 한국이 미국과 협력하고 한국군을 유엔사령부의 작전지휘권 하에 남겨 둔다는 조건 하에 미국은 한국에게 7억 달러 상당의 경제 및 군사원조를 제공한다는 내용이 담겨 있었다. 이승만은 미국과 협상할 한국 관료들에게 10억 달러의 경제 및 군사원조를 받아 오고, 무력 북진통일의 문구를 넣기 어려우면 '모든 가능한 방법(by all possible means)에 의한 통일'이라는 문구를 삽입하도록 지시하여 협상의 난관이 예상되었다. 이승만은 미국인들이 친일본적 성향을 보이는데 대해서도 강한 불만을 표시했다. 특히 미국이 일본에 대한 지원과 건설에 치중하면서 한국에 대해서는 소홀히 하고 있다는 비판을 했다. 이 대통령은 수도를 부산에서 서울로 옮긴 후 대규모 재건 계획을 추진하고 있으나, 미국의 관리들은 일본을 우선적으로 생각하기 때문에 한국의 부흥계획에 차질이 빚어지고 있다는 비판을 했다. 그는 미국인들이 한국의 산업 건설을 지원하지 않고 외국 물품을 수입하게 하여 한국에는 일본의 상품들이 넘쳐 난다고 비판했다. 한국과 관련된 임무를 수행하는 미국의 관료들은 이승만의 요구에 대해서 미국정부가 성의 있게 수용해 주는 것이 이승만의 독자적인 행동을 막을 수 있는 방법이라고 권고했다.[55]

미국이 한국에게 제시한 장문의 합의의사록 초안은 한반도의 통일이 한미 양국에게 이득이 되며, 공산주의에 대항하는 자유세계의 노력에 기여하는 것이므로, 한미 양국은 통일에 대해 신밀한 협력을 한다는 내용으로 시작되었다. 이어서 유엔사령부가 대한민국의 방어에 책임을 지고 있기 때문에, 한반도의 통일을 위해서 노력을 하는 동안, 한국군대가 유엔사령부의 통제 하에 지속적으로 놓이게 한다는 내용으로 이어졌다. 이러한 전제 하에 미국이 한국에 대한 경제원조와 군사력 확충을 지원하는 내용을 포함했다. 한국을 정치적, 군사적, 경제적으로 강화할 목적으로 1955년 회계연도에 경제원조와 군사력 건설을 위하여 7억 달러를 지원한다는 내용도 포함되었다. 미국은 한국군 증강계획의 일환으로 약 10개의 예비사단을 구성하기로 결정했다. 육군 군복무를 마친 젊은이들을 모집하여, 매월 1만 명씩 훈련시켜서 1955년까지 예비사단들을 완성하기로 했다. 해군, 해병대, 공군은 예비군 선발을 하지 않도록 했으며, 한국군의 전체적인 증강계획을 이 예비사단의 수준을 고려하여 결정하기로 했다.[56]

이러한 당근을 제시했으나 이승만의 태도는 별로 변하지 않았으며, 미국인들은 지속되는 이승만의 고집과 비타협적인 태도에 불만을 가졌다. 과거 휴전협정을 반대할 때와 같이 이승만 제거계획을 수립하지는 않았지만, 연로한 대통령이 보다 순응적인 젊은 대통령으로 교체되기를 원했다. 그러나 그들은 이승만이 워낙 한국정치를 좌지우지하기 때문에, 당분간 새로운 후계자가 나설 가능성은 별로 높지 않다는 실망감도 가지고 있었다. 그러나 이승만 대통령의 정치력이 예전보다 많이 약화되어 있기 때문에, 미국의 관련 관료들은 당면한 이슈들을 논의하는 데 있어서 강력한 압력을 행사할 필요가 있다고 생각했다. 그리고 시간을 지체하지 말고 빠르게 합의를 도출해야 한다는 전략을 수립했다.[57]

이후 한국과 미국정부는 다양한 방식으로 협상을 하였는데, 미국이 원하지 않는 방향으로 합의의사록이 체결될 경우 미국은 한미상호방위조약의 비준서 교환을 지연시킬 수 있기 때문에, 미국은 보다 유리한 입장에서 빠른 의사록을 체결하기를 원했고, 한국은 주저하는 태도를 보였다.[58] 의사록 초안이 만들어진 이후에도 이승만 대통령은 초안에 대해서 거부감을 보였다. 휴전과 한미동맹 체결 이후에도 북진통일을 희망했던 이승만은 합의의사록 초안에 담긴 '모든 평화적 수단을 통해' 통일을 모색한다는 표현에 대해서 지속적인 거부감을 보였다. 그는 미국 측에 '평화적 수단'이라는 표현을 삭제할 것을 요청하였다. 이 문제에 대해서 의사록 서명하기 직전까지 많은 협상이 이루어졌다. 한반도에서 또 다른 전쟁에 연루되는 것을 꺼려한 미국은 이승만의 요구를 재차 거부했다. 결국 양측은 여러 차례에 걸친 접촉과 협상 끝에 통일문제와 관련하여 유엔을 통하여 통일을 추진한다는 내용의 문구만을 삽입하기로 결정했다.[59] 한국의 입장에서 무력에 의한 한반도 통일은 현실성이 적었고, 경제와 군사원조가 보다 시급했기 때문에 미국이 원하는 방향의 의사록을 받아들이지 않을 수가 없었다.

마침내 1954년 11월 17일 미국이 한국에게 1955년도 회계연도에 4억 2,000만 달러의 군사원조와 2억 8,000만 달러의 경제 원조를 제공하고, 10개 예비사단의 추가 신설과 79척의 군함과 약 100대의 제트전투기를 제공하는 조건으로, 한국은 "유엔사령부가 대한민국의 방위를 위한 책임을 부담하는 동안 대한민국 군대를 유엔사령부의 작전지휘권 하에 둔다"는 것에 동의한다는 내용의 '합의의사록'에 정식 조인했다. 같은 날 그 동안 지연되어 왔던 한미상호방위조약의 비준서도 상호교환됨으로써 비로소 조약의 법적 효력이 발생하게 되었다. 합의의사록에 의해서 한국은 육군 66만 1,000명, 해군 1만 5,000명, 해병대 2만 7,500명, 공군 1만 6,500명으로 구성되는 총 72만 명의 군대를 유지할 수 있게 되었다. 이와 같은 미국으로부터의 지원에 대한 대가로 이승만은 '북진무력통일'의 꿈을 현실적으로 단념해야만 했다. 미 행정부도 이승만의 일방적인 군사행동으로 인해 전쟁으로 끌려들어 가게 될 가능성을 대폭 줄일 수 있었다는 점에서 상당한 소득을 얻을 수 있었다.

이승만의 휴전반대, 한미상호방위조약, 한미합의의사록을 체결하는 과정에서 갈등을 가장 많이 겪은 한국군의 작전지휘권 문제, 즉 한국군이 북진 무력통일을 하지 못하도록 작전지휘권을 규제하는 문제는 동맹체결 당시에는 유엔군 사령부로 귀속시켰으나, 이후 작전통제권으로 변경 및 축소되었으며, 이후 유엔사령부가 한국군의 작전통제권을 한미연합사에 위임했고, 이후 평시작전통제권은 한국이 인수했고 전시작전통제권은 한미연합사에 아직 귀속되어 있다. 이승만 대통령은 한국전쟁 발발 직후인 1950년 7월에 한국군의 작전지휘권을 '현재의 적대 상태가 지속되는 동안(during the period of the continuation of the present state of hostilities)' 유엔군 사령관에게 이양한 바 있다.

* * * *

1953년 10월 1일에 체결된 한미상호방위조약은 일반적으로 국가들이 체결하는 동맹의 목적과 조건에 부합된다. 미국과 한국에게는 한국전쟁 동안 전쟁을 벌였던 상대인 북한과 중국이라는 공동 적이 있었고, 미국이 한국전에 개입하여 대한민국을 수호했으며, 휴전 이후에도 미국이 대동북아 전략의 차원에서 남한과의 긴밀한 관계가 필요했기 때문에 동맹의 목표와 의도는 양국이 부합되었다. 그러나 동맹을 체결하는 과정은 다른 동맹조약들과는 차별성을 보였다. 미국에게 있어 단기적인 측면에서 한미동맹은 휴전회담에 반대하고 단독으로 북진하겠다는 한국의 이승만 대통령을 달래서 휴전을 달성하기 위한 수단이었다.

한국의 입장에서 분석해 보면, 한미상호방위조약의 체결 과정은 외교적인 측면에서 매우 중요한 의미를 지니고 있다. 특히 한국의 대미외교의 자주성과 독자성의 문제이다. 대체로 약소국이 강대국과 군사적 유대관계를 맺게 되면 약소국이 강대국에 의존하게 되어 있으며, 강대국의 정책이 약소국의 이익에 반하더라도 별 저항 없이 따르게 되어 있다. 그러나 이승만 대통령은 전쟁이 재발하더라도 미국과 유엔이 개입해 주기를 기대하면서 미국에 대해 정책적인 도전을 했다. 현실적으로 한국이 독자적으로 북진을 한다는 것은 거의 불가능했지만, 이승만은 이를 도구로 하여 미국과 동맹조약을 체결하는 성과를 거두었다.

당시 미국정부의 외교문서들을 분석해 보면, 미국은 이승만의 휴전반대와 단독 북진 주장에 대해서 상당히 심각하게 생각했던 것으로 보인다. 그랬기 때문에 미국은 이승만을 제거하려는 작전까지 수립했었다. 그럼에도 불구하고 결과론적으로 미국이 이승만의 요구를 들어주기로 결정한 것은 당시 한국 상황을 비추어 볼 때 이승만 이상의 반공주의자를 찾기 어려웠던 요인이 매우 컸을 것이다. 미국이 보기에 이승만은 미국이 단기적인 정책을 추진하는 데 있어서 방해가 되는 골치 아픈 인물이었지만, 장기적으로 미국의 동북아 전략을 수행하는 데 필요한 인물로 평가되고 있었던 것으로 보인다. 당시 1950년대에 전쟁의 참화를 경험한 한국이라는 작은 국가가 세계 초강대국으로 등장한 미국에 대해서 대등한 외교를 전개한 것으로 평가된다.

이승만의 휴전반대와 북진위협이 없었더라도 미국이 한국과 동맹조약을 체결했을까라는 질문에 대해서는 명확한 답을 하기가 어렵다. 종전이 아니라 휴전이기 때문에 한반도에서 무력충돌이 다시 발생할 가능성이 있었고, 전쟁이 재발한다면 미국은 상당히 어려운 입장에 놓이게 될 것이 확실했다. 새로운 한국전쟁에 미국이 개입을 하지 않으면, 최악의 경우 한반도 전체가 공산화될 우려가 있고, 이는 미국의 대동북아 전략과 일본의 안보에 크게 해를 미치는 결과를 초래할 것이다. 또한 미국이 새로운 전쟁에 개입하기 위해서는 한국전쟁에서의 미국 개입의 실패로 인해 실망한 미국 내 여론을 어떻게 다시 설득할지가 문제였다. 무엇보다 미국은 한국의 전쟁에 새로 참전하더라도 전쟁을 이길 수 있을지 확신이 서지 않는 상황이었다. 이러한 점에서 미국이 한국과 동맹을 체결하면 공산측이 섣불리 전쟁을 일으키지 못하는 억지효과가 생기고, 한국의 북진 무력통일 시도도 저지할 수 있었기 때문에 한미동맹은 미국의 대동북아 전략의 차원에서 필요한 것이었다는 평가를 할 수 있다. 동북아 국가가 아닌 미국이 동북아에서 세력을 유지하기 위해서는 한국과의 긴밀한 안보적 유대가 필수적이었을 수 있다.

주

1) 이 절은 김계동, 『한반도 분단, 누구의 책임인가』(서울: 명인문화사, 2012)를 토대로 하여 작성되었다.
2) Anthony Eden, *The Eden Memoirs: The Reckoning* (London: Cassell, 1965), p. 378; John Lewis Gaddis, *The United States and the Origins of the Cold War 1941-1947* (New York: Columbia University Press, 1972), pp. 78, 137-138; *Bohlen Minutes*, FRUS(Foreign Relations of the United States) 1943, Conferences of Cairo and Teheran, p. 485.
3) Walter Millis, *The Forrestal Diaries: The Inner History of the Cold War* (London: Cassell & Company Ltd., 1952), p. 71.
4) *Harriman to Truman and Byrnes*, 9 July 1945, FRUS 1945, Conference of Berlin (Potsdam), 1:234.
5) 송남헌, 『해방3년사 1945-1948』(서울: 까치, 1985), 제1권, p. 7; 강만길, 『한국현대사』(서울: 창작과 비평사, 1984), p. 194; Gregory Henderson, *Korea: The Politics of the Vortex* (Cambridge, Mass.: Harvard University Press, 1968), pp. 115-118; Bruce Cumings, *The Origins of the Korean War: Liberation and Emergence of Separate Regimes, 1945-1947* (Princeton: Princeton University Press), p. 267.
6) Joyce and Gabriel Kolko, *The Limits of Power: The World and United States Foreign Policy, 1945-1954* (New York: Harper & Row Publishers, 1972), pp. 280-281.
7) SWNCC 176/4, 10 September 1945, FRUS 1945, 6: 1044-1045.
8) *Benninghoff to Byrnes*, No. 1, 15 September 1945, FRUS 1945, 6:1049-1053.
9) *Benninghoff to Byrnes*, No. 6, 29 September 1945, FRUS 1945, 6:1061-1065.

10) *Benninghoff to Atcheson*, TFGCG 108, 9 October 1945, FRUS 1945, 6: 1069; Carl Berger, *The Korean Knot: A Military and Political History* (Philadelphia: University of Pennsylvania Press, 1964), p. 53; *Benninghoff to Atcheson*, 10 October 1945, FRUS 1945, 6: 1070.
11) 박명림, 『한국전쟁의 발발과 기원 Ⅱ: 기원과 원인』 (서울: 나남출판, 1996), p. 40.
12) *Basic Initial Directive for Civil Affairs in Korea*, JCS 1483/5, 17 October 1945, JCS Records, CCS 383.21 Korea (3-19-45) Sec.1, RG218, National Archive.
13) *New York Times*, 21 October 1945; Robert T. Oliver, *Syngman Rhee: The Man behind the Myth* (New York: Dodd Mead and Company, 1955), pp. 211-215.
14) *Vincent to War Department*, 7 November 1945, FRUS 1945, 6:1113-1114.
15) *MacArthur to the Joint Chiefs of Staff*, CA 56096, 16 December 1945, FRUS 1945, 6:1144-1148.
16) *American Proposal, Soviet Proposal on Korea, and Moscow Conference minutes*, 16-22 December 1945, FRUS 1945, 2:617-621, 639-717; James F. Byrnes, *Speaking Frankly* (London: William Heinmann Ltd., 1947), pp. 221-222.
17) 송광성, 『미군점령 4년사』, (서울: 한울, 1993), p. 135; 최상용, 『미군정과 한국 민족주의』, (파주: 나남, 1989), pp. 214-215.
18) Hodge to Byrnes, 9 May 1946, FRUS 1946, 8:665-666; *Langdon to Byrnes*, 14 May 1946, DS Records, 740.00119 Control (Korea)/ 5-1446, Box 3828A, RG59, National Archive.
19) 황의서, "해방 후 좌우합작운동과 미국의 대한정책: 합작운동의 결과적인 실패와 관련하여," 『한국정치학회보』 제30집 3호, 1996년 가을, pp. 185-190.
20) *UN Document*, A/AC 18/28; A/AC 18/31; A/AC 18/SR 9.
21) 이 절은 김계동, 『한국전쟁: 불가피한 선택이었나』 (서울: 명인문화사, 2014)를 바탕으로 하여 작성되었다.
22) *Army Department memorandum*, 27 June 1949, FRUS 1949, 7:2:1047-1048, 1052-1056.
23) Thomas H. Etzold and John Lewis Gaddis, eds., *Containment: Documents on American Policy and Strategy, 1945-1950*, pp. 269-276, 345-442; Andre Fontain, *History of the Cold War: From the Korean War to the Present* (London: Secker & Warburg, 1970), p. 11.
24) *Noyes memorandum*, 25 June 1950, FRUS 1950, 7:144-7; Trygve Lie, *In the Cause of Peace* (New York: The Macmillan Co., 1954), p. 330; Joseph C. Goulden, *Korea: The Untold Story of the War* (New York: Times Book, 1982), p. 6.
25) *UN Document*, S/1501, 25 June 1950.
26) Harry S. Truman, *Years of Trial and Hope*, p. 336; *Muccio to Acheson*, No. 951, 26 June 1950, FRUS 1950, 7:167-168.
27) Goulden (1982), p. 59.
28) *Achesn to Kirk*, No.538, 25 June 1950, FRUS 1950, 7:148; *Department of State, Bulletin*, 10 July 1950, p. 48.

29) *Editorial Note*, FRUS 1950, 7:143-4; James F. Schnabel, Robert J. Watson, *History of the Joint Chiefs of Staff*, 3:1:73.
30) *Jessup memorandum*, 25 June 1950, FRUS 1950, 7:158-161; Schnabel and Watson, *History of the Joint Chiefs of Staff*, 3:1:78-80.
31) *Jessup memorandum*, 26 June 1950, FRUS 1950, 7:179-180; Harry S. Truman, *Years of the Trial and Hope*, p. 337.
32) *MacArthur to Acheson*, C56942, 30 June 1950, FRUS 1950, 7:248-250.
33) US Senate, *Military Situation in the Far East*, 82nd Congress, 1st Session, Committee on Armed Service and Committee on Foreign Relations, 3 May 1951-17 August 1951, pt.2, pp. 1650-1651; FRUS 1950, 7:255-263.
34) *Keesing's Contemporary Archives*, 15-22 July 1950, p. 10836; David Rees, *Korea: The Limited War* (New York: St. Martin's Press, 1964), pp. 27-28.
35) *Allison to Rusk*, 1 July 1950, FRUS 1950, 7:272; *Franks to Foreign Office*, 4 July 1950, FK1015/86G, FO371/84059, PRO(Public Record Office, 영국 공문서 보관소); *Dulles to Nitze*, 14 July 1950k DS Records, 795.00/7-1450, Box4265, RG59, National Archive.
36) *Summation of Remarks by General MacArthur*, 13 July 1950, 333 Pacific, JCS Records, RG319, National Archive; *Harriman's meeting with MacArthur*, DS Records, 795.00/8-850, Box4267, RG59, National Archive.
37) NSC 73/4, 25 August 1950, NSC Records, RG273, National Archive; *McConaughy memorandum*, 25 August 1950, FRUS 1950, 7:649-652.
38) Schnabel and Watson, *History of the Joint chiefs of Staff*, 3:1:271-272; Appleman, *US Army in the Korean War*, p. 699.
39) *Wilkinson to Acheson*, No. 904, 27 October 1950, FRUS 1950, 7:1003-1004; Department of State, *Bulletin*, 8 January 1951, pp. 43-47; Schnabel and Watson, *History of the Joint Chiefs of Staff*, 3:1:287.
40) *Truman to Rhee*, 4 March 1952, FRUS 1952-54, 15:1:74-76; *Rhee to Truman*, 21 March 1952, FRUS 1952-54, 15:1:114-116; 『동아일보』, 1952년 3월 5일, 4월 12일.
41) *Truman to Rhee*, 4 March 1952, FRUS 1952-54, 15:1:74-76; *Rhee to Truman*, 21 March 1952, FRUS 1952-54, 15:1:114-116; 『동아일보』, 1952년 3월 5일, 4월 12일.
42) *Taylor (CG, Eighth Army) paper*, 4 May 1953, FRUS 1952-54, 15:1:965-968.
43) *CINCUNC to Joint Chiefs of Staff*, CX62406, 13 May 1953, FRUS 1952-54, 15:1:1010-1012; *Murphy to Dulles*, No.3594. 14 May 1953, DS Records, 795.00/5-1453, Box4286, RG59, National Archive; *Young to Johnson*, 15 May 1953, DS Records, 795.00/5-1553, Box4286, RG59, National Archive.
44) *Acting Secretary of State to Briggs*, No.723, 22 May 1953, DS Records, 795.00/5-1853, Box4285, RG59, National Archive; *Aide-memoire from the State Department to Rhee*, 27 May 1953, DS Records, 795.00/6-353, Box4285, RG59,

National Archive.
45) *Eddleman memorandum*, 1 June 1953, FRUS 1952-54, 15:1:1126-1129.
46) *CSUSA to CINCFE*, DA940241, 30 May 1953, FRUS 1952-54, 15:1:1122-1123.
47) *Young memorandum*, 22 June 1953, FRUS 1952-54, 15:2:1236-1237; *Dulles to Embassy in Korea*, No.19, 6 July 1953, DS Records, 795.00/7-653, Box4287, RG59, National Archive.
48) *Robertson to State Department*, No.26, 7 July 1953, DS Record, 795.00/7-753, Box4287, RG59, National Archive.
49) *ROK Draft of Mutual Defense Treaty*, 9 July 1953, FRUS 1952-54, 15:2: 1359-1361.
50) *Rhee to Dulles*, 25 July 1953, FRUS 1952-54, 15:2:1436-1438.
51) *Young memorandum*, 7 August 1953, FRUS 1952-54, 15:2:1481-1488.
52) *Dulles to Briggs*, 4 January 1954, DS Records, 611.95B/1-454, Box2888, RG59, National Archive.
53) *Drumright to Dulles*, 24 July 1954, DS Records, 611.95B/7-2454, Box2888, RG59, National Archive.
54) 이승만, 『이승만 대통령 방미일기』 (서울: 코러스, 2011); "Agreed minute between the Governments of the United States and the Republic of Korea based on the conferences held between President Eisenhower and President Rhee and their Advisers in Washington, July 27-30, 1954", DS Records, Box2888, RG59 National Archive.
55) *McClurkin to Robertson*, "Republic of Korea — Anti-American Campaign," 23 September 1954, DS Records, 611.95B.9-2354, Box2888, RG59, National Archive.
56) *Briggs to Dulles*, No.475, 22 October 1954, DS Records, 611.95B/10-2254, Box 2888, RG59, National Archive.
57) *Briggs to Dulles*, No.540, 9 November 1954, DS Records, 611.95B/11-954, Box 2888, TG59, National Archive.
58) *State Department to Embassy Seoul*, 12 November 1954, DS Records, 611.95B/11-1254, Box2888, RG59, National Archive.
59) *Briggs to Dulles*, No.558, 14 November 1954, DS Records, 611.95B/11-1454; *Briggs to Dulles*, No.559, 15 November 1954, DS Records, 611.95B/11-1554; *Briggs to Dulles*, No.569, 16 November 1954, DS Records, 611.95B/11-1654; *Briggs to Dulles*, No.572, 16 November 1954, DS Records, 611.95B/11-1654, Box2888, RG59, National Archive.

■ 참고문헌

* 이 장의 중요한 논지들은 미국 National Archive에 보관되어 있는 미국의 정부문서, 특히 국무부의 비밀해제된 외교문서들을 바탕으로 하고 있다. 또한 미국 Government Printing Office에서 발간한 Foreign Relations of the United States 도 많은 참고가 되었다.

1. 한글문헌

강만길. 『한국현대사』. 서울: 창작과 비평사, 1984.
김계동. 『한반도의 분단과 전쟁: 민족분열과 국제개입·갈등』. 서울: 서울대 출판부, 2000.
_____. 『한반도 분단, 누구의 책임인가』. 서울: 명인문화사, 2012.
_____. 『한국전쟁: 불가피한 선택이었나』. 서울: 명인문화사, 2014.
김기조. 『38선 분할의 역사: 미, 소·일간의 전략대결과 전시외교 비사(1941-1945)』. 서울: 동산출판사, 1994.
남정옥. 『이승만 대통령과 6·25 전쟁』. 서울: 이담, 2010.
박태균. 『우방과 제국: 한미관계의 두 신화』. 서울: 창비, 2006.
서용선. 『한반도 휴전체제연구』. 서울: 국방군사연구소, 1993.
송광성. 『미군점령 4년사』. 서울: 한울, 1993.
송남헌. 『해방3년사 1945-1948』. 서울: 까치, 1985.
양대현. 『역사의 증언: 휴전회담비사』. 서울: 형성출판사, 1993.
윌리엄 스툭, 서은경 역. 『한국전쟁과 미국 외교정책』. 서울: 나남출판, 2005.
이승만. 『이승만 대통령 방미일기』. 서울: 코러스, 2011.
이완범. "미국의 한국 점령안 조기 준비: 분할점령의 기원, 1944년-1945년 7월 10일." 『국제정치논총』 제36집 1호 (1996).
제성호. 『한미동맹의 법적 이해』. 서울: 한국국방연구원, 2015.
한태수. 『한국정당사』. 서울: 신태양사, 1961.

2. 영어문헌

Allison, John M. *Ambassador from the Prairie or Allison Wonderland*. Boston: Houghton Mifflin, 1973.
Appleman, Roy. *US Army in the Korean War: South to the Nakdong, North to the Yalu*. Washington D.C.: Government Printing Office, 1961.
Byrnes, James F. *Speaking Frankly*. London: William Heinmann Ltd., 1947.
Clark, Mark. *From the Danube to the Yalu*. New York: Harper and Brothers, 1954.
Collins, Lawton J. *War in Peacetime: The History and Lessons of Korea*. Boston: Houghton Mifflin, 1969.
Cumings, Bruce. *The Origins of the Korean War: Liberation and Emergence of*

Separate Regimes, 1945-1947. Princeton: Princeton University Press, 1981.

Dallin, David J. *Soviet Russia and the Far East*. London: Hollis & Carter, 1949.

Donovan, Robert J. *Tumultuous Years: The Presidency of Harry S. Truman, 1949-1953*. New York: Norton, 1983.

Eden, Anthony. *The Eden Memoirs: The Reconing*. London: Cassell, 1965.

Fontain, Andre. *History of the Cold War: From the Korean War to the Present*. London: Secker & Warburg, 1970.

Gaddis, John Lewis. *Strategies of Containment: A Critical Appraisal of Postwar American National Security Policy*. London: Oxford University Press, 1982.

Gaddis, John Lewis. *The United States and the Origins of the Cold War 1941-1947*. New York: Columbia University Press, 1972.

Gittings, John. "Talks, Bombs and Germs: Another Look at the Korean War." *Journal of Contemporary Asia*. Vol. 5, No. 2, 1975.

Goulden, Joseph C. *Korea: The Untold Story of the War*. New York: Times Book, 1982.

Gupta, Karunakar. "How did the Korean War Begin?." *The China Quarterly*. No. 52, October/December 1972.

Henderson, Gregory. *Korea: The Politics of the Vortex*. Cambridge, Mass.: Harvard University Press, 1968.

Isaacs, Harold. *No Peace for Asia*. New York: The MIT Press, 1967.

Kim, Gye-Dong, *Foreign Intervention in Korea*. Aldershot: Dartmouth Publishing Comany, 1993.

Kolko, Joyce, and Gabriel. *The Limits of Power: The World and United States Foreign Policy, 1945-1954*. New York: Harper & Row Publishers, 1972.

Leahy, William D. *I was there*. London: Victor Gollancz Ltd., 1950.

Lie, Trygve. *In the Cause of Peace*. New York: The Macmillan Co., 1954.

Lowe, Peter. *The Origins of the Korean War*. London: Longman, 1986.

Matray, James Irving. *The Reluctant Crusade: American Foreign Policy in Korea, 1941-1950*. Honolulu: University of Hawaii Press, 1985.

Meade, Edward Grant. *American Military Government in Korea*. New York: King's Crown Press, 1951.

Millis, Walter. *The Forrestal Diaries: The Inner History of the Cold War*. London: Cassell & Company Ltd., 1952.

Oliver, T. *Syngman Rhee: The Man behind the Myth*. New York: Dodd Mead and Company, 1955.

Rees, David. *Korea: The Limited War*. New York: St. Martin's Press, 1964.

Reeve, W. D. *The Republic of Korea: A Political and Economic Study*. Oxford: Oxford University Press, 1963.

Ridgway, Matthew B. *The War in Korea*. Garden City: Doubleday, 1967.

Rusk, Dean. *As I Saw It*. London: Penguin Books, 1990.

Sandusky, Michael C. *America's Parallel*. Alexandria, Virginia: Old Dominion Press, 1983.

Sarafan, Bertram D. "Military Government: Korea." *Far Eastern Survey*. Vol. 15, 20, November 1946.
Sawyer, Robert K. *Military Advisers in Korea: KMAG in Peace and War*. Washington D. C.: Office of the Chief of Military History, 1962.
Scalapino, Robert, and Chong-Sik Lee. *Communism in Korea*, Vol. 1. California: University of California Press, 1966.
Schoenbaum, Thomas J. *Waging Peace and War*. New York: Simon & Schuster, 1988.
Sherwood, Robert E. *Roosevelt and Hopkins: An Intimate History*. New York: Harper and Brothers, 1965.
Truman, Harry S. *Memoirs: Year of Decision*. New York: Doubleday & Company, 1955.
Vatcher, William. *Panmunjom: The Story of the Korean Military Armistice Negotiations*. London: Stevens & Sons, 1958.
Weems, Benjamin. "Behind the Korean Election." *Far Eastern Survey*. 23 June 1948.
Yergin, Daniel. *Shattered Peace: The Origins of the Cold War and the National Security Council*. London: Andre Deutsch, 1977.

한국전쟁 이후 한미관계의 변천

2장

박태균 (서울대 국제대학원)

- 이승만 정부 시기 한미 간의 갈등 _ 48
- 1960년대 미국의 대한정책 변화와 한미관계 _ 57
- 1970년대 데탕트와 한미관계 _ 67

1953년 정전협정 이후 한미상호방위조약과 1954년 한미합의의사록이 체결되면서 이후 한미관계의 중심에는 군사와 안보문제가 놓여 있었다. 이는 한반도의 지정학적 위치와 분단 상황, 그리고 전쟁이 완전히 끝나지 않은 정전체제라는 상황이 중요한 요인이 되었다. 1960년대 중후반에는 한국이 미국의 요청에 따라 베트남에 파병을 하면서 한미관계에 변화가 있었고, 1970년대 데탕트 시대에 또 다른 변화의 과정을 겪었다. 1970년대 한국경제가 성장하면서 한미 간의 무역문제가 양국 간의 중요한 이슈가 되기 시작했다.

이 장에서는 1953년 이후 전개된 한미관계를 개관함으로써 한미관계가 군사안보적인 측면뿐만 아니라 사회경제적인 측면에서도 다양한 변화가 있었음을 밝히고자 한다. 아울러 한미관계가 힘의 불균형 속에서 일방적인 관계가 아니라 상호 간에 영향을 주고받으면서 진행되었던 동태적 측면에 주목하고자 한다.

1. 이승만 정부 시기 한미 간의 갈등

1) 아이젠하워 행정부의 뉴룩정책

한국전쟁의 종전을 공약으로 출범한 아이젠하워(Dwight D. Eisenhower) 행정부의 제1의 과제는 한국전쟁 참전으로 인해 늘어난 군사비와 함께 대외원조를 감축함으로써 정부의 재정지출을 줄이는 것이었다. 이러한 아이젠하워 행정부의 현안 과제는 재정적자의 축소, 균형예산, 그리고 건전한 경제(sound economy)로 압축되었으며, '뉴룩(New Look)' 정책으로 표현되었다.[1)]

뉴룩정책 중에서 특히 주목되는 것은 '건전한 경제'의 표방이었다. 건전한 경제는 국가의 경제 규모에 맞는 재정지출을 의미하는 것으로 미국뿐만 아니라 미국이 원조를 제공하고 있는 동맹국들에게도 강조하는 사안이었다. 미국의 원조를 받는 동맹국들이 적절한 재정정책을 실시할 경우 미국의 대외원조를 줄일 수 있기 때문이었다. 아이젠하워 행정부는 재정지출을 줄이기 위하여 대외 개입을 자제하거나 개입의 규모를 축소하는 정책을 실시하였다.

그러나 문제는 이러한 재정지출의 축소가 공산주의권의 확산과 자본주의권의 축소로 이어질 수 있다는 점이었다. 따라서 현상 유지를 목표로 하면서 다음과 같은 몇 가지 수단을 통해 세계질서의 유지를 도모하였다. 첫째로 먼저 CIA의 활동을 활성화하였다. 대규모 군대나 원조를 통한 개입보다는 CIA를 통한 소규모이면서 비밀스러운 공작을 통해 개입하는 것이었다. 1953년 이란에서의 쿠데타와 필리핀에서의 선거 개입, 그리고 1954년 과테말라와 1958년 인도네시아에서의 개입 등은 그 대표적인 예라고 할

수 있다.[2]

둘째로 재래무기를 핵무기로 대체하는 무기의 현대화를 추진하였다. 무기의 현대화는 인건비를 크게 증가시키지 않거나 축소하면서 군사력의 유지 및 증강을 가능하도록 했다. 주한미군의 감축을 추진하는 과정에서 정전협정의 일부 조항을 무효화하고 핵무기를 배치한 것은 무기 현대화를 통한 재정지출 감축의 대표적인 경우이다. 무기의 현대화를 통한 군사원조의 삭감이 가능했던 것은 스탈린 사후 나타난 소련의 유연한 대외전략이 중요한 배경이 되었다.

셋째로 대외원조에 필요한 자금을 개인 기업의 사적 자본을 이용하는 방안이다. 미국이 대외원조를 줄일 경우 원조가 필요한 지역에 원조가 충분히 이루어지지 않을 수 있으며, 이러한 지역에 대해 소련이 접근할 가능성이 있다.[3] 특히 이집트, 아프가니스탄, 시리아 등에서는 소련이 미국에 비하여 압도적으로 많은 경제원조를 실행하였다. 소련의 제3세계에 대한 경제원조가 늘어나는 상황에서 미 행정부가 원조를 무조건 감축할 수는 없었다. 물론 제3세계의 정세가 불안정한 상황에서 사적 자본을 동원하는 것은 간단한 일이 아니었지만, 아이젠하워 행정부는 정부의 공적 원조를 대신하는 개인 기업에 의한 사적 원조를 강조하였다. 아이젠하워 행정부 시기의 대외 경제원조는 이전에 비해 전체적으로 23% 정도 감소하였다.[4]

마지막으로 아이젠하워 행정부는 대외원조에서 동맹국들의 역할을 확대하고자 하였다. 즉, 동맹국들의 역할 강화를 통해 미국의 부담을 덜고자 했던 것이다. 미국의 동맹국 역할 강조는 아시아에서 일본의 역할을 확대하기 위한 정책으로 이어졌다. 1955년부터 아이젠하워 행정부의 대외정책 문서에는 대일 기술원조와 자본투자를 촉진함으로써 일본의 경제부흥에 적극적인 도움을 주는 동시에 제2차 세계대전을 통해 일본에 대해 부정적 이미지를 갖고 있는 다른 아시아 국가와 일본의 관계를 개선하는 데 미국이 중재를 해야 할 필요성이 강조되었다.[5]

이러한 아이젠하워 행정부의 뉴룩정책은 성공적이지 못했다. 1950년대 세계질서 및 한반도 상황의 복잡성이 그 근본적인 이유가 되었다. 무조건 대외원조를 감축할 수는 없었던 것이다. 게다가 한국전쟁 참전으로 인해 소련뿐만 아니라 중국에 대한 봉쇄가 필요했다. 무기 현대화 방안은 소련과 중국의 군사력에 대한 힘의 균형에서 '현상유지'를 위한 중요한 수단이었다. 특히 1957년 소련이 세계 최초로 인공위성을 발사하고, 한반도에서는 1958년까지 중국군이 북한에 진주하고 있었다는 조건이 중요하게 작용했다.

여기에 더하여 일본을 중심으로 한 아시아 지역 질서의 재편 역시 쉽지 않았다. 무엇보다도 태평양전쟁을 통해 아시아 지역 전반에 걸쳐 있었던 일본에 대한 부정적인 정서가 가장 큰 걸림돌이 되었다. '역사적 기억'으로 인해 일본의 경제적 역할을 강화할 수는 있지만, 미국을 대신하는 군사적 역할을 일본에게 맡길 수는 없었다. 물론 여기에 더하여 1950년대에 일본의 경제부흥이 충분히 이루어지지 못했다는 조건 역시 미국의 새로운 정책 실시를 어렵게 하였다.

결국 1950년대 미국의 대외정책은 뉴룩정책 하에서 대외 군사원조의 감소를 중요한 목표의 하나로 하고 있었다. 그러나 세계질서의 복잡성은 미국이 내부의 재정적 문제 해결을 위해 대외원조 삭감만을 추진할 수 없도록 만들었다. 아이젠하워 행정부의 뉴룩정책은 시기와 지역에 따라 서로 다른 양상으로 적용될 수밖에 없었다.

2) 뉴룩 하에서의 대한정책과 이승만 정부와의 갈등

(1) 군사정책을 둘러싼 갈등

아이젠하워 행정부의 한반도정책은 군사적인 관점에서 크게 두 가지로 요약될 수 있었다. 하나는 뉴룩정책 하에서 한국에 대한 군사원조를 줄이는 것이었고, 다른 하나는 남과 북에서 분쟁을 일으키는 것을 동시에 봉쇄함으로써 한반도에 또다시 대규모 군사적 개입을 하지 않도록 하는 것이었다.

이를 위해서 가장 먼저 추진했던 것은 한국을 중립화하는 방안이었다.

1950년 인천상륙작전 이후 38선 이북으로 북진을 하면서 중립화정책이 먼저 추진되었지만, 중국군의 참전으로 실현되지 못했고, 1953년 정전협정을 추진하면서 다시 한 번 중립화정책이 입안되었다. 주한미군을 철수시키고, 한국에 대한 미국의 군사원조를 감축시킬 수 있는 방안이었다. 그러나 정전협정 체결 이후 한반도에서 평화협정이 체결되지 않았고, 한국정부가 스스로를 지킬 수 있는 힘을 기르지 못함으로 인해서 중립화정책은 실현될 수 없었다.[6]

이후 한미관계는 이승만 대통령의 북진통일정책으로 인해 갈등을 빚게 되었다. 특히 반공포로 석방으로 인해 북진통일이 현실화될 수 있는 가능성이 보이자 미국으로서는 전쟁의 지속으로 인한 더 이상의 재정지출 증가를 막기 위해서 이승만 정부의 북진정책을 봉쇄할 필요가 있었다. 이에 따라 유엔군사령부는 이승만 대통령을 제거하기 위한 에버레디작전(Everready Plan, 상비계획)을 입안하였다. 이 계획은 1952년의 부산정치파동 시기보다 더 구체화된 것이었다.

이승만 정부의 돌출 행동으로 인해 아이젠하워 행정부는 1954년 한국정부와 합의의사록(Minute Agreement)을 체결할 수밖에 없었다. 이승만 정부가 75만 이상의 군대를 유지할 수 있도록 군사·경제적 지원을 하는 대신에 한국군의 작전통제권을 유엔군사령부가 갖도록 한 것이었다. 군사원조를 줄이기 이전에 전쟁이 계속됨으로 인해서 대규모 재정 투입이 일어나는 사태를 막는 것이 우선적인 급선무였기 때문이었다. 1953년 가조인된 한미상호방위조약도 한미합의의사록이 체결된 이후에야 발효되기 시작했다.

1954년 한미합의의사록 체결이 예정대로 진행되지 않았을 때에도 미국은 또 한 번 이승만 대통령을 제거하기 위한 계획을 가동하였다. 1954년의 계획은 4단계 행동계획으로 보다 구체화되었다. 이 계획은 한국정부에 대한 압력을 점차 강화하는 방안으로 경제원조의 감소를 통한 압력과 함께 정치권 내부의 선택된 사람들과 함께 군지도자들을 대체 지도력으로 내세우는 방안이 검토되었다.[7] 그러나 미국이 한국에 대한 석유공급 중단을 선언하면서 압박을 가하자 이승만 정부는 미국측의 요구를 무조건 수락하고 합의의사록에 서명함으로써 갈등이 일단락되었다.

일단 이승만 정부에 대한 봉쇄가 한국군의 작전통제권을 유엔군에 이관함으로써 해결되자 아이젠하워 행정부는 본격적으로 한국에 대한 군사원조를 감축할 수 있는 방안을 모색하기 시작했다. 즉, 군사원조 감축을 위해 주한미군뿐만 아니라 한국군의 감축을 추진하는 한편 주한미군의 현대화 작업을 통해 한반도에서의 힘의 균형을 계속 유지하고자 하였다. 특히 한국군의 감축은 미국의 대한원조를 줄이기 위해서는 매우 중요한 문제였다.

또한 당시 70만 명이 넘는 한국군의 규모는 뉴룩정책의 중요한 원칙의 하나였던 '건전한 경제'에 적합한 것이 아니었다. 즉, 한국군의 규모는 한국정부가 유지할 수 있는 규모를 넘어선 것이었다. 당시 한국정부의 국방비 중 원조가 차지하는 비중이 50년대를 통틀어 평균 40%에 달했다.[8]

1950년대에 나온 미국의 정책문서들은 대부분 한국군의 감축을 주요한 정책 사안 중 하나로 규정하였다. 합의의사록에 양국 정부가 서명한 지 1년도 되지 않아 아이젠하워 행정부는 국가안보회의 문서 5514호(NSC 5514)를 통해 한국군의 규모를 줄일 것을 명시하였다.[9] 이후에도 미국은 지속적으로 한국군의 감축을 추진하였다. 처음에는 1958 회계연도까지 4개 사단을 감축하는 것을 목표로 하였지만, 최종적으로는 해군을 포함한 11개의 현역 사단과 12~15개 예비사단에 대한 추가적인 감군을 추진함으로써 전체 한국군의 50% 이상을 감군하는 것을 목표로 하였다.[10]

한국정부는 한국군의 감축에 절대적으로 반대하는 입장이었다. 강력한 반공 이데올로기에 기반을 두고 북진통일정책을 가장 중요한 통치 이데올로기화하고 있었던 이승만 정부에게 있어서 거대한 규모의 한국군을 유지하는 것은 필수적인 것이었다. 게다가 대규모의 한국군은 한국정부의 주요한 정치적 자산이 되었다. 한국군은 1950년대 각종 선거에서 이승만 정부에 대한 지지를 담보하는 중요한 교두보가 되었다.

아이젠하워 행정부에 있어서 한국군의 감군은 뉴룩정책의 성패를 가늠

할 수 있을 정도로 중요한 문제였다. 국가안보회의 326차 회의에서 한국군의 일부 감군정책이 확정되자 아이젠하워 대통령은 "드디어 뉴룩정책이 자기 자리를 잡았다"고 말할 정도였다.[11] 1956년의 276차 회의에서 아이젠하워 대통령은 한국군 20개 사단을 유지해야 할 필요성을 느끼지 못한다고 주장하면서 "극동에서의 문제는 한국에 초점이 맞추어져 있다"는 그의 신념을 강조하기도 했다.[12]

그러나 실제 한국군의 규모 감축을 위한 논의는 싱겁게 끝나고 말았다. 1950년대 말로 가면서 냉전체제 내의 균열이 나타나고, 1957년 소련의 인공위성 발사, 그리고 1959년 쿠바혁명과 같이 자본주의권의 '현상유지' 자체가 위협받는 상황이 발생하면서 아이젠하워 행정부는 스스로 한국군 규모의 감축을 위한 정책을 철회하였다. 4·19혁명 이후에는 한국군을 감축하겠다는 민주당 정부의 정책을 아이젠하워 행정부가 반대하는 상황도 나타났다.

결과적으로 미국의 정책은 단지 한국군 2개 사단을 감축하는 데 그치고 말았다. 미국은 스스로 조인했던 정전협정의 일부 조항(13조 4항)을 무효화하고 주한미군과 한국군의 감군으로 초래할 군사적 열세를 만회하기 위해 1958년 주한미군에 핵무기를 도입하였지만, 이를 통해 군사원조가 획기적으로 감소하지는 않았다. 오히려 1957년 이후 국방비에서 원조가 차지하는 비중이 잠시 줄었다가 1960년대 초에는 다시 급격하게 증가하였다.

(2) 경제정책을 둘러싼 갈등

1950년대 한미 간의 갈등은 겉으로는 군사적인 측면이 더 중요했던 것으로 보이지만, 실제로는 경제정책을 둘러싼 갈등이 보다 심각하게 진행되었다. 전술한 바와 같이 군사적인 부분은 이승만 정부의 반대보다는 세계질서와 한반도의 복잡한 측면으로 인해 제대로 실행되지 못했고, 결과적으로 한미 간의 갈등이 무마되었지만, 경제문제는 1950년대 내내 한미 간 갈등의 쟁점이 되었다.

군사비의 대미의존도가 보여주듯이 한국정부의 전체 예산 중 미국의 경제원조가 차지하는 비중은 1950년대를 통틀어 40%를 상회할 정도로 높은 것이었다.[13] 따라서 아이젠하워 행정부는 한국에 대한 원조를 최소화할 수 있는 방안을 마련해야 했다. 그러나 한국전쟁의 엄청난 피해로 인해서 한국에 대한 경제원조를 쉽게 줄일 수 없었다. 특히 북한과 대치하고 있는 상황에서 남한 경제의 성공 여부는 세계의 주목을 받을 수 있는 상황이었다.

미 행정부는 두 가지 정책을 통해 미국의 공적 자본의 투입을 감소시키고자 하였다. 하나는 공적 자본을 대신할 수 있는 사적 자본이 투입될 수 있는 조건을 만드는 것이었고, 다른 하나는 일본에게 원조의 부담을 전가하는 것이었다. 그런데 1950년대 초까지 일본의 경제부흥이 진행 중이었기 때문에 아이젠하워 행정부가 먼저 추진한 것은 한국에 사적 자본이 들어올 수 있는 조건을 마련하는 것이었다.

1954년 미국측의 제안에 따라 한국정부는 외자도입법 초안을 마련하였다. 한국측 초안은 외국인 자본이 투자 상한을 자본형성 49%로, 과실 송금 이익을 30% 이하로 제한하고 15년이 경과한 후에는 한국정부가 재산처분권을 갖도록 한 것이었다. 아이젠하워 행정부는 이 초안에 대해 외자도입을 촉진하기 위한 것이 아니라 외국인 투자기업을 통제하기 위한 것이라고 비판하였다. 미국은 오히려 외자가 특정 상황으로 인해 손해를 보았을 경우에 대한 보상규정 및 특혜조치 등이 결여되어 있다는 입장을 표명하였다.[14]

1958년에 가서 한국정부의 자문관으로 초청된 사전트(Noel G. Sargent)가 외자도입법의 수정안을 만들었다. 과실 송금의 상한을 높이고, 세제상의 우대, 그리고 수입관세와 관련된 조항 등을 대폭 수정하였고, 결국 1960년 1월에 가서야 법안이 확정, 발표되었다.[15] 그러나 이미 이 시기는 아이젠하워 행정부의 마지막 해였고, 이승만 정부 역시 4·19혁명으로 붕괴되기 몇 개월 전이었다.

한국 내에서 조건을 만드는 것과는 별도로 아이젠하워 행정부는 한국을 비롯한 제3세계에 투자하는 기업에게 특혜를 주는 정책을 입안하기도 하였다. 그러나 북한과의 군사적 대치뿐만 아니라 정치, 사회적인 불안이 계속되고 있는 한국에 외국의 기업들이 투자하는 것은 거의 불가능했다. 1956년 일본에 위치한 굿리치(Goodrich) 회사는 한국에 타이어 공장을 건설하기 위한 조사 작업을 벌였는데, 한국에서 외국으로 달러를 송금할 수 있는 적절한 법안이 마련되지 않았다는 이유로 투자유치를 포기하였다.[16] 1961년 미국대사관의 보고에 의하면 1960년 1월 외국인 투자유치법이 통과되었음에도 불구하고 외국인 투자는 한 건도 없었다.[17]

결국 아이젠하워 행정부는 두 번째 방안, 즉 한일 간의 관계정상화를 통해 한국에 대한 원조의 부담을 일본에게 넘기고자 하였다. 그러나 이 문제는 이승만 정부와 더 큰 갈등을 일으켰다.[18] 이승만 정부는 일본과의 관계정상화는커녕 미 행정부가 원조물품을 일본에서 구매하여 한국에 공여하는 것조차 반대하는 입장을 표명하였다. 1953년 12월에 맺은 '경제재건과 재정안정계획에 관한 합동경제위원회 협정'('백·우드 협정')을 맺는 과정에서 오히려 이승만 정부는 원조물품의 구매권을 한국정부에 이양하라고 주장하였다.[19]

한국에 대한 경제원조를 감축할 수 있는 두 가지 방안이 모두 작동되지 않는 상황에서 실상 경제정책과 관련하여 한미 간에 갈등을 일으킨 부분은 환율문제였다. 환율은 미국의 원조 규모와 직접 관련된 문제였다. 한미합의의사록에 의해서 한국군 유지비를 미국이 지원하기로 약속했기 때문에 미국은 한국군의 유지를 위한 비용을 환율로 계산해서 한국정부에 지원해야만 했다. 이 경우 환율이 높고 환화의 가치가 낮아지면 상대적으로 적은 달러를 지원해도 됐다.

한국정부가 환율을 낮추는 정책을 취한 또 다른 이유는 수입대체산업화를 위한 전략이기도 했다. 이승만 정부는 '더 많은 달러'를 얻기 위하여 한국의 통화 — 당시에는 '환(圜)' — 가치를 극대화하는 정책을 실시하였다. 이로 인하여 1950년대의 환율은 표 2.1과 같이 복잡한 양상을 띠고 있었다.

표 2.1을 보면 한국정부가 설정한 환율과 실질적인 환율 사이에 2배 이

상의 차이가 나고 있다는 점을 알 수 있다. 한국정부의 이러한 정책은 더 많은 원조를 받을 수 있도록 한 것이었지만, 미 행정부의 입장에서 볼 때는 한국정부가 고의적으로 환화를 평가절상함으로써 원조사용의 효율성을 떨어뜨리고 있는 것이었다.

여기에 더하여 미국은 이승만 정부의 재정지출을 최소화하면서 현상유지정책을 추진했다. 이는 한국 통화의 팽창을 막으면서 인플레이션을 방지함으로써 한국경제의 안정화를 추진하기 위한 방안이었다. 이로 인해 이승

표 2.1 1950년대의 협정환율과 시장환율의 추이 (단위: 환/1달러)

	협정환율			시장환율			
	공정환율	유엔군환율	대충자금환율	수출달러환율		미본토달러환율	종교달러환율
				일본지역	기타지역		
1950.12.01	25	40	40			61	
1951.03.11	25	60	40			73	
1951.11.10	60	60	60			182	
1952.06	60	60	60			163	
1952.12	60	60	60			238	
1953.06.01	60	180	60			332	
1953.12.15	180	180	180			387	
1954.06	180	180	180	675	501	557	438
1954.12.13	180	426	180	809	780	711	654
1955.08.15	500	500	500	950	820	802	750
1956	500	500	500	1,070	1,008	966	847
1957	500	500	500	1,123	1,057	1,033	845
1958	500	500	500	1,235	1,015	1,181	893
1959	500	500	500	1,399	1,247	1,255	1,135
1960.02.23	650	650	650	1,718	1,387	1,499	1,293

출처: 최상오, "1950년대 한국의 환율제도와 환율정책," 『한국경제연구』 제9권 (2002), p. 160.

만 정부는 1949년 이후 몇 차례에 걸쳐 경제개발계획을 입안하였지만, 모두 실행될 수 없었다. 미국은 한국에 대한 기술원조정책을 취했지만, 기술원조가 경제개발정책으로 연결되지는 못했다.[20] 1955년 경제조정관이었던 우드(Clinton Tyler Wood)가 본국에 전달한 한국정부의 경제정책에 대한 7가지 불만 사안에 보면 일본과의 교역 문제 및 안정화정책 지연에 대한 두 항을 제외하고는 나머지 5개 항이 환율에 할애되어 있었다.[21]

아이젠하워 행정부와 이승만 정부 사이의 환율문제를 둘러싼 갈등은 1950년대 말까지 계속되었다. 미국은 4·19혁명으로 이승만 정부가 몰락할 때까지 환율을 현실화하지 못했다. 겉으로 보기에는 그다지 중요한 갈등이 아니었던 것처럼 보이지만, 아이젠하워 행정부의 입장에서는 뉴룩정책에 대한 정면 도전이 될 수도 있는 사안이었다. 환율의 현실화가 아이젠하워 행정부에게 얼마나 중요한 정책이었는가는 4·19혁명 이후 민주당 정부 시기 미국이 한국정부에 대한 요구했던 4가지 사안 중 가장 긴급한 사안이 환율의 현실화였다는 사실에서도 잘 드러난다.

2. 1960년대 미국의 대한정책 변화와 한미관계

1) 1960년대 미국의 대외정책 변화

미국은 1960년대 민주당 정부로 바뀌면서 개발도상국에 대한 정책을 바꾸었다. 1950년대 군사원조 중심의 대외원조에서 경제개발원조로의 전환이었다. 로스토우(Walt W. Rostow)의 제안으로 시작된 이 정책은 개발도상국에서 현상유지정책이 공산주의의 확산을 효과적으로 막을 수 없다는 인식 하에서 보다 적극적인 경제개발이 실행되어야 할 필요성을 강조하였다. 경제개발을 통해서 개발도상국이 경제성장에 대해서 자신감을 가질 경우 공산주의의 확산을 막을 수 있다는 인식이 확산된 것이다.

1955년 출간된 『하나의 제안(*A Proposal: Key To an Effective Foreign*

Policy)』으로부터 시작된 이러한 정책 전환은 케네디(John F. Kennedy)가 대통령이 되면서 국제개발처(US Agency for International Development: USAID로 약칭)의 출범으로 완성되었다. 저개발국에서의 경제성장은 단기적으로는 사회적 불안을 가져올 수 있지만, 장기적으로 볼 때 자유시장체제가 공산주의에 비하여 우월하다는 인식을 심어줄 수 있으며, 동시에 미국의 원조를 감축할 수 있다는 장점이 있었다. 이를 위하여 1950년대의 무상원조(grant)에서 유상차관(loan)으로의 전환이 필요했고, 1년 단위로 이루어지고 있던 원조를 다년간 대규모로 하는 계획 차관(project loan)으로 바꾸는 대외정책의 변화가 일어났다.

대외정책의 변화를 위해서 미국정부는 우선 동맹국들과의 협조가 필요했다. 미국 혼자서 대규모 원조를 실행할 수 없었다. 아울러 계획 차관의 가성비를 높이기 위해서 수혜국의 사회적 변화가 필요했다. 부패 고리에 연결되어 있는 기존의 기득권 세력들이 정치권력을 장악하고 있는 상황에서 계획 차관을 통한 산업화가 불가능하다고 판단한 것이다. 따라서 미국의 원조뿐만 아니라 개발도상국에 대한 적극적인 개입을 통해서 수혜국의 사회구조를 바꾸는 작업이 필요했다. 전통적인 지주가 중심이 된 사회구조를 자본주의적 생산관계가 주요한 경제구조가 될 수 있도록 변화하는 작업이 필요한 것이다.

이를 위해 아시아에서는 미국의 동맹국에 대한 적극적인 원조가 시작되었다. 아시아에서는 한국과 남베트남이 주요한 대상이 되었다. 남미에서는 '진보를 위한 동맹(Alliance for Progress)'을 조직했다. 아시아와 남미의 동맹국 중 개발도상국들이 개발원조를 통해서 경제성장을 할 수 있도록 하는 조치였다. 그리고 이러한 적극적 원조는 미국과는 다른 개발도상국들의 특징을 인정한다는 전제 위에서 실행되었다.

새로운 미국의 정책은 케네디 행정부에서는 전체적인 틀의 전환이 이루어졌지만, 존슨(Lyndon B. Johnson) 행정부 이후에는 적극적으로 실행되기 시작했다. 그리고 이러한 실행은 베트남전쟁에 대한 미국의 본격적인 개입과 함께 진행되었다. 1960년대 새로운 대외정책은 개발도상국에 대한 적극적 개입을 요구하고 있었기 때문에 남베트남의 생존을 위해서는 한편으로는 경제개발원조가 있어야 하며, 다른 한편으로는 군사적 개입이 필요하다고 판단했다.

물론 베트남을 중심으로 하는 미국의 아시아정책의 배후에는 중국의 부상이 자리 잡고 있었다. 한국전쟁을 통해 중국의 힘을 확인한 미국정부는 중국의 영향력이 동남아시아 지역으로 확대되는 것을 꺼리고 있었다. 1950년대 말 중국의 대약진운동은 실패로 끝났지만, 1964년 중국의 핵실험 성공은 미국에게 큰 충격을 주었다. 중국의 군사적 힘이 커진다면, 이는 곧 일본의 경제적 배후지인 동남아시아가 중국의 영향권에 들어갈 수 있음을 의미하는 것이었다. 동남아시아가 중국의 영향력 하에 들어가고 미국의 아시아정책에서 파트너인 일본이 경제적으로 위험에 빠진다면 이는 곧 미국의 아시아정책 전체가 실패함을 의미했다. 미국의 동남아시아에 대한 관심은 1965년과 1966년 인도네시아의 대량학살(Mass Killings)에 미국이 개입하는 결과를 가져오기도 했다.

베트남전쟁에 깊숙이 개입한 존슨 행정부는 이후 모든 대외정책이 베트남에 초점이 맞추어졌다. 특히 베트남에 미국과 함께 참전했던 한국과 필리핀, 그리고 태국에 대해서는 우호적인 정책이 지속되었으며, 경제원조 역시 활발하게 이루어졌다. 군대를 파견하지 않았지만, 대만과 일본은 전쟁특수로 경제적인 이익을 볼 수 있었다. 그러나 다른 한편으로 베트남전쟁은 반전운동과 함께 비동맹국가를 중심으로 하는 개발도상국이 미국에 대한 비판적 입장을 취하는 데 중요한 계기가 되었다.

베트남전쟁은 미국이 1960년대 중반 이후 유엔에서의 주도권을 상실하는 결과를 가져오기도 했다. 비동맹국가들이 1960년대 이후 대거 유엔 회원국으로 가입하고, 이들이 베트남전쟁으로 인해 미국에 등을 돌리면서, 미국은 유엔에서 난처한 처지가 되었다. 결국 미국은 베트남전쟁을 겪으면서 세계 최고의 강대국으로서의 지위가 흔들리게 되었다. 존슨 행정부의

> **해설 2.1**
>
> **인도네시아의 대량학살(1965~1966년)**
> 1965년과 1966년 인도네시아에서 대량 학살이 일어나 수십만 명의 인도네시아인이 학살되는 사건이 발생했다. 주로 인도네시아 공산당원들과 화교들이 주요 대상이었으며, 인도네시아에서 공산주의 혁명을 막는다는 명분 아래 학살이 자행되었다. 인도네시아에서는 수하르토(Suharto)의 전체주의 체제 하에서 대량 학살 사건에 대한 논의가 금지되었지만, 최근 이 사건과 관련된 영화와 소설이 출간되고, 미국이 이 학살에 개입했다는 자료가 공개되면서 많은 논란이 되고 있다. 이 사건은 자료에 따라 차이가 있지만, 약 50만 명 정도가 살해된 냉전 시기 최악의 학살 사태였으며, 중국의 지도자였던 저우언라이(周恩來)가 인도네시아 공산당의 화교들을 통해 공산주의 혁명이 가능했다고 했던 성명이 이 학살의 하나의 원인이 되었다는 주장이 최근 제기되기도 하였다.

마지막 해에 북베트남과의 평화회담을 개최하려고 했었던 것도 이러한 위기로부터 시작된 것이었다.

2) 1960년대 미국의 대한정책 변화

케네디 행정부 하에서 개발도상국에 대한 정책이 변화하는 시점에서 한국에서는 5·16쿠데타가 발발했다. 케네디 행정부는 1950년대 한국에 대한 원조가 가장 실패한 케이스 중 하나로 판단하고 있었으며, 이에 대한 개혁이 필요하다는 입장을 갖고 있었다.[22] 미국의 대한정책을 재고, 수정하기 위하여 케네디 대통령은 한국에 대한 긴급임무팀(Korea Task force)을 조직했다. 긴급임무팀은 한국에 새로운 리더십이 필요하고, 새로운 리더십 하에서 부패를 척결하고 사회개혁을 통해 경제성장을 할 수 있는 틀을 갖추어야 한다는 입장을 갖고 있었다.

케네디 행정부의 긴급임무팀이 입안한 대한정책은 존슨 행정부의 정책문서(Policy Paper)를 통해 구체화되었다. 1960년대 미국의 대한정책은 큰 틀에서 볼 때 한국에서 전쟁의 재발을 막고 한국 사회의 번영과 안정을 도모한다는 점에서 1950년대 대한정책과 큰 차이가 없었다. 또한 단기적 목표에서도 주한미군 감축을 통해 한국에 대한 원조를 줄이고, 한국에 대한 부담을 일본으로 점차 넘긴다는 정책 역시 1950년대의 대한정책을 그대로 계승하고 있었다. 주한미군 감축을 위해 1963년에는 당시 주한미국 대사의 이름을 딴 '버거계획'이 수립되기도 했다.[23] 그러나 세부적인 내용에서는 1950년대의 현상유지정책과 군사원조 위주의 정책에서 변화가 나타났다.

무엇보다도 미국의 전반적인 대외정책 변화에 조응해서 한국의 경제성장을 적극적으로 추진한다는 점이 가장 큰 변화였다. 미국은 현상유지에 머무는 것이 아니라 한국에서 경제개발을 위한 원조를 해야 하며, 이는 궁극적으로 한국에서 선순환이 가능한 경제구조를 만들어 원조를 감축할 수 있다고 판단했다. 이를 위해서는 한국 사회의 변화가 필요하며, 미국이 어느 정도 개입을 해야 할 필요성도 있었다.

1960년대를 통해 미국이 한국정부의 경제정책과 정치적 발전 과정에 적극적으로 개입했던 것은 이 때문이었다. 1950년대의 고질적인 부패 구조를 개혁하지 않고서는 원조의 가성비를 높일 수 없다고 판단했던 것이다. 이를 위해서는 새로운 정치 지도자가 필요하며, 한국 사회의 전반적인 사회개혁이 뒤따라야 한다고 판단했다. 미국이 생각한 한국 사회의 변화는 4·19혁명과 5·16쿠데타가 일어나면서 한국 사회에서 자체적으로 발생했지만, 그러한 변화가 사회불안과 사회주의체제로 전이하는 것을 막는 것 역시 미국으로서는 중요한 과제였다.

4·19혁명은 한국에서 민주주의의 발전을 가로막는 독재체제의 붕괴를 가져왔지만, 한국 사회 내의 진보적 또는 사회주의적 세력들의 목소리가 높아지면서 사회적 불안을 가져왔다. 5·16쿠데타는 사회 안정을 가져올

수 있는 강력한 리더십을 발휘하였지만, 쿠데타 주도세력 내부에 사회주의적 색채를 띤 군인들이 참여하고 있다는 점이 미국으로서는 또 다른 걱정이었다. 게다가 4·19혁명으로 정부가 바뀐 이래 1964년 한일협정 반대시위를 통해 또 한 번 한국정부가 무너질 수 있다는 위기감 속에서 안정적인 정국 운영이 중요하다는 점 역시 미국에게는 중요한 과제였다.

미국의 대한정책은 1965년 한일협정의 체결로 새로운 정책이 일단락되는 듯 보였지만, 한국의 전투부대가 베트남에 파병되면서 새로운 국면을 맞게 되었다. 미국은 1966년 브라운 각서를 통해 더 적극적으로 한국정부에 대한 원조를 실시하는 계기가 되었고, 한국의 전투부대 파병으로 인해 주한미군 감축을 중단할 수밖에 없었다.[24] 아울러 한국군 파병으로 미국의 원조가 늘어났던 반면 일본의 군사적 역할이 제한되면서 일본에게 한국에 대한 부담을 넘기려고 했던 정책은 연기될 수밖에 없었다. 단지 한일협정 과정에서 일본이 제공하기로 한 무상 청구권 자금과 차관은 1960년대 후반 미국의 대한원조가 급속하게 줄어들 수 있는 중요한 바탕이 되었다.

이러한 미국의 대한정책 흐름 속에서 1964년부터 1968년까지 베트남에서 한국군의 필요성이 높았던 시기에는 한미관계가 큰 갈등 없이 지속되었다. 이 시기의 한미관계는 1948년 대한민국 정부수립 이후 가장 좋은 관계를 유지했다. 그러나 1967년부터 본격화된 남북 간의 충돌 격화로 인해 한미관계는 갈등의 단초를 보였고, 1969년 닉슨(Richard M. Nixon) 정부가 수립된 이후 한미관계는 급격하게 얼어붙기 시작했다.

3) 1960년대 한미 간의 갈등

긴급임무팀을 통해서 새로운 미국의 대한정책이 입안되고 있는 상황에서 한국에서는 쿠데타가 발생했다. 쿠데타가 발발한 이후 1963년 민정이양이 이루어질 때까지 한미관계는 굴곡을 거듭했다. 쿠데타 직후 한국에 있었던 유엔군사령관과 주한미국대사 대리는 헌법질서를 회복해야 한다는 성명을 발표했지만, 미국정부는 침묵했다. 그러나 곧 쿠데타 과정에서 동원된 한국군이 허가 없이 유엔군사령관의 작전통제권에서 벗어난 사실 때문에 군사정부와 유엔군사령부 사이에 갈등이 발생했다. 그러나 이러한 갈등은 유엔군사령관과 주한미국대사의 교체, 그리고 1961년 11월 박정희 국가재건최고회의 의장의 미국방문으로 해소되는 듯 보였다.

1962년 군사정부와 미국 사이에서 경제정책을 둘러싸고 다시 갈등이 발생했다. 군사정부는 동년 6월 통화개혁을 실시했고, 통화개혁과 함께 모든 은행의 계좌를 봉쇄했으며, 이에 대해 미국은 크게 반발했다. 기업을 위축시키고 자유시장 경제에 맞지 않는 조치라고 판단했던 것이다. 미국정부가 이렇게 판단한 데에는 1962년 초 군사정부가 발표한 경제개발계획이 미국과의 협의 없이 정부의 과도한 개입을 내용으로 발표되었기 때문이기도 했다. 이로 인하여 미국은 모든 군사원조를 중단할 수 있다는 의사를 전달했고, 군사정부는 봉쇄된 계좌를 풀고, 경제개발계획을 수정하며, 경제정책 입안자들을 교체함으로써 갈등을 무마했다.

1963년에는 민정이양을 둘러싸고 한미 간의 또 다른 갈등이 발생했다. 쿠데타 직후 군사정부는 사회질서가 안정될 경우 빠른 시기 안에 정권을 민간 정치인들에게 이양하겠다고 발표했다. 미국정부는 이러한 약속이 지켜질 것으로 보았지만, 군사정부는 민정이양 계획을 차일피일 미루고 있었다. 특히 1962년 12월 쿠데타를 일으킨 세력들이 은밀하게 민주공화당을 만들면서 미국정부는 군사정부가 사회주의적 색채를 띠고 있으며, 최소한의 민주주의마저도 허용하지 않을 것으로 판단했다. 이 시기에 박정희와 김종필에 반대했던 세력들을 소위 '반혁명 사건'으로 숙청했던 것도 미국은 의심의 눈초리를 보냈다.[25] 이 시점에서 박정희 의장은 민정이양을 연기하겠다고 발표했고, 미국정부는 이에 대해 케네디 대통령의 친서 전달, 모든 원조의 중단 가능성 등을 전달하면서 민정이양이 빨리 이루어져야 함을 강조했다.

결국 군사정부는 미국의 압력에 의해 김종필을 해외로 내보냈으며, 1963년

> **해설 2.2**
>
> **반혁명 사건**
>
> 5·16쿠데타 이후 쿠데타나 군사정부의 정책에 반대했던 사람들을 숙청했던 사건을 반혁명 사건이라고 한다. 5·16쿠데타 직후 책임자로 참여했던 장도영 장군을 숙청한 사건과 함께 1963년 초 쿠데타에 참여했던 육사 5기 출신 장군들을 숙청한 사건이 그 대표적인 예라고 할 수 있다. 이들은 모두 쿠데타에 참여했지만, 김종필을 중심으로 한 육사 8기생들이 주도권을 장악하는 것에 대해 반발했고, 그 결과 육사 5기 출신의 쿠데타 주도세력들은 대부분 권력으로부터 밀려났다.

말 선거를 통해 민정이양을 실행했다.[26] 그러나 1964년 민정이양 직후 발생한 한일 국교정상화를 둘러싼 논란은 한미 간의 또 다른 갈등의 불씨를 뿌렸다. 미국정부는 한국에 대한 원조의 부담을 덜기 위하여 한국과 일본의 국교정상화를 원했지만, 1964년 한국 내에서 한일협정에 반대하는 시위가 발생하면서 한국 내의 불안이 나타났던 것이다. 미국은 1960년에 이어 1964년에 또다시 제2의 4·19혁명이 발생할 수도 있다고 판단했다.

야당과 학생들은 일본에게 모든 것을 양보한 굴욕적 한일협정을 계기로 하여 정부를 교체하는 것이 가능하다고 판단했고, 미국에서는 야당과 학생들의 시위에 의해 박정희 정부가 붕괴할 수도 있다고 판단했다. 이 시점에서 미국은 박정희 정부의 요청을 받아들여 일부 한국군의 작전통제권을 한국정부에게 이양했고, 한국정부의 위수령을 승인했다. 또 한 번의 혁명을 통해 한국 사회가 불안해지는 것보다는 한국사회의 안정과 한일협정이라는 두 마리 토끼를 선택했던 것이다. 그리고 미국은 그 대가로 김종필을 정권의 중심에서 멀어지도록 할 것을 요구했고, 김종필은 다시 외유를 떠나야만 했다. 미국은 김종필이 박정희 정부 내에서 가장 사회주의적 색채가 짙은 인물로 판단하고 있었다.[27]

한국군 전투부대의 파병으로 한미관계는 밀월관계에 들어갔다. 한국정부가 처음으로 미국의 요청을 수락했고, 베트남에 파병한 태국, 필리핀, 호주 등 다른 동맹국들보다 더 큰 규모의 전투부대를 파병했기 때문이었다. 한국정부는 그 대가로 대규모 군사, 경제원조와 주한미군 감축정책의 중단을 요구했고, 미국이 이를 수락하면서 우호적인 한미관계가 계속될 수 있었다.

이러한 밀월관계는 표 2.2와 같이 1967년 한반도에서 안보위기가 발생하면서 금이 가기 시작했다. 북한은 더 큰 규모의 한국군 전투부대의 베트남 파병을 막기 위하여 한반도에서 안보위기를 격화시켰고, 박정희 정부는 북한의 공세에 대해 적극적으로 대응했다. 박정희 정부의 대응은 한편으로는 북한의 전략에 정면으로 대응하면서 한국군의 사기를 진작시키기 위한 것이었지만, 다른 한편으로는 미국으로부터 더 많은 원조를 받기 위한 것이었다. 미국정부는 한국정부가 적극적으로 대응하지 말 것을 요청했지만, 1968년에 들어서 안보위기는 남북 간의 전면전으로 전화될 위기에 처하게 되었다.

1968년 1월에 발생한 북한 게릴라에 의한 청와대 습격사건과 북한의 미국 정보함 푸에블로호 나포 사건은 한미 간의 갈등이 다시 부각되는 계기가 되었다. 미국은 푸에블로호 사건으로 미군 선원들이 북한에 억류되는 사건이 발생하자 북한측과 판문점에서 회담에 들어갔다. 한국정부는 이 회담에서 청와대 습격사건에 대해 북한에 항의해줄 것을 요청했지만, 미국은 억류된 선원들의 안전을 위해 한국정부측의 요구를 받아들이지 않았다. 이에 박정희 정부는 북한에 대한 실질적 보복조치를 취하려고 했고, 이에 존슨 행정부는 특사 밴스(Cyrus R. Vance)를 파견하여 박정희 정부의 보복조치를 막고자 했다.

한국정부는 베트남에 있는 한국군을 철수시키겠다고 미국을 위협했지만, 미국은 한국이 북한에 대해 선제적으로 공격할 경우 한국을 도와줄 수 없으며, 한국에 대한 모든 지원을 철회하겠다고 압박했다. 결과적으로 한

표 2.2 1965년부터 1967년 사이 남북 간의 충돌 횟수 및 피해자 현황

	1965	1966	1967
비무장지대 주요사건	42	37	423(286)
휴전선남부 주요사건	17	13	120
비무장지대 교전 횟수	23(29)	19(30)	117(132)
휴전선남부 교전 횟수	6	11	95
휴전선남부 북괴 사살	4(34)	43	224(146)
휴전선남부 북괴 생포	51	19	50
유엔군 피살자	21(40)	35(39)	122(75)
유엔군 부상자	6(49)	29(34)	279(175)
한국경찰 민간피살자	19	4	22
한국경찰 민간부상자	13	5	53

출처: 『조선일보』, 1967년 11월 4일: ( ) 안은 유엔군이 국무부에 보고한 숫자. Telegram From the Commander in Chief, United Nations Command, Korea and the Commander of United States Forces, Korea(Bonesteel) to the Commander in Chief, Pacific (Sharp), Korea, July 21, 1967, FRUS 1964–1968 Vol. XXIX, 문서번호 123번. attachment (3).

국정부는 미국의 요청을 그대로 수용하였지만, 한미 간의 불신이 싹트는 중요한 계기가 되었다. 오히려 미국은 이 시점에서도 베트남에 있는 한국군의 증강을 요청했고, 더 많은 한국군 파병이 이루어질 경우 한국정부가 요구하는 구축함, 헬리콥터 등의 원조를 추가로 하겠다는 약속을 했다.

결과적으로 1969년까지 한반도에서 안보위기가 계속되면서 한국군의 추가 파병은 이루어지지 못했다. 이는 박정희 정부가 3선 개헌을 무리하게 추진하면서 추가 파병을 할 명분이 없었기 때문이기도 했다.[28] 그리고 1969년 출범한 닉슨 행정부는 전임 존슨 대통령과는 달리 한미관계에 새로운 국면 전환을 시도하였다.

이러한 갈등에도 불구하고 미국의 1960년대 대한정책은 어느 정도는 성공적인 측면이 있었다. 우선 미국의 입장에서 볼 때 한일 간의 국교정상화는 1950년대부터 대한정책의 핵심적 정책의 하나를 성취한 것이었다. 아울러 미국의 새로운 대외정책에 따라 실시한 한국에 대한 새로운 경제원조 역시 1960년대를 통해 어느 정도의 성과를 거두기 시작했다. 한국정부는 1964년 이후 수출 위주의 경제개발계획을 수립했고, 베트남 참전 이후에는 수출을 획기적으로 늘리면서 경제성장의 가시적인 성과가 나타나기 시작했다. 이는 1960년대 미국의 대외정책 변화에 따른 개발도상국에서의 첫 성과였으며, 한국은 이제 개발도상국 성장의 중요한 모델의 하나가 되기 시작했다. 미국은 남베트남 역시 한국과 같이 발전할 가능성이 있다고 믿었고, 이것은 미국이 베트남전쟁이라는 늪에 점점 더 깊이 빠져드는 중요한 요인 중 하나가 되었다.

3. 1970년대 데탕트와 한미관계

1) 닉슨 행정부의 데탕트정책

1969년 대통령에 취임한 닉슨은 미국 내에서 가장 보수적인 정치인 중 한 사람이었다. 그는 매카시즘의 광풍에 적극 참여했으며, 아이젠하워 행정부 시기에 부통령을 역임하면서 공산주의에 대한 적극적 봉쇄를 주장했다. 그러나 1969년 대통령에 취임하면서 표면적으로 나타난 그의 정책은 오히려 공산주의 국가에 접근하는 정책을 펼쳤다. 1972년 중국을 방문하여 미중 간의 얼어붙었던 관계에 변화를 가져왔으며, 같은 해 모스크바를 방문하여 핵감축에 대한 합의를 이끌어냈다.

이러한 닉슨의 정책 변화는 1960년대 말 세계적인 경제위기와 베트남전쟁으로 인해 불가피한 것이었다. 1969년 세계적으로 경제침체가 계속되었고, 금값이 폭등하였다. 또한 베트남전쟁에 너무 많은 전쟁비용을 지불함으로써 미국에서는 경제위기와 정부의 재정위기가 동시에 발생했다. 미국의 금보유고는 45년의 240억 달러에서 70년 말에는 115억 달러로 떨어졌으며, 당시 단기 대외부채는 전후의 70억 달러에서 500억 달러로 늘어났고 국제수지적자의 누계는 420억 달러에 이르고 있었다. 닉슨 행정부는 1971년 8월 15일 달러의 금태환을 정지함으로써 1944년 이후 계속되어온 달러의 기축통화로서의 위치를 포기하였다. 브레튼우즈체제가 붕괴한 것이다. 아울러 미국 내 경제위기를 극복하기 위하여 수입관세를 부과하고, 개발도상국으로부터의 면직물 수출을 제한함으로써 미국 내 경기회복에 나서려 하였다.[29)]

닉슨 행정부는 다음과 같은 새로운 무역정책을 실행했다. 1) 인플레 억제를 위해 미국의 외원액 10% 삭감, 2) 향후 90일 동안 임금 및 물가 동결, 3) 관세 부과의 대상이 되는 모든 수입품에 대해 10%의 수입부가세 부과를 선언. 이외에도 자동차에 부과되는 10%의 소비세를 철폐하고 1년 동안 투자촉진을 위한 세금 특혜 10%를 산업계에 제공하는 방안과 연방 예산 지출액을 47억 삭감, 연방정부의 고용자 5%의 감원 등을 통해 미국 내 경기부양 방안을 실시했다. 1973년 발생한 제1차 오일쇼크는 석유 가격의 급등으로 미국경제에 또 다른 부담이 되기도 했다.

아울러 미국정부의 재정위기를 극복하기 위하여 대외원조의 축소를 추진하였다. 1969년 취임 직후 발표한 닉슨독트린은 대외원조의 감축을 목표로 했다. 미군의 아시아 지역에 대한 파병을 축소하고, 스스로를 지키고자 하는 의지가 있는 지역에 한하여 미국이 군사지원을 하겠다는 내용을 골자로 한 닉슨독트린은 미국의 군사비 지출을 과감하게 감축하겠다는 의지를 표현한 것이었다. 베트남의 미군 철수는 물론이고, 미군이 주둔하고 있는 태국, 필리핀, 한국에서도 미군의 규모를 감축하는 정책이 실시되었다. 닉슨이 중국의 문을 열었던 것도 아시아에서 긴장을 완화함으로써 미군의 감축 또는 철수를 가능하도록 하는 안보 조건을 만들기 위한 것이었다.

닉슨 대통령이 워터게이트 사건으로 물러나면서 미국의 정책은 다시 강경한 봉쇄정책으로 돌아서는 듯 했다. 닉슨의 자리를 물려받은 포드(Gerald R. Ford) 대통령은 해외주둔 미군의 감축에 제동을 걸었다. 닉슨 행정부의 데탕트정책을 지속하는 것이 필요하지만, 데탕트가 개별 국가에 동일한 원칙으로 적용될 수 없다는 판단 때문이었다.[30] 특히 1975년 남베트남의 패망은 미국 사회에 경각심을 갖다 주기에 충분했다. 포드 행정부는 닉슨 행정부의 데탕트정책에 제동을 걸었고, 공산주의에 대한 봉쇄정책을 다시 적극적으로 추진하는 듯 한 인상을 주었다.

1977년 취임한 카터(James Earl 'Jimmy' Carter, Jr.) 대통령은 인권외교를 내세우면서 미국의 외교정책에 또 다른 전환을 선언했다. 민주주의 전도사로서의 미국이 전 세계에서 인권과 민주주의, 그리고 평화를 최우선 정책으로 내세우면서 외교정책을 추진하겠다는 것이었다. 이는 미국 국내적으로 볼 때 베트남전쟁 이후 계속된 반전 평화운동의 맥을 잇는 것이며, 세계적으로도 분쟁을 줄이고 민주주의의 확산을 추진하겠다는 것이었다.

카터 대통령은 우선 이집트 대통령과 이스라엘 총리를 캠프 데이비스로 불러 평화협정 체결을 중재했다. 중동에서 계속된 이집트와 이스라엘 사이의 갈등을 끝내기 위한 것이었다. 1972년 닉슨의 중국방문 이후 계속 지체되었던 중국과의 국교정상화도 이끌어냈으며, 주한미군의 철수와 한반도에서도 전쟁을 완전히 끝내기 위하여 남북미 간의 3자회담을 추진했다. 그러나 카터 행정부의 정책은 1970년대 후반 계속된 세계적 차원에서의 위기로 인해 지속적으로 추진될 수 없었다.

1978년 말 이란의 혁명은 카터 행정부에게 큰 충격을 주었다. 미국이 장기간 지원했던 독재자 팔레비(Muhammad Rida Pahlevi)가 물러나고 망명 중이었던 호메이니(Ayatollah Khomeini)가 귀국하여 이란에서 새로운 정부를 수립했다. 이 과정에서 테헤란 주재 미국대사관이 이란 시민들에게 점거되었고, 대사관의 미국 외교관들이 억류되었다. 1980년 카터 행정부는 이들을 구출하기 위한 작전을 실시하였으나 이에 실패하면서 국내외적인 비난에 직면했다. 또한 1980년에는 니카라과에서 독재자 소모사(Anastasio Somaza Debayle)에 반대하는 반미 게릴라 산다니스타가 정권을 장악했고, 동년 12월 소련이 아프가니스탄을 침공, 점령함으로써 인권외교가 미국의 세계적 주도권을 약화시킨다는 비판에 직면했다.

경제적으로도 카터 행정부는 어려움에 직면했다. 1970년대 초 미국의 경제, 재정위기로 케인즈 방식의 경제정책이 신자유주의적 경제정책으로 변화하면서 경제불황을 극복하고자 했지만, 1973년 제1차 오일쇼크 이후 이란에서의 혁명으로 인해 1978년 제2차 오일쇼크가 일어났다. 카터 행정부로서는 외교적으로 뿐만 아니라 경제적으로도 위기에 직면한 것이다. 이러한 위기는 결국 1980년대에 들어가면서 신냉전과 신자유주의 정책의 강화라는 새로운 국면으로 미국의 대외정책이 변화하는 중요한 계기가 되었다.

2) 미국의 대한정책

닉슨 행정부로부터 시작된 1970년대 미국의 대한정책은 한반도에서 긴장을 완화하고 주한미군 감축, 그리고 궁극적으로는 지상군의 완전 철수를

해설 2.3

오일쇼크

1973년과 1979년 두 차례에 걸쳐 석유 가격이 급등했던 현상을 일컫는다. 1973년 10월 이집트와 시리아를 비롯한 아랍 국가와 이스라엘 사이에 전쟁이 발발하였는데, 아랍의 석유 수출국들은 석유의 무기화를 선언하며 이스라엘을 지지하는 국가, 특히 미국과 네덜란드에 대해 석유수출 금지 조치(oil embargo)를 단행하였다. 그 결과 국제 유가는 불과 한두 달 사이에 배럴당 3달러에서 12달러로 급등하였다. 이것이 제1차 오일쇼크였다.

제2차 오일쇼크는 1979년 이란의 혁명 과정에서 촉발되었다. 혁명 중에 이란의 석유 생산이 일부 중단되면서 세계 석유공급에 문제가 생겼고, 1980년 9월 이란-이라크전쟁이 발발하면서 이란의 석유 생산은 더 어렵게 되었다. 이란은 세계 2위의 산유국이었다. 그 결과 국제 유가는 배럴당 15달러에서 35달러로 급등하였다. 결국 두 차례의 오일쇼크로 국제 유가는 10배 이상 상승하였으며, 이로 인해 세계 경제가 큰 타격을 입게 되었다.

최대의 목표로 하였다. 미국은 한국이 경제적으로 성장하면서 더 이상 한국에 대한 원조를 계속할 필요가 없다고 판단하였다. 그러나 군사적으로는 한국이 주한미군 없이 북한의 공세를 막아낼 수 있는가에 대해서는 미 행정부 내에서 이견이 존재했다.

정치적으로는 최소한의 민주주의적 기제를 유지하는 것을 최대의 목표로 했다. 미국의 동맹국으로서 민주주의적 시스템을 유지함으로써 독재국가를 지원한다는 미국 의회와 여론의 비판에서 벗어나고자 한 것이었다. 1972년 유신체제가 선포되고 한국에서 인권과 민주주의가 유린되는 과정이 계속되면서 한국정부와 갈등이 시작된 것도 이 때문이었다. 그럼에도 불구하고 미국은 이전과 같이 한국 내부의 상황에 적극적으로 개입할 수 없었다.

무엇보다도 미국의 주한미군 감축은 한국과의 관계를 악화시켰다. 닉슨 행정부는 한국군의 베트남 파병 당시 존슨 대통령이 했던 한국정부와의 약속, 즉 한국의 전투부대가 베트남에 있는 한 주한미군의 감축하지 않을 것이며, 감축하더라도 사전에 한국과 협의한다는 약속을 이행하지 않았다. 1970년 주한미군의 감축을 한국정부에 일방적으로 통보하고 1971년에는 주한미군의 1개 사단 2만 명을 감축하였다. 이에 대한 대가로 닉슨 행정부는 한국정부에 한국군 현대화를 위한 원조를 5년간 계속할 것, 한국의 무기 개발의 제한적 허용, 그리고 한미군사합동훈련 실시 등을 약속했다. 한국군의 현대화는 닉슨 행정부가 주한미군 감축의 보상조치로 15억 달러를 지원하기로 합의한 상황이었다.

포드 행정부는 1974년 6월경부터 중국과의 협의를 통해 유엔군사령부의 해체를 논의하기 시작했다. 포드 행정부는 박정희가 안보위기를 자신의 억압통치를 정당화하는 데 활용하고 있다는 부정적 인식도 갖고 있었다. 그러나 한국 내의 유신반대 여론이 유신체제가 무너질 정도의 역할을 할 힘을 갖고 있다고 보지는 않았다. 결과적으로 현상유지를 통한 한반도의 안정을 추구한 것이다.[31] 이러한 현상유지정책은 미국 의회의 반발을 야기해 한국군의 현대화계획을 확보하는 것을 어렵도록 했다.

포드 행정부는 1975년 신태평양독트린을 발표했다.[32] 베트남 공산화 이후 동아시아 및 태평양 지역에서 미국의 지위와 위신에 손상을 입은 미국의 자존심을 회복하고 아시아 맹방들에 대한 공약준수의지를 천명한 것이었다. 한국문제를 직접 거론하면서 대한공약 준수의지를 재천명하였다. 1975년 남베트남 정부가 공산화되자 포드 행정부는 주한미군 감축계획과 비무장지대 내 미군소대 철수계획을 백지화했다. 포드 대통령에게 보고된 국가안전보장회의 문서는 한반도가 미국, 일본, 소련, 중국의 이해가 결집되는 전략적 중요성을 갖고 있으므로 한반도에서 분쟁이 발생할 경우 강대국 간 군사대립의 가능성을 완전히 배제하기 힘들다고 보았다.[33]

포드 행정부는 인도네시아, 싱가포르, 대만, 한국, 태국 등 아시아 개별국가에 대한 정책을 재검토하기 시작했지만, 급격한 정책 변화는 없었다. 이는 1976년 대통령선거에서 민주당의 카터가 대통령에 당선됨으로써 정책 변화와 실행의 시간이 짧았기 때문이기도 했으며, 1976년 6월에 나온 정책문서를 통해 남베트남의 붕괴가 소련, 중국, 일본 간의 힘의 균형을 변화시키지 않았다고 하는 판단에 근거한 것이기도 했다.[34]

카터 행정부는 긴장완화를 통한 한반도의 안정과 주한미 지상군의 철수가 대한정책의 가장 중요한 특징이었다. 아울러 전 세계적 차원에서 인권외교를 내세우고 있었던 만큼 한국 내 인권 상황에 대해서도 많은 관심을 기울였다. 내정간섭으로 인식될 수 있기 때문에 한국 내 인권문제에 대한 직접적인 관여는 불가능했지만, 한국의 인권 상황은 미국의 한국에 대한 무기 판매를 제한할 수 있는 상황이어서 한미관계에서 매우 중요한 이슈였다. 또한 미국 내에서 코리아게이트 사건이 불거지면서 한국 내 인권문제는 미국 사회의 주목을 받았다. 그럼에도 불구하고 박정희 정부는 1975년 발효한 긴급조치 9호를 1979년 10·26 사건 때까지 계속 발효하였다.

카터 행정부의 주한미지상군 철수정책은 1977년과 1978년 적극적으로 추진되었다. 이는 1979년 초 미중 관계정상화와 함께 탄력을 받을 것으로 보였지만, 카터 행정부 내에서 주한미지상군 철수에 대한 반대 의견이 강하게 제기되면서 벽에 부딪혔다. 한반도의 안보상황을 감안할 때 전면적인 철수는 불가하다는 것이 카터 행정부 내 안보 관련 담당자들의 의견이었고, 이는 결국 1979년 초 카터 대통령이 주한미지상군의 전면 철수정책을 백지화하는 결과를 가져왔다. 한국정부의 핵무기 개발도 주한미군 철군정책에 일정한 영향을 미쳤을 가능성이 있다. 안보공약의 약화가 한국의 핵무기 개발을 불러왔다고 평가할 수 있기 때문이다.[35] 카터 행정부는 철군정책을 철회했지만, 한반도의 긴장완화를 위해 남북미 간의 3자회담을 추진했고, 이는 10·26사건이 일어날 때까지 한미 간에 가장 중요한 논의 사항이 되었다.[36]

카터 행정부 시기에 또 하나 주목되는 것은 한국의 경제성장이 이루어지면서 한미 간에 무역을 둘러싼 논의가 주요한 의제의 하나가 되기 시작했다는 점이다. 이미 닉슨 행정부에서도 면직물 쿼터제를 둘러싼 논의가 있었지만, 전반적인 한국의 대미 수출에 대해서는 깊은 논의가 이루어지지 않았다. 그러나 한국의 수출이 경공업 제품뿐만 아니라 철강 제품이 미국으로 수출되는 상황에서 한국의 미국 제품 구입이 적극적이지 않다는 것이 카터 행정부의 입장이었다. 미국은 민간항공기, 산업시설 기자재 및 중화학 공업 원료 등을 미국에서 구입하기를 원했고, 이를 위해 한국정부는 대미 구매사절단의 파견을 검토하였다. 아울러 카터 행정부는 한국정부의 수입자유화 실시를 강력하게 원했고, 1978년 중 한국정부는 3차에 걸친 수입자유화 정책을 실시했다.[37]

10·26사건 이후 카터 행정부의 대한정책은 급격하게 변화를 겪었다. 기본적으로는 한국이 민주화로 연착륙하는 과정을 원하고 있었지만, 한국 내부의 상황이 불안하였고, 북한의 대남 전략을 파악하는 것 역시 카터 행정부로서는 중요한 문제였다. 이러한 상황에서 광주항쟁이 발생하고, 주한미군사령관이 한국군의 일부 부대가 광주 지역으로 이동하는 것을 승인함으로써 미국의 광주항쟁에 대한 입장이 한국 사회 내부에서 큰 논란이 되었

다. 이러한 논란은 카터 행정부가 인권외교를 포기하고 한국의 민주화보다는 안정을 더 중요시하는 정책으로 전환한 것이라는 논란을 불러오기도 했지만, 미국정부는 1988년 한국의 청문회에 답변 자료를 제출한 바와 같이 한국 내의 상황에 개입하지 않았다는 일관된 입장을 보였다.

3) 1970년대 한미 간의 갈등

닉슨 행정부에서 주한미군의 감축을 추진하면서 박정희 정부와의 상호 신뢰는 급격하게 악화되었다. 박정희 정부는 한국군을 베트남에 파병하고 있는 상황에서 주한미군 철수가 이루어졌고, 이에 대한 미국의 사전 협의가 이루어지지 않았다는 점에 대해서 불만을 갖고 있었다. 닉슨 행정부는 이러한 정책이 미국 의회의 입장 때문이라고 항변했지만, 닉슨의 중국방문이 이루어지면서 박정희 정부는 미국의 안보공약을 전면적으로 믿을 수 없다고 판단하고 1971년 12월 비상사태를 선포한 데 이어 1972년 10월 유신체제를 선포했다.

미국정부로서는 1970년부터 시작된 남북 간의 대화로 인해 한반도에서 긴장이 완화되어 있다고 판단했지만, 한국정부의 판단은 달랐다. 오히려 미국으로부터 방기될 수 있다는 위협을 느끼고 스스로 안보 능력을 강화해야 한다는 입장이었다. 이로 인해 1971년 군사정전위원회의 유엔군측 대표를 미군 장성에서 한국군 장성으로 교체하려는 주한미군사령관의 움직임도 한국정부와 갈등을 빚었다.[38]

한국정부는 방위산업을 스스로 발전시키기 위한 정책을 실현하기 위한 비서관을 청와대 내에 배치하고, 1970년대 초부터 자주국방을 실현하기 위한 정책을 적극적으로 실시하기 시작했다. 미국은 한국의 방위력 강화가 추후 동북아시아에서 위기를 심화시킬 수 있다고 판단했다. 그러나 닉슨 행정부는 한국의 상황에 깊숙이 개입할 수 없었다. 양국 정부 사이의 불신이 쌓이면서 한국정부의 정책에 압력을 행사할 수 있는 방법이 없었기 때문이었다. 1972년 유신체제 선포 시 박정희 대통령의 발표문 내에 있는 미국의 데탕트정책에 대한 비판적 내용을 수정해 줄 것을 요청하는 정도의 관계만이 유지되고 있었을 뿐이었다.[39] 베트남전쟁에 과도한 군비를 사용함으로써 미국의 경제사정이 안 좋아지면서 닉슨 행정부가 추진한 면직물 쿼터제도의 실시도 한미 간의 관계를 악화시켰다. 미국의 요청으로 전투부대를 베트남에 파병한 한국에 대해 미국은 더 이상 경제적인 혜택을 주지 않겠다는 것이었기 때문이었다.

결국 이러한 상황에서 닉슨의 데탕트정책은 의도하지 않았던 결과를 가져왔다. 미국의 요청으로 베트남에 파병했던 한국과 베트남에서 극단적인 독재체제가 수립되었던 것이다. 미국은 긴장완화를 통해 해외 주둔 미군의 감축과 철수를 시도했지만, 이 정책은 오히려 한국과 필리핀 등 동맹국과의 관계에서 이완을 가져와 정권강화 과정에 전혀 개입할 수 없는 상황을 만들었던 것이다. 한국과 필리핀은 베트남전쟁의 전쟁특수를 통해 내부적으로 경제적 성장을 이룬 상황에서 정권강화의 기반이 만들어져 있었기 때문에 자체적으로 극단적인 독재체제를 수립할 수 있었다. 1972년 한국에서 유신체제의 선포와 필리핀의 계엄령 선포는 모두 이러한 배경 하에서 이루어졌다.[40]

유신체제 이후 표면적으로는 한국의 인권문제가 한미관계의 주요한 이슈가 되었다. 1972년 이후 반전운동으로 인권 평화문제를 중시해 온 미국의 의회와 언론은 한국 내의 인권문제를 주요한 이슈로 제기하였다. 이는 다른 한편으로 한국정부가 미국 의회에 대한 로비를 시작하는 중요한 계기가 되기도 했다. 한국정부는 미국 의회의 의원들을 친한파 의원들로 만들기 위한 공작에 시작했고, 한국에 대해 쌀과 정유를 수출하는 업체와 부도덕한 관계를 맺기도 했다. 또한 주미한국대사관을 통해 미국 내에서 반유신 운동을 하는 재미교포 사회들을 불법적으로 사찰하기도 했다. 이러한 불법적인 움직임은 1976년 코리아게이트 사건으로 불거졌고, 한국과 미국은 이 사건의 중심에 있는 박동선이 한국으로 피신하면서 그의 의회 청문회출석을 둘러싸고 갈등을 빚었다.

한미 간의 갈등은 워터게이트 사건으로 닉슨이 대통령직에서 물러나고 포드 부통령이 대통령직을 계승하면서 정상화되는 듯 보였다. 1974년 포드 대통령의 방한은 닉슨 행정부 시기 갈등을 빚었던 한미관계가 변화한다는 것을 상징적으로 보여주는 계기가 되었다. 포드는 방한 시 주한미군의 수준을 유지하겠다는 의지를 밝히기도 했다. 물론 그렇다고 해서 포드 행정부에서 주한미군의 철수문제에 대한 논의를 완전히 중지시킨 것은 아니었다.

그럼에도 불구하고 1975년 남베트남의 패망과 그 식선에 있었던 김일성의 중국방문은 한국정부와 미국정부를 모두 긴장시키기에 충분한 사건이었다. 이후 포드 행정부는 한국에 대한 안보공약 준수와 한국군 현대화 계획을 위해 미국정부가 최대한 지원하겠다는 정책도 한국정부에 전달했다.[41] 그리고 F5-E 전투기의 한국 판매를 허용했다. 이는 미국의 해외원조법의 '인권조항'에 저촉되는 것이었지만, 미국의 국익과 관련되는 사항이므로 예외를 인정하는 것으로 정책을 조정했다.

포드 행정부 시기 한미관계는 개선되는 것처럼 보였지만, 한국정부의 핵개발 시도가 미국정부에 알려지고, 코리아게이트 사건이 발생하면서 다시 악화되기 시작했다. 한국정부는 1976년 판문점에서 미군 장교 두 명이 북한군에 의해 피살되는 사건이 발생하고, 북한의 땅굴이 비무장지대 인근에서 발견되면서 안보 위기를 강하게 느끼고 있었지만, 1977년 들어선 카터 행정부는 한반도의 안보 상황에 대해 다르게 생각하고 있었다. 오히려 중미수교, 그리고 남북 간의 갈등 완화를 통해 주한미지상군을 철수하고, 주한미지상군 철수가 한반도와 동북아의 긴장완화에 긍정적 역할을 할 것으로 보고 있었다.

한국정부는 이러한 카터 행정부의 정책에 강력하게 반발했다. 비록 미국의 반대로 핵무기 개발은 포기했지만, 단거리 미사일 개발에 성공했고, 미군 철수를 막기 위하여 미국의 행정부와 의회 의원들을 적극적으로 접촉하였다. 결과적으로 카터 행정부가 주한미지상군 철수계획을 철회하면서 박정희 정부의 노력은 성공하였지만, 1979년부터 카터 행정부가 추진한 남북미 3자회담은 한미 간에 또 다른 이슈가 되었다. 박정희 정부는 남북미 3자회담에 군사안보적인 문제가 논의되지 않기를 원했지만, 카터 행정부는 이 문제까지 포함해야 한다는 입장이었다. 1979년 6월 한국을 방문한 카터 대통령은 주한미군과 한국 내 인권문제 내에 3자회담의 문제를 중요한 이슈로 제기하였다. 이후 한국과 미국은 3자회담을 위해 인도네시아 정부가 중재하는 방안을 포함해 다양한 실무자급 논의를 진행하였는데, 10·26사건으로 모든 논의가 중단되었다.

한미관계는 10·26 사건 이후 정상화되는 듯했다. 1979년 12·12쿠데타에서 한국군의 작전통제권을 갖고 있는 주한미군사령관의 승인 없이 군대를 움직인 것이 문제가 되어 신군부와 미국 사이의 갈등이 있었지만, 이는 곧 봉합되었고, 미국은 한국에서 민주주의가 회복되어 갈 것으로 판단했다. 그러나 야당 지도자들과의 분열과 갈등, 그리고 학생들의 시위가 계속되면서 한국 내 불안정한 상황에 주목하지 않을 수 없었다. 이러한 상황에서 발생한 광주항쟁은 향후 한미관계에 매우 중요한 영향을 미치게 된다.

카터 행정부는 한국의 상황이 불안해질 경우 북한이 오판을 할 가능성이 있다는 점에 대해서 염려하고 있었지만, 한국 내의 상황에 적극적으로 개입하지 않는 원칙을 갖고 있었다. 그러나 신군부가 광주항쟁을 진압하기 위하여 한국군 이동을 요청하는 부분에 대해서는 고민하지 않을 수 없었다. 그럼에도 불구하고 미국은 광주항쟁에 미국이 전혀 개입하지 않았다는 입장을 고수했고, 이는 1988년 한국 의회에 제출한 답변을 통해서도 잘 드러났다.[42] 그러나 한국 사회 내에서는 주한미군사령관이 광주항쟁 진압을 위한 한국군의 이동을 승인해 준 것으로 보면서 광주에서 이루어진 학살 사건에 미국정부의 책임이 있다는 주장이 제기되기 시작했다. 이는 1980년대를 통해 한국 내에서 반미운동이 고양되고, 대도시에 위치한 주한미문화원에서 방화사건이 발생하고, 학생들에 의해 점거되는 사태를 불러왔다.

1954년 한미합의의사록이 조인되면서 발효된 한미상호방위조약은 이후 한미동맹의 중요한 축이 되었다. 전체적으로 볼 때 한국과 미국은 군사안보적인 측면에서 동일한 이해관계를 갖고 있었기 때문에 양국의 동맹관계는 큰 틀에서 변화하지 않고 1980년대까지 계속되었다. 그만큼 한미관계는 군사안보적인 측면이 중요한 이슈가 되었다. 그러나 군사안보적 측면은 항상 경제적인 문제, 특히 미국의 대한원조 및 미국정부의 재정문제와 밀접히 관련되어 있었다. 이는 1950년대 환율, 1960년대 전쟁특수, 1970년대 면직물 쿼터제도와 한국의 수입개방 문제 등이 한미 간에 주요한 이슈가 되었던 점에서도 잘 드러난다.

한미관계는 1960년대 중반을 통해 변화하기 시작했다. 더 이상 일방적인 관계가 아니라 상호 간에 길항관계가 계속되었다. 1960년대 초까지 미국은 한국의 내부 정책에 깊숙이 개입하였다. 그러나 베트남전쟁을 계기로 하여 미국은 더 이상 한국의 내정에 간섭하지 못하게 되었다. 게다가 1970년대 미국이 데탕트정책을 실시하면서 한국과 미국 사이에 강한 불신이 자리 잡기도 했다. 이렇게 악화된 한미관계는 1980년대 초부터 1990년대 초까지 신군부의 시장개방 정책과 핵무기 개발 포기로 인하여 다시 개선되었지만, 1990년대 이후 다시 협력과 갈등을 반복하는 과정을 거치게 된다. 특히 한국과 미국은 대북한정책에서 서로 다른 입장을 갖는 과정을 거치게 된다. 이 글에서 직접 다루지는 못했지만, 한미 간의 갈등은 일본에 대한 정책에서의 이견 역시 중요한 요소가 되었던 것으로 보인다. 미국과 각기 동맹관계를 맺고 있는 한국과 일본이 미국의 동아시아정책에서 서로 협력관계를 이끌어내지 못했다는 점은 미국으로서는 동아시아정책을 일관되게 이끌지 못하는 요인이 되기 때문이다.

한미관계의 변화에서 또 하나 주목해야 할 점은 양국 시민사회의 입장이 한미관계에서 중요한 역할을 미치기 시작했다는 점이다. 미국의 경우 1970년대 코리아게이트 사건이 한미관계에 영향을 미쳤던 데 반하여 한국사회는 1980년 광주항쟁 이후 계속된 시민사회의 반미시위는 한미관계에 중요한 변수가 되었다. 물론 미국 내에서 한국에 대한 관심은 1990년대 북핵문제가 시작되기 이전까지 점점 더 줄어들었지만, 한국 사회에서 한미관계에 대한 시민사회의 관심은 1980년 이후 점차 늘어나기 시작했다. 이전에는 전혀 없었던 반미시위가 나타나고 한미 간의 협력과 갈등의 문제가 언론을 통해 적극적으로 등장하기 시작한 것이다. 이렇게 굴절과 전이를 겪은 한미관계는 이제 냉전 시기의 불균형적 관계에서 탈냉전 이후 점차 정상화된 관계로 나아가고 있다고 보아야 할 것이다.

주

1) John L. Gaddis, *Strategies of Containment* (Oxford: Oxford Univ. Press, 1982), pp. 129-136
2) 이종원, "五十年代東アジア冷戰ノ變容ト米韓關係," 『法學』 59호 (1995), pp. 1036-1038; Gaddis (1982), p. 158.
3) Walt W. Rostow, *Eisenhower, Kennedy, and Foreign Aid* (Austin: University of Texas Press, 1985), p. 17
4) Rostow (1985), p.84
5) NSC 5506, "Future United States Economic Assistance for Asia," 21 January 1955, RG273, National Archive and Record Administration(NARA).
6) 박태균, "한반도 중립국 통일론과 주한미군," 『황해문화』 통권 제100호 (2018), pp. 60-80.
7) The Commander in Chief, United Nations Command(Hull) to the Chief of Staff, United States Army(Ridgwa), 8 November 1954, *FRUS 1952-54* Vol. 15, Part 2, pp. 1911-1914.
8) 한국개발연구원, 『한국재정 40년사』, 제7권 (1991), p. 119
9) "Note by the Executive Secretary to the National Security Council on U.S. Objectives and Courses of Action in Korea," NSC 5514, 25 February 1955, *FRUS 1955-1957* vol.23, part 2, p. 46.
10) Donald Stone Macdonald, *U.S.-Korean Relations from Liberation to Self-Reliance; The Twenty Year Record* (San Francisco: Westview Press, 1992) pp. 98-99.
11) Memorandum of Discussion at the 326th Meeting of the National Security Council, *FRUS 1855-1857* vol. 23, 13 June 1957, pp. 443-454.
12) Memorandum of Discussion at the 276th Meeting of the National Security Council,

FRUS 1855-1857 vol. 23, 9 February 1956, pp. 217-220.
13) 박태균, 『원형과 변용』 (서울: 서울대학교출판부, 2007), p. 38.
14) 이종원 (1995), p. 157.
15) "Call of Korean Minister of Reconstruction on the Acting Secretary," 895B.00/10-2158, Decimal File, RG 59, NARA; "Korean Reconstruction Program," 895.00B/10-2058, Decimal File, RG 59, NARA; "Weekly Economic Review NO. 52," 895B.00/12-3159, Decimal File, RG 59, NARA.
16) "Annual Economic Review, ROK, 1956," 895B.00/5-2157, Decimal File. RG 59, NARA.
17) Embassy Telegram, no. 1349, 11 April 1961, NSF box 128, Korea, 4/11/61-5/17/61, John F. Kennedy Library (JFKL).
18) 박진희, "이승만의 대일인식과 태평양동맹 구상," 『역사비평』 76호 (2006), pp. 93-94.
19) 이철순, "이승만 정권기 미국의 대한정책 연구," 서울대학교 정치학과 박사논문, 2000, p. 278.
20) 한봉석, "1950년대 미국의 대한기술원조 연구," 성균관대학교 사학과 박사논문, 2017 참조.
21) 895b.00/3-1655, Decimal File, RG 59, NARA (서울대학교 중앙도서관 소장).
22) Report by Hugh D. Farley of the International Cooperation Administration to the President's Deputy Sepcual Assistant for National Security Affairs(Rostow), 6 March 1961, President's Office Files: Country Series, Korea, Security 1961-1963, John F. Kennedy Library(JFKL).
23) 마상윤, "미완의 계획: 1960년대 전반기 미 행정부의 주한미군철수 논의," 『한국과 국제정치』 19권 2호 (2003), pp. 1-36.
24) 박태균, "베트남전쟁 시기 한미관계의 변화," 『군사 89』 (2013), pp. 333-340.
25) 박태균, "군사정부 시기 미국의 개입과 정치변동, 1961~1963," 『박정희 시대 연구』 (서울: 백산서당, 2002).
26) 이완범, "박정희와 미국: 쿠데타와 민정이양 문제를 중심으로, 1961~1963," 『박정희 시대 연구』 (서울: 백산서당, 2002).
27) 홍석률, "1960년대 한미관계와 박정희 군사정권," 『역사와현실』 56호 (2005), pp. 277-281.
28) 박태균, "1960년대 중반 안보 위기와 제2경제론," 『역사비평』 72호 (2005), pp. 250-276.
29) "달러화시대에 낙조, 미의 금태환 정지 배경과 전망," 『매일경제』 1971년 8월 17일.
30) 박원곤, "미국의 대한정책 1974-1975년: 포드 행정부의 동맹정책 전환," 서울대학교 국제문제연구소 지음, 『데탕트와 박정희』 (서울: 논형, 2003), p. 75.
31) 박원곤 (2003), pp. 80-81.
32) 엄정식, "닉슨-포드 행정부 시기 대한군사원조 변화와 박정희 정부의 대응," 『한국군사학논집』 69(2), 2013. pp. 65-66.
33) 박원곤 (2003), pp. 75-79.
34) 박원곤 (2003), pp. 83-85.

35) "카터 방한," 1979. 6.29-7.1 (일반공문서철 등록번호 6166/12883 분류번호 724.12, 국가코드 US), 외교사료관 소장 자료.
36) 마상윤, 박원곤, "데탕트기의 한미갈등: 닉슨, 카터와 박정희," 『역사비평』 86 (2009), pp. 113-139.
37) "카터 방한" (1979).
38) 주한미군사령관 '마' 대장과의 조찬회 토의내용 보고 1971년 7월 20일자, 대통령기록관 소장문서; 합참의장과 '마이켈리스' 대장과의 회담 내용(합참보고) 1971년 7월 30일, 대통령기록관 소장문서
39) 홍석률, "유신체제와 한미관계," 『역사와현실』 88호 (2013), pp. 40-43.
40) 박태균, "베트남 전쟁과 베트남에 파병한 아시아 국가들의 정치적 변화," 『한국학연구』 28 (2013), pp. 587-622.
41) 엄정식 (2013), p. 65.
42) https://kr.usembassy.gov/wp-content/uploads/sites/75/2017/05/The-Kwangju-Incident.pdf

참고문헌

1. 한글문헌

마상윤, 박원곤. "데탕트기의 한미갈등: 닉슨, 카터와 박정희." 『역사비평』 86 (2009).
마상윤. "미완의 계획: 1960년대 전반기 미 행정부의 주한미군철수 논의." 『한국과 국제정치』 19권 2호 (2003).
박원곤. "미국의 대한정책 1974-1975년: 포드 행정부의 동맹정책 전환." 서울대학교 국제문제연구소 지음. 『데탕트와 박정희』. 서울: 논형, 2003.
박진희. "이승만의 대일인식과 태평양동맹 구상." 『역사비평』 76호 (2006).
박태균. "1960년대 중반 안보 위기와 제2경제론." 『역사비평』 72호 (2005).
＿＿＿. "군사정부 시기 미국의 개입과 정치변동, 1961~1963." 『박정희 시대 연구』. 서울: 백산서당, 2002.
＿＿＿. "베트남 전쟁과 베트남에 파병한 아시아 국가들의 정치적 변화." 『한국학연구』 28 (2013).
＿＿＿. "베트남전쟁 시기 한미관계의 변화." 『군사 89』 (2013).
＿＿＿. 『원형과 변용』. 서울: 서울대학교출판부, 2007.
＿＿＿. "한반도 중립국 통일론과 주한미군." 『황해문화』 통권 제100호 (2018).
엄정식. "닉슨-포드 행정부 시기 대한군사원조 변화와 박정희 정부의 대응." 『한국군사학논집』 69(2), 2013.
이완범. "박정희와 미국: 쿠데타와 민정이양 문제를 중심으로, 1961~1963." 『박정희 시대 연구』. 서울: 백산서당, 2002.
이종원. "五十年代東アジア冷戰ノ變容ト米韓關係." 『法學』 59호 (1995).

이철순. "이승만 정권기 미국의 대한정책 연구." 서울대학교 정치학과 박사논문, 2000.
주한미군사령관 '마' 대장과의 조찬회 토의내용 보고. 1971년 7월 20일자, 대통령기록관 소장문서.
최상오, "1950년대 한국의 환율제도와 환율정책." 『한국경제연구』 제9권, 2002,
"카터 방한." 1979. 6.29-7.1 (일반공문서철 등록번호 6166/12883 분류번호 724.12, 국가코드 US), 외교사료관 소장 자료.
한국개발연구원. 『한국재정 40년사』. 제7권 (1991).
한봉석. "1950년대 미국의 대한기술원조 연구." 성균관대학교 사학과 박사논문, 2017.
합참의장과 '마이켈리스' 대장과의 회담 내용(합참보고) 1971년 7월 30일, 대통령기록관 소장문서.
홍석률. "1960년대 한미관계와 박정희 군사정권." 『역사와현실』 56, 2005.
＿＿＿. "유신체제와 한미관계." 『역사와현실』 88호, 2013.

2. 영어문헌

895b.00/3-1655, Decimal File, RG 59, NARA (서울대학교 중앙도서관 소장).
"Annual Economic Review, ROK, 1956." 895B.00/5-2157, Decimal File. RG 59, NARA.
"Call of Korean Minister of Reconstruction on the Acting Secretary." 895B.00/10-2158, Decimal File, RG 59, NARA.
Embassy Telegram, no. 1349, 11 April 1961, NSF box 128, Korea, 4/11/61-5/17/61, John F. Kennedy Library (JFKL).
"Korean Reconstruction Program." 895.00B/10-2058, Decimal File, RG 59, NARA.
"Note by the Executive Secretary to the National Security Council on U.S. Objectives and Courses of Action in Korea." NSC 5514, 25 February 1955, *FRUS 1955-1957* vol.23, part 2.
Gaddis, John L. *Strategies of Containment*. Oxford: Oxford Univ. Press, 1982.
Macdonald, Donald Stone. *U.S.-Korean Relations from Liberation to Self-Reliance; The Twenty Year Record*. San Francisco: Westview Press, 1992
Memorandum of Discussion at the 276th Meeting of the National Security Council. 9 February 1956, *FRUS 1855-1857* vol. 23, pp. 217-220.
Memorandum of Discussion at the 326th Meeting of the National Security Council. 13 June 1957, *FRUS 1855-1857* vol. 23.
NSC 5506. "Future United States Economic Assistance for Asia." 21 January 1955, RG273, National Archive and Record Administration(NARA).
Report by Hugh D. Farley of the International Cooperation Administration to the President's Deputy Sepcual Assistant for National Security Affairs(Rostow), March 6, 1961, President's Office Files: Country Series, Korea, Security 1961-1963, John F. Kennedy Library(JFKL).
Rostow, Walt W. *Eisenhower, Kennedy, and Foreign Aid*. Austin: University of Texas Press, 1985.
Telegram From the Commander in Chief, United Nations Command, Korea and

the Commander of United States Forces, Korea(Bonesteel) to the Commander in Chief, Pacific (Sharp), Korea, 21 July 1967, *FRUS 1964-1968* Vol. XXIX, 문서번호 123번. attachment (3)

The Commander in Chief. United Nations Command(Hull) to the Chief of Staff. United States Army(Ridgwa), 8 November 1954, *FRUS 1952-54* Vol. 15, Part 2.

"Weekly Economic Review NO. 52." 895B.00/12-3159, Decimal File, RG 59, NARA.

3. 신문잡지 자료

『매일경제』. 1971년 8월 17일.
『조선일보』. 1967년 11월 4일.

4. 인터넷 자료

https://kr.usembassy.gov/wp-content/uploads/sites/75/2017/05/The-Kwangju-Incident.pdf

2부
국제체제에서의 한미관계

3장 한국의 대미국외교정책 / 이상현 • 87

4장 미국의 대한반도 국가이익과 정책 / 서정건 • 121

5장 동북아 질서와 한미관계 / 김준형 • 152

6장 중국의 위상제고와 한미관계 / 차창훈 • 189

7장 대북정책과 한미공조 / 최진욱 • 231

8장 변화하는 동아시아 안보환경과
  한미일관계 / 신욱희 • 261

한국의 대미국외교정책

3장

이상현 (세종연구소)

- 한국의 대미외교: 과거와 현재 _ 89
- 대미외교의 발전방향 _ 97
- 대미외교 과제와 전망 _ 114

한국의 문재인 정부와 미국 트럼프(Donald Trump) 행정부 출범 이후 한미관계는 새로운 변화의 바람을 맞고 있다. 한미동맹이 처음 탄생했던 65년 전에 비해 현재의 동맹 환경은 매우 상이하며, 동맹이 상황에 맞게 진화하는 것은 자연스런 현상이라 할 수 있다. 한국전쟁 이후 북한의 군사위협 억지를 위주로 한 군사동맹으로 시작된 한미동맹관계는 오늘날 군사협력관계를 넘어 포괄적 우호협력동반자관계로 진화해왔다. 오늘날 한미관계는 흔히 '포괄적 전략동맹'으로 지칭된다. 여기서 '포괄적'이라는 의미는 동맹의 내용이 군사협력을 넘어 경제, 사회, 문화 등 제 방면으로 확대되고, 지리적 범위에 있어서도 한반도를 넘어 지역, 글로벌 차원까지 넓어진 것을 의미한다. 하지만 오늘날 한미동맹이 여러 면에서 변화의 압력을 받고 있는 것은 피할 수 없는 상황이다. 동맹의 변화는 주로 세 차원의 요인에서 비롯된다.

첫째, 동맹의 국제정치적 여건, 혹은 맥락의 변화이다. 최근 국제관계의 특징은 이른바 지정학의 부활, 혹은 강대국 정치의 횡행이 지배적 현상이다.[1] 현재 국제질서는 중국의 부상과 미국의 상대적 쇠퇴로 인해 권력관계의 변동이 진행되고 있다. 현실주의 이론에 의하면 권력관계의 변화에 따라 국제사회의 규칙도 당연히 바뀌어야 하는 것이다. 하지만 미국은 제2차 세계대전 이후 설정해 놓은 규칙을 지속하려는 반면, 중국은 기존의 질서를 벗어나 자국 중심의 새로운 규칙을 창출하려는 노력을 경주하고 있다. 그 연장선상에서 나온 주장이 바로 '신형대국관계' 요구이다. 미중 양국이 상호 수용 가능한 '규칙기반의 국제질서(rule-based international order)'에 합의할 때까지 미중갈등은 구조적으로 불가피할 전망이다. 최근에는 미국의 인도·태평양 전략과 중국의 일대일로 전략이 도처에서 충돌 양상을 보이고 있다. 현재까지 미국의 인도·태평양 전략이 주로 경제 분야에 주목하는 것은 일단 동 전략이 중국의 일대일로에 대응하는 성격이 강하다는 점을 시사 하는 대목이다. 만일 미국이 국가안보전략(NSS) 보고서에서 적시한 대로 중국을 미국 주도의 기존 질서에 대한 전략적 경쟁자로 보고 적극 대응할 경우 아시아에서 지정학적 경쟁, 특히 아시아 국가들을 통한 대리(代理) 세력경쟁이 부활할 가능성이 크다. 그 결과 한국에게 동맹이 여전히 중요하지만 동맹에만 의존해서 살아가기는 어려운 시대가 왔다.

둘째, 한반도발(發) 변화로 인한 동맹 변화의 압력이다. 특히 2018년 벽두부터 시작된 북핵문제, 남북관계의 '경천동지'할 변화는 비핵화, 평화체제, 한미동맹의 공존 가능성에 대한 다양한 논의를 낳고 있다. 한국의 입장에서는 이 세 가지를 모두 달성하는 것이 우리가 희망할 수 있는 최대치(maximal)이지만, 세 가지를 동시에 성취하기가 쉽지 않다는 의미에서 일종의 트라일레마(trilemma) 상황이다. 북한 비핵화가 진전되고 남북관계가 변하면 한미동맹의 위상이나 기능, 역할은 물론 한반도 정전체제의 관리를 맡고 있는 유엔사 위상도 변화가 예상된다.

셋째, 미국발 동맹의 변화 요인이다. 트럼프 행정부가 등장하면서 미국의 동맹정책은 과거와는 다른 양상으로 전개되고 있다. 트럼프 대통령이 보는 세계는 극도로 경쟁적이고 승자독식(winner-take-all)이 일상인 환경이다. 거기에는 영원한 동맹도 없고 못 바꿀 적도 없으며, 국가들은 단지 미국과 어떤 이익을 공유하는가에 따라 갈등과 협력 사이에 놓이게 될 것이다. 트럼프의 미국은 제2차 세계대전 이후 미국이 애써 건설한 자유주의적 국제질서를 고양하기 위해 더 이상 노력하지 않을 것이고 특정 동맹국가들을 무조건 우대하는 정책도 펴지 않을 것이다. 향후 미국은 동맹을 포함해 모든 국가들을 "미국에게 어떤 이익이 되는가"하는 단순명료한 원칙으로 판단하게 될 것임을 시사한다. 한국에 대해서도 예외가 아니다. 미국의 이러한 동맹관은 한국에게도 실리 위주의 동맹정책을 요한다.

지나온 역사의 궤적이 말해주듯이 한국의 대외정책에서 미국의 위상은 확고한 자리를 차지해왔다. 때로는 한국 안보의 초석으로, 때로는 사회경제적 동반자로, 그리고 더 나아가 동북아의 균형자로서 미국은 지금도 그 의미가 크다. 그러나 동맹의 환경이 변하면서 이제는 한미동맹도 미래지향적으로 변모해야 할 시대적 요청에 직면해 있다. 이 글에서는 지난 반세기 이상을 지속해온 한미동맹관계를 통해 드러난 한국 대미정책의 특징을 분석하고, 이를 바탕으로 한미동맹의 진로를 모색하고자 한다.

1. 한국의 대미외교: 과거와 현재

1) 한미관계 65년의 평가

한미 양국은 1882년 5월 '조미평화수호통상 및 항해에 관한 조약'의 체결을 계기로 처음 공식적인 관계를 수립하였으며, 1888년 미국이 4명의 통역장교로 구성된 군사고문단을 파견함으로써 양국 간 군사관계가 열리게 되었다. 그러나 현대적인 의미의 군사협력관계는 1945년 9월 패전한 일본군의 무장해제를 위해 미군이 38선 이남 지역에 진주하면서 본격화되었으며 곧이어 발발한 한국전쟁은 오늘날의 한미동맹관계가 수립되는 직접적 계기가 되었다. 한미상호방위조약은 한국전쟁 휴전 직후인 1953년 10월 1일 미국 워싱턴에서 체결되어 이듬해인 1954년 11월 18일에 발효하였다. 반세기가 지난 오늘날도 한미동맹관계는 한국의 안보에 여전히 중요하다. 그러나 한미동맹이 체결되었던 1953년의 상황과 현재의 여건 사이에는 상당한 차이가 존재한다는 것 또한 사실이다. 그러므로 바람직한 한미동맹관계는 지난 65년의 성과를 바탕으로 변화된 양국관계의 실상을 반영하는 동시에 앞으로 제기될 양국이 전략적 필요를 충족시켜주는 것이어야 한다. 현재 한미관계는 출범 당시처럼 미국이 일방적으로 한국에 도움을 주는 관계가 아니라 서로의 전략적 공동이익을 발견하고 글로벌 문제의 해결에 협력하는 새로운 전략적 동반자관계로 발전했다.

객관적인 기준으로 볼 때 한미동맹은 지난 65년을 통해 상당한 성과를 거두었다. 한미동맹의 가장 큰 기여는 안보와 경제·사회 두 가지 측면에서 살펴볼 수 있다. 우선 안보 면에서 한미동맹의 가장 중요한 기여는 주한미군을 통해 북한에 대한 성공적 억지력으로 기능해왔다는 사실이다.[2]

첫째, 주한미군은 지난 65년 동안 북한의 남침 억제는 물론 동북아지역의 평화와 안정에 지대한 기여를 하여 왔다. 현재도 주한미군은 유사시 세계 유일의 초강대국인 미국의 자동개입을 보장하는 인계철선 역할을 하고 있으며, 주한미군이 보유한 전력과 첨단 장비는 우리 군사력을 정보수집 및 조기경보 분야에서 강력히 보완해 주고 있다. 또한 막강한 미군의 증원전력과 핵우산 제공 등은 북한의 남침야욕을 저지하는 결정적 억지력을 제공하고 있다. 이와 같이 주한미군은 한반도 유사시 압도적인 전력 우위를 보장함으로써 북한의 오판을 방지하는 역할을 수행하고 있는 것이다.

둘째, 주한미군은 평시 우리의 안보비용을 절감케 함으로써 지속적인 경제발전에도 기여하고 있다. 주한미군이 보유하고 있는 장비와 물자, 그리고 수십억 달러의 운영 유지비 등을 감안하면 미군 주둔의 기회비용은 엄청나다. 미군의 전쟁예비탄(WRSA), 조기경보기 등 정보자산은 한국이 미군에 크게 의존하는 부분이다.

셋째, 주한미군은 한미안보동맹관계의 상징으로서 동북아지역의 안정을 보장하고 우리의 국가전략 위상을 유지하는 데 기여하고 있다. 우리의 지정학적 여건으로 볼 때 한미안보동맹은 주변 강대국들과의 관계를 원만하게 유지해 나갈 수 있도록 하는 보장 장치이며, 통일에 이르는 과정을 안정적으로 관리하고, 통일 이후에도 우리의 국가적 생존과 번영에 큰 연관을 갖게 될 것이다. 즉, 한반도 통일의 과정과 결과가 한국 주도 하에 이루어질 수 있도록 협조하는 주도적 국가가 될 것이며, 주한미군은 동북아 지역에서 주변국 간의 군비경쟁을 완화시키는 역할을 함으로써 우리의 안보 부담을 경감시켜 줄 수도 있기 때문이다.

한편 사회경제적인 측면에서 한미동맹이 한미 양국의 교류협력에 기여한 측면 역시 간과할 수 없다. 한미동맹은 단순히 군사적 동맹을 넘어 한미 두 시민사회 간의 교류와 친화에 크게 기여하였다. 한미관계는 민주주의를 주춧돌로 삼고 안보동맹과 경제협력이라는 두 개의 기둥이 받치고 있는 구조라고 볼 수 있다. 특히 한국사회의 민주화가 진행된 1980년대 이후 형성된 민주주의에 대한 양국의 공감대가 한미관계 발전에 촉매제 역할을 하였다. 냉전기 동안 한미관계를 보는 미국의 중점은 군사안보적 측면에서 반공에 주어졌으나 민주화를 향한 한국 국민들의 열망이 강해지면서 민주주의적 가치에 대한 양국의 공감대가 확산되었고 이로 인해 한미관계가 보다 건강하고 내실 있는 관계로 발전할 수 있었다. 앞으로 한미관계는 단순히 이익계산에 입각한 동반자 차원을 넘어 민주적 가치를 공유하고 이를 확산시켜야 할 책임 또한 공유하는 동반자라는 인식이 강조되어야 할 것이다.

한미관계는 지난 반세기 이상 전체적으로 확고한 전략적 동반자관계의 길을 걸어왔지만 시기에 따라 부침도 없지 않았다. 한미관계 변화의 요인은 여러 가지를 들 수 있겠지만 무엇보다도 한국사회의 경제적 성장과 전반적인 민주화의 결과 한국의 국제적 위상이 과거 미국의 일방적 지원을 받던 시대와는 다르다는 점을 지적할 수 있다. 한국은 정치·경제·군사 등 제반 측면에서 더 이상 미국의 일방적 후견을 필요로 하는 약소국이 아니다. 한국은 그동안 서울올림픽 개최, 유엔 가입, OECD 가입, 월드컵 개최, 그리고 G20 정상회의와 서울 핵안보정상회의 등 일련의 중요한 국가적 행사들을 성공적으로 수행한 국민적 자긍심을 바탕으로 국제적으로도 그에 걸맞은 대우를 원하고 있다. 80년대 이후 지속된 한국사회의 민주화, 급속한 정보화의 결과 인터넷에 익숙한 젊은 세대가 새로운 정치적 동원세력으로 등장했다는 국내정치의 지형 변화를 무시할 수 없다. 과거 한국정치의 균열구조가 주로 지역 간의 격차를 중심으로 했다면 현재는 세대 간의 격차가 중요해졌고, 거기에다 북한과 미국에 대한 시각차이가 2000년대 이후 한국 정치에서 중요한 변수로 작용하고 있다.

김대중, 노무현 정부의 한미관계는 주로 북한을 보는 시각과 정치적 이견을 해소하는 방법상의 차이로 인한 부분이 컸다. 김대중, 노무현 정부는 약간의 차이는 있지만 대체로 대북 포용정책, 혹은 '햇볕정책'을 기조로 추진했다. 이에 비해 이명박, 박근혜 정부는 남북관계의 호혜성과 안보에 중점을 둔 대외관계를 기조로 채택했다.

참여정부는 출범부터 12대 국정과제 중 한반도 평화체제 구축의 세부추진과제로 '한미동맹관계의 미래지향적 발전'을 제시하고 중요한 의미를 부여했다. 참여정부는 한반도 평화체제 구축을 위해 세 가지 추진과제에 중점을 두었다. 첫째는 남북관계 개선을 통한 평화의 제도화이다. 둘째는 한반도 평화정착을 위한 국제환경 조성이다. 셋째는 확고한 평화보장을 위한 국방태세 확립이다. 참여정부는 한미동맹관계를 경시한 것이 결코 아니라는 것이 일반적인 평가이지만 한미동맹관계를 다루는 접근법이나 구체적인 전략적 면에서 아쉬운 점이 많았다. 특히 참여정부는 출범부터 한국역사에 대한 독특한 자성과 인식을 바탕으로 강대국 중심의 외교보다는 '자주'와 '균형'에 중점을 두는 외교노선을 택했다.[3] 참여정부의 대미외교에서 가장 긍정적 결과를 거두고서도 국내에서는 가장 호의적인 평가를 받지 못하는 분야가 가치동맹의 외연 확대를 위한 노력이다. 그 중에서도 미국의 대테러전쟁 지원을 위한 아프간 및 이라크 파병과 한미 자유무역협정(FTA) 타결은 참여정부 최대의 성과로 꼽을 만하다. 그럼에도 불구하고 대미 정상외교에 대한 참여정부의 공과는 엇갈리는 평가를 받고 있다. 빈번한 회담에 비해 양국 정상이 동맹의 미래비전이나 북한문제에 대한 인식의 골을 메우는 데는 미흡했다는 평가가 많다.

뒤를 이어 집권한 이명박 정부는 21세기의 유동적 동북아 질서에서 한미일 협력을 통해 중국을 견제하거나 유인하고, 마찬가지로 한미중 협력을 통해 일본을 견제하는 것이 한국의 국익이라는 인식을 갖고 있었다. 이러한 목표는 어느 경우에도 한미관계가 주축이 되어야 가능한 것이다. 그러기 위해서는 기존의 한미군사안보협력을 사회경제 차원의 협력으로 보강하여 시너지 효과를 내는 전략을 모색할 필요가 있었고, 그것이 바로 한미 가치동맹의 핵심이다.

한미 양국은 2008년 4월 캠프데이비드 정상회담에서 한미관계를 21세기 전략동맹으로 격상시키기로 합의했다. 조지 W. 부시(George W. Bush) 대통령과의 첫 정상회담을 위해 미국을 방문한 이명박 대통령은 4월 16일 코리아소사이어티 초청 만찬연설을 통해 새로운 국제환경에 직면해 양국은 한반도와 아시아의 평화, 번영에 기여할 수 있는 새로운 전략적 마스터플랜을 짜야 하며, 이것은 바로 '21세기 한미전략동맹'이라고 밝혔다. 이 대통령은 21세기 한미전략동맹의 비전으로 3대 지향점을 제시하면서 자유민주주의와 시장경제 가치를 공유하는 가치동맹, 한미 FTA를 포함한 군사·정치외교·경제·사회·문화 등 포괄적 분야에서 공유하는 이익을 확대하는 신뢰동맹 구축, 테러·환경오염·질병·가난 등 동아시아 및 범세계적 차원의 전략적 이익을 공유해 국제평화구축에 기여하는 평화구축동맹 등을 들었다.[4]

박근혜 대통령은 2015년 10월 16일 오바마(Barack Obama) 미국 대통령의 초청으로 워싱턴 D.C를 방문해 한미정상회담을 개최했다. 정상회담의 성과를 정리한 공동설명서(Joint Fact Sheet)는 동맹 강화, 글로벌 파트너십 확대, 뉴프런티어 분야에서의 협력 강화 등 세 부분에 걸쳐 매우 포괄적인 내용을 담고 있다. 이는 한미 양국이 기 합의한 '21세기 포괄적 전략동맹'의 방향성을 재확인하는 동시에 새로운 협력의 지평을 확대한 것으로 평가된다. 공동설명서와 함께 별도로 발표된 북한 관련 공동선언(Joint Statement on North Korea)은 첫째, 한미 양국이 북핵문제를 '최고의 시급성과 확고한 의지(utmost urgency and determination)'를 갖고 다루기로 합의했다. 둘째, 공동성명은 박 대통령이 드레스덴 연설에서 제시한 바 있는 한반도 평화통일 비전을 계속하여 강력히 지지해 나갈 것이라고 언급했다. 특히 한반도 평화통일을 위한 우호적 환경을 조성하기 위해 고위급 협의를 강화하기로 한 것은 사실상 한국 주도의 통일을 승인한 것이다. 셋째, 한국과 미국이 대북 적대시 정책을 갖고 있지 않다는 점을 명시적으로 언급해 미국의 '대북 적대시 정책' 때문에 핵을 개발한다는 북한의 논리가 허구임을 지적하는 동시에 북한으로 하여금 대화의 장으로 나오게 압박했다. 넷째, 동북아평화협력구상(NAPCI) 및 보건, 기후변화, 사이버협력 등 뉴프런티어 협력을 확대하기로 한 것은 한미관계가 이미 과거의 군사안보 위주 동맹에서 포괄적 전략적 동반자관계로의 발전을 보여주고 있는 것이다.

2017년 6월 문재인 대통령의 워싱턴 방미시에 개최된 문재인-트럼프 첫 정상회담에서도 한미상호방위조약에 근거한 강력한 연합방위태세와 상호안보 증진을 통해 대한민국을 방어한다는 한미동맹의 근본적인 임무가 재확인되었다. 미국은 재래식과 핵 능력을 포함한 모든 범주의 군사적 능력을 활용하여 대한민국에게 확장억지를 제공한다는 미국의 공약을 재확인하였다. 그리고 한미안보협의회의(SCM)와 한미군사위원회회의(MCM) 등 정례 협의 채널이 동맹을 강화하는 데 있어 중요한 역할을 함을 지적했다. 양 정상은 조건에 기초한 한국군으로의 전작권 전환이 조속히 가능하도록 동맹 차원의 협력을 지속해 나가기로 결정하였다. 대한민국은 상호운용 가능한 킬-체인, 한국형 미사일방어체계(KAMD) 및 여타 동맹 시스템을 포함하여, 연합방위를 주도하고, 북한의 핵·미사일 위협을 방어, 탐지, 교란, 파괴하기 위해 필요한 핵심 군사 능력을 지속적으로 확보해 나갈 것이라고 명시했다.

　냉정한 국가이익의 계산과 때로는 비정한 생존의 논리가 지배하는 국제관계에서 동맹관계가 65년을 지속하는 경우는 흔한 일이 아니다. 한미동맹은 미국의 대외정책에서 가장 성공적인 사례 중 하나로 꼽히며, 한국은 한미관계의 틀 속에서 안보를 지키는 것은 물론, 경제성장과 민주화를 성공적으로 달성한 모범적인 사례로 평가된다. 하지만 한미동맹이 처음 시작된 당시에 비해 오늘날 동맹의 맥락은 다양한 변화의 바람을 맞고 있다. 또한 지난 65년이 성공적이었다고 해서 앞으로도 계속 동맹관계가 자동적으로 유지되리라는 보장도 없다. 국제질서가 갈수록 복합적으로 변화하면서 한미동맹이 과거처럼 거의 신성시되던 시대는 더 이상 아니다.

2) 대미외교의 특징

한미관계가 한국의 대외정책에서 중요한 위치를 차지한다는 점은 재론의 여지가 없다. 과거 모든 정부에서 대미외교는 중요한 위치를 차지해왔는 바, 구조적 요인과 정권적 요인 모든 차원에서 대미외교는 빼놓을 수 없는 고려사항이었다.

　구조적 요인으로, 한반도 안보환경에 대한 고려로 인해 한미관계의 중요성은 거부할 수 없는 요인이었다. 박정희 반공정권 이후 역대 모든 정부에서 안보적 고려는 매우 중요한 위치를 차지했다. 이는 진보정권이었던 김대중 정부나 노무현 정부, 그리고 현재 문재인 정부도 예외가 아니다. 한국외교에서 대미외교가 중요한 위치를 차지하는 것은 한반도의 분단 상황과 동북아라는 독특한 지정학적 상황에서 비롯된 것이다. 물론 지금은 한국외교에서 대미외교가 유일무이, 최고 지상의 목표는 아니지만 한국 대외전략의 여러 어젠다 중에서 여전히 가장 중요한 항목 중 하나라는 점에서는 변화가 없는 것이다.

한편, 정권적 차원의 관점에서 볼 때, 김대중, 노무현 정부에서는 상대적으로 한미관계의 비중이 약화되는 대신 동아시아에 대한 강조, 동북아시대의 강조 및 남북관계가 상대적으로 큰 비중을 차지한 특성을 보였다. 하지만 역설적으로 가장 자주적이라는 평가를 받았던 노무현 정부 기간 동안 미국이 한국에 요구했던 것들의 대부분이 관철된 것은 아이러니이다. 노무현 정부의 뒤를 이은 보수정권인 이명박, 박근혜 정부 시기 동안에는 다시 남북관계에 비해 안보, 동맹, 그리고 국방 분야의 중요성이 대외정책의 어젠다 중 상위를 차지하는 현상이 나타났다. 이렇게 본다면 한국외교정책에서 대미외교는 상대적 경중의 차이는 있을지언정 보수와 진보 정권 모두에서 중요한 우선순위를 차지해온 사안이라 할 수 있다.

한미동맹은 이처럼 한국의 안보와 번영, 남북관계 개선과 평화체제의 정착 등 제반 이슈들과 밀접히 연관된 이슈이다. 이러한 여러 차원의 이슈 중에서도 한미관계의 특징을 가장 크게 규정짓는 변수는 역시 한반도 안보상황의 변화와 관련된 것들이다. 한국의 대미외교 정향과 대척점에 있는 변수는 남북관계의 변화에 따른 한국사회와 정치 리더십의 이념적 성향이다.

첫째, 한미관계는 그 출발에서 이미 알 수 있듯이 군사안보동맹으로서의 성격이 강하다. 아직도 한미동맹은 대북 억지 기능은 물론 북핵문제 해결에서의 공조, 중국과 일본 등 동북아 주요국들에 대한 역외 균형세력으로서 중요한 위치를 차지한다. 그러한 이유로 한국의 대미외교에서 군사협력이 차지하는 부분은 매우 중요하다. 현재도 한미 간에는 연례안보협의회(SCM)를 비롯해 크고 작은 양자 차원의 협의가 이뤄지고 있다. 한미연합사는 미국의 해외군사동맹 중에서도 유례를 찾기 어려울 정도로 긴밀한 협력과 통합적 운용을 함으로써 성공적인 체제로 평가되는 연합방위체제이다. 하지만 한반도 안보상황의 변화는 동맹의 군사적 기능이나 역할에도 변화를 요구한다. 현재 한국사회에서 논란이 되고 있는 전작권 전환과 한미연합사의 위상 변화, 그리고 평화체제 진전과 더불어 본격적으로 논의될 유엔사의 위상 변화가 대표적인 사안들이다.

둘째, 북한에 대한 인식에 따라 정권별로 미국과의 대북정책 조율에 있어서 진폭이 상당히 크다. 이는 한국사회의 이념적 분기와도 연관되는 문제이다. 한국의 역대 정부에서 진보정권은 대체로 대북 포용정책과 대미 자주외교를, 보수정권은 대체로 남북관계 개선보다는 안보와 한미공조에 중점을 두는 경향을 보여 왔다. 문재인-트럼프 시대에 진행되는 한반도 상황의 극적인 변화는 필연적으로 대북정책을 둘러싼 다양한 이슈와 더불어 시각차를 드러낼 전망이다.

2. 대미외교의 발전방향

1) 한미동맹을 둘러싼 환경 변화

오늘날 한미동맹은 변화하는 국제적 환경 속에서 새롭게 적용해야 할 과제에 직면하고 있다. 최근 국제정세의 유동성과 불확실성은 과거 그 어느 때보다도 심각한 상황이다. 이른바 '지정학의 부활(return of geopolitics)'로도 불리는 강대국 관계의 경쟁과 긴장, 거기에다 세계화에 대한 반발로 생겨난 포퓰리스트 민족주의(populist nationalism) 현상까지 더해져 오늘날 우리가 접하는 세계질서는 매우 혼란스런 양상으로 전개되고 있다.[5] 향후 당분간 국제정세는 글로벌 차원과 지역 차원 모두 주요국들이 자국의 이익 중심으로 움직이면서 혼란상이 지속될 전망이다. 특히 중국, 러시아 같은 반미 연합세력들 중심으로 냉전종식 이후 정립된 미국 중심의 단극적 국제질서를 변개하려는 현상타파 국가군이 급격히 부상하면서 국제질서가 요동치고 있는 것이다. 이처럼 주요국들이 공히 자국의 이익을 앞세운 강경하고 공세적인 외교를 전개하면서 '각자도생(各自圖生)'의 원리가 시대의 화두로 등장했다. 리더십 스타일도 달라졌다. 한반도에 직접 영향을 미치는 주변국들을 둘러보더라도 모두 확고한 국내 지지를 기반으로 '스트롱맨'

리더십이 보편적인 현상이다. 미국의 트럼프, 중국의 시진핑(習近平), 러시아의 푸틴(Vladimir Putin), 일본의 아베(安倍晋三), 그리고 북한의 김정은에 이르기까지 지구촌 전체가 마초 리더십이 지배하는 상황이다. 이러한 유동적 국제질서와 대결적 국제체제의 등장 가능성에 대비한 한국의 전략적 선택은 결국 어떠한 국가군(群)과 연합할 것인가 하는 근본적인 국가전략의 문제로 귀착된다. 한국이 속해야 할 곳은 국제질서의 상층부에 속하는 동시에 가치와 제도를 공유하는 국가군으로 구성되는 세계질서 주도연합(leading coalition)이어야 한다.[6] 한국의 국가전략은 기본적으로 가치와 이념을 공유하는 국가군과의 네트워킹과 연대가 되어야 한다. 그 중심에 있는 나라가 바로 미국이다. 실상 한미동맹이 없는 한미관계는 적어도 앞으로 상당 기간 상상하기 어렵다.

그럼에도 불구하고 앞으로 한미동맹이 처한 상황은 동맹만으로 우리의 외교안보 문제를 해결할 수 있는 상황은 아니다. 지금은 냉전시대의 제로섬적 진영구조가 지배하는 시대가 아니기 때문이다. 말 그대로 복합적 네트워크가 21세기 국제질서의 기본 성격이다. 네트워크는 적 개념을 상정하는 동맹과는 근본적으로 다르다. 특히 한국과 동맹을 맺고 있는 미국의 대외전략과 강대국 관계가 변하고 있는 상황을 유념해야 한다.

국제정치의 대표적 이론 가운데 하나인 신현실주의, 혹은 구조주의적 현실주의 이론에 의하면 국제체제의 구조를 결정하는 가장 중요한 요인은 '힘의 배분상황(power distribution)'이다. 즉, 국제체제 내 특정 시점에서 주요 행위자들 간 힘의 배분상황이 국제관계의 성격과 구조를 결정하는 핵심 요인이다. 국제체제 내에서 대규모 전쟁이나 국력의 변화로 인해 이러한 힘의 배분상황이 바뀌면 국제관계의 성격도 변하게 된다. 다시 말하면, 국제체제 내에서 핵심 강대국, 혹은 극(極)의 숫자에 따라 단극체제(unipolar system), 양극체제(bipolar system), 다극체제(multipolar system) 등 형태가 결정된다.

구조주의적 현실주의가 말하는 또 다른 현상은 국제정치의 구조가 변하면 국제정치의 룰도 변하기 마련이라는 점이다. 미국이 국제정치의 압도적 강자였던 시절에는 미국이 주도하는 국제질서가 보편적인 질서로 이해되었다. 하지만 중국의 부상이 급격히 진행되면서 미국과 중국 간에는 누구의 규칙(rule)이 국제관계의 표준이 될 것이냐는 문제를 둘러싸고 주도권 갈등이 불가피할 것으로 보인다. 즉, 미중 양국이 표방하는 규칙 중 어느 것이 국제사회에서 우선시 될 것이냐의 문제인 것이다. 중국의 부상이 미중관계의 구조적 변화를 초래하면서 아직 룰이 확립되지 않은 분야에서 양국의 이익이 충돌할 경우 갈등이 발생할 가능성이 커진다. 남중국해 문제(해양 주권 vs. 항행의 자유), 사이버 공간의 안보(사적 영역 vs. 국가 규제의 영역), 국제경제(환율 조작 vs. 이자율 조작), 인권, 북핵문제 등이 대표적 사안들이다. 이러한 문제들은 앞으로 중국의 부상이 지속되는 한 미중 간에 계속 갈등과 긴장을 초래할 구조적 문제들이다.

20세기 들어 국제관계는 다극체제를 거쳐 냉전기의 양극체제, 그리고 냉전종식 이후 미국이 유일한 초강대국으로 남은 단극체제로 변해왔다. 한반도를 둘러싼 우리의 지정·지경학적 환경의 의미를 정확히 진단하려면 무엇보다도 지난 수십 년간 진행돼 온 국제정세를 묘사하는 내러티브의 변화를 잘 살펴야 한다. 지난 수십 년간 가장 중요한 화두는 냉전이었고, 지구상 거의 모든 국가들이 이념적, 정치적, 군사적 투쟁이라는 맥락에서 행동하고 반응해왔다. 공산주의 붕괴 이후 지구촌의 새로운 화두는 세계화가 거대담론의 핵심이었다. 브렉시트 같은 반세계화 움직임 이후 현재의 글로벌 스토리에서는 미국의 영향력 쇠퇴가 지구촌 최대 트렌드라는 지적을 눈여겨 볼 필요가 있다. 미국의 글로벌 리더십이 약화되고 트럼프의 미국 우선주의 기치 아래 전후 구축된 자유주의적 세계질서로부터 자기중심적인 고립 속으로 뒷걸음치기 시작하면서 발생한 힘의 공백을 메울 가능성이 가장 큰 행위자는 바로 중국이다. '미국 우선주의'를 앞세우면서 지난 70여 년에 걸쳐 쌓아올린 미국의 글로벌 영향력을 스스로 포기한 트럼프 행정부의 결정을 통해 이러한 변화는 가속화되고 있다.[7)]

국제정치의 구조 변화로 인한 가장 대표적인 불안 요인은 미국과 중국의 거대전략 간 충돌이다. 미국의 '인도·태평양 전략'과 중국의 '일대일로(一帶一路) 전략'이 바로 그것이다. 이를 달리 표현하면 강대국 정치, 혹은 지정학의 부활 현상으로 인한 갈등과 긴장의 가능성이다. 미국 트럼프 대통령은 2017년 11월 아시아 순방에서 새로운 지정학·지경학적 개념으로서 '인도·태평양'이라는 용어를 새롭게 제시했다. 당시 트럼프 대통령은 베트남 APEC최고경영자(CEO)회의 연설에서 이를 처음으로 언급했다.[8] 그 이후 '자유롭고 개방된(free and open)' 이라는 표현은 이제 세간에 널리 알려진 문구가 되었다. 미국의 인도·태평양 전략의 현재 위상은 3개의 축(경제, 안보, 거버넌스)을 아우르는 전략적 접근, 혹은 전략의 준거틀(framework)로 이해된다. 여기에서 '자유롭다(free)'는 의미는 역내 모든 국가들이 타국의 강압으로부터 주권을 방어할 수 있어야 한다는 의미로서, 국가 내부적으로는 국민들이 기본적인 권리와 자유를 누릴 수 있는 굿 거버넌스(good governance)를 의미한다. '개방된(open)' 인도·태평양은 역내 모든 국가들이 해상과 공중을 통한 자유로운 접근이 보장되는 것을 의미한다. 안보 차원에서는 영토 및 해양 분쟁의 평화로운 해결을 포함하고, 경제 차원에서는 공정하고 호혜적인 무역, 개방된 투자환경, 투명한 협력, 지역 간 연결성 확대 등이 포함된다.[9] 지정학적 관점에서 '인도·태평양' 개념에는 동북아는 물론이고 인도양 국가들과 동남아시아, 그리고 호주와 인도네시아, 뉴질랜드 등도 포함하는 개념이다.

트럼프의 '인도·태평양' 구상은 기존 오바마 행정부가 추구했던 아시아 재균형 전략을 대체하기 위한 새로운 아시아전략 구상을 모색하던 중 등장한 것으로 판단된다. 트럼프 행정부의 '인도·태평양' 구상은 2017년 12월 발간된 국가안보전략보고서(NSS)에서 공식적으로 명시되었다. 트럼프 행정부 NSS와 기존 NSS 사이에서 가장 중요한 차이 중 하나는 지역전략 중 유럽이나 중동에 앞서 인도 및 인도·태평양을 언급한 것이다. 인도·태평양 전략이 NSS에 등장한 가장 중요한 배경은 중국의 점증하는 공세적 태세일 것으로 추정된다. 남중국해에 대한 해양주권 주장이나 일대일로 전략, 북핵 문제 등으로 인해 이 지역은 미국의 대외전략에서 핵심 지역으로 부상하고 있다. 트럼프 NSS 보고서는 인도의 부상을 환영하는 한편, 미국-일본-호주-인도를 연결하는 '4자(quad)' 협력을 강조한 것으로 평가된다.[10] 트럼프 대통령이 인도·태평양 전략을 처음 언급한 2017년 11월 아세안 순방 당시 베트남에서의 연설에서 인도·태평양 전략의 실체와 내용이 무엇인지는 정확히 드러나지 않았다. 일각에서는 트럼프 대통령이 인도·태평양을 언급한 것은 미국이 아니라 일본의 아이디어라는 분석을 제기하기도 했다.[11] 인도·태평양 구상은 최근 폼페이오(Mike Pompeo) 국무장관의 발언을 통해서 보다 구체화되는 양상으로 발전하고 있다. 폼페이오 장관은 2018년 7월 30일 워싱턴 D.C.의 미국 상공회의소에서 열린 인도·태평양 비즈니스포럼에서 인도·태평양 지역에 기술과 에너지, 사회기반시설 등을 중심으로 1억 1,300만 달러를 투입하는 신규 투자계획을 발표했다. 이와 같은 미국의 투자계획은 중국이 1조 달러를 들여 추진 중인 일대일로 프로젝트에 대한 '맞불' 성격의 것으로 해석되며, 향후 미국이 중국에 맞서기 위해 얼마나 본격적으로 이 지역에 대한 투자에 나설 것인지 주목되는 상황이다. 폼페이오 장관의 연설에서 드러나듯이 현재까지 인도·태평양 전략은 안보보다는 주로 경제 분야에 중점을 두는 것으로 보인다. 경제 분야에서 언급된 세 개의 축은 첫째, 디지털 연결성(digital connectivity), 즉 역내의 정보통신 네트워크의 연계성 강화 및 사이버안보 분야 협력의 강화이다. 둘째는 에너지협력 강화로서, 일명 'Asia EDGE(Enhancing Development and Growth through Energy)'로 불리는 에너지 분야 협력 강화이다. 셋째, 역내 인프라협력으로서, 인프라 거래 및 지원네트워크(Infrastructure Transaction and Assistance Network) 사업이다. 상기 분야 외에도 '개발투자 활성화 개선법(BUILD, Better Utilization of Investment Leading to Development Act)'을 통해 인도·태평양 지역의 경제협력 관여를 확대하겠다는 것이 트럼프 행정부의 구상이다. 이 과정에서 미 상무부는 액세스 아시아(Access Asia) 프로그램을 통해 미국 기업들과 인도·태평양 지역 시장을 연결해주는 다양한 행사를 개최하고 무역사절단을 파견할 예정이다.[12] 현재까지 미국의 인도·태평양 전략이 주로 경제 분야에 주목하는 것은 일단 동 전략이 중국의 일대일로에 대응하는 성격이 강하다는 점을 시사하는 대목이다.

향후 미국의 전략은 아태 재균형 정책에 더하여 인도·아시아·태평양을 아우르는 전략공간을 대상으로 해양투사 및 전력강화를 추진할 것으로 예상된다. 미국은 『21세기 해군력을 위한 협력적 전략』을 출판한 2007년 이후, 2012년 방어 전략적 지침, 2014년 4개년 국방태세검토(QDR) 및 국가안보 섬토를 포함한 새로운 전략적 지침과 더불어 안보 및 재정 환경의 변화로 최신의 해양 전략을 검토하기 시작했다. 이러한 구상에 의하면 전진 배치된 해군은 전세계 해군을 기동력으로 활용하여 해외 지역에 대한 접근성을 확보하고, 그 지역의 핵심 이익을 방어하며, 해외 미국 국민을 보호하고, 적들이 세계의 해양을 미국에 대항하는 데 이용하는 것을 저지하는 데 핵심적 역할을 수행한다. 미국 해안 지역에서 멀리 떨어진 공해에서의 작전을 유지하는 능력은 광활한 바다로 분리된 서반구 국가인 미국이 지닌 뚜렷한 이점이며, 바다에 의존하는 상호 연결된 글로벌 사회에서 이러한 이점을 유지하는 것은 미 해군 병력 및 국가를 위해 반드시 필요한 것이라는 인식이 지배적이다. 이러한 맥락에서 인도·아시아·태평양 지역의 중요성 증대, 글로벌 해양 접근을 막는 반접근/지역 거부(A2/AD) 역량의 지속적인 개발 및 실행, 테러범과 범죄인 네트워크 확대와 진화에 따른 지속적 위협, 해양 접경 분쟁 횟수 및 강도의 증대, 특히 에너지 이동에 동반되는 해상 위협에 대처할 필요성은 갈수록 증대하는 추세이다.[13]

한편, 시진핑 주석 집권 이후 새롭게 등장한 중국의 일대일로 구상은 육지와 해상에서 전개되는 '21세기형 실크로드 전략'으로 불리고 있다. 시진핑은 2013년 9월 카자흐스탄을 방문하여 '실크로드 경제지대(一帶)' 건설을 제안하면서 '육상 실크로드' 구상을 공개적으로 밝힌 바 있다. 시진핑은 2013년 10월 인도네시아 국회 연설에서 "아세안 국가들과 해양협력 동반자관계를 발전시키고, 21세기 해양 실크로드(一路)를 공동으로 건설하자"
고 제안하면서 '해상 실크로드' 구상을 밝혔다. 일대일로가 포괄하는 육상
과 해상 실크로드 연선에는 44억 명의 인구와 세계 경제의 29%에 해당하
는 21조 달러의 GDP 규모 국가들이 모여 있다.[14]

중국의 일대일로 구상은 트럼프 행정부가 추구하는 인도·태평양 구상과
지정학·지경학을 포함하는 아태지역의 거대전략 측면에서 민감하게 대립
하고 있다. 인도·태평양 구상의 본질은 중국이 추구하는 동중국해에서 인
도양에 이르는 해상주도권 확보 시도가 미국의 국가이익을 제한하는 것으
로 판단하고, 경제·안보이익을 지키기 위한 전략공간을 서쪽으로 이동하
는 것이다. 그리고 미국과 일본이 주장하는 '자유롭고 개방된 인도·태평양
(FOIP: Free and Open Indo-Pacific)'은 궁극적으로 중국의 일대일로와
해양굴기(海洋崛起)에 대한 견제를 목적으로 하는 것이다.

향후 미중관계의 전망은 중국의 이러한 입장에 대해 트럼프 행정부가 어
떻게 대응할지에 달려있다. 만일 미국이 NSS 보고서에서 적시한 대로 중
국을 미국 주도의 기존 질서에 대한 전략적 경쟁자로 보고 적극 대응할 경
우 아시아에서 지정학적 경쟁, 특히 아시아 국가들을 통한 대리(代理) 세
력경쟁이 부활할 가능성이 있다. 사실상 미국과 일본이 인도·태평양 전
략을 언급한 것은 부상하는 중국에 대한 견제 의도를 내포하고 있다고 봐
도 무방할 것이다. 만일 미중이 인도·태평양에서 격돌할 경우 한국의 운신
의 폭이 크게 제약받을 것은 분명하다. 이러한 가능성은 특히 중국의 사드
(THAAD)보복을 경험한 한국에게 시사 하는 바가 크다.

2) 미국 트럼프 행정부의 동맹정책 변화와 대미외교

외교는 일방적인 것이 아니라 상대와의 관계 속에서 전개되는 것이다. 그
런 이유로 한국이 생각하는 대미외교의 목표와 비전, 미국의 세계전략, 그
리고 현 단계 국제정치 환경을 총체적으로 고려하지 않을 수 없다. 바람직

한 대미외교는 한미관계에 대한 올바른 비전과 목표 속에서 가능하다. 우리가 추구하는 목표가 아무리 옳고 원대하다 하더라도 미국과의 관계 속에서 추구하지 않으면 안 되는 이유가 거기에 있다.

한미 양국은 2008년 4월 캠프데이비드 정상회담에서 한미관계를 21세기 전략동맹으로 격상시키기로 합의했다. 조지 W. 부시 대통령과의 첫 정상회담을 위해 미국을 방문한 이명박 대통령은 4월 16일 코리아소사이어티 초청 만찬연설을 통해 새로운 국제환경에 직면해 양국은 한반도와 아시아의 평화, 번영에 기여할 수 있는 새로운 전략적 마스터플랜을 짜야 하며, 이것은 바로 '21세기 한미전략동맹'이라고 밝혔다. 이 대통령은 21세기 한미전략동맹의 비전으로 3대 지향점을 제시하면서 자유민주주의와 시장경제 가치를 공유하는 가치동맹, 한미 FTA를 포함한 군사·정치외교·경제·사회·문화 등 포괄적 분야에서 공유하는 이익을 확대하는 신뢰동맹 구축, 테러·환경오염·질병·가난 등 동아시아 및 범세계적 차원의 전략적 이익을 공유해 국제평화구축에 기여하는 평화구축동맹 등을 들었다.[15] 현재까지 대체로 한미관계가 이러한 전략동맹을 지향해야 한다는 공감대는 유지되고 있다고 할 수 있다.

> **해설 3.1**
>
> **한미동맹미래비전(2009.6) 주요 내용**
> - 상호방위조약에 기반한 안보동맹 발전 평가 및 포괄적인 전략동맹 구축 추진
> - 핵우산을 포함한 확장억지 제공 등 미국의 공고한 대한 방위공약 재확인
> - 북핵·미사일의 완전하고 검증 가능한 폐기 및 한반도 미래상 창출 관련 협력 추진
> - 한미 FTA 진전을 위한 협력 및 녹색성장·우주협력 등 실질협력 관계 강화
> - 역내 평화·번영 증진 및 범세계적 문제 해결을 위한 상호협력

오바마 행정부의 동아시아 정책 기조는 기존의 양자동맹 체제 강화와 더불어 범지역적 지역안보체제의 추진이라고 요약할 수 있다. 후보 시절 오바마는 21세기의 새로운 안보위협에 대처하기 위해 NATO를 강화시켜야 한다고 견해를 피력한 바 있다. 그는 동맹의 중요성은 아시아 지역도 예외가 될 수 없다는 것을 밝혔다. 그는 한국, 일본, 호주와의 동맹도 강화하고 이들이 안정과 번영을 지속할 수 있도록 동맹 인프라를 구축할 것을 지향했다. 그러나 오바마는 동아시아에서 기존의 양자동맹관계를 넘어 때때로 대표들이 모여 대화하는 6자회담과 같은 보다 효율적인 프레임워크를 구축해야 한다고 보았다.

이에 비해 현 트럼프 행정부의 동맹관은 기존의 정책과는 사뭇 다르다. 앞에서도 지적했듯이 트럼프 행정부 대외전략의 기본은 '미국 우선주의', 즉 철저히 미국의 이익을 우선시하는 정책이다. 이는 동맹도 미국의 국익에 도움이 되는 한 존중한다는 뜻이다. 과거에 미국이 동맹 네트워크 확대 차원에서 미국에 직접 이익이 적더라도 전략적 계산에 따라 안보공약과 경제지원을 해오던 관행과는 상당히 다른 접근이다. 트럼프 대통령은 그의 취임사에서 미국이 너무 오래 동안 미국 기업의 희생으로 외국 기업들을 부유하게 했고, 미군의 소중한 자원을 들여 외국 군대를 지원했다고 말했다. 미국의 국경은 보호하지 못하면서 다른 나라들의 국경은 지켜줬고, 미국 내 인프라가 망가지는 것을 방치한 채 해외에서 엄청난 돈을 썼다고 했다. 이러한 언급은 앞으로 경제와 안보, 군사 등 모든 분야에서 미국의 이익을 최우선으로 고려하겠다는 천명으로 해석되며, 미국의 동맹정책에도 변화가 있을 것임을 예고하는 대목이다.[16]

한미동맹이 발전하기 위해서는 한미 양국이 기본적인 가치, 제도와 이념의 공유를 바탕으로 어떠한 동맹의 미래상을 지향할 것인지 공감대가 형성되어야 한다. 그러한 비전은 초보적이지만 과거 정부들의 한미안보정책구상회의(SPI)에서 동맹미래비전연구(Joint Vision Study)를 통해 상당히 연구가 이뤄졌다. 미국의 경우는 안보환경의 변화에 따라 동맹정책의 지향점이 변화해왔다. 예를 들면, 조지 W. 부시 행정부의 경우 2006년 2월에 '4개년 국방검토(Quadrennial Defense Review Report)' 보고서가 발표되면서 군사외교의 전반적 변환(transformation)을 통해 21세기의 새로운 위협인 테러에 대비하여 전면적인 반테러전 체제 확보에 중점이 주어졌다.[17] 군사변환 구상 하에서는 다양한 불확실성에 신속 대응하고, 한 곳에 고정된 군사력 배치에서 임무에 따른 순환배치를 중시하며, 숫자보다는 능력에 중점을 두고, 지역적 관점이 아니라 글로벌한 관점에서 미군을 전략적으로 운용하는 데 중점을 두었다.[18] 이러한 상황 하에서는 미국이 원하는 동맹상은 '냉전시대에 매태된 기존의 '동맹(alliance)'보다는 '연대(coalition)', 즉 미국과 어떤 협정을 맺고 있는가보다는 미국과 얼마나 뜻을 같이하느냐가 더 중요한 요인이다. 여기에서 필수적으로 가치와 제도, 그리고 의지의 공유가 동맹의 친소(親疎)를 판별하는 중요한 관건이었다.

트럼프 시대에 들어 한미동맹은 새로운 도전에 직면해 있다. 트럼프 행정부의 미국 우선주의는 당분간 미국의 동맹과 우방국들에게 일정한 영향을 미치게 될 것이다. 무엇보다도 미국 우선주의는 트럼프 대통령 본인의 일관된 생각으로 그의 세계관 속에 깊이 녹아 있다. 따라서 미국의 동맹과 우방들은 이 점을 간과해서는 안 된다. 이러한 입장은 인권과 민주주의 확산 등 가치에 중점을 두어왔던 미국외교정책 전통과의 결별을 의미하며 국제제도와 레짐이 미국 행동의 자유를 제약한다는 이유로 후순위로 밀리는 것을 의미한다. 대신 미국의 외교정책은 양자관계에 중점을 두면서 모든 국가들을 "당신은 우리를 위해 당장 무엇을 해줄 수 있나?"하는 단순명료한 원칙으로 판단하게 될 것임을 시사한다.[19]

그렇기 때문에 트럼프는 한반도에서 북핵위기가 가열되어 가는 가운데서도 동맹국인 한국에게 사드비용을 내라고 말하는 데 아무런 거리낌을 느끼지 않는 것이다. 따라서 향후 워싱턴의 관심을 끌고 미국을 자신 편으로 끌어들이고자 하는 국가는 개별적이거나 집단적으로 미국과의 협상테이블에 무엇을 갖고 올 수 있는지, 그리고 그것이 미국에게 어떻게 이익이 될지를 매우 구체적으로 입증해야 할 부담을 안게 되었다. 미국의 이러한 변화는 확실히 그동안 우리가 알고 있었던 미국과는 사뭇 다른 모습이다. 지난 70여 년간 미국 주도로 유지되어 온 자유주의 국제질서는 중대한 기로에 서게 됐고, 미국의 적들은 물론 동맹과 우방국들까지도 새로운 도전에 직면하게 되었다.[20]

한미동맹이 가야 할 길은 결국 양국이 동맹의 미래상을 어떻게 그리는가에 달려 있다. 트럼프 시대 '미국 우선주의'에 비쳐볼 때 한국에게 바람직한 동맹상은 무엇인가? 한국에게 바람직한 동맹상은 최소한 다음의 요소들을 포함하는 것이 우리에게 유익하다.

첫째, 한국의 민족 자존심과 주권을 존중하는 동맹이 바람직한 동맹의 비전이다. 이를 위해 현재보다 상호성과 평등성이 강화된 동맹으로 발전해야 한다. 미국은 한국을 동맹으로서 존중해야 하며 한국 측은 책임분담 증대가 불가피하다. 앞으로는 동맹유지 비용을 필수적인 안보투자로 보는 시각이 필요하다.

둘째, 안보에서의 방위충분성 확보에 도움을 주는 동맹이 되어야 한다. 주한미군은 물리적 인계철선이 아니라 신뢰의 인계철선으로 한국안보에 충분한 방위력과 억지력을 제공해야 한다. 더 나아가 한국 국방의 준거를 대북 억지에서 동북아 전체로 확대하는 데 협력하는 동맹이 되어야 하며, 미국은 최소한의 대주변국 억지역량 확보를 위해 한국의 군사현대화와 방위력 증강을 지원하는 동맹역할을 해야 한다. 또한 북한 비핵화가 완전히 종료될 때까지 한반도의 안정과 평화를 유지하는 데 만전을 다해야 한다.

셋째, 공통의 가치를 지향하는 동맹이 되어야 한다. 민주주의, 인권, 시장경제 확대를 위해 함께 노력하는 동맹관계를 통해 공통의 전략적 가치가 확대되는 것이 바람직하다. 국제정치가 영원한 적도, 영원한 친구도 없이 각자의 이익을 추구하는 냉정한 장이라는 점을 감안할 때 사안별, 선택적 접근만으로는 공동의 가치에 기반을 둔 지속적인 협력관계가 형성되기 어렵다. 우리가 자유민주주의와 시장경제를 우리 사회의 기본가치로 지향한다면 이를 공유하는 국가들과 유대관계를 강화하는 것이 우리의 국익에 부합하는 것이다. 단, 한미동맹 강화가 주변국들을 배제하는 방향으로 이루어져서는 안 된다는 점을 유념해야 한다. 즉, 동맹강화의 부작용으로서 양자동맹의 배타성을 어떻게 극복할 것인가 하는 점은 과제로 남는다. 한미동맹의 체제를 유지하되 한미동맹의 배타성, 특히 중국을 포위하는 것으로 비쳐질 우려를 어떻게 극복하는가가 향후 동맹의 중요한 과제가 될 것이다.

넷째, 통일 과정을 지원하는 동맹이 되어야 한다. 한미동맹은 통일 과정의 적대세력이 아니라 한국민의 통일에 대한 열망을 이해하고 이를 지원하는 동맹이 되어야 한다. 한미동맹은 통일 과정에서 주변 국가들의 견제와 질시를 통제하고 균형자로서 기능하는 동맹이 되는 것이 이상적이다. 북한이 갑자기 붕괴할 경우 한국이 북한지역을 당연히 접수할 수 있으리라는 기대는 실현가능성이 없다. 오히려 현재 북한지역의 대중국 경제 의존도를 감안할 때, 중국이 북한지역을 선점할 가능성이 크다. 그럴 경우 당연히 미국과 일본이 우려를 갖지 않을 수 없고, 한반도는 주변 강대국들의 세력 각축장이 될 가능성이 크다. 그럴 때를 대비하여 한미동맹을 통해 미국을 우리의 통일 지원 세력으로 붙잡아두는 것은 전략적으로 피할 수 없는 선택이다.[21]

장기적으로 한미동맹의 성공 여부는 한미 양국이 원하는 동맹상을 얼마나 상호보완적이고 서로의 이익에 부합하게 만들 수 있는가에 달렸다. 전략동맹이나 가치동맹을 지향하더라도 한국이나 미국이 일방적으로 원하는 동맹이 되어서는 안 된다는 문제의식을 가져야 한다. 즉, 전략동맹을 지향하되 그것이 곧 미국이 원하는 대로 다 하는 것이 아니라는 점을 유념해야 한다. 미국의 국익을 앞세우는 시대에는 한국도 우리의 국익을 최우선시하는 동맹정책으로의 변화가 필요한 것이다.

3) 동맹현안 및 정책적 고려 사항

동맹의 장기적 비전과는 별도로 대미외교에서 유념할 것은 우선 시급한 현안부터 안정적으로 잘 관리하는 것이다. 한미동맹의 여러 이슈 가운데 현재 및 가까운 장래에 주요 쟁점이 될 문제로는 방위비분담협상, 한미합동군사훈련 재개 여부, 확장억지 보장 이행조치, 전시작전통제권 이양, 한미일 군사안보협력 확대, 사드배치 및 운용, 북한의 도발과 관련된 대응 및 응징조치의 이행 등을 꼽을 수 있을 것이다. 이러한 이슈들에 있어서 한국은 한미동맹의 포괄적 전략동맹으로의 발전을 위해 한국의 능력과 여건에 부합하게 한국의 역할과 기여를 적절히 확대하고, 한미 간 이견은 상호간 협조정신에 의거해 점진적, 단계적으로 해결해 나가도록 노력해야 할 것이다.

첫째, 한반도 평화체제의 진전과 결부된 동맹의 미래지향적 진화를 위한 연합방위태세의 조정을 충실히 논의해야 한다. 가장 중요한 것은 한반도 안보상황의 변화에 맞게 동맹의 기능과 태세를 조정하는 것이다. 한미 양국은 2018년 10월 31일 워싱턴 D.C.에서 제50차 한미안보협의회의(SCM) 회의를 개최한 후 공동성명을 발표했다. 양국은 "판문점선언 이행을 위한 군사분야 합의서(9·19군사합의서)"가 실질적 긴장완화와 평화정착에 기여할 수 있도록 이행해야 한다는 데 의견을 모았다. 또한 양국 국방장관은 세 차례의 남북정상회담과 싱가포르 북미회담 이후 북한의 조치에 대해 평가하고, 한반도의 완전한 비핵화와 평화정책이라는 공동목표를 위해 공조하기로 했다. 아울러 조건에 기초한 한국군으로의 전시작전통제권 전환이 조속히 가능하도록 협력해 나가기로 했다.[22] 이번 회의에서 특히 주목할 부분은 양국이 한국군이 주도하는 미래 연합군사령부편성안에 합의했다는 점이다. 이는 전작권 전환 이후 미래 지휘구조에 관한 협의에서 중대한 진전이 있음을 말해준다. 미래 연합사사령관은 한국군 대장이, 부사령관은 미군 대장이 맡기로 한 것은 현재까지 유지되어온 "미군은 타국 군인의 지휘를 받은 적이 없다"는 이른바 '퍼싱 원칙'의 예외로 꼽힌다. 부사령관의 계급이 사령관과 같은 대장인 것은 전시에 미군의 동원능력을 최대화하기 위한 것이라고 국방부는 설명했다. 일각에선 한국군 연합사령관이 항공모함이나 전략폭격기 같은 미군의 전략자산을 실질적으로 지휘할 수

> **해설 3.2**
>
> **퍼싱 원칙**
>
> 퍼싱(John Joseph Pershing, 1860~1948)은 미국 최초의 6성 장군, 즉 대원수가 된 인물이다. 미국은 제1차 세계대전에 뒤늦게 참전해 병력도 영국이나 프랑스보다 작은 규모였다. 이에 영불 연합군은 미군을 자신들의 지휘 아래 두고 지원 병력으로 쓰려 했지만 퍼싱은 미군은 건국 이래 타국 군의 지휘를 받아본 적이 없다며 이를 거부했다. 그 이후 퍼싱 원칙이란 미군이 다른 나라 지휘를 받지 않고 독자적인 지휘권을 행사하도록 확립된 전통을 말한다.

있느냐는 의문을 제기한다. 전략자산에 대한 한국군의 지휘 경험이 전무하고, 미군 역시 지휘권을 내놓지 않으려 할 것이라는 지적이다. 연합사 예하의 구성군사령부 가운데 육군과 해군은 한국군이, 공군은 미군이 사령관을 맡는 방안이 검토되고 있는 것으로 알려졌다.[23]

한편, 한미동맹의 조정과 더불어 논란이 될 가능성이 큰 또 다른 이슈는 유엔군사령부의 위상이다. 한반도 평화체제의 핵심 요소 중 하나는 현 정전협정의 평화협정으로의 대체이고, 그럴 경우 당장 논란이 될 문제가 바로 유엔사의 위상문제이다. 남북한이 평화협정의 당사자로 참여할 경우 평화체제를 관리하는 주체는 당연히 남북한이 되어야 할 것이지만 현실은 그리 간단하지 않은 바, 한반도는 현재 법적으로 정전상태이고, 그 정전상태를 관리하는 주체는 유엔군사령부이기 때문이다. 유엔사의 위상이 논란이 되는 가장 근본적 이유는 유엔사의 임무 중 어디에 방점을 두는가에 따라 존립근거가 달라지기 때문이다. 즉, 유엔사의 임무를 정전관리에 두는가, 혹은 한반도 유사시 전력제공자(force provider), 즉 '회원국 전력 창출 및 제공' 기능에 더 중점을 두는가에 따라 상황이 달라질 수 있다. 정전관리에 중점을 두는 시각에서 보면 평화협정으로 정전관리 임무가 소멸될 경우 유엔사는 해체되는 것이 자연스런 귀결이다. 반면 전력제공자 기능을 중시할 경우 유엔사 존폐는 한반도, 혹은 동북아 전체의 안보상황 여하에 따라 판단할 문제이다.

미국의 기본 입장은 유엔사를 한미동맹 해체 혹은 약화시 한반도 문제에 지속적으로 관여하기 위한 대안적 메커니즘으로 활용하려는 의도가 있는 것으로 보인다. 벨(Burwell Bell) 주한미군사령관은 2006년 3월 미 의회 청문회에서 앞으로 한반도에서 주한 미 지상군의 역할이 줄어들고 공군과 해군의 비중은 늘어나며, 주한미군 중심으로 한반도 정전체제를 관리해온 유엔군사령부(UNC)는 유사시 다국적 연합군(coalition)으로 확대 개편된다는 주한미군 재편 방향을 언급한 바 있다. 특히 주목할 부분은 벨 사령관이 유엔사의 개편 방향에 대해 참전국(16개국)의 역할을 늘리고 유사시 및 작전계획 수립에 이들을 적극적으로 끌어들여 진정한 다국적 연합기구가 되도록 할 방침이라고 밝힌 내용이다.[24] 이는 한반도 평화체제가 가시화될 경우 유엔사 해체를 예상하고 있는 대다수 한국인들의 기대와 배치되는 것이다.

현재 한미 양측은 한반도 평화체제가 구현되면 유엔사를 어찌할지에 관해서는 아직 논의가 없는 상황이다. 유엔사의 존폐, 혹은 새로운 유엔사의 권한이나 모습이 무엇이 될지는 아직 구체화되지 않았으나, 분명한 것은 반드시 양측의 협의를 거쳐 결정될 것이라는 점이다. 한국의 입장에서는 유엔사를 완전히 해체하기보다는 역할 재정의를 통해 한반도 안보의 마지막 완충장치로 남겨둘 가치가 있는지를 고민할 필요가 있다. 남북한의 정치적 관계를 고려하면 유엔사는 북한을 명확히 적으로 상정하기 때문에 해체하는 게 맞지만, 비핵화 완료시까지 지속될 북한의 핵위협, 중국의 압박, 미중관계 경색의 여파, 동북아의 지정학 등을 고려하면 한국의 안보 자산으로서 가급적 최후까지 유지하는 게 바람직하다. 종전선언으로 정전관리 임무가 종결되면 유엔사는 해체하는 게 순리이지만 지역질서, 평화 회복, 유지 임무를 한반도뿐 아니라 지역 전체로 넓게 본다면 유엔사는 여전히 존속할 명분이 있다. 우리의 입장에서는 국제법적 근거를 최대한 우리에게 유리하게 해석해서 이를 근거로 우리에게 가장 유리한 전략적, 지정학적 판단을 창의적으로 하는 게 중요하다.

둘째, 북핵문제 해결과 북한문제 관련 공조와 협력을 강화해야 한다. 무엇보다도 북한 비핵화는 한반도는 물론 동북아의 지속적인 안보불안 요인이다. 트럼프 행정부는 미국의 국가안보에 대한 위협요인으로 세 가지를 특정하고 있다. 특히 중국과 러시아는 미국의 힘과 영향력, 이익에 도전하면서 미국의 안보와 번영을 잠식하려고 시도하는 대표적 국가들이다. 그 뒤를 이어 이란, 북한 같은 불량국가들과 초국가적 테러집단이 미국의 안보에 위협을 가하는 요인들이다. 이러한 시각에서 볼 때 트럼프 행정부는 북한의 핵위협이나 공갈에 굴복하기보다는 힘으로 제압하려고 할 가능성이 크다. 현재 트럼프 정부의 대북정책은 '최대의 압박'으로서, 억지 및 봉쇄와 병행해 '글로벌 압박 캠페인(global pressure campaign)'에 집중하고 있는 중이다. 이러한 정책의 이면에는 그동안 추진해온 대북 제재가 이제 효과를 내기 시작했으며, 드러내지는 않고 있지만 친북 국가들 상당수도 제재에 동참하기 시작했고, 중국만 좀 더 적극적으로 나오면 북핵문제 해결이 가능하다고 보는 인식이 깔려 있다. 트럼프 정부의 기본 시각은 '힘을 통한 평화'다. 김정은은 2018년 신년사에서 이제 북한의 핵능력 때문에 트럼프가 전쟁을 걸어오지 못할 것이라고 했지만, 힘이라는 관점에서 보면 북한의 핵은 미국의 핵에 비할 바가 못 된다. 북핵위협이 가시화될수록 미국의 대북 군사행동 가능성은 증대할 것이다. 그에 따라 한반도에서 어떠한 형태의 군사행동에도 반대하는 문재인 정부와의 조율 문제는 더욱 어려워질 전망이다. 트럼프가 전쟁을 걸어오지 못할 것이라는 것은 북한의 착각일 뿐이고, 오판에 의한 무력충돌의 가능성만 커질 뿐이다. 따라서 당분간 우리가 유의할 것은 미국의 대북 선제공격 가능성에 대비하는 한편, 대북 제재에서의 공조, 그리고 비핵화 과정이 잘 굴러갈 수 있도록 협력하는 것이다.[25]

셋째, 한미 FTA 개정 이후 양국 간 통상문제를 잘 관리해야 한다. 앞에서도 지적했듯이 트럼프 행정부의 무역·통상정책은 미국 우선주의이다. 트럼프는 취임사에서 미국 우선주의의 간단한 두 가지 원칙은 '미국 물건을 사고 미국인을 고용하는 것(Buy American and hire American)'이라고 강조했다. 이는 앞으로 미국의 이익을 앞세운 보호무역주의가 강화되고 전방위적인 무역전쟁의 전조를 예고하는 대목이다. 이러한 원칙은 NATO나 한국, 일본 같은 동맹국들에게도 예외 없이 적용되고 있다. 트럼프 대통령의 생각에 따르면 세계는 '글로벌 공동체(global community)'가 아니라 국가와 비정부 행위자들, 그리고 기업들이 이익을 위해 서로 관여하고 경쟁하는 무대일 뿐이다. 이것이 국제관계의 본질이며 트럼프 대통령은 이를 분명하게 인식하고 있다.[26]

미국 우선주의를 경제 분야에 적용해보면, 이는 곧 21세기형 중상주의(Mercatilism)의 가능성을 시사한다. 중상주의의 기본 철학은 국력의 모든 도구를 총동원하여 무역과 산업을 확대함으로써 외국의 경쟁국들을 효과적으로 견제하고 전쟁에 필요한 자원을 축적하는 데 중점을 둔다. 이러한 원칙을 현 시대에 적용해보자면, 신중상주의의 가장 명확한 특징은 분명한 정치·경제적 민족주의를 내세워 소통을 거부하고 국제무역의 혜택에 대해 제로섬 시각을 취한다는 점이다. 그 정향에 있어서 중상주의는 기본적으로 민족주의적이다.[27] 이러한 시대에 한국이 대미관계에서 취할 입장은 '이익의 균형'이라는 원칙을 잘 지키는 것이다. 세계화 정책으로 인한 실업률 상승 때문에 미국의 대외통상정책 기조는 자유주의에서 보호주의로 이동하고 있다. 실상 이러한 현상은 트럼프 행정부 등장 이전부터 심화되어 왔다. 따라서 트럼프 행정부 이후 미국이 다시 자유무역으로 회귀할 것이라는 보장은 없다는 점을 유의하고 대비할 필요가 있다.[28]

넷째, 대미 공공외교 강화를 통해 동맹의 지속적 발전을 위한 미국 내 한국 지지세력 확대에도 관심을 기울여야 한다. 예를 들면, 미 의회, 싱크탱크 및 여론 주도층 인사(주정부, 학계, 언론계, 전직 고위급 인사 포함)들과의 적극적인 교류·협력을 추진하여 미국 내 한미관계 홍보 및 한국 이미지 제고를 위한 체계적 노력을 경주할 필요가 있다. 또한 미국 내 한국 관련 올바른 정보 제공 및 미 주류사회를 대상으로 품격 있는 한국문화·예술 알리기에도 주력해야 한다. 특히 미국외교의 여론주도층이 밀집한 워싱턴 공공외교는 최근 존스홉킨스-SAIS 내 한미 연구소에 대한 정부의 지원 중단 결정에서 불거진 갈등을 계기로 우리의 워싱턴 싱크탱크에 대한 공공외교 전략을 고민해야 할 계기를 제공해 주었다. 외교 환경의 변화로 인하여 더이상 정부가 상대국 정부만을 상대로 하는 외교에만 머무를 수 없는 상황에서 공공외교는 지속되어야 하고, 또 우리와 미국의 외교관계의 긴밀성을 고려하면 앞으로 워싱턴에 대한 공공외교가 더욱 강화되어야 할 시점에 안타까운 상황이 발생한 것이다. 한국의 대 워싱턴 공공외교의 근본적인 문제점은 현재의 공공외교가 단기적 성과를 산출해 내야 한다는 전제 하에 계획되고 실행되고 있다는 점이다. 또 다른 문제는 우리의 공공외교가 단기적 성과에 집중하면서 타깃 그룹의 설정에 있어서 문제가 생기고 있다는 점이다.[29] 한정된 외교 자원으로 효과적인 대미 공공외교를 하려면 현재보다 더 정교한 전략이 필요하다.

3. 대미외교 과제와 전망

21세기의 복합적 안보환경에서 세계 대부분의 국가들은 나름대로 다양한 형태의 '헤징(hedging)' 전략을 구사하고 있다. 아시아 국가들이 대부분 미국에 안보를 의존하면서도 중국의 부상이 가져온 경제적 기회에 적극 편승하는 것이 좋은 예이다. 비대칭 연미연중, 혹은 연미화중 등 표현은 다르더라도 기본적인 발상은 우리 외교안보의 중점을 어느 한 곳에 '다 걸기(all-in)' 하지 않겠다는 취지를 담고 있다.[30] 한국의 대미·대중 정책이 양자택일이 아닌 '윈-윈'하는 관계로 만들기 위해서는 발상의 전환이 필요하다. 지난 반세기 이상 한미동맹은 한국안보의 초석은 물론, 동북아의 균형자로서 매우 중요한 역할을 해왔다. 한 때는 한국이 미국에 일방적으로 의존해야만 했던 시절이 있었지만 21세기의 변화된 전략 환경 속에서 그러한 관계는 더 이상 가능하지도, 바람직하지도 않다. 한미동맹이 우리에게 여전히 중요하지만 그것은 우리의 국익을 구성하는 여러 항목 중 하나에 불과하다.

향후 한미관계의 미래를 위해서는 글로벌 차원의 변화는 물론 한반도와 동북아의 변화를 정확히 진단하고 대처할 필요가 있다. 한반도 상에서 최대의 불확실성은 물론 북한의 장래와 핵에 관련된 것이다. 동북아의 경우는 강대국 정치의 부상과 미중관계의 향배, 중일 간의 경쟁 등 지역정세 안정을 해칠 요인들이 다분하다. 이러한 가운데 장기적으로 우리가 주목해야 할 부분 중 하나는 미국의 장래 위상에 관련된 것이다. 대표적인 논지는 소위 미국 쇠퇴론이다. 미국 쇠퇴론의 핵심은 국제정치의 역사는 '패권의 계승'을 반복하는 것이므로 미국의 패권도 결국은 기울 것이라고 보는 점이다. 즉, 강대국의 흥망, 일련의 장주기(long cycles)를 반복하는 게 역사의 순리라는 것이다. 미국은 공공재의 공급국, 약소국들은 이에 무임승차할 뿐만 아니라 미국의 패권에 반대하는 반미연합(anti-American coalition)을 초래해 결과적으로 미국의 과부하(imperial overstretch)를 가져온다는 것이다. 하지만 이런 주장은 미국이 '체제 설계자인 동시에 이익 향유자(system-maker and privilege taker)'로서, 미국이 국제체제 유지를 위해 많은 비용을 지출하는 것은 사실이지만, 동시에 그로부터 발생하는 이익도 타국들에 비해 훨씬 많이 수거한다는 점을 간과하고 있다.[31]

패권은 단순히 권력우위를 말할 뿐 아니라 구조적 권력(structural power) 측면을 내포하는 것으로서, 국제질서의 의제를 설정하고, 국가들의 관계를 규율하는 규범적 틀을 조성하는 역량을 말한다. 종합적으로 본다면 "중국은 부상하고 있지만 미국을 따라잡지는 못한다(China is rising, but it is not catching up)"는 것이 정확한 결론일 것이다. 결론적으로, 미국의 경제, 기술, 군사적 우위는 일시적 현상이 아니라 국제정치의 지속적 현상이다. 따라서 미국이 쇠퇴론의 그릇된 예언에 따라 국제정치로부터 후퇴하거나 미국에게 열린 '기회의 창'이 닫히고 있다는 판단 하에 아직 우위에 있을 때 선제행동을 취해야 한다는 오판을 해서는 안 된다.[32] 한국으로서는 대미관계를 잘 유지·관리해야 할 이유가 바로 여기에 있다.

향후 한국은 한미전략동맹을 기축으로 삼아 한국의 역내 및 글로벌 네트워크를 확대하는 데 노력해야 한다. 가능하면 한미동맹을 발판으로 한미일 네트워크를 확대하고, 더 나아가 이를 미중일, 한중일 복합네트워크의 세계로 들어가는 수단으로 삼아야 한다. 그러한 네트워크들이 늘어나고 중첩될수록 동아시아 차원의 정치적, 경제적, 인적 교류가 확대되고, 길게 보면 그것이 곧 아시아 공동체로 가는 길이 될 것이다. 또한 대전략 차원에서는 한미일 공조를 중시하고, 동북아 차원에서는 실질적으로 한중일 삼국의 협력을 확보하는 데 노력하는 것이 실용과 국익에 부합하는 외교가 될 것이다.

■ 주

1) Walter Russell Mead, "The Return of Geopolitics," *Foreign Affairs* (May/June 2014).
2) 한미동맹의 역사적 평가에 관한 전반적 논의는 이상현, "한미동맹 50년의 성찰과 한미관계의 미래," 『국가전략』 제9권 1호 (2003년 봄) 참조.
3) 국가안전보장회의(NSC) 사무처, 『평화번영과 국가안보: 참여정부의 안보정책 구상』 (서울: 국가안전보장회의 사무처, 2004).
4) 이상현, "신정부의 외교안보정책 방향과 과제," 『전략연구』, 제XV권 1호 (2008), 특집: 이명박정부의 외교안보정책, pp. 48-50; 같은 저자의 "오바마 행정부 출범과 한미관계의 현안 및 전망," 『군사논단』, 제57호 (2009년 봄), pp. 21-23.
5) Mead (2014).
6) 이상현, "2020 선진한국의 세계 안보전략," 박종철, 이상현, 박영준, 백승주 외, 『2020 선진한국의 국가전략(I): 안보전략』 (서울: 통일연구원, 2007), pp. 80-82.
7) 파리드 자카리아, "우리 시대의 거대담론," 『서울경제』, 2018년 1월 2일.
8) Donald Trump, "Remarks by President Trump at APEC CEO Summit," Da Nang, Vietnam (November 10, 2017), (https://www.whitehouse.gov/briefings-statements/remarks-president-trump-apec-ceo-summit-da-nang-vietnam/) (검색일: 2018. 10. 31).

9) U.S. Secretary of State Mike Pompeo, "America's Indo-Pacific Economic Vision," *Indo-Pacific Business Forum*, U.S. Chamber of Commerce, Washington, DC (30 July 2018).
10) White House, *National Security Strategy of the United States of America*, December 2017 (https://www.whitehouse.gov/wp-content/uploads/2017/12/NSS-Final-12-18-2017-0905-2.pdf); 또한 Alyssa Ayres, "More Prominence for India and the Indo-Pacific in the U.S. National Security Strategy," *Council on Foreign Relations*, Blog Post (19 December 2017), (https://www.cfr.org/blog/more-prominence-india-and-indo-pacific-us-national-security-strategy).
11) *The Financial Times*, 11 November 2017; 인도·태평양 전략의 기원과 배경에 관해서는 이대우, "미국의 인도-태평양 전략(U.S. Indo-Pacific Strategy)," 세종연구소 『세종정책브리핑』 No.2018-17 (2018. 7. 26) 참조.
12) 미 대사관 주최, 더글러스(Walter Douglas) 미 국무부 부차관보 방한시 한국 전문가들의 간담회(2018년 8월 24일)에서 미국측이 브리핑한 내용에 근거한 것이다.
13) U.S. Department of Navy, "A Cooperative Strategy for 21st Century Seapower," March 2015.
14) 박병광, "미국의 '인도·태평양 전략'과 중국의 '일대일로 전략,' 그리고 한중관계," 아주대중국정책연구소 CHINA WATCHING, 제33호 (2018. 9. 30) 참조.
15) 『문화일보』, 2008년 4월 16일.
16) Donald J. Trump, "Inaugural Address," (20 January 2017) (https://www.whitehouse.gov/inaugural-address).
17) 미국의 군사변환에 대한 자세한 논의는 이상현, "미국의 군사변환전략: 기원, 성과, 평가," 『국가전략』, 제13권 3호 (2007 가을호); 박기련, "미국의 군사변환과 그것이 한미동맹에 주는 함의: 21세기 미군의 범지구적 통제력의 영향을 중심으로," 『국제정치논총』, 제47집 1호 (2007) 등 참조.
18) Douglas J. Feith, Under Secretary of Defense for Policy, "Transforming the U.S. Global Defense Posture," *Remarks at the Center for Strategic and International Studies*, Washington, DC (Wednesday, 3 December 2003).
19) David Santoro, "Note to US allies: America First is here to stay and you're not second," Pacific Forum, CSIS, PacNet #40, 19 May 2017.
20) 이상현, "트럼프 행정부의 대외전략," 이대우(편), 『미국 신정부 출범과 한미 현안』 (성남: 세종연구소, 2017), pp. 58-59.
21) 세종연구소 (편), 『한국의 국가전략 2020』 (성남: 세종연구소, 2006), pp. 64-69.
22) "제50차 한미안보협의회의(SCM) 공동 발표문(전문)", 『국방일보』, 2018년 11월 01일 (http://kookbang.dema.mil.kr/kookbangWeb/view.do?parent_no=15&bbs_id=BBSMSTR_000000000003&ntt_writ_date=20181101).
23) "육·해군 사령관은 한국군, 공군은 미군," 『한겨레』, 2018년 11월 2일 (http://www.hani.co.kr/arti/politics/defense/868428.html#csidx2289e192f0bb2f8a3103a81235e882d).
24) Burwell, B. Bell, "Statement of General B. B. Bell, Commander, United Nations

Command; Commander, Republic of Korea-United States Combined Forces Command; and Commander, United States Forces Korea, Before the Senate Armed Services Committee," 7 March 2006 (http://armed-services.senate.gov/statement/2006/March/Bell%2003-07-06.pdf, 검색일: 2006년 3월10일), pp. 21-23.
25) 이상현, "트럼프 행정부의 국가안보전략(NSS): 국제정세 및 한반도에 대한 함의," 『국가전략』, 제4권 2호 (2018), pp. 51-57 참조.
26) H. R. McMaster and Gary D. Cohn, "America First Doesn't Mean America Alone," The Wall Street Journal, 30 May 2017.
27) Salman Ahmed and Alexander Bick., "Trump's National Security Strategy: A New Brand of Mercantilism?" Carnegie Endowment for International Peace, 17 August 2017 (http://carnegieendowment.org/files/CP_314_Salman_Mercantilism_Web.pdf).
28) 이양희, "한미 경제통상 협력: 정책 대안," 이내우(편), 『미국 신정부 출범과 한미현안』 (성남: 세종연구소, 2017), pp. 131-132.
29) 우정엽, "워싱턴 싱크탱크에 대한 공공외교 평가 및 전략," 세종연구소 『세종정책브리핑』 No. 2018-11 (2018. 5. 10), pp. 7-8.
30) 동아시아연구원, "미중 정상회담 이후 한국: 비대칭 연미·연중전략과 한반도 비핵평화체제의 모색," 동아시아연구원 EAI 안보넷 논평 (2011. 1. 31) (http://www.eai.or.kr/data/bbs/kor_report/2011021511103177.pdf); 김흥규, "중국의 부상, 동북아 안보, 그리고 한국의 전략," NEAR재단(편), 『미·중 사이에서 고뇌하는 한국의 외교·안보: 연미화중(聯美和中)으로 푼다』 (서울: 매일경제신문사, 2011), pp. 102-105.
31) Michael Mastanduno, "System Maker, Privilege Taker: U.S. Power and the International Political Economy," World Politics, Vol. 61, No. 1 (January 2009), pp. 121-154.
32) Michael Beckley, "China's Century? Why America's Edge Will Endure," International Security, Vol. 36, No. 3 (Winter 2011/12), pp. 77-78.

■ 참고문헌

1. 한글문헌

국가안전보장회의(NSC) 사무처. 『평화번영과 국가안보: 참여정부의 안보정책 구상』. 서울: 국가안전보장회의 사무처, 2004.
김흥규. "중국의 부상, 동북아 안보, 그리고 한국의 전략." NEAR재단(편), 『미·중 사이에서 고뇌하는 한국의 외교·안보: 연미화중(聯美和中)으로 푼다』. 서울: 매일경제신문사, 2011.

동아시아연구원. "미중 정상회담 이후 한국: 비대칭 연미·연중전략과 한반도 비핵평화체제의 모색," 동아시아연구원 EAI 안보넷 논평 (2011. 1. 31) (http://www.eai.or.kr/data/bbs/kor_report/2011021511103177.pdf).
박기련. "미국의 군사변환과 그것이 한미동맹에 주는 함의: 21세기 미군의 범지구적 통제력의 영향을 중심으로." 『국제정치논총』 제47집 1호 (2007).
박병광. "미국의 '인도·태평양 전략과' 중국의 '일대일로 전략,' 그리고 한중관계." 아주대 중국정책연구소 CHINA WATCHING, 제33호 (2018. 9. 30).
세종연구소(편). 『한국의 국가전략 2020』. 성남: 세종연구소, 2006.
우정엽. "워싱턴 싱크탱크에 대한 공공외교 평가 및 전략," 세종연구소 『세종정책브리핑』 No. 2018-11 (2018. 5. 10).
이대우. "미국의 인도-태평양 전략(U.S. Indo-Pacific Strategy)," 세종연구소 『세종정책브리핑』 No. 2018-17 (2018. 7. 26).
이상현. "트럼프 행정부의 대외전략." 이대우(편). 『미국 신정부 출범과 한미 현안』. 성남: 세종연구소, 2017.
_____. "2020 선진한국의 세계 안보전략," 박종철, 이상현, 박영준, 백승주 외, 『2020 선진한국의 국가전략(I): 안보전략』. 서울: 통일연구원, 2007.
_____. "미국의 군사변환전략: 기원, 성과, 평가." 『국가전략』 제13권 3호 (2007 가을호).
_____. "신정부의 외교안보정책 방향과 과제." 『전략연구』 제XV권 1호 (2008), 특집: 이명박정부의 외교안보정책
_____. "오바마 행정부 출범과 한미관계의 현안 및 전망." 『군사논단』 제57호 (2009년 봄).
_____. "트럼프 행정부의 국가안보전략(NSS): 국제정세 및 한반도에 대한 함의." 『국가전략』 제4권 2호(2018).
_____. "한미동맹 50년의 성찰과 한미관계의 미래." 『국가전략』 제9권 1호 (2003).
이왕휘. "한미 경제통상 협력: 정책 대안." 이대우(편). 『미국 신정부 출범과 한미현안』. 성남: 세종연구소, 2017.
"제50차 한미안보협의회의(SCM) 공동 발표문(전문)." 『국방일보』. 2018년 11월 1일. (http://kookbang.dema.mil.kr/kookbangWeb/view.do?parent_no=15&bbs_id=BBSMSTR_000000000003&ntt_writ_date=20181101).
파리드 자카리아. "우리 시대의 거대담론," 『서울경제』. 2018년 1월 2일.

2. 영어문헌

Ahmed, Salman and Alexander Bick. "Trump's National Security Strategy: A New Brand of Mercantilism?" *Carnegie Endowment for International Peace* (17 August 2017) (http://carnegieendowment.org/files/CP_314_Salman_Mercantilism_Web.pdf).
Ayres, Alyssa. "More Prominence for India and the Indo-Pacific in the U.S. National Security Strategy." *Council on Foreign Relations*, Blog Post (19 December 2017) (https://www.cfr.org/blog/more-prominence-india-and-indo-pacific-us-national-security-strategy).

Beckley, Michael. "China's Century? Why America's Edge Will Endure." *International Security*, Vol. 36, No. 3 (Winter 2011/12).

Bell, Burwell, B. "Statement of General B. B. Bell, Commander, United Nations Command; Commander, Republic of Korea-United States Combined Forces Command; and Commander, United States Forces Korea, Before the Senate Armed Services Committee," 7 March 2006 (http://armed-services.senate.gov/statement/2006/March/Bell%2003-07-06.pdf, 검색일: 2006. 3. 10).

Feith, Douglas J. Under Secretary of Defense for Policy. "Transforming the U.S. Global Defense Posture." *Remarks at the Center for Strategic and International Studies*, Washington, DC, Wednesday, 3 December 2003.

Mastanduno, Michael. "System Maker, Privilege Taker: U.S. Power and the International Political Economy," *World Politics*, Vol. 61, No. 1 (January 2009).

McMaster, H. R. and Gary D. Cohn. "America First Doesn't Mean America Alone," *The Wall Street Journal*, 30 May 2017.

Mead, Walter Russell. "The Return of Geopolitics," *Foreign Affairs*, May/June, 2014.

Pompeo, Mike, U.S. Secretary of State. "America's Indo-Pacific Economic Vision," Indo-Pacific Business Forum, U.S. Chamber of Commerce, Washington, DC, 30 July 2018.

Santoro, David. "Note to US allies: America First is here to stay and you're not second," Pacific Forum, CSIS, PacNet #40, 19 May 2017.

Trump, Donald J. "Inaugural Address," January 20, 2017 (https://www.whitehouse.gov/inaugural-address).

_____. "Remarks by President Trump at APEC CEO Summit," Da Nang, Vietnam, November 10, 2017 (https://www.whitehouse.gov/briefings-statements/remarks-president-trump-apec-ceo-summit-da-nang-vietnam/, 검색일: 2018. 10. 31).

U.S. Department of Navy. "A Cooperative Strategy for 21st Century Seapower," March 2015.

White House. *National Security Strategy of the United States of America*, December 2017 (https://www.whitehouse.gov/wp-content/uploads/2017/12/NSS-Final-12-18-2017-0905-2.pdf).

미국의 대한반도 국가이익과 정책

4장

서정건 (경희대 정치외교학과)

- 대외전쟁과 미국정치: 역사적 개요 _ 122
- 한국전쟁과 미국정치: 역사적 사례 _ 127
- 트럼프 시대 미국정치와 북한 비핵화 이슈 _ 133
- 한반도 이슈의 미국문제화(Americanization): 현실과 전망 _ 146

제2차 세계대전 이후 자유주의적 국제주의(liberal internationalism)의 근간을 뒷받침해 온 미국은 현재 국내 정치, 경제, 사회적으로 엄청난 변화를 겪고 있다.[1] 그 동안 미국이라는 강대국이 동북아 질서에 미친 영향에 대해서는 국제정치적 시각에서 많은 연구가 이루어져 왔지만, 실제로 미국의 국내정치 환경의 변화와 미국외교정책 변천의 연관성에 대해서는 비교적 최근에 연구가 활발하게 이루어지고 있다.[2] 아쉽게도 한국과 북한 등 한반도 이슈가 미국정치의 역사와 현실 속에서 어떻게 발현되고 이해되고 결정되는지에 관한 체계적인 연구는 아직 많지 않은 실정이다. 이 장은 미국의 정치 역사와 제도 현실 속에서 다루어지는 한반도 문제를 사례와 이슈 중심으로 살펴보고자 한다. 역사적 사례로는 한국전쟁이 미국정치와 역사에 미친 영향을 주로 분석해 보고 제도적 현실로는 현재 진행 중인 북핵위기와 해법 관련 미국의 대통령-의회 관계 등 제도정치 맥락을 탐색해본다.

1. 대외전쟁과 미국정치: 역사적 개요[3]

비어드(Charles Beard)는 미국의 외교정책은 '공짜 안보(free security)'에 근거하고 있다는 주장을 제기한 바 있다.[4] 미국 헌법의 제정 과정을 엘리트들의 기득권 수호 관점에서 설명함으로써 이미 독특한 역사 해석의 시각을 보여준 바 있는 비어느는 미국의 지정학적 구조에 특히 주목하였다. 건국 시점부터 현재까지 태평양과 대서양이라는 두 대양(大洋)으로 둘러싸여 있는 미국의 경우 외적(外敵)의 침략에 상대적으로 덜 노출되어 있다는 것이 그의 핵심 주장이다. 도표 4.1은 우리에게 다소 낯설지만 거의 전 세계적으로 공유되는 세계 지도인데 미국 대륙이 두 해양에 둘러싸여 있음을 여실히 보여준다. 또한 우리가 위치한 곳이 극동(far east)이라고 지칭된 이유도 알 수 있다. 이는 국경을 맞대고 있음으로 인해 한 국가의 성장이 다른 국가에게 위협 요소가 될 수 있는 소위 제로섬(zero-sum) 경쟁에 익숙해 있는 유럽 실정과는 크게 다르다는 관찰이다. 결국 유럽의 대외정책이 주로 세력

> **해설 4.1**
>
> **자유주의적 국제주의**
> 자유주의적 국제주의(liberal internationalism)는 제2차 세계대전 이후 국제문제에 적극적으로 개입하며 제도 및 질서 확립에 주도적 역할을 시작한 미국외교정책의 원칙으로 볼 수 있다. 자유주의와 국제주의를 합친 의미의 이 개념은 민주주의와 반공 이념, 평등 및 인권 등 자유주의적 기치 하에 국제협력과 자유무역을 새로운 국제질서의 핵심 내용으로 담고 있다.

균형(balance of power)에 초점이 맞추어져 있는 반면 지정학적 특성으로 인해 미국은 건국 초부터 고립주의적 외교정책 전통을 확립할 수 있었다.[5]

영국의 식민지 상태로부터 독립전쟁(Revolutionary War)을 거쳐 신생 민주주의 공화국으로 탄생한 미국은 세계 최초로 성문헌법을 통해 통치구조와 국민의 기본권을 명문화한 바 있다.[6] 19세기 초 여전히 유럽 국가들은 절대군주 혹은 봉건영주 주도로 외부와의 군사 충돌을 임의적 방식으로 수행하고 있던 시절이었다. 이에 비해 미국은 대통령과 의회의 권한 및 의무를 헌법에 서술하여 전쟁 개시 및 수행 또한 법치주의 및 적법절차에 근거하도록 하였다. 구체적으로 전쟁을 선포할 권한은 의회에게, 전쟁을 수행할 권한은 대통령에게 양분함으로써 당시 전쟁의 발발과 전개 양상에 비추어 행정부와 의회 간 효율적인 역할 분담을 규정하였다.[7] 특히 대통령을 군통수권자로 규정한 당시 헌법 2장(Article II)은 미국의 대통령제 자체가 독립혁명을 이끈 조지 워싱턴(George Washington) 장군의 존재로 인해 가능했던 것과 맥락을 같이 한다고 볼 수 있다.

도표 4.1 미국의 지정학적 위치와 '공짜 안보(free security)' 개념

출처: www.geology.com

사실 제2차 세계대전 참전을 촉발한 진주만 공격이 있기까지 과도한 해외 개입 혹은 진출 정책에 대한 근본적인 회의(懷疑)와 반대가 미국외교정책의 주류적 입장이었다. 이는 초대 대통령 조지 워싱턴의 외교정책 족적에서도 쉽게 살펴 볼 수 있다. 1793년 워싱턴 행정부의 두 번째 임기 첫해 미국은 프랑스대혁명 이후 유럽에서 벌어지고 있던 물리적 충돌 와중에 일종의 외교적 선택을 해야 하는 상황에 직면하였다. 그런데 독립혁명과 종결 당시 미국을 도왔던 프랑스의 요청에 따라 영국에 대항하는 외교정책을 펼칠 것으로 예상되던 시기에 워싱턴 대통령이 선택한 것은 중립선언이었다. 워싱턴의 결정에 반대했던 매디슨(James Madison)은 의회의 동의 없는 대통령의 중립선언은 위헌이라 주장하였고, 이에 반해 해밀턴(Alexander Hamilton)은 전쟁이 벌어지기 전까지 평화를 유지하는 것은 대통령의 헌법적 책무라 반박하였다. 미국 대통령과 행정부의 권한 범위를 둘러싼 첫 번째 논쟁이 외교정책을 둘러싸고 벌어진 셈이다. 워싱턴 대통령은 1797년 퇴임 고별연설에서도 '중립정책(Entangling Alliances with None)'의 필요성을 다시 한 번 강조한 바 있다. 물론 포크(James Polk) 대통령처럼 미국 최초의 선택적 전쟁(war-of-choice)을 일으켜 미국의 영토를 크게 확장한 전례도 있다. 1846년 미국이 선제적으로 일으킨 멕시코와의 전쟁은 캘리포니아와 애리조나 등을 획득케 하였고 이후 텍사스를 병합하는 계기가 되었다. 이처럼 전쟁 수행 혹은 군사력 사용과 관련하여 대통령과 의회, 그리고 사법부의 권한과 역할에 대한 논쟁은 현재까지도 이어지고 있다.

특히 1941년 일본의 진주만 공격과 1945년 이후 소련과의 이념 경쟁은 고립주의(isolationism) 전통에 익숙해 있던 미국 국민들의 세계관에 큰 변화를 불러일으켰다. 제1차 세계대전이 1914년 발발하였지만 1916년 윌슨(Woodrow Wilson) 대통령은 자신의 재선 선거 운동 슬로건을 "대통령 덕분에 제1차 세계대전에 휘말려들지 않았다(He Kept Us Out of War.)"로 택해야 했을 만큼 여전히 미국의 중립 전통은 뿌리 깊은 것이었다. 하지만 미국의 또 다른 외교정책 전통이라고 할 수 있는 잭슨주의(Jacksonianism)는 일단 공격 받으면 두 배, 세 배로 응징하는 미국의 모습을 보여 주었다.[8] 1917년 4월 독일 잠수함 공격으로 미국 상선이 침몰하자 여론은 급변하였고 '세계의 민주주의를 구하기 위한' 전쟁으로 윌슨의 제1차 세계대전 참전은 허용되었던 것이다. 제1차 세계대전 종결 이후 다시 고립주의 전통으로 회귀했던 미국에게 1941년 일본의 진주만 습격은 또 다른 세계대전 참전의 동기가 되었다. 루즈벨트(Franklin D. Roosevelt) 대통령의 참전 시도에도 호응이 없던 미국 국민들의 여론이 글자 그대로 하룻밤 사이에 뒤바뀐 것이다.

그런데 제1차 세계대전 이후와 달리 미국이 다시 고립주의 전통으로 복귀하지 않았던 가장 큰 이유는 바로 소련과의 자유주의-공산주의 이념 대결 때문이었다. 비어드가 제시한 대로 '공짜 안보(free security)'에 길들여져 있던 미국이었기 때문에 제1차 세계대전 이후 윌슨이 제시했던 집단안보 개념과 국제연맹(League of Nations) 제안은 국내적 지지를 획득하기 어려웠다. 특히 윌슨과 개인적 경쟁자 관계였던 랏지(Henry Cabot Lodge) 상원의원이 이끄는 공화당 내 중서부 출신 고립주의 상원의원들의 반대는 매우 심하였고, 윌슨 대통령의 건강 문제도 당시 상황에서 중요한 변수였다.[9] 이처럼 미국 국민들의 정서적 지지를 끌어낼 가치문제가 수반되지 않았던 제1차 세계대전 종결 이후와 달리 제2차 세계대전 종전 이후 드러난 스탈린의 공산주의 야욕은 미국 국내정치를 크게 뒤흔들어 놓았다. 특히 전쟁 이후 미국의 드높아진 신념과 국력에 대항하는 소련의 전체주의적 공산주의 이념과 위협은 미국의 대통령과 의회가 서로 협력하여 군사적-경제적 세계질서를 모색하도록 만들기에 충분하였다.

또한 제1차 세계대전 이후 민주당 윌슨 대통령과 공화당 랏지 상원의원 간의 불협화음과는 달리 제2차 세계대전 이후에는 민주당 트루먼 대통령과 공화당 밴덴버그(Arthur Vandenburg) 상원의원 간 협력관계가 형성되었다. 특히 밴덴버그 의원은 제1차 세계대전 당시 고립주의를 지지한 미시건 출신 정치인이었지만, 제2차 세계대전 이후 입장을 바꿔 외교정책의 초당파적 협력을 강조하는 중진 상원의원으로 변모하였다. 실제로 "국내정치 갈등은 국경선 안에서 그쳐야 한다(Politics should stop at the water's edge.)"는 밴덴버그 상원의원의 주장은 현재까지도 자주 인용되고 있다. 더불어 북대서양조약기구(NATO)와 국제연합(United Nations) 창설, 그리고 국제통화기금(IMF: International Monetary Fund)과 국제부흥개발은행(IBRD: International Bank for Reconstruction and Development)으로 대표되는 브레튼우즈(Bretton Woods)체제는 미국의 전후 세계질서 확립과 글로벌 리더십을 획약하는 제제적 징표(institutional commitments)였던 셈이다. 국내적으로도 국가안보법(National Security Act)을 1947년 의회가 통과시킴으로써 이전에 군사부분별로 나뉘어져 있던 국방체계를 현재의 국방부(Department of Defense)로 일원화하였고, 중앙정보부(CIA)를 창설함으로써 해외정보 수집 및 분석 기능을 강화시켰다.[10]

이와 같은 제2차 세계대전 이후 대대적인 미국외교정책의 변화 방향에도 불구하고 미국정치의 기저에 자리 잡고 있던 고립주의-중립주의 전통은 그 불씨가 살아있었다. 우선 전쟁으로 인해 해외에 나가 있던 젊은 청년들이 귀국하면서 실업률이 상승하였고 물가 또한 오름세가 지속되면서 비난과 불만이 트루먼 행정부에 쏟아지기 시작하였다. 전쟁이 끝나고 평화 보상(peace dividend)에 대한 기대치가 올라갔지만 현실적으로 경제 부흥에 시간이 걸리자 이를 틈타 "이제 그만 충분하다(enough is enough)"는 고립주의 회귀 성향의 선거 캠페인을 공화당이 차용하기 시작하였다. 그 결과 1933년 이후 처음으로 1946년 중간선거에서 공화당이 미국 의회 다수당으로 복귀하게 되었다. 루즈벨트처럼 신망 받는 대통령도 중간선거에서는 고전을 면치 못하는 것이 미국정치 전통인데다, 미주리 출신의 무명 부통령이었던 트루먼의 첫 번째 중간선거는 공화당에게 엄청난 호재로 작동한 셈이다.

중간선거 참패 이후 트루먼 대통령은 엄청난 정치적 위기를 맞은 것으로 인식되었다. 그런데 앞서 살펴 본 대로 미국 의회 내 초당파적 외교 협력 주창자인 공화당 밴덴버그 상원의원의 도움을 통해 국가안보법이 1947년 의회를 통과하였고, 1948년 3월에는 마셜플랜(Marshall Plan) 또한 의회의 승인을 받게 되었다. 당시 국무장관이었던 마셜(George Marshall)의 1947년 6월 하버드 대학 연설로부터 시작된 유럽경제협력 제안은 건국 이후 고립주의 전통 위에 기초해 있던 미국외교정책의 일대 전환점이라고 할 수 있다.[11] 단순히 전쟁 참여와 갈등 해소에 미국외교정책 목표를 국한시키는 것이 아니라 미국 국민들의 세금을 동원해 전후 유럽 동맹국들의 경제 회복을 적극적으로 돕는 방식은 미국의 대외정책이 제2차 세계대전 이후 180도 변화하였음을 보여 주는 대표적 사례인 것이다. 120억 달러 규모의 서유럽 경제 원조는 전후 세계경제 부흥에 원동력이 되었을 뿐만 아니라 미국경제가 전 세계로 영향력을 확대하는 데 큰 발판이 되었음은 물론이다. 또한 1948년 대통령선거 국면에서 공화당 의회의 무능을 적절히 공격함으로써 국민들의 지지를 회복한 트루먼 대통령은 미국 역사상 기억될만한 대역전극을 펼침으로써 재선에 성공하게 되었다.

2. 한국전쟁과 미국정치: 역사적 사례

현직 대통령의 재선 성공으로 막을 내린 1948년 대통령 선거가 끝난 후 트루먼 대통령은 1949년 연두 교서(State of the Union Address)를 통해 야심찬 페어딜(Fair Deal)정책을 선포하였다. 실업률을 낮추고 경기 회복을 위해 제안된 제2의 뉴딜(New Deal) 방안이었다. 하지만 이미 1939년 이래 의회에 큰 영향력을 행사해 오고 있던 보수연합의 견제에 막혀 별 효과를 거두지 못하게 되었다. 1936년 압도적 재선을 발판으로 루즈벨트 대통령이 미국의 대법원 판사 수를 9명에서 15명으로 증원코자 했던 '대법원 재구성 계획(Court Packing)'에 대한 역풍으로 인해 만들어진 것이 보수 남부 민주당 의원과 소수당 공화당 간의 연합, 즉 보수연합(conservative coalition)이었다. 적극적 경제정책에 수반되는 재정적자와 세금부과에 보수연합은 강경한 입장이었던 것이다. 트루먼의 경제회복정책 집행이 의회의 반대로 지지부진해졌을 뿐만 아니라 1949년 10월 중국 본토에서는 마오쩌둥(毛澤東)이 이끄는 중국공산당이 국민당(KMT)을 몰아내고 내전에 승리하게 되었다. 약 1년 전 충격의 대선 역전패를 당했던 공화당에게 더 이상의 트루먼 공격용 호재는 없었다. "누가 중국을 잃어버렸는가?(Who lost China?)" 질문을 거듭 제기하면서 공화당은 트루먼 행정부를 몰아붙이기 시작했다. 이처럼 국내외적으로 수세에 몰린 트루먼 대통령이 결정적인 대외정책 시험대에 다시 한 번 올라서게 된 계기가 바로 이듬해 1950년 6월 발발한 한국전쟁이었다.

1) 한국전쟁과 미국 의회-대통령 관계 변화

1950년 6월 25일 한반도에서 전쟁이 발생하자 트루먼 행정부는 신속히 움직였다. 유엔 안전보장이사회를 소집하여 북한의 침략을 규정하고 남한을 지원할 연합군 세력을 규합하였다. 북한 김일성 정권이 소련의 지원 하에 남침을 감행한 것은 의심의 여지가 없었고, 미국이 주도하는 유엔 다국적 연합군의 남한을 수호하기 위한 노력이 시작되었다. 문제는 미국의 군사력을 사용할 때 미국 헌법이 규정한 절차였다. 미국 헌법 1장(Article I)에서 밝힌 대로 전쟁을 선포할 권한은 의회에 주어져 있는데, 트루먼 대통령은 미국 의회가 아닌 유엔에 먼저 손을 내민 것이다. 당시 미국의 상원과 하원 경우 80대 의회(1947~1949년)에서 간신히 다수당 지위를 회복했던 공화당이 1948년 대선 여파로 81대 의회(1949~1951년)에서는 다시 소수당으로 전락해 있던 상황이었다. 대선 패배 이후 1949년 중국의 공산화로 트루먼 대통령 공격의 실마리를 찾은 공화당 입장에서는 트루먼 대통령이 주도하는 대외전쟁 와중에 또 다시 국민들의 관심 밖으로 밀려날 것을 염려해야만 했다. 이에 따라 공화당 상원 원내총무이자 1952년 대선의 유력한 경쟁자였던 태프트(Robert Taft) 의원은 트루먼 대통령에게 공개적인 전쟁 선포상의 절차 문제를 제기하게 된다.[12] 그런데 "미국은 전쟁에 참여하는 것이 아니라 유엔의 경찰행동(police action)에 참가하는 것"이라는 당시 트루먼 대통령의 반응은 실제로 이후 미국의 국제질서 유지에 관한 역할 규정에 큰 영향을 주게 된다. 미국 단독의 전쟁 행위가 아닌 국가 간 연합의 경찰 행위이므로 자국(自國) 의회의 승인을 받을 필요가 없다는 트루먼 대통령의 논리는 당시로서는 매우 생소한 개념이었다.

역사적으로 미국은 한국전쟁 이전까지 총 5번의 전쟁마다 의회가 전쟁선포를 행해왔다. 1812년 영국과의 전쟁, 1846년 멕시코와의 전쟁, 1898년 스페인과의 전쟁, 1917년 제1차 세계대전, 1941년 제2차 세계대전이 그것이다. 그런데 한국 전쟁에서 트루먼 대통령이 의회의 공식적 전쟁 선포를 요청하지 않은 이래 미국 의회는 원래 헌법상의 전쟁 선포권을 단 한 번도 행사하지 못하고 있다. 대신 거의 대부분 전쟁결의안(war resolution)을 통과시킴으로써 의회의 입장을 천명해 오고 있는 실정이다. 결국 한국전쟁을 기점으로 미국 헌법이 규정해 놓은 대통령과 의회 간 전쟁 선포와 수행의 권한 분리가 더 이상 명확하지 않은 양상으로 변한 것으로 볼 수 있다. 사실 제2차 세계대전 참전으로 인한 미국의 국제질서 적극 개입과 일본에 투하된 핵폭탄으로 만들어진 공포의 균형(balance-of-terror) 개념은 외교정책 결정에 있어 일정 정도 역할과 기능을 보유했던 미국 의회의 입지를 상대적으로 축소시켰다. 이는 한국전쟁이 1953년 휴전으로 마감되고 한국과 미국이 맺은 한미상호방위조약의 미국 측 비준 과정에서 여실히 드러난다. 사실 미국 의회는 개별 국가와 맺는 상호방위조약에 여전히 익숙하지 않은 시점이었다. 따라서 미국 의회의 우려를 명문화하여 조약에 포함시키고자 하였고 전쟁으로 인한 이유 이외의 개입 상황에 대해 그 제약을 분명히 하고자 하였다. 1954년 1월 26일 미국 상원은 찬성 81명, 반대 6명의 표결을 결과로 한미상호방위조약을 비준하게 된다. 상임위원회에서 제안한 미국측 양해 내용 또한 통과시켰다. 상원 외교위원회의 윌리(Alexander Wiley,

R-WI)는 남북한이 무력이 아닌 평화적 방식으로 통일되어야 함을 미국은 믿는다고 천명하였고, 조약 체결로 인해 소련에게 충분한 경고로 작용할 것이라 주장하였다.

특이한 점은 6명의 한미상호방위조약 체결 반대 의원 중 2명이 이후 미국외교정책에 있어 중요한 영향력을 행사하게 되는 남부 출신 상원의원들이었다는 점이다.[13] 우선 루이지애나의 민주당 상원의원 롱(Russell Long) 의원은 양자 간 방위조약이 아닌 집단방위조약을 선호하였다. 또한 한미상호방위조약 체결은 핵전쟁의 위험성을 한층 높일 것이라고 우려하였다. 스테니스(John Stennis) 미시시피 민주당 상원의원도 한미상호방위조약에 반대표를 던진 바 있는데, 조약 체결로 인해 의회의 승인 없이도 대통령이 군대를 움직이도록 허용하는 것인지 질의하였다. 윌리 위원장의 답변은 조약 자체가 대통령의 권한을 제약하거나 증대하거나 하지는 않는다는 것이었다. 그러나 상호방위조약의 체결은 대통령의 전쟁 수호 주도권을 실질적으로 보장해 주는 셈이어서 한국전쟁 휴전 후 체결된 한미상호방위조약 비준 과정에서도 미국 의회의 우려가 분명히 제기되었다는 점을 기억할 필요가 있다. 미국 의회가 비준한 한미상호방위조약은 1954년 1월 29일 아이젠하워 대통령에 의해 서명되어 효력을 발휘하고 있다.

2) 한국전쟁과 미국 군비 재증강(NSC-68)

한국전쟁이 미국정치에 끼친 또 다른 영향은 제2차 세계대전 종결 직후 미국의 대외정책으로 굳어지고 있던 봉쇄정책(containment policy)에 대한 재검토를 가능케 했다는 점이다. 캐넌(George Kennan)이 고안하여 트루먼 행정부가 도입하였던 봉쇄정책은 일정 정도 기존의 소련 영향권을 인정하는 대신 그 이상의 팽창은 억제한다는 전략이다. 1947년부터 1949년까지 전후 미국의 대전략 혹은 트루먼독트린으로 확립되었던 봉쇄정책은 어느 정도 효과를 거둔 것이 사실이다. 제2차 세계대전 이후 미국 국민들의 세계관이 어느 정도 변화를 보였다고는 하지만 전통적 고립주의 성향이 여전히 남아있던 상황에서 봉쇄정책은 일종의 타협책이었던 셈이다. 소련의 공산주의 팽창을 적극적으로 억제하지만, 공산주의 타도를 위해 선을 넘지 않는 정도에서 미국의 대외정책 목표를 설정하였기 때문이다. 이는 냉전이 고착화되고 소련과의 이념 경쟁이 최고조에 달했던 레이건 행정부에 가서야 비로소 소위 환원정책(rollback policy), 즉 공산주의 정권을 무너뜨리고 자유주의 정부를 복원하는 정책으로까지 진전을 보게 된 점에서 알 수 있다.

그런데 1949년 시점에서 봉쇄정책이 미국의 대외전략으로 최적의 정책인지를 둘러싼 논쟁이 벌어지게 된다. 이는 1949년에 벌어진 일련의 국제 위기들과 관련이 깊다. 이 중 '중국의 공산화(Fall of China)'와 소련의 핵무기 개발이 가장 중대한 사안이었는데 봉쇄정책이라는 다소 소극적 외교정책으로 인해 미국이 가진 자원을 최대한 활용하고 있는지에 대해 비판 여론이 생겨난 것이다. 트루먼 대통령은 국가안보회의(NSC)에 보다 광범위하고 체계적인 전후 미국의 대외 군사정책에 대한 재검토를 비밀리에 지시했고 그 결과물이 바로 NSC-68이라고 하는 보고서이다. NSC-68의 주된 제안은 국방비 증대로 귀결되는데 전쟁 혹은 장기적 예산 적자, 그리고 증세 부담 없이도 가능한 예산 확보 방법을 모색하는 데 초점이 맞추어져 있었다.

문제는 국방비 증액을 포함한 봉쇄정책 이상의 적극적 군사정책에 대한 국내적 지지 확보 여부였는데, 한국전쟁이 이를 쉽게 해결해 준 셈이 되었다. 북한의 남침에 소련의 지원이 있었음은 미국 국민 누구에게나 자명하였고, 이에 따라 NSC-68을 실행하기에 이보다 더 좋은 조건을 찾기는 어려웠다. 덜레스(John Foster Dulles) 국무장관의 "한국전쟁을 미국이 수수방관한다면 또 다른 세계대전으로 이어질 연속적 군사 위기가 발생할 것"이라는 주장은 중국의 공산화 이후 자유주의적 세계질서 유지에 불안감을 가지게 된 미국의 결사적 대응태세를 증명하는 것이었다. 이처럼 한국전쟁의 발발로 인해 마침 준비되어 있던 NSC-68 문서와 국방비 증대 정책은 의회와 여론의 승인을 상대적으로 쉽게 얻어 낼 수 있게 된 것이다.

3) 한국전쟁과 미국 대통령선거 및 정당정치

한국전쟁이 미국정치에 미친 가장 큰 영향 중 하나를 꼽자면 1952년 미국 대선 과정에서 벌어진 트루먼 대통령의 출마 포기와 아이젠하워 공화당 후보의 당선일 것이다. 1950년 6월 발발한 한국전쟁은 이후 유엔 연합군이 압록강까지 북진하는 성과를 거두었지만 예상치 못한 중국 인민군의 대대적 개입으로 인해 다시 원래의 남북한 경계선 근처에서 지기부진한 간헐적 전투가 벌어지게 되었다. 특히 이 과정에서 당시 미국 국민들에게 인기가 높았던 맥아더 장군과의 불협화음을 노출했던 트루먼 대통령에 대한 비판적 여론이 고조되었다. 또한 지루한 대치 국면이 이어지면서 승리도 패배도 아닌 상황이 지속되자 미국 국민들은 한국전쟁을 결론짓지 못하는 트루먼 행정부에 대해 불만을 가지게 되었다. 1951년 헌법 수정을 통해 대통령의 삼선(三選)을 금지하는 조항이 만들어졌지만 현직인 트루먼 대통령에게는 적용이 면제되었던 터라 1952년 대선에 다시 출마할 수 있었던 상황이었다. 그러나 트루먼 대통령은 한국전쟁으로 인해 바닥을 친 국정 지지도로 인해 재출마를 포기하기에 이른다.

한편 공화당의 경우 1932년 루즈벨트 대통령에게 백악관을 내어 준 이후 만 20년 만에 대권을 되찾아 올 호기(好機)를 맞았다. 당내 지지 기반이 있었지만 전국적 호감도에서는 뒤처지는 태프트 원내총무를 대신할 후보를 찾아 공화당 동부 출신 세력들이 발 벗고 나섰고 결국 나토(NATO) 총사령관에 콜롬비아 대학 총장을 역임한 제2차 세계대전 영웅 아이젠하워 장군을 영입하게 된다. 공화당 후보가 된 아이젠하워는 특히 1952년 대선을 약 2주 정도 남겨두고 "한국에 가겠다(I shall go to Korea.)"라는 결정적 제안을 내놓았다. 구체적 해결책은 밝히지 않았지만 당선되면 한국전쟁을 마무리 짓겠다는 전직 NATO 총사령관 아이젠하워의 공약은 미국 유권자들에게 큰 지지를 받게 되었다. 심지어 대선에서 패배한 스티븐슨(Adlai Stevenson) 민주당 대선 후보에게 기자들이 패배 원인을 묻자 스티븐슨 일리노이 주지사는 "한국, 한국, 한국(Korea, Korea, Korea)"이라고 답할 정도였다. 또한 아이젠하워는 공화당 후보로서는 남북전쟁 이후 처음으로 텍사스, 오클라호마, 테네시, 플로리다, 버지니아 등 민주당의 철옹성으로 인식되었던 미국 남부 주들에서 승리하게 되었다.

이후 한국 문제가 미국 대통령선거 과정에서 공개적인 이슈로 다시 부각되는 데에는 64년이란 세월이 지나게 된다. 한미 FTA 재협상, 방위비분담금 증액 등을 이슈로 삼은 트럼프(Donald Trump) 후보가 등장한 탓이다.

3. 트럼프 시대 미국정치와 북한 비핵화 이슈[14]

예상을 뒤엎고 2016년 대선에서 승리하여 2017년 1월 20일에 취임한 트럼프 대통령은 미국정치에 엄청난 변화를 일으키고 있다. 오바마(Barack Obama) 후보를 2008년과 2012년 두 차례 모두 지지했던 미국의 카운티(county)들 중 약 1/3 정도가 2016년 대통령선거에서 공화당의 트럼프 후보를 지지하였는데 이는 미국 유권자들의 반(反)세계화 정서를 드러낸다고 볼 수 있다. 조지 W. 부시 행정부의 이라크전쟁 실패와 대공황 이래 최악의 금융위기를 동시에 경험했던 미국 유권자들은 오바마에 이어 트럼프에 이르기까지 미국 대통령이 더 이상 국제 이슈에 지나친 관심을 가지지 않기를 바라고 있다. 반대로 미국의 경제, 이민, 건강보험 등 산적한 국내 현안에 집중해 주기를 원하고 있는 상황이다. 제2차 세계대전 직후 냉전 초기에 미국이 주도하여 건설한 자유주의적 국제주의의 상징인 NATO에 대해 만약 현재의 미국 상원의원들이 표결한다면 찬성표가 10표도 되지 않아 부결될 것이라는 분석까지 있을 정도이다. 2018년 4월 24일 아산(Asan) 플래넘에서 조지타운대학의 쿱찬(Charles A. Kupchan) 교수가 행한 발언을 인용하였으며, 참고로 NATO를 형성한 북대서양조약은 1949년 7월 21일 미국 상원에서 82대 13의 찬성으로 승인되었다. 당시 반대표를 던진 공화당 지도자 태프트(Robert Taft, R-OH) 의원은 북대서양조약이 "평화가 아닌 전쟁을 불러올 것"이라며 전통적 미국 고립주의를 대변한 바 있다.

사실 오바마 대통령의 경우도 이라크전쟁 반대 경력이 2008년 민주당 경선 승리에 큰 원동력이 되었고 '미국 자체의 국가 건설(nation-building at home)'이라는 슬로건으로 주목받았다. 하지만 실제 8년의 재임 기간 동안 아시아로의 회귀(Pivot to Pacific), 한미 FTA 의회 비준, 핵 없는 세상, 환태평양경제동반자협정(Trans-Pacific Partnership) 가입 시도, 파리 기후협정 체결 등 미국의 전통적 자유주의적 국제주의 외교 방식을 크게 벗어나지 않는 모습을 보여 주었다. 결국 2016년 대선 과정에서 트럼프 후보가 내건 여러 공약들 — 국경 장벽 건설을 포함한 강경 이민 정책, TPP 탈퇴와 북미자유무역협정 및 한미자유무역협정 재협상, 이란 핵협정 폐기, 중국과의 무역전쟁 등 — 은 반(反)이민과 반(反)국제주의 정서를 가진 분노한 백인 보수 노동자 계층 지지를 끌어냈고 미국정치의 지형 변화를 초래하였다. 취임 후 1년 반이 지났고 2018년 11월 6일 중간 선거를 앞두고 있는 트럼프 대통령 시대 미국정치의 변화와 지속의 구체적 모습은 무엇인가? 또한 6월 12일 개최된 싱가포르 북미정상회담의 의미와 전망은 미국의 국내정치적 맥락에서 어떻게 이해될 수 있을까?

1) 트럼프 시대 미국정치의 변화와 지속

미국 정치학계에 있어 대통령 관련 체계적 연구의 시발점이 된 뉴스태드(Richard E. Neustadt)[15]는 미국 대통령의 권력을 '설득의 권력(power-to-persuade)'으로 정의한다. 미국 대통령 권력의 특징은 대통령의 리더십을 따르는 것이 각자에게 최선이라는 인식을 가지도록 의회, 여론, 정당, 미디어 등을 상대로 '설득'하는 성격을 가지고 있다는 주장이다. 미국의 경우 건국 당시 외교정책부터 국내정책에 이르기까지 의회에게 '구체적인 권한들(enumerated powers)'이 헌법상 주어져 있다. 특히 1장 8조(Article I, Section 8)의 '필요 및 적절(necessary and proper)' 조항은 막강한 의회 권한을 보여주고 있다. 다시 말해 대공황과 세계대전을 배경으로 대통령의 권한을 강화시킨 루즈벨트의 '근대 대통령제' 시대 이전까지 미국 의회는 미국정치의 중심 무대였다.[16] 남북전쟁 당시 암살된 링컨(Abraham Lincoln) 대통령의 뒤를 이었던 존슨(Andrew Johnson) 대통령의 탄핵 사유가 레토릭(rhetoric) 및 정책에 대한 적극적 자세 때문이었다는 점은 당시 의회 중심 미국정치의 단면을 보여준다.

대통령 권력을 '설득의 권력'으로 파악하는 뉴스태드의 연구는 주로 대통령의 정치적 능력 혹은 기술에 그 초점이 맞추어져 있다. 역대 대통령들을 가까운 거리에서 관찰하였던 뉴스태드는 이후 소위 '대통령의 성공 조건' 연구의 선도자가 된 셈이다. 실제로 뉴스태드가 제시한 대통령의 설득 성공 조건들은 마치 마키아벨리가 연상될 정도인데, 권력 의지를 확실히 할 것, 2인자와 권력을 나누지 말 것, 위기를 잘 이용할 것 등이 포함되어 있다. 트루먼 대통령이 제2차 세계대전 이후 어떻게 마셜플랜에 대한 의회 지지를 이끌어 냈는지 사례 분석한 뉴스태드에 의하면 결국 트루먼 플랜이 아닌 마셜플랜으로 명명된 것은 의회 내 초당파적 찬성을 끌어내기 위해 벌였던 트루먼의 설득 작업과 연관이 크다는 것이다. 반면 대통령 1인에 초점을 맞추었던 뉴스태드의 연구는 이후 대통령 개인 차원을 넘어선 대통령 정치의 제도적 차원에 대한 실증적 연구 발전을 더디게 했다는 비판도 받고 있다. 전통적 '설득형' 연구가 주로 대통령이 거두어야 하는 의회에서의 정책 성공 측면에 집중되어 있었던 반면,[17] '일방적 권력(power-without-persuasion)' 주장은 의회 밖에서 혹은 의회를 초월하여 수행하는 대통령의 국정 행위에 주목한다. 하웰(William G. Howell)[18]에 따르면 예전에 주로 형식적, 간접적 성격에 머물렀던 대통령의 행정명령(executive order) 발동권이 최근에는 의회의 간섭 혹은 심지어 반대를 넘어서는 효율적 권력도구로 사용되고 있다. 다수와 그룹이 존재하는 의회정치와는 달리 선제적 행동(acting first)과 독자적 결정(acting alone)을 특징으로 하는 대통령의 정치는 그 동안의 '설득형' 권력이 아닌 '일방형' 권력에 기반하고 있다는 주장이다.

트럼프 시대 미국정치의 변화와 지속을 설명하는 데 있어 기존의 '설득형' 권력과 '일방형' 권력 개념 분류법은 매우 유용하다. 2017년 1월 이래 트럼프 대통령의 종횡무진은 TPP 탈퇴, 특정 중동국가 국민들에 대한 미국 입국 금지(Travel Ban), 파리기후협정(Paris Climate Agreement) 탈퇴, NAFTA와 한미 FTA 재협상 개시, 다카(DACA: Deferred Action for Childhood Arrivals, 불법체류청년추방 유예제도) 6개월 후 폐기 선언, 이란 핵협정(JCPOA) 탈퇴 등 헤아리기조차 어려울 지경이다. 최근에는 1년 넘게 지속해 오던 북한 김정은 위원장과의 적대관계를 하루아침에 청산하고 싱가포르에서 미국 역사상 최초로 현직 대통령이 북한 최고지도자와 직접 마주앉는 역사적 정상회담을 개최하였다. 하지만 이에 비해 일명 오바마케어(ObamaCare)로 불리는 오바마 시대 건강보험법(Affordable Care Act)을 폐지하겠다고 한 약속이나 멕시코와의 국경에 장벽 세워 불법 이민 유입을 원천적으로 막겠다고 한 장담은 여전히 이루어지지 않고 있다.

현재 미국이 중국과 벌이고 있는 통상전쟁의 제도적 측면은 미국 대통령의 일방적 권력과 관련이 깊다. 트럼프 대통령은 1962년 케네디(John F. Kennedy) 행정부의 다자간 무역협정을 뒷받침하기 위해 의회가 통과시켰던 무역확장법(Trade Expansion Act)의 232조 국가안보 조항을 보호 무역 논거로 하여 철강과 알루미늄 수입품에 25퍼센트의 관세 폭탄을 선포하였다. 공화당 다수 의원들은 반대 의사를 표명하였고 당장 아이오와와 인디애나 주의 콩 수출이 미중 무역분쟁 여파로 타격을 입고 있는 상황이다. 오히려 2018년 중간선거에 출마하는 민주당 브라운(Sherrod Brown, D-OH) 의원과 케이시(Bob Casey, D-PA) 두 의원은 트럼프의 관세정책에 공개 지지를 하고 나섰다. 하지만 대통령에게 부여된 무역정책 결정권한을 의회가 다시 회수한다는 것은 현대 미국 의회제도 속성상 가능성이 높지 않기 때문에 트럼프 대통령의 보호무역정책에 입법 차원의 제동을 걸 공화당 의원들을 찾기는 쉽지 않다. 대통령이 무역확장법 232조의 국가안보를 근거로 수입품에 관세를 부과하는 경우 의회 승인을 받도록 하는 법안을 2018년 6월 현재 상원 외교위원회 코커(Robert Phillips Corker) 위원장 주도로 고려하고 있지만, 공화당 상원 원내대표인 맥코넬(Addison Mitchell McConnell) 의원은 대통령의 비토 가능성을 들어 아예 표결에 부칠 계획이 없음을 밝힌 바 있다.

미국의 경우 20세기 초반 라디오 시대가 열리고 1950년대 이후 텔레비전이 주된 미디어로 등장하면서 대통령이 국민과 직접 소통하고 국민에게 직접 지지를 호소하는 '호소형 권력(bully pulpit power)'이 새로운 양상으로 전개되었다.[19] 특이한 점은 트럼프 대통령이 선거 기간과 대통령 취임 이후에도 보수 성향의 폭스 뉴스를 제외한 거의 모든 미국 주류 언론과 적대적 관계를 유지하고 있다는 사실이다. 이는 미디어와 불편한 관계를 유지했던 닉슨 대통령과 유사하다고 볼 수 있지만, 트럼프 시대의 근본적 특징은 소셜 미디어 특히 트위터를 통해 대통령 자신의 정책 의견을 지속적으로 제기해 오고 있다는 점이다.[20] 정권 초기에는 공화당 지지자들조차 트럼프의 트위터 사용에 반대했지만 지금은 오히려 미국 국내뿐만 아니라 전 세계적으로도 트럼프 대통령의 트위터 발언만 기다리고 있는 상황이라고 할 수 있다. 결국 의회, 특히 상원의 벽을 넘지 못하고 동시에 주류 언론과 대적하고 있는 트럼프의 정책 수단은 행정명령과 트위터 등의 일방적 방식(unilateral communication)에 의존하고 있다고 해도 과언이 아니다.

2) 북한 비핵화를 다루는 미국정치 현실

6·12 싱가포르 북미정상회담에서 어느 정도 북한 비핵화와 미국 보상책이 구체화될 것인지의 여부와 크게 상관없이 사실상 회담 이후 북한 이슈는 '과정(process)의 성격'을 띨 수밖에 없었다. 이 과정에서 주목해 보아야 할

> **해설 4.2**
>
> ### 트럼프와 트위터 정치
>
> 실제로 소셜 미디어 중심의 대통령 입장 표명은 트럼프 사례가 미국 정치 역사상 처음인데, 『뉴욕타임스』 칼럼니스트인 브룩스(David Brooks)는 이를 'Snapchat Presidency'로 명명한 바 있다. 이는 두 차례 정도 읽으면 자동 삭제되는 짧은 동영상을 전달하는 스냅챗(snapchat)이라는 앱(Application)을 빗댄 표현이다. 스냅챗 앱은 전달 수단이 동영상이기 때문에 시각적 효과와 더불어 내용 이해가 쉽지만 자동 삭제 기능으로 인해 누적이 되지 않고 공적 영역의 토론을 끌어내지는 못한다는 특징을 가지고 있다. 또한 트위터의 특성상 트럼프의 일방적 소통일 뿐 미국 국민들의 반응을 트럼프가 신경 쓸 필요 없다는 측면도 존재한다.

문제가 바로 미국 의회가 관여하게 되는 '이행의 정치(legislative commitments)'이다. 실제로 합의(agreements)는 행정부가 주도하고 언론의 주목을 받는 반면, 이행(commitments)은 의회의 협력 없이 불가능한데 반대로 언론의 관심은 약해진 상태일 가능성이 높다. 이러한 북한 비핵화의 과정에서 불거질 종전 선언, 제재 완화, 평화협정 등 민감한 주제와 관련된 공화당과 민주당의 의회정치를 주목할 필요가 있다. 왜냐하면 북한과 미국의 상호신뢰가 전혀 제도화되어 있지 않은 현 단계에서 미국 의회라는 주요 거부권 행사자(veto player)의 개입 여부는 협상 진척에 중요한 의미를 가지기 때문이다. 특히 2018년 중간선거와 2020년 대선을 앞둔 두 정당의 경쟁 구도는 트럼프 대통령의 북한 접근법에 중요한 변수가 될 것이다.

역사적 교훈은 의회와 관련된 이행 차원의 중요성을 보여 준다. 1994년 10월 21일 미국 중간선거를 2~3주 남겨 놓고 전격적으로 타결된 북미 제네바협정의 경우 이번 북미회담과 달리 북한의 핵개발 능력이 초기 상태였으므로 단계적 보상에 비교적 합의가 용이했다. 한반도 에너지개발기구(KEDO: Korean Energy Development Organization)를 설립하여 북한에 경수로 등 에너지 원조를 보장하고 북한은 핵개발 프로그램을 포기한다는 합의였다. 당시 클린턴(Bill Clinton) 행정부와 김정일 위원장 간 제네바합의에도 북한에 연락 사무소를 개설하고 평화협정을 체결한다는 내용이 포함되어 있었던 점이 특이하다. 하지만 1994년 중간선거를 통해 40년 만에 미국 의회 다수당 지위를 탈환한 공화당은 이후 1996년 재선에 성공한 클린턴 대통령과 민주당에 대한 대립각을 세우며 제네바합의의 이행에 협력을 거부하기 시작했다.[21] 북한도 조지 W. 부시 정권 이후 핵개발을 재개하였고 2002년 KEDO의 석유 공급 중단, 2003년 북한의 핵확산금지조약(NPT) 탈퇴는 결국 1994년 북미간 제네바합의를 붕괴시켰다.

한편 최근 트럼프 대통령의 탈퇴 선언으로 유명무실해진 이란 핵협정(JCPOA) 경우는 현재 진행 중인 북한 비핵화 합의와 이행 이슈에 중요한 시사점을 제공한다. 이란이 중동의 패권국가가 되기 위해 핵개발 노력을 시작한 이래 미국을 위시한 국제사회는 지속적이고 강도 높은 경제제재를 이란에 가해 왔다. 경제제재의 영향으로 이란 내 지도부가 선거를 통해 대화파로 바뀌었고, 이후 우여곡절의 협상 끝에 2015년 유엔 안전보장이사회 상임이사국(P5)과 독일이 이란과의 핵개발 종료 및 제재 해제 협정에 합의하게 되었다. 오바마 행정부가 공화당의 극렬한 반대에도 불구하고 밀어붙인 이란 핵합의는 포괄적 행동계획(Joint Comprehensive Plan of Action)으로 명명되었다. 이에 의회 다수당인 공화당이 집중 공격을 퍼붓게 되는데 특히 상원 외교위원회 소속 존슨(Ron Johnson, R-WI) 공화당 상원의원은 이란 핵협정을 조약의 형태로 인정하여 미국 상원의 비준 절차를 밟도록 강제하는 법안을 제출하였다. 39명의 공화당 상원의원이 찬성하였지만 결국 외교위원회 위원장 코커 의원 등 전통파 공화당 상원의원들 일부와 민주당 상원의원 전체의 반대로 조약 성격을 강제하는 이 법안은 부결되었다. 대신 민주당과 공화당 상하원의 초당파적 지지로 이란 핵협정 검토법(Iran Nuclear Agreement Review Act of 2015)이 통과되었고 이 법안에는 이란의 성실한 비핵화 준수 여부를 대통령이 3개월마다 인증하도록 하는 내용이 담겨 있었다. 애초에 오바마 대통령 견제 정도의 목적을 가졌던 이 조항은 트럼프 대통령이 2017년 10월에 이란 핵협정 준수 여부에 대한 불인증(decertification)을 전격적으로 발표함으로써 결국 2018년 5월 이란 핵협정(JCPOA)이 파국으로 치닫는 데 이용되었다.

1994년 중간 선거를 앞두고 체결되었던 북미 제네바합의와 2018년 중간 선거를 몇 달 남겨두고 파기되었던 이란 핵협정은 현재 진행 중인 북한 비핵화와 관련하여 중요한 교훈 몇 가지를 제시한다. 우선 북미 제네바합의가 의회 공화당이 민주당 대통령을 정치적으로 공략하는 수단으로 사용된 점을 고려해 볼 때 현재의 공화당 대통령-공화당 의회는 북한과의 비핵화 합의 및 이행 단계에서 이전과 다른 미국 국내정치 맥락을 제공한다고 볼 수 있다. 트럼프 대통령이 맺는 북한과의 합의에 대해 같은 당 공화당이 예전보다 훨씬 부드러운 입장을 취할 것이고 오히려 협상과 대화를 지지했던 민주당이 중간선거에 불리할 수 있다는 판단 하에 비판적 입장을 취할 가능성이 있다. 다만 트럼프와 김정은이 적어도 CVID(Complete, Verifiable, Irreversible Dismantlement, 완전하고, 검증가능하고, 불가역적인 핵폐기)에 합의한다면 민주당으로서도 공세적 입장을 취하기에 부담스러운 상황이 될 것이다. 또한 이란 핵협정 당시 공화당의 적극적 입장이 기억에 생생한 현재 트럼프-김정은 싱가포르합의를 조약의 형태로 취급하여 미국 상원의 인준을 거치게 해야 한다는 논의는 쉽게 급물살을 탈 것으로 보인다. 공화당은 같은 사안에 대해 다른 잣대를 제시하기 어렵고 민주당은 트럼프 대통령의 협상과 합의에 대해 견제할 수 있는 기회를 부여받게 되기 때문에 상원의 조약 표결은 거의 기정사실이라고 볼 수 있다.

또한 이란 핵협정 검토법을 그대로 답습한 북한 핵협정 검토법(North Korea Nuclear Agreements Review Act)이 발의되어 통과될 가능성이 매우 높다. 그런데 한 가지 흥미로운 사실은 이전처럼 3개월마다 대통령에게 북한 비핵화 이행 검증 권한 및 의무를 포함하게 될 것인데 트럼프 대통령은 자신이 맺은 최초의 외교정책 거래(deal)에 대해 스스로 실패를 인정하기는 쉽지 않을 것으로 보인다. 게다가 대통령의 인증(certification)을 통해 제재 완화, 연락사무소 개설 등 북한에 대한 단계적 보상을 북한 핵협정 검토법 내용에 간접적으로 포함시킬 수도 있다고 본다. 의회의 제재 관련 법안들이 행정부의 이행 조치 관련 상당 부분 자율권을 허용하고 있기 때문에 이 법안을 통해 트럼프 행정부와 북한 김정은 정권과의 상호 신뢰 건설의 가능성을 모색해 볼 수 있다고 여겨진다. 다시 말해 합의의 과정에서 허용할 수 없었던 북한에 대한 단계적 보상 및 지원을 미국 의회의 간접적 승인 형식으로 해결할 가능성에 대해 고민해 볼 필요가 있다. 이미 미국 하원에서는 지난 2018년 6월 6일 북한 핵 기준선 법안(H.R.6012 - North Korea Nuclear Baseline Act)이 민주당과 공화당 양당 의원들에 의해 공동 발의되었는데, 주된 내용은 이 법안이 입법되는 경우 60일 이내에 북한의 핵과 미사일 등의 위치 및 수량 등에 대해 대통령이 의회에 보고할 것을 규정하고 있다.

3) 미국 의회의 역할과 한반도 이슈 전망

향후 북한의 비핵화 과정이 순조롭게 진행되고 그에 대한 보상으로 제재 완화, 연락사무소 개설, 종전선언 및 평화협정 등이 이루어진다면 미국과 북한은 상호 대사를 교환하고 대사관을 건설하는 국교정상화에 합의할 가능성도 없지 않다. 사실 미국 헌법은 미국 상원의 조언과 동의(advice and consent) 권한을 명시적으로 규정하고 미국 대통령의 자문기관 역할을 수행하도록 기대하였다. 그런데, 조지 워싱턴의 상원 조언 시도 이후 조언 기능은 유명무실해졌고 이후 상원은 동의 역할만 수행하고 있다. 따라서 행정부가 외국과 조약을 체결하면 이에 대한 비준 권한을 상원이 가지도록 하였고 상원 전체의 2/3 찬성을 요구하고 있다. 문제는 미국 헌법이 제정될 당시의 국제관계들이 조약의 형태로 이루어졌던 데 비해 제2차 세계대전 이후 미국이 맺어 온 국제질서들은 거의 대부분 행정부와 행정부 간 합의, 즉 행정합의 형태를 띠고 있다는 점이다. 대표적인 예가 1994년 미국과 북한이 맺은 제네바합의인데 정식 명칭은 북미합의(US-DPRK Agreed Framework)이며 체결이 된 몇 주 후 중간선거 압승으로 인해 다수당으로 등장한 공화당 의회의 어떠한 별도의 조치도 없었다. 당시 공화당 주류 외교정책 중진의원이었던 맥케인(John McCain) 의원과 머카우스키(Frank Murkowski) 의원 등은 클린턴 정부의 북한과 합의를 존중하겠다는 의지를 피력한 것이다. 정리하자면, 미국 헌법에는 행정부의 어떤 협약을 조약으로 미국 상원에서 비준 받아야 하는가에 대한 구체적 내용이 나와 있지 않다. 다시 말해 향후 점쳐 볼 수 있는 북미 국교정상화 합의도 트럼프 행정부가 이를 상원에서 조약으로 비준 받을지 아니면 행정협약으로 유지할지 여부는 '헌법적 의무 사항'이 아닌 '정치적 선택 사항'으로 볼 수 있다.

이와 관련 흥미로운 사례가 바로 미국과 중국 간의 1979년 1월 1일 국교정상화 과정인데, 1972년 닉슨 대통령이 중국을 방문하여 '중국을 열기(Opening to China)'를 이끌었고 이후 1973년부터 1978년까지 베이징에 미국 연락사무소를 운영한 바 있다. 하지만 미국과 중국 두 나라 모두 닉슨의 몰락과 마오쩌둥의 사망 등 일종의 '승계 위기'를 겪으면서 국교 수립 논의는 지지부진해졌다. 특히 닉슨 대통령의 경우 워터게이트 사태 이후 공화당 강경보수파들의 지지를 얻기 위해 대만과의 관계 단절이 필요했던 중국과의 국교정상화에 뜸을 들이게 되었다. 이후 1977년 카터 대통령은 소련과의 데탕트정책이 결실을 맺지 못하고 오히려 미국 안보에 위협이 되면서 중국과 가까워지는 정책을 모색하기 시작하였고 1978년 말 중국과 국교정상화를 선언하고 1979년 1월 1일자로 발효토록 합의하게 되었다. 그런데 미중 수교에 대해 미국 행정부가 조약으로 미국 상원의 비준을 요청하지 않았으며 이후 1979년 1월 말 덩샤오핑(鄧小平)의 미국 방문, 3월 양국 대사관 상호 설치를 통해 국교정상화를 마무리한 바 있다. 당시 미국 의회는 이러한 카터 행정부의 일방적 결정에 반발하였지만, 민주당 외교 중진인 잭슨(Henry 'Scoop' Jackson) 의원 등 반(反)소련 그룹이 '중국 카드'를 사용하는 것에 반대하지 않음으로써 조직적인 의회 차원 행동은 취하지 않게 되었다. 또한 대만과의 문화교류, 무기거래를 합법화하는 내용의 대만관계법(Taiwan Relations Act)을 1979년 4월에 초당파적으로 통과시키는 데 집중함으로써 중국과의 국교정상화는 기정사실화 되었다고 볼 수 있다. 결론적으로 향후 북미수교와 관련하여 행정부가 의회에 조약으로 비준을 요청할지 여부는 '헌법적 의무'가 아니라 '정치적 문제'로 볼 수 있다. 다만 북한 비핵화가 진척을 보이고 116대(2019.1~2021.1) 미국 상원에서도 공화당이 다수당 지위를 유지한다면 트럼프 대통령이 북한의 요구이든 자신의 계산이든 미국 상원에 조약으로 북미관계 비준을 요구할 가능성은 높다고 볼 수 있다.

한편 카터 대통령은 1979년 중국과의 국교정상화 과정에서 '하나의 중국' 정책을 수용하였고 이에 따라 1954년 체결되고 1955년 미국 상원에 의해 비준 동의된 미국-대만 상호방위조약을 일방적으로 폐기하였다. 이에 대해 골드워터(Barry Morris Goldwater) 의원 등 공화당 강경파들은 법원에 소송을 제기하였는데, 조약을 대통령이 체결하고 비준할 때 상원의 2/3 동의가 필요하듯 행정부가 조약을 폐기할 때도 상원 2/3의 동의가 필요하다는 주장이었다. 그들은 고등법원 등에서 승소하였으나 결국 대법원에서 관할권 밖(non-justiciable)이라는 판결을 받게 되었다 (Goldwater v. Carter). 다시 말해, 트럼프 대통령이 당장 내일 한미상호방위조약을 폐기하려고 할 때 현실적, 제도적 차원에서 볼 때 막을 방법은 없는 것이 현실이다. 물론 국내정치적으로 국방부, 전문가집단 등에서 반대할 것으로 예상되지만, 이론적으로 대통령의 조약 폐기 결정은 일방적이라고 볼 수 있다. 역사상 미국 의회가 조약을 폐기한 사례는 1798년 애덤스(John Adams) 대통령 당시 프랑스와의 상호방위조약의 폐기가 유일하며 조지 워싱턴을 총사령관으로 다시 불러들인 '준전시(quasi-war)' 상황까지 갔었다.

현재 미국 의회의 경우 트럼프 행정부의 북한에 대한 최대 압박정책(제재)에 대한 공화-민주 양당 간 이견은 없는 상황이고 다만 미국과 북한 간 군사적 충돌 가능성에 대해서는 민주당의 진보파 의원들 중심으로 트럼프 행정부 군사 옵션을 제한하는 법안/결의안을 제출한 바 있다.[22] 그런데 미국 민주당의 반응과 관련하여 특기할 사항은 미국정치 역사상 외교-안보 영역에서 공화당이 우위를 점해 온 탓에('security gap') 민주당내 외교-안보 관련 영향력 있는 중진 의원을 찾아보기 쉽지 않다는 점이다. 115대(2017~2018년) 상원의 외교위원회 최다선 민주당 의원(ranking member)인 메넨데즈(Robert Menendez, D-NJ) 의원의 경우 정치적 스캔들을 극복하고 상원 외교위에 복귀한 이후 아직 신뢰도가 높은 편이 아니며 외교-안보 정책에 대한 전문성도 그리 높지 않은 편이라고 볼 수 있다. 또 다른 외교위 민주당 중진 의원인 카딘(Ben Cardin, D-MD) 의원의 경우 외교-안보 전문성에 대한 인정은 받고 있지만, 트럼프 행정부에 대해 날카롭게 대립하는 스타일이라기보다는 초당파적 안보 정책 접근도 할 줄 아는 합리적 입장으로 평가할 수 있다. 다시 말해 민주당의 목소리를 일관되게 대변할 외교-안보 분야 대표 민주당 상원의원(spokesperson)이 부재한 상황인 것이다.

현대 외교정책결정 과정에 있어 거의 대부분 대통령과 행정부가 주도적 지위를 차지하고 있는 데 반해, 제재는 의회가 그 법적 근거를 입법으로 뒷받침해 주어야 가능한 외교정책 분야이다. 다시 말해 제재와 관련된 외교정책은 의회의 역할이 중요한데, 미국 의회는 그 동안 북한에 대한 비교적 많은 제재 법안들을 발의해 왔다. 하지만 실제로 하원과 상원을 통과하고 대통령이 서명한 대북 제재 법안은 2016년 '북한 제재 및 정책 강화법(North Korea Sanctions and Policy Enhancement Act of 2016)'과 이란, 러시아, 북한을 함께 다룬 '제재를 통한 미국 적대국 맞서기 법안(Countering America's Adversaries Through Sanctions Act of 2017)' 외에는 국방수권법(National Defense Authorization Act)에 수정안으로 포함된 조항들 정도이다. 북한 관련 제재 법안의 실제적 내용을 살펴보면 '제재를 통한 미국 적대국 맞서기' 법안의 섹션 324에 북한을 테러지원국으로 지정하는 내용이 들어 있다. 구체적으로는 2017년 8월 2일 입법 이후 90일 이내에 기존 법률에 비추어 북한이 테러지원국에 해당하는지 관련 상임위원회에 보고하도록 규정하고 있는데 실제로 틸러슨(Rex Wayne Tillerson) 국무장관이 북한을 테러지원국으로 지정한 날짜는 2017년 11월 20일이다. 다시 말해 법률이 지정한 날짜를 넘기는 경우 법안에서 따로 이에 대해 규정하고 있는 내용은 없는데, 의회에서 제정하는 법안의 내용은 대부분 이렇게 구체성을 결여하고 있다. 그런데 테러지원국 지위를 백지화(rescind)하기 위해서는 해당 국가가 더 이상 국제 테러행위를 지원하지 않는다는 내용의 리포트를 대통령이 의회에 보내면 가능하다. 결국 2017년 11월 20일에 테러지원국으로 지정된 북한의 테러지원국 지위를 폐지하기 위해서는 대통령의 인증 리포트로 충분하다는 사실이다.

실제로 북한에 대한 제재와 관련된 미국 국내법의 경우 미국 의회가 대통령과 행정부에 제재 이행 조치를 위한 법적 근거를 마련해주는 데 그 의의가 있으며, 실제로 제재의 규정, 이행, 혹은 완화, 해소 등 운영과 관련된 사항들은 대부분 행정부가 결정할 수 있는 여지가 크다. 예를 들어, 미국과 중국의 국교정상화 이후 양국 간 통상 거래에 있어 걸림돌이 될 수 있었던 잭슨-베닉 수정안(Jackson-Vanik Amendment to the Trade Act of 1974)은 1979년 국교 수립 이후 매년 대통령이 유예(waiver)를 공지하는 방식으로 2000년 중국무역법안(PNTR) 통과 이전까지 처리되어 왔다. 물론 1989년 천안문 사태 이후 1990년부터 2001년 중국의 세계무역기구(WTO) 가입 전까지 미국 의회가 매년 대통령의 유예 조치에 대해 불인정 결의안(disapproving resolution)을 표결 시도하기는 하였다. 하지만 단 한 번도 중국에 대한 최혜국대우 조항 적용이 배제된 적은 없었다.[23] 결론적으로 향후 북한 비핵화가 제대로 이루어지는 경우 북한 관련 제재의 완화 혹은 해소와 관련하여 미국 행정부의 정책 결정 여지(leeway)가 매우 크며, 미국 의회의 역할은 새롭고 구체적인 제재 법안을 통과시키지 않는 한 상대적으로 크지 않다고 볼 수 있다.

4. 한반도 이슈의 미국문제화(Americanization): 현실과 전망

1800년 제퍼슨(Thomas Jefferson) 대통령의 당선 이래 1930~1940년대 대공황과 세계대전을 겪기 이전까지 오랜 기간 동안 미국은 주(州)정부와 국내 문제 중심의 정치 제도와 문화를 유지하여 왔다. 미국은 1개의 나라가 아니라 50개의 다른 나라의 연합체라는 표현이 있을 정도로 각 주와 지역은 상이한 경험과 전통을 보유해 온 것이다. 물론 우리는 제2차 세계대전 이후 자유무역과 민주주의라는 보편적 가치를 전 세계에 걸쳐 수호하고 전파하는 미국의 모습에 익숙해져 있다. 또한 비(非)개입주의와 자국 중심주의를 선호하는 미국 국민들의 정서는 또 하나의 오래된 미국 전통이다. 트럼프를 당선시킨 2016년 미국 대선 결과가 앞으로 미국외교의 방향을 전면적으로 수정하게 될 출발점이 될지는 지켜보아야 한다. 하지만, '국내 국가 건설(nation-building at home)'을 외치며 당선된 오바마에 이어 백인 저소득층의 분노 정서를 자극하며 등극한 트럼프로 인해 미국의 근본적 변화에 대한 연구 필요성은 증대하였음에 틀림없다.

미국의 외교와 국내정치의 상관성에 있어 또 다른 특징 중의 하나는 현재 한반도를 포함한 아시아 관련 전문가와 정책이 워싱턴에 부재하다는 점이다. 물론 아시아 담당 외교관들이나 씽크탱크 전문가들은 지속적으로 존재해 왔다. 하지만, 미국정치의 쟁점이나 이슈로 부각되어 미국화된 시기는 베트남전 종결 이후 드물다. 1980년대 경제 대국으로 떠오른 '일본에 대한 견제(Japan-bashing)'나 1990년대 이후 안보와 통상 전반에 걸쳐 경쟁국으로 부상한 중국문제에 대해 자신의 지속적 정책 어젠다로 쟁점화한 대통령 혹은 상원의원은 찾아보기 어렵다. 1950년대 공화당 상원 지도자이던 노우랜드(William Knowland, R-CA) 의원이 공산화된 중국에 대해 지속적인 비판을 통해 아시아 정책 전문가 의원으로 활동한 이래 현재까지 미국 상원에서 소위 'Mr. 아시아'를 찾아 볼 수 없다. 결국 의회내 전문가 의원이 없는 상황에서 미국의 아시아 정책은 미국 국내 이슈화되지 못하고 행정부 중심의 반응적(reactive) 방식에만 의존해 왔다. 미국의 북한 관련 정책이 일방적 압박(pressure) 혹은 일방적 무시(patience)라는 극단적 방향으로 일관해 온 이유이기도 하다.

이러한 배경을 놓고 볼 때 트럼프 대통령이 현재 추진하고 있는 한반도 정책은 예외적인 성격임이 분명하다. 무엇보다 김정은 위원장과의 싱가포르 정상회담 등을 통해 그 동안 의외로 미국화되지 못하던 북한 이슈를 미국 정치의 주요 의제로 끌어들였다. 또한 오랜 우방이자 무역 파트너로만 여겨졌던 한국에 대해서는 방위비분담금 현황과 한미 FTA 부작용 등을 대선 쟁점화하기도 하였다. 행정부 관료들은 기존의 한반도 정책 운용 방식을 고수하고 있고 한반도를 잘 아는 유력 정치인이 존재하지 않는 상황에서 트럼프 대통령 개인의 한반도 이슈 미국화는 분명 한계가 있을 것으로 보인다. 다만 북한 비핵화와 관련하여 그 한계에 봉착하기 이전에 무언가 극적인 변화가 있게 된다면 새로운 차원의 한반도 문제의 미국화 또한 배제할 수 없다고 본다.

결국 미국외교정책을 제대로 이해하기 위해서는 국제관계 맥락과 국내 정치 변수들을 종합적으로 판단해야 한다. 정치제도, 정당경쟁, 이익집단, 이념대립, 여론변화, 선거운동, 미디어, 사회운동 등 다양한 국내정치적 기반위에서 국제관계상의 미국 국가이익이 정의되기 때문이다. 그런데, 의외로 미국의 국내정치와 대외정책 간의 상호 작용에 관한 연구는 많지 않다. 역사학자들은 의회와 정당, 혹은 대통령이 대외정책 형성에 관여하는 사례들에 대해 체계적인 연구를 이어오고 있는 반면, 국제정치학자들은 대체로 외교정책과 국내정치는 상관관계가 크지 않은 것으로 간주해 왔기 때문이다. 하지만, 미국외교정책 영역은 단순한 군사, 안보뿐만 아니라 경제, 사회, 문화, 원조, 종교, 자원, 비정부단체, 국제기구 등 다양한 분야에 걸쳐있다. 미국의 한반도 및 동북아정책 또한 단순히 대통령과 행정부 관료들의 전유물이 될 수 없는 이유이다.

주

1) 미국이 현재 겪고 있는 외교정책 변화를 체계적으로 분석한 연구로는 Hal Brands, *American Grand Strategy in the Age of Trump* (Washington D.C.: Brookings Institution Press, 2018)를 참조할 것.
2) James D. Fearon, "Domestic Politics, Foreign Policy, and Theories of International Relations," *Annual Review of Political Science* 1 (1998), pp. 289-313; Charles A. Kupchan and Trubowitz L. Peter, "Dead Center: The Demise of Liberal Internationalism," *International Security* 32(2) (2007), pp. 7-44; Colin Dueck, *Hard Line: The Republican Party and U.S. Foreign Policy Since World War II* (Princeton: Princeton University Press, 2010); Helen V. Milner and Tingley Dustin, *Sailing the Water's Edge: The Domestic Politics of American Foreign Policy* (Princeton: Princeton University Press, 2016); 서정건, 유성진, 이재묵, 『미국 정치와 동아시아 외교 정책』 (서울: 경희대학교 출판부, 2017).
3) 이하는 저자가 수행한 동북아역사재단 프로젝트 일부를 수정, 보완한 내용임을 밝혀둔다.
4) Campbell Craig, "The-Not-So-Strange Career of Charles Beard," *Diplomatic History* 25(2) (2001), pp. 251-274.
5) 미국외교의 성격에 대해 고립과 개입을 구분하는 것이 큰 의미가 없다는 주장도 있다. '고립'과 '개입'의 차이가 외형상의 차이에 불과하며 그 둘의 동기는 모두 미국의 이념과 자유를 수호하고 전파하려는 '도덕주의적 절대주의'라는 점에서 본질적으로 같기 때문이다. 더 자세한 내용은 권용립, 『미국외교의 역사』 (서울: 도서출판 삼인, 2010)를 참고할 것.
6) Louis Hartz, *The Liberal Tradition in America: An Interpretation of American Political Thought since the Revolution* (New York: Harcourt, Brace and Company, 1955); Bernard Bailyn, *The Ideological Origins of American Revolution* (Cambridge: Belknap Press of Harvard University, 1967).
7) Edward S. Corwin, *The President, office and powers: 1787-1957* (New York: New York University Press, 1957); I. M. Destler, "Executive-congressional Conflict in Foreign Policy: Explaining it, Coping with it," in Dodd C. Lawrence and Oppenheimer I. Bruce (eds.), *Congress Reconsidered* (3rd ed.) (Washington DC: CQ Press, 1985); Cecil V. Crabb and Pat M. Holt, *Invitation to Struggle: Congress, the President, and Foreign Policy* (3rd ed.) (Washington DC: CQ Press, 1989).
8) Walter Russell Mead, *Special Providence: American Foreign Policy and How It Changed the World* (New York: Routledge, 2002); 서정건, 차태서, "트럼프 행정부와 미국외교의 잭슨주의 전환" 『한국과 국제정치』 33(1) (2017), pp. 63-91.
9) Harold D. Lasswell, "The Garrison State," *American Journal of Sociology* 46(4) (1941), pp. 455-468.
10) Michael J. Hogan, *A Cross of Iron: Harry S. Truman and the National Security State 1945-1954* (New York: Cambridge University Press, 1998).

11) Richard E. Neustadt, *Presidential Power: The Politics of Leadership* (New York: John Wiley & Sons, 1960)
12) Robert David Johnson, *Congress and the Cold War* (New York: Cambridge University Press, 2006).
13) Joseph A. Fry, *Dixie Looks Abroad: The South and U.S. Foreign Relations, 1789–1973* (Baton Rouge: Louisiana State University Press, 2002).
14) 이하는 〈국방연구〉와 〈세종정책브리핑〉에 실린 졸고의 일부를 수정·보완한 것임을 밝혀둔다.
15) Neustadt (1960).
16) James Pfiffner, *The Modern Presidency* (Boston: Cengage Learning, 2005).
17) Neustadt (1960); Jon R. Bond, Richard Fleisher, *The President in the Legislative Arena* (Chicago : The University of Chicago Press, 1990); 박세일 외, 『대통령의 성공조건』 (서울 : 동아시아연구원, 2002); 정진민, "생산적 국회운영을 위한 대통령-국회 관계와 정당," 『한국정당학회보』 제7집 제1호 (2008).
18) William G. Howell, *Power Without Persuasion: The Politics of Direct Presidential Action* (Princeton: Princeton University Press, 2003).
19) Samuel Kernell, *Going Public: New Strategies of Presidential Leadership* (Washington D.C.: CQ Press, 1997).
20) Taesuh Cha and Jungkun Seo, "Trump by Nixon: Maverick Presidents in the Years of U.S. Relative Decline," *Korean Journal of Defense Analysis* 30(1) (2018), pp. 79–96.
21) Jungkun Seo, "Agreements Without Commitments?: The U.S. Congress and the U.S.-North Korea Agreed Framework, 1994–2002," *Korean Journal of Defense Analysis* 27(1) (2015), pp. 107–122.
22) 그 예는 다음과 같다. H.R. 4837: No Unconstitutional Strike against North Korea Act(Sponsor: Rep. Ro Khanna [D-CA17], Introduced 18 January 2018), H.R. 4140: No Unconstitutional Strike against North Korea Act(Sponsor: Rep. John Conyers [D-MI13], Introduced 26 October 2017), S. 2016: No Unconstitutional Strike Against North Korea Act of 2017(Sponsor: Sen. Edward "Ed" Markey [D-MA], Introduced 26 October 2017), S. 2047: Preventing Preemptive War in North Korea Act of 2017(Sponsor: Sen. Christopher Murphy [D-CT], Introduced, 31 October 2017)
23) Jungkun Seo, "Vote Switching on Foreign Policy in the U.S. House of Representatives," *American Politics Research* 38(6) (2010), pp. 1072–1101.

참고문헌

1. 한글문헌

권용립. 『미국외교의 역사』. 서울: 도서출판 삼인, 2010.
서정건, 유성진, 이재묵. 『미국 정치와 동아시아 외교 정책』. 서울: 경희대학교 출판부, 2017.
서정건, 차태서. "트럼프 행정부와 미국외교의 잭슨주의 전환." 『한국과 국제정치』 33(1): 63-91 (2017).

2. 영어문헌

Bailyn, Bernard. *The Ideological Origins of American Revolution*. Cambridge: Belknap Press of Harvard University, 1967.
Brands, Hal. *American Grand Strategy in the Age of Trump*. Washington D.C.: Brookings Institution Press, 2018.
Brooks, David. "The Snapchat Presidency of Donald Trump." *The New York Times* (3 January 2017).
Cha, Taesuh, and Jungkun Seo. "Trump by Nixon: Maverick Presidents in the Years of U.S. Relative Decline." *Korean Journal of Defense Analysis* 30(1): 79-96 (2018).
Corwin, Edward S. *The President, office and powers: 1787-1957*. New York: New York University Press, 1957.
Crabb, Cecil V. and Pat M. Holt. *Invitation to Struggle: Congress, the President, and Foreign Policy* (3rd ed.). Washington DC: CQ Press, 1989.
Craig, Campbell. "The-Not-So-Strange Career of Charles Beard." *Diplomatic History* 25(2): 251-274 (2001).
Destler, I. M. "Executive-congressional Conflict in Foreign Policy: Explaining it, Coping with it." in Lawrence C. Dodd and Bruce I. Oppenheimer (eds.). *Congress Reconsidered* (3rd ed.). Washington DC: CQ Press, 1985.
Dueck, Colin. *Hard Line: The Republican Party and U.S. Foreign Policy Since World War II*. Princeton: Princeton University Press, 2010.
Fearon, James D. "Domestic Politics, Foreign Policy, and Theories of International Relations." *Annual Review of Political Science* 1: 289-313 (1998).
Fry, Joseph A. *Dixie Looks Abroad: The South and U.S. Foreign Relations, 1789-1973*. Baton Rouge: Louisiana State University Press, 2002.
Gries, Peter H. *The Politics of American Foreign Policy: How Ideology Divides Liberals and Conservatives over Foreign Affairs*. Stanford: Stanford University Press, 2014.
Hartz, Louis. *The Liberal Tradition in America: An Interpretation of American Political Thought since the Revolution*. New York: Harcourt, Brace and Company, 1955.
Hillygus, D. Sunshine and Todd G. Shields. *The Persuadable Voter: Wedge Issues*

in Presidential Campaigns. Princeton, NJ: Princeton University Press, 2008.
Hogan, Michael J. *A Cross of Iron: Harry S. Truman and the National Security State 1945–1954*. New York: Cambridge University Press, 1998.
Howell, William G. *Power Without Persuasion: The Politics of Direct Presidential Action*. Princeton: Princeton University Press, 2003.
Johnson, Robert David. *Congress and the Cold War*. New York: Cambridge University Press, 2006.
Kupchan, Charles A. and Peter L. Trubowitz. "Dead Center: The Demise of Liberal Internationalism." *International Security* 32(2): 7–44 (2007).
Lasswell, Harold D. "The Garrison State." *American Journal of Sociology* 46(4): 455–468 (1941).
Levy, Jack S. "Domestic Politics and War." *Journal of Interdisciplinary History* 18(4): 653–673 (1988).
Mead, Walter Russell. *Special Providence: American Foreign Policy and How It Changed the World*. New York: Routledge, 2002.
Merry, Robert W. *A Country of Vast Designs: James K. Polk, the Mexican War and the Conquest of the American Continent*. New York: Simon & Schuster, 2009.
Milner, Helen V. and Dustin Tingley. *Sailing the Water's Edge: The Domestic Politics of American Foreign Policy*. Princeton: Princeton University Press, 2016.
Neustadt, Richard E. *Presidential Power: The Politics of Leadership*. New York: John Wiley & Sons, 1960.
Oleszek, Walter J. *Congressional Procedures and the Policy Process*, 6th ed. Washington: CQ Press, 2004.
Putnam, Robert. "Diplomacy and Domestic Politics: The Logic of Two-level Games." *International Organization* 42: 427–460 (1988).
Seo, Jungkun. "Vote Switching on Foreign Policy in the U.S. House of Representatives." *American Politics Research* 38(6): 1072–1101 (2010).
_____. "Wedge Issue Dynamics and Party Position Shifts: Chinese Exclusion Debates in the post-Reconstruction U.S. Congress, 1879–1882." *Party Politics* 17(6): 823–847 (2011).
_____. "Agreements Without Commitments?: The U.S. Congress and the U.S.-North Korea Agreed Framework, 1994–2002." *Korean Journal of Defense Analysis* 27(1): 107–122 (2015).
Trubowitz, Peter and Jungkun Seo. "The China Card: Playing Politics with Sino-American Relations." *Political Science Quarterly* 127(2): 189–211 (2012).
Van Woodward, C. "The Age of Reinterpretation." *American Historical Review* 66(1): 1–19 (October 1960).

동북아 질서와 한미관계*

5장

김준형 (한동대 국제지역학과)

- 자유주의 국제질서의 위기와 동북아 질서 _ 153
- 냉전해체 이후 미국의 안보패러다임의 변화 과정과 대동북아전략 _ 159
- 미국의 대동북아전략과 한미동맹 _ 167
- 한미 양국의 신정부 출범과 한미관계 _ 173
- 한미관계와 동북아 및 한반도 평화체제 공존 _ 177

발칸반도와 함께 '지정학의 저주'라는 결코 달갑지 않은 별명을 가진 한반도는 국제질서의 변곡점들에서 어김없이 요동쳐왔다. 제국주의 침략과 동족상잔의 비극은 물론이고, 냉전체제가 붕괴를 맞이할 때도 기회보다는 변동의 불안정을 더 많이 겪어야 했다. 지금 세계는 제2차 세계대전 이후 꾸준히 이어온 자유주의 국제질서가 급격히 힘을 잃으면서 문명사적 대전환의 시대를 맞고 있으며, 그 여파로 국제정치 역시 갈등구도로 가고 있다. 특히 한반도와 주변을 포함한 동북아는 탈냉전 도래 이후 수십 년에도 진영대결은 해소되지 않은 상태에서 미국의 영향력 약화와 일본의 침체, 그리고 중국의 급격한 부상이 겹쳐지면서 불안정성이 증대되어왔다. 최근에는 강한 리더십을 내세워 외부로부터의 위협을 과장하고, 군비경쟁을 강조하는 극우민족주의와 이른바 안보포퓰리즘이 확산되고 있다.

한미관계는 지난 65년간 군사안보 분야를 넘어 사회규범과 정체성마저 일체화되면서 실용적 필요의 수준을 넘어 신화나 이념의 수준까지 이르렀다. 군사동맹을 중심으로 한 양국관계는 한편으로는 대한민국의 생존과 번영의 근간이었지만, 다른 한편으로는 냉전과 분단의 대결구조를 전제로 한 친미 일변도의 비대칭적 관계였다. 다시금 국제질서의 근본적 변곡점에서 한미관계를 재정의해야 할 시점에 도달했다. 급부상하는 중국을 포함한 현재 동북아의 역학관계 속에서 미국은 여전히 한국에게 가장 중요한 전략자산이지만, 동시에 과거 방식의 동맹관계가 조정되지 않는다면 미중 패권대결의 대리전 또는 희생양이 될 가능성이 매우 크다는 것이 제5장이 가진 핵심 주제다. 이 장에서는 동북아 질서가 급격하게 재편되는 가운데 한미관계를 재정립하고, 남북관계의 진전을 통해 미중의 패권적 관할체제를 약화함으로써 외교 주도권을 높이고, 지속가능한 평화를 이루려는 노력이 시급하게 필요한 전략적 이유와 당위성을 분석했다.

1. 자유주의 국제질서의 위기와 동북아 질서

세계는 제2차 세계대전 이후 이어져 온 자유주의 국제질서가 급격히 힘을 잃으면서 문명사적 대전환의 시대를 맞이하고 있다. 미국을 필두로 한 서구 선진국들은 여전히 '자유주의 국제질서(LIO: Liberal International Order)' 또는 '규칙에 기초한 국제질서(RBIO: Rule-based International Order)'가 어려움에도 불구하고 회복과 재도약이 가능하다고 주장하지만, 핵심 두 축인 민주주의와 시장자본주의가 근본적인 정당성의 위기에 봉착했다는 사실은 부인하기 어렵다.[1] 세계는 그동안 신자유주의의 시장 확대를 통해 유사 이래 최고의 번영을 누려왔지만 대가는 심대하다. 번영의 과실은 전혀 고르게 분배되지 않았고, 각국들 내부적으로는 강요된 희생과 불평등이 커졌으며, 이는 결국 자본주의를 지탱하는 중산층의 붕괴로 이어졌다. 신자유주의 세계화에 특화된 기업과 자본은 기회와 이익의 확장으로 무한정 부를 축적했지만, 노동자는 지속적인 실질임금 삭감과 자산하락으로 고통 받았다.

시장과 함께 자유주의 국제질서를 지탱하는 또 다른 축이라고 할 수 있는 민주주의도 본질적인 정당성의 문제에 봉착했다. 1990년대 초 소련과 동유럽으로 대변되는 전체주의적 사회주의체제의 붕괴는 후쿠야마(Francis Fukuyama)가 이념경쟁에서 자유민주주의의 최종 승리를 단언할 정도의 사건이었다. 또한, 2010년 12월 이래 중동과 북아프리카에서는 '아랍의 봄'이라는 전례 없는 민주화혁명이 일어났다. 열풍처럼 번진 이 혁명은 자유민주주의의 중단 없는 외연 확장으로 평가하기에 충분해 보였다. 그러나 이후 전개 상황은 오히려 민주주의의 역진 현상에 가까웠다.[2] 세계는 극우적 권위주의의 부활과 배타적 민족주의로 인해 민주주의의 유효성을 점차 훼손해갔다. 미국과 서유럽도 예외가 아니다. 절차적 민주주의는 갖추었을지 모르지만, 집권 후 권위주의와 선동적 민주주의가 부상하고 있다. 시진핑(習近平)이나 푸틴(Vladimir Putin)은 이제 대놓고 자신들의 권위주의체제가 서구식 자유민주주의체제보다 더 우월하다고 주장하기에 이르렀다.

이런 현상을 집약적으로 담아내는 것 중 하나가 '뉴노멀(new normal)' 담론이다. 뉴노멀은 새로운 시대의 도래 또는 패러다임 변화에 따른 새로운 기준의 등장을 의미한다.[3] 2008년 세계 경제위기가 1920년대 말 대공황과의 비교를 넘어, 자본주의 경제 시스템에 대한 근본적인 몰락까지 이어질 것이라고 예견하는 사람들도 있다. 이는 제2차 세계대전 이후 오래도록 지속했던 자본주의의 고성장과 고소득을 통한 번영의 시대가 끝나고, 높은 실업률과 저성장의 고착을 필두로 한 글로벌 경제의 장기침체, 경제적 불안정의 일상화와 빈부격차의 고착화로 대표된다. 사실 뉴노멀이라는 말 자체는 모순된 어법이다. 직역하면 '새로운 정상'인데, 이는 과거의 정상이 바뀐 것은 맞지만 비정상이 아닌 정상의 상태를 표현하는 말처럼 인식될 수 있기 때문이다. 그러나 뉴노멀은 과거의 정상성에서는 없었던 비정상적 현상이 계속되면서 비정상이 일상화되었다는 것을 강조하는 용어다. 뉴노멀의 또 다른 중요한 특징은 이러한 비정상성이 우리가 과거에 살아왔던 정상으로 다시는 돌아가지 않을 수도 있다는 가능성도 내포하고 있다.

이렇게 뉴노멀은 20세기 인류사회를 규정해온 시장자본주의와 자유민주주의 시스템이 처한 근본적 위기상황을 지적하는 담론이다. 자본주의와 민주주의는 개인의 자유를 핵심 고리로 친화적 연결성을 극대화한 반면, 국가와 같은 공적 영역은 상대적으로 축소해왔다. 국가는 이러한 자유화를 가로막는 장애물로 취급당하며 주변화되었다. 시장이 필연적으로 초래하는 불평등에 대한 조정자로서 국가의 역할이 축소되었고, 약자와 소수자를 위해 존재해야 할 정치 본연의 기능도 약화되었다. 우리는 결국 다시금 홉스적 야만의 상태, 강자가 약자를 지배하며 약탈하는 만인의 만인에 대한 투쟁으로 회귀하는 양상을 보인다.[4]

자유주의적 국제질서의 두 중심축인 민주주의와 시장자본주의의 불안정성은 국제정치 질서까지 뒤흔들고 있다. 브렉시트는 화려했던 대영제국에 대한 향수, 트럼프현상(Trumpism)은 2008년 재정위기 이후 미국의 위상하락과 중국의 급속한 부상에 대한 우려와 민족주의적 반감이 근본 동기로 깔려있다. 트럼프의 대표적 슬로건인 '미국 우선주의(America First)'와 브렉시트를 가능하게 한 '영국 우선주의(Britain First)'는 내부의 실패를 외부의 탓으로 돌리기 위해 배타적 민족주의가 동원된 전형적 사례이며, 전 지구적 범위에서 다수의 국가가 비슷한 양상을 보인다. 무엇보다 미국 패권의 위상하락과 중국의 급격한 부상으로 말미암은 상호불신 구조와 갈등으로 자유주의 국제질서의 안정성이 문제를 일으킨다.[5]

그 결과 세계화 시대를 맞아 자유주의 제도와 초국가적 협력이 확산될 것으로 기대했지만 예상과 달리 오히려 '지정학의 부활'이 본격화되었다. 초강대국들의 패권부활의 시도는 강경한 대외정책을, 국제협력에 대한 피로감은 고립주의를, 개방과 이민에 대한 반감은 인종주의를 부추긴다. 이로 말미암아 모순적인 고립주의와 대결주의가 공생하게 되는 것이다. 1930년대 대공황 이후 제2차 세계대전 이전의 상황과 많은 유사점이 있다는 지적이 나오고 있다. 불가리아 자유주의 전략연구소의 크라스테브(Ivan Krastev)는 브렉시트는 독일의 통일을 가져온 흐름을 역전시키고, 더 멀리는 1945년 전후 유럽체제가 지향했던 협력과 통합이 해체되는 출발점이라고 지적했다.[6]

미주와 유럽대륙에서의 지각변동도 심상치 않지만, 동북아 지역이야말로 문제의 핵심이다. 특히 한반도와 주변은 '아시아의 발칸' 또는 '지정학적 저주'로 불릴 정도인데, 상황은 더욱 어려워지고 있다.[7] 남북의 분단구조는 고착되고, 탈냉전 도래 이후 사반세기 이상이 지났어도 냉전적 잔재로서의 대결 구도는 해소되지 않은 상태에서 미국의 영향력 약화와 일본의 침체, 그리고 중국의 급격한 부상이 겹쳐지면서 불안정성이 점점 증대되어왔다. 동북아에서 부상하고 있는 배타적 민족주의의 발흥과 경쟁적 군비 강화는 예외가 없다. 과거에는 국제정치가 국내정치에 훨씬 큰 영향을 끼쳤지만, 최근에는 국내정치가 국제정치에 끼치는 영향이 훨씬 커졌다. 이에 따라 강한 리더십을 내세워 외부로부터의 안보위협을 과장하고, 군비경쟁을 강조하는 극우민족주의와 안보장사꾼들이 활개 친다. 박근혜 전임 정부가 그러했으며, 시진핑, 아베(安倍晋三), 푸틴, 김정은 등도 모두 강한 리더를 표방한 소위 안보포퓰리즘의 노선을 확고하게 만들고 있다.[8]

물론 미중 양국이 고조되는 갈등에도 파국적 결과에 대한 두려움 때문에 실제로 군사적 충돌에 이르기는 어려울 것이다. 관련 전문가들은 미중 양국의 높은 상호의존도로 인해 소위 '투키디데스의 함정(Thucydides' Trap)'에 의한 충돌이 필연은 아닐 것으로 판단하는데, 이는 일단 타당성을 갖는다.[9] 무엇보다 중국은 미국식 세계질서의 최대 수혜자이며, 양국은 현 국제체제의 안정적 관리가 서로에게 이익이 된다는 점을 인식하고 있기에 안정유지의 큰 틀에는 원칙적으로 동의하고 있다. 그러나 충돌은 곧 공멸이므로 협력관계를 이어가야 한다는 당위는 수용하지만, 현실에 그대로 실천할 수 있을 것인가는 미지수다. 상호불신이 여전한 가운데 상대의 수용과 양보를 전제로 하는 협력과 공존을 국제정치에서 달성한다는 것은 결코

> **해설 5.1**
>
> ## 투키디데스 함정
> 하버드대학교의 국제정치학자 앨리슨(Graham Allison)은 『펠로폰네소스 전쟁사』를 쓴 고대 그리스의 역사학자 투키디데스가 아테네와 스파르타 전쟁의 원인을 기존 패권의 하락 가능성과 새로운 도전 국가의 상승 가능성이 커질 때라고 본 것에 착안하여, '투키디데스의 함정(Thucydides' Trap)'이라는 용어를 썼다. 그는 1500년 이후 지금까지 세계적, 그리고 지역적으로 16번의 패권국가와 이에 도전하는 국가 사이의 세력전이의 조짐이 있었는데, 이 가운데 12번이 전쟁으로 갔다는 통계를 제시하였다. 그는 원래 자유주의 계열의 국제정치학자이며, 투키디데스 함정이라는 가설도 세력전이의 과정에서 충돌 가능성이 커지는 것은 사실이지만 어떻게 하느냐에 따라 피할 수 있는 것이라는 주장을 담고 있으나, 다른 이들에게는 패권충돌의 필연성이 주목을 받으면서 더 유명세를 탔다.

달성하기 쉬운 목표는 아니기 때문이다.[10] 중국의 역내 리더십에 대한 확장 욕심과 미국의 기존 리더십에 대한 공세적 방어가 상승작용을 일으킬 때 충돌도 배제하기 어렵다. 양국의 충돌이 가져올 종말론적 결과를 우려해 충돌하지 않더라도 서로 끊임없이 경계와 견제를 이어갈 것이다.

세계적인 범위에서는 중국이 아직은 미국에 맞설 정도는 아니라고 할 수 있지만, 동아시아, 좁게 보면 동북아는 다르다. 미중의 본격적 패권경쟁이 이 지역에서 벌어질 것이고 앞으로 수십 년 동안 지속할 가능성이 크다. 그러면 스트레스를 받는 건 한반도를 포함한 주변 지역이다. 미국에 '러브 소파'라는 가구가 있다. 연인을 위한 소파라는 뜻에서 붙인 이름인데, 2인용 소파이지만 작다. 이 소파에 두 사람이 앉아도 불편하지 않으려면 연인처럼 사이가 좋거나, 아니면 최소한 한 사람의 몸집이 작아야 한다. 동북아를 미중이 앉고 있는 러브 소파에 비유할 수 있다. 미중 사이가 양호하고, 중국이 미국에 의존하여 성장하던 때는 문제가 되지 않았다. 하지만 중국의 몸집이 커지면서 좁아지고 불편해졌다. 게다가 서로 체제가 다르고 불신이 자라면서 작은 소파가 불편해지기 시작했다. 서로의 머리, 어깨, 허리, 그리고 무릎이 서로 부딪히면서 불편해졌는데, 머리는 한반도, 어깨는 동중국해, 허리는 중국 대만 양안, 그리고 무릎은 남중국해라고 볼 수 있다. 미국과 중국이 끊임없이 상대의 의중을 떠보면서 충돌하는 지점인데, 이를 연결하면 일종의 미중 패권경쟁의 단층(fault line)선 또는 경계선이 된다 (도표 5.1 참조). 가장 중대한 경계선은 바로 머리에 해당하는 한반도이고, 이런 충돌의 전형적인 예가 바로 지난 수년간 큰 논란이 되었던 고고도미사일방어체계, 바로 사드(THAAD)이다. 사드 논란의 핵심의 한반도를 놓고 미중이 벌이는 패권경쟁의 대리전의 예고편 같은 것이었다.

이 같은 충돌은 앞으로 수십 년간 지속될 수도 있다. 차라리 냉전기 미국과 소련처럼 아군과 적이 분명한 체제라면 주변국으로서 판단이 빨리 서

도표 5.1 단층선(fault line)

4개의 경계선 또는 발화점 – 미중의 치열한 기싸움

출처: www.geology.com

는데, 현재는 뭔가 안정되지 않은 체제에 편승하여 쉴 새 없이 양대 강국의 눈치를 봐야 하는 상황이기 때문이다. 특히 한국이 가장 핵심적인 갈등의 충돌 지점인 머리에 해당하는데, 경제는 중국에 의존하고 있고 안보는 미국에 의존하고 있는 기형적인 구조가 우리의 운신을 더욱 어렵게 만든다.[11] 한반도가 이러한 미중의 갈등이 강화되는 곳이 될지, 아니면 경계의 자리에서 상호 완충의 역할을 할지 선택의 기로다. 후자가 국익과 지역의 평화에 바람직하지만, 대체로 최근 상황은 반대로 흘러왔었다. 냉전이 끝난 지 사반세기가 넘었고 남북한의 국력이 엄청난 격차를 보이는데도, 통일은 커녕 평화공존의 가능성마저 후퇴해왔다. 특히 문재인 정부의 출범 이전 보수정부 9년 동안 남북의 대치관계는 미중과 중일의 진영대결의 땔감으로 작동했으며, 북한의 핵무기 고도화와 남북관계 악화로 한반도는 분단고착을 넘어 지난 2013~2017년에는 실질적인 전쟁위기 상황에까지 치달았다.

2. 냉전해체 이후 미국의 안보패러다임의 변화 과정과 대동북아전략

냉전붕괴 이후 미국의 대외정책은 조지 W. 부시 행정부로부터 클린턴 행정부까지 10여년 동안 뚜렷한 방향 없이 혼재되어 나타났다. CIA 전 국장 울시(James Woolsey)의 묘사처럼, 탈냉전에서도 전통적인 국익과 안보 개념은 여전히 국제정치의 핵심변수였다.[12] 잠시 소강상태를 보였던 군비경쟁의 움직임은 얼마 지나지 않아 냉전기와 비교해도 뒤지지 않을 정도로 재현되었으며, 그 결과 동북아 역내국들의 국방예산은 일제히 반등했다.[13] 미국은 질서재편과 관련된 새로운 대외정책의 원칙들을 세우기 위해 노력했지만, 종합할 수 있는 분명하고 체계적인 이른바 '그랜드 전략(grand strategy)'을 구축하는 데는 어려움을 겪었다.[14] 이런 안보외교정책의 과도기와 혼란기를 종식한 전환점은 역설적으로 9·11 테러사건이었다.

이 사건을 계기로 미국은 지난 반세기 이상 끌어온 안보정책의 방향을 큰 폭으로 수정했으며, 미국이 가지고 있는 불분명한 목표, 중장기 전략의 부재, 그리고 정체성의 혼란을 정리했다.[15] 새로운 위협의 출현이 역설적으로 혼란 중이던 안보개념을 명료하게 해줌으로써 안보패러다임의 전환을 추동했던 것이다. 미국의 대외정책을 안보와 군사 중심으로 복귀시켰으며, 적의 위협에 대한 억지력을 강조하는 안보전략에서, 미국이 가진 능력을 바탕으로 한 전략을 추구했다.[16] 이른바 부시독트린은 9·11테러 이후 1년간의 준비 끝에 체계화되었고, 이를 2002년 9월 국가안보전략(NSS)에 담았다. 그리고 2003년 말 부시는 세계군사력 배치에 대한 재검토를 목적으로 하는 해외주둔군 새배치계획(GPR: Global Defense Posture Review)에 서명함으로써 구체적 군사독트린의 성격을 가지게 되었다. 이런 일련의 정책결과물들의 바탕에는 네오콘들의 미국 예외주의(exceptionalism)가 이념적 기반을 형성했다. 그들은 민주주의, 자유시장주의, 그리고 미국적 이념과 가치가 온 세계가 본받아야 할 보편적인 가치라는 점을 강조한다. 9·11은 따라서 단지 미국에 대한 공격에 그치지 않고 이런 인류전체에 대한 위협이며, 이에 대한 적극적인 위협의 제거는 미국과 세계를 위한 정당한 대응이라고 본다.

미국의 이러한 전략적 변화를 초래한 계기가 9·11이라면, 변화를 가능하게 만든 것은 90년대 이후 지속 발전해 온 첨단군사기술이다. 과거에는 유럽, 동북아, 중동에 지상군을 주둔시키며 억지 및 방어시스템을 구축했으나, 이제는 중심지역은 축소하면서 기동성을 확대·구축하는 전략이다. 스텔스전투기, 패트리엇 미사일, 스트라이커 부대 등 가볍고 신속하면서도 적에게 치명적인 타격을 줄 수 있는 무기들을 중점 배치하였다. 특히 미사일방어는 대량살상무기의 위협을 지키는 안보패러다임에 구체성을 부여할 수 있는 요소로서 미국 군사변환의 가장 핵심적인 분야로 간주되었다.[17] 군사혁신(RMA), 정보전(4CI), 신속대응군(RDFs) 같은 분야가 전면에 등장했다.

미국의 군사변환은 동북아 전반은 물론이고 동맹국인 한국과 일본에 직

해설 5.2

GPR과 미국의 신 안보패러다임

GPR(Global Defense Posture Review)은 조지 W. 부시 행정부에서 추진되었던 미국의 해외주둔군 재배치계획의 약칭이다. 부시 행정부가 들어서면서 미국의 안보패러다임을 전환하겠다는 기치 아래 제2차 세계대전 이후 냉전시대에 맞게 서유럽과 동북아시아 지역을 중심으로 배치했던 해외 주둔 미군을, 대량살상무기, 테러리즘 등의 새로운 형태의 위협에 신속하게 대응하기 위해 재배치하겠다는 계획이다. 가장 중요한 변화는 미군주둔의 유연성을 증가시켜 신속기동군화 한다는 것이다. 즉, 지금까지는 위협에 대한 억지의 개념(threat-based)으로 동맹국에 주둔해서 고정적으로 눈에 보이는 적만을 상대하던 방식에서, 미국의 첨단군사무기와 병력이라는 능력 중심(capability-based)에 두고, 불특정 위협이 상존하는 21세기의 새로운 안보환경에 맞게 재편하려는 계획을 말한다. 이를 놓고 한국에서는 양 극단의 해석이 나왔다. 미군 감축이라는 점에 주목한 보수세력은 한미동맹의 약화를 우려했던 반면, 당시 노무현 정부를 포함한 진보세력은 주한미군이 대북억지에 머무르지 않고 동북아 지역군으로서 활용하겠다는 계획이 자칫 원치 않는 국가 — 예를 들면, 중국 — 와의 분쟁에 연루될 수 있다는 우려를 표명했다.

접적인 영향을 끼쳤다. 미국은 특히 일본을 아시아·태평양 안보전략의 중추로 삼았으며, 미일동맹을 미영동맹의 수준으로 발전시키고자 했다. 1990년대 중반부터 진행된 요시다독트린의 수정 움직임이 미국의 안보패러다임의 전환에 적극적으로 편승하면서 동맹의 일체화를 가속화하는 방향으로 나갔다. 과거 후방지원형 동맹에서, 미국과의 동참 및 동반자적 동맹으로 적극적인 변화를 모색한 것이다. 당시에는 집단자위권의 허용에 대해 일본 국내외여론이 비판적이었지만, UN 상임이사국 진출이나 국제사회의 공헌, 소위 평화로운 세계를 향한 공헌이라는 점을 강조하며 여론을

호의적으로 만들기 위해 노력했고, 어느 정도 효과가 있었다.

이러한 일본의 움직임은 1990년대 말과 2000년대 초반의 한국의 모습과는 매우 상반된 모습이었다. 한국은 경제성장과 민주화에 대한 자신감에다가 두 진보정부의 연속집권으로 말미암아 그동안 종속적이었던 한미관계에서 벗어나 동맹의 자율성을 확보하고, 미국의 세계전략에 연루되거나 동원되지 않기 위해 노력하는 모습을 보였다. 즉 일본은 미국의 의도를 가감 없이 수용하였지만, 한국은 남북관계가 개선되면서 동맹의 위협인식에서 차이를 보임으로써 갈등을 겪었다. 이는 또한 한미일의 서로 다른 동맹이익의 관점에서도 설명될 수 있다. 즉 미국은 패권유지를 위해 동맹을 활용하는 것이라면, 한국은 생존을 위해 소극적인 순응을 유지하는 반면, 일본은 생존과 지역 패권을 동시에 유지하려 했기 때문에 미국에 대해 적극적인 조응으로 나가게 되는 것이다.[18] 원인 중에는 군사 구조의 차이도 있었다. 해외주둔군 재배치계획(GPR)은 기존의 주둔군 중심의 전략에서 신속기동군의 성격으로 변화하는 것인데, 한국은 여전히 분단 대결구조에서 쉽사리 바뀔 수 없었던 반면에, 일본의 경우는 소련의 붕괴로 전수방위에 묶여있어야 했던 이유가 상당 부분 사라졌고, 이에 따라 신축성을 발휘할 수 있었다. 일본의 자위대와 주일미군도 한국군과 주한미군에 비교해 공군, 해군, 그리고 해병대 위주로 되어있다는 것도 전환에 훨씬 더 유리했다.

그러나 탈냉전 이후 미국의 군사변환을 이끈 부시독트린은 시간이 갈수록 정당성과 효율성을 잃었으며, 이를 적용했던 아프간과 이라크 침공은 실패로 평가되었다. 또한, 국제테러리즘의 비대칭전이 국제정치의 새로운 변수로 등장했지만, 미국의 과장된 언술과는 달리 국제질서를 근본적으로 바꿀 만큼의 '게임체인저(game changer)'는 아니었다. 따라서 냉전질서를 대체할 질서에 대한 질문은 여전히 워싱턴을 떠나지 않았다. 여기에 집중 부각된 것이 중국의 부상이었다. 개혁개방을 시작한 1970년대 이후 중단 없는 성장을 했고, 외환보유고 세계 1위 자리를 2006년 이후 유지하고 있고, 2009년에는 독일을 제치고 세계 제1위 수출 대국으로 올라섰으며,

2010년에는 GDP에 있어 일본을 추월하고 2위로 부상했다. 중국의 급격한 부상은 중국이 과연 미국에 위협인지, 아니면 협력자인지, 현상유지세력인지, 아니면 현상변경세력인지에 대한 미국의 내부논쟁을 격화시켰다.

당시 미국은 일단 세력전이의 국면으로 인지하되, 우선은 대중 양면전략을 채택함으로써 협력과 봉쇄 어느 한쪽으로 흐르지 않고 상황에 따라 대처하는 쪽으로 입장을 정리했다.[19] 특히 오바마 정부는 중국의 부상을 세계질서 재편의 핵심변수로 인식했고, 아시아를 중시하겠다는 정책을 표방했으며, 미국 대통령으로는 최초로 취임 첫해에 중국을 방문했다. 스타인버그(James Steinberg) 국무부 부장관이 미국은 중국의 부상을 봉쇄하지 않겠다는 '전략적 재확인(strategic reassurance)'을 강조하며 대등한 양자관계의 포괄적 협력을 강조했다.[20] 그러나 구체적 실천은 뒤따르지 않았으며, 전략적 동반자관계로 복원하겠다던 의도와 달리 오히려 상대에 대한 의심과 갈등이 심화되었다. 세계 금융위기 해결방안을 둘러싸고 양국의 견해차가 두드러졌으며, 동북아와 동남아에서는 군사전략 차원의 갈등으로 확대되었다.[21] 결국, 오바마 정부는 미일동맹 강화를 통해 중국의 군사력 증대 및 패권추구, 북한의 핵과 미사일 개발 등에 대처한다는 노선을 채택하였으며, 이것이 일본에 군사대국화로 나갈 수 있는 명분을 제공해주었던 것이다.[22]

미국은 사실 한미일 3국의 군사협력 — 또는 동맹 — 을 오래전부터 추진해 왔는데, 샌프란시스코체제의 기본구조가 바로 그것이다.[23] 일본의 복구와 일정 부분 재무장을 허용하는 대신 미국이 동맹을 통해 관리하겠다는 의도였다. 일본이 안전보장뿐만 아니라 국가의 정체성을 위해 아시아가 아니라 태평양 너머의 미국만을 바라보는 모습이 샌프란시스코체제이며 그 군사력에 기반을 둔 것이 미국의 아시아패권이었다.[24] 그러므로 미국의 아시아 재균형 전략은 샌프란시스코체제의 변화라기보다 기존 체제의 재활용이라는 함의를 지닌다. 또는 전후 계속되었던 한미일 '의사동맹의 실질화'로 볼 수 있다.[25] 물론 차이점도 존재하는데, 체제의 기원은 일본의 재무장을 제한하기 위해 미일동맹이 주로 작동했던 것이라면, 이제는 미국의 전략적 필요가 달라짐에 따라 일본의 군사 및 경제적 동원을 극대화하는 것으로 바뀐 것이다.

미국이 '아시아 회귀전략(Pivot to Asia)' 또는 '재균형(rebalancing) 전략'을 표면화한 것은 2011년 11월이다. 아시아태평양경제협력회의(APEC)에 참여한 오바마가 미국의 최우선 사항이 중동에서 아시아로의 회귀라고 말했고, 같은 달 당시 국무장관 힐러리 클린턴이 『폴린어페어(*Foreign Policy*)』에 아시아를 미국외교의 중심으로 삼겠다는 의도를 더 자세히 밝혔다.[26] 그리고 곧바로 이듬해 1월에 발표된 안보전략(NSS)은 미국이 여전히 전 지구적 안보에 골고루 공헌하겠지만, 아시아·태평양으로 '재균형'을 추구

> **해설 5.3**
>
> ### 아시아로의 중심축 이동(Pivot to Asia)
>
> 아시아로의 중심축 이동 또는 재균형 전략은 중국의 급부상으로 위협을 느낀 미국이 외교정책의 중심축을 안보를 책임져 주기를 바라는 아시아로 적극 이동시켜서 중국의 부상을 견제하겠다는 것을 뜻한다. 10년이나 끌었던 아프간과 이라크의 두 중동지역에서의 전쟁 종결로 생긴 여유를 아시아로 돌리겠다는 것이다. 이를 위해 소위 '공해전(air sea battle)' 전략을 채택했는데, 냉전 당시 지상전에 주로 적용되는 '공지전(air land battle)'을 대치하는 개념으로 해군과 공군 위주의 전략을 강조하는 것이다. 공해전 개념은 2010년 오바마 정부의 4개년 국방검토보고서(QDR)에서 등장했고, 이를 아시아전략에 곧바로 적용했다. 당시 국방장관이었던 파네타(Leon Edward Panetta)는 아시아 재균형 전략의 일환으로 2020년까지 미국의 군함 중 아시아·태평양 지역에 배치되는 비율을 현재의 50%에서 60%로 늘리겠다고 밝혔다. 또한 동중국해와 남중국해를 대중봉쇄의 핵심지역으로 삼으면서, 이를 '항행의 자유(freedom of navigation)' 확보로 정당화하는 전략이다. 미국은 이를 위해 일본과 필리핀과 해상안보협력을 위한 협정을 2012년 중반에 체결하였다.

할 것임을 확인했다.[27]

미국이 대아시아전략에서 한미일 3각 군사협력을 본격화한 것은 2012년 6월 한미외교국방장관(2+2)회담의 공동선언과 2013년 10월의 미일외교국방장관회담(2+2)이다. 여기서 현재 및 부상하는 위협에 북한과 중국을 포함시킴으로써 한미동맹과 미일동맹의 위협인식을 일치시키고자 했다. 한미일 동맹의 또 다른 핵심은 단일전장을 전제한 동북아 지역 MD체제 구축이다. 미국은 동맹국에 MD를 구축함으로써 동맹국에 대한 확장억지를 지원하고, 동시에 MD의 엄청난 소요비용과 그 실효성에 의문을 던지는 미국 내의 반대여론을 우회하겠다는 것이다. 한국형 미사일방어 KAMD는 물론이고, 사드배치 등도 모두 한국의 미국의 지역 MD에로의 편입이라는 동일지점을 지향한다. 2012년 한미 2+2에서 제기한 북한의 미사일위협에 맞서는 소위 '포괄적인 연합방어' 태세가 바로 한국형 MD가 독립적으로 존재할 수 없음을 확인해준다. 한국정부는 MD참여를 부인하고 있지만, KAMD가 미국의 조기경보 지원이나, 관련 무기구매, 지휘체계의 도움 없이 불가능하다는 점에서 실질적으로 미국의 체제에 편입될 수밖에 없다. 한국정부는 국내여론과 중국을 의식해서 겉으로는 독자개발이고 MD체제 편입은 아니라고 주장하고 실질적으로 참여하는 것으로 가닥을 잡았고, 이런 합의가 반영된 것이 박근혜와 오바마가 지난 2년간 정상회담을 할 때마다 강조해온 '상호운용'인 것으로 판단된다.

한미일 군사정보공유에 합의한 것도 같은 맥락이다. 2012년 이명박 정부에 의해 밀실에서 추진되었던 한일군사정보보호협정이 국내여론의 거센 반대에 부딪혀 무산된 이후 상당 기간 수면 아래 가라앉아 있었다.[28] 가속화되는 일본의 우경화로 인해 국민감정이 악화하면서 꼼짝하지 못하다가 미국이 한일관계를 중재하는 과정에서 조금씩 되살아났다. 그러던 중 2014년 3월 헤이그에서 미국의 중재로 열린 한미일 3자회담의 분위기를 타고 차관보급 안보토의(DTT)에서 한미일 군사정보교류 MOU(양해각서)를 체결하는 방안이 본격 거론되었다. 정보협정 이후에 더 나아가 한일 양국의 상호군수지원협정(Cross-Serving Agreement) 체결 노력도 진행됨으로써 아시아 재균형 전략을 위해 한미일 3각 군사협력을 원하는 미국의 입장이 빠른 속도로 반영되기 시작했다.29)

미국은 3각 군사협력의 가장 큰 장애물이 한일관계 악화 탓이라고 판단하고 이를 개선하기 위해 노력해왔다. 미국이 처음에는 한국에 우호적이었고, 아베의 반역사적 행동을 비판하는 분위기였지만 시간이 갈수록 미국의 전략적 필요가 더 중요시되면서 태도가 달라졌다. 미국의 세계전략에 일본이 공명하고 있다는 점에서 굳이 군사협력을 방해하는 우경화나 역사 왜곡에 대한 비판에 적극적으로 나설 필요가 없다고 판단했던 것으로 보인다. 과거사 문제에 대해서도 초기에 한국을 이해하는 방향에서 시간이 갈수록 일본이 충분히 성의를 보였다는 식으로 표현하기 시작했다. 미국으로서는 한일의 역사대립이 샌프란시스코체제를 불안정하게 만드는 피해야 할 일일 뿐이다. 심지어 미국 내부의 보수 강경세력들은 한국이 과거를 인질삼아 한미일 군사협력의 미래를 방해한다는 식으로 비난하기까지 했다. 이러한 미국의 자세 변화는 2015년 초 셔먼(Wendy Sherman)의 발언으로 표출되었고, 이 시점부터 미국은 한미일 동맹구축에 대해 전술적 수정을 가한 것으로 보인다.30) 즉, 한미일 3각 협력구축을 최선의 시나리오로 추진해온 전략에서, 한일관계 악화로 인해 차선으로 미일협력체제의 본격 시동 후 한국의 선택을 압박하는 방향으로 조정한 것이다.

2015년 아베의 방미와 미일 안보가이드라인의 개정은 대중봉쇄를 위해 미일동맹을 강화했고, 본격적으로 한국에 진영선택을 압박했던 상황이었다.31) 한미동맹과 미일동맹은 지금까지 일종의 '유사' 삼각동맹으로써 대미관계와 동북아의 정세변화에 따라 때로는 보완재, 때로는 대체재 관계였다. 물론 미국은 원칙적으로 양국이 상호보완재로 기능하는 것이 바람직했겠지만, 한미, 미일, 그리고 한일관계에 갈등이 발생하면 동맹의 선호도가 실제로 달라지기도 하고, 또는 선호도를 통해 양 동맹국을 길들이는 카드로 사용했다. 역사적으로 한미동맹은 공동의 적과 직접 대치하고 있다는 면에서 동맹의 결속력에 강점이 있다고 할 수 있지만, 미국의 세계전략에서 차지하는 비중은 미일동맹보다 약했다. 더욱이 탈냉전 이후 한미동맹은 한국의 자율성 확보 노력과 대북 위협인식의 감소로 흔들렸던 반면에, 미일동맹은 미국의 세계전략에 대한 일본의 적극적 경비부담과 역할분담 의지를 통해 강화되었다. 일본은 미중이 갈등구조로 가는 데 아예 촉매가 되기로 작정했고, 우리는 미중 사이에서 난처하면서도 한미동맹의 프레임에 그대로 갇혀있는 양상이었다.

3. 미국의 대동북아전략과 한미동맹

지금까지 살펴본 것처럼 오바마 행정부 8년 동안, 한미동맹에는 변화 압력이 상당히 가해졌다. 대북억지에 한정된 주한미군이 미국의 세계전략에 맞추어 지역군화하였고, 한미동맹도 역시 이런 목적을 위해 변화를 요구받은 것이다. 그런데 한미동맹이 북한만이 아니라 중국을 겨냥하는 동맹으로의 전환을 요구받기 시작한 것은 사실 노무현 정부 당시로 거슬러 올라간다. 부시 행정부는 GPR의 일환으로 주한미군의 소위 '전략적 유연성(strategic flexibility)'을 모색하면서, 한국의 합의를 요구하였다. 노무현 정부는 미국의 전략을 이해하지만, 원하지 않는 동북아 지역 분쟁에 무조건 연루될 수 없다면서 유사시 한국의 동의를 얻어야 한다는 제한장치를 마련한 후 겨우 합의해주었다. 그러나 제한장치를 마련하려던 노력은 국내정권이 보수정부로 넘어가면서 무위로 끝나버린다. 2008년 이명박 정부가 부시 정부에게 '21세기 전략동맹'을 제의해 합의하게 되는데, 한미동맹의 격상이라고 하지만 그보다는 전략적 유연성을 포함한 미국의 아시아전략을 우리가 전면적으로 수용하게 되었다는 점에 주목해야 한다.

한미동맹은 전형적 비대칭동맹으로서 약소국인 한국이 안보를 보장받는 대신 강대국인 미국이 한국에 대해 영향력을 행사하는 관계다. 이는 냉전 구조 속에서 한국의 안보를 위해 불가피한 측면이 없지 않았다. 그러나 위계적 한미동맹이 개선되지 않은 상태에서 출범한 한미전략동맹은 동맹의 목적을 모호하게 만듦으로써 한국에 대한 미국의 통제력을 더욱 커지게 할 여지가 있다.[32] 특히 한미동맹이 동아시아 지역 및 범세계적 차원의 전략적 이익을 공유함으로써 국제평화에 공헌한다는 내용을 가지고 있는데, 이는 동맹의 활동영역을 한반도를 넘어 동북아와 전 세계까지 확대한다는 의미와 다르지 않다. 이는 특히 미국측의 치밀한 작업의 결과였는데, 위키리크스가 공개한 미 대사관 전문에 따르면 이명박 대통령이 정상회담 직전 독자적으로 전략동맹을 천명한 것은 한국이 주도하는 모양새를 갖추도록 하기 위한 미국측의 의도가 반영되었다. 이명박 대통령이 취임하기 전에 당시 주한 미국대사 버시바우(Alexander Vershbow)가 본국에 "한미동맹을 위한 비전 2020"이라는 보고서를 제출하는데, 거기서도 같은 내용을 밝히고 있다.[33]

한미전략동맹은 박근혜 정부로 계승되면서 미국의 이해관계가 확대 반영되었다. 2013년 5월 오바마와의 첫 정상회담에서 박근혜 정부는 한미동맹 60주년을 맞아 한국이 미국의 21세기 글로벌 파트너로 '격상'된다는 것은 국력에 맞는 책임을 부여받은 것으로 대미 의존관계를 탈피하는 것이라고 강조했다. 그러나 글로벌 협력이라는 이름으로 미국의 세계 전략적 필요에 따라 우리 군대와 물자가 동원될 수 있는 여지를 증가시키고, 방위비 분담 증가와 무기구매 압력으로 이어질 개연성을 높였다. 오바마는 정상회담 직후 양국이 북한 미사일위협에 포괄적이고 상호운용이 가능한 미사일 방어를 통한 연합 방위력을 강화해 나갈 것을 합의했다고 밝혔다.[34] 이렇게 볼 때 한미동맹은 한반도 자체의 전략보다 미국의 글로벌전략 변화에 대해 충실한 반영이 이루어지고 있다고 봐야 한다. 이는 동맹의 격상이라는 슬로건이 무색하게 대미의존적인 관계를 답습하고, 동맹의 연루위험을 증가시킨다. 한미전략동맹에 대해 비교적 긍정적인 평가를 하는 분석들조차도 한미동맹의 체제를 유지하되 한미동맹의 배타성, 특히 한미동맹이 중국을 포위하는 것으로 비칠 우려를 어떻게 극복하는가가 동맹의 중요한 과제라

고 지적하고 있다.[35]

한반도와 동북아의 냉전체제를 진영적 차원에서 본다면 한국-미국-일본을 축으로 하는 남방 3각동맹과 북한-중국-소련을 축으로 하는 북방 3각동맹의 대립구도라고 할 수 있다. 남방에서는 1951년 9월 미일안전보장조약과 1953년 한미상호방위조약의 분리·구축되었지만, 미국을 축으로 유사 3각동맹을 형성하였다. 한편, 북방에서는 1961년 조소우호조약과 조중우호조약을 역시 따로 체결했지만, 북한을 축으로 유사 3각을 구축했다.[36] 냉전 붕괴 이후 북방으로부터의 위협이 현저히 감소했다고는 하지만 남북한 적대관계가 유지되고, 진영 갈등이 약화했지만, 명맥을 잇고 있다는 것이 동맹 대 동맹 구도를 지속시키는 근거다. 냉전적 진영 구도가 완전히 해소되지 않은 상황에서 미국의 아시아 재균형 전략에 의해 부활하는 양상이 된 것이다. 물론 현재 미국과 중국의 높은 상호의존 정도를 고려하면, 과거 미국과 소련의 냉전질서가 그대로 재현되기는 쉽지 않을 것이다. 하지만 그래서 우리로서는 더 큰 어려움에 봉착할 수 있다. 왜냐하면, 협력과 갈등의 이중전략 사이에서 상대의 의도를 파악하기 위해 한국을 시험대로 삼을 가능성이 크기 때문이다. 이미 여러 차례 한국은 미국과 중국이 자신들의 전략을 실험하는 테스트베드(testbed) 역할을 했다. 방공식별구역, 사드배치, 일본의 집단자위권 허용, 그리고 남중국해에 대한 한국역할론 등이 바로 그런 함의를 가지며, 앞으로도 유사사례들이 반복·심화할 가능성이 매우 크다.[37]

모든 동맹은 정태적이거나 기계적일 수는 없고 동태적이고 유기적이다. 동맹의 태동 당시의 조건들은 변할 수밖에 없고, 그 변화로 인해 상호 이익의 교차점이 바뀌면서 자연스럽게 조정이 모색된다. 1953년 체결되어 한반도의 안정에 기여했던 한미동맹 역시 탈냉전 도래로 인한 위협감소와 미국의 세계전략변화로 재조정의 압력을 받아왔다. 이런 배경에서 남북정상회담으로 대표되는 남북 화해를 이끈 김대중·노무현 두 진보정권은 평등한 동맹과 대외정책의 자주성을 제고하려 했다. 이는 국제적 수준의 탈냉전적 안보환경을 한반도에 적용하려는 시도이며, 동시에 '한미관계'와 '남북관계' 사이의 효율적인 조화라는 목표를 위한 노력이지, 당시 세간의 비판처럼 남북관계를 위해 한미관계를 희생하는 것은 결코 아니었다.[38]

물론 그러한 자주성과 실용성을 연결하려는 한국의 노력이 정책의 성공을 자동으로 보장하는 것은 아니었다. 실제로 1998~2000년의 매우 짧은 기간을 제외하고는 한미 외교게임에서 발생한 파장들을 극복하지 못했고, 양극화된 국내여론도 제대로 설득·통합하지 못했다. 더욱이 미국이 처한 상황과 동북아 환경에 대한 치밀한 분석을 등한시하고 대북관계개선으로 모든 문제가 해결될 것으로 생각했던 이상주의적 접근이라는 비판에 자유로울 수 없다. 그렇지만 두 진보정부가 대미 자주성 제고를 통한 동맹의 상호성 제고 전략을 단순한 이념적 잣대로 친북·반미·반동맹 정책이었다고 규정해버리는 것은 더욱 타당하지 않다.[39] 김대중과 노무현은 배경이나 인식 속에 어느 정도의 대미 자주적인 정서를 가졌지만, 실제 정책에서는 훨씬 실용적인 접근을 했다.[40]

아무튼, 진보정부 10년간의 자주성 제고 노력은 보수 세력의 반발과 반미 프레임에 말려들면서 비가역적 결실로 이어지지 못했고, 뒤이어 등장한 이명박·박근혜에 의해 완전히 역전되어버렸다. 부시 행정부와의 갈등을 무릅쓰고 대북 관계개선 정책을 추진했던 대부분의 노력은 한미관계를 악화시켰을 뿐 아니라, 북한의 도발을 조장했다는 비판과 함께 용도폐기 되었다. 자율적인 접근이 아예 불가능했던 냉전기와는 구별되어야 함에도 진보정부 10년에 대한 반작용으로 한국외교는 회귀적 경향성을 띠게 되었으며, 동맹의 비대칭성이 오히려 강화되는 결과를 초래했다. 이는 과연 안보-자주의 교환을 전제로 체결되고 유지되어 온 동맹에서 한국이 안보와 자주 양자를 동시에 추구하는 것이 가능한 시도인가라는 근본적인 질문을 던지게 만들었다. 즉, 조동준의 지적처럼 보장동맹에서 하위자의 자주성 추구가 역설적으로 안보의 위협을 가중시키는 '자가당착'이라는 냉정한 결론을 내려버리는 사람들도 있다.[41] 그러나 이는 모로우(James D. Morrow)

의 현실주의적 동맹론에 갇혀버린 경직된 사고이기도 하다. 소위 '약소국의 폭정(tyranny of the weak)'[42]이나 '약소국의 큰 영향력'[43] 같은 것도 특정 조건에서 충분히 가능하다는 점을 인식할 필요가 있다. 한미동맹의 바람직한 미래상을 위해서라도 강대국의 전략적 이해와 세력균형의 구조적 환경이 한국의 자주성 확보에 유리하게 작동할 때 이를 최대한 활용해서 비대칭성을 점진적으로라도 극복해나가는 노력이 필요하다는 점을 인식할 필요가 있다.

한국에서 친미주의의 가장 큰 특징은 군사동맹을 기반으로 하고, 자본주의의 확대재생산을 내용으로 오랜 기간 구조화되어왔다는 점에 있다. 비극적인 전쟁을 겪었음에도 여전히 남북분단의 대결구조가 계속됨에 따라 한미동맹을 통한 안보는 신화가 되고, 절대가치화 되었다. 미국은 수호자로서 한국의 운명을 책임지는 존재이며, 한국은 자신의 역량과 위상의 증진에 상관없이 의존적 지위를 기꺼이 수용하는 것으로 고착되었다. 따라서 한미동맹은 신성불가침의 영역이며, 이에 대한 문제 제기는 내용과 상관없이 용납될 수 없고, 이념의 주홍글씨가 새겨진다. 미국은 한국에 이미지의 호·불호 또는 교류의 증감에 따라 영향을 받지 않는다. 이를 두고 동맹의 견고성으로 주장하겠지만, 실상은 미국 없이는 시스템 작동 자체가 불가능할 정도로 의존적이라는 것이다.

국제정치적으로 한미관계는 미국의 세계전략을 위한 군사동맹과 미국의 번영을 위한 자본주의 이식이라는 두 가지 핵심적인 축에 의해 구조화되어 왔다. 미국은 이를 유지하고 확대하기 위해 개입해왔는데, 군사, 정치, 경제 영역 등 전방위적이었다. 친미엘리트들을 적극적으로 양성해서 친미정권을 수립해왔으며, 언론, 교육, 문화를 총동원해서 우리 사회 전반이 미국을 닮은 그리고 미국이 선호하는 방식으로 구축되도록 하였다. 미국의 개입에 대하여 한국사회는 단지 순응적이었을 뿐만 아니라 적극적인 동조와 협력을 제공하였다. 사실 긴 세월을 놓고 보면 미국을 통째로 한국에 이식시켜온 과정이라고 볼 수도 있는데, 70년 동안 반복되고 축적되면서 사상과 의식까지 점령했다.

　누가 뭐래도 한미관계의 근간은 여전히 군사동맹체제다. 동맹은 우리의 대외정책을 규준하고, 이는 다시 대북정책과 국내정치에 심대한 영향을 끼쳐온 것은 부인할 수 없다. 역사상 명멸했던 많은 동맹이 실제 전쟁을 맞이하면서 파기되는 경우가 많았지만, 한미는 오히려 동맹의 법적 체결보다 먼저 전쟁에서 함께 싸운 후에 법적 및 제도적으로 체결된 역사상 매우 드문 사례이다. 이러한 강력한 태생적 기원에다, 전쟁을 치르고도 해소하지 못한 분단구조는 양국의 비대칭동맹 구조를 더욱 견고하게 만들었다. 한국의 지도자들은 진보와 보수를 막론하고 동맹의 중요성을 호흡처럼 반복하고, 수십조 원 규모의 미국산 무기를 도입해 세계 1, 2위를 다툰다. 70년에 이르도록 미군이 한반도에 주둔하면서 우리 군의 의존도는 높아졌다. 무기체계와 조직 등도 상호운용성을 이유로 미국과 동일체계가 되어 왔기 때문에 전시작전권 부재라는 형식논리보다 한국군은 스스로 군사작전을 수행할 수 있는 능력을 보유할 기회와 의지를 확보하기 어려웠다.

　경제 역시 한미동맹이라는 맥락에서 작동한다. 우선 미국 달러에 전적으로 연동되어 있기에 달러 자산이 부족하거나 미국경제가 불안정해지면 여지없이 흔들린다. 한국의 경제가 아무리 발전해도 화폐의 가치를 제대로 인정받지 못하고 달러로 환산·평가된다. 초기에 미국의 원조와 차관을 독점해 성장한 재벌들이 우리 경제의 중심축이자 아킬레스건이다. 무역, 성장, 투자는 물론이고 경제학 영역까지 미국시스템의 하부구조처럼 되어있다. 언론 역시 예외가 될 수 없는데, 미국언론의 콘텐츠를 그대로 번역해 기사를 쓰는 것은 애교 수준이라고 할 만큼의 친미성향은 미국의 국익을 우리 국익과 동일시하는 데 거리낌이 없다. FTA를 포함한 통상문제나 해외파병, 무기구매 등 거의 모든 이슈를 의식적으로나 무의식적으로 동맹의 차원에서 접근한다.

　우리 사회에 만연한 친미와 동맹절대주의로 인해 때로는 한국의 이익보다 미국의 심기를 살피는 일이 더 중요하다. 북한위협을 과장하고 친미와 반미로 국민을 분열시킴으로써 권력의 기반을 강화하는 공식이 한국정치의 특징이 되어왔다. 이것이 촛불혁명을 거부하는 소위 '태극기집회'가 늘 성조기를 함께 드는 이유이기도 하다. 박근혜의 국정농단과 그로 말미암은 탄핵은 미국과 전혀 관련이 없음에도 그들에게 성조기는 태극기와 같거나, 심지어 더 소중한 초월적 상징으로 휘날려진다.

4. 한미 양국의 신정부 출범과 한미관계

2016년 말 혼란스러운 국제정세 속에서 미국에서는 트럼프가 거의 모든 예상을 깨고 힐러리 클린턴을 꺾으며 정권을 잡았다. 한국에서도 박근혜 전임 정부의 국정농단사건에 대한 촛불혁명으로 말미암아 문재인 정부가 전격적으로 등장하였다. 대선 기간부터 충분히 감지되었듯이 트럼프 행정부는 2017년 초 출범하면서부터 불가측성과 '미국 우선주의(America First)' 전략으로 국제정치 전망을 불안정하게 만들었다. 2017년 4월, 트럼프와 시진핑의 첫 미중정상회담 이후 우려와는 달리 협력 분위기를 조성하는 듯이 보였지만, 이후 행보는 정도의 차이는 있으나 '중국 때리기(China Bashing)'를 통한 패권갈등 구조를 심화하는 방향으로 흘러가고, 동북아 역내 리더들의 공통적인 안보포퓰리즘 전략으로 말미암아 한반도를 둘러싼 긴장과 안보딜레마는 현저해졌다. 미국의 미일동맹 강화와 대중국 압박 기조는 오바마 행정부 이후로 크게 변한 것이 없다.

물론 트럼프 대통령과 행정부 내 전략가들의 국제정치를 바라보는 관점은 기본적 결이 다르다. 실제로 2017년 말 발표된 국가안보전략서(NSS)는 마치 두 명의 다른 저자가 있는 것처럼 일부 내용은 모순적이기까지 하다. 트럼프의 시각이 반영되어 미국의 이익을 최우선임을 강조하는 동시에, 당시 안보보좌관 맥매스터(Herbert McMaster)를 비롯한 전략가들의 시각이 반영되어 중국과 러시아를 현상변경세력으로 규정하고, 동맹국들과의 협력을 우선 강조하기도 한다.[44] 그랜드 전략은 없이 단기적 국익을 추구하고, 동맹국이라 해도 예외 없이 압박을 통해 이익을 챙기는 트럼프의 대외 정책관에 대해 전략가들은 미국의 패권이 상대적으로 약해지고, 중국이 급부상하는 상황에서 동맹을 자산으로 보고 견고하게 유지해야 한다는 점에서 불안함을 느끼고 있다.[45]

트럼프 집권 이후 군사적 봉쇄라는 강경책이든 전격적인 대화든 간에 한반도 안보지형에 대한 변화 가능성이 오바마보다는 확실히 커졌다는 것은 의문의 여지가 없다. 북한 핵문제의 해결이 트럼프 행정부의 우선순위에 높은 자리를 차지하게 되었다는 점도 특기할 만하다.[46] 한국에서 정권교체의 가능성이 커지던 상황에서 사드배치를 서둘러 진행했던 이유도 이것과 무관치 않다. 트럼프가 심지어 사드배치의 비용에 대한 한국부담을 요구했던 대목도 동맹국의 입장보다는 미국의 이익을 위해 동맹정책을 할 것이라는 신호였다. 실제로 트럼프는 한국의 전쟁 직전의 위기상황을 활용해서 오히려 더 많은 무기를 판매하고, 한미자유무역협정의 개정을 시도하고, 주한미군 주둔분담금을 대폭 증액시키는 노력을 했다. 트럼프 행정부는 불가측성을 가지고 있다고는 하지만 한미동맹의 비대칭적 구조와 관성은 계속되었다. 미국의 동북아에 대한 전략목표는 분명하며, 한미동맹은 그 목표 아래 종속된다. 패권하락에도 불구하고 중국을 견제하고 영향력을 계속 유지하겠다는 미국의 기본 목표에는 변함이 없다는 사실에 주목할 필요가 있다.[47]

한미동맹은 65년간 지속하면서 역사상 그리고 현존하는 가장 성공적 모델로 평가받는다. 동맹은 한반도 평화의 요건을 넘어 거의 동일시되어왔다. 대외환경이 변화할 뿐 아니라, 한국의 민주주의가 성숙해지고, 경제가 발전하면서 대미자율성 및 동맹의 상호성 제고를 통한 기존 동맹체제의 조정 요구가 있었지만, 그때마다 한미동맹의 재조정 시도는 반미 종북으로 매도되면서 좌절되었다. 특히 진보정권 10년간 상호 위협인식의 차이가 생기면서 시작된 한미동맹의 축소논의가 일부 한미동맹의 제도적 관성을 위협하는 듯했지만, 강력한 '경로 의존성(path dependence)'을 발휘하면서 신화적 지위를 회복했다. 탈냉전과 더불어 이완되었던 대외 위협환경이 북한의 핵미사일 개발 가속화와 도발로 인해 다시 제고되었으며, 한미동맹 재강화로 이어졌다.

그러나 시간이 갈수록 한미동맹도 군사동맹이 구조적으로 내포한 반평화적 요소가 커지고 있으며, 이에 따라 한미동맹과 평화의 맹목적 동일시가 영원할 수는 없을 것이다. 세속화와 함께 수평적으로 유연화되는 길이 평화를 앞당길 수 있다는 문제 제기가 반복적으로 등장하게 된다. 국제정치환경이 꾸준히 변화하고, 인식에 대한 괴리가 점증한다면 동맹관계의 근본적인 변화로 이어질 수 있다는 것은 구성주의자 월트(Stephen Walt)의 핵심 지적사항이기도 하다.[48] 경로 의존성을 신봉하는 신제도주의자들 역시 '높은 전환비용'에 대한 우려로 기존의 안정적 질서가 변화하기 어렵다는 점을 주장하면서도, 그것이 영원하다고 주장하지 않는다. 어느 순간 기존 질서에 대한 저항을 제도적 관성으로만 잡아둘 수 없게 하고, 단기적으로 높은 전환비용을 물고서라도 변화를 선택할 수 있다.

이런 맥락에선 문재인 정부와 트럼프 행정부가 출범하면서 동맹은 새로운 전환점에 들어섰다고 판단된다. 한반도평화프로세스는 성공 여부에 따라 한미동맹체제에 어떤 식으로든 영향을 줄 수밖에 없다. 또한, 트럼프는 동맹국이 충분한 보상과 책임을 담당하지 않는다면 그것은 미국의 이익을 훼손하는 행위라는 기본적인 인식을 하고 있다는 점에서 미국발 한미동맹 신화의 세속화 가능성이 엿보인다. 동맹의 변화에 대한 요구가 한국측에만 있다면 과거 진보정부의 경우에서처럼 내부의 비판과 저항에 직면하겠지만, 미국발, 또는 미국과 한국의 조응이라면 전혀 다른 결과를 초래할 수도 있다.

트럼피즘이 지향하는 미국 우선주의는 일반국가들이 국익 우선의 대외정책을 추구하겠다는 차원과는 근본적으로 다르다. 그것은 상대가 동맹이든, 적이든 상관없이 자국의 이익을 위해 수단과 방법을 불문하겠다는 것이다. 게다가 트럼프는 단기적이고 사업적인 이익만 추구할 뿐 인권, 민주주의, 평화 등 가치들은 중요하게 여기지 않는다. 이는 미국이 그동안 가려

왔던 위선의 허물을 벗음으로써 막대한 동맹비용에 대한 압박감을 상승시키고 있다. 이를 수용하면 전형적인 동맹 딜레마의 하나인 연루의 압박이 커지고, 이를 거절하면 동맹결속이 약화된다. 비록 '원칙에 기초한 현실주의(principled realism)'로 명명함으로써 안보, 번영, 인도주의 등을 통한 세계평화 등 미국 대외정책의 가치적 측면을 첨가하고 있지만, 이것이 제2차 세계대전 이후 세계를 이끌어온 다자적 국제협력 또는 소위 '규칙에 기초한 국제질서(RBIO: Rule-based international liberal order)'가 아닌, 철저하게 미국의 주관적 기준에 의해 결정되는 것이다.

트럼프는 역대 미국 대통령들이 다자협력을 지지하고 미국의 선한 리더십(benign leadership)을 정당화시키는 가치에 대한 신념을 강조해온 것과 확연한 차이를 보인다. 물론 역대 미국 대통령 가운데 누구도 가치로 포장만 했을 뿐 자국 이익보다 중요하게 간주하지는 않았다. 좋게 말하면 트럼프는 위선의 허울을 벗어던지고 솔직하게 표현한 것에 불과할 수도 있다. 그러나 트럼피즘은 단순히 위선을 벗어던진 것이 아니라 다자적인 국제협력질서에 대해 안티테제를 투사한 것이다. 이를 두고 고단수의 '미치광이 전략'이라는 평가도 있지만, 품격이라고는 찾아볼 수 없는 조폭의 리더십에 가깝다. 트럼프의 언행은 국내외 할 것 없이 편 가르고 싸움을 조장하는데, 여당인 공화당과도 충돌하고, 자신이 임명한 국무장관까지 조롱한다. 전쟁이 나더라도 한국에서 수천 명이 죽을 뿐 미국은 상관없다는 막말도 서슴없다.

발칸반도와 함께 지정학적 저주로 불리고 있는 한반도에서 미국을 동맹 파트너로 삼고 있다는 것은 분명 자산이다. 그렇지만 트럼프가 브레이크 없이 자국 이익을 위해 부담을 계속 가중한다면 피로감과 함께 동맹은 흔들릴 수밖에 없다. 한미동맹이 아무리 비대칭이라고 하더라도 상호성을 완전히 상실할 경우 문제는 심각해진다. 이런 상황에서 촛불혁명으로 탄생한 문재인 정부는 과연 어떤 의미를 가지며 또 가져야 할까? 지정학의 귀환으로 불리고 있는 복잡하고 불안정한 동북아와 한반도의 역학은 국가의 명

운이 걸려 있다. 이런 와중에서 지나친 친미주의와 맹목적 동맹지상주의는 도리어 한국외교의 손발을 묶어버릴 수 있다. 남북관계개선을 통한 분단구조의 약화가 전제되지 않으면 강대국들의 권력 재편의 소용돌이에 그대로 함몰될 수밖에 없다. 어쩌면 역설적 희망이 보이는 것은 미국이 동맹의 신화를 스스로 깨트리고 객관화와 세속화를 추동하고 있다는 점이다.

5. 한미관계와 동북아 및 한반도 평화체제 공존

서론에서 제기한 자유주의 국제질서의 근본적인 위기상황과 더불어 한반도와 그 주변은 '아시아의 발칸' 또는 '지정학적 저주'로 불릴 만큼 국제정치적 불안정이 해소되지 않은 지역이다.[49] 남북의 분단구조는 물론이고, 탈냉전 후 사반세기가 넘게 흘렀어도 진영대결 구도는 해소되지 않은 상태에서 미국의 영향력 약화와 일본의 침체, 그리고 중국의 급격한 부상이 겹쳐지면서 불안정성은 점점 증대되어왔다. 북한의 핵무기 고도화와 남북관계 악화로 한반도는 분단고착을 넘어 지난 수년간 전쟁위기 상황에까지 치달았다. 미국과 중국의 경쟁이 초래하는 신냉전의 지정학적 난관에다가 트럼프와 김정은의 대치 사이에서 한국의 입지는 계속 좁아졌다. 그동안 북한의 전유물이었던 전쟁위험이 미국에 의해 더욱 커진 역설의 상황도 맞았다. 트럼프는 오바마 정부 8년간의 전략적 인내를 실패한 정책으로 규정하고 대북정책을 '최대의 압박과 관여(maximum pressure and engagement)'로 선언했다.[50] 중국에 대한 대북압박 강화 주문과 함께 사드배치를 포함해 미사일방어망 확충을 포함해 군사력을 획기적으로 늘리겠다는 의지를 확인하면서, 전에 없던 대규모 무력시위와 선제공격 불사론까지 나왔었다.[51] 반면에 북한정권의 교체는 고려하지 않으며, 조건이 맞는다면 김정은과 대화도 하겠다고 말하는 등 정책의 진폭이 매우 넓었다.

이런 복합적이고 구조적인 위기상황에서 2018년 초를 계기로 극적인 평화프로세스가 시작되었다. 김정은 위원장의 신년사와 평창 동계올림픽을 계기로 남북의 특사가 상호 방문하였고, 이는 태평양을 넘어 북미대화로 전격적으로 이어졌다. 수년간 전쟁발발의 현실적 가능성을 완전히 배제하지 못했던 것과 비교하면 상황의 반전은 놀라운 것이었다. 10년간 후퇴를 거듭했었던 남북관계는 판문점 정상회담으로 활짝 열렸다. 트럼프와 김정은이 핵무기 발사 단추 크기를 자랑하는 것도 21세기에는 도저히 어울리지 않게 만화처럼 비현실적이었지만, 역사상 최초의 북미정상회담 개최도 그에 못지않았다. 30년 가까이 묵은 북한 핵문제 해결은 물론이고, 한반도에 지속 가능한 평화체제 구축의 호기를 만난 것은 부인할 수 없을 것이다.

히지민 그 과정이 지난하고 험난할 것임은 누구는지 예상할 수 있다. 놀라운 속도로 진행되던 한반도평화프로세스는 두 달이 안 된 시점에서 트럼프 대통령의 북미정상회담 취소 발언으로 한반도의 평화프로세스는 벽에 부딪혔다. 70년간 고착된 비정상적 정전상태와 분단의 갈등체제임을 고려하면 난항은 어쩌면 숙명이라고 볼 수도 있다. 우여곡절 끝에 북미정상회담이 마침내 성사되면서 이전과는 전혀 다른 판이 펼쳐졌다. 70년의 불신구조를 타파할 수 있는 것은 새로운 신뢰관계 외에는 방법이 없다. 실제로도 북한이 핵무기를 완성한 이상 신뢰 없는 비핵화는 영원히 불가능하다. 핵무기 완성 이전에는 대북 불신 속에서도 핵사찰로 비핵화를 검증할 방법이 있었지만, 완성 이후에는 불가능해졌기 때문이다. 하지만 북미정상회담은 불신구조로부터 신뢰구조로 변화하는 '새판 짜기'에 대한 헤드라인만 제시했을 뿐인데 두 정상은 지나치게 낙관적이었고, 이후 다시 교착상황을 반복했다. 앞으로도 한반도평화프로세스를 비가역적으로 이루는 데는 더 많은 장애물을 겪어야 할 것이다.

문재인 대통령은 한반도평화프로세스가 우리 민족의 평화와 번영의 미래를 위해 필수적인 동시에 냉전청산의 세계사적 함의를 담고 있다고 여러 차례 강조했다. 타당한 역사 인식이지만, 한국이 당면하고 있는 현실 국제정치의 대외환경은 오히려 부조화가 커지고 있다는 것이 문제였다. 문재인 정부가 물려받은 환경은 세계적 차원에서 냉전이 붕괴하고 탈냉전이 도래하며 평화적 대외환경이 조성되었던 1990년대 초와 비교할 때 훨씬 어렵다. 세계는 후쿠야마의 예언처럼 인간 갈등의 역사에 마침내 종지부를 찍을 수도 있는 분위기였으므로, 남북의 화해만 있었다면, 그리고 궁지에 몰린 북한의 체제 위협의 공포를 완화했더라면 한반도 평화는 어쩌면 가능할 수도 있었을 것이다. 당시 동서독은 이를 잘 활용해서 통일을 이루었으나, 남북한은 통일은커녕 오히려 대결구조를 심화시켰다. 기회를 놓치게 된 가장 큰 이유는 당시 소련과 동유럽의 몰락이 이어지는 상황에서 북한 역시 붕괴할 것으로 생각했기 때문에 포용보다는 대북 소외노선을 선택했기 때문이다. 하지만 그것은 오판이었다. 북한은 살아남았을 뿐 아니라, 핵무기까지 보유하기에 이르렀다.

1990년대와 비교해 훨씬 나빠진 현재의 대외환경이 의미하는 것은 무엇일까? 한편으로는 한반도평화프로세스의 성공을 달성하기에 매우 어렵게 되어가고 있다는 것이다. 사적 권력을 유지하고 강화하기 위해 대외위협을 과장하고 강함을 과시하려는 속에서 평화를 실현하려는 운동은 언제나 작동하기 힘들다. 문재인 대통령의 평화정책이 대내외적으로 히틀러의 독일이 부상하는 것을 방조했다는 혐의를 받은 '유화정책(appeasement policy)'의 재현으로 비판받는 것도 같은 맥락이다.[52] 그러나 다른 한편으로는 이런 어려운 대외환경 속에서 살아남기 위해서라도 한반도평화프로세스는 반드시 성공해야 함을 의미한다. 실패할 경우 앞으로 상당기간 지속될 미중 패권대결구조는 한국에게 시련을 안겨줄 수밖에 없다. 특히 안보는 미국에, 경제는 중국에 의존하는 편향된 구도는 우리의 어려움을 가중시킬 것이다. 사드배치 문제를 놓고 겪었던 난관은 그야말로 예고편에 불과할지도 모른다.

한국은 글로벌 극우 운동의 소용돌이 속에서, 세계 역사에 남을만한 촛불혁명을 통해 국민의 힘으로 민주주의를 회복하고, 안보딜레마가 확산하는 동북아에서 평화를 주도할 기회를 얻은 것은 분명하다. 그러나 성공을 담보하기까지의 과정은 순탄치 않을 것이다. 지금 세계는 갈림길을 마주하고 있다. 하나는 자국 이기주의 또는 배타적 민족주의로 인한 대결의 소용돌이로 치닫는 길이다. 다른 하나는 국제협력의 회복을 통해 갈등을 극복하고 공존과 평화로 가는 길이다. 후자로 가야 하는 당위성은 분명하지만, 상황은 결코 녹록치 않다. 그 속에서 한국의 운명도 강대국들의 진영대결과 안보딜레마 사이에 끼어 위협과 대결의 시대를 살아갈 것인지, 아니면 천신만고 끝에 찾아온 기회를 최대한 살려 다시는 전쟁 없는 한반도를 만들어낼 수 있을지 기로다.

한반도평화프로세스는 국제정치학에서 말하는 평화 3단계인 평화유지(peace-keeping), 평화조성(peace-making), 평화구축(peace-building)의 단계와 조응한다. 평화유지는 가장 낮은 단계로 전쟁방지가 최대치라고 할 수 있다. 이를테면 군비증강과 한미동맹 강화를 통해 한반도에서 다시 전쟁이 일어나지 않도록 막는 65년 정전체제가 여기에 해당한다. 평화라는 말이 붙어있지만, 군비경쟁으로 인한 안보딜레마까지 제거할 수 없다. 두 번째 평화조성은 적대적 정책을 완화하고, 군사적으로 신뢰를 구축하는 과정을 일컫는다. 군사회담을 통해 우발적 군사충돌 방지책을 만들거나, 군사훈련의 경우 서로 통보해주고, 참관하는 것은 물론이고, 관련 군사정보까지 교류할 수도 있다. 더 나아가서 서로 공격적 무기를 후방에 배치하거나, 일부 초보적인 군축까지 실행할 수도 있다. 마지막 평화구축의 단계는 안정적이고 지속가능한 평화체제를 이루는 것이다. 예를 들면, 북한과 미국이 불가침조약 및 평화협정을 체결하거나 관계 정상화에 합의함으로써 상호 적대정책을 폐기하는 것이다. 평화를 군사력으로 지켜야 한다는 소극적 자세만으로는 오히려 갈등과 위기가 고조될 뿐인 한반도 상황에서 평화를 적극적으로 만들고 경제협력과 인적왕래, 문화교류를 통해 평화를 장기적으로 구축해나가는 것이야말로 진정한 한반도평화프로세스일 것이다.

이러한 한반도평화프로세스에서 한미관계는 가장 중요한 변수 중 하나이다. 지금까지 한미동맹이 초기 평화유지단계에서 가지는 역할은 지대했다. 그러나 지금까지 분석한 것처럼 더 이상의 평화단계로 진전되지 못했을 뿐 아니라, 지난 65년간 군사안보 분야를 넘어 사회규범과 정체성마저 일체화되면서 한미동맹은 실용적인 차원에서 다루어지지 않고 신화가 되어버렸다. 동맹을 신성시하면서 진전된 평화에 반하는 남북 대결구조를 강화해왔다. 따라서 지금부터라도 한반도평화프로세스의 진전을 통해 더 높은 평화조성과 평화구축의 단계로 가야 한다. 이를 위해 한미동맹은 어떻게 재조정 되어야 하는 것일까? 우리에게 가장 바람직한 미래상은 "한미관계는 깊어지되 한미동맹은 축소되어야 바람직하다"라는 말로 정리할 수 있을 것이다. 지정학적으로 중국의 급속한 부상은 한국에게도 위협이 될 가능성이 크다. 특히 권위주의적 정권의 공격적 대외정책은 과거 우리를 힘들게 만들었던 중화패권의 역사를 재현할 수도 있다는 점에서 한미관계는 미래에도 한국의 핵심적인 전략자산으로 삼아야 한다. 그러나 한국전쟁과 냉전을 기원으로 할 뿐 아니라, 적대세력을 전제로 강화되는 군사동맹은 우리에게 대결구조를 기정사실화 한다는 점에서 어떤 식으로든 수정과 변화가 필요하다. 무엇보다 신화화되어버린 동맹에 대한 맹목적 의존에서 벗어나야만 한다. 이를 위해 의식의 변화도 중요하지만, 기존 구조의 탈피가 전제되지 않으면 어렵다. 즉, 지금까지 한반도의 전쟁방지와 국가의 생존을 담보했던 기제(mechanism)가 동맹의 정전체제에서 평화체제로 확실하게 이전함으로써만 가능하다. 2018년 기적처럼 주어진 한반도평화프로세스를 살려내야 하는 가장 큰 이유이기도 하다.

■ 주

* 이 장은 필자가 그동안 여러 곳에 발표했던 한미동맹 관련 논문이나 에세이를 재구성해서 작성했음을 밝혀둔다. 특히 『동북아연구』, 『국가전략』, 『아세아연구』, 『창작과비평』 등에 게재한 글에서 많은 부분을 인용했다.
1) 아이켄베리(John Ikenberry)는 미국 주도의 자유주의 국제질서의 위기는 실제적이며, 이는 곧 중국 등의 비서구 국가들에 의해 도전을 받는 권위의 위기라고 규정한다.

과거에도 그랬듯이 LIO는 도전을 받지만, 붕괴하지는 않을 것이고 더 발전할 것이라고 전망했다. G. John Ikenberry, *Liberal Leviathan: The Origins, Crisis, and Transformation of the American World Order* (Princeton: Princeton University Process, 2012).
2) 튀니지 정도만을 제외하고 거의 모든 중동 국가들이 민주화의 정착에 실패했을 뿐 아니라, 오히려 민주화 이전보다 더 후퇴했다. 게다가 이라크, 이집트 등은 내란과 재독재화 되었고, 시리아는 IS 준동의 중심이 되어버렸으며, 다른 왕정국가들은 전혀 영향도 받지 않았다.
3) Mohamed El-Erian, *When Markets Collide: Investment Strategies for the Age of Global Economic Change* (New York: McGraw-Hill Education, 2008).
4) 장시복, "'뉴노멀'이 한국 사회에 던지는 경고," 『릿터』 2016년 8/9월호, pp. 29-30.
5) 트럼프는 2018년 11월 6일 중간 선거를 앞둔 시점에서 자신은 민족주의자라고 규정했다. 인종주의를 기초한 백인 인종주의자는 아니며, 미국이익을 우선하는 애국자라는 뜻이라고 강변했으나, 오늘날의 시대에서 패권국가의 최고 리더가 민족주의를 입에 올렸다는 것은 부정적 함의가 크다. Mattew Choi, "Trump: I'm a Nationalist, but not a White Nationalist," Al Greeen, 23 October 2018. https://algreen.org/trump-im-a-nationalist-but-not-a-white-nationalist/ (검색일: 2018년 10월 25일)
6) Michael Hirsh, "Why the New Nationalists Are Taking Over: Our Post-Cold War System Might Be a Triumph For Peace and Security, But It's Built on Unsustainable Economic Ideas," *Politico* (27 June 2016).
7) Kevin Rudd, "A Maritime Balkans of the 21st Century?" *Foreign Policy* (30 January 2013).
8) Kent E. Calder, "US Foreign Policy in Northeast Asia," In Samuel S. Kim (eds.), *The International Relations of Northeast Asia* (Lanham, MD: Rowman & Littlefield, 2004), pp. 226-227; 김준형, "아베 정부의 안보정책 전환과 미국의 재균형 전략: 한·미·일 관계를 중심으로." 『아세아 연구』 제58권 4호 (2015), pp. 53-55.
9) Graham Allison, "The Thucydides Trap: Are the U.S. and China Headed for War?" *The Atlantic* (24 September 2015).
10) 문은석, "아베정권의 우경화와 동북아 안보 향배: 집단적 자위권 추진과 대응방향을 중심으로," 『일본문화연구』 제50집 (2014), p. 96.
11) Rajiv Biswas, *Asian Megatrends* (New York: Palgrave Macmillan, 2016), Chapter 14.
12) 울시는 공룡(소련)을 잡고 나니 독사가 득실거리는 세상이 되었다고 도리어 혼란스러운 탈냉전을 묘사했다.
13) Loch Johnson, "Reinventing the CIA," In Randall B. Ripley and James M. Lindsay (eds.) *US Foreign Policy After the Cold War* (Pittsburgh: University of Pittsburgh Press, 1997), p. 135; Philip Windsor, *Strategic Thinking: An Introduction and Farewell* (Boulder: Lynne Rienner Publishers, 2002), pp. 167-168.
14) 김준형, "G2 관계 변화와 미국의 대중정책의 딜레마." 『국가전략』 18권 1호 (2012), p. 8.

15) Joseph Nye, *The Paradox of American Power* (New York: Oxford University Press, 2002).
16) Isaiah Wilson III, "Strategy, Revisited:Analyzing the Shift from a Threat-Based to Capabilities-Based Approach to US Strategic Planning," *United States Military Academy* (April 2002).
17) Foreign Policy는 공포에 의한 핵균형체제를 포함해서 20세기를 풍미했으나 21세기에는 역사의 쓰레기통으로 사라질 6가지를 제시했다. 마르크시즘, 경제의 무한팽창, 종속이론, 공포의 균형, 아시아적 가치, 군산복합체가 그것이다. Joshua. et al., Muravchik. "The Dustbin of History," *Foreign Policy*, Issue 133 (November/December 2002).
18) 김순태, 문정인, 김기정, "한국과 일본의 대미 동맹정책 비교연구: 미국의 군사변환 전략을 중심으로," 『국제정치논총』 49권 4호 (2009), p. 66.
19) David M. Lapmton, "Paradigm Lost: The Demise of Weak China." *National Interest* (Fall 2005).
20) James Steinberg and Michael O'Hanlon. *Strategic Reassurance and Resolve: US-China Relations in the Twenty-First Century* (New Jersey: Princeton University Press, 2014).
21) 김흥규, "21세기 변화 중의 미중관계와 북핵문제," 『한국과 국제정치』 27권 1호 (2011), p. 232.
22) 임혁백, 『한반도와 동아시아의 안보와 평화: 불가능주의에서 가능주의로』 (서울: 한울아카데미, 2014).
23) Calder (2004), pp. 226-227.
24) 현무암, "샌프란시스코 체제의 전환과 한미일 의사 동맹관계." 『황해문화』 통권 83호, 여름 (2014), pp. 36-36.
25) 1965년 한일수교 시 일본헌법 9조로 인해 명시적인 군사동맹은 불가능했다는 점도 유사 3각동맹의 형태를 유지한 또 다른 이유였다.
26) 힐러리 클린턴 국무장관이 필리핀의 마닐라만에 정박한 미 구축함 피츠제럴드호 갑판 위에서 미국은 필리핀을 위해 일어나 함께 싸울 것이라고 한 연설은 중국을 자극하기에 충분했다.
27) 아시아로의 회귀라는 용어가 아시아를 떠난 적이 없는 미국이 마치 돌아온다는 오해를 줄 수 있다는 점과 중국봉쇄를 담고 있다는 느낌을 준다는 지적으로 인해 중립적 함의를 가진 '재균형'전략으로 바꿔 부르게 된 것이다. 그러나 이에 대해서는 미국 내 의견이 조금 갈라진다. 오히려 재균형전략이 공세적이라고 주장하는 사람들도 있고, 아시아 회귀보다 먼저 사용되었다는 주장도 있다. 현재 전반적으로 재균형전략의 사용이 더 많기는 하지만 아시아회귀라는 말이 완전히 사라진 것은 아니다. Mark Manyin, "Pivot to the Pacific?: The Obama Administration's Rebalancing Toward Asia." *CRS* (28 March 2012); Mark Manyin, "Pivot to the Pacific?: The Obama Administration's Rebalancing Toward Asia." *CRS* (28 March 2012).
28) 2013년 6월 24일 미 의회조사국(CRS)은 한일정보보호협정이 한미일 3국의 미사일방어(MD)체제 구축을 위한 사전조치였다고 구체적으로 명시하고 있다. Ian E. Rinehart,

Steven A. Hildreth, Susan V. Lawrence. "Ballistic Missile Defense in the Asia-Pacific Region: Cooperation and Opposition," *CRS Report* 7-5700 (24 June 2013), p. 17.

29) 2014년 5월 31일 싱가포르에서 열린 한미일 국방장관회담에서 3국간 군사정보공유의 필요성에 공감하고, 정보공유 제도화 논의를 본격화하기로 합의했다. 또한 북한 핵과 미사일 관련 정보공유의 범위와 형식 등을 논의할 워킹그룹을 가동하는 데도 합의했다.

30) 셔먼(Wendy R. Sherman) 미 국무부 정무차관은 워싱턴DC 카네기재단 세미나에서 "한국과 중국이 소위 '위안부' 문제를 놓고 일본과 논쟁하고 있으며 역사 교과서 내용, 심지어 다양한 바다의 명칭을 놓고 이견이 표출되고 있는 것에 대해 이해는 가지만 실망스럽다"고 비판했다. 더 나아가 "정치지도자가 과거의 적을 비난함으로써 값싼 박수를 얻는 것은 어렵지 않다"라고 말하면서 과거에 매달리는 한국과 중국을 탓하면서 일본의 입장을 변호했다. Wendy R. Sherman, "Remarks on Northeast Asia," *Carnegie Endowment for International Peace US Department of State*, Washington, D.C. (27 February 2015).

31) 아베의 미국 의회연설은 한국에서 강한 비판을 받았던 반면, 미국에서는 대체로 긍정적인 평가를 받았다. 아베의 연설을 비판하는 의원들이나 일부 NGO들이 있었지만, 워싱턴의 주류 입장은 아니었다. Berkshire J. Miller, "Between History and Strategy: The Trajectory of US-ROK-Japan Relations from an American Perspective," *EAF Policy Debate* No. 36 (13 October 2015).

32) 한미동맹에서 미국의 통제력이 더욱 커지는 것은 '자산특수성(asset specificity)'이 더해지기 때문이다. 그에 따르면 특수한 관계가 오래 계속되면 다른 대안적 관계들보다 훨씬 더 큰 가치를 부여받게 되어 좀처럼 변화하기 어렵다. 즉 제도가 보편적이고 규격화되면, 다른 제도와의 차이가 없기에 제도의 전환을 수용할 가능성이 크지만, 특이할수록 한번 안정성을 확보하면 좀처럼 바뀌지 않는다.

33) 김용진, 『그들은 아는, 우리만 모르는』 (서울: 개마고원, 2012).

34) 백학순, "2013년 전반기의 한반도 전쟁위기: 평가와 대책," 『정세와 정책』 6월호, 세종연구소 (2013).

35) 최강, "한미동맹 현황과 발전을 위한 과제: 제3차 한미 정상회담 결과를 중심으로," 『주요 국제문제분석』 외교안보연구원 (2008); 동아시아연구원 외교안보센터, "미 군사변환의 세계전략과 동맹 네트워크," 『국가안보패널 정책보고서 9』, 2005.

36) 민병천, "북한의 동맹관계에 관한 고찰," 『북한학보』 2집 (1978), p. 196.

37) 2015년 9월 워싱턴 정상회담에서 오바마는 남중국해에서의 한국의 역할을 주문했다.

38) 이상민, "남북한·미국 관계의 역사적 고찰: 한반도 평화체제의 수립과 남북·북미관계의 전망," 『한국과 국제정치』 제18권 제1호 (2000), pp. 153-156.

39) 김대중과 노무현은 배경이나 인식 속에 어느 정도의 반미 정서를 가지고 있었던 것은 사실이지만, 실제 정책에서는 훨씬 실용적인 접근을 했다.

40) 2002년을 전후로 해서 한국의 반미주의 물결에 대한 한미 양국의 보수세력의 공세적 비판이 가해졌지만, 사실 한국의 반미주의는 조직적인 세력의 일관된 운동이라기보다 괄목할만한 성장에도 불구하고 동등하게 대우받지 못하는 데 대한 정서적 반감에

가깝다. Hahm Chaibong, "Anti-Americanism, Korean Style," *Issues & Insights* vol. 3, no. 5 Pacific Forum, CSIS, Honolulu (2003), pp. 21–22.
41) 조동준, "자주의 자가당착: 한반도 국제관계에서 나타난 안보모순과 동맹모순," 『국제정치논총』 제44집 3호 (2004).
42) Astri Suhrke, "Gratuity or Tyranny: The Korean Alliances," *World Politics* vol. 25, no. 4 (1973).
43) Robert O. Keohane, "The Big Influence of Small Allies," Foreign Policy, vol. 1, no. 2 (Spring 1971).
44) Peter Feaver, "Five Takeaways From Trump's National Security Strategy: 'America First' is Officially All Grown Up," *Foreign Policy* (18 December 2017).
45) Peter Dombrowski, Simon Reich, "Does Donald Trump Have a Grand Strategy?" *International Affairs* volume 93, issue 5 (1 September 2017).
46) "북한을 다루는 것이 미국외교역사에서 가장 큰 실패사례 중 하나"라고 진단한 전 미국방장관 페리(William Perry)의 말은 결국 틀리지 않았다. William Perry, *My Journey at the Nuclear Brink* (Stanford: Stanford University Press, 2015), p. 171.
47) 한미전략동맹은 출발부터 중국 문제와 특히 밀접하게 관련될 것임을 분명히 했다. 부시 전 미국 대통령이 2008년 4월 한미정상회담 후 기자회견에서 "중국문제가 한미 양국이 건설적인 방식으로 협력할 기회라는 것을 인식하는 것이 21세기 동맹관계에서 대단히 중요하다"라는 발언을 했다. 정욱식, "'전략동맹' 하려면 상호방위조약부터 고쳐라," 『오마이뉴스』, 2008년 4월 21일.
48) Stephan M. Walt, "Why Alliances Endure or Collapse," *Survival* Vol. 39, No. 1 (Spring 1997); Ian Hurd, "Constructivism," in Christian Reus-Smit and Duncan Snidal (eds.), *The Oxford Handbook of International Relations* (Oxford: Oxford University Press, 2008), pp. 298–316.
49) Kevin Rudd, "A Maritime Balkans of the 21st Century?" *Foreign Policy* (30 January 2013).
50) Josh Rogin, "Trump's North Korea Policy is 'Maximum Pressure' But Not 'Regime Change'," *Washington Post* (14 April 2017).
51) 미국의 진보지식인들이 많이 보는 더 네이션 지의 팀쇼락 기자는 한반도 긴장상태를 보도하는 미국언론의 태도에 대해 선정적이며 대결을 부추기는 기사라고 강하게 비판했다. Tim Shorrock, "In South Korea, War Hysteria Is Seen as an American Problem," *The Nation* (17 April 2017).
52) 내부적으로는 홍준표 당시 자유한국당 대표가, 외부적으로는 미국의 강경파들이 자주 문재인의 평화프로세스를 유화정책으로 규정했다. 트럼프대통령도 김정은과의 대화에 나서기 전까지 한국정부의 정책을 유화정책이라고 언급함으로써 한미관계가 불편해지기도 했다. Nicola Smith, "Donald Trump Risks Rift with South Korea over 'Appeasement' Claim," *The Telegraph* (4 September 2017).

■ 참고문헌

1. 한글문헌

김순태, 문정인, 김기정. "한국과 일본의 대미 동맹정책 비교연구: 미국의 군사변환전략을 중심으로." 『국제정치논총』 49권 4호 (2009).
김용진. 『그들은 아는, 우리만 모르는』. 서울: 개마고원, 2012.
김준형. "G2 관계 변화와 미국의 대중정책의 딜레마." 『국가전략』 18권 1호 (2012).
_____. "아베정부의 안보정책 전환과 미국의 재균형 전략: 한·미·일 관계를 중심으로." 『아세아 연구』 제58권 4호, 2015.
김흥규. "21세기 변화 중의 미중관계와 북핵문제." 『한국과 국제정치』 27권 1호, 2011.
동아시아연구원 외교안보센터. "미 군사변환의 세계전략과 동맹 네트워크." 『국가안보패널 정책보고서 9』 (2005).
문은석. "아베정권의 우경화와 동북아 안보 향배: 집단적 자위권 추진과 대응 방향을 중심으로." 『일본문화연구』 제50집 (2014).
민병천. "북한의 동맹관계에 관한 고찰." 『북한학보』 2집 (1978).
백학순. "2013년 전반기의 한반도 전쟁위기: 평가와 대책." 『정세와 정책』 6월호. 세종연구소, 2013.
이상민. "남북한·미국 관계의 역사적 고찰: 한반도 평화체제의 수립과 남북·북미관계의 전망." 『한국과 국제정치』 제18권 제1호 (2000).
임혁백. 『한반도와 동아시아의 안보와 평화: 불가능주의에서 가능주의로』. 서울: 한울아카데미, 2014.
장시복. "'뉴노멀'이 한국 사회에 던지는 경고." 『릿터』 2016년 8/9월호 (2016).
조동준. "자주의 자가당착: 한반도 국제관계에서 나타난 안보모순과 동맹모순." 『국제정치논총』 제44집 3호 (2004).
최강. "한미동맹 현황과 발전을 위한 과제: 제3차 한미 정상회담 결과를 중심으로." 『주요 국제문제분석』 외교안보연구원, 2008.
현무암. "샌프란시스코 체제의 전환과 한미일 의사 동맹관계." 『황해문화』 통권 83호, 여름 (2014).

2. 영어문헌

Allison, Graham. "The Thucydides Trap: Are the U.S. and China Headed for War?" *The Atlantic* (24 September 2015).
Biswas, Rajiv. *Asian Megatrends*. New York: Palgrave Macmillan, 2016.
Calder, Kent E. "US Foreign Policy in Northeast Asia." In Samuel S. Kim (ed.). *The International Relations of Northeast Asia*. Lanham, MD: Rowman & Littlefield, 2004.
Choi, Mattew. "Trump: I'm a Nationalist, but not a White Nationalist." Al Greeen, 23 October 2018. https://algreen.org/trump-im-a-nationalist-but-not-a-white-nationalist/ (검색일: 2018년 10월 25일)
Dombrowski, Peter, Simon Reich. "Does Donald Trump Have a Grand Strategy?"

International Affairs volume 93, issue 5 (1 September 2017).

El-Erian, Mohamed. *When Markets Collide: Investment Strategies for the Age of Global Economic Change*. New York: McGraw-Hill Education, 2008.

Feaver, Peter. "Five Takeaways From Trump's National Security Strategy: 'America First' is Officially All Grown U." *Foreign Policy* (18 December 2017).

Hahm Chaibong. "Anti-Americanism, Korean Style." *Issues & Insights* vol. 3, no. 5 Pacific Forum, CSIS, Honolulu (2003).

Hirsh, Michael. "Why the New Nationalists Are Taking Over: Our Post-Cold War System Might Be a Triumph For Peace and Security, But It's Built on Unsustainable Economic Ideas." *Politico* (27 June 2016).

Hurd, Ian. "Constructivism." in Christian Reus-Smit and Duncan Snidal (eds.). *The Oxford Handbook of International Relations*. Oxford: Oxford University Press, 2008.

Ikenberry, G. John. *Liberal Leviathan: The Origins, Crisis, and Transformation of the American World Order*. Princeton: Princeton University Process, 2012.

Keohane, Robert O. "The Big Influence of Small Allies." *Foreign Policy* vol. 1, no. 2 (Spring 1971).

Lapmton, David M. "Paradigm Lost: The Demise of Weak China." *National Interest* (Fall 2005).

Manyin, Mark. "Pivot to the Pacific?: The Obama Administration's Rebalancing Toward Asia." *CRS* (28 March 2012).

Miller, J. Berkshire. "Between History and Strategy: The Trajectory of US-ROK-Japan Relations from an American Perspective." *EAF Policy Debate* No. 36 (13 October 2015).

Muravchik, Joshua. et al. "The Dustbin of History." *Foreign Policy* Issue 133 (November/December 2002).

Perry, William. *My Journey at the Nuclear Brink*. Stanford: Stanford University Press, 2015.

Rinehart, Ian E., Steven A. Hildreth, Susan V. Lawrence. "Ballistic Missile Defense in the Asia-Pacific Region: Cooperation and Opposition." *CRS Report* 7-5700 (24 June 2013).

Rogin, Josh. "Trump's North Korea Policy is 'Maximum Pressure' But Not 'Regime Change'." *Washington Post* (14 April 2017).

Rudd, Kevin. "A Maritime Balkans of the 21st Century?" *Foreign Policy* (30 January 2013).

Sherman, Wendy R. "Remarks on Northeast Asia." *Carnegie Endowment for International Peace*, U. S. Department of State, Washington, D. C. (27 February 2015).

Shorrock, Tim. "In South Korea, War Hysteria Is Seen as an American Problem." *The Nation* (17 April 2017).

Smith, Nicola. "Donald Trump Risks Rift with South Korea over 'Appeasement' Claim." *The Telegraph* (4 September 2017).

Steinberg, James, Michael O'Hanlon. *Strategic Reassurance and Resolve: US-China*

Relations in the Twenty-First Century. New Jersey: Princeton University Press, 2014.

Suhrke, Astri. "Gratuity or Tyranny: The Korean Alliances." *World Politics* vol. 25, no. 4 (1973).

Walt, Stephan M. "Why Alliances Endure or Collapse." *Survival* Vol. 39, No. 1 (Spring 1997).

Wilson III, Isaiah. "Strategy, Revisited: Analyzing the Shift from a Threat-Based to Capabilities-Based Approach to US Strategic Planning." *United States Military Academy* (April 2002).

3. 신문잡지 자료

정욱식. "'전략동맹' 하려면 상호방위조약부터 고쳐라." 『오마이뉴스』. 2008년 4월 21일.

중국의 위상제고와 한미관계

6장

차창훈 (부산대 정치외교학과)

- 양자택일이 아닌 한미관계와 한중관계 _ 190
- 한미관계 및 한중관계의 역사적 연원 _ 192
- 한미관계와 한중관계 비교 _ 198
- 한반도 냉전구조의 전환 _ 209
- 한미관계와 한중관계의 사이에서 _ 217
- 남북관계 개선으로 시작해서 _ 225

1945년 해방과 미소의 한반도 분할 점령 그리고 1950년 한국전쟁은 한반도에서 냉전구조를 고착화시킨 일련의 계기적 구성 과정이었다. 1953년 한미상호방위조약 체결과 1961년 북중우호조약 체결을 통해 미국을 축으로 한 한미일 남방 3각관계와 소련을 축으로 한 북중러 북방 3각관계가 구축되면서 한반도의 냉전구조가 70년간 지속되었다. 소비에트 블록 해체와 탈냉전시대에도 북한은 국제사회의 고립에 처하면서 생존을 도모해 왔으며, 핵과 미사일 개발로 엔드게임에 이르렀다. 한미관계는 남북관계 발전 및 북한과의 비핵화 협상을 실현시킬 수 있는 굳건한 버팀목이다. 한반도 비핵화 과정은 한반도 냉전구조를 해체하는 과정인 바 이는 중국의 부상으로 미중 간의 경쟁과 갈등이 격화되는 국제질서의 변동 과정과 궤를 같이하고 있다.

1. 양자택일이 아닌 한미관계와 한중관계

21세기 국제정치에서 가장 주목할 만한 관심을 불러일으키고 있는 주제는 역시 '중국의 부상'이다. 중국은 정치, 경제, 군사 등 모든 분야의 종합국력을 신장시키면서 미국에 대응하는 새로운 강대국으로 탈바꿈하고 있다. 최근에는 '일대일로(一帶一路)'의 국가대전략 등 중국이 주도하는 미래 국제질서에 대한 관심과 우려가 우리의 일상에서 쉽게 접할 수 있는 담론을 형성하고 있다. 사실 중국의 부상이란 주제는 1990년대 초반 소비에트 블록이 해체되고 미국이 주도하는 단극(unipolar) 패권질서 형성 무렵부터 시작되었다. '중국위협론(China threat)'이란 용어로 시작된, 당시에는 다가올 미래에 대한 우려가 섞인 이 주제는 소련을 대체하는 새로운 미국의 적국을 찾으려는 미디어들의 호기심에서 출발하였다. 그러나 오늘날에는 일상적으로 중국의 국제적 영향력을 목도하고, 미중 무역분쟁이 미치는 경제적 여파를 우려해야 하는 명백한 현실이 되었다.

중국의 부상을 우리가 위치하고 있는 지정학적 문제로 환원해보자. 중국의 부상은 21세기 한반도의 운명에 어떠한 영향을 줄 것인가? 한반도가 미국과 중국의 세계사적인 경쟁과 대립의 장(場)이 될 것인가? 비핵화를 둘러싼 북미 간의 갈등이 중국을 매개로 어떠한 결과를 가져올 것인가? 남북 간의 화해와 협력 그리고 평화와 번영의 여정에 중국은 어떠한 영향력을 가지고 있을까? 미중 간의 대결 그리고 북한의 핵과 미사일 개발로 불안정성이 증대하는 한반도에서 한국과 북한 그리고 그 주변국들의 평화와 번영을 어떻게 유지하고 성취할 수 있을까? 이 모든 질문은 물론 남북한, 미국, 그리고 중국 등 이해당사자 국가들 간의 복잡한 전략적 선택과 행동이 교차하는 다차원적인 결과가 내포되어 있다. 이러한 물음에 핵심적인 열쇠를 쥐고 있는 것은 바로 한미관계와 한중관계의 발전 방향일 것이다. 21세기 한반도를 둘러싼 국제정치의 역학관계와 그 동학은 미국과 중국을 중심으로 전개될 것이기 때문이다. 따라서 이 두 강대국과 일정한 관계를 맺고 있는 한국의 전략적인 선택은 매우 중요한 문제로 제기될 것이다. 한미관계와 한중관계, 언뜻 보기에 상호 모순적이고 배타적일 것 같은 이 두 강대국과의 관계설정은 남북화해와 평화통일 그리고 나아가 한반도의 항구적인 평화체제의 정립을 위해서 매우 중요한 과제이다.

2018년을 시점으로 1953년 한미상호방위조약의 체결, 그리고 1992년 한중수교의 시점으로 기산되었을 때, 한미동맹은 65년의 시간, 그리고 한중관계는 26년의 시간이 경과했다. 한미동맹은 북한에 대한 억지력의 근간을 제공하여 왔으며, 현재까지 유럽의 나토(NATO)와 함께 가장 성공적인 동맹관계라는 평가를 받아왔다. 세계적 냉전질서에 기초하여 형성되었던 한미동맹은 한국이 보수적인 군부독재에서 다원화된 민주주의 국내정치의 이행 과정에서 확장되고, 시험받았으며, 발전되어왔다. 한국 내 미국에 대한 이미지는 때로는 정치적인 이행 과정에서 반미 감정을 양산하기도 하였지만, 안정된 안보 공공재를 제공함으로써 한국 경제성장을 뒷받침하였다. 한중관계의 괄목할 만한 발전을 주도하였던 동력은 경제적인 협력과 교류였다. 한중관계의 발전 과정에서 양국은 서로의 외교정책을 상호 승인하였다. 중국은 2개의 한반도정책을 수용했으며, 한국은 하나의 중국정책을 지지하고 있다. 지난 20여 년간 양국은 정치, 경제, 외교관계를 확립하였고, 현재 양국관계를 '전략적 협력동반자관계'로 격상시켜오면서 동북아 지역에서의 안정과 번영 및 평화의 정신을 서로 확인하였다.

한반도가 미중 간 세력경쟁의 각축장이 될 수도 있다는 점에서, 또한 한국경제에서 중국이 차지하는 비중이 미국을 추월함에 따라서 한국 내에서 한중관계가 한미관계를 대체해야 한다는 주장 혹은 대체될 수도 있다는 우려가 커져 왔다. 한국은 역사적으로 강대국들 사이에서 외교력으로 생존모색의 성공적 경험이 취약했기에 이러한 우려를 낳게 한다. 그러나 이를 양자택일의 문제로 접근한다면 한국의 선택지는 매우 제한되고 그 운신의 폭도 매우 좁아진다. 양자를 대체재로 인식하지 않고 보완재로 접근해야 하는 방식을 모색해야 한다. 정치, 군사 및 안보는 한미동맹에 의존하고 경제는 한중관계에 치중하는 기형적인 구조를 쇄신할 수 있는 새로운 모형과 구조를 모색해야 한다. 미중 간의 세력경쟁을 완충시킬 수 있는 제도와 구조를 한반도에 정착시켜야 한다. 미국과 중국 두 극의 구심력에 휘말리지 않는 동북아의 새로운 안보구조를 정립해 나가야 한다. 남북관계의 발전과 북핵문제의 해결은 이 접근 방향의 출발점이 되어야 한다.

이 글은 이러한 문제의식을 갖고 한미관계를 중국의 부상이라는 주제와 함께 검토하고자 한다. 우선 한반도를 둘러싼 안보구조의 역사적 연원을 한미동맹과 북중동맹을 중심으로 살펴보고자 한다. 그리고 70여 년간 지속된 이 동북아 냉전구조가 어떠한 경로를 밟았고, 이 과정의 구조적인 귀결로서 북핵문제를 설명하고자 한다. 나아가 이 북핵문제의 해결 과정에서 중국의 부상이 갖는 효과와 한미동맹이 안고 있는 미래과제를 전망하고자 한다. 다시 말해서 이 글의 목적은 중국의 부상을 변수로 한반도 냉전구조의 귀착과 그 해체를 한미관계의 관점에서 살펴보는 것이다.

2. 한미관계 및 한중관계의 역사적 연원

한미관계 그리고 한중관계가 형성되고 발전되기 시작한 역사적 맥락을 비교·검토함으로써, 현재적 관점의 의미를 조망할 수 있다. 두 관계의 역사적인 기원에 대한 조망과 함께 이 두 양자관계가 국제법적인 동맹조약의 형태로 구속하고 있는 명목적(nominal)인 측면의 의미를 검토하고자 한다. 이 부분은 특히 중요하다. 왜냐하면 한반도의 국제법적인 현실은 한국전쟁의 종전이 아닌 휴전상태를 의미하며, 항구적인 평화체제의 정립은 이 명목적인 측면을 검토함으로써 그 해법의 출발점을 찾을 수 있기 때문이다.

한미관계와 한중관계의 발전은 서로 다른 역사적인 기원에 근거하고 있다. 한미동맹은 제2차 세계대전의 승전국으로서 전후 패권국가로 등장한 미국이 유엔군의 이름으로 북한과 중국을 상대로 한국전쟁을 수행하고, 한국의 방위를 지원하기 위하여 체결하였다. 미국은 한국전쟁 이후 급속히 진전된 소련과의 냉전체제에서 동북아시아의 대소 봉쇄전략의 최전선으로 한국과 일본 그리고 대만과 군사적인 동맹을 체결했을 뿐만 아니라 정치 및 경제적인 지원을 통해서 동북아시아에서 민주주의와 시장을 확산하는 대외정책을 추구하였다. 따라서 한미동맹은 냉전체제의 유산임과 동시에 지역에서 분쟁을 억지하는 중요한 군사적인 동맹의 기능을 수행하여 왔다. 동북아의 냉전체제는 한국과 미국 및 일본을 한 축으로 하는 남방 3각관계와 북한과 중국 그리고 소련을 한 축으로 하는 북방 3각관계로 구조화되었다.

한중관계는 동북아의 냉전체제가 부분적으로 해체되는 과정에서 1992년 양국의 수교로 이루어졌다. 중국은 북한을 지원하여 한국전쟁을 수행하였고, 소련과 함께 북한의 주요한 동맹국이었다. 그러나 1989년 냉전의 해체 과정에서 중국과 소련은 한국과 수교하였는데, 이후 한중관계는 변화를 가져오게 된다. 중국은 1970년대 후반부터 개혁개방정책을 추진하면서 한국과 경제적 교역의 필요성을 체감했고, 1990년대 초기 한국도 북방정책을 추진함에 따라서 양국의 이해관계가 결합되어 한중수교를 맺었다. 한국과 중국은 중화문명권 내에서 오랜 역사적, 문화적 유대감을 공유하고 있지만, 한국은 1992년 한중수교를 계기로 중국과 관계를 본격적으로 발전시킬 수 있었다. 상이한 역사적인 경로를 갖고 있고, 한국전쟁을 통해서 상호 적대적인 대립을 경험한 바 있는 한미동맹과 한중관계의 역사적 출발점을 검토하는 것은 이 두 강대국 간의 관계를 미래지향적으로 발전시키기 위해서 선결적인 일이 된다.

1) 한미관계와 한미상호방위조약

미국은 제2차 세계대전 중 소련, 중국, 일본 등이 경쟁하고 있는 동북아시아 지역에서 자국의 영향력을 제고하기 위하여 한반도 문제에 대한 개입정책을 모색하였다. 일본의 패전으로 중국과 소련 등 공산주의자들의 영향력이 강하게 작용했던 동북아지역에서 한반도 전체를 미국의 세력권으로 편입시키는 것이 불가능한 상황이었다. 따라서 제한된 영향권을 구축하여 중국 및 소련과의 균형적 이익을 추구하는 정책을 모색하게 되었다. 미국은 1945년 8월 한반도의 분할을 제의하였고, 소련이 이 제의를 받아들여 한반도는 38선을 중심으로 분할 점령되었다. 결국 해방정국의 한반도에는 국내 정치세력의 좌우 이념대립으로 미국과 소련의 영향력 하에서 분단정부가 수립되었다. 1950년 6월 25일 한국전쟁이 발발하자 미국은 한반도에 적극적으로 군사적인 개입을 하였다. 미국은 일주일 이내에 지상군 파견 결정을 내렸고, 7월초에 본격적인 참전이 이루어졌다. 한국정부와 공식적인 동맹조약도 없는 상태의 결정이었다. 한국전쟁 시 유엔군의 참전은 국제평화와 안보를 위한 집단안보 개입의 성격을 띠었으나, 미국의 한국전 참전은 한국과의 동맹의 성격이 강한 것이었다.[1] 이승만 대통령은 한국군의 작전지휘권을 맥아더 사령부에 이양하였고, 전시동맹관계를 가진 한국과 미국은 전쟁의 휴전 직후인 1953년 한미상호방위조약을 체결하여 공식적인 동맹관계를 수립하였다.

한미동맹은 한국전쟁의 휴전협상 기간 동안 이승만 대통령의 끈질긴 상호방위 조약 체결 요구에도 불구하고 이루어지지 않았다. 아이젠하워 대통령이 1952년 11월 대통령선거의 공약으로 한국전쟁의 종결을 제시하면서 처음에 동맹조약의 체결을 반대하였던 이유는 조약 체결이 반공주의자였던 이승만 대통령의 북진 조국통일 의욕을 부추기는 결과를 초래할 뿐이라 생각했기 때문이다. 더불어 한미상호방위조약 체결이 한국전쟁 휴전 이후 중국, 소련, 북한의 북방 3각관계의 결속으로 이어져서 대항 동맹(counter-alliance)을 체결하게 할 우려가 있기 때문이었다. 결국 이러한 우려에도 불구하고 한미상호방위조약은 동북아시아에서 공산주의 팽창 봉쇄, 북한 공산주의 재침 억지 및 재침 시 격퇴라는 공통의 이익이 작용하여 체결되었다.

1953년 10월 1일 양국이 합의한 한미상호방위조약은 모두 6개의 조항으로 이루어져 있다.[2] 제1조는 양국이 국제분쟁을 평화적인 수단에 의하여 해결할 것을 약속하는 내용을 담고 있는데, 이승만 대통령의 북진 통일 의지를 염두해 둔 결박의 의미로 해석된다. 제2조와 제3조는 동맹의 성격을 갖는 조항이다. 제2조는 "당사국 중 어느 1국의 정치적 독립 또는 안전이 외부로부터의 무력공격에 의하여 위협을 받고 있다고 어느 당사국이든지 인정할 때에는 언제든지 당사국은 서로 협의"하고 "단독적으로나 공동으로나 자조와 상호원조에 의하여 무력공격을 저지(阻止)하기 위한 적절한 수단을 강화"시킬 것을 규정하고 있다. 제3조는 당사국의 영토에 대한 무력공격에 대처하기 위하여 "각자의 헌법상의 수속에 따라 행동할 것을 선언"하고 있다. 제4조는 미군주둔에 대한 내용, 제5조는 비준 절차 및 효력 발생에 대한 규정 그리고 제6조는 조약의 기한으로 무기한으로 유효하되, 조약 당사국이 그 해지를 통지한 후 1년 후에 종결될 수 있다는 내용으로 구성되어 있다.

한미상호방위조약은 제2조와 제3조의 내용에 따라서 주변국의 침략행위에 공동으로 대응하는 내용을 갖는 동맹조약의 성격을 갖는다. 그런데, 한미동맹은 자유진영의 주도국인 초강대국 미국과 한국전쟁의 폐허에 놓여있던 약소국 한국 간에 체결된 비대칭적 동맹(asymmetric alliance)이다. 한국의 경우 한미상호방위조약을 체결하여 북한의 남침을 억지하고 전쟁발발 시 생존하는 것이 사활적 이익이었다. 한국에게 반공이라는 사활적 이익은 미국의 공산주의 봉쇄전략의 기본이익과 목표에 부합되었다. 반면 미국의 전략적 이익은 유럽, 중동, 일본 등 세계 각 지역에 펼쳐져 있었기 때문에 이 동맹은 불균형적 동맹이라 할 수 있다. 비대칭적 동맹 간의 내부적 관계를 고찰하기 위한 유용한 모델로 자율성-안보 교환모델(autonomy security trade-off model) 혹은 교환동맹 모델을 들 수 있다.[3] 자율성-안보 교환모델은 동맹관계를 통한 안보 증진과 동시에 발생하는 동맹국가들 사이의 정치적 자율성에 관심을 기울이는 동맹모델이다. 비슷한 국력을 보유한 국가들끼리 동맹을 결성한 경우 동맹국들이 안보 증진과 정치적 자율성을 균등하게 기대할 수 있다. 반면 강대국과 약소국이 맺는 동맹의 경우 대부분 비대칭적 동맹인데, 약소국의 경우 안보 증진의 대가로 정치적 자

> **해설 6.1**
>
> **비대칭동맹**
>
> 비대칭동맹(asymmetric alliance)이란 강대국과 약소국이 맺는 동맹을 의미한다. 강대국과 약소국 간의 동맹목적은 상이한데, 약소국은 강대국 동맹으로부터 군사적 지원으로 안보를 확대시킬 수 있는 반면, 강대국은 약소국과 동맹관계를 형성함으로서 불필요한 분쟁에 휘말리는 등 유리하지 못한 상황이 발생할 수 있다. 비대칭동맹을 맺을 경우 약소국은 안보 증진의 대가로 정치적 자율성을 희생당할 수 있다.

율성을 희생당할 경우가 있다. 한국의 경우 한미관계에서 지속적으로 대두된 반미 감정 등은 훼손된 정치적 자율성에 대한 대응으로 이해된다. 동맹의 비대칭성에도 불구하고 한미동맹이 지속될 수 있었던 이유는 양국이 새로운 이익을 지속적으로 공유하는 데 성공하였기 때문이다.

2) 한중수교와 한중 전략적 협력동반자관계

한중관계는 1992년 한중수교를 기점으로 공식적인 국가관계를 맺기 시작하였다. 제2차 세계대전 후 강대국의 38선 분할과 한국전쟁으로 한반도에 남북한 분단정부가 수립되고, 미국의 대공산주의 봉쇄정책의 구도 속에서 한국정부는 중국과의 국교를 정식으로 수립할 수 없었다. 더욱이 한국전쟁 시 적대적인 전쟁 상대국으로서의 역사적 경험은 한국과 중국의 관계를 단절시켰다. 반면 중국은 한국전쟁 이후 1961년 북한과 '조중 우호협조 및 호상원조조약(이하 북중우호조약)'을 체결하여 동맹관계를 수립하였다. 따라서 냉전 시기 한국과 중국은 오랜 역사적·문화적 유대감에도 불구하고 적대적인 상태에 놓이게 되었다.

이러한 단절과 고립에 변화가 오게 된 계기는 중국의 개혁개방정책과 냉전의 해체였다. 마오쩌둥(毛澤東) 시기 사회주의 계획경제 정책과 대약진 및 문화대혁명의 실패로 극심한 혼란에 빠져 있던 중국은 1970년대 후반 개혁개방정책을 추진하였다. 중국은 덩샤오핑(鄧小平)의 집권으로 1978년부터 대외적인 개방을 통해 자본과 기술을 유입하고 대내적인 경제개혁 정책을 추진하면서, 시장을 경제정책의 주요 기제로서 도입하기 시작하였다. 따라서 덩샤오핑은 재정립된 국가이익의 방향 설정에 따라서 외교정책을 조정하기 시작하였는데, 1989년 냉전의 해체를 계기로 한국과의 수교를 검토하기 시작하였다. 중국은 홍콩, 대만, 싱가포르와 함께 아시아의 급속한 경제성장을 주도했던 한국의 자본과 기술을 필요로 하였던 것이다.[4]

한중관계는 1992년 수교 이후 비약적인 발전을 하였다. 먼저 경제적인 측면에서 보면, 중국은 이미 한국의 최대 교역대상국이자 수출대상국이며 또한 최대 투자대상국이 되었다. 한중 무역규모는 수교 당시 50억 달러에서 2017년 2,400억 달러로 급성장해서 한국의 일본 및 미국과의 무역액을 합친 규모를 상회하였다. 2017년까지 한국의 기업은 중국의 현지에 약 590억 달러를 투자하였고, 양국은 연간 약 10여 차례의 경제각료회의를 개최하고 있다. 또한 교류의 정도를 가늠하는 항공편수를 보면, 현재 한국과 중국 간에는 매주 400회 이상의 항공편이 운항되고 있다. 7만 9,000명의 한국 학생이 중국에서 유학하고 있으며, 반대로 6만 8,000명의 중국 학생이 한국에서 공부하고 있다. 황해를 마주하고 약 130여개의 자매도시가 활발히 교류하고 있다. 한류 열풍은 중국 내에서 한국의 문화를 알리고 한국 기업들의 시장 진출에 기여하고 있으며, 중국은 한국에 약 17개의 공자학원을 설립하여 유교문명권의 부활시켜 자국의 영향력을 확대하고자 한다.

한중관계의 공식적인 명칭도 교류와 협력의 비약적인 발전과 함께 변경되어 왔다. 수교이후 '우호협력관계'에서 1998년 김대중 정부 시 '협력동반자관계', 2003년 노무현 정부 시 '전면적 협력동반자관계'를 거쳐 2008년 '전략적 협력동반자관계'로 격상되었다. 한중 양국은 경제, 통상, 문화 등 많은 분야에서 전면적이고 실질적인 발전을 이룩하여 왔으나, 2000년의 마늘파동, 2004년과 2006년의 중국 동북공정, 2016년 사드배치 등과 관

표 6.1 한중 양국의 교류 현황

시기	양국관계	양국 교류	
		교역량	인적교류
수교(1992) 및 문민정부 (1993~1997)	"우호협력관계"	63.7억 달러 (92년)	13만 명 (92년)
국민의 정부 (1998~2002)	1998 김대중 대통령 방중 "협력동반자관계" 구축	411.5억 달러 (02년)	266만 명 (02년)
참여정부 (2003~2007)	2003 노무현 대통령 방중 "전면적 협력동반자관계" 구축	1,450억 달러 (07년)	585만 명 (07년)
이명박/박근혜 정부 (2008~)	2008 이명박 대통령 방중 "전략적 협력동반자관계" 구축	2,400억 달러 (17년)	1,042만 명 (15년)

출처: 외교통상부, 『중국개황 자료집』; 한국관광공사, 『중국국가여유국』.

련하여 양국 간의 중대한 위기가 발생하기도 하였다. 한국 내의 반(反)중국 감정과 중국 내 반(反)한 감정 등은 양국 간의 지속적인 발전을 가로막는 장애물이다. 특히 안보와 군사 분야에서 교류와 협력의 제한성은 동북아시아의 항구적인 평화와 번영을 위하여 해결해야 할 과제이다. 중국은 북핵 6자회담을 중재하면서 한반도의 평화와 안정유지를 최우선적 목표로 설정하고 대화를 통하여 비핵화를 달성하고자 하였지만, 견고하게 유지되어 온 한반도 냉전구조와 그 일부인 북중 동맹관계가 양국의 군사안보 분야의 발전과 협력을 가로막는 요인이다. 한반도의 냉전구조가 초래한 북핵 및 북한문제는 4절에서 후술하고자 한다.

3. 한미관계와 한중관계 비교

한미관계와 한중관계는 뚜렷한 차이점을 갖고 경쟁적으로 발전해 왔다. 한미관계가 안정적인 군사적 동맹관계를 지속하면서 다양한 분야에서 꾸준히 발전해 온 반면, 한중관계는 경제 및 사회문화 분야에 한정되어 발전하였다. 2016년 촉발된 사드문제와 같이 정치 및 안보 분야에서 한국과 이익이 충돌한 점은 지속되는 한반도 냉전체제와 안보구조에서 북핵 및 북한문제가 한중 양국관계의 주요한 걸림돌이라는 점을 드러내었다. 이 절에서는 한미관계와 한중관계의 여러 양상들을 정치와 안보, 경제 그리고 제도와 의식 등 다양한 제 측면들을 검토한다.

1) 정치 및 안보 분야

정치 및 안보 분야에서 한미관계와 한중관계의 차이는 매우 두드러진다. 한미관계는 한미상호방위조약 체결 이래 약 65년의 역사적 기간을 갖고 있지만, 한중관계는 한중수교 이래 24년에 불과하다. 더욱이 뒤에 기술할 북중우호조약에 따른 북중동맹을 이유로 한중관계의 발전은 경제적 측면에 한정되어 발전하여 왔다. 한미관계는 북한이라는 공동의 적대적인 대상이 존재하였기 때문에 이익의 공유를 기반으로 지속될 수 있었다. 이 과정에서 한미관계는 여러 가지 차원에서 제도화되었는데 주로 정치외교 분야의 정상회담과 각료회담 및 수많은 실무회의를 통해서 논의 구조를 형성하여 왔다. 특히 한국의 민주화로 인해 미국과의 정치제도의 유사성과 정치 이념적 결속은 한미관계를 발전시키는 중요한 요인이었다. 한국정부는 1948년 수립 당시부터 미국식 대통령중심제를 택하여 정치제도의 동질성을 가지고 있으며, 이념적으로도 민주주의와 자본주의를 지향하는 동질성을 가지고 있다. 이와 더불어 반공주의도 이념동맹이라 부를 수 있을 정도로 결속되어 왔다.

한미관계는 한미동맹의 형태로 군사·안보적인 차원에서도 제도적으로 공고화되어 왔다. 한미연합방위체제는 양국의 군사력을 통합 운영함으로써 한반도에서의 전쟁을 억지하고, 유사시 효과적인 연합작전을 수행하는데 목적이 있다. 이 점은 한미동맹이 하나의 제도화된 조직(organization)

의 틀에서 표준화된 행동절차를 통해서 임무를 수행할 수 있는 능력을 극대화시켜왔다는 것을 의미한다. 한미안보협력체제의 기본적인 법적인 근거는 1953년 한미상호방위조약, 1954년의 한미합의의사록과 1966년 한미주둔군지위협정(SOFA)이다. 아울러 1968년부터 연례적으로 개최되고 있는 한미안보협의회의(SCM: Security Consultative Meeting)와 1978년에 창설된 한미연합군사령부(CFC: Combined Forces Command), 그리고 1991년에 체결된 전시지원협정(WHNS: Wartime Host Nation Support) 등은 한미안보협력체제의 근간이 되고 있다. 한미안보협의회의 주된 기능은 한미 양국 간의 주요 군사정책을 협의·조정하고, 한미군사위원회에 전략지침을 하달하는 것이다. 한미안보협의회는 국방장관회담과 장관회담을 실무적으로 보좌하기 위하여 정책검토위원회, 안보협력위원회, 군수협력위원회, 방산·기술위원회, 공동성명위원회 등 5개 분과위원회로 구성되어 있다. 전시지원협정은 한반도 유사시 증원되는 미군의 도착, 이동 및 전투지속능력을 보장하기 위한 포괄적 협정으로 1991년 한미안보협의회에서 체결되었다. 이 협정에 따라 한반도 유사시 미국은 전투병력 위주의 증원군을 신속히 전개·배치하고, 한국은 미 증원군에 대한 군수지원을 제공하는 역할 분담이 이루어지게 되었다.

한중 양국은 정치 및 안보 분야에서 정상회담 혹은 각료회담의 형태로 그 접촉이 이루어졌다. 군사안보 분야의 가장 가시적인 성과로 양국은 2007년 당시 '전면적 협력동반자관계'의 정신에 따라 군사 핫라인 설치에 합의하였다. 2011년에는 군사부분에서 고위급대화 체제를 수립하기로 합의한 바가 있으나, 전략대화의 상설화까지는 이르지 못하고 있다. 한중 양국의 필요성에 따라 정치 및 안보 분야에서 고위급 대화와 교류가 추진되었지만, 2016년 사드문제로 양국의 대화는 단절되었다. 따라서 한중관계의 정치 및 안보 분야의 제도화는 상당히 취약하다고 평가할 수 있다.

한중관계를 공식적으로 규정하는 개념은 '전략적 협력동반자관계'이다. 중국의 입장에서 볼 때, 중국이 채택한 양자관계의 외교에서 이 용어는 동맹(북중우호조약과 같은)관계를 제외하면 가장 상위의 관계를 의미한다. 중국은 양자관계에서 상대국과 관계형성의 친소관계, 협력의 범위와 정도를 일정 정도로 규정하고 있다. 이에 따라서 전략적 동반자관계, 전략적 관계, 동반자관계, 전통적 선린우호관계, 우호협력관계, 일반 수교관계로 구별하고 있다.[5] 그러나 이러한 수사적인 용어가 양자관계의 내용을 모두 설명하고 있지는 않다. 따라서 주의를 요구하는 것은 실제 관계의 내용인 것인데, 한중관계의 경우는 경제적·인적 교류의 급속한 팽창에도 불구하고 군사안보적인 관계의 제도화가 발전되지 못하였다. 가장 큰 이유는 중국의 동맹국인 북한과 잠재적인 적대국인 미국의 존재이다. 한국과 중국은 각자의 동맹국 존재 그리고 이에 수반하는 동맹국과의 군사안보 분야에서 밀접한 협력관계로 인해서 이 분야의 제도화가 이루어지지 못하였다.

2) 경제적 상호의존성

한미 그리고 한중 간의 경제관계를 살펴보는 것은 두 가지 의미를 갖는다. 첫째는 한국의 입장에서 미국 및 중국과의 양자관계에서 고려할 수 있는 경제적인 측면의 국익을 가늠해볼 수 있다는 것이다. 그것은 국가 간 관계가 맺고 있는 물질적인(material) 세계의 실체를 명시적으로 드러내어 준다. 이러한 물질세계는 국가들이 자국의 이익을 규정하는 데 준거점을 제공하게 된다. 둘째는 경제적 관계의 발전을 국제정치적인 의미로 어떻게 해석해야 할 것인가라는 점이다. 코헤인(Robert Keohane)으로 대변되는 자유주의 이론은 경제적 상호의존(economic interdependence)이라는 개념을 착안해 내었다.[6] 그는 국가들 간의 경제적 상호의존의 심화가 국가들의 협력을 더욱 유도한다는 명제를 제시하였다. 경제적 상호의존의 심화가 국가들의 협력을 더욱 유도한다는 명제는 동아시아의 협력을 중국변수로 설명하는 데 현재까지는 유효한 설명력을 갖는다. 세계의 공장이자 시장이 되어가고 있는 중국의 부상이 동아시아 국가들에게 경제성장의 기회를 제공

> **해설 6.2**
>
> ### 경제적 상호의존성(economic interdependence)
> 코헤인으로 대표되는 자유주의는 국가 중심의 국제관계 시각에 대해 비판하고 다국적 기업, 국제기구, 가톨릭교회 등 초국가적 행위자들의 관계와 행위결과가 모두에게 영향을 미치는 상호의존의 정치경제를 주장하였다. 자유주의는 '복합적 상호의존(complex interdependence)' 개념을 제시하였는데, 국가가 지배적 행위자도 단일체적 행위자도 아닐 수 있으며, 군사력이 정책수행을 위한 효과적 수단이 아닐 수 있고, 안보문제가 사회경제문제보다 우위에 있다는 것은 시대착오적이라고 주장하였다. 현실주의의 권력 정치적 관점에 이론을 제기하고, 국제관계에서 자유주의적 다원주의 해석의 장을 넓혔다.

하였고, 중국도 그러한 역내 무역의 확대를 통해 자국의 경제발전과 정치적인 영향력을 확대할 수 있었다.

표 6.2는 한국의 대미 및 대중 무역구조의 변화를 보여주고 있다. 한국의 대미 및 대중 무역구조는 2002년 이후 현재까지 완전히 역전되는 양상을 나타내고 있다. 2002년 한국의 총수출에서 대미 수출이 차지하는 비율은 전체 수출액의 약 20.2%였으나, 2017년에는 약 12.0%로 감소하였다. 반면 한국의 대중 수출이 차지하는 비율은 같은 기간 전체 수출액의 약 14.6%에서 24.8%로 증가하였다. 수입부문도 비슷한 양상을 나타내고 있다. 2002년 한국의 총수입에서 대미 수입이 차지하는 비율은 전체수입액의 약 15.1%였지만, 2017년에는 10.6%로 감소하였다. 반면 한국의 대중 수입이 차지하는 비율은 같은 기간 전체수입액의 약 11.4%에서 20.5%로 증가하였다. 한국의 무역구조가 미국에서 중국으로 역전되는 현상은 수출의 경우는 2003년, 그리고 수입의 경우는 2004년에 발생하였는데, 이후 중국은 미국을 제치고 한국의 최대무역국으로 자리매김 하였다. 이러한 무역구조의 역전은 같은 기간 한중 무역액이 412억 달러에서 2017년 2,400

표 6.2 한국의 대미 및 대중 무역구조의 변화 (단위: %)

무역비중 연도	미국		중국	
	수출	수입	수출	수입
2002	20.2	15.1	14.6	11.4
2003	17.7	13.9	18.1	12.3
2004	16.9	12.8	19.6	13.2
2005	14.5	11.7	21.8	14.8
2006	13.3	10.9	21.3	15.7
2007	12.3	10.4	22.1	17.7
2008	11.0	8.8	21.7	17.7
2009	10.4	9.0	23.9	16.8
2010	10.7	9.5	25.1	16.8
2017	12.0	10.6	24.8	20.5

출처: 한국은행.

억 달러로 급증한 데 기인하는데, 한국경제의 성장 동력이 대중 무역으로 전환하고 있다는 점을 의미한다.

한중 양국 간의 경제적 상호의존의 심화와 한미 양국 간의 경제적 상호의존의 상대적 퇴조는 한국 국가이익의 재구성 문제를 제기할 수 있다. 그러나 한미 양국 사이의 경제적 상호의존의 퇴조가 곧 동맹의 약화를 야기할 것으로 단정할 이유는 없다. 동맹의 역사를 보면, 동맹국들의 결속 혹은 해체와 관련하여 동맹국 상호 간의 경제적 이익의 공유 정도가 항상 주요한 원인은 아니기 때문이다. 오히려 한미동맹은 제도화의 측면에서 매우 공고한 모습을 보이고 있다. 한국이 한미 FTA(2011년)를 한중 FTA(2015년)보다 앞서서 추진한 이유는 경제적인 실리에 따른 판단보다 수십 년간 지속된 한미관계의 제도화된 측면이 강하게 작용하였다. 한편 한중 양국은 2008년 점증하는 경제적 이익을 공유하고 발전시키려는 취지에서 공식적인 외교관계를 '전략적 협력동반자관계'로 격상시켰다. 그리고 이 점은 경제적 상호의존의 심화가 국가 간의 협력을 유도한다는 자유주의 이론의 명제를 입증하고 있는 것으로 보인다.

그런데 한미관계의 관점에서 볼 때, 한국전쟁의 전쟁 상대국이었고 북한과 동맹조약으로 묶여 있는 중국이 한국의 최대 경제적 이해상관자로 전환한 점은 '불편한 진실'이다. '불편한 진실'이란 한미동맹과 북중동맹으로 구성된 한반도의 냉전구조로 인해 정치 군사적으로 대립하고 있는 관련국들의 경제적 상호의존성이 심화되고 있다는 점이다. 특히 한중관계의 정치 및 안보 분야에서의 취약성은 사드문제로 촉발되어 명백하게 노정되었다. 사드배치를 둘러싼 한중 양국의 대립과 중국의 경제 조치들은 양국 간에 상당한 경제적 손실을 초래했다. 사드문제로 2016년 중국인 관광객은 전년대비 약 400만 명이 감소하였고, 직간접적인 경제적 손실액은 약 60여 조 원에 이른다. 경제와 안보의 비대칭적 구조를 해소하는 문제는 결국 한미관계와 한중관계의 미래과제와 직결된다. 한미동맹의 역할 전환과 관련된 논의들, 즉 전략성 유연성의 문제 혹은 한미동맹을 북대서양조약기구와 같은 지역안보동맹(regional security alliance)으로 전환해야 한다는 견해는 동북아 질서의 변화 속에서 비대칭 구조의 문제를 해결하려는 대안으로 제시된다. 결국 경제와 안보의 비대칭 구조의 문제는 한반도에서 항구적인 평화체제를 건설하는 문제와 직결되는데, 이 문제는 후술하기로 한다.

3) 한미관계와 한중관계를 바라보는 국민들의 의식

한국민들이 한미관계와 한중관계를 바라보는 의식은 매우 이중적이다. 중국과는 역사적이고 문화적인 유대감에 힘입어 짧은 시간동안 급속한 관계 발전을 이루었다. 그러나 한반도의 냉전구조 지속이 초래하는 안보문제, 특히 북한의 무력도발로 인해서 한국민들은 한미관계와 한중관계를 경쟁적인 대체재로 인식하고, 한미관계에 대한 선호도가 한중관계보다 강한 것으로 나타나고 있다. 한국인들의 인식에 흐르는 근저에는 한국전쟁이 휴전협정에 따라 종전되었다는 점, 그리고 여전히 북한의 위협이 존재한다는 점이 한국인들이 한미관계에 우선적인 중요성을 부여하는 요인이다. 물론 2000년대 초반 한국사회의 반미 여론이 과거 어느 시점보다 높아지기도 하였다. 1970년대 유신시대 이후 1990년대 초기까지만 해도 미국에 대한 비판적 인식은 '반미=용공=친북'이라는 냉전 논리에 의하여 상당히 제약을 받아 왔다. 그러나 민주화가 진전된 후 김대중 정부의 남북정상회담을 전후하여 남북 화해 무드가 조성되면서 한미동맹의 유용성을 부인하는 인식이 일부 형성되기도 하였다. 예를 들면, 2002년 여중생 사망 추모 촛불시위를 계기로 발생된 반미 여론이 그러하다. 그러나 북한의 핵 및 미사일 개발실험으로 핵위기가 고조되면서 한미동맹의 중요성을 다시 강조하는 여론이 강화되었다. 2018년에는 재차 반전이 발생하였다. 3차례의 남북정상회담과 1차례의 북미정상회담을 통해서 남북관계가 발전하고 북미 간의 비핵화협상이 진전을 보이자 국민들의 인식은 다른 양상을 나타냈다. 결국 한미관계와 남북관계에 대한 국민들의 인식은 북한문제를 변수로 변동을 겪어 왔다.

한중관계는 유래를 찾기 힘들 정도로 급속한 발전을 이룩했음에도 불구하고, 2000년 마늘 파동, 2004년 및 2006년 중국 동북공정사건, 2016년 사드배치 등을 거치면서 한국 내 반(反)중국 정서가 급속히 확산된 바가 있다. 당시 역사문제가 제기되자 한국 내 중국에 대한 선호도는 급격히 떨어졌다. 천안함·연평도사건과 사드배치 등 안보문제를 둘러싼 양국의 이해관계의 차이가 노정되자 한중관계의 불신이 심화되었다. 한국의 '비핵·개방·3천' 등 선비핵화 후지원의 대북정책은 지나치게 경직되어 역설적으로 한반도의 불안정을 조성시키는 원인을 제공하였고, 중국의 입장에서 자국의 국익을 오히려 위협하고 있다는 인식이 작용하였다. 연평도 사태 시 한국이 강조한 북한 도발 시 원점 타격에 대한 입장 역시 한반도의 군사적 충돌 및 전쟁가능성을 크게 높이는 것이고, 평화와 발전이라는 중국의 핵심적 이익에 커다란 손상을 줄 수 있는 것으로 인식되었다. 그러나 한국의 입장에서 천안함·연평도 사태 시 중국의 대북 편향 입장은 한국 국민들에게 많은 실망을 안겨주었다. 결국 한국 국민들에게 중국은 북중우호조약을 한중관계보다 우선하는 모습을 확인시켰고, 한미동맹만이 유일한 군사안보적인 대안이라는 생각을 갖게 하였다. 2016년 북한의 핵과 미사일 도발에 따른 한반도 사드배치 결정과 중국의 한국 경제제재로 악화된 한중관계는 한반도 냉전구조로 인한 악순환 패턴을 다시 한 번 보여주었다. 결국 북한의 도발적 행위와 적대적 남북관계는 한미관계와 한중관계를 동일한 선상에 있는 대체재로 취급하게 하는 효과를 갖고 있는 것으로 보인다.

2007년부터 서울대학교 통일평화연구원이 해마다 실시하고 있는 통일의식 조사는 이러한 양상을 극적으로 드러내고 있다.[7] 국가이미지에 대한 조사에서 미국의 경우는 협력대상 이미지가 70~80%를 유지했고, 경쟁대상과 경계대상 이미지는 10% 초반대, 그리고 적대대상 이미지 1% 미만에 응답했다. 중국의 경우 협력대상 이미지가 20% 초중반을 유지하다가 사드문제 발생 이후 2018년에 13.3%로 급락했다. 경쟁대상 이미지는 30%대가 지속되었던 반면 경계대상 이미지는 30%대에서 2018년 50.3%로 급상하였다. 도표 6.1은 한반도 전쟁 시 미국과 중국의 태도 예상을 나타내고 있다. 한반도 전쟁 시 미국과 중국의 태도를 예상하는 질문 항목은 각각 한국 지원, 북한 지원, 자국 이익, 중립이었다. 미국의 태도에 대한 예상은 2007~2018년 기간 동안 한국지원이 50.6%에서 72.4%까지 증가했던 반면, 자국 이익이 45.5%에서 20.9%까지 감소하였다. 반면, 중국의 태도에 대한 예상은 2007년 북한 지원이 26.8%에서 2011년 62.8%로 급증하였고, 자국의 이익 항목이 56.4%에서 31.0%까지 감소하였다. 이러한 설문조사 결과의 변화는 2010년 천안함사건과 연평도 폭격사건 당시 중국의 북한 편들기와 미국의 한국 지원을 계기로 국민들의 의식이 극적으로 변화하고 있음을 시사한다.

남북관계 및 북한의 비핵화를 위한 한국, 미국, 중국 간의 공조에 대한 조사에서 우리 국민들은 미국과의 공조를 보다 중시하고 있다 (도표6.2).

도표 6.1 한반도 전쟁 시 미국과 중국의 태도 예상(%)

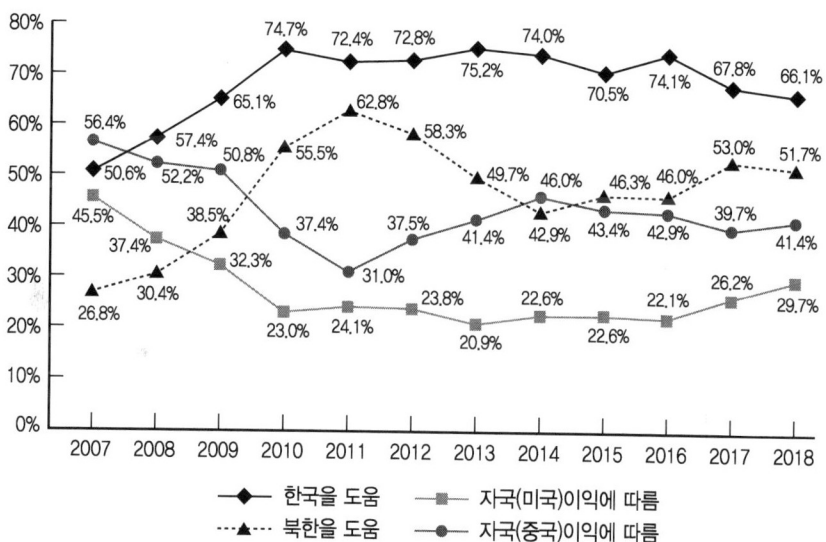

출처: 서울대학교 통일평화연구원.

2015~2018년간 이루어진 통일의식 조사에서 남북, 한미, 한중 간의 협력을 비교 조사한 결과 남북 간의 협력이 한미 간 협력보다 10% 내외 많이 응답했고, 한미 간 협력이 한중 간 협력보다 20% 내외 많이 응답했다. 반면 세 협력 모두 중요하다는 응답이 30%대에 머물렀던 것을 보면, 우리 국민들은 남북, 한미, 한중 간의 협력을 다소 선택의 문제로 보는 것이 지배적이다. 2018년 조사된 내용에 따르면 북한의 비핵화를 한미공조와 한중공조로 대별시킨 질문에 모두 중요하다는 대답이 52.2%로 가장 높았고, 한미 간 협력이 39.3%, 한중 간 협력이 8.6%로 응답했다. 중국의 부상이 한반도에 미칠 영향에 대한 조사에서 도움이 안 된다는 응답이 49.5%로 도움이 된다는 응답(22.0%), 보통이다라는 응답(28.5%)보다 많았다. 미중 갈등 시 한국의 입장에 대한 질문에서 중립을 지켜야 한다는 응답이 53.2%로 미국과 협력을 강화해야 한다는 응답(39.2%), 중국과 협력을 강화해야 한

도표 6.2 남북관계와 한미중 협력 인식(%)

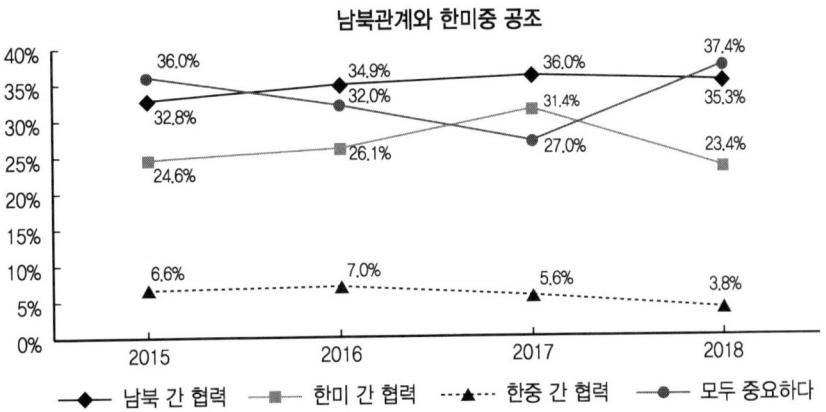

출처: 서울대학교 통일평화연구원.

다는 응답(7.6%)보다 많았다.

한국 국민의 인식은 중국보다는 미국을 협력대상으로 인식하고 있으며, 이 점은 한미관계의 중요한 국민 여론 차원의 토대를 이루고 있다. 또한 한국 국민은 중국과의 경제적 협력의 확대에도 불구하고 중국을 정치 및 안보 영역의 파트너로서는 매우 조심스러운 평가를 하고 있음을 알 수 있다. 한국 국민은 중국이 한반도에 미칠 영향력을 우려하고 있으며, 미중 간의 경쟁구도에서 상대적으로 미국을 선택하고 있지만 이에 따른 국익 손실을 우려해서 국민들의 중립적 선택이 과거보다 강화되었다.

한국 국민의 중국에 대한 인식의 제약은 중화주의에 입각한 중국의 국력 팽창에 대한 우려도 물론 다른 여느 국가들처럼 존재한다. 뿐만 아니라 이 인식은 현실적으로 중국이 북한의 유일한 동맹국이라는 점에 기인하고 있다. 중국의 한국전쟁 참전은 북한에 대한 지원이었다는 점, 그리고 이 역사가 북한과 중국의 동맹관계가 지속되어 여전히 유효하게 재현될 수 있다는 점이 천안함사건과 연평도 폭격사건, 그리고 사드배치로 인한 중국의 대한국 경제제재 등 일련의 사건들을 겪으면서 반복해서 인지되어 온 결과이다. 따라서 북한 및 북핵문제에 따른 위협인식이 한중관계가 경제적 외연을 넘어서 정치 및 안보적 차원으로 발전하는 데 구속으로 작용하고 있다. 남북관계가 진전되고 북핵문제가 해결된다면 이에 따라 대중 인식이 일정 정도 개선될 수 있을 것이다. 그러나 근본적으로 한반도의 냉전구조가 해체되고 동북아의 안보지형이 동맹체제가 아닌 다자 간의 안보협력체제로 전환되기 전까지 우리 국민들의 의식은 현재와 같이 북한 변수에 따라 미국과 중국을 선택적인 대체재로 인식할 것으로 전망된다.

4. 한반도 냉전구조의 전환

1) 한반도 냉전구조와 북중관계

한반도 냉전구조에서 한미일 남방 3각관계의 대칭을 이루었던 것은 북중소 북방 3각관계였다. 특히 북중관계는 북중우호조약을 통해서 한미관계의 대척점을 이루었다. 북중우호조약은 모두 7개의 조항으로 구성되어 있다.[8] 제1조는 아시아 및 세계 평화와 각국 안보 수호에 대하여 노력한다는 선언적인 의미이고, 제4조는 양국 간의 대외정책에 대한 의사소통의 긴밀한 협력에 대한 내용이다. 제5조는 양국이 모든 분야에서 공고히 협력을 발전시킨다는 취지를 갖고 있으며, 제6조는 한반도의 통일에 대한 내용으로 북한의 주장이 적극 반영되었음을 보여주고 있다. 제7조는 조약의 수정 또는 폐기에 대한 쌍방 간의 합의가 없는 이상 그 효력이 계속 지속된다는 내용을 담고 있다. 북중우호조약이 동맹조약의 성격을 갖는 것은 자동개입의 내용을 담고 있는 제2조와 동맹국 상호 간의 대외정책의 제약을 규정하고 있는 제3조이다. 특히 제2조는 "체약 쌍방은 체약 쌍방 중 어느 일방에 대한 어떠한 국가로부터의 침략이라도 이를 방지하기 위하여 모든 조치를 공동으로 취할 의무를 지닌다"면서 "체약 일방이 어떠한 한 개의 국가 또는 몇 개 국가들로의 연합으로부터 무력 침공을 당함으로써 전쟁 상태에 처하게 되는 경우에 체약 상대방은 모든 힘을 다하여 지체 없이 군사적 및 기타 원조를 제공한다"고 명시하고 있다. 제3조는 동맹의 외적인 결박을 의미하며 "체약 쌍방은 체약 상대방을 반대하는 어떠한 동맹"과 "어떠한 집단과 어떠한 행동 또는 조치"를 하지 않는다고 명시하고 있다.

북한은 1992년 한중수교가 조약 제3조를 명백히 위배한다고 강하게 비판하였다. 이후 양국은 일시적으로 교류와 협력을 중단시킨 적은 있었으나, 조약은 변함없이 유지되었다. 중국과 북한은 자국 내에서 북중우호조약 폐기 혹은 수정 논란에도 불구하고 현재까지 이 조약을 유지하고 있다. 중국은 한미동맹에 대한 이저 위협과 북한의 불안정성과 같이 내적 위협을 제어하는 결박(tethering)의 효과를 기대하며 이 조약을 유지해왔다. 북한은 각 조항의 유효성에 의구심을 갖고 있으나, 한미동맹이라는 외적 위협을 억지하고, 중국을 연루(entrapment)시키려는 목적으로 조약의 존재 자체가 가지는 실익을 고려해서 조약의 존속을 원하고 있다.[9)]

적어도 법적이고 형식적인 의미에서 한미상호방위조약과 북중우호조약은 한국전쟁의 경우처럼 두 동맹관계의 충돌로 발전할 수 있는 가능성을 열어놓고 있다. 그렇기 때문에 한반도는 과거 냉전시대의 북방 3각관계와 남방 3각관계의 유산이 그대로 잔존하고 있는 것이다. 앞서 언급한 것처럼 소비에트 블록 해체에 따른 탈냉전은 한반도 냉전구조의 부분적인 해체를 가

해설 6.3

결박(tethering)

동맹의 기능 중 하나로서 동맹은 기본적으로 국가들이 의도적으로 어떤 상대의 위협에 대항하기 위하여 형성되지만, 다른 한편으로 동맹을 체결하는 상대국의 행위를 제한함으로써 국제적 균형을 유지시키기 위한 목적을 내포하기도 한다. 동맹은 우호적인 국가 간에 발생하기도 하지만, 위협을 주는 국가와 체결된다는 점에서 결박의 기능에 주목하기도 한다.

> **해설 6.4**
>
> **연루(entrapment)와 방기(abandonment)**
> 동맹국가 간에는 갈등이 발생하기도 하며, 이 과정에서 동맹의 딜레마(alliance's security dilemma)가 존재한다. 연루는 자국의 국가이익에 무관하거나 경미한 상황에서 동맹 상대국의 이익 때문에 원하지 않는 분쟁이나 갈등에 휘말리는 것을 의미한다. 반면에 방기(abandonment)는 동맹국 중 상대국이 동맹관계를 배반하여 탈퇴하는 것을 의미한다.

져왔다. 한중수교와 한소수교가 이루어졌던 반면 북미관계와 북일관계는 정상화되지 못했다. 북한은 자국의 생존을 위해 핵무기와 미사일을 개발함으로써 주변국의 안보 위협 요인이 되었고, 2000년대 두 차례의 남북정상회담에도 불구하고 비핵화 협상 실패는 한반도 냉전구조의 해체로 귀결되지 못했다. 다음 두 소절에서는 한반도 냉전구조에 근본적인 변화를 가져온 두 요인 즉 북한의 비핵화 문제와 중국의 부상을 다루고자 한다.

2) 북중관계의 불안정성과 북한의 엔드게임

한국전쟁 이후 북한은 중국 및 소련과 자동군사개입 조항을 담은 동맹조약을 체결하였고, 냉전 시기 동안 주체사상에 입각한 등거리 외교를 펼치면서 자국의 안보를 제공받았다. 소련으로부터 항공기, 전투기, 장갑차와 전차 등 전략무기를 제공받고 공군 및 해군 기지 사용을 허용하였다. 반면 중국과의 군사협력과 교류는 한국전쟁을 전후로 하는 시기에 한정되었고, 김일성은 1957년 중국 인민지원군의 철수를 요구함으로써 중국의 대북 군사지원은 제한적이었다. 그러나 탈냉전 이후 이러한 상황은 변화를 맞게 된다. 북한은 소련의 붕괴와 해체로 더 이상 안보를 제공받을 수 없게 되었다. 중국도 북한에게 실질적인 전력 증강에 필요한 군사지원보다 소모품과 수리부속품을 지원하게 되었다. 소련과 중국의 한국과 수교는 북한의 관점에서 동맹조약의 제3조 "체약 쌍방은 체약 상대방을 반대하는 어떠한 동맹도 체결하지 않으며, 체약 상대방을 반대하는 어떠한 행동 또는 조치에도 참가하지 않는다"라는 항목에 심각하게 위반을 의미했다. 특히 이와 동시에 이루어진 중국의 대북 우호가격정책 폐지와 경제지원 감축은 북한 경제에도 중대한 타격을 주었기에 북한으로서는 심각한 배신감을 느끼게 되었다.

중국과 소련의 군사지원 중단, 국제사회로부터의 경제적 고립 속에서 '고난의 행군'을 겪었던 북한은 방기(abandonment)의 위협에 직면해서 자국의 생존을 위한 독자적인 모색을 취할 수밖에 없었다. 반면 중국은 자국의 경제발전을 위해 안정적인 한반도 정세를 관리할 필요가 있었다. 중국은 북한의 안보를 적극 보장하는 정책을 택하는 대신, 노태우 정부의 북방정책에 상응하는 한중수교를 통해 2개의 한국정책으로 전환하였다. 북한은 1994년 미국과의 제네바합의를 이루었지만, 이 합의가 충분히 실행되지 않자 2003년 제2차 북핵위기를 발생시켰다. 제2차 북핵협상은 중국의 중재로 6자회담의 형태로 이루어졌다. 2007년 2.13 합의, 2008년 10.3 합의로 북한 핵시설 폐쇄와 불능화, 핵사찰 수용, 중유지원 100만 톤 상당의 경제적 지원 등으로 해결되는 것처럼 보였다. 그러나 북한은 2009년 4월 미사일 실험, 5월 2차 핵실험 등으로 양국 간의 합의를 결렬시키고, 결국 최종적인 '엔드 게임'의 길로 나아갔다. 북한은 '엔드 게임'을 통해서 대륙간탄도미사일의 개발을 통해 미국 본토를 압박함으로써 대미 억지력을 갖추고 동시에 북한의 협상력을 제고하고자 하였다.

북한은 일찍부터 핵무기에 대한 관심을 갖고 있었다. 1964년 중국의 핵실험 성공을 지켜보았고, 소련과 중국으로부터 핵무기 개발과 관련된 기술을 습득했다. 1980년대부터 한국과의 재래식무기 경쟁에서 밀리면서 핵무기에 대한 관심이 더욱 고조되었고, 소련의 붕괴로 주한미군 전술핵으로부터의 체제 위협에 직면하게 되면서 본격적인 핵개발을 시도하였다.[10] 북한의 핵개발 목적과 용도는 여러 차원에서 논의되어 왔다. 대남(미) 억지력 혹은 위협용, 대미 협상용, 대중 견제용 등 다양한 주장이 제기되어왔다. 특히 제2차 북핵위기와 현재에 이르기까지도 북한의 협상의지와 관련하여 다양한 추측을 낳았다. 그런데 분명한 것은 앞서 언급했듯이 북한이 소비에트 해체로 더 이상 안전을 보장받을 수 없게 되자 자구책으로서 체제 생존을 위해 핵무기를 개발하였다는 점이다. 그리고 가능하다면 이 핵무기를 미국과의 협상 테이블에 올려서 자국의 생존과 나아가 경제발전을 위한 한반도의 국제정치 구조 전환을 목표로 하였다. 핵무기 폐기를 종전선언, 평화협정, 대북제재 해제, 북미수교, 국제 고립 탈피 등과 교환함으로서 북한의 안전보장과 함께 국제사회의 제재를 풀고 정상국가로서의 경제발전을 도모하려는 것이다. 북한의 의지가 실현되기 위해서는 미국과의 신뢰구축과 동의가 필요한 것이지만, 북미 간의 불신은 두 차례의 핵협상 과정에서 이를 불가능하게 하였다. 결국 북한은 '엔드 게임'의 방식을 취할 수밖에 없었는데, 미국 본토에 이르는 대륙간탄도미사일 개발에 성공함으로써 미국에 직접적인 위협을 주고, 미국이 전쟁을 선택하지 않는다면 협상을 통한 해결의 강력한 동기부여를 갖도록 하는 조건을 만들어야 했다. 미국의 대외정책에 늘 우선순위에 있는 중동문제에 밀려서 부차적인 문제로 취급받던 북핵문제가 가장 우선시될 수 있는 직접적 핵위협 인식을 갖게 해야 했다. 2017년 북한의 계속되는 탄도미사일 실험과 트럼프 행정부에 와서 고조되었던 북미 간의 위기는 북한이 의도했던 '엔드 게임'의 종착점이라 볼 수 있다.

북한이 추구했던 '엔드 게임'은 결국 2017년 미국과의 협상 전기를 한국이 마련해주면서 실현되었다. 시민들의 촛불로 변화된 정세에서 당선된 문재인 대통령은 2017년 신베를린 선언 및 유엔총회 연설 등을 통해서 북한에게 남북관계 개선의 메시지를 전달했다. 2018년 신년사에서 김정은 국무위원장이 이에 응답하였고, 평창올림픽을 계기로 양 정상은 남북관계 발전과 비핵화 해결을 의제로 한반도 냉전구조 해체의 동반자가 되었다. 2018년 한 해 동안에만 남북정상회담 3차례, 북중정상회담 3차례, 북미정상회담 1차례가 이루어졌다. 이 글이 작성되는 시점에는 북한과 미국 간 비핵화를 둘러싼 실무협상이 진행되고 있다. 북한과 미국이 비핵화 협상을 완결 짓고, 북미수교로 이어지는 등 한반도 냉전구조가 해체될 수 있는지는 아직 여러 과정을 거쳐야 한다. 그런데 한반도 냉전구조의 해체, 북미 간의 비핵화 협상, 북미수교, 한반도 평화협정체제 등의 여정은 제1차 및 제2차 북핵협상과는 다른 여건 즉 중국의 위상이 커진 현실에서 진행될 수밖에 없다. 비핵화를 둘러싼 북미 간의 협상은 트럼프 행정부가 중국과의 무역전쟁을 개시하면서 촉발된 미중 간의 세력경쟁이라는 구조적 조건 속에서 진행되고 있다.

3) 중국의 위상제고와 한반도

중국의 대내외적 발전은 1970년대 후반 개혁개방 이후 실로 괄목상대하다. 중국은 1980년부터 2017년까지 연평균 약 9%의 경이적인 경제성장률을 기록하여, 2017년 현재 국내총생산(GDP) 규모 세계 2위, 무역규모 세계 2위, 외환보유고 세계 1위의 경제대국이 되었다. 이에 따라 국제사회에서 중국의 지위도 향상되었다. 중국은 개혁개방 이전부터 세계 5대 핵무기 보유국 중의 하나로서 유엔 안전보장이사회의 상임이사국이다. 중국은 경제성장을 통해 증대된 종합국력을 바탕으로 전 세계적으로 외교적인 영향력을 확대하고 있다. 마오쩌둥 시대의 사회주의 이데올로기에 기반한 제3세계 동맹정책을 탈피하여, 미국을 비롯한 서방국가들과 실용적인 외교노선을 발전시키고, 동남아시아국가연합(ASEAN), 중앙아시아, 유럽연합(EU), 오세아니아 국가들 및 중동의 국가들과 협력도 강화하고 있다. 중국은 전 세계의 국가들과 전 방위적인 협력을 통해서 '100년의 굴욕(百年國恥)'에서 형성된 피해자 의식을 떨쳐버리고, 국제사회에서 책임을 지고 권리를 주장하는 '책임대국론(負責任的大國)'과 '평화적 부상(和平崛起)'을 선언하였다. 나아가 국제질서에서 규칙제정자(rule-maker)로 자신의 역할을 부여하고 적극적인 대외정책을 추진하고 있다.[11] 2013년 시진핑(習近平) 주석에 의해서 제창된 '일대일로' 국가전략은 중진국 함정을 벗어나기 위한 경제적 효과와 함께 중앙아시아, 유럽, 아프리카를 잇는 대륙 및 해양 실크로드의 재현을 담은 청사진을 제시하고 있다.[12]

군사부문에서 중국의 성취 또한 괄목하다. 개혁개방이래 중국은 국방현대화 사업을 통해 선진국과 재래식무기의 차이를 단계적으로 완화하며, 항공우주기술의 발전 및 전략핵무기 체계를 완성하여 중국 국방의 현대화를 달성하려는 노력을 기울여 왔다. 1990년대 이후 중국의 국방예산은 중국 정부 전체예산의 8~10%를 유지하고 있으며, 매년 평균 15%의 증가율을 기록하고 있다. 2000년부터 2009년까지 중국 국방비는 217%가 증가하였고 2010년에는 약 1,100억 달러 증가하여 세계에서 2번째 규모의 국방예산을 갖고 있다.[13] 『이코노미스트(The Economist)』지 예측에 따르면, 미국과 중국 GDP 성장률을 각각 2.7%, 8%, 국방비 투자를 각각 3%, 2.1%로 가정했을 때, 2036년에는 양국의 국방비가 대등해진다.[14]

중국의 부상으로 1990년대 중반에 이미 '중국위협론'이 제기되었고, 국제사회에서 이에 대한 많은 논쟁과 평가가 진행되었다.[15] 중국에서는 "호랑이 두 마리가 하나의 산자락에서 함께 살 수 없다(一山不容二虎)"라는 속담도 있다. 그러나 적어도 현재까지의 중국 경제력과 군사력을 미국과 비교했을 때, 아직 미국에 대항할 만한 수준에 이르지 못한다. 중국의 경제력은 미국의 1/2에 미치지 못한다. 국방비 규모는 중국의 급속한 증가에도 불구하고 미국과 1:4의 비율을 유지하고 있다. 양국의 군사력이 무기 개발과 구매에 영향을 받는다면 오랜 시간동안 축적된 국방비 규모의 차이는 양국의 군사력 격차를 보여주는 지표일 것이다. 더욱이 중국의 군사력은 무기체계, 해외기지 운영, 전쟁 수행능력 등의 평가에서 미국에 미치지 못한다.

그러나 G2라는 용어는 2007년 세계 금융위기 이후로 세계경제에서 미국의 상대적인 영향력 퇴조와 중국의 역할 분담 차원에서 제기된 바가 있다. 국제체제의 변동 가능성에 대한 논의는 시진핑 시대 향후 10년간 중국의 지속적인 경제발전으로 인한 국력 신장이 예견되는 현 시점에서 보다 본격화될 것으로 보인다. 국제정치의 역사는 개별 국가들의 상대적인 힘의 분포 변화가 급격히 진행될 때 국제체제의 구조적인 변동이 발생함을 보여준다. 국제체제를 구성하는 개별 국가 간 상대적인 힘의 역학관계 변화는 국가 간 불균등한 성장의 법칙에 기인한 것이며, 그에 따라 패권을 둘러싼 전쟁이나 구조적인 변동이 발생했기 때문이다.[16] 기존의 패권국가가 관리하는 질서에서 새롭게 부상하는 잠재적인 경쟁국은 자신의 힘이 증대될수록 이익과 영향력 및 위신 등에 대한 불만족이 커지고, 그에 따라 기존 질서에의 순응을 재고(再考)하며 그 질서를 변경하려는 의도를 갖게 된다. 세력전이이론(power transition theory)은 국제체제의 불균형상태(disequilibrium)가 부상하는 국가의 경제력과 군사력의 급성장으로 발생하며, 결국 시장, 군사력, 정치적 영향력, 위신 등을 둘러싼 국가 간의 강렬한 경쟁이 전쟁과 같은 과정을 거쳐 체제의 근본적·구조적인 변동으로 귀결된다는 주장을 펼친다. 따라서 급속하게 부상하는 국가들은 패권국과 그 동맹국들뿐만 아니라 주변국들에도 위협으로 작용하게 된다는 함의가 도출된다.

냉전시대 한반도를 둘러싼 안보 역학관계는 미일동맹과 한미동맹을 축으로 하는 남방 3각관계와 구소련과 중국 및 북한을 축으로 하는 북방 3각관계의 대립을 전제로 하는 것이었다. 그러나 탈냉전과 러시아의 영향력 쇠퇴, 북한의 경제침체 및 1990년대 이후 한중관계의 발전은 한미중 3각관계가 지역 내 중요한 안보 역학관계로 대두되고 있음을 시사한다. 물론 한중관계는 경제관계를 중심으로 발전하였으며, 정치 및 군사관계의 발전은 아직 미흡하지만, 북핵문제가 이들 국가들에게 부여하는 공통의 도전, 부담 및 이해관계는 한미중 3각관계가 새롭게 대두되고 형성되고 있음을 시사한다. 이 새로운 '삼각관계(strategic triangle)' 발전의 주요한 동인은 중국의 2개 한국정책으로의 전환이었다. 결국 중국의 대(對)한반도 정책은 1992년 한중수교와 북한의 계속된 식량난과 난민유입으로 한국으로 경사되었으며, 북핵위기는 한반도 문제에 대해 중국의 새로운 외교적 역할을 창출하였다.[17] 중국은 한반도의 현상유지, 북핵문제의 평화적 해결 및 북한의 체제붕괴 방지 등에 대한 이해관계를 갖고 있다. 이에 따라 북핵문제 해결을 위해 중재자로서의 역할을 자처하고 6자회담을 개최하였다. 미국은 중국의 역내 역할 정립을 지지해 왔으며, 북한의 비핵화와 한반도의 평화와 번영이라는 이익을 공유하고 있다. 그러나 다른 한편으로 미국은 북한 및 북핵문제와 관련해서 중국과 상이한 입장을 견지해왔으며, 더욱이 북한이 추구하는 '엔드 게임'에서 양국의 입장 차이는 한반도를 전장으로 격화될 가능성을 배제하기 어렵게 한다.

5. 한미관계와 한중관계의 사이에서

1) 미국과 중국의 협력 혹은 경쟁?

미중관계는 1972년 닉슨 대통령의 중국 방문 당시, 마오쩌둥 주석과의 정상회담을 통해서 소련을 견제하기 위한 전략적 삼각체제(strategic triangle)의 형성으로 시작되었다. 1979년 덩샤오핑의 개혁개방정책의 추진과 함께 미국과의 수교를 맺으면서 양국관계는 공식적으로 발전하기 시작하였다. 경제발전을 위해서 대외개방 정책을 추진했던 중국 외교정책의 가장 커다란 목표는 평화로운 주변 환경의 조성이었고, 그 목적을 위한 가장 중요한 대외관계가 미중관계였음은 주지의 사실이다. 미국과의 우호적인 관계설정이 없이 중국의 국제체제 편입과 경제발전은 성취할 수 없기 때문이다.

미중관계는 1990년대 이후 최근까지 협력과 경쟁의 양상을 반복하여 왔다. 클린턴(Bill Clinton) 행정부는 '건설적인 전략적 동반자(constructive strategic partnership)'의 관계를 강조하며 우호적인 측면을 강조하였다. 반면 조지 W. 부시 행정부는 중국을 '전략적 경쟁자(strategic competitor)'로 규정하며 잠재적 위협의 측면을 강조하였다. 오바마 행정부의 대중정책은 관여(engagement)와 헤징(hedging)을 강조하였는데, 중국을 전략적 협력자로 인식하면서 관여정책에 비중을 두었다. 2017년 트럼프 행정부는

'미국 우선주의(America First)'를 강조하고 통상에 있어서 강력한 보호주의 정책을 내세우면서 중국과 무역전쟁도 불사하는 힘의 우위에 의한 정책을 추진하고 있다. 미국 대외정책의 기본 목표는 '시장'과 '민주주의'의 전 세계적인 확산이다. 따라서 중국과의 관계에서도 미중 국교정상화 이래로 중국 내부의 변화를 끌어내기 위한 노력으로 시장화와 세계화의 진전을 적극 고무해 왔다. 지역 내에서는 미일동맹, 한미동맹 등을 통해 해외주둔 미군의 강력한 군사력을 바탕으로 군사적인 억지 정책을 추구하는 한편, 경제적 무역 자유화를 주도하면서 지역 내의 경제적 상호의존성을 증대하는 역할을 담당해 왔다.

미국과 중국이 상호 공세적으로 대응할 경우에는 갈등적 양상이 드러난다. 미국은 중국을 의식한 정책으로서 미일동맹의 강화, 해외주둔미군의 전략적 재배치에 따른 주한미군의 전략적 유연성, 미사일방어(MD) 정책의 추진, 인권 문제 제기, 무역투자 보호주의, 위안화 환율 개혁, 중국의 지적재산권 보호강화 및 대만 문제 등을 거론하여 왔다. 반면 중국은 미국을 의식하여 중러관계 강화, 국방현대화 추진, 상하이협력기구의 확대, 주변국 외교 강화, 일대일로(一帶一路) 국가전략 등을 모색하여 왔다. 양국은 중앙아시아에서도 영향력 확대 경쟁과 대만문제, 에너지 안보, 글로벌 기후 변화 거버넌스 등을 둘러싼 마찰을 겪어 왔다. 2005년 미국이 중국을 책임 있는 이익상관자(a responsible stakeholder)로서 호칭하면서 국제사회에서 우호적인 파트너십을 강조하기 시작하고, G2의 개념으로 중국의 책임감과 부담을 분담할 것을 제안해 온 것은 갈등보다 협력의 중요성을 인식하기 때문이다. 미국과 중국은 양국의 주요한 현안문제를 논의하는 고위급대화와 경제전략대화를 결합하여 2009년부터 미중 경제전략대화를 개최하고 있고, 이 대화를 통해서 기후변화, 북핵문제, 무역 및 환율 등 의제를 점차 넓혀 나가고 있다. 미중관계는 21세기 가장 중요한 양자관계 중 하나라는 공통의 인식을 기반으로 협력을 증대시키고자 하나, 미국과 중국은 사안에 따라서 갈등과 협력을 반복하는 국면을 당분간 지속할 것으로 보인다.[18]

탈냉전 후 미국 중심의 단극질서가 G2시대로 이행하는 과정에서 국제질서는 어떠한 변화가 도래할 것인가? 중국의 계속되는 경제성장으로 2017년 중국의 국내총생산(GDP) 규모는 구매력 기준으로 환산하면 이미 미국을 추월하였다. 중국의 대외정책 근간은 지속적인 경제발전을 위한 평화로운 주변 환경의 조성이다. 특히 가장 강력한 리더십을 행사하는 미국의 견제에 대응하고 자국의 경제발전과 영향력 확대를 견지하는 과정에서 모든 세부적인 주요 정책과 현안을 검토하고 재조정하는 길을 밟아왔다. 잘 알려진 덩샤오핑의 대외정책인 '도광양회(韜光養晦)'와 '유소작위(有所作爲)'는 과거 마오쩌둥의 모험주의적인 외교정책을 되풀이하지 말라는 유훈을 제시한 것이며, 중국의 부국강병을 위한 외교정책의 일반적인 가이드라인이라 할 수 있다. 중국외교정책은 경로 의존적(path-dependent)인 진화의 과정을 밟았는데, 덩샤오핑의 유훈의 틀 내에서 국제정치의 환경 변화, 예를 들면 세계화, 경제적 상호의존의 심화, 다자주의 국제제도의 발전 등 새로운 국면이 전개되는 상황 속에서 중국의 국가이익을 실현하는 방향으로 탐색, 조정, 변화되었다.

중국의 대외정책 변화의 몇 가지 특징을 거론하면 다음과 같다. 첫째, 중국은 1990년대 중반 이후로 다자주의 국제제도에 적극적인 참여를 하고 있다는 점이다. 양국관계를 중시하던 전통적인 중국의 태도는 ARF(ASEAN Regional Forum)에 참여하면서 다자주의 국제제도의 유용성을 인식하게 되고 참여를 중시하게 되었다.[19] 이러한 변화 과정에서 '유소작위'의 변용적인 개념으로 '책임대국론(負責任的大國)'[20]이 제기된 것인데, 중국의 국제기구 운용사례로는 상하이협력기구와 아시아인프라투자은행(AIIB)을 예로 들 수 있다. 둘째, 중국의 행위 차원의 변화 이면에 존재하는 중국적 세계관의 이론적 논리를 검토해 볼 필요가 있다. 국제질서에 대한 마오쩌둥의 '양대진영론'이나 '3개세계론', 그리고 저우언라이(周恩來)의 중국외교정책 '평화공존 5원칙'도 중국적 세계관을 담고 있다. 후진타오(胡錦濤) 정부 역시 '조화세계론(和諧世界)'을 제시하고 있는데, 서구세계가 부여했던 베스

트팔렌의 국제질서 개념을 그대로 수용하지 않고, 고유한 국제질서에 대한 논리를 개발하고 있다. 셋째, 중국은 다른 국가들이 중국의 영향력 혹은 리더십에 자발적인 내재적 동의를 구하는 데 관심을 갖기 시작하였다. 나이(Joseph S. Nye)의 소프트파워에 대한 관심이 제고되고, 국제사회에서 존중을 받고 매력적인 국가가 되려는 모색을 하고 있다. 중국은 미국의 패권국가 등장에서 수반했던 '민주주의'와 '인권'과 같은 보편적인 가치의 발굴과 확산이라는 도덕적 정당성을 통해서 국제사회에 기여하는 측면이 평가받을 때 리더십을 획득할 수 있을 것이다.[21] 중국이 안고 있는 국내정치의 불안정성(부패문제, 불균등한 성장에 따른 계층과 지역격차, 정치개혁의 지연 등)은 국제적 위상과 연동해서 중국의 이미지를 창출할 것이기 때문에 중국이 소프트파워를 현실화시키기에는 오랜 세월이 필요할 것이다.

이러한 먼 미래에 대한 전망에 앞서 동북아 지역 내에서 미중관계의 협력이 필요로 하는 당장 시급한 문제는 북핵문제이다. 북핵문제를 계기로 한미중 3각관계에게 동북아지역에서 다자 간의 대화와 협력을 통한 새로운 기회를 창출해야 한다. 북핵문제에 대한 한미중의 공유된 이해관계(한반도 비핵화)는 북한의 핵포기를 통한 개혁개방정책을 유도하고 안정과 평화를 위한 보다 새로운 안보질서를 구축할 수 있는 전기가 될 수 있다. 미국의 개입은 대량살상무기(WMD)의 확산방지를 위해 근본적이지만, 중국은 회담 참여국들이 수용할 수 있는 결과를 결정하는 데 중요한 역할을 할 것이다. 북핵문제의 해결을 넘어 한반도의 가장 불안정한 현실은 앞서 살핀 바와 같이 한국과 중국은 각각 한미동맹과 북중동맹을 통해서 조약의 형태로 그 행동이 구속되어 있다는 점이다. 만약 북미, 남북 혹은 미중 간의 분쟁에 의하여 한국과 중국은 동맹의 딜레마(alliance's security dilemma)의 한 형태로 동맹의 연루(entrapment)에 처할 위험이 존재한다. 연루는 자국의 국가이익에 무관하게 또는 경미한 동맹 상대국의 이익 때문에 원치 않는 갈등에 이끌려가는 것을 의미한다. 원하지 않지만 동맹국과의 관계유지가 절실한 경우 동맹의 유지를 선택하면서 이러한 제3국과 원하지 않은 갈등적 상황에 연루되는 것이다.[22] 따라서 미중 양국은 이 동맹의 연루와 방기의 딜레마를 극복할 수 있는 방안을 공동의 노력으로 모색할 때, 지역 내에서 '경쟁'의 축보다 '협력'의 축을 강화시킬 수 있을 것이다.

2) 한국의 전략적 선택

한국외교사를 살펴보는 것은 한국의 역사에서 나타났고 현재에 적용할 수 있는 전략적 선택의 문제를 반추하는 데 도움이 된다.[23] 삼국시대의 통일, 고려의 성립, 조선의 성립, 임진왜란, 병자호란 그리고 개항에 이르기까지 한국사는 중국대륙에서 등장한 강대국과의 상호작용의 역사였다. 한국은 중국대륙에 새로운 강대국들이 등장할 때마다 전략적 대응을 수행하였다. 고구려는 중국대륙의 국가들에게 적극적인 세력균형정책을 추진하였고, 신라는 신흥강대국인 당으로의 편승정책을 통해서 고구려와 백제를 멸망시켰고 삼국을 통일했다. 고려는 대륙의 중화제국으로부터 자유로울 수 있는 독립정책을 견지하였고, 조선은 유교적 이념과 중화사상의 국제관계 규범에 근거하여 조공, 책봉, 봉삭 등에 기초한 강대국에 대한 편승정책을 추진하였다. 한자문명의 문화, 기술 및 정치·군사적인 우월성을 바탕으로 수립되었던 대륙 제국들의 중화주의 세계관에 점차 포획되어 갔던 한국의 국가들이 생존전략으로 차용했던 정책은 주로 편승정책이었다. 특히 중화문명이 성리학을 기반으로 압도했던 시기인 조선의 외교정책은 천자국인 중국에 대한 조공관계를 통하여 이루어졌다. 광해군의 대금기미책과 효종의 북벌정책은 한족을 침략했던 이민족국가에 대한 대리항전의 성격을 갖는 것이었다.

개항이후 개화파들의 근대화 구상도 러시아, 일본 및 청에 대한 편승전략의 사고를 나타내고 있다. 갑신정변의 주도세력 등이 일본에 의존한 '3일 천하'는 당시의 상황을 잘 보여준다. 구한말의 편승전략은 일본 제국주의의 식민지를 거쳐서 해방 후 미국에 대한 편승전략으로 이어진다. 해방 후

격렬한 이념투쟁과 정치세력의 분열은 결국 분단과 한국전쟁으로 귀결되었고, 한국의 생존, 근대화 및 민주주의는 미국에 대한 편승정책을 통하여 이룩할 수 있었다. 대미 편승정책을 통하여 한국은 자율성과 안보를 교환하면서 급속한 경제성장과 국가발전이라는 혜택을 수혜 받았다. 그러나 한 가지 주목할 점은 일련의 역사적 과정에서 채택한 편승정책은 우리가 스스로의 숙려 과정이 수반된 능동적 선택이 아니었고, 외부로부터 주어진 여건과 환경으로부터 강요되다시피 한 수동적인 선택의 결과였다.

한국은 고대시대 독자적인 세력을 형성하여 세력균형정책을 펼쳤던 고구려를 제외하고, 중국대륙과 20세기의 일본 그리고 미국이라는 강대국에 의하여 주어진 수동적인 편승정책을 추진하여 왔다. 이 편승정책들은 다양한 선택지를 둘러싼 치밀한 전략적 사고의 결과는 아니었다. 당대의 강대국으로부터 부여받은 강요된 선택의 결과이다. 따라서 2018년 미국과 중국의 무역전쟁이 시작된 이 시점에서, 중국의 부상으로 미국과의 복합적인 이해관계 충돌로 양국의 경쟁이 본격화된 시점에서, 한국의 전략적 선택을 위한 신중한 모색이 필요하다. 한국은 한반도 통일, 평화공존, 강대국으로부터 자율성의 획득, 경제적 번영의 지속, 동북아에서의 생존 등 다양한 외교정책의 목표를 갖고 있다.[24] 미중 간의 경쟁이 점차 격화되는 가운데에도 한국의 이해관계를 확장할 수 있는 전략적 선택을 모색해야 한다. 이는 국제관계이론의 한국적 수용을 통한 접근에서 시작할 수 있다.[25] 한국은 정보화, 세계화, 신자유주의, 글로벌 거버넌스 등이 논의되는 변화하는 새로운 국제환경 질서 속에서 미중 간 공통의 이해관계를 창출하고, 한국의 역할과 국가이익을 확대하고 재생산할 수 있는 일련의 준거 틀을 제시해야하는 상황에 직면해 있다.

미국과 중국의 전략적 경쟁과 갈등이 내재되어 있는 동북아시아의 안보환경에서 한국이 취해야할 전략은 무엇인가? 국제정치에서 논의되는 모든 국가전략들 경우의 수를 활용해서 논의한다면 다음과 같다. 첫째, 한국의 국가능력을 고려할 때, '예방전쟁(preventive war)', '세력균형정책

(balancing)' 및 '포용정책(engagement)'은 고려할 수 있는 선택지는 아니다. 이 정책들은 미국과 같은 패권국가가 부상하는 중국을 상대할 때 선택할 수 있는 내용들이다. 둘째, 한국은 기존의 '편승정책(bandwagoning)'을 미국에서 중국으로 전환하는 것을 고려해 볼 수 있다. 이 전략은 미국의 패권이 급속히 쇠퇴하여 중국으로의 세력전이가 일어나고 있을 때 고려할 수 있을 것이다. 그러나 현재가 그 시점이라고 볼 근거는 많지 않다.

셋째, 한국은 현재의 편승정책을 고수하는 대안을 고려할 수 있다. 이 전략은 중국경제가 미국경제와 동등하게 되는 2020년을 전후한 시점까지는 지속할 수 있다. 그러나 앞서 살펴본 바와 같이 적어도 조약의 형태로 한미동맹과 북중동맹의 충돌 가능성이 여전히 내재화되어 있다는 점에서 한반도의 항구적인 평화를 위한 선택은 아니다. 미중 간의 세력경쟁과 갈등이 극단적으로 방향으로 전개될 때, 한국의 운명은 동맹국의 전략에 연루되는 딜레마에 빠진다.

넷째로 고려될 수 있는 것은 '구속정책(Binding)'이다. 미국을 중심으로 하는 한미 및 미일동맹체제에 중국을 편입시킴으로서 중국의 부상을 억제하는 것이다. 이 전략은 한국의 수행능력 범위를 벗어날 뿐만 아니라 현실적이지 못하다. 중국이 한국과 일본이 미국과 공유하고 있는 민주주의와 시장경제체제의 가치를 중국이 수용할 때 가능한 것이다. 더욱이 중국의 독립자주외교 노선과 강대국을 향한 민족주의적인 열망은 미국 중심의 패권체제에 편입될 수 없게 할 것이다. 다섯째로 고려할 수 있는 정책은 '책임전가/거리두기정책(buckpassing/distancing)'이다. 한국의 점증하는 중국과의 경제적 상호의존성의 증대로 이 정책을 실현할 수 있는 시점은 이미 경과했다. 또한 중국이 한반도에서 갖는 지정학적인 영향력, 예를 들면, 북한 핵문제의 해결 및 남북통일의 과정에서 중국의 일정한 역할과 영향력의 증대와 같은 요인들은 이 선택의 실현 가능성을 불가능하게 하고 있다.

여섯째는 다자협력레짐정책이다. 미중관계의 경쟁구도가 갈등보다는 협력으로 순치될 수 있는 제도를 구축하는 것이다. 갈등과 경쟁을 완화할 수 있는 다자제도를 정비해야 한다. 단기적으로 한국은 한미동맹을 지속하고, 미국과의 긴밀한 대화와 협력의 과정에서 북한 핵문제와 같은 당면한 지역의 안보문제를 해결하기 위한 노력을 하여야 할 것이다. 나아가 장기적으로는 주변 국가들과 함께 미중 간 첨예한 경제적 및 정치군사적 이해관계를 조정하고 협력할 수 있는 다변화된 다자기구를 구축하는 역할에 나서야 한다. 특히 한반도 냉전구조의 해체 과정에서 다자간 안보협력기구를 논의해야 하며, 유럽의 유럽안보협력회의(CSCE)가 모델이 될 수 있다.

한반도를 둘러싼 동북아시아의 불안정은 중국의 부상과 북한의 핵과 미사일 실험 등의 위협요인 증대로 파생되는 세력분포의 변동에 따른 것이다. 영토분쟁과 역사문제를 둘러싼 역내 국가들의 불신도 위험요인을 가중시키고 있다. 유럽은 신뢰구축을 통한 평화를 위하여 '협력적 안보(cooperative security)'의 개념을 실천하여 왔다. 안보딜레마의 문제를 극복하기 위해서 협력적 안보는 구성원들 간의 정치·군사적인 신뢰를 구축하고 분쟁을 사전에 예방하는 예방외교(preventive diplomacy), 분쟁의 발생과 확산을 막기 위한 위기관리(crisis management)를 강조한다. 협력적 안보는 국가안보를 공동안보의 맥락에서 추구하고, 군사적 억지보다는 안보위협의 공동 해소를 지향한다는 측면에서 안보개념의 발상의 전환을 시도한다. 이 과정에서 한국과 같은 중견국과 약소국들은 강대국들의 상충하는 이익을 매개하고 조정하는 역할을 할 수 있는데, 이는 개별국가들의 행동만이 아니라 집단적인 결사체로서 제도의 힘으로 더욱 잘 성취할 수 있다. 동북아 다자안보협력기구를 구축함으로서 이 제도가 미국과 중국 혹은 중국과 일본 등 강대국들 간의 갈등과 마찰을 조정하고 관리하는 협력기제로 작용할 수 있도록 노력해야 할 것이다.

아울러 한반도 냉전구조가 해체된다면 이 지역에서 미국의 역할을 지역의 균형자(regional balancer)로서 새롭게 조정해야 할 필요성도 대두될 것이다. 북핵문제의 해결과 북한의 대외정책 방향의 전환이 동북아 지역의 다자간 안보협력기구를 발전시키는 시발점이 될 것이고, 이러한 과정에서 한국의 국익을 투사할 수 있는 제도적 방안 등에 대한 연구와 조사가 시급한 문제로 강조될 것이다. 결국, 동북아 지역에서 항구적인 평화체제를 정립하기 위해서는 미국과 중국을 비롯한 주변 강대국들의 이익과 관심을 공유시키기 위한 한국의 정책 방향 설정이 중요하다. 또한 이는 남북관계의 발전을 통해서 북한을 개방적이고 포용적인 국가로 발돋움하는 정책 방향과 연동시켜야 할 것이다.

6. 남북관계 개선으로 시작해서

21세기 한국의 국가적인 운명을 결정지을 요소로서 한미관계와 한중관계는 양립 가능할 것인가? 한국의 산업화와 민주화의 토대로서 한국의 안보를 뒷받침했던 한국과 미국의 군사적 동맹은 21세기에는 어떠한 모습으로 변모 혹은 유지되어야 하는가? 26년 동안 급속하게 발전한 한중관계는 미래에 어떠한 모습으로 지속적으로 발전해야 하는가? 이 두 가지 문제는 상호배타적인가? 혹은 양립가능한가? 이 절에서는 이 문제를 다루고 있지만 위와 같은 질문에 효과적인 직답은 피하고 있다. 그것은 선택의 문제이며, 국가 상호 간의 문제이며, 미래의 문제이기 때문이다. 한반도 냉전구조에서 우리에게 관행적으로 익숙한 무엇을 새로운 '무엇'으로 바꾸어 만들어가는 문제이다.

한국과 미국 및 중국이 법률적인 조약의 형태 혹은 군사적인 동맹의 형태로서 충돌하고 있는 현실이 있다. 한미상호방위조약과 북중우호조약은 그 현실이며, 이 조약의 내용을 충실히 따르는 사건이 발생하였을 때, 동북아에서는 제2의 한국전쟁이 발발할 가능성이 실존한다. 그런데 한미관계는 한국에 민주주의와 경제발전의 결실을 맺는 초석이었다. 한중관계는 이러한 전쟁의 재발이 양국의 경제적 이해관계를 철저히 파괴할 수 있는 이익상관의 새로운 현실을 급속히 발전시켰다. 21세기의 새로운 현실은 한미관계와 한중관계를 재구성할 제도적 조응을 필요로 한다. 북핵문제와 북한의 대외정책은 이 필요불급한 과정을 제약하는 가장 커다란 요인이 되어 왔다. 한국과 미국 그리고 중국은 이 제약요소를 극복하고 한반도에서 항구적인 평화체제를 정립하기 위한 노력을 경주해야 한다. 그러기 위해서는 한미동맹과 북중동맹을 재구성하기 위한 지역 내 다자간 안보협력기구의 형성에 주의를 기울여야 한다. 이 과정에서 한미동맹의 위상과 역할을 재정립해야 하며, 한중관계의 군사안보적인 측면도 발전시켜야 한다.

한미동맹과 한중 전략적 협력동반자관계의 조화를 찾아내기 위한 다자간 안보협력기구의 제도 구축과 함께 추진해야 할 중요한 방향이 있다. 이 글에서는 상세히 다루고 있지 않지만, 그것은 석대석 남북관계의 개선과 해소이다. 동북아지역의 분쟁 제공자인 북한과의 관계가 개선·발전하지 않는다면, 한미관계와 한중관계에서 한국의 외교적 입지도 취약해 질 수밖에 없다. 북한이 제공한 분쟁의 구도에서 한국의 입지가 취약해진다면, 결국 한국은 대미 혹은 대중 의존적인 정책을 추진할 수밖에 없게 되기 때문이다. 남북관계 개선과 발전은 미국 및 중국과의 관계에서 우리의 협상력을 제고시킬 수 있는 지렛대로 작용할 수 있음을 인식해야 한다. 남북관계 개선과 발전은 한국이 미국과 중국을 상대로 경쟁과 갈등보다 상호의존과 협력의 이익을 주창하는 외교력을 축적하기 위한 방편으로서도 필수불가결한 일이다. 21세기 동북아에서 G2시대가 제공하는 위험과 기회를 지혜롭게 대처할 수 있는 공동의 노력이 절실한 시점이다.

■ 주

1) 유엔군은 7월 7일 안보리 결의안에 의하여 결성 및 참전하였고, 미국은 이에 앞선 7월 초 일본에 주둔하고 있던 지상군을 파견하였다. 따라서 미군의 한국전 개입은 집단안보의 논리보다는 한국과의 동맹적 차원에서 시작되었다는 평가가 타당하다. 이에 대한 견해로는 김계동, "한미 동맹관계의 재조명: 동맹이론을 분석틀로," 『국제정치논총』 제41집 2호 (2001), p. 8.

2) 한미상호방위조약의 원문은 하영선 편저, 『한미동맹의 비전과 과제』 (서울: 동아시아연구원, 2006).
3) 자율성과 안보의 교환모델에 대해서는 J. D. Morrow, "Alliance and Asymmetry: An Alternative to the Capability Agregation Model of Alliance," *American Journal of Political Science* 35 (May 1991), pp. 904-933.
4) Samuel S. Kim, "The Making of China's Korea Policy in the Era of Reform," in David M. Lampton ed., *The Making of Chinese Foreign and Security Policy in the Era of Reform* (Standford: Stanford University Press, 2001), pp. 371-408.
5) 중국의 양자관계 개념 규정에 대한 소개로는 김흥규, "중국의 동반자 외교," 『한국정치학회보』 43집 2호 (2009).
6) Rober O. Keohane, *After Hegemony: Cooperation and Discord in the World Political Economy* (Princeton: Princeton University Press, 1988).
7) 이상신, 장희경, "친중(親中)과 반미(反美)의 경계: 중국 국가이미지의 결정요인 연구," 『國際政治論叢』 제51집 4호 (2011), pp. 116-124; 서울대학교 통일평화연구원, 『2018 통일의식조사, 대전환기 한반도 국민들의 생각은?』 (서울: 서울대학교 통일평화연구원, 2018).
8) 북중우호조약 원문은 최명해, 『중국·북한 동맹관계: 불편한 동거의 역사』 (서울: 오름, 2009).
9) 이상숙, "북중우호조약의 현대적 함의와 양국관계," 『주요국제문제분석』 No. 2011-31 (2011), p. 10.
10) 이 시기 북중관계에 대해서는 이종석, 『북한-중국관계, 1945~2000』 (서울: 중심, 2004); 최명해 (2009).
11) Alastair Iain Johnston, *Social States: China in International Institutions, 1980-2000* (Princeton and Oxford: Princeton University Press, 2008).
12) 이 구상은 2015년 3월 중국 국가발전개혁위원회, 외교부 및 상무부가 공동으로 "일대일로 비전과 행동계획"을 발표하면서 본격적으로 추진되어 왔다. 国家发展改革委·外交部·商务部, "推动共建丝绸之路经济带和21世纪海上丝绸之路的愿景与行动", 2015. 3. 28; 일대일로에 관해서는 Chang Hoon Cha, "China's Westward March: One Belt, One Road from Strategic Views," *The Korean Journal of International Studies* Vol. 15, No. 3 (December 2017), pp. 483-500.
13) Michael Beckley, "China's Century?: Why America Edge will Endure," *International Security* Vol. 36, No. 3 (2011), pp. 41-78.
14) The Economist, 07 April 2012.
15) 부상하는 중국이 미국 패권의 단극질서에 미칠 영향력에 대한 평가로는 Avery Goldstein, "The Diplomatic Face of China' Grand Strategy: A Rising Power' Emerging Choice," *The China Quarterly* No. 168 (2001), pp. 835-864; David Shambaugh, "China Engages Asia: Reshaping the Regional Order," *International Security* Vol. 29, No. 3 (2004/2005), pp. 64-99; Thomas Christensen, "Posing Problems without Catching Up: China' Rise and Challenges for U.S. Security Policy," *International Security* Vol. 25, No. 4 (2001), pp. 5-40; Alastair Iain Johnston, "Is

China a Status Quo Power?" *International Security* Vol. 27, No. 4 (2003), pp. 5-56; David Kang, *China Rising: Peace, Power, and Order in East Asia* (New York: Columbia University Press, 2007) 등 참조.
16) Robert Gilpin, *War and Change in World Politics* (New York: Cambridge University Press, 1983).
17) 중국의 대한반도 정책에 대해서는 David Shambaugh, "China and the Korean Peninsula: Playing for the Long Term," *The Washington Quarterly* Vol. 26, No. 2 (Spring 2003), pp. 43-56.
18) 이러한 양상을 잘 보여주는 미중관계에 대한 연구로는 Thomas J. Christensen, *Useful Adversaries* (Princeton: Princeton University Press, 1996); David M. Lampton, *Same Bed Different Dreams* (Berkeley: University of California Press, 2001).
19) Alastair Iain Johnston, *Social States: China in International Institutions, 1980-2000* (Princeton and Oxford, Princeton University Press, 2008).
20) 唐世平, "中國的崛起與地域安全," 『當代亞太』 제3기 (2003), pp. 14-18. Xia Liping, "China: a responsible great power." *Journal of Contemporary China* Vol. 10, No. 26 (February 2001), pp. 17-26.
21) 스인홍, "중국의 소프트 파워와 화평굴기: 중국이 가진 것과 갖지 못한 것, 현재의 도전에 대한 논의," 김진영, 차창훈 공편, 『현대중국의 정치개혁과 경제발전』 (서울: 오름, 2009).
22) Glen Snyder, "Alliance Theory: A Neorealist First Cut," *Journal of International Affairs* No. 44 (Spring/Summer 1990), pp. 112-17.
23) 김용구, 『세계관 충돌과 한말외교사: 1866-1882』 (서울: 문학과 지성사, 2001).
24) 국가안전보장회의(NSC), 『평화번영과 국가안보』 (서울: 국가안전보장회의 사무처, 2004).
25) 국제관계이론에 대한 한국적 수용에 대한 논의로는 전재성, 박건영, "국제관계이론의 한국적 수용과 대안적 접근," 『國際政治論叢』 제42집 4호 (2002), pp. 7-26.

참고문헌

1. 한글문헌

국가안전보장회의(NSC). 『평화번영과 국가안보』. 서울: 국가안전보장회의 사무처, 2004.
김계동. "한미 동맹관계의 재조명: 동맹이론을 분석틀로." 『국제정치논총』 제41집 2호 (2001).
김용구. 『세계관 충돌과 한말외교사: 1866-1882』. 서울: 문학과 지성사, 2001.
김흥규. "중국의 동반자 외교." 『한국정치학회보』 제43집 2호 (2009).

스인홍. "중국의 소프트 파워와 화평굴기: 중국이 가진 것과 갖지 못한 것, 현재의 도전에 대한 논의." 김진영, 차창훈(공편). 『현대중국의 정치개혁과 경제발전』. 서울: 오름, 2009.
이내영, 정한울. "동맹의 변환(transformation)과 한국인의 대미인식: 한미동맹 위기론과 대미인식 다원화 현상을 중심으로." 『國際政治論叢』 제45집 3호 (2005).
이상숙. "북중우호조약의 현대적 함의와 양국관계." 『주요국제문제분석』 2011-31 (2011).
이상신, 장희경. "친중(親中)과 반미(反美)의 경계: 중국 국가이미지의 결정요인 연구." 『國際政治論叢』 제51집 4호 (2011).
이종석, 『북한-중국관계, 1945~2000』 서울: 중심, 2004.
전재성, 박건영. "국제관계이론의 한국적 수용과 대안적 접근." 『國際政治論叢』 제42집 4호 (2002).
최명해. 『중국·북한 동맹관계: 불편한 동거의 역사』 서울: 오름, 2009.
하영선 편저. 『한미동맹의 비전과 과제』 서울: 동아시아연구원, 2006.

2. 영어문헌

Beckley, Michael. "China's Century?: Why America Edge will Endure." *International Security* Vol 36, No. 3.
Cha, Chang Hoon. "China's Westward March: One Belt, One Road from Strategic Views." *The Korean Journal of International Studies* Vol. 15, No. 3 (December 2017).
Christensen, Thomas J. "International Institutions: Two Approaches." *International Studies Quarterly* 32-3 (1981).
_____. "Posing Problems without Catching Up: China' Rise and Challenges for U.S. Security Policy." *International Security* Vol. 25, No. 4 (2001).
_____. *Useful Adversaries*. Princeton: Princeton University Press, 1996.
Goldstein, Avery. "The Diplomatic Face of China' Grand Strategy: A Rising Power' Emerging Choice." *The China Quarterly* No. 168 (2001).
Johnston, Alastair Iain. "Is China a Status Quo Power?" *International Security* Vol. 27, No. 4 (2003).
_____. *Social States: China in International Institutions, 1980-2000*. Princeton and Oxford: Princeton University Press, 2008.
Kang, David. *China Rising: Peace, Power, and Order in East Asia*. New York: Columbia University Press, 2007.
Keohane, Robert O. *After Hegemony: Cooperation and Discord in the World Political Economy*. Princeton: Princeton University Press, 1984.
Kim, Samuel S. "The Making of China's Korea Policy in the Era of Reform." in David M. Lampton (ed.). *The Making of Chinese Foreign and Security Policy in the Era of Reform*. Standford: Stanford University Press, 2001.
Lampton, David M. *Same Bed Different Dreams*. Berkeley: University of California Press, 2001.

Liping, Xia. "China: a responsible great power." *Journal of Contemporary China* 10-26 (February 2001).

Morrow, J. D. "Alliance and Asymmetry: An Alternative to the Capability Agregation Model of Alliance." *American Journal of Political Science* 35.

Shambaugh, David. "China and the Korean Peninsula: Playing for the Long Term." *The Washington Quarterly* 26-2 (Spring 2003).

_____. "China Engages Asia: Reshaping the Regional Order." *International Security* Vol. 29, No. 3 (2004/2005).

Snyder, Glen. "Alliance Theory: A Neorealist First Cut." *Journal of International Affairs* 44 (Spring/Summer 1990).

대북정책과 한미공조

7장

최진욱 (한국외국어대)

- 한미공조의 기원과 냉전의 유산 _ 232
- 유일초강대국 미국과 북한체제의 불확실성(1989~2009년) _ 236
- 미중 패권경쟁과 급변하는 동북아 질서(2009~2018년) _ 246
- 쟁점과 평가 _ 251

2018년 한반도는 북핵관련 극적인 반전이 반복된 한해로 기억될 것이다. 2017년 말 전쟁 일보 직전까지 갔던 한반도 정세가 최초의 북미정상회담을 비롯해 세 차례의 남북정상회담, 세 차례의 북중정상회담 등을 통해 대화국면으로 극적으로 전환되었으나 결정적 해결책을 찾지 못하고 있다. 이 과정에서 2017년 말 비핵화협상의 돌파구를 만들 때만 해도 대북제재에서 한 목소리를 내며 '빛 샐 틈 없는' 한미공조를 과시하던 한국과 미국은 불과 일 년도 안 되어서 정책추진 과정에서 이견을 드러냈다. 삐걱대던 한미공조는 결국 2018년 11월 미국의 요구에 의해 북한 비핵화와 남북관계의 속도를 맞추고 유엔제재 이행 관련 정책조정을 강화하기 위한 실무그룹을 조직해야할 정도에 이르렀다.[1)]

대한민국정부 수립 이후 지난 70년간 북한문제는 한국과 미국의 가장 중요한 공통의 관심사였으며, 대북정책에서 가장 중요한 요소 중 하나는 한미공조로 간주되어왔다. 그러나 한국과 미국이 대북정책에서 언제나 한 목소리를 낸 것만은 아니며 크고 작은 이견을 노출하여 왔다. 문재인 정부의 대북정책은 미국의 대북정책과 과거 정부에 상존했던 일반적 차이의 범주 내에 있는 것인가, 혹은 과거 정부와 다른 새로운 차이가 있는 것인가? 새로운 차이가 있다면 그 이유는 무엇이며 향후 전망은 어떠한가? 이에 대한 답을 얻기 위해서 본고는 냉전종식 이후 한국과 미국의 대북정책을 시기별로 비교분석하고 차이점과 유사점을 도출하고자 한다. 이를 바탕으로 대북정책의 쟁점을 검토하고 한미공조의 필요성과 이행전략을 평가해보고자 한다.

1. 한미공조의 기원과 냉전의 유산

1) 한미공조의 기원

(1) 수혜자와 보호자

한국은 제2차 세계대전에서 연합국이 승리한 덕분에 일본으로부터 해방될 수 있었고, 자유민주주의체제를 기반으로 한 대한민국 정부가 수립되고 한국전쟁에서 붕괴 직전에 살아남은 것 역시 미국의 도움이 절대적이었다. 이후 1953년 한미상호방위조약을 바탕으로 한 한미동맹의 대북억지력 덕분에 대한민국은 오늘날의 경제발전과 민주화를 이루었다. 즉, 한미관계는 수혜자와 보호자의 관계로서 미국의 군사안보는 물론 정치적으로 미국의 우월적 지위가 불가피했다. 집단안보체제인 유럽의 NATO 회원국들 간 비교적 동등하고 상호호혜적 관계를 구축하고 있는 데 반해 아시아의 양자동맹에서는 미국의 우월적 지위가 용이하게 인정되었다.

(2) 미국의 세계전략 일환으로서의 한국문제

미국이 한국의 후견인이며 보호자로서 한미관계가 시작되었지만 미국이 자신의 이익을 최우선시 했음은 물론이다. 미국은 한국의 안보를 넘어서 동아시아 혹은 세계전략 차원에서 한반도 문제를 다루어왔다. 미국이 38선 남쪽에 대한민국 정부를 수립한 것은 소련의 남진을 저지하기 위한 것이었다. 한국전쟁이 발발하자 미국은 북한의 남침이 스탈린의 허락 없이 불가능하며 미국이 북한의 남침에 즉각 대응하지 않을 경우 독일 등 유럽에서 스탈린의 또 다른 도발 가능성을 우려했다.

중국의 참전 이후 미국이 이승만 대통령의 반대에도 불구하고 현지 사령관인 맥아더 장군을 해임시키면서까지 확전을 하지 않고 전쟁을 끝내려 했던 것은 제3차 세계대전의 위험성뿐만 아니라 한반도에 미군이 집중될 경우 발생할 유럽의 안보 공백에 대한 우려 때문이었다.[2] 미국은 한국전쟁 발발을 계기로 1951년 서둘러 샌프란시스코평화조약을 체결하여 태평양전쟁을 종결하고 일본의 헌법질서를 복구하였고,[3] 일본을 비롯하여, 대만, 필리핀과 양자동맹을 체결함으로써 아시아에서 봉쇄정책의 틀을 갖추었다.

한편, 미국의 동아시아 정책의 목표는 공산주의의 확산을 저지하는 것이었으며 특히, 일본의 안보를 지키는 것이었다. 이를 위해 한반도에서 통일보다는 남북한이 충돌하지 않고 현상유지를 하고자 하였다. 북한의 남침뿐만 아니라 한국의 북침 역시 바람직하지 못한 것이었다. 한국의 북진통일을 비롯한 통일구호가 미국의 실질적인 지지를 받은 것은 한국전쟁 초기 1950년 10월 1일 38선을 넘어 북진한 국군을 따라서 연합군이 북진(10월 9일)하였다가 중국의 반격으로 후퇴할 때까지 한 달여의 짧은 기간을 제외하고는 없었다. 한반도 현상을 변경하려는 것에 대한 미국의 단호한 반대 입장은 즉각적인 한국전쟁 개입이나 중국 참전 이후 정전협정의 모색, 전쟁의 재발을 방지하기 위한 한미상호방위조약에서 잘 드러난다.

2) 냉전의 유산

(1) 불신과 증오

한국은 북한의 위장평화공세와 기습남침으로 막대한 피해를 입고 북한에 대한 깊은 불신과 적대감을 갖게 되었다. 미국과 한미상호방위조약을 체결하여 한미동맹을 통해 강력한 대북 억지력을 확보하여 제2의 한국전쟁을 예방하는 것을 최우선시하였다.

한국전쟁에서 김일성은 승리를 확신하며 소련과 중국을 설득하였으나 엄청난 물적, 인적 피해를 입고 패망의 위기까지 몰렸다. 그러나 김일성은 패전의 책임을 지기보다는 오히려 한국전쟁을 계기로 자신의 권력을 강화했다. 이를 위해 사실왜곡, 거짓선전, 증오심, 파벌투쟁 등이 필요했다. 선제적으로 반대파를 숙청하고 중국, 소련의 영향력을 벗어나 주체를 앞세우며 김일성 일인지배체제를 확립하였다.

또한, 북한은 내부결속을 위해 60년대 들어서 반미교육을 체계적으로 강화시켰다. 1960년 6월 25일 만들어진 황해남도 신천의 '신천박물관'은 한국전쟁 기간 중 소위 미군의 '잔인성'을 전시하여 반미 적대감을 고취시키는 대표적 선전장이다. 김정은 자신도 2015년 7월 신천박물관을 참관하고 "전쟁의 시련을 겪어보지 못한 새 세대들이 우리 혁명의 주력으로 등장한 오늘 반제반미교양, 계급교양을 강화하는 것은 한순간도 소홀히 할 수 없는 절박한 문제"라며 "미제의 야수성과 교활성을 우리가 고발하고 결산해야 한다"고 강조했다.[4] 북한은 오늘날까지도 미국이 북한을 적대시하고 있다고 주장하고 있지만, 북한의 증오심 선전에는 비할 바가 아니다. '철천지원수' 미국의 '만행'에 대한 북한 주민들의 적개심은 한반도 남반부를 강점하고 있는 외국 군대의 주둔과 이에 앞장서는 '괴뢰집단'을 하루 속히 끝내야한다는 다짐으로 이어진다.

(2) 체제경쟁

냉전 시기는 남한과 북한이 서로 누구의 체제가 더 우월한 체제인가를 다투는 경쟁과 대결의 시기였다. 이념, 정치, 군사, 경제, 외교, 과학기술, 스포츠 등 전 분야에 걸쳐서 경쟁이 이루어졌다. '우리의 소원은 통일'을 어떻게 실천해야 하는지에 대한 방법은 큰 관심이 아니었다.

한국정부가 1954년 제네바회의에서 제안한 북한지역의 총선거 후 한국 국회에 합류함으로써 통일을 이루자는 안을 미국이 지지한 것은 그 안이 현실성이 있거나 바람직한 방안이어서라기보다는 무력통일을 배제한 안이었기 때문이었을 것이다.

국제적 냉전질서와 남북 간 적대적 대결 구도 속에서 한국이 할 수 있는 것은 오로지 미국과의 동맹을 바탕으로 체제를 수호하고 나아가 체제경쟁에서 승리하는 것이었다. 4·19혁명에 의해 이승만 정권이 무너지고 수립된 민주당 정부는 '선 건설 후 통일'이라는 보다 현실적인 통일정책을 추구했다. 이는 박정희 정부에 의해서 계승되었고 1960, 1970년대를 거치면서 통일논의는 수면 아래로 가라앉았다.

(3) 남북한 정통성 경쟁

이승만 정부는 유엔감시 하의 선거에 의한 한반도 유일합법정부임을 강조하면서 대한민국에서 선거가 끝났으니 이제 유엔감시 하에서 북한지역만의 자유총선거를 실시하여 선출된 국회의원들이 대한민국 국회에 합류하는 방식으로 통일을 이루어야 한다고 주장했다. 그리고 여의치 않을 경우 북한지역에 대한 주권회복조치로서 무력행사도 불사한다는 '북진통일론'을 주장했다. 이승만 정부의 반공통일, 승공통일의 구호는 실현 가능성 여부를 떠나 한반도 유일합법정부로서 정통성을 주장하는 것이었으며 북한을 인정하지 않는다는 것을 의미하였다.

한편, 북한은 한국전쟁을 미국과 북한 간의 '조국해방전쟁'이라 규정하며 북한이 승리했다고 주장하고 있다. 1950년대 전후 복구작업에서의 성과를 바탕으로 '연방제통일방안'을 제안하는 등 평화공세를 펴기도 했으나, 1961년 한국의 5·16쿠데타 이후에는 '한국 인민들'이 혁명을 통해 민주정부를 세우고 '남조선을 강점하고 있는' 미군을 몰아내야 통일이 가능하다는 '선 혁명 후 통일'을 주장하기 시작했다. 남조선 정부를 '미제의 주구', '괴뢰정권'이라고 부르며 1968년 124군부대 청와대습격, 1969년 울진삼척 무장공비 침투 등 군사도발을 서슴지 않았다. 북한은 1968년 프에블로호를 나포하고, 1969년 EC-121 정찰기 격추 등 미군에 대한 도발행위도 서슴지 않았다.

2. 유일초강대국 미국과 북한체제의 불확실성 (1989~2009년)

1) 남북공존의 모색(1989~1993년)

이 시기는 미국의 조지 H. W. 부시(George H. W. Bush) 행정부와 한국의 노태우 정부가 겹치는 시기이다. 1989년 12월 몰타에서 미소 양 정상은 냉전의 종식을 선언하고 이후 동구사회주의체제가 붕괴되고 소련이 해체되면서 국제정세는 미국을 중심으로 빠르게 재편되었다. 유일초강대국 미국에 도전할 수 있는 세력은 존재하지 않았다. 나토(NATO)는 동구권까지 확대되었고 중동의 패권국으로 부상하려는 후세인(Saddam Hussein)의 이라크는 미국의 군사 공격을 받고 주저앉았다. 아시아에서 중국의 부상이 예상되었지만 미국에 도전하기에는 아직 시간이 필요했다.

(1) 부시 행정부

냉전이 종식되면서 한반도에서 미국의 관심은 남북대화나 한반도의 안정에 있었으나, 북한에 대해서는 핵무기 개발을 제외하고는 무관심에 가까웠다. 남북관계 개선을 지지하는 차원에서 미 국무부는 1988년 10월 31일 해외주재 외교관들에게 북한 관리들과 실질적인 대화할 권한을 부여하고 북한측에 문화, 스포츠 분야에서의 비공식적 비정부간 교류를 위해 미국을 방문해줄 것을 요청했다. 무엇보다 남북관계 개선을 위해 북한이 노력해주기를 바랐다. 실제 1988년 12월 북경에서 참사관 접촉이 시작되어 1992년까지 28회를 이어갔다. 북한은 보다 실질적이고 비중 있는 대화를 위해서 대사급 혹은 장관급 대화를 희망했고, 미국은 이를 조건부로 수용했다. 1991년 2월 캔터(Arnold L. Kantor) 국무부 정무차관이 뉴욕에서 김용순 국제비서와 회담을 하게 되었을 때, 미국은 동 회담이 협상이라기보다는 북핵문제에 대한 양국의 입장을 확인하는 것이며 동 회담이 북미 간 고위급회담으로 이어지는 것은 아니라는 점을 강조해야했다. 이는 북한의 기대치를 너무 높이지 않기 위한 것으로 미국의 무관심을 보여주는 것이기도 하다.

미국은 북한과의 관계개선이나 직접 대화에 적극적이지는 않았지만 한국의 북방정책과 남북대화 노력이 한반도 정세의 안정에 도움이 된다는 판단 하에 적극 지지했다. 노태우 정부의 핵부재선언, 한반도비핵화공동선언, 남북기본합의서, 대소련, 대중국 수교 등은 미국의 지지와 협조 하에 가능한 것이었다.

(2) 노태우 정부

한국은 1988년 '민족자존과 통일번영을 위한 특별선언(7·7선언)'을 발표하였다.[5] 7·7선언의 취지는 남북이 서로를 경쟁이나 대결의 상대로 보지 않고 민족경제공동체 건설을 위해 협조하며 분단의 원인이었던 냉전체제의 극복을 위해 한국은 중국과 소련 및 사회주의국가들과 관계개선을 추진하고 북한은 미국, 일본과 관계를 개선하여 국제사회에서 고립되지 않도록 협조한다는 것이다. 7·7선언은 북방정책과 남북기본합의서 등 구체적 정책으로 구현되고 실질적 성과도 있었다. 1989년 헝가리를 시작으로 1991년 소련, 1992년 중국과 수교하여 일차 목표를 달성했으나, 북한은 미국,

일본과 수교를 하지 못함으로써 국제사회에서 소외감이 더욱 커졌다.

7·7선언은 올림픽의 안전과 동구권의 참여를 이끌어내기 위한 목적도 있었으나 냉전이 종식되면서 많은 한국 국민들은 남북 간 평화공존이 가능하고 이를 바탕으로 교류협력이 확대될 수 있다고 믿었다. 노태우 정부는 1991년 '한반도비핵화공동선언', 1992년 '남북기본합의서' 등을 통해 남북공존의 틀을 마련했다. 한민족공동체 통일방안 등으로 통일의 비전을 제시하였다.

> **해설 7.1**
>
> **한민족공동체통일방안**[6]
> 1989년 정부의 공식적인 통일방안으로 선포되었고 1994년 민족공동체통일방안으로 개명되어 오늘까지 지속되고 있는 정부의 통일방안이다. 대외적으로 탈냉전과 대내적으로 민주화의 열기속에서 냉전 시기 통일방안은 더 이상 설득력이 없었다. 한민족공동체통일방안의 주요골자는 통일에 대한 생각의 틀을 바꾸자는 것이다. 즉 과거에는 정치, 사회, 이념운동이 국가를 중심으로 이루어졌고 통일도 국가중심으로 전개되어야 한다고 보았다. 그러나 한반도에 두 개의 국가가 이미 존재하는 상황에서 국가위주의 통일방안으로는 남북이 쉽게 합칠 수가 없었다. 이에 한민족공동체통일방안은 국가위주의 통일방안이 아닌 민족공동체 또는 사회위주의 통일을 이루자는 것이었다. 남과 북이 교류와 협력을 통해서 문화공동체, 사회공동체, 경제공동체를 이룬다면 궁극적으로 정치공동체를 이룬다는 역발상인 것이다. 한민족공동체통일방안은 화해협력단계, 남북연합단계, 통일국가단계의 3단계로 이루어지며 남북연합단계는 당시 한반도비핵화공동선언이 제대로 준수될 때 이 단계의 국가형태가 작동된 것으로 볼 수 있다고 당시 통일부 장관이었던 이홍구 총리가 설명하고 있다. 그리고 최종적인 통일국가는 미리 성급히 정하려고 하면 오히려 통일에 걸림돌이 되기 때문에 그 때 상황을 보고 결정하면 된다고 보았다.

> **해설 7.2**
>
> **남북기본합의서**
>
> 남북기본합의서(남북 사이의 화해와 불가침 및 교류·협력에 관한 합의서)는 1991년 12월 남한과 북한 사이에 합의되었던 남북관계의 개선과 평화통일을 향한 기본틀이라고 말할 수 있다. 남북기본합의서는 1990년 9월부터 진행된 일련의 남북고위급회담이 이루어낸 성과이다. 1992년 2월 평양에서 개최된 제6차 남북고위급회담에서 기본합의서에 양측 수석대표가 서명함으로써 남북기본합의서는 공식적으로 발효되었다. 남북기본합의서는 쌍방 사이의 관계가 나라와 나라 사이의 관계가 아닌 통일을 지향하는 과정에서 잠정적으로 형성되는 특수 관계라는 점을 인정하고 통일을 목표인 동시에 과정이라는 데 인식을 같이했다. 본문은 25개 조항으로 이루어졌으며 남북화해, 남북불가침, 남북교류·협력 등 3개 범주로 구성되어 있으며 각 범주별로 정치분과, 군사분과, 교류협력분과 위원회가 조직되어 운영되었다.

2) 북핵위기의 고조와 대북 포용

이 시기는 미국에서 클린턴(Bill Clinton) 대통령의 집권기 8년으로 한국에서는 김영삼 정부 5년과 김대중 정부 임기 중 3년에 해당된다. 1993년 북한이 IAEA에 신고한 사용 후 연료의 샘플에서 중대한 불일치가 발견되고 IAEA가 핵물질을 은닉했을 것으로 의심되는 미신고 시설에 대한 사찰을 결의하자 1993년 3월 NPT 탈퇴를 선언하고 1994년 6월 IAEA마저 탈퇴하겠다고 선언하였다. 이후 북한문제는 제네바합의, 6자회담 등을 통한 해결을 모색해 보았지만 여전히 한미 간 가장 중요한 문제로 남아있다.

(1) 클린턴 행정부

1993년 출범한 클린턴 행정부는 봉쇄정책에서 포용정책으로 전환하고 국내경제를 최우선시하였다. 한반도에서 군사적 충돌이나 북한 내부의 불안정은 클린턴 정부의 기조에서 벗어나는 것이기도 했다. 클린턴 행정부는 북핵위기에 대한 근원적인 해결보다는 냉전시대의 봉쇄정책에서 포용정책으로 전환하면서 시간을 벌며 북한의 변화를 기대했다. 북핵위기 초기 미국은 북한의 내파(implosion) 혹은 외파(explosion) 가능성이 높다고 보고 북한붕괴가 가져올 혼란과 불안을 피하기 위해 군사공격은 물론이고 과도한 압박 조치도 자제하였다. 특히 영변 핵시설을 공격시 북한의 반발로 전쟁이 발발하면 개전 3개월 만에 수백만 명의 희생자가 발생한다는 1994년 5월 미국의 워게임 시뮬레이션(War-Game Simulation) 결과 군사적 옵션은 더 이상 심각하게 고려되지 않았다. 따라서 북한체제의 내구력이 의심되는 상황에서 미국 경제회복에 부담을 주면서까지 서둘러 북한을 공격하거나 압박할 필요는 없었다.

미국은 1994년 미북 간 제네바합의에서 핵활동은 에너지를 위한 것이라는 북한의 주장을 수용하였다. 북한이 사용 중인 흑연감속로를 폐기하는 대신 미국은 1,000MWe 경수로 2기를 제공하고 연간 50만 톤의 중유를 제공하는 데 합의하였다. 특히, 북한이 이미 확보한 플루토늄 등 과거 핵에 대해서는 언급조차 하지 않았다. 이러한 합의가 가능했던 것은 당시 북한의 붕괴 가능성을 매우 높게 보고 미국은 합의이행이 필요 없을 것이라고 믿었기 때문이다. 당시 미국은 북한을 고장 난 비행기에 비유하며 경착륙(붕괴나 무력충돌)이 아니라 연착륙(개방과 개혁)시키기 위해 노력했으며 제네바합의는 이러한 오판의 결과였다. 제네바합의 이후 미국은 연간 50만 톤의 중유와 함께 수십만 톤의 식량을 제공하는 등 북한 생존의 최대 후원자로 등장하였으며 이는 2000년대 들어서 한국이 미국의 역할을 맡게 될 때까지 계속되었다.

제네바합의 이후에도 북한의 핵활동이 계속되는 것으로 의심되자 클린턴 행정부의 대북정책은 초당파적 외교정책의 전통에서 벗어나 공화, 민주 양당 간 정쟁의 대상이 되었고 차기 대통령선거를 앞두고 정책적 갈등은 최고조에 달했다. 클린턴 대통령은 페리(William Perry) 전 국방부장관을 대북정책 조정관으로 임명하는 데 이르렀다. 페리보고서를 통해 민주당은 제네바합의가 없었다면 북한의 핵능력은 훨씬 커졌을 것이라고 주장하며 외교적 노력의 지속 이외에 대안이 없음을 강조했다. 한편, 공화당이 장악한 하원에서는 1999년 의장에게 제출하는 보고서 형식을 빌어 5년 전에 비해 미국안보에 대한 북한의 위협이 증가했으며 대안을 제시하지는 않았지만 이는 미국의 대북정책 실패에 기인한다고 했다. 북한의 대량살상무기, 북한인권, 정치적 경제적 개혁 등에서 미국의 대북정책은 효과적이지 못했음을 지적했다.

클린턴 대통령의 임기 마지막까지 올브라이트(Madeleine Albright) 국무장관이 평양을 방문하고 조명록 총정치국장이 워싱턴을 방문하는 성과를 보였고 성사되지는 않았지만 클린턴 대통령 자신도 평양을 방북해서 김정일과 정상회담을 하려고 하였다.

(2) 김영삼 정부

김영삼 대통령은 군사정권을 종식시킨 문민정부로서 정통성에 대한 자부심을 바탕으로 내부적으로 개혁에 박차를 가하고 남북관계에서도 주도권을 잡고자했다. 김영삼 정부의 대북정책은 노태우 정부의 '한민족공동체통일방안'의 기본 틀을 유지하면서도 '화해협력', '남북연합', '통일국가'의 3단계를 보다 분명히 하고 추진 과정에서 북한체제의 변화 필요성과 통일의 미래상으로 자유민주주의체제를 명확히 했다. 특히, 김영삼 대통령은 오랜 민주화투쟁의 경력으로 북한인권문제에 관심이 많았다. 1995년 통일연구원에 북한인권연구센터를 신설토록 하여 북한인권실태를 파악하고 매년 『북한인권백서』를 발간토록 하였다.

취임사에서 '어느 동맹국도 민족보다 나을 수 없다'며 새로운 남북관계에 대한 의욕을 보이고 미전향 장기수인 이인모를 석방하여 북으로 보내는 전향적인 모습을 보이기도 하였다. 그러나 북한이 NPT를 탈퇴하는 등 북핵문제가 악화되자 취임 100일 만에 "핵을 가진 북한과는 악수할 수 없다"며 강경한 입장을 취했다. 이후 김영삼 정부는 북한의 핵무기 개발과 남북관계를 연계하겠다는 입장을 취함에 따라 남북관계는 침체되었다. 그럼에도 불구하고 김영삼 정부는 남북관계의 돌파구를 열기위한 시도는 중단하지 않았다. 1994년 김일성 주석의 사망으로 무산되기는 하였으나 카터(Jimmy Carter) 전 미국대통령의 중재로 남북정상회담에 합의하기도 하였고, 15만 톤의 식량을 지원하기도 했으며 남북한과 미국, 중국이 참여하는 4자회담을 추진하기도 하였다. 4자회담은 평화체제, 긴장완화, 상호신뢰구축 등을 의제로 1997년 12월 제네바에서 제1차 본회담이 열렸으나 1999년 8월 제6차 본회담을 끝으로 성과 없이 결렬되었다.

김영삼 대통령은 영변 핵시설에 대한 미국의 공습계획 반대, 1995년 쌀 15만 톤의 대북 인도적 지원에 앞서 일본의 대북 인도적 지원 반대, 제네바 합의시 북한에 한국형 원자로 채택관철 등 한국의 주도권을 고수하려고 했으나, 미국과의 모든 협상에서 한국을 철저히 배제하려는 북한의 '통미봉남' 전술과 김일성 주석 사망시 조문파동 등으로 남북관계는 경색국면을 벗어나지 못했다.

(3) 김대중 정부

김대중 정부는 북한을 붕괴의 대상이 아닌 화해협력의 대상으로 인식하고, 북한 스스로 변화의 길로 나올 수 있도록 여건을 조성해야한다고 보았다. 김대중 정부는 남북 간 법적, 제도적 통일을 미루고 당장은 평화를 정착시키고 남북이 자유롭게 왕래하는 '사실상의 통일 상황'을 목표로 하였다. 이를 위해 일체의 무력도발을 용납하지 않으며, 일방적 흡수통일을 배제하고, 남북화해협력을 적극 추진한다는 세 가지 원칙 하에 냉전구조의 해체 필요성을 역설하였다. 남북한 상호체제존중과 불가침, 교류협력의 확대, 교차승인 등이 포함된다.

2000년 정상회담에서 김대중 대통령은 김정일 국방위원장과 통일문제를 자주적으로 해결할 것과 남측의 연합제 안과 북측의 낮은 단계의 연방제 안이 서로 공통성이 있다고 인정하고 이 방향에서 통일을 지향해 나가기로 합의하였다. 또한 경제협력을 통하여 민족경제를 균형적으로 발전시키고 제반 분야의 교류협력을 활성화하여 신뢰를 다져나가기로 하였다.

6·15정상회담이후 남북관계는 엄청난 변화가 나타났다. 2005년까지 17회의 장관급회담과 11회의 남북경제협력 추진위원회가 개최되었고, 남북철도로 연결, 개성공단, 금강산 관광 등을 중심으로 남북경제협력사업이 활성화되었다. 1998년 2억 2,000만 달러였던 남북교역이 5년만인 2002년 6억 4,000만 달러로 3배 가까이 증가했다.

3) 9·11테러와 제2차 북핵위기

(1) 조지 W. 부시 행정부

2001년 출범한 조지 W. 부시(George W. Bush) 행정부는 냉전종식 이후 미국이 스스로 외교관계와 국방비를 삭감함으로써 영향력이 감소되고, 위협에 대처하고 도전을 다루는 능력이 약화되었다고 지적하였다. 이들은 미국이 직면한 도전에 대처하기 위하여서는 적극적 대외 개입을 통해 미국의 이익을 지키고 미국의 가치를 세계에 전파하며, 이를 위해서는 군사력의 사용도 주저해서는 안 된다는 것이다.[7]

부시 행정부의 출범이후 목소리를 높이던 미국의 신보수주의자들은 9·11테러를 계기로 미국의 대외정책결정 과정에서 영향력이 매우 커졌다. 미국은 즉각 아프가니스탄을 무력 침공하였다. 신보수주의의 궁극적 목표는 미국 중심의 단극적 세계를 공고히 하는 것이었다. 이를 위하여 미국의 패권에 기반한 국제체제의 안정, 즉 '패권안정(hegemonic stability)'을 이룩해 나가는 것이 필요하다고 보았다. 이러한 맥락에서 미국의 패권에 위협이 되는 경쟁국의 등장(중국)을 견제하고, 군사력 우위를 유지해야 하며, 미국의 세계경찰 역할을 강조하고 있다. 보수주의자들은 "민주주의 국가들끼리는 싸우지 않는다"는 믿음에 따라, '민주평화지대(zones of democratic peace)'를 보존·확대하고자 하였다.

부시 행정부는 ABC(Anything But Clinton)정책이라고 부를 정도로 클린턴 정부의 정책과 차별화를 했다. 대북정책 역시 예외가 아니었다. 부시 행정부는 클린턴 정부의 대북정책을 북한의 나쁜 행동에 대해서 보상하는 유화정책으로 평가했고 북한과의 대화를 전면 중단한 채 정책재검토에 들어갔다. 2001년 6월 6일 북한과의 대화 재개를 선언하면서 핵, 미사일과 함께 재래식 군사력도 의제에 포함시켰다. 부시 행정부는 9·11이후 북한의 핵문제가 동북아를 넘어서 미국의 안보와 직결된 문제로 인식하기 시작했다. 핵검토보고서에서는 북한을 미국의 핵선제공격이 가능한 7개국 중 하나로 포함시키고, 2002년 1월 부시 대통령의 첫 연두교서에서 북한은 이란, 이라크와 함께 악의 축으로 지목되었다. 북한의 대미 직접대화 요구에 대해 남북관계개선을 북미회담의 전제조건으로 제시하였다. 2002년 10월 북한이 우라늄 농축 프로그램을 인정하자 그해 12월 미국과 KEDO는 중유공급과 경수로공사를 중단했고, 북한은 이에 맞서 NPT를 탈퇴하면서 제네바합의는 좌초하게 되었다. 미국은 북한과 양자회담을 회피하면서 남북한과 미국, 중국, 러시아, 일본이 참여하는 6자회담을 출범시켰다.

남북 간 교류협력이 남북 간 긴장을 해소하고 북한을 변화킨다는 믿음하에 교류협력 활성화에 매진하는 김대중 정부의 대북정책은 부시 행정부의 동의와 지지를 이끌어내지 못하였다.

(2) 노무현 정부

노무현 정부는 김대중 정부의 화해협력정책을 '평화번영정책'으로 계승 발전시켰으나, 두 가지 점에서 차별화를 시도하였다. 통합이나 통일보다는 평화공존을 목표로 평화경제론을 추진하였고, 민족과잉, 통일과잉을 경계하며 남북관계와 국제관계의 중간 영역인 동북아중심 개념을 개척하였다.[8] 즉, 남북의 화해협력을 넘어 동북아의 평화번영을 지향하는 것으로 남북문제가 점점 동북아 질서와 유기적으로 연관되는 상황을 반영한 것이라고 할 수 있다. 그러나 노무현 정부의 동북아 '균형자론'이 미국과 중국 사이에서 새로운 선택을 하겠다는 의미로 받아들여지거나 균형자의 역량을 못 갖춘 과욕으로 취급 받는 등 논란을 일으켰다. 원래 '소프트파워'를 활용하여 중국과 일본 사이에서 균형역할을 의미하였으나,[9] 균형자 논쟁은 강대국정치에 개입한다는 시도가 얼마나 위험스러운지를 보여준 교훈이었다.

노무현 정부는 아프가니스탄과 이라크에 미국이 요청한 재건평화를 위한 병력을 파견하고 한미 FTA를 체결하는 등 한미동맹을 강화시키는 노력을 했음에도 불구하고, 2004년 11월 12일 로스앤젤레스에서 북한이 '핵은 외부위협에 대한 자위용 억제수단'이라고 한 것은 일리가 있다는 노무현 대통령의 발언 등으로 미국의 신뢰를 받지 못했다.

4) 특징

한국사회에서 해방이후 지금까지 70년이 넘는 기간 전체는 일종의 과도기로 인식된다고 할 수 있다. 이는 분단체제의 지속과 남북 간 대결구도 때문이다. 1945년 한반도는 해방이 되었지만 남북으로 분단되어 지금에 이르고 있다. 많은 한국인들은 "진정한 해방은 남북이 통일될 때 비로소 이루어진다"고 생각한다.[10]

6·25전쟁은 정전협정에 의해서 중단되었으나 기술적으로 전쟁은 끝나지 않았다. 더욱이 북한의 정전협정 무력화 시도로 최근 적절한 군사대화 채널이 부재한 상태였다. 냉전기간 미소 대결구도 속에서 남북한이 통일이나 평화를 위해 할 수 있는 일은 거의 없었다. 유일한 통일의 길은 중립화통일이었으나, 이는 진영을 이탈하겠다는 것으로 용인될 수 없었으며 평화논의는 진영 내에서 억지력을 강화하고 체제경쟁에서 승리하는 것으로 대체되었다.

냉전이 종식되면서 많은 한국 사람들은 과도기적 상황을 끝낼 수 있으리라는 희망을 갖게 되었다. 남북 간 화해협력을 통해 평화가 정착되고 점진적으로 통일이 이루어진다는 낙관적 전망이 한국사회를 지배했다.

북한의 핵무기 개발은 평화와 통일에 대한 한국 국민들의 희망을 좌절시켰다. 냉전종식 후 한국사회를 지배했던 대북 포용기조, 화해협력, 기능주의에 입각한 통일의 분위기에 제동이 걸리기 시작하였다. 과도기를 끝내기 위한 방법을 둘러싸고 평화정착과 통일준비라는 두 개의 주장이 갈등하기 시작하였다.

평화우선은 일단 북한의 변화나 북한에 대한 압박보다는 화해협력을 통해 점진적으로 북핵문제도 해결되고 통일도 이루어진다는 것이다. 통일우선은 북한의 핵문제와 체제문제는 북한의 선의에 맡겨서는 안 되고 통일이 되어야만 해결될 수 있는 문제라고 보는 것이다.

한미 간 근본적인 차이점은 한국의 대북정책이 현상타파적 성격이 강한데 비해 미국의 대북정책이 현상유지 성격이 강했다는 것이다. 부시 정부는 북한문제 자체에 관심이 없었고 클린턴 정부 역시 북한문제는 우선순위가 높지 않았으며 주된 관심은 북한의 연착륙, 비확산이었다. 북핵문제 해결이 지연되면서 한국정부는 초조함을 숨기지 못했다.

특히, 김영삼 정부는 한반도에서 극적인 변화를 기대했다는 점에서 노태우 정부나 김대중 정부보다 미국의 대북정책과 긴장감이 더 컸다. 노태우 정부는 냉전 시기 미국의 대북정책 틀에 익숙해지기도 했고 북한의 변화가 불가피하다고 인식하였으며, 김대중 정부는 적극적인 포용을 통해 법적인 통일보다는 '사실상의 통일'을 추진하였다.

3. 미중 패권경쟁과 급변하는 동북아 질서(2009~2018년)

1) 중국의 부상과 한국의 피봇(Pivot) 논란

이 시기는 오바마 정부와 한국의 이명박, 박근혜 정부에 해당된다.

(1) 오바마 정부

냉전종식 이후 미국이 누려온 세계유일초강대국 지위는 예상보다 빨리 중국의 부상으로 위협받게 되었다. 2008년 세계 금융위기로 미국의 지도력이 타격을 받고, 중국은 2010년 국민총생산에서 일본을 제치고 세계 2위의 경제대국으로 올라섰다. 이제 미국의 패권에 대한 중국의 도전은 적어도 아시아에서는 더 이상 미래가 아닌 현실이 되고 있었다.

2012년 캘리포니아 서니랜드에서 개최된 미중정상회담에서 시진핑(習近平) 주석은 태평양은 미국과 중국이 나누어 사용하기에 충분히 넓다고 하였다. 중국의 부상이 미국의 패권에 반드시 위협이 되는 것은 아니며 미중 양국이 싸우지 않고 협력관계를 유지할 수 있다는 소위 '신형대국관계'를 말하는 것이었다. 이는 제2차 세계대전 후 맥아더장군이 이제 태평양은 앵글로색슨의 호수가 되었다고 한 이래 미국의 패권에 도전하는 가장 노골적인 발언이었다.

중국이 부상하면서 중국은 자신의 안보에 중요한 완충지역으로서 북한을 재평가하게 되었다. 무엇보다 북한의 붕괴방지와 안정을 한반도 정책의 최우선 과제로 생각하였다.[11] 중국은 북한의 핵무기 개발에 대해 반대하나 북한에 대한 과도한 압박이 북한의 안정을 해치거나 북한을 자극하여 무력충돌로 이어지지 않도록 하는 것이 더 중요하다는 입장이다.[12]

북한을 두둔하는 중국의 태도에 미국은 미일동맹과 한미동맹, 나아가 한미일 군사협력을 강화하는 방식으로 대응하였다. 2011년 11월 오바마 대통령은 호주의회에서 한 연설에서 미국은 아태지역에서 외교적, 경제적, 군사적 역할을 강화시키겠다는 아시아 재균형(Pivot to Asia)을 선언했다.[13] 힐러리 클린턴 국무장관은 하와이대학교 동서문제연구소에서 미국의 정책이 대중국 견제를 강화하는 것임을 강조하였다. 이를 위해 미국은 일본을 비롯한 동맹과 우방의 네트워크 강화가 필요했다. 북한은 미중패권경쟁을 이용하여 핵무기 고도화에 집중한 것이다. 중국은 대북제재에 미온적이었고 미국은 동맹 강화에 집중했다.

미국의 대북정책은 미중관계 틀 속에서 구상되고 추진되었으며 한중관계에 대하여 민감하게 반응했다. 박근혜 정부에서 한일관계의 악화와 대비되어 북핵관련 중국에 대한 과도한 의존은 미국의 우려사항이었고, 미국은 이에 대한 불편한 심정을 수차례 표시했다. 2013년 9월 헤이글(Chuck Hagel) 국방장관은 한일관계를 염두에 두고 "역사와 안보 문제를 잘 구분해야 한다"고 했다. 2013년 12월 바이든(Joe Biden) 부통령은 한국의 대중국관계를 의식한 듯 "미국 반대에 베팅하는 것은 좋은 베팅이었던 적이 없다"고 했다. 2014년 4월 오바마 대통령은 "한국의 대중국 경제협력을 환영하지만 한국 안보의 기초는 미국"이라고 강조하였다.

(2) 이명박 정부

이명박 정부는 통일은 반드시 점진적으로 오는 것은 아니며 '도둑처럼 올 수 있으니' 통일준비가 필요하다며 '분단관리에서 통일준비'로 대북정책에서 전면적인 패러다임 전환을 하였다.[14] 이명박 정부의 통일준비는 북한체제의 변화를 전제로 했고 통일의 미래상이 자유민주주의와 시장경제임을 분명히 했다. 일종의 급변사태에 대한 대비의 성격도 있었으나 정책의 목표가 천명된 것이 아니었기 때문에 정책에 대한 공감대와 정책추진력이 약했다.

이명박 정부는 한미동맹을 강화하는 노력을 통해 노무현 정부 시기의 대중국 경사론에 대한 미국의 우려를 불식시키고 미국의 세계전략에 기여하도록 하였다. 이러한 신뢰를 바탕으로 북한의 비핵화를 위한 국제협력과 억지력강화 등 대북정책에 관한 미국의 적극적인 협조를 이끌어 내고자 하였다. 그럼에도 불구하고 미국이 북한의 비핵화에 대하여 보다 적극적으로 나서지 않은 점에 대하여 한국정부는 미국이 비확산에 머무는 것이 아닌가 하는 우려를 했다.

(3) 박근혜 정부

이명박 정부의 통일준비는 박근혜 정부에서 통일대박으로 발전하였다. 박근혜 정부는 김영삼 정부 이후 처음으로 통일을 국정목표에 포함시키고 대통령 직속 통일준비위원회를 출범시키는 등 통일담론을 주도하고자 했다. 그러나 '한반도신뢰프로세스'와 '통일대박'에 대해 정교한 담론을 만들지 못한 채, 통일정책의 최종상태(end state)가 무엇인지에 대한 권위 있는 답변을 내놓지 못했다.

북한의 비핵화와 한반도 통일을 위해서는 중국의 협력이 필요하다며 적극적으로 대중국 접근을 하였다. 이는 위안부문제로 인해 중단되다시피 한 한일관계와 대조를 이루었다. 미국은 아시아 재균형정책에 대한 차질을 우려했다. 미국은 중국이 북한의 핵실험을 막을 수 있는지, 핵실험 후 제재에 앞장설 수 있는지 무슨 협조를 기대하는지 의문을 제기했다.

북한의 4차 핵실험 이후 박근혜 정부는 중국에 대한 기대를 접었다. 중국은 북한의 핵실험을 막지도 못했고 핵실험 이후 제재에도 소극적이었다. 북한에 대한 포용기조에 회의감을 갖게 되고 대화와 협상만으로 북핵문제를 해결하는 데 한계를 느낀 박근혜 정부는 개성공단 폐쇄를 결정하는 등 북한에 대해 강경한 입장으로 선회하였다. 이번에는 한반도 긴장이 지나치게 고조되는 것에 대해 미국은 우려했다.

2) 트럼프 대통령의 미국 우선정책과 한반도 운전자론

(1) 트럼프 행정부

한반도 정세는 트럼프(Donald Trump) 행정부 출범 이후 급변했다. 트럼프 대통령에게 가장 중요한 의제는 중국과 북한이었다. 중국은 미국과 상호의존적이라기보다는 환율조작을 통해 미중무역에서 막대한 부당이익을 얻고 있으며, 북한은 핵무기 개발로 미국 본토를 위협하고 있다고 비난하고 있다. 중국이 북한의 핵무기 개발에 미온적인 태도를 보이는 것에 대해서도 트럼프 대통령은 불만이었으며, 더욱이 이를 저지하기 위해 한미동맹과 미일동맹을 강화하는 것은 중국에게도 안보적 부담일지 모르지만 미국의 경제적 부담이 되고 있음을 지적하고 있다. 즉, 중국요인, 북한요인, 동맹요인(한국과 일본) 등 세 가지 요인 모두 미국의 경제적 부담이며 상호 밀접히 연관되어 있다.

따라서 트럼프 대통령은 동맹유지비를 절약하기 위해서는 중국을 약화시켜야 하고 그 일환으로 러시아, 북한 등을 중국으로부터 떼어놓아야 하는 것이다. 중국이 북핵문제 해결에서 성과를 보이면 환율조작 혐의를 묵인하겠다고 중국을 압박하는 것[15]은 이러한 맥락에서 이해될 수 있다.

북한의 핵개발은 미국유일초강대국 체제에서 '비확산'과 '연착륙'정책 덕분이었으며, 미중경쟁이 심화되면서 중국이 제재에 협조하지 않고 북한을 감싸게 됨으로써 북핵위기가 악화되었다고 할 수 있다. 미중 패권경쟁이 심화되면서 한국이 중국을 움직일 수 있는 유연성이 줄어들었다.

(2) 문재인 정부

문재인 정부는 국제사회에서 누구도 북핵문제에 대한 돌파구를 찾지 못하는 비관적인 상황에서 '한반도 운전자론'을 주장하며 돌파구를 열었다. 이는 전쟁 직전의 한반도 긴장을 완화하고 2018년 평창올림픽의 성공에 기여했다.

'평화와 번영의 한반도'를 5대 국정과제에 포함시키면서 평화정착을 최우선과제로 하되 한미공조에 바탕을 두고 북미관계와 남북관계의 동시발전을 추진하였다. 그동안 세 차례의 남북정상회담을 통해 북한의 비핵화에 대한 다짐을 이끌어내고 미북 간 중재역할을 통해 회담의 불씨를 살리려고 했다. 그러나 북미관계, 비핵화와 남북관계의 속도차로 인해 한미 간 이견을 어떻게 극복하느냐 하는 과제에 직면했다.

3) 특징

이 시기의 특징은 중국의 부상과 한국의 대북정책에서 중국의 역할에 관한 논쟁이라고 할 수 있다. 미국은 북핵문제 해결에 관한 한 중국에게 보다 많은 역할을 주문하는 한편, 중국이 이를 해결하지 못하고 북한의 핵실험 등 도발이 지속될 경우 한미일 군사협력의 강화를 도모하였다. 미국이 중국에 의존하는 것은 강대국정치의 영역에 속하는 것으로 한국이 대북정책 추진 과정에서 중국에 의존하는 것과는 달랐다.

이 시기 미국의 대북정책은 그 자체보다 미중관계의 틀 속에서 추진되었고, 한중관계의 변화에 민감하게 반응하였다. 미국은 중국의 부상에 대한 대응으로 한미일 군사협력의 강화를 추진하고 있는데, 한국은 대중국관계 개선을 통해 중국으로부터 협력을 도모하고자 하였다. 한국의 고고도미사일방어체계도 한국이 미국의 MD체제에 들어가고 유럽의 NATO와 유사한 작은 NATO가 조직되어 한미동맹이 영구화되는 것이 아닌가 우려했다. 실제로 중국은 한국의 고고도미사일 반입에 반발하여 한국에 대해 경제보복을 가했고, 한국 외교부장관이 고고도미사일 추가반입, 미국의 MD체제 참여, 한미일 군사동맹 등을 하지 않을 것이라는 소위 3불원칙을 제시하게 하였다.

4. 쟁점과 평가

1) 쟁점

냉전 시기(특히, 1960년대 이후) 한국과 미국의 대북정책은 대북억지력이라는 공동의 목표에 충실한 방어적인 정책이었다는 점에서 이견이 크지 않았다. 그러나 냉전종식 이후에는 통일과 평화, 비핵화 등의 실천방법에서 한미 간 차이점이 드러나고 있다. 쟁점은 다음의 몇 가지로 정리될 수 있다.

(1) 현상유지 대 현상타파

냉전 시기 미국은 한국에게 대북 억지력을 제공했고, 한국은 미국의 세계전략인 대소 봉쇄정책의 전초기지 역할을 했다. 한국이나 미국 모두 공세적이기보다는 방어적이었고 현상유지 성격이 강했다. 현상유지를 위해 한국과 미국은 굳건한 공조를 과시하였으며, 한미 간 이견이라고는 대북 억지력과 관련된 주한미군 감축(철수) 규모와 한국의 핵무기 개발을 제외하고는 드러나지 않았다. 그러나 냉전이 종식되면서 한국의 대북정책에 실질적 변화가 왔다. 구호와 비전에 머물던 통일과 평화는 한국의 실질적인 정책목표가 되었고, 한국의 대북정책은 화해협력이든 통일준비든 현상타파의 성격이 강해졌다. 반면, 미국은 한국의 대북 포용기조가 한반도의 긴장완화와 안정에 기여하는 것에 대해서는 긍정적으로 평가하면서도 미국의 대북정책은 여전히 한반도 안정을 목표로 현상유지의 성격이 강했다. 전략적 인내, 무시전략, 선책략 등은 미국 대북정책의 현실을 말해주고 있다. 이런 의미에서 2018년 트럼프 정부가 북미 간 적대관계를 끝내겠다고 북한과 합의한 6·12정상회담은 주목을 끌 만한 변화였다.

(2) 북한문제 우선 대 세계전략차원

한국에게 북한문제는 최우선과제이다. 그러나 미국에게는 수많은 외교 현안중 하나이며 세계전략차원에서 정책의 우선순위, 타이밍과 방향이 결정된다. 냉전종식 후 이라크, 아프가니스탄, 이란, 리비아, 미얀마, 쿠바 등 미국이 다루었던 수많은 이슈들 중 북핵문제가 최우선순위였던 적은 없다. 중국이 부상하면서 미국은 중국과 북한문제 부담을 나누기 원했으며, 미중 패권경쟁이 심화되면서 미국의 대북정책은 갈수록 미중관계의 틀 속에서 다루어지고 있다. 미국은 북한의 핵, 미사일 도발에 대한 대응으로 한미일 군사협력체제를 강화시켰고, 이는 북한의 도발에 대해 미온적인 태도를 취한 중국에게는 북한의 안정을 위해 지불하는 일종의 비용이라고 할 수 있다. 미국은 북한 비핵화와 중국의 부상에 대한 대응으로 아시아 재균형을 추진하면서 동맹과 우방들의 네트워크를 강화시켰다. 중국이 고고도방어미사일의 한국 배치에 격렬히 반대하는 것도 한국을 미국의 MD체제에 편입시켜 소(小)다자안보체제를 구축하려는 미국의 계획이 아닌가하는 의심에서 비롯된 것이다.

이런 의미에서 2018년 미국의 대북정책은 적극성과 정책 우선순위에서 전례가 없었다. 그리고 북미 간 적대관계를 끝내겠다는 6·12정상회담에서의 합의가 비핵화를 위한 하나의 수단을 넘어서 동북아 질서변화, 즉 중국의 대북 영향력 약화를 겨냥한 것인지 중국이 초긴장하는 이유이다.

(3) 남북관계 대 북미관계

북한은 미국의 대북 적대시정책이 최대의 안보위협이며 핵무기를 개발한 이유라고 주장한다. 따라서 미국이 적대시정책을 철회하고 군사적 위협이 사라지면 북한은 핵무기를 보유할 이유가 없다는 것이다. 그러나 북한이 주장하는 미국의 대북 적대시정책의 의미에 대해서는 보다 면밀한 분석이 필요하다. 냉전이 끝나고 한반도에서 미국의 최우선 관심은 안정을 유지하는 것이었으며 이를 위해서 미국은 한국의 북방정책과 남북대화를 지원하였으나 정작 자신은 북한의 핵무기 개발 이외에는 북한과의 대화에 큰 관심이 없었다. 북핵위기 초반 북한의 핵개발이 미국과의 대화를 위한 것이라는 분석이 나온 이유이다. 실제 북한이 1993년 NPT를 탈퇴하고 1994년 IAEA마저 탈퇴하면서 핵무기 개발을 본격화하자 미국이 북한과의 대화에 나섰다. 미국은 북한의 붕괴를 우려해 연착륙을 강조하고 비핵화가 아닌 비확산을 일차적 목표로 하였으며 대규모 사상자가 우려된다며 군사적 옵션을 일찌감치 테이블 위에서 치웠다. 제네바합의 이후에는 미국은 북한에게 매년 수십만 톤씩의 식량과 중유를 제공하기도 하였다.

사실상 냉전종식 후 북한의 최대안보위협은 미국이 아닌 한국이라고 할 수 있다. 북한의 입장에서 남북관계는 여전히 '먹고 먹히는 관계'이며 한국으로부터의 흡수통일을 막는 데 총력을 다했다. 당장은 남과 북에 상이한 이념과 제도를 인정하는 방식으로 '낮은 단계의 연방제'를 제안하기도 하였다.

요컨대, 북한이 주장하는 미국의 적대시정책은 미북 간의 직접적 충돌 가능성보다는 남북 간 충돌시 미국이 한국편을 들어 북한을 '적대시'하는 것을 의미하는 것이다. 사실 북한이 개발에 30년이 소요되는 핵무기 몇 개로 대미 억지력을 강화하려 했다기보다는 미국과의 직접대화를 얻어내거나, 미국이 남북문제에 개입하지 않고 중립적 입장을 취하도록 하는 것이다.

북한의 의도대로라면 남북관계가 북미관계를 앞서기는 쉽지 않아 보인다. 북한은 군사안보 문제는 미국과 해결하기를 원하고 한국과는 경제적 지원이나 협력만을 희망하고 있다. 과거 미국은 종종 워싱턴을 오기 전에 서울을 들러서 오라고 했지만, 이런 식의 남북대화는 늘 요식행위에 그쳤다. 이런 점에서 최근 남북관계가 북미대화보다 앞서고 있는 것은 다소 이례적이며 언제든 상황이 바뀔 수 있는 것이다.

(4) 의도의 문제 대 구조의 문제

남북관계는 '구조'의 문제인가 '의도'의 문제인가? 이 두개의 상반된 시각은 대북정책의 방향에 영향을 미치는 가장 중요한 변수이며, 대북정책의 수단을 둘러싼 남남갈등과 한미갈등의 뿌리이기도 하다. 남북관계를 구조의 문제로 보는 시각에 의하면 남북관계 개선의 최대 장애물은 한반도 냉전구조다. 냉전구조의 핵심은 미국과 북한의 적대관계이며 이러한 환경 하에서 북한의 고립과 핵무기 개발은 지속될 뿐이다. 따라서 구조론에 의하면 한반도 냉전구조 해체를 위해 한국과 미국이 먼저 선의를 갖고 북한이 안심하고 변화할 수 있는 환경을 조성해야 한다. 즉, 평화체제가 구축되고 남북경협이 증가할수록 북한이 변하고 남북관계가 발전할 것이라고 믿는다.

반면, 남북관계를 의도의 문제로 보는 시각에 의하면 미소냉전이 해체된 후에도 남북화해협력이 지연되는 것은 북한이 적대관계를 해소할 의도가 없기 때문이다. 북한은 정권유지를 최우선시하고 있으며 이를 위해 스스로 고립을 자초하고 핵무기를 개발한다는 것이다. 따라서 의도론에 의하면 남북경협의 확대가 자칫 북한의 독재체제를 안정시키고 핵무기 개발을 돕는 결과를 초래할 수도 있다. 이 경우 중요한 것은 대북 억지력을 강화하는 것이며 기다리는 것도 유의미한 전략이 된다.

짐작하다시피 구조론은 진보정부의 인식이었고, 의도론은 보수정부와 미국의 인식이었다. 북한은 절대 핵을 포기하지 않을 것이라며 회담 자체를 거부하는 경직된 의도론도 지나친 예단일 수 있지만, 환경을 조성해주기도 전에 이미 비핵화와 북미관계 개선에 대한 북한의 의지가 분명하다는 주장 역시 추가적인 설득작업이 필요하다. 수십 년에 걸쳐 애써 만들어 놓은 핵무기를 포기하는 대가로 북한이 얻고자하는 것은 무엇인가? 미국과 관계개선을 서두르는 북한의 사정은 무엇인가?

2) 평가

① 대북정책에서 한미 간 이견은 불가피하나, 문제는 이견의 조정 여부이다.

냉전시대와 비교해서 냉전종식 이후 한미의 대북정책은 분명한 차이를 보인다. 세계전략의 틀 속에서 남북관계를 보는 미국의 입장과 남북관계를 중심에 놓고 보는 한국의 입장이 같을 수는 없다. 지난 70년간 미국의 한반도정책 목표는 현상유지였다. 미국은 한반도 남쪽에 튼튼한 동맹을 유지하겠다는 확고한 의지를 과시하였으나, 미국의 영향력을 한반도 전체로 확대하는 것에는 큰 관심이 없었다. 냉전종식 이후에도 한반도 현상유지라는 미국의 목표는 변함이 없었으며, 미국의 한반도정책은 세계전략 차원에서 입안되고 추진되었다. 한편, 냉전이 종식되면서 한국의 대북정책은 여전히 대북억지력이라는 목표를 미국과 공유하면서도 현상유지라는 소극적 목표를 넘어서 화해협력과 통일이라는 목표를 실질적으로 추진하고자 하였다.

이와 같이 대북정책의 목표, 정책추진의 속도와 시기, 정책수단 등과 관련 한미 간 이견은 불가피할 수도 있지만, 이견이 사전에 긴밀히 조정되어 정책공조가 유지되기도 하고 이견조정에 실패하여 불협화음을 내기도 하였다.

② 한미공조 없이 대북정책의 성과는 기대할 수 없다.

한미 간 대북정책 공조가 가장 긴밀했던 경우는 노태우 정부와 이명박

정부 시기였으며 김대중 정부도 클린턴 행정부와는 공조에 문제가 없었다. 노태우 정부의 대북정책은 한반도 안정을 최우선시하는 미국의 대북정책과 조화를 이루면서 미국의 적극적인 협력과 지원을 받았다. 노태우 정부의 대소련 및 대중국 수교를 비롯한 북방정책과 유엔 동시가입은 미국의 적극적인 후원에 힘입었고, 남북기본합의서, 한반도 비핵화공동선언 역시 미국의 정책기조와 호흡을 같이 했다. 급격한 통일보다는 화해협력을 통해 북한의 변화를 견인한다는 김대중 정부의 대북정책은 비확산과 연착륙이라는 클린턴 정부의 대북정책과 공동의 목표를 추진함으로써 원만한 공조가 유지될 수 있었다. 이명박 정부는 미국의 세계전략에 적극 협조하는 한편, 북한정권에 대한 인식공유를 바탕으로 한국의 대북정책에 대한 미국의 협조를 확보하는 데 주력하였다.

한편, 한미 간 정책공조가 미흡했던 경우는 김영삼 정부, 부시 행정부 출

도표 7.1 역대정부별 한미공조 정도

	한국 정부	공조	미국 정부	
남북기본합의서 평화공존	노태우 (1988~1993년)	긴밀	조지 H. W. 부시 (1989~1993년)	냉전 승리 이라크전쟁
자유민주주의 통일/ 북한의 변화	김영삼 (1993~1998년)	미흡	빌 클린턴 (1993~2001년)	연착륙 비확산
냉전구조 해제 포용/교류	김대중 (1998~2003년)	양호		
포용/평화	노무현 (2003~2008년)	미흡 미흡	조지 W. 부시 (2001~2009년)	악의 축, 민주주의 확산 정권 교체
분단관리에서 통일준비로	이명박 (2008~2013년)	긴밀	버락 오바마 (2009~2017년)	전략적 인내 Pivot to Asia
통일대박 포용기조 회의감	박근혜 (2013~2017년)	미흡		
한반도 운전자론	문재인 (2017년~)	?	도널드 트럼프 (2017년~)	최대압박 새로운 북미관계 구축

범 이후의 김대중 정부, 노무현 정부, 그리고 박근혜 정부가 해당된다. 국내적으로 퍼주기 논란과 미국 내에서 클린턴 행정부의 대북정책을 둘러싼 당파적 논쟁에도 불구하고 일관되게 추진되던 김대중 정부의 대북 포용정책은 북한을 '악의 축'으로 보는 부시 행정부의 부정적 인식에 의해 제동이 걸렸다. 부시 행정부는 출범 이후 대북정책 재검토에 들어갔으나 미국의 정책방향에 대한 이해부족으로 정상회담을 통해서 조기에 미국을 설득하려다 오히려 이견만 노출하고 대북정책 추진의 동력을 상실했다.

김대중 정부뿐만 아니라 역대 정부에서 한미 간 이견을 좁히지 못하고 한국의 대북정책을 관철시키기지 못한 예는 많다. "핵을 가진 북한과는 악수하지 않겠다"는 김영삼 대통령의 강경한 입장에도 불구하고 클린턴 행정부는 북한의 연착륙과 비확산이라는 일차적 목표를 설정하고 북한과 제네바합의를 하였다. 노무현 정부는 대북정책 자체보다는 한미동맹의 약화와 중국 경사로 의심받은 '동북아 균형자론'으로 인해 한미공조에 어려움을 겪었다. 박근혜 정부는 대북정책의 모호성과 정책소통의 부족으로 어려움을 겪었다. 북한 비핵화와 남북통일을 위해 중국의 도움이 필요하다는 박근혜 정부의 주장은 중국경사론에 대한 미국의 의구심을 풀어주지 못했다. 결국, 박근혜 정부는 2016년 1월 4차 핵실험 이후 대북 포용기조에 대한 회의감으로 강경기조로 전환했으나, 이번에는 한반도 긴장고조가 미국의 우려사항이 되었다.

③ **미국의 동북아 질서 구상에 대한 이해가 필요하다.**

2018년은 한반도에서 극적인 정세변화가 시도된 해로 기억될 것이다. 세 차례의 남북정상회담과 최초의 북미정상회담이 개최되었다. 이 시도의 종착지는 여전히 불투명하나, 트럼프 대통령의 등장 없이 불가능했을 것이며 향후 전망 역시 트럼프 대통령의 결단에 좌우될 것이다. 트럼프 대통령은 북한과의 정상회담에서 "양국 국민들의 염원에 따라 새로운 관계를 구축"하는 데 합의하였다. 이는 지난 70년간 북미 적대관계 해소에 관한 최초의 의사 표시로 북한의 비핵화를 넘어서 새로운 동북아 질서에 대한 트럼프 대통령의 새로운 구상과 밀접히 연관된 것이 아닌지 주목을 끌었다.

북미접촉에서 소외된 중국과 일본이 보인 반응은 미국의 대북정책이 가져올 수 있는 동북아 질서변화의 민감성을 반영한다. 2018년 6월 12일 싱가포르 정상회의를 전후해 중국은 북한과 세 차례의 정상회담을 갖고 촉각을 곤두세웠으며, 6월 12일 당일에는 시진핑 주석이 산둥성 웨이하이의 갑오전쟁박물관(중국에서는 1894~1895년 청일전쟁을 갑오전쟁이라 함)을 방문하여 중국의 치욕의 역사를 되새김으로써 북미정상회담에 대한 중국의 심정을 내비쳤다. 아베 총리는 트럼프 대통령이 주한미군감축 검토를 지시했다는 보도에 대해 즉각 반발함으로써 북미관계 급진전이 몰고 올 동북아 질서의 변화에 대한 우려를 표출했다. 여기에는 미국의 한국방위공약 약화, 일본의 '보통국가화'가 포함된다. 다른 한편에서 일본은 북일정상회담 추진의사를 밝히는 등 다양한 상황에 대비하는 모습을 보이고 있다.

④ 한미 간 긴밀한 전략대화가 필요하다.

한미 간 긴밀한 정책공조는 분명한 정책목표와 방향, 최종상태 등에 대한 공감대와 함께 구체적 정책추진에 대한 전략의 공유에 의해 뒷받침되었다. 한국 대북정책의 최종상태가 무엇이며, 미국의 국익에 결코 손해가 아니라는 것을 미국과 허심탄회하게 협의할 수 있어야 할 것이다. 이를 위해서는 첫째, 국민적 공감대를 바탕으로 한국 스스로 투명하고 정교한 정책담론을 만들어야하고 정부 당국자들 간 공유되어야 한다. 둘째, 전략대화를 위해서는 북한의 의도 못지않게 미국의 이익과 의도가 무엇인지를 정확히 파악하고 대처해야한다. 셋째, 미국을 비롯한 동북아 질서의 변화를 정확히 파악하고 이를 활용할 수 있는 외교능력을 확보해야 할 것이다. 북핵문제의 돌파구를 위해서는 적어도 초기단계에서는 북미대화와 남북대화 두 개의 양자대화가 자동차의 앞바퀴와 뒷바퀴처럼 동력이 되어야 할 것이다. 그러나 두 개의 양자대화가 균형 있게 움직이기 위해서는 한미동맹이란 축이 앞뒤바퀴를 연결해 주어야 할 것이다.

주

1) "US, South Korea to Launch Joint Working Group on North Korea" *Voice of America*, 3 November 2018; 폼페이오 기자 간담회,『연합뉴스』, 2018년 11월 24일.
2) Chae-Jin Lee, *A Troubled Peace: U.S. Policy and the Two Koreas*, Johns Hopkins University, 2006, p. 33.
3) 1951년 샌프란시스코강화조약에서 독도의 영유권에 대해 분명한 규명이 되지 않은 것은 한국전쟁 상황이 유동적인 상태에서 한국이 공산화될 경우 일본방위를 대비한 측면이 있다는 주장이 있다.
4) https://www.dailynk.com/김정은-727-앞두고-反美교양-시설-신/ (검색일: 201년 11월 25일).
5) 7·7선언은 남북상호교류와 자유왕래, 이산가족의 서신교환과 상호방문, 남북한 교역자유화 및 자유왕래, 남북한 교역문호 개방, 남북한 민족경제의 균형적 발전 및 우방국의 북한교역 불반대, 북방정책에 대한 선언이었다.
6) 이홍구 총리 인터뷰, "1989년 한민족공동체통일방안 수립배경 및 남북관계," 최진욱 외,『통일노력 60년: 하늘길, 땅길, 바닷길 열어 통일로』(서울: 도서출판 다해, 2005), pp. 209-211.
7) Elliott Abrams 외, Statement of Principles, *Project of the New American Century*, http://newamericancentury.org/statementofprinciple.htm
8) 이정철, "동북아 협력과 한반도형 평화체제의 원형: 판문점 선언, 북미공동선언문. 그리고 공동안보체제," 아데나워재단, 숭실대학교 숭실평화통일연구원,『지역, 지역간 협력과 북한문제』(서울: 숭실평화통일연구원, 21018. 7).
9) 박선원, "전면적 동맹재조정을 위한 갈등과 협력: 노무현-부시 정부 시기," 역사비평 편지위원회 엮음,『갈등하는 동맹; 한미동맹 60년사』(고양: 역사비평사, 2010), pp. 225-226.
10) 이는 해마다 광복절 경축사에서 반복되어왔다. 문재인 대통령, 제72회 광복절 경축사 2017년 8월 15일.
11) Jin-wook Choi, "Security Dimensions of China's Relations with the Korean Peninsula" in Lowell Dittmer and Maochun Yu, *Routledge Handbook of Chinese Security* (London: Routledge, 2015), pp. 172-175.
12) 북핵문제에 대한 강한 압박과 제재보다는 외교적 수단과 대화를 우선시했다는 점에서 북핵초기 미국의 입장과 오늘날 중국의 입장이 유사한 것은 강대국 정치의 아이러니가 아닐 수 없다.
13) Mark .E. Manyin and S. Daggett, "Pivot to the Pacific? The Obama Adminis-

tration's 'Rebalancing' twoard Asia," *CRS Report for Congress* (2012).
14) "통일은 반드시 온다. 생각보다 빨리 온다. 당장 통일을 준비해야 한다"는 쾰러 (Hornst Kohler) 독일 대통령 방한중 발언 (2010년 2월 8일).
15) "Trump Says He Offered China Better Trade Terms in Exchange for Help on North Korea," *The Wall Street Journal*, 12 April 2017.

■ 참고문헌

1. 한글문헌

박선원. "전면적 동맹재조정을 위한 갈등과 협력: 노무현-부시 정부 시기." 역사비평 편집위원회(엮). 『갈등하는 동맹: 한미동맹 60년사』. 고양: 역사비평사, 2010.
이정철. "동북아 협력과 한반도형 평화체제의 원형: 판문점 선언, 북미공동선언문, 그리고 공동안보체제." 아데나워재단, 숭실대학교 숭실평화통일연구원. 『지역, 지역간 협력과 북한문제』. 서울: 숭실평화통일연구원, 21018. 7.
임혁백. "남북한 통일정책의 비교분석." 이용필 외 『남북한통합론: 이론적 및 경험적 연구』. 서울: 인간사랑, 1992.
최진욱 외. 『통일노력 60년: 하늘길, 땅길, 바닷길 열어 통일로』. 서울: 도서출판 다해, 2005.
_____. 『김정일정권과 한반도장래』. 서울: 한국외국어대출판사, 2005.
통일원. 『통일백서 1992』. 서울: 통일원, 1992. p. 43.

2. 영어문헌

Choi, Jin-wook. "Security Dimensions of China's Relations with the Korean Peninsula" in Lowell Dittmer and Maochun Yu, *Routledge Handbook of Chinese Security*. New York: Routledege, 2015.
Lee, Chae-Jin. *A Troubled Peace: U.S. Policy and the Two Koreas*. Johns Hopkins University, 2006.
Manyin, Mark. E. and Stephen Daggett. "Pivot to the Pacific? The Obama Administration's 'Rebalancing' twoard Asia." *CRS Report for Congress*. 2012.

3. 신문잡지 자료

"US, South Korea to Launch Joint Working Group on North Korea" *Voice of America*. 3 November 2018.

변화하는 동아시아 안보환경과 한미일관계*

8장

신욱희 (서울대 정치외교학부)

- 부상하는 중국과 경쟁구도의 등장 _ 262
- 샌프란시스코체제 _ 265
- 미국의 역할 대 중국의 부상 _ 270
- 한국의 샌프란시스코체제 전환 모색 _ 272
- 마음의 평화, 용기, 그리고 지혜 _ 276

냉전기 한국의 안보는 한미일 삼각안보체제에 의해 유지되어 왔다. 하지만 냉전의 종언은 세계질서의 커다란 전환의 양상을 가져왔으며, 이는 다극체제, 일극체제, 새로운 양극체제의 논의를 거쳐 현재는 다양한 형태의 무질서에 대한 논쟁으로 이어지고 있다. 즉 냉전의 종언 직후의 '과거로의 복귀(back to the future)',[1] 9·11으로 이어지는 '일극적 순간(unipolar moment)',[2] 중국의 부상에 따른 'G2'와 '아시아의 세기' 논의를 지나서 '미국의 부활' 가능성, 중국의 '신창타이', 복수의 '지역'의 등장으로 특징 지어지는 모호하고 복잡한 상태로 이어지고 있는 것이다.

하지만 한반도와 동아시아의 분석수준을 중심으로 이루어지는 한국 안보에 대한 고찰은 중국의 부상에 따른 구조적 맥락의 변화에 여전히 큰 영향을 받고 있다. 이는 독일의 사회학자인 루만(Niklas Luhmann)의 용어를 빌려 표현하자면, 한미일관계를 중심으로 하는 한국의 기존 안보 '체계'가 부상하는 중국이라는 '환경' 요인에 따라 그 '경계'가 새롭게 구획될 수 있는 시기를 맞고 있다고 이야기 할 수 있을 것이다. 이를 국제정치이론 논쟁 중의 하나인 '주체-구조의 문제(agent-structure problem)'에 연결시키면, 한국이라는 주체가 지역체제의 구조 변화와 어떠한 방식의 상호구성을 이루어나갈 것인가의 주제로 표현된다.

이 장은 이와 같은 전제 아래서 '샌프란시스코체제'라고 지칭되는 한미일 간의 안보체계가 중국의 부상에 따라 어떠한 영향 아래 놓이게 될 것이며, 그러한 상황에서 한국이라는 행위자에게 주어지는 정책적 범주는 어떠할 것인가에 대한 검토를 수행하고자 한다. 먼저 중국의 부상에 대한 다양한 해석과 그 지정학적, 지경학적 결과를 생각해 보고, 샌프란시스코체제의 형성 과정과 그 안보-경제-관념의 연계 방식과 변화의 측면을 분석한 후, 동아시아 안보에서 중국의 부상과 미국의 역할이 상충되는 부분을 고찰해 보고, 이에 관한 한국의 기존 샌프란시스코체제의 전환적 시도 방식에 대하여 논의할 것이다.

1. 부상하는 중국과 경쟁구도의 등장

중국의 부상이 얼마나 객관적인 사실인가에 대해서는 다양한 주장과 논의가 있어 왔다. 하지만 소련의 해체 이후 21세기 초반에 이르기까지 미국과 중국의 국방비 지출과 GDP의 변화를 참고한다면, 냉전 말기 일본의 부상에 대한 논쟁과 비교해 볼 때 그 추세의 면에서 좀 더 분명한 경향을 보여주고 있었다고 할 수 있다. 미국의 국방비는 1989년 5,262억 달러에서 2010년 6,871억 달러로 약 30% 증가한 것에 비해, 중국의 국방비는 1989년 159억 달러에서 2010년 1,143억 달러로 약 700% 증가하였다.[3] GDP의 경우 미국은 1989년 5조 4,396억 달러에서 2009년 14조 1,190억 달러로 약 2.5배 증가한 것에 비해, 중국은 1989년 3,439억 달러에서 2009년 4조

9,854억 달러로 약 14배 증가하였다.[4] 2010년대 중반 이래 신창타이 시대로 들어서면서 중국의 고속성장은 주춤했지만, 일대일로로 대표되는 중국의 '영향력의 영역(spheres of influence)'의 확대는 지속되고 있다고 할 수 있다.

중국의 부상에 대한 실질적인 척도보다 더욱 논쟁적인 것은 그것이 가져올 결과에 대한 인식의 문제이다. 이에 대해서는 중국위협론, 중국포위론, 그리고 중국기회론의 세 입장이 대립되고 있다. 공격적 현실주의자인 미어샤이머(John J. Mearsheimer)와 방어적 현실주의자인 월트(Stephen M. Walt)의 의견이 수렴되고 있는 중국위협론은 21세기 초반 중국의 상대적으로 적극적인(assertive) 대외정책이 본격화되면서 미국 국가전략의 관념적 기반으로의 위치를 굳혀가고 있다. 물론 중국은 이러한 인식이 자국의 평화로운 굴기를 미국이 기존 동맹국들과 함께 제어(constrain)하려는 것이라고 주장하는데, 이와 같은 중국포위론은 한국전쟁에서의 교전을 통해 만들어진 이른바 미국위협론의 연장이라고 할 것이다. 마지막의 중국기회론은 아래에서 서술되는 지경학, 또는 신지정학적인 입장에서 중국의 부상을 비교적 중립적 입장에서 해석하고 그것이 수반할 수 있는 이익, 혹은 협력의 측면을 강조하려는 것이라고 할 수 있다.

다위샤(Adeed Dawisha)가 민족주의의 분석을 위해 사용했던 유형론을 위협인식에 적용한다면,[5] 중국의 위협 또한 본질적(primordial), 구성적(constitutional), 그리고 도구적(instrumental) 측면으로 구분할 수 있다. 본질적인 것은 상상된 것이 아닌 '실재하는' 위협을, 구성적인 것은 고정되거나 이미 정해진 것이 아닌 '형성되는' 위협을, 그리고 도구적인 것은 정치적 혹은 물질적인 이익을 위해서 '사용되는' 위협을 지칭하는데, 중국의 위협도 이 세 요인을 함께 갖고 있다고 보는 것이 적절할 것이며, 이를 어떻게 구분하거나 수용할 것인가에 따라 위협, 포위, 기회 입장의 상대적 평가가 정해질 것으로 보인다.

중국의 부상이 가져오는 지정학적인 영향을 주로 살펴볼 경우, 본질적 위협을 강조하는 중국위협론의 주장이 조금 더 설득력을 가지며, 이는 '지정학의 귀환'이나 '강대국 정치의 비극' 논의와 연결되어 세계정치의 가장 핵심적인 주제가 되고 있다. 부상하는 중국을 동아시아의 지역적, 한반도의 국지적 수준에서 생각해 본다면 중국은 이미 일본과의 지역적 패권 경쟁에서 우위를 차지하고 있고, 부분적인 갈등에도 불구하고 북한에 대해 가장 강력한 영향력을 행사하는 행위자로 간주된다. 이러한 전환의 양상은 힘의 불균형이라는 점에서 동북아시아 지역협력과 북핵/북한문제의 해결에 장애요인으로 작용할 가능성이 있다고 할 수 있다.

지정학적 차원에 비해 중국의 부상이 가져오는 지경학적 영향에 대한 분석은 좀 더 복합적인 사고를 요구한다. 시웅(James C. Hsiung)은 지경학적 시대의 특성을 "권력과 세력균형 게임의 규칙이 재정의 되며, 한 국가의 경제안보가 그 국가의 군사안보(혹은 전통적인 국가방위)에 영향을 주게 되는 것"으로 설명하고 있다.[6] 우리는 사드배치 이후 중국 조치의 영향을 통해 한중 간 경제적 상호의존의 상황과 안보적 갈등이 가져오는 경제적 비용의 문제를 실감한 바 있었다. 하지만 부상하는 중국이 수반하는 지경학적인 역동성은 한국에게 기회의 요인을 아울러 제공하는 것으로 보인다. 이는 접경이나 반도와 같은 공간적 특성을 협력의 요인으로 활용하는 신지정학적 고려와 관련된다.[7]

중경과 뒤스부르크를 연결하는 중국의 일대일로 구상은 동북아시아와도 밀접하게 연결된다고 지적되고 있다. 쟝루이핑(江瑞平)은 "동북아는 일대일로 건설에 있어 중요한 전략적 위치를 차지하며, 한중일 삼국이 함께 일대일로 건설에 주도적 역할을 해야 하며, 이는 삼국의 정치적 관계의 회복과 협력 강화에 유리한 조건을 제공한다"고 주장한다.[8] 이 제안에서는 중국의 동북지방이 중요한 위치를 차지하며, 북핵/북한문제가 단계적 해결의 과정을 거치게 된다면 중국과 북한의 접경지역은 핵심적인 경제협력의 장으로 활용될 수 있다. 이 경우 동북지방이 남북한과 중국, 그리고 러시아, 일본 사이의 공생적 장소로 전환되어 동아시아 평화의 미래공간으로 활용

될 수 있는 신지정학적 가능성이 모색될 수 있는 것이다.[9]

중국의 부상에 따른 또 하나의 지경학적 구도의 변화는 지역적 차원의 다자주의의 경쟁적 등장이라고 할 것이다. 중국의 자기중심적인 다자적 권역의 확대는 상하이협력기구(SCO), 아시아인프라투자은행(AIIB), 역내포괄적경제동반자협정(RCEP) 등의 다양한 형태로 이루어지고 있다. 이는 일대일로와는 달리 세계적 패권보다는 지역적 영향력의 확대를 지향하는 것으로 여겨지는데, 이러한 중국의 시도에 대해 아시아/태평양 지역을 다자주의의 권역으로 삼고 있는 미국과 일본은 기존의 APEC, 그리고 오바마 행정부 시기까지는 환태평양경제동반자협정(TPP)을 중심으로 해서 아시아 지역의 규칙 제정 경쟁(rule-making competition)의 양상을 유지해 왔다. 이와 같은 소위 경쟁적 다자주의(contested multilateralism)의 등장은 한국과 같은 국가에 있어서는 선택의 딜레마를 가져올 수도 있으나,[10] 오히려 양자에 모두 가입할 수 있는 기회를 제공하는 것으로 인식될 수도 있는 것이다.[11]

2. 샌프란시스코체제

루만은 자신의 사회이론에서 가장 큰 수준의 사회로서 세계사회를 상정하고, 세계사회가 분화되는 네 가지 형태로 주체 내지는 부분체계들이 서로 평등한 '분절적 분화,' 불평등이 존재하는 '중심과 주변에 따른 분화'와 '계층적 분화,' 그리고 평등과 불평등이 모두 성립하는 '기능적 분화'를 들고 있다.[12] 주권과 무정부성으로 묘사되는 근대 국가와 국제체제의 특성이 전형적인 분절적 분화의 형태인 것으로 설명되지만, 많은 국가들 사이의 관계는 실질적으로 계층적 분화의 특징을 보여주는 경우가 많다. 냉전 시기 양 진영 내부의 국가들 관계 역시 '후견주의(clientelism)'적 관계로 표현되면서 행위자들 사이의 안보협력에서 위계적인 분업구조가 관찰되기도 하는 것이었다.[13]

콩(Yuen F. Khong)은 미 주도의 위계적 국제관계를 미국의 조공체제(American tributary system)라고 부르면서 아래와 같이 이야기한다.

> 지금까지 만들어진 것 중에서 가장 광범위한 공식 또는 비공식 동맹의 중추 혹은 핵심으로서 미국은 자신의 동맹국이나 파트너 — 혹은 조공국 — 에게 시장을 제공하고 더불어 군사적 보호를 제공한다 …. 자신의 노력의 대가로 미국이 바라는 것은 명확하다: 첫 번째는 자신을 절대적인 권력체 또는 패권국으로 인정해 주는 것, 두 번째는 다른 나라들이 자신의 정치적 형태와 관념을 모방하는 것이다.[14]

한미일관계를 중심으로 하는 샌프란시스코체제 또한 냉전기에 등장한 계층적 분화의 한 형태로서 이해될 수 있다. 태평양전쟁 이후 미국의 일본에 대한 역코스 정책(reverse-course policy), 한국전쟁 발발, 샌프란시스코평화회의[15] 개최를 거치면서 창발된 이 체제는 조직자로서의 미국과 조력자로서의 일본의 역할을 바탕으로 하고, 미국에 의한 아시아/태평양의 관리와 일본의 재무장을 그 내용으로 해서 형성되었다. 하지만 전후처리 체제로서의 샌프란시스코체제는 영토나 역사문제와 같은 지역 내의 갈등을 재생산했다는 비판을 함께 받았다. 일본사 연구자인 다우어(John W. Dower)에 따르면,

해설 8.1

샌프란시스코평화회의

1951년 9월 미국 샌프란시스코에서 48개국이 모여 진행한 태평양전쟁의 전후처리 회의로서, 그 결과 일본과 연합국 사이의 샌프란시스코강화조약이 체결되었다. 조약의 발효에 따라 일본은 군정이 종식되고 주권을 회복하였다. 일부 학자들은 이 조약에 의해 설계된 아시아/태평양의 국제질서를 샌프란시스코체제라고 지칭하고 있다.

샌프란시스코강화조약은 일본에는 관대하여 평화국가로서 민주주의와 경제적 번영을 가져다준 반면, 일본의 군국주의와 식민 지배 피해자인 주변국을 배제하여 근린국으로서 화해를 통해 새로운 지역적 관계 질서를 조성하기보다 제국주의와 침략, 그리고 착취로 인한 상처와 그 유산이 곪는 '유해한 결과'를 안겨주었다.[16]

한미일관계의 '빠진 고리(missing link)'였던 한일관계는 1965년의 국교정상화로 채워졌고, 이어 베트남전쟁에서 이루어진 삼국 간 협력은 샌프란시스코체제 하 안보적 분업의 전형적인 형태를 보여주게 되었다. 닉슨 독트린 이후 한일 양국은 방기의 우려에 따라 '의사동맹(pseudo-alignment)'으로서 상호협력을 강화하면서 데탕트의 차별적인 모습을 보여주게 되었으나,[17] 한편으로는 일본의 오키나와 환수에 따라 미일 간 이른바 '한국조항'이 명문화됨으로써 한미일 삼각안보체제가 '냉전적 원형'을 갖추게 되었다고 평가되기도 한다.[18] 그러나 한국조항은 미국의 대 아시아 정책과 일본 국내정치의 변화에 따라 그 내용을 달리하게 되었고,[19] 미일관계의 중심성과 미국의 상대적인 일본 위주의 정책 수행이 한미일 안보협력체제의 연속성의 요소가 되었다.

위계성과 더불어 샌프란시스코체제가 갖는 두 번째의 특성은 그것이 보여주는 안보-경제-관념 연계의 부분이다.[20] 이러한 특성에 대한 이해는 세 측면을 함께 고찰하면서 서로의 인과관계와 각각의 중요성을 검토하는 통합적/상호적 접근을 필요로 하는데, 루만이 이야기하는 복수의 부분체계의 존재와 상대적 비중에 대한 관찰이 이에 해당한다고 볼 수 있다.[21] 켈더(Kent Calder)는 '번영을 통한 안보의 추구'라는 샌프란시스코체제의 군사와 경제의 연결 전략이 전후 동아시아 안보와 경제성장의 토대가 되었다고 지적하면서 아래와 같이 지적한다.

샌프란시스코체제라고 (여기에) 알려진, 1951년 9월 일본과의 조약 이래 태평양에 존재해 온 정치-경제관계의 통합된 체제는 세계 어느 곳의 하부

지역체제와의 비교에서도 독특한 면이 있다 …. 중국의 역동적인 역할 확대가 (샌프란시스코체제) 변화의 중심 요인인 반면, 태평양 양측의 보완적인 국내적 정치-경제적 이해가 원래 덜레스의 탁월한 일본 중심 구상을 강화시키면서 그 존재를 지속시켜 왔다.[22]

하지만 중요한 점은 이와 같은 호혜적인 성격이 냉전체제의 전환에 따라 변화를 보여 왔다는 것이다. 그 한 예가 1990년대 초반에 등장한 이른바 '일본과의 다가오는 전쟁(coming war with Japan)' 논쟁이라고 할 수 있다. 프리드만(George Friedman)과 르바드(Meredith Lebard)는 1990년대 초반의 국제정세가 미국이 초강대국으로 존재하지만 경제부문에서의 갈등과 지역국가의 부상이 심화되는 방식으로 전개될 것이라고 전망하면서, 특히 미일 대립구도의 형성 가능성을 강조한 바 있었다.[23] 즉 현재의 중국위협론과 유사한 형태로 일본위협론이 거론되었다는 것을 알 수 있는 것이다.

1990년대 후반의 아시아 외환위기는 또 다른 측면에서 샌프란시스코체제의 경제적 효용성에 대한 의문을 제기하였다. 일본으로부터의 재정 지원을 기대했던 한국정부의 희망은 좌절되었고, 샌프란시스코체제의 제도적 형태인 APEC의 역할 부재는 많은 아시아 국가들이 동아시아 중심의 지역주의를 강조하도록 만드는 결과를 가져왔다. 레이븐힐(John Ravenhill)은 이에 대해 아래와 같이 지적하였다.

> (동아시아 국가들이 가졌던) 1990년대의 주요한 생각은 국제체제의 다른 지역에서의 (제도적) 발전에 대한 우려, 그리고 1997~1998년에 동아시아 경제가 직면했던 문제에 대한 미국의 무관심과 동아시아에 국한된 제도 형성에 대한 좀 더 일반적인 서구의 반대, 양자를 향한 분노였다고 할 것이다.[24]

이근은 자신의 논문에서 1998년 미국이 급격하게 절하되는 일본의 엔화를 방어해 주면서 그 반대급부로 일본의 경기부양과 시장개방에 관한 미국의 요구를 관철시키는 과정과, 당시 미국 행정부가 중간 선거를 앞에 두고 달러를 고평가시켜 미국의 다양한 국내정치경제 세력의 이해를 충족시키는 과정을 분석하고 있는데,[25] 이는 켈더가 샌프란시스코체제의 기본이 되었다고 이야기하는 미국과 일본의 국내 정치적-경제적 이해관계의 수렴과는 거리가 있는 것이라 하겠다.

2008년의 글로벌 금융위기는 좀 더 포괄적인 면에서 샌프란시스코체제의 관념적 토대인 워싱턴 컨센서스에 대한 비판을 야기하였다. 중국의 부상과 더불어 이를 대체할 베이징 컨센서스가 명확하게 등장한 것은 아니나, 홀퍼(Stefan Halper)와 같은 일부 학자들은 아래와 같이 중국적 관념의 확산 가능성을 언급한 바 있다.

> 베이징의 전지구적 부상은 평화롭게 이루어질 수도 있으며, 이는 중국의 통상관계의 세계적인 확산과 함께 진행된다. 따라서 워싱턴과 브뤼셀은 그들이 상대적인 빈국과 맺은 조건적 관여를 통해 전통적으로 향유해 온 레버리지와 1989년 이후 '세계화' 될 것으로 기대했던 시장-민주 모델의 두 핵심적 영역에서 그 토대를 상실하고 있다. 이와 같은 전개는 함께 연계되어서 내가 마땅한 용어가 없어 중국효과(China effect)라고 부르는 현상을 만들어 내게 된다. 이는 워싱턴 컨센서스가 개발도상국에서 성공을 거두지 못함에 따라 베이징이 단순히 비즈니스를 통해서 워싱턴과 서구의 레버리지와 자유주의적 의제를 잠식하게 되는 전지구적 경제관계의 네트워크를 구축한다는 것을 의미한다.[26]

켈더가 지적한 바와 같이 중국의 부상은 기존의 샌프란시스코체제에 대한 가장 큰 변화 요인으로 작용하고 있으며, 이와 같은 전환의 양상은 냉전 시기에 형성되었던 '동맹의 정치경제(political economy of alliance)' 역학의 변화를 뜻하기도 한다.[27] 문정인과 류상영은 이에 대해 다음과 같이 이야기 하고 있다.

한국은 미국이 건설한 자유주의 경제질서의 주요 수혜국 중 하나였다. 하지만 주요한 외부적인 경제위기 혹은 이어지는 결정적인 국면들은 한국으로 하여금 미국이 주도하는 경제적, 재정적 구조에서 벗어나 대안적인 기제를 모색하게끔 하였다 …. 그럼에도 불구하고 그러한 움직임은 세계적인 경제, 재정적 제도의 안정성에 대한 지속적인 선호와 북한의 핵위협에 따른 동맹에 대한 재강조에 의해서 근본적으로 억제되고 있다.[28]

따라서 장기적으로 볼 때 민주주의, 경제적 상호의존, 그리고 국제기구로 대표되는 신칸트주의적 평화론의 근본적 의미는 여전히 유효하다고 할 수 있으며,[29] 현재 신행 중인 북핵문제의 존재는 샌프란시스코체제가 담당해 온 안보적 역할의 기본적 성격을 유지시키고 있는 것으로 생각되는 것이다. 전재성은 글로벌 금융위기 이후 미국이 단기적으로 위기 극복을 위해 중국과의 양자, 혹은 다자적 협력을 유지할 것으로 예측하면서, 한국의 전략 목표를 세력전이에서 협력적 지역질서의 변환으로 가는 전기를 마련해 가는 것이라고 보았다.[30] 하지만 문제는 2010년대에 들어서서 미중관계에서 점차 대립 양상이 부각되면서 한국이 전략적 선택을 해야 하는 상황이 등장하고 있다는 점이며, 사드배치를 둘러 싼 갈등이 그 대표적인 사례라고 할 수 있는 것이다.

3. 미국의 역할 대 중국의 부상

민주화 과정을 거치면서 한국사회에서는 냉전기와는 다른 대미관계 설정에 대한 주장이 제기되었고, 북핵문제의 대응에 관해 한미 간 이견이 표출되기도 하였다. 일부 학자들은 이와 같은 상황이 월트가 지적한 동맹쇠퇴의 요인인 위협인식, 신뢰도, 국내정치의 변화에 따른 한미동맹의 쇠퇴를 의미한다고 지적하였다.[31] 하지만 이명박, 박근혜의 보수정부를 거쳐 현재의 문재인 정부에 이르기까지 안보협력에 있어서 한미관계는 상대적으로 안정적인 모습을 보이고 있는데, 이는 기본적으로 심화되고 있는 북핵문제에 대한 인식의 공유에 있었다고 할 것이다.

냉전종식 직후의 북핵 1차 위기와 9·11 이후의 북핵 2차 위기를 거쳐 중국의 부상과 겹쳐지는 현재의 '북핵 3차 위기'의 상황은 한국, 북한, 미국, 중국 사이의 복잡한 전략적 상황을 만들어 냈다.[32] 한국 내에서는 잠정적인 핵보유국으로 북한을 의식해서 미국의 전술핵 재배치 내지는 한국의 핵개발 주장이 제기되기도 하였다. 하지만 전술핵 재배치는 한반도 비핵화라는 원칙에의 상충과 '과거로의 복귀'라는 측면이, 그리고 핵개발은 지역적 핵확산의 문제, 그리고 한국이 갖는 취약성과 과거 개발 사례에서 나타났던 미국의 민감성을 생각할 때 적절한 선택이 아니라고 할 것이다. 결국 한반도 비핵화라는 최종적 상태(end state)의 목표를 한국과 북한, 그리고 미국과 중국이 공유한다고 해도 이는 단계적 접근을 필요로 하며, 따라서 중단기적으로는 미국이 한국에 제공하는 확장억지가 불가피하다는 결론에 도달할 수 있다.

혹자는 셰일혁명이나 4차 산업혁명을 언급하면서 '미국의 부활'을 이야기하기도 하지만,[33] 시차를 두고 제기된 자카리아(Fareed Zakaria)의 '미국 이후의 세계(post-American world)'나 쿱찬(Charles A. Kupchan)의 '무주공산의 세계(no one's world)', 그리고 하스(Richard Haass)의 '혼돈의 세계(world in disarray)'의 주장도 각각 설득력이 있는 것이 사실이다.[34] 그러나 만약 북핵협상의 타결이 북한문제의 해결로 이어져 한반도 수준의 현재적 위협이 감소된다고 해도, 동아시아에서의 지역적 수준의 잠재적 위협은 여전히 존재한다고 할 수 있다. 따라서 이러한 '이중적 무정부성(dual anarchy)'을 고려할 때 역외 균형자로서의 미국과 주한미군의 역할은 여전히 동아시아 안보의 핵심적 요건이 된다고 할 수 있는 것이다.

문제는 이렇게 지속되는 샌프란시스코체제 내에서의 미국의 범위(scope)와 부상하는 중국이 설정하는 새로운 범위가 상충되고 있다는 점인데,[35] 사드배치 이후 문제가 된 이른바 '3불(不) 정책'의 사례가 그에 해당한다. 이는 중국이 사드배치 이후 한국과의 회담에서 미국의 MD체제 참여, 사드 추가 배치, 한미일 군사동맹 불가의 입장을 표명한 것을 의미하는데, 강경화 외무부 장관이 국회에서의 발언을 통해 세 가지 사안에 대한 계획이 없다고 발언한 것이 발단이 되어 '안보주권' 논쟁으로 이어진 바 있다. 이러한 논쟁의 존재는 향후 한반도와 동아시아 안보의 의제에 있어 미중 양국의 입장 차이가 한국의 전략적 선택의 문제로 연결될 개연성을 보여주는 것이라 할 수 있다. 하지만 노무현 행정부 시기의 동북아 균형자론과 현 정부가 언급하는 '균형외교'가 최소한 중단기적으로는 한계가 있다는 점을 생각해 볼 때, 한국에게 있어 안보적인 측면에서 한미일관계가 갖는 상대적 비중은 부인하기 어렵다고 할 것이다.

이와 같은 측면에서 볼 때 장기적으로 기존의 안보협력체제와 새로운 동북아시아의 지역협력체제를 복합화하는 구상을 생각해 볼 수 있다. 이 경우 한미일관계와 더불어 한중일 삼각관계와 그 안에서의 한국의 위치가 중요해 진다.[36] 서주석은 노무현 행정부의 동북아 균형자론이 사실상 미중 사이의 균형이 아닌 중일 사이의 균형을 염두에 둔 측면이 있었다고 이야기하였다. 그에 따르면 노 대통령은 국방발전자문회의에서 "중국과 일본이 동북아에서 갈등 상황에 있을 때를 대비하여 우리가 그 격차보다 큰 군사력을 보유해야 한다"고 발언하였다는 것이다.[37]

4. 한국의 샌프란시스코체제 전환 모색

미 오바마 행정부의 아시아 재균형 정책은 21세기 초반 중국의 부상에 따른 미국의 변화된 위협인식의 반영이었다고 할 수 있다. 이는 안보적인 측면에서는 대일협력의 강화와 일본에 대한 지역적 책임 전가(buck-passing) 내지 부담의 공유(burden sharing), 경제적인 측면에서는 TPP를 통한 중국 견제, 그리고 관념적인 측면에서는 민주주의와 인권 요인에 대한 강화 등으로 나타났다.[38] 아베(安倍晋三) 내각은 이와 같은 미국의 전략을 적극적으로 수용하면서, 이를 바탕으로 헌법 개정을 포함한 전후체제의 탈각을 모색하였다. 이와 같은 미국의 아시아 중시 정책과 그에 따른 미일협력의 증대는 기본적으로 샌프란시스코체제의 유지 내지는 강화를 의미하는 것이다.[39]

스튜어트(Douglas Stuart)는 미국의 아시아 피봇 전략의 군사적 측면을 '샌프란시스코 2.0'이라고 지칭하면서 아래와 같이 이야기한다.

> 아시아/태평양을 위한 새로운 미국의 전략은 미국의 상대적인 경제적 쇠퇴에 의해 미국외교정책에 부과되는 엄격한 제한을 염두에 두어야만 할 것이다 …. 소위 샌프란시스코체제라고 불리는 미 주도의 동맹은 미국의 이 지역의 우방과 동맹이 직면한 문제들에 좀 더 잘 반응하기 위해 전환되어야 한다 …. 중국의 군사 현대화에 대한 대응으로, 그리고 지역의 우방과 동맹을 위한 보증의 원천으로서 국방부가 제안한 공해전(AirSea battle) 개념이 고려될 것이다.[40]

문제는 이러한 미국의 전략과 미일협력이 미중 간 군사적 충돌의 가능성, 한반도 유사시 일본 자위대의 역할, 그리고 위에서 언급된 중국의 부상에 따른 지정학과 지경학의 복합적인 연계의 문제로 인해 한국정부의 정책적 딜레마 혹은 국내사회적 반발을 야기할 수 있다는 점이다. 따라서 일본과는 달리 한국은 자신의 안보를 위해 샌프란시스코체제를 대체할 수 있는 다자적 기제를 모색해야 한다는 주장이 제기되기도 했던 것이다. 김명섭은 아래와 같이 지적한 바 있다.

> 샌프란시스코 평화체제의 변동이 다음과 같은 새로운 흐름에 의해 추동되어 왔다 …. 냉전종식 이후 미국의 세계전략 변화, 냉전종식 이후 미일동맹 강화, 일본 내 헌법 9조 개정 움직임, SCO와 같은 대륙중심적 국제체제 형성, 대만의 정체성 추구, 샌프란시스코평화조약에 대한 해석 상의 차이로 인해 지속되고 있는 동아시아 영토 분쟁 …. 북한의 핵실험이 샌프란시스코 평화체제의 변동을 가속화시키는 한편, 북한 핵문제 해결을 위해 만들

어진 6자회담체제가 샌프란시스코 평화체제의 임시적 안정성을 뛰어넘어 동아시아의 새로운 국제체제로까지 발전할 수도 있다.[41]

6자회담이 남북한, 중국, 러시아를 포괄하고 있다는 점에서 샌프란시스코체제보다 더 포괄적이고, 궁극적으로 태평양전쟁의 전후처리체제로서 공식적인 적합성을 가질 수 있다는 것이 사실이라고 해도 북핵 2차 위기 이후 6자회담은 일단 휴면상태에 들어가 있으며, 현재의 해결 모색도 남북한, 북미, 북중 간 양자 대화가 중첩되는 형태로 이루어지고 있다는 점에서 볼 때 중단기적인 대체 가능성은 없다고 보는 것이 적절할 것이다. 또 다른 고려로서는 한미일관계를 디트머(Lowell Dittmer)가 이야기 하는 '전략적 삼각관계(strategic triangle)'로 변환하는 것을 생각해 볼 수 있다. 그러나 이는 각 행위자 사이의 전략적 의미와 더불어 정당한 자율성 인식의 존재를 전제로 한다는 점에서 역시 중단기적인 실현 가능성은 희박하다고 할 것이다.[42]

따라서 한국이 샌프란시스코체제의 현상유지를 넘어서 고려할 수 있는 정책적 입장은 내부적 전환의 모색이라고 할 수 있는데, 이는 여러 측면의 노력을 포함하는 것이다. 그 첫 번째는 한국의 전략적 능력의 확대를 통한 체제의 '내부적 균형(internal balancing)' 추구가 될 것이다. 미중 간 세력전이의 상황에서 한국, 주한미군, 그리고 평택 기지가 갖는 전략적 가치는 증대되고 있는 것으로 보이는데, 한국정부는 미국과의 연합방위태세 유지와 함께 국방개혁을 통해 적정 군사력을 확보하고 미국과의 지속적인 원자력/미사일 협상을 통해서 한국의 포괄적 역량 강화에 주력할 필요가 있다. 이러한 노력은 현재적 위협과 잠재적 위협 양자 모두에 대비하는 장기적인 노력에 해당하는 것이다.

두 번째는 한미동맹의 유지와 병행되는 한국의 상대적 자율성 증대 모색의 측면이다. 김준형은 한국대외정책의 지속적인 대미의존성의 문제를 지적하면서, 북한을 행위주체로 인정하면서, 동북아시아에서 미국의 패권적 영향력을 다자화하고, 한미동맹의 제도적 관성과 이에 연관된 사회 정체성을 재검토할 필요성을 강조하였다.[43] 이러한 맥락에서 가장 중요한 것은 전시작전권 환수에 대한 논의라고 할 수 있는데, 이명박, 박근혜 정부가 이에 유보적인 입장이었던 것에 반해 문재인 정부는 조기 전환의 입장을 취하는 차이를 보이고 있다. 이러한 노력은 확장억지의 실효성 제고와 한국이 갖는 취약성 보완과 함께 행해져야 하며, 환수에 따른 한미연합사 재편 문제가 그 핵심적인 고려 대상이라고 할 수 있을 것이다.

샌프란시스코체제 내부 자율성의 신중한 모색을 위해서 한국은 2010년대 초반 일본 민주당 정부의 사례를 참조하는 것이 필요하다. 하토야마(鳩山由紀夫)는 취임 초기 '대등한 미일관계론'과 미국이 배제된 '동아시아 공동체론'을 추진하고자 했다. 이에 대해 아미티지(Richard L. Armitage)와 나이(Joseph S. Nye)는 대등한 미일관계를 만들기 위해서는 "일본은 현재처럼 GDP 1%가 아닌 4%를 방위비에 충당하지 않으면 안 될 것이다. 그리고 핵무기를 독자적으로 개발하고, 독자적인 외교를 실현하겠다는 결단을 내리지 않으면 안 된다"라고 지적하고, 동아시아에서 "만약 미국이 '배제되고 있다'고 느끼게 된다면, 아마도 보복에 나설 것이다. 그것은 (일본에게) 큰 대가를 치르게 할 것이다"라고 경고하였다.[44] 이후 노다(野田佳彦) 내각은 미일동맹 강화의 입장으로 선회하였고, 2012년 11월 미일 양국은 중국 견제를 목표로 하는 신가이드라인 개정에 합의하게 되었다.

한국의 정책적 모색의 세 번째 부분은 한일협력의 증대에 관한 것이다. 한일관계의 강화는 샌프란시스코체제의 내부적 균형과 더불어, 체제의 환경 요인인 한중일관계 혹은 동북아 지역체제 구축을 위해서도 필요하다고 볼 수 있다. 서승원은 "한일협력은 중국의 미래의 힘을 중화시키는 방향으로 나아가야 한다. 군사·안보 게임을 동아시아 공동체 구축 게임으로 전환시킬 필요가 있다 …. 한일 간 상호불신 해소의 경우도 중일 간 상호불신 완화에 참고가 될 것이다"라고 주장한다.[45] 한국과 일본의 정부 간 관계개선을 위해서는 인식과 국내정치의 변수에 기인하는 소위 '양면 안보딜레마'를 극복하려는 노력이 요구되며,[46] 이와 더불어 정치/안보와 다른 분야를 구분하는 two track, 그리고 다양한 채널을 활용하는 track two 외교가 강화되어야 한다.[47]

한국의 전환적 시도의 마지막 측면은 대북관계의 변화에 대한 것이다. 제재 국면을 넘어서 북한과의 다양한 양자적 접촉이 진행되고 있는 상황 변화는 한국정부에게 북한의 병진 노선에 대해 분리 대응을 할 수 있는 기회를 제공할 수도 있다. 즉 북한의 비핵화에 대해서는 일관된 입장을 견지하면서, 경제 및 다른 교류의 확대에 대해서는 유연한 자세를 보이는 것이다. 물론 이는 제재와 협력의 경계를 어디에 둘 것인가의 문제를 유발할 수 있으나, 관련 당사국들 사이의 양자적 정치관계의 전환에 따라 장기적인 정책 추진과 그 결과에 대한 기대가 가능해질 수도 있을 것이다.

5. 마음의 평화, 용기, 그리고 지혜

탈냉전기 중국의 부상은 냉전기에 형성된 샌프란시스코체제에 불가피한 전환 요인을 제공하고 있다.[48] 이는 중일 사이의 지역적 패권경쟁을 넘어서 미중 간의 세력전이, 패권전이, 그리고 질서전이의 양상에 관련되어 있으며, 이 변화에 대응하는 미국, 일본, 한국의 입장은 상대적일 수밖에 없다. 즉 미국과 일본이 유지 내지는 강화를 선호한다면 한국은 유지 내지는 전환을 모색하게 될 수 있는데, 한국이 고려하는 전환의 방향은 해체나 대체보다는 내부적 조정의 방식을 취하는 것이 보다 적절한 것으로 생각된다.

서론에서 언급된 바와 같이 개념적으로 볼 때 한미일 삼각관계가 그 핵심을 형성하는 샌프란시스코 '체제'는 부상하는 중국이라는 '환경'의 변화에 따라 그 '경계'가 재설정되는 상황에 놓여 있다고 할 수 있으며, 본문에서 논의된 지정학적 변수와 '신지정학적' 내지 '지경학적' 변수의 동시적인 고찰은 한국의 선택이 샌프란시스코체제의 단순한 '재생산'이 아닌 '재구성'이 되어야 한다는 점을 시사해 준다고 하겠다.

이와 같은 구조적 맥락의 변화에 따른 주체의 적응 문제는 '적응적 주체'

가 가진 '구성적 권력'의 범주와 내용에 대한 구체적인 분석을 요구하는 것이다.[49] 이를 위해서는 홉슨(John M. Hobson)이 고찰한 바와 같이 개별 주체의 대외관계와 국내정치의 상황을 함께 검토해야 하는데,[50] 이는 니버(Reinhold Niebuhr)가 강조하는 '신중성'을 필요로 하게 된다.[51] 다시 말해서 한국의 전략적 모색을 위해서는 바꿀 수 없는 것을 받아들일 수 있는 '마음의 평화'와, 바꿀 수 있는 것을 적극적으로 바꾸어 나가는 '용기'와, 양자를 구별할 수 있는 '지혜'가 있어야 하는 것이다. 따라서 샌프란시스코체제 전환의 실질적인 방법의 검토를 위해서는 그것이 실행되는 한국의 대내외적 조건의 고찰이 선행되어야 한다고 볼 수 있다.

주

* 이 글은 전재성 편, 『동아시아 지역질서 이론: 불완전 주권과 지역갈등』 (서울: 사회평론아카데미, 2018)에 실린 저자의 논문 "중국의 부상과 샌프란시스코체제의 전환"을 부분적으로 수정한 것이다.

1) John J. Mearsheimer, "Back to the Future: Instability in Europe after the Cold War," *International Security* 15-1 (1990)을 볼 것.
2) Michael Mastanduno, "Preserving the Unipolar Moment: Realist Theory and US Grand Strategy," *International Security* 21-4 (1997)을 볼 것.
3) SIPRI Military Expenditure Yearbook Database, http://milexdata.sipri.org/. 더욱이 미 국방부는 중국의 국방비가 이 자료의 수치보다 1.5배에서 2배 정도인 것으로 추정하고 있었다. US Department of Defense, "Annual Report to Congress: Military Power of the People's Republic of China 2010," (2010).
4) World Bank Database, http://data.worldbank.org.
5) Adeed Dawisha, "Nation and Nationalism: Historical Antecedents to Contemporary Debates," *International Studies Review* 4-1 (2002).
6) James C. Hsiung, "The Age of Geoeconomics, China's Global Role, and Prospects of Cross-Strait Integration," *Journal of Chinese Political Science* 14 (2009), p. 113.
7) 고전 지정학이 영토로서의 장소를 탐구하면서 자원과 시장을 확보하기 위한 경쟁이라는 차원에서 국가전략을 이해하는 반면, 신지정학은 국가의 영토성을 절대적이고 영속적인 것으로 보는 인식론을 비판하면서 협력과 공생의 공간에 대한 사회학적 상상력을 강조하고 있다. 대표적인 저작으로 John A. Agnew and James S. Duncan

(eds.), *The Power of Place: Bringing together Geographical and Sociological Imaginations* (Boston, MA: Unwin Hyman, 1989)을 볼 것.
8) 쟝 루이핑, "'일대일로,' 동북아 성장과 협력을 촉진하는 필수 전략," 제22차 한중미래포럼 (2017. 12. 13), 제주.
9) 이는 안중근이 구상했던 '동양평화론'의 21세기적 형태가 될 것이다. 물론 이러한 구상은 중국정부가 동북지방에 대해 어느 정도의 전략적 중요성을 부여하는가, 기본적으로 서진전략인 일대일로에서 이 지역이 어느 정도의 의미를 갖는가, 그리고 변경/월경 협력을 통해 중국이 얻을 수 있는 기대이익의 내용과 비중이 무엇인가에 따라 좌우될 것이다. 그리고 현재의 안보적 상황의 제약에 따라 일차적으로는 인프라, 물류, 에너지, 환경, 관광 분야의 기능적 협력이 우선되어야 할 것으로 보인다.
10) 경쟁적 다자주의의 개념을 위해서는 Julia C. Morse and Robert O. Keohane, "Contested Multilateralism," *The Review of International Organizations* 9-4 (2014)을 볼 것.
11) 이승주는 한국이 중국과 미국이 주도하는 각각의 경제통합 과정에서 배제되지 않기 위해 궁극적으로 TPP와 RCEP에 모두 참여하는 선택을 해야 한다고 지적한 바 있으며, 임반석은 TPP와 RCEP가 경쟁적인 관계로 인식되고 있지만 양자는 여러 측면에서 조화를 이룰 수 있는 공간을 갖고 있다고 이야기 하였다. 이승주, "미중일 삼각구도와 한국의 전략적 대응: 환태평양경제동반자협정(TPP)과 역내포괄적경제동반자협정(RCEP)의 사례를 중심으로," 『미국학』 제36권 2호 (2013); 임반석, "TPP와 동아시아 RCEP의 경합과 보완의 가능성," 『한국동북아논총』 제70권 (2014).
12) 니클라스 루만 저, 장춘익(역), 『사회의 사회 1, 2』 (서울: 새물결, 2012), 4장을 볼 것.
13) Wookhee Shin, *Dynamics of Patron-Client State Relations: The United States and Korean Political Economy in the Cold War* (Seoul: American Studies Institute, Seoul National University, 1993), ch. 2를 참조할 것.
14) Yuen F. Khong, "The American Tributary System," *The Chinese Journal of International Politics* 6 (2013), p. 1. 이러한 점에서 중국이 주장하는 '신형국제관계'가 국가 간의 '평등'을 강조하고 있다는 점은 흥미롭다고 할 수 있다. 왕이저우, "동아시아 질서에 대한 인식," 한국학술좌담, 북경대학교 국제관계학원 (2018. 03. 31).
15) 해설 8.1 참조
16) 현무암, "샌프란시스코 체제의 전환과 한미일 의사 동맹 관계," 『황해문화』 제83호 (2014), pp. 35-36에서 재인용.
17) 빅터 차 저, 김일영, 문순보(역), 『적대적 제휴: 한국, 미국, 일본의 삼각 안보체제』 (서울: 문학과 지성사, 2004), 제3장을 볼 것.
18) 최희식, "한미일 협력체제 제도화 과정 연구: 1969년 한미일 역할분담의 명확화를 중심으로," 『한국정치학회보』 제45집 1호 (2011)을 참조할 것.
19) 한 예로 1969년 닉슨-사토 공동성명에서 "한국의 안보는 일본에게 긴요하다(essential)"고 지적된 반면, 1975년 포드-미키 공동성명에서는 "한반도의 안정은 일본에게 필요하다(necessary)"라고 언급되어 그 차이를 보여주었다. 신욱희, 『삼각관계의 국제정치: 중국, 일본과 한반도』 (서울: 서울대학교출판문화원, 2017), p. 105.
20) 손영원은 이를 각각 위협, 교환, 동의의 체계라는 용어로 표현하고 있다. 손영원, "분

단의 구조: 세계사회적 계기의 내재화와 역사적 국가형성의 한 국면," 『국가이론과 분단한국』 (파주: 한울, 1985).
21) 루만 (2012), pp. 645-659.
22) Kent Calder, "Securing Security through Prosperity: The San Francisco System in Comparative Perspective," *The Pacific Review* 17-1, p. 135. 이와 상반되는 종속이론적 시각으로는 Herbert P. Bix, "Regional Integration: Japan and South Korea in America's Asian Policy," in Frank Baldwin (ed.), *Without Parallel: The American-Korean Relationship since 1945* (New York, NY: Pantheon Books, 1973)을 참조할 것.
23) George Friedman, Meredith Lebard, *The Coming War with Japan* (New York, NY: St. Martin's Press, 1991)을 볼 것.
24) John Ravenhill, "East Asian Regionalism: Much Ado about Nothing?" *Review of International Studies* 35 (2009), p. 235.
25) 이근, "환율정책과 국가권력: 아시아 금융위기, 국제통화력, 그리고 미국 행정부의 독자적 영역," 『국제·지역연구』 제9권 4호 (2000)을 볼 것.
26) Stefan Halper, *The Beijing Consensus: How China's Authoritarian Model Will Dominate the Twenty-first Century* (New York, NY: Basic Books, 2010), pp. 38-39.
27) 냉전기 사례의 이해를 위해서는 Wookhee Shin, "The Political Economy of Security: South Korea in the Cold War system," *Korea Journal* 38-4 (1998)을 볼 것.
28) Chung-In Moon, Sang-Young Rhyu, "Rethinking Alliance and the Economy: American Hegemony, Path Dependence, and the South Korean Political Economy," *International Relations of the Asia-Pacific* 10 (2010), p. 441.
29) 이는 현재의 돌발적인 '트럼프 현상'에도 불구하고 제도적인 연속성을 가질 것으로 보인다. 최근에 다시 언급되고 있는 TPP 논의가 하나의 예가 될 수 있다. 또한 관념적 차원에서도 '베이징 컨센서스'의 구체적 내용 부재와 중국 정치체제의 권위주의화 경향은 중국이 제시하는 새로운 질서의 파급력을 감소시키는 결과를 가져온다고 할 것이다.
30) 전재성, "2008년 경제위기와 미중관계의 변화, 한국의 전략," 『한국과 국제정치』 제28권 1호 (2012), p. 123.
31) Stephen M. Walt, "Why Alliances Endure or Collapse," *Survival* 39-1 (1997)을 참조할 것.
32) 북핵 1차 위기가 WMD 확산을 둘러 싼 국제안보의 문제였고 2차 위기는 대 테러전에 관련된 지구안보의 문제에 해당했다면, 현재의 위기는 중국의 부상과 미국의 국방에 관련된 국가안보의 문제에 가깝다고 할 수 있다.
33) 함재봉 외, 『팍스 아메리카나 3.0: 다시 미국이다』 (서울: 아산정책연구원, 2016)을 볼 것.
34) Fareed Zakaria, *The Post-American World* (New York, NY: W. W. Norton & Company, 2008); Charles A. Kupchan, *No One's World: The West, The Rising Rest, and the Coming Global Turn* (Oxford: Oxford University Press, 2012);

Richard Haass, *A World in Disarray: American Foreign Policy and the Crisis of the Old Order* (London: Penguin Books, 2017).
35) 포괄적인 동아시아 안보의 의제에 있어서는 남중국해 문제가 대표적인 예라고 할 것이다.
36) 이 주제에 대한 이론적, 역사적 고찰을 위해서는 신욱희 (2017)을 참조할 것.
37) 국제관계연구회 추계학술회의, (2015. 10. 23).
38) 유상범, "미국 아시아태평양 중시정책의 내용과 함의: 미중 대결 가능성과 일본의 책임전가 역할을 중심으로," 『한일군사문화연구』 제18권 (2014)을 볼 것.
39) 앞에서 언급된 '트럼프 현상'이 중일협력을 촉진하게 될 가능성은 있지만, 미일동맹의 지속적 강조의 움직임은 큰 변화가 없다고 보는 것이 적절할 것으로 생각된다.
40) Douglas Stuart, "San Francisco 2.0: Military Aspects of the U.S. Pivot toward Asia," *Asian Affairs: An American Review* 39 (2012), p. 202.
41) 김명섭, "샌프란시스코평화체제의 변동과 6자회담," 『국방연구』 제50권 2호 (2007), p. 57.
42) Lowell Dittmer, "The Strategic Triangle: An Elementary Game-Theoretical Analysis," *World Politics* 33-4 (1981)을 참조할 것.
43) 김준형, "한국대외정책의 대미의존성의 고착화과정과 원인에 대한 분석," 『21세기정치학회보』 제19집 2호 (2009), pp. 404-405.
44) 이명찬, "센카쿠제도를 둘러싼 중일 간 갈등과 동북아," 『국제정치논총』 제53집 1호 (2013), p. 283; p. 279에서 재인용.
45) 서승원, "중국의 부상에 대응하는 한·일의 전략: 협력과 갈등," 현대일본학회 공개발표회, "한국과 일본의 지역전략과 한일협력에 대한 함의," (2017. 12. 8), p. 10.
46) 양면 안보딜레마 개념을 위해서는 신욱희 (2017), 제 3장을 볼 것.
47) 과거에 거론된 바 있었던 한일해저터널 건설에 대한 논의도 기능적 협력 모색의 하나로 재론될 수도 있을 것이다.
48) 왕이저우 교수는 중국 국가전략의 전개를 마오쩌둥, 덩샤오핑, 시진핑의 세 시기로 구분하고 앞의 두 시기와는 달리 현재의 중국은 지역 혹은 세계질서를 '소조'(塑彫)하려는 노력을 하고 있다고 지적하였다. 왕이저우 (2018. 03. 31).
49) 권력에 대한 구성주의적 이해를 위해서는 한병철 저, 김남시(역), 『권력이란 무엇인가』 (서울: 문학과 지성사, 2011), 2장; David A. Baldwin, *Power and International Relations: A Conceptual Approach* (Princeton, NJ: Princeton University Press, 2016), ch. 6을 참조할 것.
50) 그는 국가의 '국제적 주체 능력'(international agential power)을 '국제-구조적인 요구와 국제적인 비국가 행위자의 이해에서 자유롭게 외교정책을 수립하고 국제적 영역을 형성하는 국가의 능력'이라고 정의하였다. 그리고 홉슨은 이 능력에 따라 국가의 형태를 '국제적 주체성이 없는 수동적-적응적 국가,' '어느 정도의 국제적 주체 능력이 있으면서 국내적으로는 수동적인 국가,' '큰 국제적 주체 능력이 있으면서 국내적으로는 수동적인 국가,' '높은 국내적, 국제적 주체 능력을 가진 선도적인 국가,' '탄력적인 국내적, 국제적 주체 능력을 가진 구성적인 국가'의 다섯으로 분류하면서, 주체성과 양면적 행위자로서의 국가의 위상 문제를 연결시키고 있다. John M. Hobson,

The State and International Relations (Cambridge: Cambridge University Press, 2000)을 볼 것.
51) Reinhold Niebuhr, *Moral Man and Immoral Society: A Study in Ethics and Politics* (New York, NY: Charles Scribner's Sons, 1932)를 참조할 것.

참고문헌

1. 한글문헌

국제관계연구회 추계학술회의. (2015. 10. 23).
김명섭. "샌프란시스코평화체제의 변동과 6자회담."『국방연구』제50권 2호 (2007).
김준형. "한국대외정책의 대미의존성의 고착화과정과 원인에 대한 분석."『21세기정치학회보』제19집 2호 (2009).
루만, 니클라스 저. 장춘익(역).『사회의 사회 1, 2』. 서울: 새물결, 2012.
서승원. "중국의 부상에 대응하는 한·일의 전략: 협력과 갈등." 현대일본학회 공개발표회. "한국과 일본의 지역전략과 한일협력에 대한 함의." (2017. 12. 8).
손영원. "분단의 구조: 세계사회적 계기의 내재화와 역사적 국가형성의 한 국면."『국가이론과 분단한국』. 파주: 한울, 1985.
신욱희.『삼각관계의 국제정치: 중국, 일본과 한반도』. 서울: 서울대학교출판문화원, 2017.
왕이저우. "동아시아 질서에 대한 인식." 한국학술좌담. 북경대학교 국제관계학원 (2018. 03. 31).
유상범. "미국 아시아태평양 중시정책의 내용과 함의: 미중 대결 가능성과 일본의 책임전가 역할을 중심으로."『한일군사문화연구』제18권 (2014).
이근. "환율정책과 국가권력: 아시아 금융위기, 국제통화력, 그리고 미국 행정부의 독자적 영역."『국제·지역연구』제9권 4호 (2000).
이명찬. "센카쿠제도를 둘러싼 중일 간 갈등과 동북아."『국제정치논총』제53집 1호 (2013).
이승주. "미중일 삼각구도와 한국의 전략적 대응: 환태평양경제동반자협정(TPP)과 역내포괄적경제동반자협정(RCEP)의 사례를 중심으로."『미국학』제36권 2호 (2013).
임반석. "TPP와 동아시아 RCEP의 경합과 보완의 가능성."『한국동북아논총』제70권 (2014).
쟝루이펑. "'일대일로,' 동북아 성장과 협력을 촉진하는 필수 전략." 제22차 한중미래포럼. (2017. 12. 13). 제주.
전재성. "2008년 경제위기와 미중관계의 변화, 한국의 전략."『한국과 국제정치』제28권 1호 (2012).
차, 빅터 저. 김일영, 문순보(역).『적대적 제휴: 한국, 미국, 일본의 삼각 안보체제』. 서울: 문학과 지성사, 2004.

최희식. "한미일 협력체제 제도화 과정 연구: 1969년 한미일 역할분담의 명확화를 중심으로." 『한국정치학회보』 제45집 1호 (2011).
한병철 저. 김남시(역). 『권력이란 무엇인가』. 서울: 문학과 지성사, 2011.
함재봉 외. 『팍스 아메리카나 3.0: 다시 미국이다』. 서울: 아산정책연구원, 2016.
현무암. "샌프란시스코 체제의 전환과 한미일 의사 동맹 관계." 『황해문화』 제83호 (2014).

2. 영어문헌

Agnew, John J. and James S. Duncan, (eds.), *The Power of Place: Bringing together Geographical and Sociological Imaginations*. Boston, Massachusetts: Unwin Hyman, 1989.

Baldwin, David A. *Power and International Relations: A Conceptual Approach*. Princeton, New Jersey: Princeton University Press, 2016.

Bix, Herbert P. "Regional Integration: Japan and South Korea in America's Asian Policy." in Frank Baldwin, (ed.). *Without Parallel: The American-Korean Relationship since 1945*. New York, New York: Pantheon Books, 1973.

Calder, Kent. "Securing Security through Prosperity: The San Francisco System in Comparative Perspective." *The Pacific Review* 17-1.

Dawisha, Adeed. "Nation and Nationalism: Historical Antecedents to Contemporary Debates." *International Studies Review* 4-1 (2002).

Dittmer, Lowell. "The Strategic Triangle: An Elementary Game-Theoretical Analysis." *World Politics* 33-4 (1981).

Friedman, George and Meredith Lebard, *The Coming War with Japan*. New York, New York: St. Martin's Press, 1991.

Haass, Richard. *A World in Disarray: American Foreign Policy and the Crisis of the Old Order*. London: Penguin Books, 2017.

Halper, Stefan. *The Beijing Consensus: How China's Authoritarian Model Will Dominate the Twenty-first Century*. New York, New York: Basic Books, 2010.

Hobson, John M. *The State and International Relations*. Cambridge: Cambridge University Press, 2000.

Hsiung, James C. "The Age of Geoeconomics, China's Global Role, and Prospects of Cross-Strait Integration." *Journal of Chinese Political Science* 14 (2009).

Khong, Yuen F. "The American Tributary System." *The Chinese Journal of International Politics* 6 (2013).

Kupchan, Charles A. *No One's World: The West, The Rising Rest, and the Coming Global Turn*. Oxford: Oxford University Press, 2012.

Mastanduno, Michael. "Preserving the Unipolar Moment: Realist Theory and US Grand Strategy." *International Security* 21-4 (1997).

Mearsheimer, John J. "Back to the Future: Instability in Europe after the Cold War." *International Security* 15-1 (1990).

Moon, Chung-In and Sang-Young Rhyu, "Rethinking Alliance and the Economy:

American Hegemony, Path Dependence, and the South Korean Political Economy." *International Relations of the Asia-Pacific* 10 (2010).
Morse, Julia C. and Robert O. Keohane. "Contested Multilateralism." *The Review of International Organizations* 9-4 (2014).
Niebuhr, Reinhold. *Moral Man and Immoral Society: A Study in Ethics and Politics*. New York, New York: Charles Scribner's Sons, 1932.
Ravenhill, John. "East Asian Regionalism: Much Ado about Nothing?" *Review of International Studies* 35 (2009).
Shin, Wookhee. "The Political Economy of Security: South Korea in the Cold War system," *Korea Journal* 38-4 (1998).
_____. *Dynamics of Patron-Client State Relations: The United States and Korean Political Economy in the Cold War*. Seoul: American Studies Institute, Seoul National University, 1993.
Stuart, Douglas. "San Francisco 2.0: Military Aspects of the U.S. Pivot toward Asia." *Asian Affairs: An American Review* 39 (2012).
US Department of Defense. "Annual Report to Congress: Military Power of the People's Republic of China 2010." (2010).
Walt, Stephen M. "Why Alliances Endure or Collapse." *Survival* 39-1 (1997).
Zakaria, Fareed. *The Post-American World*. New York, New York: W. W. Norton & Company, 2008.

3. 인터넷 자료

SIPRI Military Expenditure Yearbook Database. http://milexdata.sipri.org/.
World Bank Database. http://data.worldbank.org.

3부

한미관계의 분야별 쟁점과 이슈

9장 한미 FTA와 통상문제 / 채 욱 • 287

10장 북핵문제와 북미관계 / 전봉근 • 316

11장 한미동맹 구조, 체계, 역할분담의 문제 / 최 강 • 351

12장 한미정보체계 비교와 정보협력 / 석재왕 • 383

13장 한국과 미국의 상호인식 / 차두현 • 418

한미 FTA와 통상문제

9장

채 욱 (경희대 국제대학원)

- 미국 통상제도 및 정책의 변화 _ 288
- 한미 통상관계의 변화와 한미 FTA _ 293
- 한미 통상현안과 향후 전망 _ 306

미국은 대내외 경제 상황에 따라 수입규제조치를 자주 활용해 왔지만, 전통적으로 자유무역과 공정무역 원칙을 견지해 왔다. 그와 같은 미국의 통상정책 기조는 2017년 초 트럼프 행정부가 들어서면서부터 크게 변화하기 시작했다. 트럼프 행정부는 WTO 다자간 협정의 실효성에 대해 의문을 갖는 동시에 자유무역이 미국경제에 이익이 되지 못한다고 판단하고 미국 우선주의에 바탕을 둔 일방적 조치를 지속적으로 선보이고 있다.

트럼프 행정부의 이러한 정책적 변화가 한국과의 관계에 있어서도 예외는 아니다. 트럼프 행정부는 대미무역흑자를 구실로 한국에 대해서도 매우 강경한 태도를 취하고 있다. 한미 FTA 재협상을 강하게 추진하는 한편, 한국산 제품에 대해 반덤핑·상계관세 및 세이프가드 조치 등 각종 보호무역조치를 잇달아 취하고 있다. 이 장에서는 미국의 통상제도 및 정책의 변화에 따른 한미통상관계의 시대별 변화 과정을 살펴보고, 한미 FTA에 대한 평가와 트럼프 행정부의 통상정책에 대한 분석을 바탕으로 향후 양국 통상관계에 어떠한 변화가 있을지를 전망해 보고자 한다.

1. 미국 통상제도 및 정책의 변화

1) 미국통상정책의 시대별 변화

미국의 통상정책은 대내외 정치·경제적 상황에 따라 자유주의와 보호주의가 교차적으로 또는 반복적으로 나타나는 경향을 보인다. 1929년 10월 뉴욕증시 대폭락으로 미국경제가 급격히 위축되어 가는 상황에서 미국은 1930년 관세법(Tariff Act of 1930 또는 Smoot-Hawley Act)의 제정을 통해 강력한 보호무역정책을 취하기 시작했다.[1] 이러한 조치로 세계 교역량이 급감하면서 세계경제가 큰 침체에 빠지기 시작하고 미국경제도 심각한 불황을 겪게 되자, 미국은 1934년 상호무역협정법(Reciprocal Trade Agreements Act of 1934)을 제정하여 무역을 자유화하고 수출을 확대하는 방식으로 통상정책의 방향을 전환하기 시작했다.[2] 자유로운 국제거래를 기본으로 하는 1934년 상호무역협정법의 이념은 전후 무역의 기초가 되었고 그에 따라 세계무역도 확대되었다. 미국은 그 기간 동안 다자 간 관세인하를 통해 세계무역의 자유화를 적극적으로 추진했으며, GATT를 출범시키는 데 주도적 역할을 수행했다. 1962년에는 냉전 상황에서 국가안보의 중요성을 반영하고 자유주의 국가와의 교역을 촉진하기 위한 무역확장법(Trade Expansion Act of 1962)을 제정하여 자유무역의 기조를 더욱 공고하게 다졌다.[3] 이와 같이, 미국은 1960년대 말까지 자유무역을 선도하면서 세계경제의 성장을 이끄는 주역으로서의 역할을 하지만, 1970년대 이후 다시 보호주의적 통상정책을 취하게 된다. 독일, 일본 등 주요 무역상대국들의 수출이 크게 증가하고 신흥공업국들의 제조업 경쟁력도 강해지면서 미국의 무역수지는 적자로 전환되고 미국정부가 보다 적극적으로 통상정책에 개입하게 되는데 그 결과로 나타난 것이 1974년 통상법(Trade Act of 1974)이다. 1974년 통상법에서는 상대국의 불공정무역 관행에 대해 적극적으로 보복을 가할 수 있는 301조(Section 301~309)와 세이프가드 규정인 201조(Section 201~204) 등 새로운 조항을 도입하고 반덤핑·상계관세제도를 강화했다. 흔히 '불공정무역조항'으로 일컫는 301조는 무역상대국의 불공정한 무역행위로 미국이 피해를 입었을 경우에 해당 분야와 관계없이 광범위한 영역에 걸쳐 보복할 수 있도록 한 규정으로서 사실상 외국시장을 개방하기 위한 가장 강력한 압박수단으로 이용되어 왔다. 그에 반해, 긴급수입제한조치의 근거가 되는 201조는 외국기업의 정당한 기업 활동에도 불구하고 미국 내에 수입이 급증하여 미국 산업에 피해를 주는 경우에 해당 외국상품의 수입을 일정 한도 제한할 수 있도록 규정하고 있다. 201조에 의한 긴급수입제한조치는 불공정무역 관행에 대해 취하는 반덤핑조치나 상계관세조치와는 달리 외국기업의 정당한 기업 활동에 대해 취할 뿐만 아니라 해당 품목의 전체 수출국을 대상으로 하기 때문에 반덤핑이나 상계관세보다 훨씬 광범위하게 적용된다. 미국은 특히 1980년대에 들어 위력적인 301조와 201조, 그리고 반덤핑 및 상계관세조치 등을 자국의 통상이익을 확보하기 위한 수단으로 매우 적극적으로 활용했다. 또한 1974년 통상법은 국제무역협정에 대해 의회의 사후 승인을 받도록 하는 신속처리권한(Fast Track Authority)과 강력한 통상정책의 추진을 주도하는 미국무역대표부(Office of the United States Trade Representative, USTR)의 설치를 규정하고 있다는 점에서 매우 적극적인 통상정책의 의지를 반영하고 있다고 하겠다.[4]

미국의 적극적이고 공격적인 통상정책, 특히 무역상대국의 시장개방 및 불공정무역에 대한 강력한 제재조치는 1988년 종합무역법(Omnibus Trade and Competitiveness Act of 1988)에 의해 한층 강화되었다. 미국은 슈퍼 301조, 스페셜 301조, 통신 301조 등을 종합무역법에 포함시켜 외국의 불공정무역 관행 철폐와 시장개방 압력을 효과적으로 행사했다.[5] 이들 301조 관련 조치들은 반덤핑, 상계관세, 세이프가드 등 무역구제조치와는 달리 WTO에 근거가 없는 조항으로서 수입제재라는 보복 위협을 통해 무역상대국의 시장개방을 최대한 압박하는 매우 전략적이고 일방적인 조치라고 할 수 있다. 미국이 다자간 협약에서 해결하지 못하는 문제를 양자 간 교섭을 통해 해결하려는 의도로 입법화한 통상조치로 해석된다.

1995년 세계무역기구(WTO: World Trade Organization)가 출범하면서 미국은 통상정책을 WTO규범에 적합하도록 운용하고자 WTO에 일치하지 않는 별도의 통상법 제정이나 일방적 조치의 사용을 최대한 자제해 왔다. 그러나 제9차 WTO 다자간 무역협상인 도하라운드(Doha Round) 협상이 장기간 표류하는 가운데 글로벌 금융위기 이후 세계 경기침체가 지속되고 무역수지적자가 심화되면서 미국은 자국 산업을 보호하기 위한 보다 적극적인 통상조치를 취하기 시작한다. 2015년 무역특혜연장법(Trade Preferences Extension Act of 2015)을 제정하여 무역불균형을 시정하기 위한 수단으로 무역구제조치를 한층 강화한 것이다. 그의 핵심내용은 반덤핑·상계관세 관련 조사를 하는 과정에서 조사당국으로 하여금 '불리한 이용가능한 자료(AFA: Adverse Facts Available)'나 '특별상황(PMS: Particular Market Situation)' 규정을 적용할 수 있도록 함으로써 조사당국의 권한을 대폭 강화하는 것이었다 (해설 9.1 참조).

미국통상정책의 변화 과정을 살펴보면, 대내외적 경제 여건 및 다양한 이익집단들의 정치적 압력, 의회와 행정부간의 상호작용 등 다양한 변수들이 복합적으로 역학관계를 형성하여 결정되고 있다는 것을 알 수 있다. 자유무역이 미국통상정책의 기조를 이루어 온 것은 사실이지만, 무역적자 및 재정적자 악화, 경기침체의 심화 등 국내 경제 여건이 어려울 때마다 통상법의 제·개정을 통해 국내시장을 보호하고 무역상대국에 대한 시장개방 압력을 단행해 온 것이다. 미국 입장에서는 각종 수입제한조치 또는 보복조치가 무역상대국의 불공정무역 관행에 대한 합리적인 대응조치라는 명분

> **해설 9.1**
>
> ### 미국 반덤핑 규정상의 '불리한 가용정보(AFA)' 및 '특별시장상황(PMS)'
>
> 미국은 글로벌 경제위기 이후, 반덤핑 및 상계관세 등 무역구제법을 활용한 수입규제를 확대하고 있다. 미국의 '무역특혜연장법(Trade Preferences Extension Act of 2015)'에 따른 반덤핑 및 상계관세법 개정도 이러한 맥락에서 이루어진 것으로 이해된다. 특히 반덤핑 조사와 관련하여 '불리한 이용가능한 사실(AFA: Adverse Facts Available)'과 '특별시장상황(PMS: Particular Market Situation)'의 개념을 적용하여 덤핑여부를 판정하고 덤핑마진을 산정할 수 있도록 한 것은 조사당국의 재량권을 대폭 확대·강화한 것이기에 주목할 만하다. '불리한 이용가능한 사실(AFA)'의 적용은 조사대상 기업이 미 상무부가 요청한 자료를 제대로 제출하지 않거나 조사에 충분히 협조하지 않았다고 판단될 경우 기업이 제출한 자료가 아닌 제소자의 주장 등 불리한 정보를 사용해 고율의 관세를 산정하는 기법으로서 자칫하면 반덤핑 조치의 자의성과 남용 가능성이 커질 수 있다. '특별시장상황(PMS)'의 적용 역시 반덤핑 조사절차를 강화하여 기업의 판매가격 및 원가에 왜곡이 있다는 조사당국의 결정을 근거로 조사대상기업이 실제 제출한 가격 및 원가정보를 인정하지 않도록 허용함으로써 조사당국의 재량권이 크게 확대되고 그로 인해 반덤핑조치가 자의적으로 운용될 여지가 크다. 특별시장상황의 개념은 중국의 비시장경제지위 만료 가능성에 대비하여 반덤핑 규제조치의 실효성을 유지하기 위해 도입되었으나, 다른 시장경제국에도 적용될 수 있다는 점에서 많은 국가들의 우려를 자아내고 있다. 실제 한국의 경우에도 2016년 이후 철강 관련 사안에서 '불리한 이용가능한 사실'에 근거하여 연속적으로 고율의 반덤핑 및 상계관세가 부과되고, 유정용 강관에 대한 반덤핑 1차 연례재심 최종판정(2017. 4월)에서는 '특별시장상황' 관련 조항이 적용된 것으로 알려지고 있다.

을 내세우고 있으나 사실상 국내의 정치·경제적 여건 변화에 따라 자국 상품이나 투자 또는 지식재산권 등을 보호하기 위한 보호무역조치라는 점을 부인할 수 없다.

2) 트럼프 행정부의 통상정책

전술한 바와 같이 미국은 수입으로 인해 심각한 국제수지 적자가 발생할 경우, 국가안보상 위협이 발생할 경우, 또는 불공정무역 행위가 발생할 경우에 통상법의 제·개정을 통해서 수입을 강력하게 제한하며 상대국의 시장개방을 압박해 왔다. 2016년 WTO 자료에 의하면 전체 미국 무역적자의 거의 80%가 상위 5대 무역상대국과의 무역에서 발생하는데, 대중국 무역적자가 그의 절반을 훨씬 상회하는 것으로 나타났다.[6] 미국 우선주의를 내세운 트럼프 행정부가 출범 즉시 중국을 주요 무역 제재 대상국으로 지정하여 강력한 통상정책을 전개한 것도 그러한 데에 연유한다고 할 수 있다.

미국의 통상정책이 물론 중국에만 적용되는 것은 아니다. 중국이 가장 핵심적인 대상국일 뿐, 멕시코, 캐나다, 일본, 독일, 한국 등 미국에 대해 무역 흑자를 기록한 대부분의 국가가 그의 대상이 되고 있다. 세계무역기구(WTO)의 다자무역규범보다 국내법을 우선시하며, 사문화되다시피 한 통상법의 조항들을 재가동하면서까지 미국 우선주의에 입각한 보호주의 통상정책을 전개하고 있는 것이다.[7] 공정무역을 강조하며 막강한 경제력을 이용해서 미국의 무역상대국들에 대해 대미 수출 축소와 대미 수입 확대를 압박하는 것도 1980년대 '슈퍼 301조' 등을 내세워 취했던 강력한 무역제재 방식과 매우 유사하다. 뿐만 아니라, 고율의 반덤핑 관세 부과, 세이프가드, 제232조에 근거한 철강·알루미늄 수입규제 등 미국 통상법 절차상 취할 수 있는 모든 수입규제와 통상압박 조치를 최대한 활용하고 있는 것이다.

트럼프 행정부의 통상정책에서 나타난 또 다른 특징은 그동안 세계무역의 흐름을 주도해 왔던 WTO중심의 다자주의나 자유무역협정(FTA: Free Trade Agreement) 등 무역협정에 대한 부정적 인식이라고 할 수 있다. 트럼프 대통령은 대선 후보 시절부터 미국 근로자에게 불리한 무역협정을 파기하겠다는 공약을 내세우고 취임 즉시 환태평양경제동반자협정(TPP: Trans-Pacific Partnership)을 탈퇴하는 동시에 북미자유무역협정(NAFTA: North American Free Trade Agreement) 재협상에 이어 한미 FTA 개정협상을 추진했다. 뿐만 아니라, 미국의 이익에 부합하지 않을 경우에는 WTO에서 탈퇴하겠다는 의사도 내보이고 있으며, WTO 및 다자간 무역협정의 실효성에 대해 강한 의문을 갖고 실제로 WTO협정에 위배되는 일방적 조치도 부활시키고 있다.

미국은 일찍부터 자유무역과 공정무역을 표방하고 무역상대국의 시장개방과 자국 산업을 보호하기 위한 전략적 통상정책을 반복해 왔다는 점에서 앞으로도 대내외 경제여건에 따라 보호주의의 강도를 조절해 나갈 것으로 보인다. 그러나 최소한 트럼프 대통령의 집권 기간에는 보호주의의 강도가 쉽게 약화되지 않을 전망이며, 차후에도 공정무역을 빌미로 국제사회에 대한 통상압력은 지속될 것으로 예상된다.

2. 한미 통상관계의 변화와 한미 FTA

1) 한미 통상관계의 변화

1948년 한국 정부수립 이후 미국은 줄곧 한국의 가장 중요하고 영향력 있는 경제파트너이자 무역상대국으로서의 지위를 굳건히 지켜왔다. 2000년대 초반 중국경제가 급부상하면서 한국의 최대 무역상대국으로서의 지위가 중국으로 넘어가긴 했지만, 미국은 세계 제일의 경제대국이자 세계 최대의 소비시장이며, 또한 세계에서 가장 높은 기술역량을 보유하고 있는 국가로서 한국경제에는 여전히 절대적인 영향력을 미치고 있다.

물론 한미 양국의 통상관계가 항상 좋은 것은 아니었다. 한국의 경제발전단계에 따라서, 또는 세계경제 및 무역환경의 변화에 따라서 그 관계는 적지 않은 변화를 겪어 왔다. 한국전쟁 이후 전후 복구 과정에서 한국은 한미경제원조협정에 따른 미국의 원조에 거의 전적으로 의존하다시피 했으며, 1960년대 한국이 수출드라이브 정책을 펼칠 때, 한국의 수출을 가장 주도적으로 받아들였고, 1967년 한국의 GATT가입을 적극 지원함으로써 한국이 오늘날의 무역대국으로 성장하는 데에 절대적으로 기여했다는 사실을 누구도 부인할 수 없다. 그러나 1970년대에 한국이 중화학공업 육성을 목표로 수입대체정책을 펼치고 세계 보호무역이 고개를 들면서 미국도 한국의 무역을 견제하기 시작했다. 1970~1980년대 초반에는 한국산 섬유나 신발류 등 한국의 주력 수출품이자 미국의 사양 산업 품목들이 주된 수입규제의 대상이 되어 왔다.

1980년대 들어 미국의 무역정책 기조가 무역상대국의 공정무역과 시장개방의 이행을 요구하는 형태로 전환되면서 한국은 미국 반덤핑조치의 주된 표적이 되었을 뿐만 아니라, 1980년대 후반에는 미국의 일방주의 조치인 301조의 주된 위협대상이 되기도 했다. 한미 양국 간 통상관계의 긴장은 1980년대 한국이 신흥공업국으로 부상하고 중반이후 한국의 대미흑자가 확대되는 가운데 1988년 미국 종합무역법 제정을 계기로 정점에 도달했다. 특히, 특허권·저작권 등 지식재산권에 대한 보호 강화를 요구하면서 한국은 지식재산권의 이행과 관련하여 줄곧 미국의 감시대상이 되어 왔다.[8]

뿐만 아니라, 1986년부터 시작된 GATT체제의 마지막 다자협상인 우루과이라운드 협상에서 한국은 농업 및 서비스 분야에서도 미국주도의 시장개방 압력을 받아서, 점진적이나마 그들 분야에서의 시장개방이 이루어지기 시작했다. 그러나 우루과이라운드 협상이 진행되면서 미국은 다자 간 채널을 통한 자유무역과 공정무역의 틀을 만드는 데에 주력했으며, 그에 따라 한국에 대한 양자 간 통상압력은 다소 완화되었다. 1990년대에도 클린턴 행정부가 들어서고 나서 통신 및 자동차 시장개방을 강도 높게 요구하는 등 대한국 무역적자 개선을 위한 통상압력을 가하기도 했으나,[9] 그 강도는 1980년대 후반에 비해 현저히 저하되었다. 특히, 1995년 세계무역기구(WTO: World Trade Organization) 체제가 출범하고 1998년 한미 통상현안의 핵심이었던 자동차협상이 타결되면서 한미통상관계는 상당히 안정적 상황으로 진입하게 되었다. 한국이 1996년 경제개발협력기구(OECD: Organization for Economic Cooperation and Development)에 가입하고 1997년 말 외환위기를 극복하는 과정에서 대대적인 경제구조의 개혁을 단행한 것도 한미통상관계의 개선에 중요한 계기가 되었다고 할 수 있다.

2000년대에 들어서 한미 간 통상현안이 대부분 WTO 분쟁해결절차와 한미통상 현안 점검회의 등 다자 간 및 양자 간 채널을 통해 상시적으로 논의되면서 표면적인 통상마찰은 더욱 현저하게 감소했다. 특히, 2006년 2월 개시된 한미 FTA 협상은 상품, 서비스, 무역구제 및 지식재산권 등 모든 분야에서 보다 공정하고 자유로운 무역을 보장하기 위한 틀을 구축한다는 차원에서 양국의 기대를 높이게 되었고 사실상 양자 간 통상현안은 거의 사라진 상황에까지 이르게 되었다. 하지만 한미 FTA가 2013년 정식 발효되기까지에는 상당한 우여곡절이 있었는데, 이는 별도로 자세히 살펴보기로 한다.

2) 한미 FTA의 주요 내용 및 평가

(1) 추진 경과

한미 양국은 2006년 6월 공식적으로 한미 FTA 협상을 개시하여 8개월 만인 2007년 4월에 전격적으로 협상을 타결했다. 경제적 중요성에 비해서 매우 단기간 내에 협상을 종료함으로써 졸속추진이 아닌가 하는 우려와 비판의 시각도 있었던 것이 사실이다. 그러나 한국정부는 한미 FTA를 이미 2003년 마련된 'FTA추진 로드맵'에 포함시킨 상태로 2004년부터는 연구용역과 공청회 등을 통해 각계의 의견과 여론을 수렴하는 동시에 2005년에는 세 차례에 걸쳐서 미국정부와 한미 FTA 사전실무점검회의를 개최하는 등 나름대로의 사전 준비를 해왔다. 미국 역시 2005년 8월 한국을 포함한 4개국을 FTA 우선협상대상국으로 선정하여[10] 타당성 연구와 함께 업계의 의견을 수렴하기 시작함으로써 한미 FTA 협상은 이미 예고된 상황이었다.

한미 양국은 상품, 농산물, 무역구제, 서비스·투자, 지식재산권, 경쟁, 노동, 환경 등 무역과 관련된 19개 분야를 협상 분야로 정하고, 2006년 6월 제1차 협상을 시작으로 2007년 3월 말 고위급 협상에 이르기까지 총 10회의 공식 협상을 개최하였으며, 2007년 4월 2일 서울에서 열린 회의를 마지막으로 협상을 타결하였다. 그러나 미국은 의회의 요구에 따라 노동과 환경 분야를 한미 FTA협정에 반영하기 위한 추가협의를 제안하였고, 한국이 이를 받아 들여 동년 6월 30일 협의결과를 반영한 한미 FTA협정문에 양국이 공식 서명했다.

서명 후에도 양국 정부는 대내외적 정치·경제 환경의 변화에 따른 어려움으로 3년여 기간 동안 국회와 의회의 비준 동의를 얻지 못했다. 한미 양국에는 2008년 및 2009년 각각 새로운 정부가 들어서기도 했거니와 2008년 말에는 세계 금융위기를 겪으면서 혹독한 경기침체를 겪었다. 특히 미국의 경우에는 서브프라임모기지 사태(sub-prime mortgage crisis)를 계기로 경기침체가 상당 기간 지속되었고, 핵심 산업이었던 자동차 산업이 파산의 지경까지 이르면서 구조조정이 불가피했으며, 무역자유화에 대한 부정적 인식이 확산되면서 의회 인준 절차를 진행하기 어려운 상황이었다. 한국 역시 소고기 수입 문제가 민감한 정치적 문제로 대두되면서 한미 FTA의 국내절차 진행에 어려움이 있었고, 2009년에는 거대경제권인 유럽연합(EU: European Union)과의 FTA 협상을 종료하여 2011년 7월 발효를 앞두고 있는 등 정치경제적 환경이 크게 변화했다. 결국, 그와 같은 환경변화를 반영하기 위한 협의절차가 불가피하다는 인식하에, 한미 양국은 2010년 9~11월 정부 간 협의를 거치고 통상장관 간에 긴박한 추가 협상을 진행하여 마침내 2010년 12월 3일 협상을 타결했다. 그에 따라, 한미 FTA는 이듬해인 2011년 10월과 11월에 각각 미국 의회의 인준과 한국 국회의 비준동의절차를 거쳐 2012년 3월 15일 정식으로 발효되었다.

그 후 한미 FTA는 모범적인 FTA의 전형으로 좋은 평가를 받으며 그의 기능을 수행해 왔으나, '미국 우선주의'를 통상정책의 기조로 내세운 트럼프 행정부가 들어서면서 또 한 번의 협상을 거쳐야 하는 시련을 겪게 되었다. 미국은 2017년 6월 한미정상회담을 계기로 한미 FTA 재협상 필요성을 제기하였으며, 이후 한국 측에 협정개정 논의를 위한 공동위원회 특별회기를 제안하였다. 이에 따라, 2017년 10월 미국에서 개최된 제2차 한미 FTA 특별회기에서 양국은 한미 FTA에 대한 개정협상을 개시하기로 합의하고, 2018년 1~3월 총 세 차례 협상과 그에 이은 통상장관회담 및 실무진 간 수시협의 등을 통해서 동년 3월 26일 원칙적 합의에 이르렀고 동년 9월 24일에 마침내 개정협정안에 대한 양국 간 공식서명이 이루어졌다.

(2) 주요 내용 및 평가

가) 개정협상 이전

(가) 주요 내용

2012년 3월 출범한 한미 FTA협정의 내용을 살펴보면, 공산품과 임수산물을 포함하는 상품 분야에서 양국은 수입액 기준으로 94%에 해당하는 품목의 관세를 3년 내에 철폐하도록 되어 있다. 그 중에서 섬유·농산물을 제외하고 한국이 7,218개로 전체 품목의 85.6%, 미국이 6,178개로 전체 품목의 87.6%에 달하는 상품에 대한 관세를 즉시 철폐하기로 했다. 그 외의 상품에 대해서는 개방에 따른 급격한 충격을 방지할 수 있도록 품목별로 양국이 관세철폐 기간을 별도로 설정하기로 했다. 예를 들어, 승용차의 경우 미국은 2012년 현재 2.5%인 관세를 2016년부터 완전 철폐하는 반면, 한국은 당시 8%인 관세를 즉시 4%로 인하하고 2016년에 완전 철폐하기로 했다.[11] 한국 측에 민감한 수산물과 임산물에 대해서는 대체로 장기 철폐, 비선형 관세철폐, 관세율 할당(TRQ) 등 다양한 방식을 적용하여 개방하기로 했다.

농업 분야에서는 쌀 및 쌀 관련 제품은 FTA 협상에서 완전히 제외됐으며,

표 9.1   2012년 한미 FTA 협상 결과

분야	주요 내용
상품	- 승용차: 4년 뒤 관세 2.5% 철폐(수출), 발효 즉시 8% → 4% 관세 인하 후 4년 뒤 철폐(수입), 자동차에 대해 세이프가드 도입 • 관세 철폐 후 10년, 최대 4년간 발동 가능 - 명태는 15년, 민어는 12년에 걸쳐 관세 철폐 • 한국 측에 민감한 수산물과 임산물에 대해 장기 철폐, 비선형 관세철폐, 관세율 할당(TRQ) 등 도입
농업, 섬유	- 쌀 및 쌀 관련 제품은 협상에서 제외 - 농산품 즉시 철폐 품목: 한국 578개(37.8%), 미국 1,065개(58.7%) - 쇠고기(15년), 돼지고기(10년) 단계적 관세 인하 - 수입 물량이 일정 수준 이상 급증하면 세이프가드 발동 • 쇠고기, 돼지고기를 포함해 30개 품목 지정 - 섬유 분야 즉시 철폐: 한국 1,265개(97.6%), 미국 1,387개(86.8%)
서비스	- 내국민대우, 최혜국대우 적용 • 공교육과 의료 등 공공분야, 도박, 금융 등은 제외 - 경제자유구역 내 영리병원 보장 - 방송채널사용사업자(PP) 개방, 외국인 직접투자 49% - 스크린쿼터: 73일 이하 - 통신사업: 외국인 지분보유 49%, 간접투자 100% 허용 • KT와 SK텔레콤 제외 - 법률 3단계, 회계·세무 분야는 2단계 개방
투자	- 투자자·국가 간 소송제도(ISD) 도입
의약품	- 허가-특허 연계제도 도입 • 이행 의무는 3년간 유예 - 약값에 대한 이의신청 절차 도입
지식 재산권	- 저작권 보호기간을 저작자 사후 또는 저작물 발행 이후 70년으로 연장 • 보호기간 연장 시점은 협정 발효 후 2년간 유예 - 냄새 또는 소리상표권 인정 - 법정손해배상제도 도입 • 지식재산권 침해 손해액의 상하한선 규정 - 일시적 복제에 대해 저작권자에게 복제권 인정
무역 구제	- 양국이 반덤핑 조사를 개시하기 전 상대국에 통보 및 협의 - 무역구제위원회 설치
노동, 환경	- 공중의견제출제도 도입 - 환경 분야에서는 민간이 환경 분야 협정의 이행에 관해 양국에 정보와 의견 교환을 요청하고 서면으로 입장을 낼 수 있도록 하는 민간조사요구권 도입

출처: 외교통상부 통상교섭본부(2010), 최낙균, 이홍식 외(2007).

오렌지(수확기), 식용대두, 식용감자, 분유, 천연꿀 등 민감 품목 역시 양허 대상에서 제외되었고, 소고기는 15년에 걸쳐 40%의 관세를 단계적으로 철폐하는 동시에 냉동 돼지고기는 25%의 관세를 10년에 걸쳐 철폐하기로 했다. 그 외에도 한국 측의 민감 품목에 대해서는 현행 관세를 유지하거나 농산물 세이프가드(safeguard) 등 다양한 방식으로 민감성을 반영했다.[12]

한편, 서비스 시장도 비교적 큰 폭으로 개방돼 도박·금융·항공 및 운송·정부조달 등 일부를 제외한 모든 서비스 분야에서 내국민대우, 최혜국대우, 시장접근제한조치의 도입 금지, 현지주재 의무부과의 금지 등 네 가지 의무가 일반적으로 적용되었다. 다만, 공교육·의료·수도·전기·가스 등 공공성이 강한 분야에 있어서는 정부의 모든 규제 권한에 대해 이 네 가지 의무가 포괄적으로 적용되는 것이 유보되었으며, 법률서비스는 3단계, 회계·세무 분야는 2단계로 개방이 추진되고 설계·수의 분야 등 자격증을 상호 인정하는 방안은 향후에 논의하기로 했다. 방송서비스도 부분적으로 개방하고 통신서비스에 대한 투자기회를 제한적으로 확대하기로 했다.[13]

투자분야에서는 협상 과정에서부터 독소조항으로 논란이 되었던 '투자자·국가 간 소송제도(ISD: investor-state dispute)'를 도입하기로 했으며(해설 9.2 참조), 의약품 분야에서는 제약회사가 복제약을 만들어 식품의약품안전청에 승인 절차를 밟을 때 오리지널약의 특허권자에게 통보하도록 하고 특허권자가 특허침해 소송을 제기하면 허가절차를 중단해야 하는 '의약품 특허 연계제도'를 도입하기로 했다.

아울러 지식재산권과 관련, 저작권보호기간이 저작자 사후 또는 저작물 발행 이후 70년으로 연장되었으나, 보호기간 연장시점은 발효 후 2년간 유예됨에 따라 2013년 7월 1일부터 적용되었다.

(나) 평가

2012년 3월 공식 출범한 한미 FTA는 진행 과정에서 우여곡절이 있었지만 양국 간 무역 자유화의 범위와 수준에 있어서 NAFTA와 함께 WTO가 규

> **해설 9.2**
>
> **투자자·국가 간 소송제도(ISD: Investor-State Dispute)**
>
> 한미 FTA의 최대쟁점 사항 중의 하나로 외국기업이나 투자자가 투자 유치국의 협정 의무 위반 등으로 피해를 입을 경우 투자 유치국 정부를 상대로 직접 배상을 요구할 수 있는 제도이다. 세계은행 산하 국제상사분쟁재판소(ICSID: International Center for Settlement of Investment Disputes)가 중재를 맡아 분쟁을 해결한다. ICSID 중재부는 당사국에서 각각 1명씩 추천받고, 나머지 1명은 양국의 협의를 통해 선정하는데, 합의가 되지 않으면 ICSID 사무총장이 추천한다. 한편, 한미 FTA의 ISD 조항에는 사전동의조항이 포함돼 있는데, 이는 투자자가 분쟁을 국재중재에 회부할 경우 한미 양국 정부는 자동으로 이 회부에 동의한 것으로 간주하는 조항이다. 중재는 사법 절차와 달리 단심제로 진행되며, 중재판정부에서 협정 위반으로 판정을 내릴 경우 투자 대상국 정부는 투자자에게 배상금을 지급해야 한다.

정한 자유무역협정의 제반 요건들을 상당 부분 충족시키는 매우 모범적인 FTA로 평가받아 왔다. 미국이 환태평양경제동반자협정(TPP)을 위한 협상을 주도할 때에도 한미 FTA가 상당 부분 참고되고 인용되기도 했다. 특히, 한미 FTA는 양국 모두에게 무역기반을 확대강화 하는 동시에 경제 및 산업구조를 개선하는 경제적인 효과뿐만 아니라 정치·외교적 측면에서도 큰 의미를 갖는 것으로 평가되어 왔다. 한국 입장에서는 다자체제를 비롯한 다양한 국제기구에서 미국과 공동보조를 취할 수 있는 공통이해분야가 확대되었다는 점에서 국익을 반영하는 데에 한국의 영향력을 강화시킬 수 있는 기반이 조성되었다고 볼 수 있다. 또한, 안보 측면에서도 양국의 상호 직접투자가 증가함으로써 양국 간 경제적 연대가 강화되고, 그로 인해 한반도 내 경제활동의 안정성을 보장하기 위한 정치·군사적 연대도 함께 강화될 것으로 기대되었다. 또한 2000년대 전반까지만 해도 FTA 후진국으로 분류되었던 한국이 칠레, 멕시코, 페루 등과 함께 세계에서 가장 넓은 FTA 망을 구축한 국가로 발전할 수 있었던 것도 한미 FTA로 인해 한국경제의 국제 신인도 및 매력도가 크게 증가했기 때문인 것으로 평가된다.

미국 역시 미국의 6대 교역국으로 부상한 한국이 무역측면에서 지나치게 중국의존도로 편향되어 가는 경향을 견제하는 동시에 한국의 무역 개방 및 경제구조의 개혁을 통해 미국과 동아시아 국가 간의 무역수지 불균형을 개선하는 데에 선도적인 역할을 해줄 것으로 기대했다. 2007년 미 대선 당시 한미 FTA에 대한 부정적 인식이 강했던 오바마 대통령이 결국 한미 FTA를 적극 성사시키고자 했던 것도 동아시아에서 중국경제의 일방적 부상을 견제하는 데에 있어서 한미 FTA의 역할을 기대했기 때문이기도 하다.

한미 FTA가 실제로 양국의 무역에 미친 효과는 협정이 처음 발효되어서 개정협상이 논의되기 전까지 5년 동안의 각종 무역통계가 잘 보여주고 있다. 개정협상 이전인 2012~2016년 5년 동안 세계무역은 연평균 2.0% 감소하고 한국의 대 세계무역도 연평균 3.5% 감소했음에도 불구하고, 한미 양국 간 무역은 동 기간 연평균 1.7% 증가했고 한미 양국 모두 상대국 수입시장에서 점유율이 큰 폭으로 상승했다는 점은 의미하는 바가 매우 크다. 한국의 미국 수입시장 점유율도 2011년 2.57%에서 2016년 3.19%로 0.62% 포인트 상승했으며, 미국의 한국 수입시장 점유율 역시 동 기간 8.50%에서 10.64%로 2.14% 포인트 증가했다.

무역수지의 경우 상품 분야에서는 한국의 대미 무역수지흑자가 2011년 116.4억 달러에서 2016년 232.5억 달러로 116.1억 달러 증가하여 거의 2배 증가한 반면, 서비스 분야에서는 한국의 대미 무역수지적자가 2011년 109.7억 달러에서 2016년 142.8억 달러로 33.1억 달러 증가했다. 이는 제조업 중심의 산업 및 무역구조를 갖고 있는 한국이 상품무역에서 비교우위를 나타낸 반면, 서비스 분야에서 확실한 비교우위를 갖고 있는 미국은 서비스 교역에서 상대적 우위를 나타낸 것으로 해석된다.

전반적으로, 한미 FTA의 체결로 제조업분야는 거의 완전 개방되었다.

한국 농업의 보호수준이 여전히 높기는 하지만 그의 개방 일정이 분명하게 제시된 상태이고, 서비스 분야에서도 금융서비스 뿐만 아니라 미국이 오랫동안 관심을 보여 왔던 법률·회계서비스와 방송·통신서비스 등에서도 개방에 상당한 진전이 있었음을 부인할 수 없다.

앞에서 살펴보았듯이, 무역수지 측면에서 한국 측에 우호적인 통계가 나온 것은 사실이다. 하지만, 그와 같은 무역수지 불균형이 과연 양국의 산업 및 무역구조의 차이에서 발생한 것인지, 또는 애초부터 한국 측에 유리한 협상 결과 때문에 발생한 것인지에 대해서는 미국 내의 전문가들 사이에서도 이견을 보이고 있다.

나) 개정협상

(가) 주요 내용

미국이 개정협상에서 가장 관심을 보였던 분야가 자동차 분야였다. 미국은 자동차 산업의 어려운 상황과 양국 간 자동차 교역의 불균형을 이유로 자동차 분야의 협정 개정을 강하게 요구했다. 그러나 개정협상 이전에 양국의 승용차 관세는 이미 무관세로 전환된 상태였기 때문에 그에 대한 관세율의 수정보다는 자동차 안전 및 환경기준에서 일부 유연성을 확대하기로 했다. 미국 자동차 안전기준을 준수하면 한국의 안전기준을 준수한 것으로 간주하는 안전기준 동등성 인정 상한을 제작사별로 연간 2만 5,000대에서 5만 대까지 확대하기로 했고 연비 및 온실가스 관련 현행 기준을 2020년까지 유지하고 그 이후 새로운 기준을 설정할 경우에는 미국의 기준 등 글로벌 트렌드를 고려하기로 합의했다. 한편, 화물자동차의 경우에는 2021년에 관세가 철폐되는 것으로 예정되어 있었으나, 미국 측의 민감성을 반영하여 그 기한을 20년 연장해서 2041년에 철폐하는 것으로 합의했다. 이외에도, 미국 측의 관심사항이었던 한미 FTA의 충실한 이행과 관련해서는 글로벌 혁신 신약 약가제도, 원산지 검증 등이 논의되었으며, 이는 한미 FTA에 합치되는 방식으로 우리 제도를 개선 및 보완하는 것으로 합의했다.

한국 측의 관심사항이었던 투자자·국가 간 소송제도(ISD: investor-state dispute)와 관련해서는 투자자 제소 남발 방지 및 정부의 정당한 정책권한 관련 요소를 반영했다. 즉, 동일한 정부의 조치에 대해 다른 투자 협정을 통해 ISDS 절차가 개시된 경우, 한미 FTA를 통한 ISD 절차를 개시를 할 수 없도록 했고, '설립 전 투자'의 범위를 투자를 위한 구체적인 행위(허가 또는 면허 신청 등)를 한 경우로 제한하여 '설립 전 투자' 보호범위의 확대해석을 방지함으로써 투자자의 남소를 방지할 수 있는 근거를 마련했다. 또한, 내국민대우나 최혜국대우 관련, '동종상황' 판단에 있어서도 그 판단이 정당한 공공복지 목적에 의해 정당화되는지 여부 등을 고려하도록 하고, 당사국의 행위가 투자자 기대에 부합하지 않는다는 사실만으로는 투자에 손해가 발생하였더라도 최소기준 대우 위반이 아님을 명확히 함으로써 정부의

표 9.2 한미 FTA 개정협상 결과

구분	분야	주요내용
미국 측 관심사항	화물자동차	- 관세철폐기간 20년 연장(2041년 철폐)
	자동차 안전기준	- 안전기준 동등성 인정 상한 확대(2만 5,000대 →5만대) - 미국산 차량 수리용 부품 안전기준 동등성 인정 • 자동차관리법 제 30조 2에 근거하여 기인정 중
	자동차 환경기준	- 차기기준('21~'25)설정시 미국기준 등 글로벌 트렌드 고려 - 소규모 제작사 제도 유지 - 에코 이노베이션 크레딧 인정 상한 확대 - 휘발유차 배출가스 세부 시험절차/방식 미국과 조화
한국 측 관심사항	ISDS	- 투자자의 ISD제도 남용 방지 요소 반영 - 정부의 정당한 정책권한 보호
	무역구제	- 현지실사 절차규정 신설, 덤핑/상계관세율 산정내역 공개 등 절차적 투명성 확보
	섬유원산지	- 일부 원료품목 역외산 사용 허용토록 원산지 기준 개정
이행이슈		- 글로벌 혁신 신약 약가제도, 원산지 검증 관련 한미 FTA에 합치하는 방식으로 제도 개선/보완

출처: 산업통상자원부(2018).

정당한 정책권한을 인정하도록 했다. 이외에도, 무역구제와 관련해서는 절차적 투명성을 확보하는 조항을 신설하였으며, 섬유 관련 일부 원료품목에 대한 원산지 기준 등에 개정을 추진하기로 합의했다.

(나) 평가

전술한 바와 같이, 한미 양국은 2018년 9월 24일 한미 FTA 개정협정안에 대한 공식 서명절차를 마쳤다. 앞으로 각국이 영향조사를 거쳐 이행법안을 마련하고 각각 국회와 의회의 비준동의나 협의절차를 거치면 공식 협정으로 발효된다.[14]

한미 FTA 개정협상은 애초부터 트럼프 미국 대통령의 일방적 요구에 의해 개시되었기 때문에 공평한 협상의 장은 아니었다. 협상 상대국인 미국은 세계 최대의 경제 강국이자 한국이 안보를 의존하고 있는 국가라는 점에서 한국은 협상에서 수세적일 수밖에 없었다. 한국이 협상을 잘 했다면 이는 단지 미국의 공세를 한국이 최대한 잘 방어했을 뿐이라고 해석해도 과언이 아니다. 우선, 협상을 최대한 신속하게 타결한 것은 협상의 장기화에 따르는 불확실성을 제거했다는 점에서 긍정적으로 평가할 수 있다. 지속되는 트럼프 행정부의 돌발적인 통상정책과 북미 비핵화 협상을 둘러싼 미묘한 정치적 환경 등을 감안하면, 시간이 흐를수록 한미통상관계가 훨씬 복잡해지고, 자칫하면 한미 FTA 협상도 난관에 봉착할 수 있기 때문이다.

관세분야에서 승용차의 무관세 현황을 다시 관세화로 전환시키지 않은 것은 긍정적으로 평가될 수 있겠지만, 화물자동차의 관세 철폐기간을 2041년까지 20년을 추가 연장한 것은 한국으로서는 커다란 손실이 아닐 수 없다. 화물자동차의 미국진입이 원천 봉쇄된 것이나 다름이 없기 때문이다. 다만, 미국 측의 미국산 자동차부품 의무사용 요구를 반영하지 않은 것은 그나마 다행이라고 할 수 있다. 농축산물 시장의 추가 개방이 없었다는 점이나 투자자·국가 간 소송제도(ISD) 협상에서 남소를 제한하고 정부의 정당한 정책권한을 보호하기 위한 요소를 반영하는 등 한국측 입장이 어느 정도 반영된 것도 긍정적으로 해석할 수 있으나, 이 역시 한국이 수세적 입장에서 다른 부분을 내주고 방어한 것에 불과한 불공평한 협상의 결과라는 점은 부인할 수 없다.

한국이 미국에게 내준 것으로 평가하는 미국산 자동차의 안전 및 환경기준에 대한 유연성 제고나 글로벌 신약 약가제도 등에 대한 합의는 양국 간 불공평한 협상환경에 비추어 볼 때 그리 큰 의미를 부여할 정도는 아닌 것으로 평가된다. 다만, 한미 FTA 개정협상과 직접적 연관성이 없으면서 그와 결부되어 공개 또는 비공개로 미국에 유리하게 합의된 사항들이 있었다면 평가는 훨씬 복잡해진다. 한미 양국은 한미 FTA 개정협상 막바지 단계에 철강 232조 관세조치에서 한국을 면제하는 양국 간 합의에 대한 공동선언문(Joint Statement)을 발표했고, 한국은 2015~2017년 3년간의 대미 평균 수출물량의 70%에 상당하는 쿼터를 확보했다. 미국의 그러한 조치는 모든 국가로부터 수입되는 철강에 대해 25%라는 고율관세를 부과하는 수입제한조치로부터 한국을 면제하는 대체적 조치로서 긍정적으로도 해석되고 있다. 그러나 또 다른 한편으로는 미국이 한미 FTA 개정협상을 지렛대로 활용해서 철강 산업의 보호조치를 한국이 받아 들이도록 압력하고 한국은 이를 다른 국가에 비해 유리한 조건이라는 이유로 '울며 겨자 먹기' 식으로 수용한 결과로 해석할 수도 있을 것이다.

더욱 큰 문제는 한미 FTA 개정협상이 타결되었음에도 불구하고 미국이 이미 예고한 바와 같이 무역확장법 232조를 근거로 모든 수입 자동차와 부품에 대해 25% 관세 부과를 결정할 경우 한국산 자동차도 그 대상에 포함될 수 있다는 것이다. 만약 232조를 근거로 한국산 자동차에 대해서도 관세를 부과한다면 단순히 자동차의 수출 문제가 아니라 한미 FTA 자체에 대한 실효성 문제가 근본적으로 제기될 수 있기 때문이다.

3. 한미 통상현안과 향후 전망

1) 통상현안

트럼프 행정부가 들어서고 한미 간에 대두된 가장 중요한 통상현안으로 한미 FTA 개정협상, 한국산 철강제품에 대한 수입규제, 그리고 철강, 태양광 제품 및 가정용 세탁기 등 한국산 제품에 대한 반덤핑 및 세이프가드 조치의 남용이라고 할 수 있다. 한미 FTA 개정협상에 대해서는 이미 앞에서 충분히 다루었으므로 여기에서는 나머지 두 가지 현안에 대해 논의하기로 한다.

미국 상무부는 2018년 2월 16일 무역확장법 제232조에 따른 철강 제품에 대한 조치권고안을 발표하면서, 한국을 포함한 12개국에 대해 최소 53%의 관세를 부과하는 안을 발표했다. 철강제품이 가장 중요한 수출품목 중의 하나인 한국으로서는 53%의 관세를 부과 받을 경우에는 대미수출을 거의 포기해야 하는 급박한 상황이었다. 이에 한국은 미국과의 정부 간 교섭 및 미국 내 우호세력을 대상으로 적극적인 통상외교를 전개하여 3월 28일 미국으로부터 관세면제조치 합의를 이끌어내고, 그 대신 이전 3개년도 평균 수출물량의 70%에 상당하는 쿼터를 확보했다. 이는 물론 여타 국가에 비해서는 유리한 조건이긴 하지만, 한미 FTA 개정협상과 연계되어 얻어 낸 결과로서 사실상 불합리한 미국의 일방조치를 수용하는 동시에 그 대가까지 지불한 셈이라는 점은 회한으로 남을 수밖에 없다. 더욱이 한국산 후판은 이미 2017년 3월에, 기계구조용강관은 2018년 4월에, 그리고 선재는 2018년 5월에 반덤핑 관세를 부과 받고 그 외에도 다수의 철강제품들이 재심을 통해서 반덤핑 관세 부과가 연장되거나 반덤핑·상계관세조치를 신규로 부과 받는 등 2중·3중으로 규제를 받고 있는 상황이다. 당시에는 부득이하게 수용할 수밖에 없었던 조치라 할지라도 WTO를 통해 이의를 제기하는 동시에 미국의 국제적 철강규제에 대한 지속적 동향 관찰 및 분석에 근거한 외교적 노력을 통해 정상적인 FTA 체결국으로서의 지위를 회복해야 한다.

철강제품에 대한 반덤핑·상계관세조치뿐만 아니라 태양광 및 세탁기에 대한 세이프가드 조치도 한국으로서는 중요한 현안이 아닐 수 없다. 세이프가드 조치는 반덤핑에 비해 그 발동요건이 훨씬 까다롭고 피규제국에 대한 적절한 보상을 해야 하는 어려움에도 불구하고 미국이 적절한 보상 없이 그 조치를 남용하는 경향이 있기 때문이다.[15] 2018년 2월 미국은 세이프가드 조치로서 자국으로 수입되는 모든 대형 가정용 세탁기에 대해서는 최대 50%, 태양광에 대해서는 최대 30%에 달하는 추가 관세를 부과했다. 한국이 가장 중요한 표적이 되는 조치임에 이의가 없다. 한국은 해당 조치가 WTO협정에 위배되는 소지가 높다고 판단하여 동 조치를 WTO 분쟁해결절차에 회부한 상황이다.[16]

이 외에도 한국은 미 상무부가 반덤핑 및 상계관세 조사 과정에서 '불리한 이용가능한 사실(AFA: Adverse Facts Available)'을 과도하게 적용하여 고율의 반덤핑 및 상계관세를 부과한 관행 및 조치가 WTO 관련 협정 위배소지가 있다고 보고, 2018년 2월에 해당 사안을 WTO 분쟁해결절차에 회부하였다.

2) 한미통상관계의 향후 전망

세계통상환경이 매우 불확실한 상황에서 한미통상관계를 전망하기란 여간 어려운 일이 아니다. 특히, 그러한 불확실성의 상당부분이 미국의 최근 통상정책의 변화에서 비롯되었기에 더욱 그렇다. 전통적으로 자유무역과 공정무역이 기조였던 미국의 통상정책은 트럼프 행정부의 출범과 함께 일방적이고 보호주의적인 방향으로 급선회했다. TPP 탈퇴, NAFTA 재협상, 한미 FTA 개정협상 등 모든 주요 자유무역협정에 대해 탈퇴나 재협상을 추진했고 다자체제인 WTO에 대해서도 부정적 인식을 갖고 있다는 점을 감안하면 트럼프 행정부의 통상정책은 고립주의(isolationism)에 가깝고 어느 국가와도 우호적인 통상관계를 유지하기는 쉽지 않아 보인다.[17] 앞에서도 살펴본 바와 같이, 미국은 과거에도 무역상대국의 불공정무역을 이유로 일방적 조치나 반덤핑·상계관세조치 그리고 세이프가드 조치를 자주 활용했다. 하지만, 또 한편으로는 GATT/WTO 중심의 다자체제를 이끌면서 무역자유화를 선도했고, APEC, NAFTA, TPP 등 지역협력체나 지역무역 협정을 통해서도 적극적으로 무역자유화의 확산을 시도했다. 한국, 호주, 칠레, 페루, 싱가포르 등 단일국가와도 전략적 차원에서의 양자간 FTA를 적극 추진했다. 일방적 조치 또는 보호무역조치를 자주 활용했지만 다자차원에서나 지역차원, 그리고 양자차원에서도 무역자유화의 의지는 매우 높았던 것으로 평가할 수 있다.

그러나 트럼프 행정부의 현행 통상정책은 그와는 사뭇 다른 행보를 보이고 있다. 트럼프 행정부는 미국의 경제재건을 위해서는 전통 제조업의 부활이 필요하다는 인식을 갖고 그를 위해 관련 산업을 보호하기 위한 각종 보호주의 조치와 함께 미국의 해외생산기지를 복귀시키기 위한 정책을 강력히 추진하고 있다. 이와 같은 정책을 정당화시키기 위해 미국은 주요 무역상대국의 불공정한 무역행위에 대한 강력한 대응조치를 좋은 명분으로 내걸고 있는 듯하다. 현재 진행되고 있는 미국과 중국 간의 전면적인 무역분쟁에도 그러한 미국의 전략적 의도가 다분히 반영된 것으로 보인다. 문제는 중국뿐만 아니라 미국에 대해 무역흑자를 기록하고 있는 어떠한 국가와도 분쟁의 가능성은 상존한다는 점에서 한국도 그 대상에서 예외가 되지 않는 다는 것이다.

향후의 한미통상관계를 다자차원, 지역차원, 그리고 양자차원으로 구분하여 전망해 보면 다음과 같다. 가장 기본적이면서 중요한 의미를 갖는 다자차원에서의 관계, 즉 WTO를 통한 한미통상관계는 양국이 각각 WTO의 역할과 기능을 어느 정도 신뢰하고 존중하느냐에 따라 달라질 수 있다. 대외의존도가 유난히 높은 한국에게 세계 대다수 국가가 참여하는 WTO중심의 다자체제의 중요성은 아무리 강조해도 지나치지 않는다. 관세나 비관세 장벽의 제거나 완화도 중요하지만, 세계무역질서를 정립하고 특정 국가의 불공정무역이나 강대국의 횡포를 규율할 수 있는 WTO의 역할과 기능이 한국에게는 무엇보다도 중요하기 때문이다. 한국 경제가 개방되고 선진화되면서 한국과 미국 간에는 상호 경쟁하는 분야가 증가하는 측면도 있지만, 다자규범을 형성하는 과정에서 공통적 이해관계를 갖는 경우가 훨씬 많다. 이는 곧 미국이 WTO 다자간 협상을 적극 지지한다면 협상 과정에서 한미통상관계가 훨씬 긴밀해질 수 있다는 것을 의미한다.

문제는 WTO에 대한 트럼프 행정부의 부정적 인식이다.[18] 트럼프 행정부는 다자체제가 중국의 불공정무역 관행을 효과적으로 제어하지 못한다고 평가하며 다자체제에서 미국의 이익이 손상되거나 통상주권이 훼손될 경우 WTO 탈퇴 가능성까지 시사하고 있다. 이와 같은 미국의 태도는 향후 다자무역체제의 미래를 더욱 불확실하게 만들고 결국 한미통상관계에도 부정적 영향을 끼칠 것으로 전망된다. 미국이 다자협상에의 참여를 거부하고 일방적 통상조치나 자의적인 반덤핑·상계관세조치 등에 의존할 경우 한미 양국이 협력의 기회보다는 분쟁과 갈등의 기회를 훨씬 자주 겪을 수 있기 때문이다. 이러한 점을 감안하면, 트럼프 행정부의 다자체제에 대한 인식변화가 없는 한, 한미통상관계가 WTO를 통해 진전될 가능성은 그리 크지 않을 것으로 보인다.

지역차원에서도 한미통상관계가 진전될 가능성은 당분간 높아 보이지 않는다. 트럼프 대통령이 미국에 불리하다고 판단하는 어떠한 지역무역협정에 대해서도 거부 반응을 보이고 있기 때문이다. 미국이 TPP에서 탈퇴한 것도 협정 자체가 미국에게 불리하게 만들어졌다는 이유라는 것은 주지의 사실이다. 그러나 역설적으로 한국과 미국이 지역차원에서 협력할 기회는 '포괄적·점진적 환태평양경제동반자협정(CPTPP: Comprehensive and Progressive Agreement for Trans-Pacific Partnership)'에서 찾을 수도 있다 (해설 9.3 참조). CPTPP는 TPP가 그의 전신으로서 미국이 TPP에서 탈퇴하면서 나머지 11개 회원국이 명칭을 변경한 것이다. 앞으

해설 9.3

포괄적·점진적 환태평양경제동반자협정(CPTPP)

포괄적·점진적 환태평양경제동반자협정(CPTPP: Comprehensive and Progressive TPP)에 대한 실체는 그의 전신인 환태평양경제동반자협정(TPP)을 통해서 쉽게 이해할 수 있다. TPP는 미국의 주도로 아시아·태평양 지역 12개국 간에 체결한 자유무역협정(FTA)으로서 단순한 자유무역의 범위를 넘어 환경보호, 정부조달, 투자, 경쟁정책, 노동, 환경 등에 관한 규범뿐만 아니라 규제개혁 및 국영기업 등의 이슈까지 포함하는 매우 포괄적이며 자유화 수준이 높은 FTA이다. 원래에는 2005년 싱가포르, 뉴질랜드, 칠레, 브루나이 등 환태평양 지역의 소규모 국가 간에 체결한 무역협정으로 출발했으나, 2008년 미국이 참여한 이래, 호주, 페루, 베트남, 말레이시아, 캐나다, 멕시코, 일본 등이 추가적으로 참여하여 환태평양동반자협정이라는 다자간 협정을 체결하기 위한협상을 진행했고, 그 결과 2015년 10월 협상을 타결했다. 협상결과로 12개국 간 대부분의 관세가 철폐되고 상당부분의 비관세 장벽까지 철폐될 예정이어서 역대 최고 수준의 모범적인 21세기형 FTA로 평가되었다. 특히 TPP 참여 12개국의 경제력이 세계 전체 GDP의 약 40%를 차지하고 교역규모 역시 세계 총 교역량의 1/3정도를 차지하여 전 세계 교역 및 투자시장에 막대한 영향을 미칠 것으로 예상되었다. 그러나 2017년 1월 23일 미국이 TPP탈퇴를 선언하면서 TPP는 출범도 하기 전에 와해될 위기를 맞았다. 하지만, 일본과 호주, 캐나다 등의 주도로 미국을 제외한 11개국이 2018년 3월 8일 TPP의 큰 틀을 유지하면서 포괄적·점진적 환태평양경제동반자협정(CPTPP)으로 명칭을 변경하고 협정문에 서명했다. 협정은 11개국 중 과반인 6개국 이상이 비준하면 60일 이내에 발효된다.[19] 미국의 탈퇴로 말미암아 2018년 현재 CPTPP는 인구 5억여 명에 국내총생산(GDP) 기준으로 세계경제의 13%, 교역량의 15% 정도를 차지할 정도로 기존의 TPP에 비해 세계에서 차지하는 비중이 대폭 감소했으나 여전히 대규모 FTA일 뿐만 아니라 언제라도 미국이 복귀할 가능성이 있다는 점에서 많은 국가들의 관심의 대상이 되고 있다.

로 CPTPP 11개 회원국들이 미국에 다소 유리하도록 조건을 만들어 준다면 미국은 중국을 견제하기 위해서도 CPTPP에 다시 참여할 가능성이 높다. 한국도 현재 가입을 검토하고 있기 때문에 CPTPP를 통해서 한미통상관계는 새로운 국면을 맞을 수도 있다. 과거 TPP의 성격이나 협정내용 및 자유화 정도를 감안할 때 한미 간 통상협력이 강화될 가능성이 매우 높기 때문이다. 자유화의 정도가 한미 FTA의 범주에서 크게 벗어나지 않는 반면에 CPTPP상의 수평적 협력조항(horizontal clauses)들로 인해 회원국 간에 통상관계의 증진 여지가 많은 것이다. 다만, 앞으로 한미 양국이 모두 CPTPP에 가입하는 경우에만 그와 같은 협력이 가능하고 CPTPP의 자유화 범위와 조건들이 향후 다소 변할 수도 있다는 점에서 이를 예단하기는 다소 이른 측면이 있다.

현재 상황에서 한미통상관계가 가장 확실하게 설정된 협력채널은 단연코 한미 FTA이다. 비록 개정협상이라는 진통을 겪었고 불균형적 협상이었다는 평가도 있지만, 개정협상은 오히려 미국으로 하여금 더 이상의 불합리한 요구를 어렵게 만든 측면도 있다. 어차피 현재의 세계통상환경과 역학적 구도를 볼 때, 미국과의 관계에서 완전한 균형을 이루기는 쉽지 않다. 2012년 한미 FTA가 처음 발효된 후 5년 동안의 경제적 효과가 매우 긍정적으로 평가되고 있다는 점을 감안하면, 다소의 불균형적 요소를 감안하더라도 개정협상의 결과로 예상되는 효과는 그리 나쁘지 않다. 한미 FTA로 인해 다른 경쟁국에 비해 보다 투명하고 유리한 통상관계가 구축되었다는 점에서 앞으로 이를 어떻게 운용하고 활용하느냐에 따라 한미통상관계는 과거보다 오히려 강화되고 상호이익도 확대될 수 있다.

문제는 미국이 한미 FTA와는 별도로 일방적 조치나 각종 보호주의 조치를 사용하는 경우에 한미 FTA차원에서 어느 정도 해결이 가능하겠느냐 하는 것이다. WTO 규정에의 일치 여부와 관계없이 자의적인 반덤핑·상계관세조치나 세이프가드 조치를 지속적으로 활용한다면 사실상 한미 FTA의 효과는 현저히 축소될 수밖에 없기 때문이다. 특히, 한미 FTA 개정협상 타결에도 불구하고 한국 기업들이 여전히 미국의 무역확장법 232조와 통상법 슈퍼 301조 적용 리스크에 노출되어 있다는 점을 간과해서는 안 된다.

지금까지 살펴본 바와 같이, 한미통상관계를 전망하기란 결코 쉽지 않다. 다만, 현재 트럼프 행정부의 통상정책 기조나 운용방식으로 보아서는 한미통상관계가 단기간 내에 크게 좋아지길 기대하기는 어려울 것으로 보인다. 그래도 한국은 미국과 한미 FTA를 통해 특수한 관계를 갖고 있다는 점에서 여타 경쟁국에 비해서는 상대적으로 유리한 입장에 있다는 점을 부인할 수 없다. 뿐만 아니라, 미국의 전통적인 통상정책의 기조와 그의 흐름을 볼 때, 미국이 중장기적으로 다자체제의 개선을 통해 WTO 중심의 자유무역과 공정무역을 기반으로 하는 통상정책으로 방향을 전환할 가능성도 높은 것이 사실이다. 대외의존도가 유난히 높은 한국으로서는 미국과 중국 등 주요국의 통상정책 뿐만 아니라 대외통상환경의 다양한 변화 가능성에 대한 예측능력을 제고하고 어떠한 경우에도 상황을 잘 극복할 수 있도록 효율성과 유연성을 갖춘 통상인프라를 구축하는 데에 투자를 게을리 해서는 안 될 것이다.

트럼프 대통령의 정책이 미국 내에서도 거센 비판을 받고는 있지만, 세계화 속의 양극화에 좌절하고 불만을 가진 상당수 미국 시민의 지지를 받고 있다는 점도 눈여겨 볼 필요가 있다. 통상 문제를 대하는 미국의 정책적 토양이 본질적으로 바뀌고 있다면 문제는 훨씬 복잡해진다. 현재로서는 어떠한 차원에서 보아도 한미통상관계의 전망이 그리 밝지는 않다.

특히, 통상 이슈를 안보 문제와 연계시키는 미국의 통상전략으로 한국의 통상·안보전략은 훨씬 복잡해졌다. 남북관계, 북미관계, 그리고 한중 및 미중관계가 복잡하게 얽혀 있어서 한국은 독자적 통상안보 전략을 추진하기가 매우 어렵게 된 것이다. 미국과 중국 간의 정치·경제적 갈등과 대립은 통상 분야에서도 지속적인 분쟁을 야기하고 한국의 수출뿐만 아니라 동아시아에 형성된 산업·생산체제에도 지대한 영향을 미칠 것으로 예상된다. 한반도의 평화와 경제적 번영이라는 궁극적 목표를 달성하기 위해 한국은 복잡한 방정식을 풀어 나가야 하는 어려운 과제를 안고 있다.

주

1) 반덤핑법, 상계관세법, 불공정 수입에 대한 제재 등 수입규제를 위한 법이 1930년 관세법을 통해 제정됐다. 채욱 외, 『한·미 FTA 이후 한국의 대미통상정책 방향과 과제』(대외경제정책연구원, 2007), p. 57.
2) 1934년 상호무역협정법(Reciprocal Trade Agreements Act Of 1934)은 대통령에게 교역국과의 협상에 필요한 권한을 위임하는 동시에 대통령이 독자적으로 관세를 50%까지 인하할 수 있는 권한을 부여하였다. 채욱 외 (2007), p. 57.
3) 외국산 수입 제품이 미국 국가안보에 위협이 될 경우 긴급하게 수입을 제한할 수 있도록 한 국가안보조항(national security clause)으로 알려진 제232조도 1962년 무역확장법에 근거한다. 설송이, "미국통상법의 주요내용과 시사점," 『KITA 통상리포트』 Vol. 18 (한국무역협회, 2018), p. 5.
4) 신속처리권한(Fast Track Authority)은 부시 행정부에서 2002년 초당적 무역촉진권한(2002 Bipartisan Trade Promotion Authority: TPA 2002)이라는 이름으로 의회에서 새롭게 승인됐다. 채욱 외 (2017), p. 63.
5) 슈퍼 301조는 1974년 미국 통상법 301~309조(일반 301조)에 보복조항인 310조를 추가하여 무역보복을 강화한 특별법이다. 1989~1990년 2년 동안 시행하는 '한시적' 조항으로 설정되었으나, 1993년 12월 우루과이라운드 협상 타결 이후 1994년 클린턴 대통령이 행정명령을 통해 부활시켜 2년간(1994~1995년), 그리고 1999년 3월 행정명령을 통해 3년간 시행한 바 있다. 설송이 (2018), p. 15.
6) 2016년 기준 주요국별 미국의 상품무역 수지는 중국에 대해 3,473억 달러의 적자를 기록하여 미국 전체 상품무역적자의 46.2%를 기록함으로써 2위 멕시코(705억 달러)에 비해서도 5배 가까운 규모를 보였다. 김경훈, 이준원, 『미국 경상수지 적자의 구조적 원인과 시사점: 글로벌 임밸런스 논의를 중심으로』, Trade Focus 35호 (한국무역협회, 2017), p.4.
7) 트럼프 행정부는 경제성장, 고용창출, 교역국과의 상호주의, 제조업 기반 강화 및 보호, 농산물 및 서비스 수출 확대 등을 통상정책의 5대 기본 원칙으로 제시하였다. 강문성, "한미 FTA 개정협상에 대한 평가와 시사점," 『KU-GSIS Policy Brief』 (고려대학교 국제대학원, 2018), p. 4.
8) 한국은 미국 USTR의 지식재산권보호관련 연례보고서가 처음 나온 1989년부터 매년 우선감시대상국 또는 감시대상국 명단에 포함되었으나 2009년에 처음으로 명단에서 제외된 이후 감시대상국 대상에 포함되지 않았다. 설송이 (2018), p. 16.
9) 미국은 1997년 한국의 수입자동차에 대한 장벽을 이유로 한국을 슈퍼 301조 우선협

상대상국으로 지정한 후, 1년 동안의 협상을 통해 자동차세 인하, 승용차에 대한 저당권 설정 허용 및 자가인증제도의 조기 도입 등 자국의 요구조건들을 관철시켰다. 설송이 (2018), p. 15.
10) 페루, 콜롬비아, 파나마, 한국 등 4개국을 FTA 우선협상대상국으로 지정했다. 채욱 외 (2007), p. 64.
11) 다만, 미국 자동차 업계의 우려를 반영하여 자동차에 국한된 상호주의 세이프가드를 추가적으로 도입했다. 외교통상부, 『한·미 FTA 추가협상결과 합의문서 상세설명자료』 (2011. 2), p. 25.
12) 장기간에 걸친 관세철폐, 농산물 긴급수입제한조치(ASG: Agriculture Safeguard), 관세철폐 이외의 관세율할당(TRQ: Tariff Rate Quota) 제공, 계절관세, 용도별로 차별화된 개방 방식 등이 적용됐다. 외교통상부, 『한·미 FTA 분야별 최종 협상 결과』 (2007. 4), p. 5.
13) 지상파, 위성방송, 케이블(SO), 방송채널사용사업(PP: Program Provider) 등에 대한 외국인투자 허용 수준을 현행 수준으로 유지하되, PP의 '외국인 의제' 규제(간접투자에 대한 규제)는 협정 발효 3년 내 철폐하기로 약속하고(현행 50%), 케이블 방송에 적용되는 국산프로그램 의무편성 비율('방송쿼터')을 완화하기로 하였다. 외교통상부 (2007), pp. 43-44.
14) 한미 FTA는 양국이 각자 국내절차를 완료하였음을 상대국에 서면통보 후 60일 또는 양국이 달리 합의하는 날에 발효된다. 산업통상자원부, 『한미 FTA 개정협상 결과 및 향후계획』 (2018. 9), p. 6.
15) WTO 세이프가드 협정은 규제국(수입국)의 보상의무(제8.1조)와 피규제국(수출국)의 양허정지 권한(제8.2조) 등을 규정하고 있다. Agreement on Safeguards (WTO, 1995).
16) 한국이 세이프가드 협정 제 8.1조에 근거하여 요구한 보상안에 대해 양국이 합의하지 못했다. 산업통상자원부 『2017-2018 산업통상자원백서』 통상편 (2018. 5), p. 42.
17) Chad P. Bown & Melina Kolb, "Trump's Trade War Timeline: An Up-to-Date Guide," *Trade and Investment Policy Watch* (Peterson Institute for International Economics, 16 August 2018).
18) Presidential Executive Order Addressing Trade Agreement Violations and Abuses, *ECONOMY & JOBS* (29 April 2017).
19) 2018년 3월 공식서명 절차를 마친 상황으로서 11개회원국중 6개국이 국내비준을 마치면 공식 발효되는데 그 시기는 2018년 말로 예상된다. 이요셉, "CPTPP타결 의미와 시사점," 『KITA 통상리포트』 Vol. 06 (한국무역협회, 2018), p. 3.

참고문헌

1. 한글문헌

강문성. "한미 FTA 개정협상에 대한 평가와 시사점." *KU-GSIS Policy Brief*. 고려대학교 국제대학원, 2018. 4.
곽수종. "한미 FTA 추가협상타결 의미와 향후과제." *Issue Paper*. 삼성경제연구소, 2010. 12. 9.
김경훈, 이준원. "미국 경상수지 적자의 구조적 원인과 시사점: 글로벌 임밸런스 논의를 중심으로." *Trade Focus* 35호. 한국무역협회, 2017.
산업통상자원부. 『2017-2018 산업통상자원백서』 통상편. 2018. 5.
_____. 『한미 FTA 개정협상 결과 및 향후계획』. 2018. 9.
설송이. "미국통상법의 주요내용과 시사점." 『KITA 통상리포트』 Vol. 18, 한국무역협회 (2018).
외교통상부 통상교섭본부. 『한·미 FTA 관련 추가협상 결과 상세 설명자료』. 2010. 12. 5.
_____. 『한·미 FTA 이행점검 협의개관』 브리핑 참고자료. 2012. 2. 22.
외교통상부. 『한·미 FTA 분야별 최종 협상 결과』. 2007. 4.
_____. 『한·미 FTA 추가협상결과 합의문서 상세설명자료』 2011. 2.
이요셉. "CPTPP타결 의미와 시사점." 『KITA 통상리포트』 Vol. 06, 한국무역협회 (2018).
채욱 외. 『한·미 FTA 이후 한국의 대미통상정책 방향과 과제』. 연구보고서 07-06. 대외경제정책연구원, 2007.12
최낙균, 이홍식 외. 『한미 FTA의 분야별 평가와 정책과제』. 경제·인문사회연구회 협동연구 총서 07-08-01. 대외경제정책연구원, 2007. 12.

2. 영어문헌

Bown, P. Chad, & Kolb Melina. "Trump's Trade War Timeline: An Up-to-Date Guide." *Trade and Investment Policy Watch*, Peterson Institute for International Economics(PIIE) (16 August 2018).
Schott, Jeffrey J. "Fixing the KORUS FTA—Without Fireworks." *Trade and Investment Policy Watch*, Peterson Institute for International Economics(PIIE) (26 January 2018).
Keynes, Soumaya, and Chad P. Bown. "Trade Talks Episode 39: Car Crash—Trump Sees More National Security Threats." *Peterson Perspectives*, Peterson Institute for International Economics(PIIE) (31 May 2018).

북핵문제와 북미관계

10장

전봉근 (국립외교원)

- 북한 핵무장 배경과 동향 _ 317
- 북핵협상 경과와 성과 _ 328
- 북핵협상 악순환 패턴 분석 _ 335
- 싱가포르 북미정상회담 개최와 북핵문제 전망 _ 342

미국과 북한은 한국전쟁 이후 냉전기 동안 거의 접촉 없이 상호 적대관계를 유지했다. 그런데 탈냉전기 들어 총체적 국가위기를 맞이한 북한이 핵개발을 시도하자, 미국은 1993년 3월 북한의 NPT(Nuclear Non-proliferation Treaty, 핵확산금지조약) 탈퇴선언을 계기로 핵개발을 저지하기 위해 처음으로 북미협상에 나섰다. 탈냉전기 30년 동안의 북미관계 역사는 핵협상 역사라고 해도 과언이 아니다. 그런데 북핵협상은 북한의 핵도발, 핵위기 고조, 북핵협상과 핵합의 타결, 북핵합의 붕괴 등으로 악순환하는 패턴을 보였다. 북미 간 적대관계와 깊은 불신으로 인해 핵합의가 반복적으로 깨어지는 가운데 북한은 2006년 10월 1차 핵실험에 성공했다. 김정은 국무위원장이 2013년부터 핵무장과 경제건설의 병진노선을 추진하고, 2017년 들어 집중적인 핵실험과 중장거리미사일 시험발사에 성공하면서, 북한은 9번째

'핵무장국'으로 알려지게 되었다. 트럼프(Donald Trump) 미국 대통령이 이에 강경하게 대응하면서, 2017년 후반기 들어 한반도에서 고도의 북핵위기와 전쟁위기가 조성되었다. 2018년 들어 김정은 위원장이 경제발전으로 국가노선을 전환하는 가운데 문재인 대통령이 적극적으로 한반도 평화정착 정책을 추진하고 북미관계 개선을 주선한 결과, 2018년 6월 초유의 북미정상회담이 개최되었다. 이러한 배경 하에 이 장은 북한의 핵무장 동향과 북미 핵협상 과정과 패턴을 정리했다. 나아가 싱가포르 북미정상회담 개최가 북미관계와 북핵문제에 대해 갖는 의미를 설명하고자 했다.

1. 북한 핵무장 배경과 동향

1) 북한의 핵개발 역사

북핵문제가 발생한 지 거의 30년이 되었다. 북한 핵문제가 국제사회에 처음 등장한 것은 1989년 9월이었다. 당시 영국의 국방정보잡지『제인스 디펜스 위클리(Jane's Defense Weekly)』가 미국 첩보위성이 1985년부터 영변 핵시설의 수상한 핵활동을 관찰하고 있다고 보도했다. 마침내 1990년 2월 프랑스 상업위성이 영변 핵시설의 위성사진을 공개하면서 북핵문제의 실체가 드러나기 시작했다. 미 정부는 영변 핵시설의 잠재적인 위험성을 이미 인식하고, 조용히 북경에서 북한과 비공식 접촉을 시작했다. 하지만 북경 비공식 접촉이 본격적인 북미 핵협상으로 진전되지는 않았다.

북한의 핵개발 역사는 1950년대로 거슬러 올라간다. 북한은 1956년에 소련의 핵물리학연구소인 두브나 핵연구소에 유학생을 파견하여, 핵과학자를 육성하기 시작했다. 북한은 1960년대 들어 영변 핵단지를 건설하고, 원자로를 도입하여 점차 핵개발의 기초를 구축했다. 1962년 영변 핵단지에 소련에서 지원받은 연구용 원자로 IRT-2000을 설치하고, 1965년부터 가동했다. 1970년대 들어 원자력연구가 활성화되었다. 김일성대학과 김책공업

대학에 핵물리학과와 핵공학과를 설치하고, 1974년에 IAEA(International Atomic Energy Agency, 국제원자력기구)에 가입하는 등 원자력 분야에서 국제협력을 시도했다.

김일성은 일찍이 원자력발전의 도입에 큰 관심을 가졌다. 김일성은 전기발전을 위하여 경수로 도입을 원했으나 재정부족으로 인해 1985년에야 소련과 경수로 구매계약을 체결할 수 있었다. 핵비확산 국제규범에 따라 소련은 경수로 제공 조건으로 북한에게 NPT 가입을 요구했고, 북한은 1985년 12월 12일 NPT에 가입했다. 당시 북한은 신포에 소련제 경수로 건설을 추진했으나, 결국 소련의 붕괴로 본격적인 건설을 시작하기도 전에 중단되고 말았다. 이 신포 부지는 후일 1994년 미북 제네바기본합의에 따라 북한에 제공키로 했던 경수로사업의 건설부지로 이용되었다.

북한은 1980년 들어 독자 기술로 5MW 흑연감속로 건설에 착공하고, 1980년대 중반부터 가동하기 시작했다. 플루토늄 재처리시설도 건설하여, 90년대 초 국제원자력기구(IAEA)가 사찰을 시작하기 이전에 이미 핵무기 1~2기에 해당하는 십 수 킬로그램의 플루토늄을 추출한 것으로 전문가들은 추정했다.

1989년 초 출범한 조지 H. W. 부시 행정부는 북핵문제의 심각성을 인식하기 시작했고, 같은 해 5월에 처음으로 한국정부에 영변의 핵개발 동향에 대해 비밀 브리핑을 제공했다. 곧 이런 정부의 활동이 언론에 유출되면서, 북핵문제가 본격적으로 세간의 관심사로 급부상했다. 1993년 3월 북한이 NPT 탈퇴를 선언하면서, 소위 '제1차 북핵위기'가 발생했다. 한편 북미 핵협상을 거쳐 1994년 10월 미북 제네바기본합의(또는 '제네바합의')가 체결되었고, 북한 핵활동은 2003년 '제2차 북핵위기'가 발생할 때까지 동결되었다.

한국정부는 북한이 1990년대에 이미 무기용 핵물질을 축적한 것으로 평가했다. 2001년 초에 발간된 한국 국방백서(2000년)는 북핵능력을 평가하면서, "플루토늄 추출능력을 고려할 때 한두 개의 초보적인 핵무기를 생산할 수 있는 능력을 보유한 것으로 추정"했다. 하지만 "고도의 정밀기술을 요구하는 기폭장치 및 운반체 개발문제 등으로 인하여 핵무기 완성 및 보유 여부는 확실치 않다"고 덧붙였다. 한편, 미국은 북한의 핵무기 보유에 대하여 좀 더 단정적이었다. 맥로글린(John E. McLaughlin) 미 중앙정보국 부국장은 2001년 한 연설에서 "북한은 핵무기 1개 또는 2개를 가지고 있을 것"으로 평가했다.

김일성 시기부터 핵개발 프로그램이 있었지만, 이를 본격적으로 가동하기 시작한 것은 김정일이었다. 2002년 10월 북한의 비밀 우라늄농축의혹이 제기되자, 미국 조지 W. 부시 행정부는 이에 대한 보복으로 미북 제네바합의를 파기했다. 이에 대한 반발로 김정일 국방위원장은 2003년 1월 NPT 탈퇴를 선언했다. 이때부터 북한의 핵무기 개발이 본격화된 것으로 보인다. 북한 핵개발 프로그램의 용도가 소위 '(북미) 협상 카드'에서 '핵무장용'으로 전환된 것이다.

북한은 2003년 8월부터 가동되기 시작한 6자회담에 참여하고 각종 핵합의를 체결했지만, 핵개발을 멈추지 않았다. 북한은 6자회담 도중인 2005년 2월 핵보유를 선언했고, 마침내 2006년 10월 9일 풍계리 핵실험장에서 1차 핵실험에 성공했다. 다만 1차 핵실험의 성공에도 불구하고, 국제사회는 아직 북한을 핵무장국으로 보지는 않았다.

2009년 5월 2차 핵실험은 실제 북한이 핵무장 할지를 판단하는 주요 이정표가 되었다. 사실 북한의 1차 핵실험에도 불구하고, 2005년 9·19 6자 공동성명이 있었기 때문에 한미정부와 국제사회는 북한 비핵화에 대한 희망을 버리지 않았다. 하지만 2차 핵실험 이후, 북한 비핵화 전망에 대한 비관론이 급격히 확산되었다.

9·19 6자공동성명에 따른 북한의 핵포기 약속은 문서상으로 유효했지만, 북한은 공공연히 핵무장 의지를 천명했다. 특히 오바마 행정부의 강력한 만류와 압박에도 불구하고 2차 핵실험을 감행했다. 북한 국방위 대변인 성명(2010. 7. 24)은 "우리가 선택한 핵억지력 강화의 길이 얼마나 정당한

가를 다시금 확증하였으며 (…) 우리의 핵억지력은 자위의 궤도를 따라 비상한 속도로 강화될 것"이라고 핵무장 의지를 재차 강조하였다. 과거 북한은 핵프로그램을 북미관계 개선을 위한 협상카드로도 활용하는 이중적인 성향을 보였으나, 1, 2차 핵실험 이후 핵무장을 탈냉전기의 핵심 국가전략으로 간주하는 것이 명확해졌다.

2회 핵실험을 통해 핵분열물질인 플루토늄 기반의 핵무기 능력을 확보한 북한은 고농축우라늄 기반의 핵능력을 갖추는 데 집중했다. 플루토늄 생산량은 흑연감속로의 규모와 연소속도에 따라 제약되어 생산량을 늘리지 못하는 한계가 있다. 하지만 고농축우라늄 생산량은 농축기기를 추가 설치하고 운전시간을 늘리는 만큼 생산량 증가가 가능하다. 북한은 농축시설을 극비리에 가동하다가, 2010년 11월 12일 영변 핵시설을 방문한 전미 로스알라모스 국립핵연구소장 헤커(Siegfried S. Hecker) 박사에게 농

해설 10.1

핵분열물질

핵무기를 만들기 위해서는 급속한 연쇄 핵분열을 일으키는 핵분열물질(fissile material)이 필요한데, 이런 핵분열물질에는 플루토늄(Plutonium)과 고농축우라늄(HEU: Highly Enriched Uranium) 단 두 종이 있다. 그런데 이들은 자연 상태에 존재하지 않아, 재처리 과정을 통해 플루토늄을 추출하거나 농축 과정을 통해 고농축우라늄을 생산해야 한다. 따라서 국제사회는 핵개발 야망국가가 재처리와 농축 기술을 확보하는 것을 저지하려고 한다. 또한 핵무기 생산에서 가장 많은 과학기술역량과 재정과 시간이 소요되는 부분이 바로 핵분열물질의 확보이므로 이를 저지하는 것이 핵비확산과 핵안보의 핵심이다. 여기서 '핵비확산(nuclear nonproliferation)'이란 비핵국가가 핵무기를 갖지 못하도록 하는 조치이고, '핵안보(nuclear security)'는 핵물질의 방호를 통해 테러집단 등 비국가행위자가 핵테러 또는 방사능테러를 못하도록 저지하는 조치를 말한다.

축시설을 전격적으로 공개했다. 과거 북한은 자신의 핵활동을 최대한 감추었는데, 2차 핵실험 이후부터는 우라늄농축시설 공개에서 보듯이 핵능력과 핵활동을 과시하는 경향을 보였다.

김정은 정권 들어 핵개발은 더욱 가속화 되었다. 김정은 위원장은 3차(2013. 3), 4차(2016. 1), 5차(2016. 9), 6차(2017. 9) 핵실험을 연이어 실시했다. 2017년 들어 대륙간탄도미사일(ICBM: Intercontinental Ballistic Missile) 및 중거리미사일 시험발사, 수중 미사일 시험발사 등을 통해 미사일능력을 과시했다. 2017년 6차 핵실험에서 소위 '수소폭탄'을 실험하고, 또한 ICBM급 미사일 화성 14호와 15호 시험발사에 성공함으로써 북한의 핵능력 증강과 대미 도발은 최고조에 달했다.

1989년 처음 북핵문제가 불거진 후 29년이 지난 2018년 현재 북한의 핵능력은 얼마나 될까? 한국 『2016 국방백서』(2017. 1)는 북한의 핵능력에 대해 "플루토늄 50kg 보유(핵무기 6~12개 분량), 고농축우라늄 프로그램 상당 수준 진행, 핵탄두 소형화 능력 상당 수준 도달, 잠수함발사 미사일 및 장거리미사일 능력 보유, 1만 명 규모의 핵·미사일 전담 전략군 설치" 등으로 기술하여, 북한 핵능력이 높은 수준에 있다고 평가했다. 전문가들도 북한이 2017년까지 20~60기 핵무기를 보유한 것으로 추정했다.

2) 핵무장 배경과 동기

북한은 왜 핵무장을 할까? 사실 안보환경이 열악하고 과학기술능력이 있는 국가들은 모두 잠재적인 핵확산국이다. 동북아에서는 한국, 일본, 대만 등이 이에 해당된다. 하지만 NPT를 중심으로 하는 강력한 핵비확산 국제레짐이 가동되고 있고, 초강대국 미국이 양자·다자차원에서 핵확산을 강력히 통제하기 때문에 실제 핵무장을 시도하거나 성공하는 국가는 극소수에 불과하다.

NPT가 인정하는 5개 '핵보유국(nuclear weapon state)'과 NPT 비회

원국이면서 핵무장한 인도·파키스탄·이스라엘 3개 국을 제외하면, 신규 핵무장국은 북한이 유일하다.[1] 그렇다면 다른 나라들은 핵무장의 외교적·경제적 비용 때문에 모두 포기하였는데, 왜 북한만이 이를 무릅쓰고 핵무장을 감행할까? 북한이 핵무장을 결정하고, 이를 강행하게 된 배경은 아래와 같다.

북한의 핵무장은 하루아침에 만들어지지 않았다. 한반도가 강대국에 포위되어 지정학적으로 세계에서 가장 열악한 안보환경에 놓여 있다는 것은 잘 알려진 사실이다. 더욱이 한반도가 분단되어, 남북한은 서로 '먹고 먹히는' 무한 안보경쟁에 빠졌고 생존을 위해 끊임없이 군사력을 증강하고 투쟁해야 했다. 이때 일견 핵무장은 당연히 검토해야 할 합리적 안보 옵션이었다.

사실 한국도 일찍이 강한 핵무장 동기를 가졌고, 핵무장을 시도했다. 하지만 1975년에 동맹국인 미국의 강한 반대와 압박으로 무기용 핵개발을 포기했다. 한국이 동맹국이자 핵강대국인 미국의 핵우산에 안보를 의존하면서, 핵무장을 포기한 것은 합리적이고 현명한 선택이었다. 이런 한국의 선택은 장기적인 안보 국익과 경제통상 국익에 부합했다. 또한 이 선택은 국제사회의 핵비확산 규범이 강화되는 추세에도 부합했다. 국제사회는 1970년에 NPT, 1975년에 원자력수출국그룹(Nuclear Suppliers Group)을 각각 출범시켰고, 핵비확산 국제레짐을 급속히 강화했다. 만약 한국이 1970년대에 미국의 반대를 무릅쓰고 핵무장을 계속 했더라면, 지금쯤 핵무장국이 되었을 가능성이 높다. 하지만 핵무장한 한국은 국제사회에서 불량국가로 낙인 찍혀 만성적인 경제제재와 외교고립에 시달리고 있을 것이다.

그런데 북한의 선택은 달랐다. 북한 지도부는 일찍이 핵무기의 위력과 필요성을 인식하고 있었다. 김일성은 1945년에 미국이 핵무기 단 두 발로 일본을 패퇴시켰고, 1950년 말 이후 중공군의 한국전 개입 저지와 한국전 조기 종료를 위해 핵무기 사용을 검토했다는 점을 잘 알고 있었다. 또한 주한미군이 배치했던 전술핵무기와 한미군사훈련에 동원되는 전략자산을 자신에 대한 큰 군사위협으로 간주했다.

핵전문가들이 세계적인 핵확산 현상을 설명할 때 사용하는 '핵확산의 연쇄반응' 이론은 북한의 높은 핵확산 가능성을 전망했다. '핵확산의 연쇄반응' 이론이란 적대관계에 있는 국가가 핵무장하면, 이에 대응하기 위해 자신도 핵무장을 선택한다는 주장이다. 적이 핵무기로 군사위협을 가할 때 사실 어떤 재래식무기로도 이를 억지하거나 방어할 수 없기 때문이다.

예를 들면, 미국의 핵개발은 적대관계에 있는 소련의 핵개발, 미국과 소련의 핵무장은 중국의 핵개발, 중국의 핵무장은 인도의 핵개발, 소련의 핵위협은 영국과 프랑스의 핵개발, 인도의 핵개발은 파키스탄의 핵개발 등을 촉발했다. 이 이론은 차기 핵확산 국가로 핵강대국인 미국과 적대관계이자, 사실상 전쟁관계에 있는 북한을 지목했다. 더욱이 북한은 국제사회에서 스스로 고립되어, 다른 보통국가와 달리 국제사회의 규범과 압박에 구속되지 않기 때문에 핵무장의 가능성은 더욱 높았다.

탈냉전기 들어 북한이 공산체제와 김 씨 정권의 존망을 동시에 위협하는 안보·정치·경제의 총체적 위기에 직면하게 되자, 북한 지도부는 핵무장을 유일한 총체적 타개책으로 간주하고 이에 전력을 기울였다. 북한 지도부는 대외적으로는 한국의 흡수통일과 미국의 체제전복과 군사공격 기도를 거부하며, 대내적으로는 일인 지배를 지속하기 위해 핵무장을 결정한 것으로 보인다.

북한은 핵무장을 추진하면서, 혁명적 공산주의 국제관에 따라 기존의 핵비확산 국제규범을 전적으로 무시하고 거부하였다. 사실 현 국제사회에서 어떤 국가도 단순히 심각한 안보위기와 경제위기에 빠졌다고 하여 핵무장을 추진할 명분과 실익을 갖지 못한다. 그러나 북한 지도부는 국가생존과 정권유지를 위해 핵무장을 최고 국가목표로 결정하고 이를 위해 동원되는 모든 수단과 방법을 정당화하였다. 공산주의 외교관에 따르면, 외교는 전쟁과 투쟁의 연속이다. 북한에게 외교와 협상이란 핵무장 목표를 달성하기 위해 대미, 대남 투쟁에서 이용하는 수단에 불과한 셈이다. 또한 북한은 외교를 전쟁의 일부로 간주하고, 전통적 전략론의 지침에 따라 외교를 수행했다. 북한은 핵무장을 위한 시간을 벌거나, 양보를 압박하기 위해 기만, 협상과 벼랑 끝 외교를 효과적으로 구사했다.

1990년대 후반 들어 미북 제네바기본합의(1994년)와 김대중 정부(1998~2002년)의 햇볕정책에 힘입어 일시적으로 북한의 경제와 식량사정이 개선되었다. 하지만 북한의 비밀 핵농축의혹사건이 발생(2002년)했고, 이에 따라 2003년 미 조지 W. 부시 행정부가 제네바합의를 무효화하였다. 제네바합의의 폐기는 북한의 국가전략에 큰 충격을 주었던 것으로 보인다. 김 정권의 최대 외교목표인 미북관계 개선과 경제지원 가능성이 사라졌기 때문이다. 조지 W. 부시 행정부의 이라크 공격(2003년)도 북한이 핵무장을 촉진하는 배경이 되었다.

1990년대 북한은 자신의 위축된 재래식 군사력으로는 한반도 적화통일은 고사하고, 한미동맹을 억지하거나, 한국의 흡수통일을 거부하는 것 조차도 힘들다고 보았을 것이다. 북한은 이후 한국에서 반복적으로 제기되는 '흡수통일론'과 '북한붕괴론'을 보면서, 핵무장 결정의 정당성을 재확인하였을 것이다. 김정은은 2017년 신년사에서 수소폭탄과 ICBM 개발성과를 과시하면서, 핵무장을 함으로써 "조국과 민족의 운명을 수호하고 사회주의 강국 건설 위업을 승리적으로 전진시켜나갈 수 있는 위력한 군사적 담보가 마련"되었다고 언급하며, 핵무장 결정의 정당성을 부각시켰다.

3) 북한의 핵무장 법제화

김정은 통치 하의 북한은 2012년부터 국가노선과 법령을 통해서 핵무장을 기정사실화하고 제도화하였다. 첫째, 개정 사회주의헌법(2012년) 서문은 "(김정일은) 우리 조국을 불패의 정치사상 강국, 핵보유국, 무적의 군사강국으로 전변시켰으며, 강성국가 건설의 휘황한 대통로를 열어놓았다"고 기술하였다. 둘째, 2013년 3월 31일 노동당중앙위원회 전원회의에서 발표된 '경제건설과 핵무력건설을 병진시킬 데 대한 새로운 전략노선(이하 병진노선)'은 핵보유의 합법화, 핵무력의 증강, 핵무력의 전투준비태세 완비 등을 최고 수준의 국가정책으로 채택하였다. 2016년 5월 7차 당대회에서 동 병진노선이 재확인되었다. 셋째, 북한은 2013년 4월 1일 최고인민회의에서 '자위적 핵보유국의 지위를 더욱 공고히 할 데 대하여'라는 법(이하 '핵보유국법')을 채택하여 핵무기 보유와 사용을 법제화하였다.

김정은은 2018년 신년사에서 '국가 핵무력 완성의 역사적 대업'을 이미 이루었으며, 그 결과 '강력하고 믿음직한 전쟁 억지력'을 보유하게 되었다고 선언했다. 동 신년사는 이어서 "그 위력과 신뢰성이 확고히 담보된 핵탄두들과 탄도로켓들을 대량생산해 실전배치하는 사업에 박차"를 가할 것을 촉구했다. 그런데 신년사가 시사하듯이 앞으로 '(핵무기를) 대량생산하고 실전배치'해야 한다면, 아직 충분한 핵무기가 배치되지 않았고, 따라서 핵억지력도 아직 구축되지 않았다고 판단할 수도 있다.[2] 이때 김정은의 "핵단추가 내 사무실 위에 항상 놓여 있다는 것"도 과장된 표현일 수 있다.

북한은 '핵보유국법(2013년)'에서 처음으로 핵무기의 역할과 사용 등에 대한 핵전략을 명시적으로 밝혔다. 동 법의 2, 4, 5조는 각각 핵무기의 사용조건과 용도를 규정하고 있는데, 특히 '억지·격퇴·보복' 용도를 부각하였다. 핵무기의 용도를 명시한 2조에 따르면, "핵무장력은 (세계의 비핵화가 실현될 때까지) 우리 공화국에 대한 침략과 공격을 억지·격퇴하고, 침략의 본거지들에 대한 섬멸적인 보복타격을 가하는 데 복무"한다. 이 조항만을 본다면, 핵무기의 용도는 핵선제공격 가능성을 배제한 채, 상대의 공격을 방지하기 위한 '억지용'이며, 억지 실패 시 '보복용'에 한정된다.

그런데 핵전략에서 '핵억지력'이란 상대의 제1차 핵공격이 있더라도 이를 흡수한 채 '제2차 타격(second-strike)'으로 보복할 수 있는 능력을 보유함으로써 상대의 1차 공격을 당초에 저지하는 능력이다.

4조는 '핵국'에 대한 핵전략을 2조와 같은 맥락에서 재설명하고 있다. 4조에 따르면, "적대적인 다른 핵보유국이 우리 공화국을 침략하거나 공격하는 경우 그를 격퇴하고 보복타격을 가하기 위해 조선인민군 최고사령관

> **해설 10.2**
>
> **핵억지(nuclear deterrence)**
> 핵무기 개발 초기에 군사기획자들은 핵무기를 단순히 폭발력이 큰 무기로 보아, 이를 실제 전쟁에서 효과적으로 사용하는 전쟁계획을 세웠다. 그런데 폭발량이 메가톤급에 이르는 수소폭탄을 개발하고 보유하게 되자, 점차 핵무기의 전쟁 효용성에 대한 의문이 생겼다. 핵무기가 교환되는 핵전쟁에서 승리자란 없고, 인류멸망만이 있기 때문이었다. 따라서 핵무기의 성격이 점차 전쟁에서 이기기 위한 전술무기가 아니라, 전쟁을 억지하기 위한 전략무기이자 정치무기로 바뀌었다. 그런데 상대의 전쟁 도발을 효과적으로 억지하기 위해서는 '제2차 타격(second-strike)' 능력을 보유해야 한다. 이는 상대방이 제1차 핵공격을 감행했을 때, 이를 흡수한 채 살아남은 핵무기로 상대에게 감당할 수 없는 피해를 가하는 보복능력을 말한다. 이런 제2차 타격의 보복능력을 갖추게 되면, 당초에 상대의 1차 공격을 저지할 수 있게 된다. 핵강대국 사이에는 이런 상호 핵억지가 성립되어 있다고 본다. 그런데 북한도 과연 자신들이 주장하듯이 제2차 타격능력을 갖고 있는지 의문이다.

의 최종명령에 의해서만 사용할 수 있다"고 하였다. 이 조문은 북한의 핵무기가 사용되는 상황을 핵국에 의한 침략 또는 공격의 경우에 격퇴 또는 보복을 위해, 최고사령관의 최종명령에 한한다고 제한하였다. 이를 엄격히 해석하면, 적국이 핵국이 아니거나, 적국의 선제 침략이 아닐 경우에는 핵무기를 사용치 않는다. 핵통제권은 군부 위임이 아니라 김정은의 민간통제에 있음을 명시하였다. 그런데 북한은 다른 보통국가와 달리 김정은 개인에 의한 유일지배체제이므로 다른 그룹의 정치적 견제 없이, 김정은 개인이 전적으로 핵무기 사용 결정을 내리는 극단적으로 단순하고 위험한 핵통제 체제를 갖는다.

'비핵국'에 대한 핵전략을 규정한 5조에서 북한은 "적대적인 핵보유국과

야합하여 우리 공화국을 반대하는 침략이나 공격행위에 가담하지 않는 한 비핵국가들에 대하여 핵무기를 사용하거나 핵무기로 위협하지 않는다." 다시 말해, 북한은 비핵국이 핵국과 연대하여 북한을 침략하거나 공격할 경우에 한해 핵무기를 사용 또는 사용 위협을 한다는 입장이다. 비핵국도 핵국과 연대할 경우, 북한의 핵공격 대상이 된다. 이는 핵국인 미국과 동맹국인 한국과 일본에 해당된다.

한편, 북한은 유독 한국과 미국에 대해서는 '핵선제공격'을 주장하고 있다. 3차 핵실험(2013. 2. 12) 이후 북한에 대한 남한과 국제사회의 제재와 압박이 강화되자, 2013년 3월 27일 인민군최고사령부 명의 성명을 통해 "(대남) 군사적 행동은 우리의 자주권 수호를 위한 강력한 핵선제타격"을 포함한다고 위협했다. 북한 국방위원회는 2016년 3월 7일 성명에서도 "적들이 강행하는 합동군사연습이 우리 공화국의 자주권에 대한 가장 노골적인 핵전쟁 도발로 간주된 이상 그에 따른 우리의 군사적 대응조치도 보다 선제적이고 보다 공격적인 핵타격전으로 될 것"이라고 핵선제공격을 위협했다. 이 성명은 우리의 한미연합 군사훈련을 '핵전쟁 도발'로 간주하여, 자신의 선제 핵사용을 정당화 하였다.

이 국방위원회 성명은 핵태세에 대해서도 의미 있는 주장을 했다. 이 성명은 "존엄 높은 최고수뇌부가 비준한 남조선해방과 미국본토를 타격하기 위한 우리식의 군사작전계획"이 있고, "남조선 작전지대안의 주요 타격대상들을 사정권 안에 둔 공격 수단들이 실전 배치되고 아시아·태평양 지역 미제침략군기지들과 미국본토를 과녁으로 삼은 강력한 핵타격수단들이 항시적인 발사 대기상태"에 있다고 주장했다. 이는 처음으로 북한이 핵무기가 작전배치되어 있다고 주장한 것이다.

북한은 2016년 5월 열린 노동당 7차 당대회에서 "책임 있는 핵보유국으로서 침략적인 적대세력이 핵으로 우리의 자주권을 침해하지 않는 한 이미 천명한 대로 먼저 핵무기를 사용하지 않을 것"이라고 재천명하였다. 이 결정서의 내용은 김정은 제1비서의 7차 당대회 사업총화보고(2016. 5. 7)의 관련 내용을 재확인한 것인데, 관련 내용은 다음과 같다.

> 우리는 제국주의의 핵위협과 전횡이 계속되는 한 경제건설과 핵무력건설을 병진시킬 데 대한 전략적 노선을 항구적으로 틀어쥐고 자위적인 핵무력을 질량적으로 더욱 강화해나갈 것입니다. 우리 공화국은 책임 있는 핵보유국으로서 침략적인 적대세력이 핵으로 우리의 자주권을 침해하지 않는 한 이미 천명한 대로 먼저 핵무기를 사용하지 않을 것이며 국제사회 앞에 지닌 핵전파방지 의무를 성실히 이행하고 세계의 비핵화를 실현하기 위하여 노력할 것입니다.

여기서 나타난 북한 핵전략의 핵심은 핵 일차 불사용(no-first-use) 원칙이다. 즉, 상대가 핵을 사용하지 않은 한 핵을 사용하지 않는다고 주장하여, 중국식의 '핵 일차 불사용' 원칙을 그대로 원용하였다. 이는 핵보유국법에 나타난 핵무기 사용 원칙보다 더욱 제한적인 핵전략을 제시한 것이다. 이 선언을 엄격히 해석하면, 설사 적대국의 공격이 있더라도 재래식무기만 사용한 비핵공격이라면 북한이 핵으로 대응하지 않겠다는 입장이다. 이 입장은 위에서 토론한 가장 공세적인 핵선제공격 원칙과 큰 차이가 있다. 북한이 대외적으로 이렇게 신중한 핵전략인 '핵 일차 불사용' 원칙을 선언한 배경에는 '핵보유국'을 표방하면서 국제사회의 반감을 완화시킬 의도가 있다고 본다.

2. 북핵협상 경과와 성과

1) 남북 핵협상과 한반도 비핵화 공동선언

1980년대 후반 들어 북한이 영변 핵단지에 흑연감속로와 재처리시설을 건설하자, 미국은 즉각 이 시설들이 무기용 핵물질인 플루토늄을 생산할 수 있다는 점에 주목하고 북핵외교를 가동하기 시작했다. 당시 북미 간에는 외교채널이 전혀 없었기 때문에 미국은 1980년대 말 북경에서 비공식 북미접촉을 시도했지만 성과가 없자, 한국을 통한 간접적인 비핵화외교를 시도했다. 한미 비핵화외교의 첫 의미 있는 성과물이 1991년 12월 31일 채택된 '한반도 비핵화 공동선언'이다.

한반도 핵문제를 처음 제기한 측은 북한이었다. 북한은 1977년에 '한반도 비핵지대화' 방안을 제기하며, 주한미군 전술핵무기의 철수를 주장했다. 북한은 1991년 10월 23일 평양에서 열린 남북고위급회담에서도 '한반도 비핵지대'를 정식의제로 채택할 것을 주장했다. 당시 북한은 국제사회로부터 IAEA 사찰을 수용할 것을 강하게 압박받고 있었기 때문에 비핵지대 주장은 사찰 압박을 회피하기 위한 전술이기도 했다.

북한은 1985년 NPT에 가입하면서, 18개월 이내에 IAEA와 안전조치협정을 체결하고 사찰을 받아야 하는 의무가 발생했다. 북한은 온갖 이유로 안전조치협정 체결을 회피했지만, 국제사회와 미국의 사찰 압박이 거세지자 "북조선에 대한 사찰에 앞서 남조선 내 핵무기를 우선 협의"할 것을 요구했다. 북한에 대한 사찰을 논의하는 도중에 북한이 갑자기 엉뚱하게 주한미군 핵문제를 제기했는데, 이는 북한이 곤경에 처할 때 이용하는 전형적인 '의제 전환' 협상전술이다.

마침 1991년 후반 들어 미국 조지 H. W. 부시 행정부가 탈냉전기 군사전략의 일환으로 전 세계에 산재한 전술핵무기를 철수키로 결정하고, 한국 정부에도 전술핵무기 철수 방침을 통보했다. 노태우 정부는 조지 H. W. 부시 행정부와 주한미군의 전술핵무기 철수를 북핵문제 해결에 이용하기로 했고, 조지 H. W. 부시 행정부도 이에 동의했다. 따라서 한국정부는 미 정부의 전술핵 철수계획에 맞추어 1991년 11월 8일 '한반도 비핵화 선언'을 발표하고, 12월 18일에는 '핵부재 선언'을 발표했다. 한국 내 미군 핵무기가 완전히 철수되었으므로, 한국은 북한의 '주한 핵무기 철수' 요구에 대해 자유스럽게 핵협상에 응할 수 있었다.

북한은 12월 31일 남북고위급회담에서 돌연 '비핵지대화' 안을 철회하고, 한국이 제안한 '한반도 비핵화 공동선언'을 수용했다. 비핵화 공동선언 1, 2조에서 남과 북은 핵무기와 농축재처리시설 보유를 포기하기로 합의했다. 그리고 비핵화 검증을 위해 "상대측이 선정하고 쌍방이 합의하는 대상들에 대해 남북 핵통제공동위원회가 규정하는 절차와 방법으로 상호사찰을 실시"하기로 합의했다.

공동선언 문안에는 명시되지 않았지만, 일종의 일괄타결로서 남북 및 북미 간에 별도의 합의가 있었다. 북한은 가까운 시간 내에 IAEA와 핵안전조치협정을 체결하고 비준하며, IAEA 사찰을 받겠다고 약속했다. 대신 한국은 1992년 팀스피리트 한미군사훈련을 중단하고, 미국은 뉴욕에서 미북 고위접촉을 개최할 것을 북한에게 약속했다. 한미와 북한 간에 첫 '일괄타결'이 성사되었다.

이 일괄타결에 따라, 북한은 IAEA와 안전조치협정을 체결하고, 핵물질 및 핵시설을 신고하고 사찰을 받기 시작했다. 그런데 임시사찰의 결과, 북한의 신고와 IAEA 사찰 사이에 '불일치'가 발생했고, IAEA가 추가 사찰과 정보를 요구하자 북한이 이에 반발하고 거부했다. 북한은 한반도 비핵화 공동선언에 따른 '상호사찰' 합의 이행도 거부했다. 바야흐로 한반도 정세는 제1차 북핵위기를 향해 줄달음치기 시작했다.

2) 북미 핵협상과 제네바기본합의

북한이 IAEA와 안전조치협정에 따른 사찰 의무와 한반도 비핵화 공동선언에 따른 상호사찰 의무를 불이행하자, 한미정부는 북한을 압박하기 위해 1992년 10월에 팀스피리트 한미군사훈련 재개를 선언했다. 북한은 이에 반발하여 1993년 3월에 'NPT 탈퇴'와 준전시 상태를 선언하면서, 전쟁위기가 고조되었다. 이런 상호조치의 악순환 속에서 제1차 북핵위기가 발생했고, IAEA 안전조치와 한반도 비핵화 공동선언의 이행도 전면 중단되었다.

미국은 북한의 NPT 탈퇴를 방지하기 위해 1993년 6월에 초유의 북미

핵협상을 개시했다. NPT 회원국이 NPT 10조에 따라 탈퇴를 선언하면, 3개월 이후에 탈퇴 효력이 발생한다. 미국은 북한의 NPT 탈퇴를 저지하기 위해 마지못해 6월 2일 북한과 핵협상에 나섰다. 북한은 그동안 열망했지만 거절되었던 북미협상이 마침내 열리자, 이를 김정일의 '외교적 승리'로 선전했다.

1993년 6월 11일 뉴욕에서 역사적인 첫 북미 핵합의가 채택되었다. 뉴욕 공동성명에서 북한은 "(북한이) 필요하다고 간주하는 동안에 NPT 탈퇴 효력 발생의 일시중단을 일방적으로 결정했다." 그리고 IAEA 사찰을 다시 수용하기로 약속했다. 미국은 북한에게 안전보장 제공과 북미대화 지속을 약속했다. 여기서 북한이 NPT 탈퇴선언을 철회하고 완전히 NPT에 복귀한다고 선언한 것이 아니라, 단지 'NPT 탈퇴 효력 발생의 중단'을 약속했다는 점에 주목해야 한다. 이 때문에 2003년 북한이 NPT에서 완전 탈퇴하기까지 계속하여 NPT상 북한의 회원국 지위에 대한 논쟁이 있었다. 북한은 이 합의문을 이유로 자신이 NPT의 안도 밖도 아닌 '특수한 지위'에 있다고 주장하며, 국제사회의 제재를 피하는 동시에 NPT상 의무조항인 IAEA 사찰도 거부하는 명분으로 활용했다.

1994년 5월 북한이 영변의 흑연감속로에서 핵연료봉을 무단으로 인출하자, 또 북핵위기가 크게 고조되었다. 미국의 영변 폭격설이 난무하는 전쟁위기 속에서 미국과 북한은 1994년 10월 24일 제네바기본합의를 체결하는 데 성공했다. 북한은 곧바로 핵활동을 동결하고, 경수로 제공의 진전에 맞추어 사찰을 받기로 합의했다. 미국은 북한에 경수로와 중유를 제공하며, 궁극적으로 수교하기로 합의했다.

그런데 제네바합의 이행 과정이 결코 순탄치 않았다. 미국측의 자금문제로 경수로와 중유 제공이 지연되었다. 북한도 사찰을 거부하여, 제네바합의를 위협했다. 2002년 초 출범한 조지 W. 부시 행정부는 북한을 '악의 축'으로 지칭하며, 북한의 반발을 샀다. 미국 공화당 의회는 제네바합의를 북한에 대한 '항복문서'라고 비난하며, 경수로와 중유사업에 제동을 걸었다.

마침내 2002년 10월 북한의 비밀 우라늄농축 의혹이 제기되면서, 어렵사리 유지되던 제네바합의 체제는 결국 붕괴되고 말았다.

3) 6자회담과 6자합의

남북 간 '한반도 비핵화 공동선언'과 북미 간 '제네바합의'가 실패하자, 미국은 새로운 다자협상 틀을 모색했다. 미국은 2003년 초 동북아의 이해관계국이 모두 참가하는 6자회담을 새로운 북핵협상 틀로서 제시했다.

그런데 미국은 왜 북미 양자회담을 포기하고, 6자회담을 제안했을까. 당초 조지 W. 부시 행정부는 북한과 특수 관계에 있는 중국뿐만 아니라, 주변국까지 모두 끌어들여 5 대 1의 대북 포위와 압박구조를 만들고자 했다. 또한 향후 합의가 만들어지고 경제적 보상이 필요할 때, 그 재정 부담을 동북아국가에게 넘기려고 했다.

북한은 미국의 이런 의도를 간파한 듯 초기에 미국의 6자회담 제안을 극력 반대했다. 그러나 우리 정부와 관련국의 노력으로 2003년 4월 북경에서 미국, 중국, 북한 등 3국이 참가하는 6자회담 설명회가 열렸다. 마침내 2003년 8월 북경에서 남한, 북한, 미국, 중국, 일본, 러시아 등 6개국이 참가하는 6자회담이 개최되었다. 그런데 6자회담도 과거 남북대화, 미북협상처럼 순탄치 못했다. 6자회담이 진행되는 동안에 북한이 핵활동을 계속하자 6자회담 '무용론'이 제기되기도 하였다.

미국의 당초 전략적 의도와 무관하게, 6자회담은 그 포괄성과 다면성으로 인해 북핵문제 해결에 크게 기여할 것으로 기대되었다. 6자회담을 통해 비핵화뿐만 아니라, 북미와 북일 관계개선, 경제에너지 지원, 동북아 다자안보체제 구축, 평화체제 구축 등을 병행 추진함으로써 이슈 간 상호관련성을 증진시키고 시너지 효과를 내어, 합의 이행을 촉진하고 보장하는 효과가 기대되었다. 별도의 평화포럼을 통해서 추진하기로 합의한 한반도 평화체제 구축도 남북 간 군사적 긴장완화에 기여하고 북핵문제 해결을 촉진할 것으로 보였다.

마침내 2005년 9월 4차 6자회담은 '9·19 6자공동성명'을 채택하는 데 성공했다. 2003년 8월 1차 6자회담을 시작한 지 25개월 만의 성과였다. 9·19 공동성명의 핵심 내용은 북한의 핵무기와 모든 핵프로그램 포기, 미국의 대북 불가침 약속과 북미 관계정상화, 직접 관련국들이 구성한 별도 포럼에서 한반도 영구평화체제 협상 진행 등 3개로 구성되었다.

6자회담에서 미국의 최고 목표는 '핵무기와 모든 핵프로그램 폐기'에 대한 북한의 약속을 받아내는 것이었다. 미국은 이 목표가 관철되자 종전의 강경한 입장을 완화하여, "적절한 시기에 경수로 제공 문제에 대하여 논의하는 데 동의"하여 경수로 제공 가능성을 열어 놓았다. 한편, 북한은 핵을 포기하는 대신 북미 및 북일 관계정상화, 에너지 지원, 경제협력, 전력공급 등을 확보하고, 경수로 공급 가능성도 확보하였다. 이 공동성명으로 북핵 문제를 완전히 해결하고 한반도의 영구평화체제를 구축하기 위한 기초적인 로드맵이 마련되었다.

사실 6자회담의 진전에도 불구하고, 누구도 북한이 핵을 쉽게 포기할 것으로 믿지 않았다. 북한은 6자회담이 진행되는 도중에도 사용후 핵연료 재처리, 핵개발 완료 선언(2005. 2. 10), 1차 핵실험(2006. 10. 9) 등을 감행했기 때문이었다.

북한의 1차 핵실험으로 인한 북핵위기는 역설적으로 소강상태에 빠졌던 6자회담을 촉진시켰고, 그 결과 2007년 2월 제5차 6자회담 3단계 회의에서 '9·19 공동성명 이행을 위한 초기조치' 또는 일명 '2·13 합의'가 채택되었다. 이로써 9·19 공동성명이 액션플랜으로 구체화되었으며, 5개 실무그룹(Working Group)을 설치하여 공동성명 이행을 위한 제도적 틀도 만들어졌다. 그리고 대북지원 시 5개국 간 평등과 형평의 원칙에 따라 분담하기로 합의하였다.

한때 미국이 북한과 거래한 마카오 소재 방코델타아시아(BDA) 은행을 제재하자, 북한이 반발하여 6자회담이 중단되기도 했다. 그럼에도 불구하고, 6자회담이 재개되어, 2007년 7월 영변 핵시설이 '폐쇄(shutdown)'되었고, IAEA 검증요원이 영변 핵단지에 복귀하였다. 대북 에너지 지원의 일부로 우리 정부는 중유 5만 톤을 제공하였다.

2007년 9월 말 개최된 제6차 6자회담 2단계 회담에서 '9·19 공동성명 이행을 위한 제2단계 조치(10·3합의)'가 채택되었다. 10·3합의는 연내 영변 주요 핵시설의 '불능화(disablement)'와 모든 핵 프로그램의 신고조치 완료를 규정하였다. 이에 대한 보상조치로 중유 95만 톤 상당의 에너지와 인도적 지원을 제공하기로 하였으며, 미국은 북측 조치와 병행하여 대북제재 해제를 이행하고 북·일은 양자 관계정상화를 위해 노력하기로 합의하였다. 2008년 들어 북한이 냉각탑을 폭파시키고, 또한 우여곡절 끝에 '신고' 조치를 완료하였다. 이에 대해 2008년 10월 미국은 북한을 테러지원국 지정에서 해제하는 역사적 조치를 취하였다.

그런데 6자회담은 2008년 말 10·3합의의 마지막 관문인 '검증' 문제의 고비를 넘지 못하고 또 중단되고 말았다. 2008년 말 북핵 검증합의서 채택에 실패한 이후 6자회담이 일시 중단되었다. 2009년 초 출범한 미국 오바마 정부가 대화 메시지를 보냈지만 북한은 이를 무시했다. 당시 북한은 비상한 국내정치 국면에 빠져 비핵화 대화에는 관심이 없었다.

2008년 여름, 김정일 위원장의 뇌졸중 발병은 대외정책이 강경책으로 전환되는 계기가 되었다. 북한은 체제위기가 심화되는 가운데 선군정치를 강화하면서 과거에 비해 더욱 모험적인 행동을 보였다. 김정일의 뇌졸중 발병 이후, 김정일과 북한 지도부는 권력승계 구도를 조기에 완성하고 권력 통치 구도를 안정화해야 하는 비상시국을 맞이하였다. 또한 김정일 위원장은 2012년에 권력승계와 강성대국 건설의 목표를 위해 핵국 지위를 획득하고자 하는 명확한 목표를 세웠다. 2차 핵실험은 이를 위한 중간 조치로 보였다. 2009년 4월 29일 북한 외무성 대변인 성명은 2차 핵실험, 장거리 미사일 발사시험, 경수로 연료공급을 명분으로 한 우라늄 농축 등을 예고하였다. 마침내 북한은 5월 25일 2차 핵실험을 강행하고 "자위적 핵억지력 강화 조치의 일환으로 2차 핵실험이 성과적으로 진행"되었다고 발표하였다.

북한은 김정일 위원장의 건강 이상, 경제난, 식량부족 악화 등으로 총체적 국가위기를 맞이하자, 핵실험과 핵무장을 통해 이를 극복하고자 했다. 핵실험을 통해 대내외적 긴장을 고조시켜 이를 권력통제 강화와 안정화에 이용하고, 핵국 지위를 선전함으로써 주민의 불만을 무마하고 대리만족을 제공하려고 했다.

6자회담 초기에 다자협상 방식이 북한에 대한 압박을 강화하고 합의이행의 보장을 제고할 것으로 예상되었지만, 이런 기대도 무위로 끝나고 말았다. 6자회담으로 인해 대북압박의 수준이 과거보다 강화되었지만, 김정일의 건강 악화로 인한 안보위기와 체제위기 때문에 핵무장 필요성이 더욱 강했기 때문이다.

3. 북핵협상 악순환 패턴 분석

1) 북핵협상의 악순환 패턴과 특징

우리는 지난 30년에 걸쳐 북핵위기 발생, 북핵협상 개시와 핵합의 타결, 북한의 합의 불이행과 핵합의 붕괴 등이 반복되는 것을 지켜보았다. 매번 핵합의가 깨어질 때마다, 상호 불신은 더욱 깊어지고 그만큼 핵협상을 재개하기도 핵합의를 이행하기도 더욱 어렵게 되었다. 또한 북한도 북핵합의가 깨어질 때마다 그만큼 핵개발을 더욱 가속화 하는 경향을 보였다. 그렇다면 왜 북핵위기가 반복되는가. 왜 위기가 있은 후에야 핵협상이 본격화되고 핵합의가 만들어지는가. 이렇게 만들어진 북핵합의는 왜 이행되지 못한 채 폐기되는가. 이런 '북핵협상 악순환 패턴'의 특징은 무엇이며, 왜 그런 현상이 발생하는가. 이런 북핵협상 구조와 패턴을 이해하게 되면, 향후 북핵협상의 전개 과정을 예측하고 대비하는 데 도움이 될 것이다.

표 10.1은 지난 30년 발생한 북핵협상 관련 사건을 북핵협상 악순환 주

표 10.1 북핵협상 악순환 패턴

회수	발단/도발	위기	일괄타결	합의 붕괴
1	북: 1980년대 후반 영변핵시설 건설 미·북: 북경 비공식 접촉	북: IAEA 안전조치협정 체결의무 지체(88.12) 남북고위급회담 중단(1991)	북: 비핵화 공동선언 합의, IAEA 안전조치협정 체결 합의 미: 뉴욕 미북 고위대화 개최, 팀스피리트 한미연합훈련 중단	북: IAEA사찰 비협조, 남북 상호사찰 불이행 IAEA: 사찰 후 불일치 발견
2	북: 미신고 시설 사찰 거부 한미: 특별사찰 요구	북: 준전시 선포, NPT 탈퇴(93.3) 한미: T/S훈련 재개 발표(92.10)	미북 공동성명(93.6) - 미: 대북 안전보장 대화지속 - 북: 사찰 수용	북: IAEA사찰 거부
3	북: 사찰 거부 한미·IAEA: 안보리 회부	북: 폐연료봉 무단 인출(94.5), IAEA 탈퇴, 5MW 흑연감속원자로 재가동 위협 미: 영변 폭격설 IAEA: 대북 기술지원 중지(94.6)	미북 제네바기본합의(94.10): - 북: 핵동결 폐기 약속 - 미: 중유·경수로 제공, 제재해제, 수교 약속	미: 경수로공사 지연 북: 사찰 비협조
4	북: HEU 의혹(02.10), 핵동결 해제 선언(02.12) 미: 중유 중단, '악의 축' 발언(02.1)	북: 5MW 원자로 재가동, IAEA 사찰관 축출(02.12), NPT 탈퇴(03.1), 핵보유선언(05.2) 미: 선제공격선, 경수로 중단(03.12), 제네바합의 파기선언	6자 공동성명(05.9.19)	북: 선 경수로 제공, 후 핵폐기 주장 미: BDA 금융 제재
5	북: 6자회담 거부 미: 양자회담 거부	북: 미사일 발사(06.7), 1차 핵실험(06.10) 한미·안보리: 1718 제재결의	2.13, 10.3 6자합의(2007)	신고, 검증방안 논란

계속

6	북: 검증 의정서와 6자회담 거부 미: 6자회담 거부, 오바마 정부의 북핵 후순위	북: 은하2호 시험발사(09.4), 2차 핵실험(09.5), 미사일실험, 천안함(10.3), 연평도(10.11) 미: UNSC 1874 (09.6) 경제제재, 대화 중단, 금융제재	미북 2.29 합의 (12.2) - 미: 24만 톤 영양식 제공 - 북: 9.19합의 확인, 6자회담 재개, 일체 핵·미사일 활동 중단, 우라늄 활동 IAEA 감시 수용	북: 평화적 우주 이용권 명분으로 은하3로켓 시험 발사(02.4) 실패 미: 2.29 합의 파기
7	북: 은하3호 재발사 성공 (12.12), 3차 핵실험 (13.2), 영변 원자로재가동 (13.4)	북: 4차 핵실험(16.1), 광명성4호 로켓발사(16.2), 5차 핵실험(16.9), ICBM 시험발사 (17.7, 11) 성공, 6차 수폭실험(17.9) 미: 안보리제재결의, 최대압박, 전략무기 시위, 군사공격 위협	남북정상회담, 완전한 비핵화 합의 (18.4) 북미정상회담(18.6) 미북 후속 고위 핵회담(18.7)	

기에 따라 도식화 하였다. 북핵협상 악순환 패턴은 다음과 같은 특징을 갖는다.

첫째, 고도의 북핵위기 국면이 핵협상과 핵합의를 촉진하는 경향이 있다. 북한은 미국과 국제사회의 비핵화 압력에 대해 '벼랑 끝 전술'을 구사하여 IAEA 사찰 거부, NPT 탈퇴, IAEA 사찰관 축출, 재처리시설 재가동, 폐연료봉 무단 인출, 핵실험, 중장거리미사일 시험발사 등 극단적인 조치로 핵위기를 조성하였다. 그런데 이런 위기국면이 발생한 이후에야 미국은 사후적이며 대응적인 반응조치로써 북핵협상에 응하는 경향을 보였다.

그렇다고 북핵협상이 바로 본격적으로 열리지는 않았다. 북한의 핵도발에 대해 우선 미국은 안보리 회부와 제재결의, 군사조치 위협 등으로 대응했다. 그런데 핵위기와 전쟁위기가 고조되어 이를 해소해야 할 필요가 있다고 판단할 때, 미국은 국익의 필요에 따라 겨우 대화에 응하고, 당면한 위기를 해소하려는 의사를 보였다.

예를 들면, 1994년 5월 북한이 임의로 핵연료봉을 인출하여 전쟁위기가 발생한 이후에야 제네바합의가 타결되었다. 2006년 10월 1차 북핵실험도 2007년 2·13 6자합의를 촉진시켰다. 2018년 남북정상회담과 북미정상회담도 2017년 하반기에 극단적인 북핵위기와 전쟁위기를 겪은 후에야 개최되었다.

둘째, 북핵협상에서 더욱 두드러지는 특징은 핵합의가 붕괴한다는 점이다. 대부분 북핵합의가 충분한 검토를 거치는 정상적인 교섭 과정이 아니라 '위기국면'에서 급하게 만들어졌다. 이때 핵합의는 위기국면을 회피하기 위한 미봉책이 될 가능성이 높다. 위기 국면에서 급조된 핵합의는 지킬 수 없는 약속, 핵심 쟁점의 합의 실패 또는 생략, 애매한 조문 등을 포함했다.

이런 합의 불이행의 배경에는 당초 이행 의지 없이 상대방을 기만한 경우, 또는 국내적 설득에 실패한 경우도 있다. 합의문이 이행 과정에서 국내적 반발로 인해 집행이 지연되거나 요구사항이 추가되기도 했다.

그 사례 중 하나로 북한이 1991년 영변 재처리 시설을 건설하고 재처리 실험을 하면서도 기만적으로 이를 금지한 '한반도 비핵화 공동선언'에 서명한 것을 들 수 있다. 미국도 예외는 아니다. 미국이 1994년 대북 경수로 제공의 어려움을 알고서도 "북한의 조기붕괴로 인해 경수로 제공 약속을 이행할 필요성이 없을 것"이라는 판단 하에 북미 제네바합의에 서명했다. 또한, 애매한 합의의 사례로는 '한반도 비핵화 공동선언'의 상호사찰 조항이 있다. 당시에 남과 북은 상호 핵사찰 대상시설을 '지정'하는 데 실패하고, '쌍방이 합의하는 시설'에 대해 사찰하기로 합의했다. 이후 남북은 수차례 남북 핵통제공동위원회를 개최하였으나, 결국 핵사찰 대상을 합의하는 데 실패하여, 비핵화 공동선언은 사실상 무효화되었다.

1994년 '북미기본합의문'도 대북사찰 시기를 구체화하는 데 실패했다. 2002년 들어 사찰 문제가 재부상 했을 때, 사찰 시기와 방법에 대한 북미 간 입장이 너무 달랐다. 2005년과 2007년 6자합의에서도 '검증 문제'를 분명히 하지 않아, 2008년 후속 협상에서 북한이 검증합의서 채택을 거부할 구실을 주었다.

국내적 설득에 실패하여 핵합의를 훼손한 사례도 많다. 제네바합의에서 미 민주당 행정부는 경수로와 중유 50만 톤 제공을 약속하였으나, 공화당 의회가 이에 필요한 자금지원을 거부하여 합의 이행이 지연되었다. 9.19 6자합의 직후 북측이 '선 경수로 제공, 후 비핵화 이행'에 합의하였다고 발표했다. 그런데 미 정부는 이와 정반대로 '비핵화 완료 후 경수로 제공 검토 가능' 입장을 발표하였다. 이것도 미국과 북한이 각각 내부의 반발을 고려하여 합의문을 재해석한 사례로 볼 수 있다.

마지막으로, 북핵협상 악순환 패턴을 본다면, 2018년 상반기에 남북 및 북미정상회담을 통해 달성한 일괄타결의 미래가 반드시 밝지만은 않다. 과거를 돌이켜 보면, 자칫 합의체제가 붕괴할 가능성은 항상 열려있다. 그런데 2018년 합의체제는 남, 북, 미의 정치지도자들이 직접 개입하며 만든 합의체제이기 때문에 과거 사례보다 지속성이 더욱 높을 것으로 기대된다. 과거와 같이 국내정치적 합의 유지 문제를 걱정할 필요가 없기 때문이다. 또한 과거 합의 붕괴의 주요 요인에 국내적 관심 저하가 있었는데, 현재 남·북·미의 정치지도자가 합의체제를 유지하는 데 높은 이해관계를 갖고 관심도 지속되고 있다. 이는 현 합의체제를 지속하는 데 긍정적인 요소이다.

2) 비핵화외교 실패 원인 분석

북핵협상의 악순환 패턴이 왜 발생하는가. 이렇게 비정상적인 협상행태와 합의 불이행 현상이 반복되는 배경으로 다음과 같은 요인을 들 수 있다.

첫째, 미북 간 극단적인 불신, 근본적인 이해관계의 충돌, 적대감 등이 파행적인 협상의 배경이 된다. 북한은 미국의 궁극적인 대북정책 목표가 북한의 체제전환과 정권교체라는 의구심을 항상 갖고 있다. 한국의 대북정책 목표도 결국 체제변화와 흡수통일이라고 믿고 있다. 미국도 한국도 북한이 핵을 포기할 것이라고 믿지 않는다.

그런데 북한과 미국은 상호 신뢰수준에 비해 너무 높은 협상목표를 추구했다. 미국은 줄곧 북한의 완전한 비핵화, 또는 핵무기와 핵프로그램의 '완전하고 검증가능하며 불가역적인 해체(CVID: Complete, Verifiable, Irreversible Dismantlement)'를 북핵외교의 목표로 추구했다. 반면에 북한은 미국의 대북 적대시정책 중단, 평화협정 체결, 경제제재 해제, 경제지원, 수교 등을 요구했다. 또한 미국과 북한은 상대를 믿지 못해 각각 상대의 선 이행을 요구했다. 그런데 상호신뢰 없이는 이런 요구를 만족시키기 어렵다. 심지어 상대가 합의 조치를 이행하더라도 이를 모종의 꿍꿍이가 있는 기만적 행동으로 보았다.

특히 탈냉전기 들어 복합적 국가위기를 겪고 있는 북한으로서는 좀체 핵옵션을 전면적으로 포기하기 어려웠을 것이다. 북한 지도부가 핵무장을 안전보장, 체제보장, 그리고 내부통제를 위한 핵심적인 수단으로 보기 때문이다. 동구국가의 체제전환, 그리고 이라크와 리비아의 지도자 처형도 북한에게 핵포기를 하면 안된다는 반면교사의 교훈을 주었다.

둘째, 북핵 해결을 위한 미국측의 외교적 노력은 선제적이고 전략적인 구상에 따른 것이 아니라 북한의 외교공세에 대한 반응으로 나타나는 경향이 있었다. 북핵문제의 완전하고 신속한 해결을 위한 전략과 로드맵을 갖고 체계적으로 접근하지 못했다. 오히려 북한의 벼랑끝 전술과 위기조장 전술에 말려들어 뒤늦게 위기해소 차원에서 최소한의 반응을 보였다. 그 결과, 마지못해 타결한 핵합의는 결국 그 내재적 결함으로 인해 합의의 해체와 새로운 핵사태의 반복을 초래한다. 또한 과거 미국의 대북 협상팀은 대북 협상 자체와 합의의 창출에 집착한 나머지, 합의의 실질적 이행 또는 이행 보장장치 마련에 소홀한 경향이 있었다. 2018년 싱가포르 북미정상회담도 마찬가지다.

문제는 합의 내용을 좀 더 명확히 하고, 합의 이행보장 장치를 강화하려는 노력도 성과를 거두기 어렵다는 점이다. 이에 대한 북한의 거부감이 높아, 합의 자체가 불가능할 가능성이 높다. 사실 이런 점이 북핵협상과 합의의 내재적인 한계이며, 오늘까지 북핵사태가 계속 악화된 배경이기도 하다. 결과적으로 합의문 작성에는 성공하였으나 합의 이행체제를 확보하고 보장하는 데 실패하였다.

셋째, 미국과 한국은 북한체제의 내구성과 핵개발 의지를 과소평가했다. 1990년대 초반 미국은 핵비확산의 도덕성과 명분을 과신하고, 북한의 핵개발 의지와 능력, 그리고 협상능력을 과소평가했다. 또한 탈냉전기 들어 구(舊) 공산국가의 붕괴 필연성을 과신한 나머지, 북한의 체제 내구력을 과소평가하는 잘못을 저질렀다. 90년대 초 유행하였던 북한 '붕괴론'도 이러한 미국의 성급한 판단에 기여하였다. 사실 미국이 북한의 조기 붕괴를 과신한 나머지, 시간을 벌기 위해 제네바합의와 경수로 제공에 동의했다는 주장도 있다.

미국은 2002년 제네바합의를 파기하고, 2005년 6자공동성명을 상당기간 '방치'한 것도 북한의 핵개발 능력과 의지를 과소하였기 때문으로 보인다. 북한의 자발적 핵포기 또는 체제붕괴를 기대하는 '전략적 인내' 정책은 오히려 북한이 핵개발 시간을 버는 데 이용되었다. 만약 북한의 핵능력과 의지를 정확하게 판단하였다면, 북핵문제를 그렇게 방치하지는 않았을 것이다. 북한 핵실험도 미연에 방지할 수 있었을 것이다.

넷째, 우리 북핵정책의 혼선을 들 수 있다. 북핵 접근법으로 북한 붕괴론, 방치론, 협상론, 포용론 등을 들 수 있다. 그런데 한국과 미국에서 정권교체에 따라, 대북접근법이 극단적으로 바뀌면서 대북정책의 일관성을 상실했다. 또한 국내에서 다양한 접근법이 서로 경쟁하면서 적지 않은 정책혼선을 초래하고, 심지어 정책마비를 초래하기도 했다. 한국과 미국은 각각 국내적으로, 그리고 양국 간에 이러한 접근법의 혼선을 해소하는 데 실패함으로써, 대북관계에서 협상 추동력과 집행의 일관성을 상실하였다. 한국 내 남남갈등, 그리고 미국 내 클린턴 행정부와 공화당 의회 간 갈등, 조지 W. 부시 행정부 내 네오콘 강경파와 국무부 협상파 간 갈등 등이 이러한 정책혼선의 사례였다.

사반세기에 걸친 북한 비핵화 노력에도 불구하고 비핵화에 실패했다는 사실에서 우리의 정세판단과 협상전략에 심각한 오류가 있었다고 인정하지 않을 수 없다. 특히 2017년 들어 북한이 연이어 중장거리탄도미사일을 시험발사하고 '수소폭탄' 실험을 실시하면서, 북한 핵무장은 기정사실화되었다. 이는 우리 북핵정책에 새로운 의문을 제기했다. 과거의 실패를 반복하지 않기 위해서 새로운 비핵화 전략은 보다 현실에 바탕으로 두고 실현가능한 목표를 추진해야 한다는 입장이 점차 대안으로 제시되었다.

4. 싱가포르 북미정상회담 개최와 북핵문제 전망

1) 1차 북미정상회담 개최 배경과 의의

과거에도 미국에서 수차례 북한과 정상회담 시도가 있었다. 클린턴 대통령은 임기 말기에 방북을 추진했지만, 공화당과 조지 W. 부시 대통령 당선자의 반대로 무산되었다. 오바마 상원의원이 당내 대선후보 경선에서 "이란, 쿠바, 북한의 지도자와 만나겠다"고 발언한 적이 있다. 당시 오바마 의원은 조지 W. 부시 행정부의 제재 일변도 대북정책에서 탈피하고, "정상회담의 거부로 상대국을 처벌한다"는 전통적인 미국외교 관념에서도 벗어나고 싶었다. 그러나 공화당 경선후보뿐만 아니라 같은 당의 경선후보인 힐러리 클린턴 의원으로부터도 순진하고 무책임하다는 호된 비판을 받았다. 오바마 대통령은 이후 쿠바와 이란의 정상과 소통하며, 미국외교의 숙원을 해결했다. 북한과 정상회담에 실패한 것은 미국 내 반대, 그리고 한국 보수정부의 지지를 얻는 데 실패했기 때문으로 추정된다.

아이러니하게도 오바마의 이런 구상은 그와 정치적으로 가장 반대편에 서 있는 트럼프 대통령에게 계승되었다. 트럼프 후보는 2016년 5월 17일로이터통신과 인터뷰에서 "대통령이 되면, 북핵문제를 해결하기 위해 김정은과 직접 대화하겠다"고 밝혔다. 그러자 힐러리 클린턴 민주당 후보가 트럼프의 순진함과 외교적 무지를 비판했다. 클린턴 후보의 이런 반응은 민주당과 공화당을 망라하고 워싱턴에 만연한 북한에 대한 깊은 불신과 북미 대화 무용론을 반영했다.

그런데 워싱턴 아웃사이더인 트럼프는 달랐다. 6월 5일 애틀랜타 유세 연설에서 반격에 나섰다. "대화하는 것이 무엇이 문제인가. 대화를 시작하는 것이 중요하다. 김정은이 미국에 온다면 협상테이블에서 햄버거를 먹을 것이다. 김정은과 직접 대화로 북핵문제를 해결할 가능성이 10%, 20% 있다. 그런 가능성이 있다면 대화해야 한다." 당시 이 '햄버거 미팅' 발언은 외교에 무지하고 충동적인 트럼프 후보의 발언으로 치부되어 별 관심을 끌지 못했지만, 트럼프는 자신의 소신을 실행에 옮겼다.

트럼프 대통령의 이런 대화정책은 2017년 5월 출범한 문재인 정부의 대북 화해협력 정책과 궤를 같이 했다. 트럼프 대북정책의 특징은 첫째, 트럼프 행정부는 이전 정부의 대북 '전략적 인내' 정책을 실패로 규정했다. 둘째, 북핵문제 해결을 대통령 의제로 만들었다. 셋째, '최대압박'으로 북한을 대화로 몰아붙였다. 넷째, 체제붕괴, 정권교체, 통일 가속화, 38선 이북 진출 등을 전적으로 거부했다.

그렇다면 김정은 국무위원장은 왜 북미정상회담을 추진키로 결정했을까. 2018년 들어 북한은 핵·미사일 도발을 중단하고, 급격히 대화국면으로 전환했다. 그 배경에 대해 '핵무장 완성의 자신감' 또는 '제재압박 효과' 때문이라는 2개의 해석이 있다. 북한은 스스로 전자임을 과시하나, 필자는 후자가 북한정세에 더욱 부합한다고 본다.

김정은은 2018년 신년사에서 "국가 핵무력 완성"을 선언하고, "그 어떤 힘으로도, 그 무엇으로도 되돌릴 수 없는 강력하고 믿음직한 전쟁 억지력"을 보유하게 되었기 때문에 "더 이상 미국이 전쟁을 걸어오지 못한다"고 단언했다. 그런데 실은 김정은이 기대하는 병진노선의 경제적·안보적 성과가 발생하지 않았기 때문으로 보인다. 북한의 기대와 달리 핵무장의 진전에 따라, 2017년 후반기 들어 오히려 북한의 안보와 경제가 급격히 악화되는 징후가 발생했다.

미국이 대북 예방전쟁과 경제봉쇄를 준비하면서, 북한의 중장기적 안보와 경제 전망은 더욱 어두웠다. 그런 전망의 배경에는 아이러니하게도 2017년 북한의 대륙간탄도미사일(ICBM) 시험발사와 수소폭탄 실험 성공이 있다. ICBM과 수소폭탄 실험 성공은 북한 핵무장의 엄청난 진전이고, 김정은에게는 정치적 업적이었다. 그런데 동시에 ICBM과 수소폭탄 실험은 미국과 중국의 안보 국익을 직접 위협하게 되었다. 양대 핵강대국은 이제는 북핵문제를 지역안보나 핵비확산 차원이 아니라, 국가안보 차원에서 대처하지 않으면 안 되었다. 미국과 중국이 대북 압박과 제재를 강화하면서, 북한의 외화획득, 원유도입과 물자도입이 급감하고, 김정은의 국정운영과 경제발전구상이 크게 타격받게 되었다.

또한 북한의 핵능력이 증가하자, 한미가 공세적으로 군사적 공격·방어·억지·보복 능력을 증가시키기 시작했다. 특히 트럼프 행정부가 북한에 대한 예방공격을 강하게 위협함에 따라 북한의 안보가 핵무장에도 불구하고 되레 악화되는 현상이 발생했다. 결국 북한은 제재압박의 강화와 병진노선의 한계에 직면하여, 제재압박의 완화, 경제난과 식량난 완화, 미북 평화협정 등을 목표로 대화공세에 나서는 것이 불가피했을 것이다.

마침내 미북 정상은 다소 우여곡절을 거쳐 2018년 6월 싱가포르에서 정상회담을 가졌다. 이 역사적인 북미정상회담의 의의와 특징을 다음과 같이 정리한다.

첫째, 싱가포르 북미정상회담의 최대 의의는 양국의 정상이 70년 만에 역사상 처음으로 회동했다는 데 있다. 이는 양국이 수립된 이후 첫 정상 회동이며, 최장 적대관계를 유지하고 있는 국가 간 정상회동이라는 특징도 있다. 과거 북미정상회담은 항상 대화를 통한 분쟁해결을 주장하는 민주당의 의제였으나 막상 그 성과는 공화당의 트럼프 행정부가 차지했다. 김정은도 막상 더 강력한 북한 지도자였던 김일성과 김정일이 하고 싶어도 하지 못했던 북미정상회담 개최라는 성과를 거두었다. 그것도 완벽히 동등한 위치에서 정상회담이 열렸다.

둘째, 6·12 북미정상회담은 4·27 판문점 남북정상회담과 마찬가지로 정치지도자가 직접 주도하는 '정치 프로세스'라는 점에서 이전 북미대화와 차별화된다. 과거 북미대화는 주로 관료적, 외교적, 핵비확산 기술적 접근이었다. 이는 새로운 정치적 돌파구를 만들 수 없다는 한계가 있다. 전쟁의 선언이 정치인의 몫이듯, 평화의 선언도 정치인만이 할 수 있다. 김정은 위원장이 6·12 북미정상회담의 첫 발언으로 "여기까지 오는 길이 그리 쉬운 길은 아니었다. 우리한테는 발목을 잡는 과거가 있고, 또 그릇된 편견과 관행이 때로는 눈과 귀를 가렸다. 우린 모든 것을 이겨내고 이 자리까지 왔다"고 말했다. 이 발언에 대해 트럼프 대통령이 크게 공감하는 제스처를 보인 것은 양측 모두 이번 정상회담 개최 과정에 정치적 결단이 필요했음을 보여준다.

셋째, 한반도는 흔히 '냉전의 마지막 섬'이라고 불리는데, 6·12 북미정상회담은 이 마지막 냉전구조를 해체하는 중대한 첫 걸음으로 기록될 것이다. 문재인 대통령도 "6·12 센토사합의는 지구상의 마지막 냉전을 해체한 세계사적 사건으로 기록될 것"으로 평가했다.

'한반도 냉전구조'는 남북 적대관계와 북미 적대관계 등 2개축으로 구성되어 있다. 한반도 냉전구조의 종식은 남북 및 북미 적대관계의 정치적, 법적 해소로 완료된다. 남북 간 적대구조는 사실 '분단구조'와 연계되어 있어 평화협정이 체결되고 통일이 되어야 완전히 해체된다. 그런데 그 과정에서 좀처럼 극복하기 어려운 정치적, 법적 난관이 있어, 그 완성은 요원해 보인다.

넷째, 금세기 최악의 핵확산문제와 전쟁위기를 해결하기 시작했다. 1998년 인도와 파키스탄이 핵실험을 실시한 이후 세계적으로 핵실험이 전면적으로 중단되었는데, 북한은 2006년 핵실험을 실시하여 핵실험 모라토리움과 핵비확산 체제에 큰 위협이 되었다. 또한 지난 20년 내 유일한 신규 핵무장국으로 등장했다. 그런데 북한은 남북정상회담에서 '완전한 비핵화'에 합의했다. 그리고 남북 및 북미정상회담을 앞두고 돌연 선제적, 주동적으로 비핵화 조치를 취하기 시작했다. 핵실험과 미사일시험발사 중단, 핵실험장 폐쇄, 핵실험금지 국제레짐 참가용의, 미사일엔진시험장 폐기계획, 핵무기와 핵기술 이전 중단 등을 선언하고 일부를 실행했다. 북미정상회담을 통해 양국 관계가 개선되고 수교 과정에 들어서게 되면, 북미 적대관계가 해소될 것이다. 이때 북한의 핵무장 동기도 상당히 해소되어, 비핵화 과정도 촉진될 전망이다.

2) 북미정상 공동성명의 성격과 '비핵화' 조항 평가

싱가포르 북미공동성명이 당초 '비핵화 합의'가 될 것이라는 기대가 많았지만, 결과는 그렇지 않았다. 대신에 양 정상은 새로운 북미관계 수립, 한반도 영구평화체제 구축, 한반도 완전한 비핵화 등 3개의 포괄적인 전략목표를 제시하고 이를 달성하기 위한 노력을 약속하는 '정치합의'를 채택했다.

왜 공동성명이 당초 기대와 달리 구체적 비핵화조치가 없는 정치합의가 되었는가. 우선 양 정상이 양국의 정치적 목표를 제시하는 것이 더 중요하다고 판단했을 가능성이 있다. 또는 비핵화 시한, 구체적 비핵화 조치, 신고 범위, 검증방안 등에 대해, 최선희 북한 외무부상과 성 김(Sung Kim) 미국대사 간 대화채널로 협상했으나 문안 합의에 실패했을 가능성이 있다. 또는 북한의 '핵군축' 협상 주장과 미국의 완전하고, 검증가능하며, 불가역적인 핵폐기(CVID) 요구 간 입장 차가 커서, 핵합의에 실패했을 가능성이 있다.

이런 다양한 해석에도 불구하고, 싱가포르 북미공동성명은 정치합의 그 자체로서 다음과 같은 의미와 평가가 있다. 첫째, 이번 공동성명을 통해, 북핵에 대한 접근법이 과거 일방적으로 핵폐기를 요구하는 국제법적, 핵비확산 규범적 접근법에서 주고받기식의 정치적, 거래적 접근법으로 바뀌었다. 그동안 한미와 국제사회는 북한의 핵개발을 공공연한 국제법 위반과 세계평화 침해행위로 간주했다. 따라서 비핵국으로 원상회복을 일방적으로 요구했다. 그런데 이번 공동성명에서 트럼프 대통령은 북한에 안전보장을 제공하기로 약속하고, 김정은 위원장은 한반도의 완전한 비핵화에 대한 자신의 확고하고 흔들림 없는 약속을 재확인했다. 여기서 '새로운 북미관계 수립'을 오히려 북핵문제보다 앞에 위치시켜, 양자 간 상호관련성을 묵시적으로 인정하고 있다.

둘째, 북미협상에서 북핵의제의 상대적 중요성이 하락했다는 우려가 있다. 공동성명에 총 4개 조항이 있는데, 이중 부수적인 유해송환을 뺀다면 3개 핵심 조항이 있다. 그런데 북핵 조항은 (1조) 새로운 북미관계 수립, (2조) 한반도 평화체제 구축에 이어, (3조)에 위치한다. 북미회담에서 최우선 의제가 되어야 하는 북핵문제가 세 번째로 밀려 상대적 중요성이 감소한 셈이다. 또한 북핵 조항을 북미관계 수립과 평화제제 구축 조항 이후에 위치한 것은 이 순서에 따라, 즉 북미관계 수립과 평화체제 구축 이후에야 비핵화를 추진한다는 잘못된 메시지를 북한에 줄 우려가 있다.

셋째, 북핵 조항에서 구체성이 부족하다. 북핵 조항의 내용을 보면, 첫째, 강력한 비핵화 최종상태와 목표를 표시하는 '완전하고, 검증가능하며, 불가역적인 비핵화(CVID)' 표현이 빠지는 대신, 4·27 판문점 선언(2018년)에서 표현된 '한반도의 완전한 비핵화'가 채택되었다. 그런데 핵비확산 기술적으로 보면 이 표현들은 서로 차이가 있지만, 정치적으로 해석하면 사실 그 차이는 미미하다. 둘째, 당초 논의 과정에서 비핵화 시한, 신고 범위, 검증방법, 초기 비핵화 실행조치 등이 공동성명에 명기될 것으로 기대되었으나 빠졌다. 셋째, 공동성명 3조에서 "북한은 2018년 4월 27일에 채택된 판문점선언을 재확인하면서, 한반도의 완전한 비핵화를 향하여 노력할 것을 확약하였다"고 합의하여, 북미 공동성명이 남북정상 선언의 북핵 합의를 반복하는 데 그쳤다.

넷째, '비핵화' 개념의 정확한 정의에도 관심이 많았지만, 이도 생략되었다. 사실 1991년 '한반도 비핵화 공동선언' 채택 이후 수차례 북핵합의가 만들어지고 깨어지기를 반복했다. 그 과정에서 북한에 대한 불신이 누적되면서, 비핵화의 요구 수준도, 방법도 더욱 강화되었다. 그런데 이렇게 비핵화 요구의 증가에도 불구하고, 북핵문제는 계속 악화되었고 급기야 북한 핵무장이 현실화 되었다. 이런 상황을 감안할 때, 'CVID'와 같은 용어 채택 여부가 정상회담 성과나 비핵화 진전을 판단하는 주요 잣대가 되어야 하는지 의문이다.

이미 북한 핵무장까지 진전된 상황에서 현 교착상태를 타개하고 핵폐기를 유도하는 것은 외교관 또는 핵비확산 전문가의 업무범위에서 벗어난 것 같다. 핵개발 초기에도 별 효과가 없었던 관료적, 핵비확산 기술적 접근으로는 이미 핵무기를 획득한 '핵무장국'에게 통할지 의문이기 때문이다. 따라서 새로운 정치적 접근이 필요하다. 실제 해외의 모든 핵무장과 핵포기 사례를 보면, 최고 수준의 정치적 결정으로만 가능했다. 이번 정상회담 개최나 정치선언 방식의 공동성명 채택은 이런 현실적 필요성을 반영한 것으로 본다. 따라서 공동성명의 문안에 대한 기술적 평가보다는 정치적 타결 여부, 실제 비핵화의 진전 여부가 정상회담과 공동성명을 판단하는 주요 잣대가 되어야 한다.

다섯째, 공동성명은 '리비아식' 비핵화 모델을 포기했다. 그렇다면 대안적인 비핵화 모델은 무엇일까? 당초 미국 내에는 '리비아식' 모델에 따라, '일괄타결, 일괄집행'에 대한 요구가 많았다. 그런데 볼튼(John Robert Bolton) 국가안보보좌관의 '리비아식' 모델 주장과 이어진 북미 간 설전, 트럼프 대통령의 정상회담 취소와 재추진 등을 통해, 북미 양측은 자신의 비핵화 모델을 일방적으로 상대에게 강요하는 것이 불가능하다는 것을 깨달은 것 같다. 그 결과 공동성명도 비핵화 목표를 합의하는 데 그치고, 구체적인 비핵화 방법론은 후속 협상으로 넘겼다.

한편, 북한은 자신들의 자발적이고 주체적인 '주동적 비핵화 조치'를 비핵화 방법의 핵심으로 생각하는 것으로 보인다. 이 비핵화 모델은 비핵화시한, 신고, 검증, 구체적 실행조치 등에 대한 명시적 합의를 거부하면서, 대신에 소위 스스로 북미관계 개선에 맞추어 단계적으로 핵폐기를 추진할 것으로 추정된다. 김정은은 남북 및 북미정상회담을 앞두고, 2018년 4월 20일 노동당 전체회의를 개최하여 일방적으로 비핵화 조치를 발표하고 실행에 옮겼다. 또한 북미정상회담에서 트럼프 대통령에게 별도로 '미사일 엔진실험장 폐쇄' 조치를 통보했다. 이런 주동적 비핵화 조치에도 불구하고, 북한이 핵심 핵억지력을 순순히 포기할 것 같지 않다는 것이 전문가들의 중론이다.

주

1) 여기서 '핵보유국'과 '핵무장국'을 구분한다. '핵보유국'은 NPT가 인정한 핵무장국만을 지칭한다. 하지만 '핵무장국' 핵무장의 국제법적 지위와 무관하게 핵무기를 가진 모든 국가를 지칭한다.
2) 전봉근, "북한의 평창 동계올림픽 참가와 한국의 대응전략: 세력경쟁론과 전략론의 분석틀 적용," 『국립외교원 주요국제문제분석』 (2018.1.10.), (http://www.ifans.go.kr/knda/ifans/kor/pblct/PblctList.do?menuCl=P01)

참고문헌

1. 한글문헌

경수로사업지원기획단. 『KEDO 경수로사업 지원 백서』. 경수로사업지원기획단, 2007.
돈 오버도퍼, 로버트 칼린 지음. 이종길, 양은미 옮김. 『두 개의 한국』. 서울: 길산, 2014.
박기덕, 이상현. 『북핵문제와 한반도 평화체제』. 세종연구소, 2008.
박용환. 『김정은체제의 북한 전쟁전략: 선군시대 북한 군사전략』. 서울: 선인출판, 2012.
박종철, 손기웅, 구본학, 김영호, 전봉근. 『한반도 평화와 북한 비핵화, 협력적 위협 감축(CTR)의 적용방안』. 통일연구원, 2011.

송민순. 『빙하는 움직인다』. 파주: 창비, 2106.
앤드류 플러터 지음. 고봉준 옮김. 『핵무기의 정치』. 서울: 명인문화사, 2016.
이종석. 『칼날 위의 평화: 노무현 시대 통일외교안보 비망록』. 고양: 개마고원, 2014.
전봉근. "김정은 시대 북한의 군사와 핵." 윤영관 (편). 『북한의 오늘』(개정판). 2018(발간예정).
_____. "북한 핵 교리의 특징 평가와 시사점." 국립외교원 외교안보연구소 주요국제문제분석 (2016.7).
_____. "북한의 평창 동계올림픽 참가와 한국의 대응전략: 세력경쟁론과 전략론의 분석틀 적용." 국립외교원 주요국제문제분석 (2018.1).
_____. "북핵 해법 논쟁과 한반도 비핵평화공존체제." 국립외교원 외교안보연구소 주요국제문제분석. 2018.4.
_____. "북핵협상 20년의 평가와 교훈." 함택영, 전봉근(편). 『핵의 국제정치』, 『한국과 국제정치』. 경남대 극동문제연구소. 제27권 제1호 (봄) (2011.3).
정영태. "핵을 가진 북한의 21세기 군사전략." 전현준 외 지음. 『10.9 한반도와 핵』. 서울: 이룸, 2006.
조성렬. 『한반도 평화체제: 한반도 비핵화와 북한체제의 전망』. 서울: 푸른나무, 2007.
조엘 위트, 로버트 갈루치 지음. 김태현 옮김. 『북핵위기의 전말』. 서울: 모음북스, 2004.
통일교육원. 『2017 북한 이해』. (http://www.unikorea.go.kr).
한반도포럼. 『남북관계 3.0: 한반도 평화협력프로세스』. 한반도포럼, 2013.
한용섭. 『북한 핵의 운명』. 서울: 박영사, 2018.
_____. 『한반도 평화와 군비통제(전정판)』. 서울: 박영사, 2015.
함택영, 전봉근(편). 『핵의 국제정치』. 한국과 국제정치 특집호 (경남대 극동문제연구소), 제27권 제1호. 2011.3.
홍민. "김정은 정권 핵무기 고도화의 정치경제." 통일연구원 온라인시리즈 (2015.9.21.).

2. 영어문헌

Sagan, Scott D. "Why Do States Build Nuclear Weapons?" *International Security* vol. 21, no. 3, (Winter 1996/97).

3. 인터넷 자료

통일부. http://nkinfo.unikorea.go.kr

한미동맹 구조, 체계, 역할분담의 문제

11장

최 강 (아산정책연구원)

- 동맹구조 및 운영체계의 3대 이슈 _ 352
- 전시작전통제권 전환의 문제 _ 355
- 효율적인 지휘와 협조체계 구축 _ 367
- 방위비분담 문제 _ 371

한미동맹(연합방위체제라고도 할 수 있음)의 운영방식과 체계 및 구조, 협조와 임무분장(分掌)과 관련된 이슈는 전시작전통제권을 누가 보유해야 하는가의 문제, 연합방위체제 하에서 어떠한 지휘구조를 가져야 하는가의 문제, 그리고 주한미군에 대한 지원의 규모 등이 핵심적인 문제이다. 1990년대에 들어서면서 이 세 가지 문제에 관한 한미 간 이견이 발생하기 시작하였고 조정과 변화를 겪어 왔다.

1953년 10월 한미상호방위조약이 체결된 이후 지난 65년 동안 주한미군 규모는 몇 차례에 걸쳐 축소되었다. 그리고 작전지휘구조는 1950년에 유엔군사령부(UNC: United Nations Command)가 창설되고 한국정부가 유엔군사령관에게 작전통제권을 이양한 이후 1978년 한미연합사(CFC: Combined Forces Command)가 창설되기 이전까지는 유엔군사령부를 중심으로 유지되었다. 1978년 한미연합군사령부(이하 한미연합사)가 창설되면서 한미연합사를 중심으로 하는 연합방위태세와 지휘구조를 유지해 왔다. 또한 한국군의 능력이 확충됨에 따라 한국군이 담당하는 임무와 역할도 확장되었고, 1994년 12월에는 한국정부가 연합사령부로부터 평시작전통제권을 환수한 것은 큰 의미가 있는 일이었다. 구조변화와 더불어 한국의 경제력이 증가하고 미국의 요구에 따라 주한미군의 안정적 주둔을 위해 1991년부터 방위비분담을 제공해 왔고, 그 분담액은 지속적으로 증가해 왔다. 이러한 조정과 변화는 '한국방위의 한국화(Koreanization of Korean Defense)' 혹은 '한국 주도, 미국 지원(the ROK leading role, the US supporting)'의 구도를 만들어 가는 과정이며, 이러한 과정은 아직도 진행 중이다. 이러한 조정과 변화는 앞으로도 지속될 것이고 그 과정이 그리 순탄하지만은 않을 것이다.

1. 동맹구조 및 운영체계의 3대 이슈

한미동맹의 구조 및 운영과 관련된 문제 대부분은 노무현 정부 기간에 집중적으로 부각되었고, 집중적인 양국 간 협의와 합의를 통해 그간 누적되어 왔거나 게을리 했던 다수의 문제를 해결하였다. 대표적인 것이 연합토지관리계획(LPP: Land Partnership Plan), 용산미군기지 이전(YRP: Yongsan Relocation Plan), 10대 특정임무전환, 전시작전통제권(wartime OPCON: war-time Operational Control) 전환, 주한미군의 전략적 유연성(strategic flexibility) 등이다.

이 중 전시작전통제권 전환 문제는 2006년 한미정상 간 합의 이후에도 수차례에 걸쳐 수정되어 왔고, 아직도 진행 중인 상황이다. 전시작전통제권과 직결되어 있는 중요한 문제 중 하나는 전시작전통제권이 전환된 이후 한미 간에 어떠한 지휘구조를 유지할 것인가 하는 문제이다. 즉 신뢰할 수 있는 억지태세와 효과적인 작전수행을 위해 연합사를 대체하여 어떠한 지

해설 11.1

연합토지관리계획

연합토지관리계획(LPP: Land Partnership Plan)은 주한미군기지 통·폐합에 따른 토지 관리에 관한 계획으로 한국전쟁 이후 주한미군의 안정적 주둔을 위해 한국이 제공해 왔던 공여지를 반환받는 것을 골자로 하고 있다. 이 계획은 한국 내 산재해 있는 주한미군기지를 오산-평택, 대구-부산의 두 개 거점을 기준으로 하여 통·폐합하는 것을 목표로 했다.

김동신 국방부 장관과 슈워츠(Thomas Schwartz) 주한미군사령관은 2002년 3월 29일 국방부에서 전국 28개 미군기지 및 시설과 경기도 내 3개 미군훈련장 등 총 4,114만 평(총 공여지의 55.3%)을 2011년까지 단계적으로 한국측에 반환하는 것에 합의했다. 이후 2004년 7월 미군기지 반환 일정과 반환면적을 조정하여 일정을 앞당기고 반환면적을 더 늘렸고, 그 결과 주한미군은 전국 34개 기지 1,218만 평과 3개 미군훈련장 3,949만 평 등 모두 5,167만 평(총 공여지의 64%)을 한국에 반환하기로 하였다.

연합토지관리계획은 2006년에 2012년 이후로 한 차례 미뤄진 후, 한국과 미국 양측 국방장관이 2010년 10월 열린 한미안보협의회의(SCM)에서 2016년까지 기지이전 사업을 완료하기로 합의하였다. 그러나 그 이후에도 일부 시설건설 지연으로 완료시점이 뒤로 미루어지고 있다.

휘체계를 구축하고 운영할 것인지, 양국 군대 간 임무와 역할을 어떻게 분장할 것인지에 관한 문제이다.

최근 들어 전시작전통제권 전환, 새로운 지휘체계(혹은 미래 지휘체계) 등과 같은 한미동맹의 협력구조와 관련된 문제와 더불어 적정 방위비분담이 문제로 부각되고 있다. 한국의 경제력이 늘어남에 따라 1991년부터 한국은 주한미군의 안정적 주둔 여건을 제공하기 위해 주한미군의 주둔 비용을 부담해 왔다. 1991년 1차 방위비분담이 시작된 이후 한국이 부담하는 방위비의 규모는 지속적으로 증가해 왔다. 매번 협상에서 미국은 한국의

> **해설 11.2**
>
> **10대 특정임무전환**
>
> 주한미군은 전·평시 한반도 방위를 위해 ① JSA 경비임무, ② 후방지역 화생방제독임무, ③ 대화력전 수행본부임무, ④ 신속지상지뢰 가설임무, ⑤ 공지 사격장관리임무, ⑥ 북한 특작부대의 해상침투 저지임무, ⑦ 주야 조종사 수색 및 구조 임무, ⑧ 근접항공지원통제임무, ⑨ 헌병전장 순환통제임무, ⑩ 기상예보임무 등 10대 군사임무를 수행하면서 전쟁억지력을 유지해왔다. 2003년 11월 한미 양국은 10대 군사임무 전환에 합의하고 2004년부터 이행에 들어가 2008년에 전환을 완료했다.

분담액 증액을 요구하고, 한국은 최소한 혹은 적정 수준의 증액에서 타결하려는 입장을 보여 왔다. 방위비분담은 한국을 비롯한 모든 미국의 동맹국이 동맹 유지와 미군의 안정적 주둔 여건 제공을 위해 부담할 수밖에 없다. 한미동맹이 유지되는 한 한국이 일정 수준의 방위비를 분담하는 것은 피할 수 없다. 문제는 어느 정도의 규모가 적정한 것이고, 사용의 투명성을 보장할 수 있는 제도적 장치의 유무와 작동 여부 그리고 구성 요소를 어떻게 설정·조정하느냐 하는 문제가 주기적으로 제기될 것이다.

전시작전통제권, 미래 지휘체계 그리고 방위비분담과 관련한 국내에서의 논쟁의 핵심에는 주권 대 안보의 논쟁이 자리 잡고 있다. 전시작전통제권 전환, 독립적인 지휘체계 그리고 방위비분담의 축소를 주장하는 측은 우리 군이 북한의 위협에 대응할 만한 충분한 능력을 가지고 있다고 평가하고, 대미 의존도를 축소하여 우리의 안보주권을 확보함으로써 보다 자주적인 정책을 펼칠 수 있다고 주장한다. 반대로 전시작전통제권 조기 전환을 반대하고, 연합지휘체계 유지와 방위비분담 증액을 지지하는 측은 우리가 독자적으로 북한의 위협에 대응할 수 없으므로 미국에 의존하여야 하고, 미국의 안보공약을 확실히 하고 군사작전의 효율성을 확보하기 위해 전시작전통제권의 조기 전환이나 독립형 지휘체계 구축을 반대하고 있다. 방위비분담과 관련해서는 주한미군의 안정적 주둔을 위해 일정 수준의 방위비분담 증액이 불가피하다는 입장이다.

이상의 세 가지 핵심 군사이슈가 어떻게 조정되고 결론이 날 것인가는 북한의 위협과 남북관계의 변화를 포함한 전반적인 한반도의 안보환경에서의 변화와 미국의 대외 군사·안보전략에서의 변화가 큰 영향을 미칠 것이다. 북한의 위협이 감소하고 남북관계와 미북관계가 진전된다면 굳이 전시작전통제권을 미국이 보유한 상태로 유지할 필요성도 없고 현재와 같은 지휘체계를 존속시킬 이유도 없다. 반대로, 아무리 주권문제라 할지라도 북한의 위협이 지속되고 한국의 독자 대응능력이 부족할 경우, 이를 보완하는 차원에서 불가피하게 전시작전통제권을 한미연합사령관이 보유하도록 하고 단일지휘체계를 유지할 가능성이 높다. 또 닉슨 대통령이나 카터 대통령이 추진했던 것과 마찬가지로 우리의 의사와는 무관하게 미국이 미국의 전략변화와 우선주의에 입각하여 일방적으로 '한국방위의 한국화'를 추진할 경우에도 큰 변화가 발생할 것이다.

2. 전시작전통제권 전환의 문제

한미관계에서, 또한 국내적으로 논란이 되어 왔고 중요한 사항은 전시작전통제권 전환 문제이다. 전시작전통제권은 전시에 최고지도자가 지시한 임무(missions)와 과업(tasks)을 수행하기 위한 군사작전을 시행하기 위해 지정된 군에 대한 통제권을 의미한다. 즉 전시작전통제권은 전시 특정 군사작전에 대한 사령관의 통제권을 의미한다. 전시작전통제권과 관련된 가장 핵심적인 쟁점은 주권 대 안보 간의 균형에 있다. 군사주권을 갖고 독자적인 정책을 수립하고 집행하기 위해서는 전시작전통제권을 환수해야 한다는 주장이 있는 반면, 북한의 위협이 지속되는 한 우리의 부족한 부분을 보완하고 미국의 지원과 대(對)한국 방위공약을 확실히 확보하기 위한 방안으로 전시작전통제권을 미국이 보유하는 것이 바람직하다는 주장이 있어 왔다. 최근 들어서 전시작전통제권 전환에 대한 이견은 상당히 줄어들고 원칙적으로 전시작전통제권 전환에 대한 공감대가 확장되었고, 가부의 문제가 아니라 시기와 조건의 문제로 변화하였다.

1) 작전통제권의 변천 과정

전시작전통제권은 지난 60여 년간 수차례 변화를 겪어 왔다. 현재 연합사사령관은 평시 방어준비태세(DEFCON: Defense Readiness Condition) Ⅳ인 상황 하에서는 전시작전통제권을 보유하지 않는다. 그러나 연합사사령관은 평시에 연합권한위임사항(CODA: Combined Delegated Authority)을 보유하고 있다. 방어준비태세가 Ⅳ에서 Ⅲ으로 격상되면 전방지역에 배치된 거의 대부분의 한국군은 연합사사령관의 통제 하에 놓이게 된다. 방어준비태세의 격상도 연합사사령관이 임의적으로 할 수 없고, 연합사사령관이 양국 합참의장에게 격상을 건의하고, 합참의장은 다시 국가통수권자(NCA: National Commanding Authority)에게 이를 건의하며, 한미 양국 국가통수권자는 협의를 통해 격상 여부를 결정하고 지침을 하달한다.[1] 전시작전통제권에 대한 이해를 위해 어떻게 미군 장성인 연합사(유엔사)사

해설 11.3

연합권한위임

연합권한위임은 연합 임무, 계획 및 과업을 수행할 수 있도록 연합사사령관에게 위임된 권한을 말하며, 여기에는 지정된 부대에 대하여 ① 전쟁억지, 방어 및 정전협정 준수를 위한 연합 위기관리, ② 연합작전 계획 수립, ③ 연합 합동교리 발전, ④ 연합 합동훈련 및 연습의 계획과 실시, ⑤ 연합 정보관리, ⑥ C4I 상호운용성 등에 대한 지시를 할 수 있는 권한이 포함되어 있다.

령관이 전시작전통제권을 보유하게 되었고, 어떻게 그것이 변화해 왔는지를 살펴봐야 한다.[2]

1950년 한국전쟁이 발발한 이후 약 한 달이 경과한 7월 14일에 이승만 대통령은 미국의 확실한 지원과 참여를 확보하기 위해 한국군에 대한 작전지휘권(Operational Command)을 유엔군사령관에게 이양하였다. 이승만 대통령이 유엔군사령관인 맥아더 장군에게 보낸 서한(일반적으로 대전서한이라고 함)에서 "현 전쟁상태가 지속되는 동안 한국군에 대한 일체의 지휘권을 유엔군사령관에게 이양한다"라는 뜻을 전달하고 지휘권을 이양하였다.[3] 휴전협정이 체결되고 한미동맹이 결성된 지 1년이 넘은 1954년 11월에 작전지휘권을 작전통제권(Operational Control)으로 대체하고, 한국군에 대한 통제와 지휘의 범위와 수준을 하향 조정하였다. 따라서 한국군은 전시와 평시 구분 없이 작전과 관련하여 유엔군사령관의 지휘를 받는 구조 하에 있었다.

1978년 한미연합군사령부(CFC: Combined Forces Command)가 창설되고 유엔군사령관이 보유해 왔던 작전통제권을 한미연합사사령관에게

해설 11.4

작전지휘권과 작전통제권

작전지휘권(Operational Command)은 사령관에게 부여된 권한으로 예하부대지휘관에 대한 임무와 과업 부여, 부대 배치, 병력 재배속, 작전 혹은 전술(tactical) 지휘권을 보유하거나 위임할 수 있는 권한을 의미한다.

작전통제권(Operational Control)은 상부에 의해 부여된 제한된 임무와 과업을 완수하기 위해 배속된 병력에 대한 통제, 관련된 병력의 배치 및 전술적 통제에 대한 권한을 의미한다. 따라서 작전통제권은 임무나 과업을 결정하는 권한을 포함하지 않는다. 작전통제권과 관련하여 작전계획(OPLAN: Operational Plan)에는 항상 사령관은 '상부의 지시에 따라'라는 조건이 명시되어 있다.

이양했다.[4)]

작전통제권과 관련하여 또 하나의 큰 변화는 1994년 12월 평시작전통제권 환수이다. 노태우 대통령은 대선공약 중 하나로 작전통제권 환수를 제시했고, 노태우 정부가 출범한 이후 한국과 미국은 이 문제를 본격적으로 협의하기 시작했다. 작전통제권 환수에 관한 논의가 가능했던 것은 전 세계적으로 탈냉전이 전개되기 시작했다는 점에 기인한다고 볼 수 있다. 이러한 안보환경의 변화를 반영하여 남북 간 화해분위기가 조성된 것 역시

표 11.1   전시작전통제권 전환 및 북한 핵실험 관련 주요 일지

일자	내용
1950. 07. 14	이승만 대통령, 유엔군사령관에게 작전지휘권 이양
1954. 11. 17	한미합의의사록에서 작전통제권으로 용어 대체
1978. 11. 07	작전통제권을 유엔군사령관에서 한미연합사사령관에게로 이전
1994. 12. 01	평시작전통제권 전환
2005. 02. 10	북한, 핵보유 선언
2006. 09. 16	한미정상회담에서 전작권 전환에 합의
2006. 10. 09	북한, 제1차 핵실험
2007. 02. 23	한미국방장관회담에서 전작권 전환 시기를 2012년 4월로 결정
2009. 05. 25	북한, 제2차 핵실험
2010. 06. 26	한미정상회담에서 전작권 전환 시기를 2015년 12월로 연기
2013. 02. 12	북한, 제3차 핵실험
2013. 05. 28	한국국방장관, 미국국방장관에게 전작권 전환 재연기 제의
2014. 04. 25	한미정상회담, 전작권 전환 조건과 시기 재검토 발표
2014. 10. 23	한미국방장관회담, 제48차 SCM에서 조건에 기초한 전작권 전환에 합의
2016. 01. 06	북한, 제4차 핵실험
2016. 09. 09	북한, 제5차 핵실험
2017. 07. 01	한미정상회담, 조건에 기초한 전작권의 조속한 전환에 합의
2017. 09. 03	북한, 제6차 핵실험

작전통제권 전환에 관한 논의 활성화에 기여했다. 한미 양국은 1988년 초부터 작전통제권 이양 혹은 전환에 관한 협의를 시작하여, 1992년 제24차 한미연례안보협의회에서 작전통제권 전환에 합의하고 절차를 추진하기 시작했다. 그러나 제1차 북핵위기가 발생하고 한국군의 독자대응능력이 부족하다는 판단 하에 전시작전통제권과 평시작전통제권을 구분하여 전시작전통제권은 연합군/유엔군사령관이 그대로 보유하고 평시작전통제권을 한국군 합참의장에게 이양하였다. 평시작전통제권을 이양 받음에 따라 한국군은 전쟁이 발발하기 직전까지의 부대이동, 경계임무, 초계활동, 합동 전술훈련, 군사 대비태세강화 등 부대 운용에 관한 모든 권한을 갖게 되었다. 작전통제권을 전시와 평시를 구분한다는 것은 매우 이례적인 경우이며, 실질적인 작전통제권은 전시에 그 중요성이 발휘된다는 면에서 평시작전통제권은 실질적인 의미보다는 정치적인 의미와 비중이 있다고 평가된다.

전시작전통제권 문제를 다시 부각시킨 것은 노무현 정부이다. 노무현 정부는 출범 당시부터 안보 분야에서도 대(對)미국 의존도를 낮추고 자체적 방위력 증강을 통해 안보주권을 행사해야 한다는 주장을 펼쳤다. 이러한 입장을 잘 반영한 것이 '협력적 자주국방'이다. 초기에는 미국으로부터의 독립성과 자율성을 목표로 하는 자주국방을 지향하였으나, 한미동맹의 약화와 와해를 초래할 수 있다는 비판과 우려가 제기됨에 따라 '협력적'이라는 수식어를 추가하였다. 협력적 자주국방은 한미동맹을 유지하되 자체 능력 확충을 통해 자주적으로 결정하고 행동한다는 개념이었고, 협력적 자주국방에서의 핵심은 전시작전통제권 환수에 있었다. 노무현 정부가 전시작전통제권 조기 환수 문제를 제기했을 때 미국은 우려와 거부의 입장을 보였다. 한국이 전시작전통제권을 가지는 것에 원칙적으로 동의하나, 한국군이 전시작전통제권을 환수하여 행사할 수 있는 준비가 미흡하다는 것이 미국의 주장이었다. 럼스펠드(Donald Rumsfeld) 미 국방부 장관을 비롯한 미국의 주요 고위 당국자들은 한국군의 역량이 아직은 불충분하다는 점을 지속적으로 언급하였다.

> **해설 11.5**
>
> ### 한미동맹의 현대화 관련 논의
> 한미 양국 간 동맹의 현대화에 대한 논의는 2003년 3월부터 본격적으로 시작되었다. 최초의 협의체는 미래한미동맹정책구상회의(FOTA: Future ROK-US Alliance Policy Initiative)로서 2003년 3월부터 2004년 9월까지 총 12회 개최되었고, 한미안보정책구상회의(SPI: Security Policy Initiative)로 대체되어 2005년 2월부터 2011년까지 총 29회의 회의를 개최하였으며, 그 이후 한미통합국방협의체(KIDD: Korea-US Integrated Defense Dialogue)로 통합되어 현재까지 진행되어 오고 있다. 이상 3개의 협의체는 기지이전, 전작권 전환, 지휘구조, 작전계획 등과 같은 현안에 관한 협의와 함께 합의된 사항의 이행상황을 점검하는 기능을 수행해 왔다.

그러나 2005년을 경과하면서 미국은 전시작전통제권을 조기에 이양하는 방향으로 입장을 바꾸었다. 미국의 입장변화 원인은 지속되는 한국 내 반미 분위기 확산과 미국의 국방 및 군사전략의 변화에 기인한다. 럼스펠드 국방장관의 방한기간 중 한국 내 반미 분위기는 다시 한 번 고조되었고, 이러한 반미 분위기를 본 럼스펠드 국방장관은 미군이 환영받지 않는 곳에서 주둔국의 의사에 반하여 굳이 주둔할 필요가 없다는 입장을 가지게 되었다. 이보다 더 중요한 변수는 9·11사건 이후 조지 W. 부시 행정부가 적극적으로 추진하기 시작한 '국방변환(Defense Transformation)'이었다.[5] 새로운 위협과 안보환경에 대처하기 위해 럼스펠드 국방장관은 전면적으로 국방 및 군사전략의 변화를 모색하면서, 국방변환의 일환으로 전세계에 배치되어 있는 미군을 전략기동군화하는 것을 추구하기 시작했다. 전략기동군은 어느 한 국가나 지역에 배치되어 해당 국가나 지역의 방위임무를 수행하는 것이 아니라 필요시 다른 지역이나 국가에 신속히 배치되어 임무를 수행하는 군을 의미한다. 이러한 관점에서 경량화와 기동화가 핵심적인 구비 요건이며, 운용적 측면에서는 해외 주둔부대의 '전략적유연성(strategic flexibility)'이 필요하다. 즉 어느 특정지역이나 국가에 고정 배치된 붙박이형 주둔이 아니라 필요하면 언제든지 다른 지역으로 투사될 수 있는 능력, 구조 등 제반 여건을 확보하는 것이 핵심이었다. 이러한 측면에서 볼 때 주한미군은 국방변환의 주요 대상으로 부상하게 되었고,[6] 조지 W. 부시 행정부의 국방변환은 전시작전통제권에 관한 미국의 입장이 조기반환으로 선회하는 결과를 초래했다. 그 결과 전시작전통제권과 관련하여 한국과 미국의 입장이 역전되는 상황이 발생하게 되었다. 즉 한국은 2012년을 주장하고, 미국은 2009년을 주장하는 당초에 예상하지 못했던 상황이 발생하였다. 2006년 9월 한미 양국 정상은 전시작전통제권 전환에 원칙적으로 합의하고, 그 이듬에 한미 양국은 국방장관회담에서 전시작전통제권 전환을 2012년 4월로 결정하였다.

그 이후 이명박 정부와 박근혜 정부를 경과하면서 전시작전통제권에 대한 결정은 두 번 바뀌었다. 이명박 정부는 전환 시기를 2012년에서 2015년으로 연기하였고, 박근혜 정부는 시점이 아닌 조건에 기반한 전시작전통제권 전환으로 근본적인 변화를 가져왔다. 전시작전통제권 전환 문제에 관한 결정의 변화에 결정적인 영향을 준 것은 북한의 핵실험과 미사일 실험에 따른 북한 위협의 변화로 인한 한반도 안보상황의 변화였다. 이명박 정부는 전시작전통제권 전환은 한미 양국이 합의한 대로 추진하겠다는 입장을 견지했다.[7] 그러나 2009년 5월 북한이 제2차 핵실험을 실시한 이후, 이명박 정부는 전시작전통제권 전환 시기 연기를 미국측에 요청하고 2010년 6월 한미정상회담에서 2015년 12월로 전시작전통제권 전환 시점을 연기하기로 합의하였다. 박근혜 정부가 출범하기 전 북한은 제3차 핵실험을 감행했고, 이는 박근혜 정부로 하여금 전시작전통제권 전환 합의를 재고하도록 하는 요인이 되었다. 가장 큰 변화는 전시작전통제권 전환의 시점에서 전환의 조건으로 전환했다는 것이다. 한미 양국 국방장관이 합의한 조건은 ① 안정적인 전시작전통제권 전환에 부합하는 한반도 및 역내 안보환경, ② 전시작전통제권 전환이후 한미연합방위를 주도할 수 있는 한국군의 핵심군사능력 구비(미국의 보완 및 지속능력 제공), 그리고 ③ 국지도발과 전면전 시 초기 단계에서의 북한 핵과 미사일 위협에 대한 한국군의 필수 대응능력 구비(미국의 확장억지 수단 및 전략자산 제공 및 운용) 등 세 가지이다. 이러한 합의에 따라 박근혜 정부 그리고 문재인 정부는 3축 혹은 3K(Kill-Chain, KAMD: Korean Air and Missile Defense, KMPR: Korean Massive Punishment and Retaliation)라는 대응 능력과 전력을 통한 전시작전통제권 전환 조건을 충족시키기 위해 노력해 오고 있으며, 시기는 핵심 대응능력이 확보되는 2020년대 초반이 될 것으로 추정하고 있다.

2) 문재인 정부와 전시작전통제권 전환

취임 전후 문재인 정부는 전시작전통제권에 관한 입장을 수차례 수정해왔고, 이로 인해 미국 내에서는 문재인 정부의 정체성과 신뢰의 문제가 제기되었다. 문재인 대통령은 취임 전에는 전시작전통제권의 즉각 전환(실제 용어는 환수)을 주장하였으나, 취임 후에는 임기 내 전환으로 바뀌었다. 7월 워싱턴 한미정상회담에서는 '조건에 기초한 전시작전통제권의 조속한 전환'으로 다시 바뀌었다. 최종적인 입장은 조기에 조건을 충족하여 전시작전통제권을 전환하겠다는 것이다. 즉 조건과 시기를 절충한 형태로 최종 입장이 설정되었다.

송영무 국방장관은 2018년 국방부 업무보고를 통해 검증이전평가(pre-IOC: Pre-Initial Operation Capability)를 생략하고 바로 기본운용평가(IOC: Initial Operation Capability, 혹은 초기운용능력평가라고도 함)를 검증하여 전시작전권 전환 절차와 시간을 단축하겠다는 입장을 밝혔다. 기존의 계획과 절차는 '검증이전평가→기본운용능력→완전운용능력(FOC: Full Operation Capability)→완전임무수행능력(FMC: Full Mission

Capability)'이라는 4단계였다. 문제는 왜 검증이전평가를 생략해야 하는지에 대한 명확하고 설득력이 있는 답이 없다는 점과, 운용능력과 관련된 평가 대상과 기준의 적절성 여부이다. 한미 양국은 '전략동맹 2015'에 근거하여 6개 분야 110개 과제를 운용능력평가 대상으로 선정하였었다. 문제는 '전략동맹 2015'를 수립할 당시와 현재의 군사안보상황은 질과 양적 모두에서 큰 변화가 있었으며, 이러한 변화가 평가대상의 선정과 기준 설정에 적절히 반영되었느냐 하는 것이다.

이러한 문재인 정부의 입장에 대해 미국은 다음과 같은 인식과 우려를 가지고 있는 것으로 보인다. 문재인 정부가 전시작전통제권 전환문제를 노무현 정부 때와 마찬가지로 군사안보적 관점이 아닌 정치적/이념적 관점에서 접근하고 있는 것이 아닌가 하는 의혹, 현 상황이 전시작전통제권 전환문제를 재검토하기에 적절한 것인지에 대한 회의감, 변화하는 북한 위협 대응에 필요한 능력(주요 무기체계 및 기획/지휘/운용 능력을 포함)을 목표하는 시간 내 확보할 수 있을 것인지에 대한 의문 등으로 정리될 수 있다. 또한 한국정부의 빈번한 입장(정부가 바뀔 때마다 입장이 변경되어온 점) 변경은 전작권 문제에 대한 미국 내 피로감과 한국에 대한 불신을 키우는 방향에서 작용하고 있다.

문재인 정부가 노무현 정부처럼 '협력적 자주국방'을 추구하지는 않지만 전시작전통제권 문제를 통해서 본 문재인 정부는 '참여정부 2.0'으로 비추어지고 있고, 군사안보적 상황보다는 정치적·이념적 성향과 정체성에 기인하고 있다고 보는 의혹이 제기되고 있음에 유의해야 한다. 문제는 과거 럼스펠드 국방장관이 반미 분위기가 한국 내(특히 정부의 성향)에서 확산되는 것을 보고 전작권을 한국측에 조기 이양하라는 결정을 내린 것과 같은 사태가 다시 발생할 가능성을 배제할 수 없다는 점이다. 많은 미국 내 전문가들은 동맹에 대한 이해와 의지가 부족한 것으로 평가되는 트럼프 대통령이 충분히 그런 결정을 내릴 수 있는 인물이라는 점을 고려해야 한다는 경고를 보내고 있다.

3) 전시작전통제권 전환에 관한 미국의 입장

전시작전통제권과 관련된 미국의 입장은 정부의 성향, 대외적인 안보여건과 전략의 변화에 따라 차이를 보여 왔다. 기본적으로 미국의 입장은 한국이 충분한 자체 대응능력을 가지고 있다면 전시작전통제권을 한국정부에 이양하여, '한국이 주도하고 미국이 지원'하는 형태로 전환하는 것이며, '한국방위의 한국화'를 통해 미국의 부담을 축소하는 것이었다. 1990년대 초반까지 전시작전통제권 문제가 표면적으로 직접 드러나지는 않았으나, 작전통제권(전평시 포함)에 대한 미국의 입장 변화는 주한미군 규모의 축소를 통해 유추해 볼 수 있다. 지난 60여 년의 기간 동안 미국은 한국방위 임무 축소를 몇 차례 시도했었으나, 닉슨 대통령의 7사단 철수 결정을 제외하면 한국의 반대, 미국 내 반대, 그리고 안보환경의 변화로 번번이 무산되거나 연기·조정되어 왔다. 취임 이전부터 닉슨 대통령은 아시아로부터의 미군 철수를 주장했었으며, 1968년 대통령에 당선된 이후 약 1년이 경과한 시점인 1969년 7월 25일에 '닉슨독트린'을 발표하였고, 11월 3일 공식화했다. 핵심 내용은 미국이 동맹국에 대한 안보공약을 준수하되 동맹국들은 자국 방어의 1차적인 책임을 맡아야 한다는 것이었다.

> 첫째, 미국은 그 모든 조약상 약속을 지킬 것입니다. (…)
> 둘째, 어떤 핵무장 세력이 우리와 동맹을 맺은 국가, 또는 그 존속이 우리의 안보에 중요하다고 여겨지는 국가를 위협하는 경우, 우리는 보호막을 제공할 것입니다. (…)
> 셋째, 기타 유형의 침략이 관련되는 경우에 있어, 우리의 조약상 약속에 따라 요청된다면 우리는 군사적 및 경제적 원조를 제공할 것입니다. 그러나 우리는 직접적으로 위협받는 국가가 자국의 방위를 위해 인력을 제공할 일차적 책임을 진다고 볼 것입니다.[8]

이에 따라 1970년 7월 미국은 한국에게 미 7사단을 철수한다는 일방적 통보를 한다.[9] 한국정부는 이는 한미상호방위조약 위반이라고 주장하며 강력히 항의하였고, 한미 간 협의를 통해 7사단을 철수하되 보완조치를 도입하기로 합의하였다. 3개의 합의사항은 ① 1971년 7월말까지 7사단을 철수하고 서부전선의 2사단을 후방지역으로 배치하고, 휴전선은 한국군이 전담, ② 미국은 15억 달러의 군사원조, 군사차관을 제공하여 한국군 현대화 5개년 계획을 지원, ③ 양국의 외무, 국방 고위관리가 참석하는 연례안보협의회 개최 등이었다.

   1971년 7월말까지 7사단이 철수했고, 주한미군 규모는 6만 명에서 약 4만 2,000명으로 축소되었다. 5년 뒤 1976년 11월 카터 후보가 대통령에 당선되면서 주한미군 철수가 또 다시 전면에 부상하게 된다. 취임 후 카터 대통령은 3단계 주한미군 철수계획을 발표했다. 골자는 해·공군은 계속 주둔하되 지상군은 전면 철수한다는 것이었다. 3단계 철수계획은 1단계: 1978년 말까지 지상군 6,000명 철수, 2단계: 1980년 여름까지 지상군 9,000명 철수, 3단계: 1982년 7월까지 나머지 지상군 모두 철수. 공군과 해군은 계속 주둔하는 것이었다. 그러나 카터 대통령의 3단계 철수계획은 한국의 반대, 미 의회와 국방부의 반대에 부딪히고, 1979년 6월 백지화된다. 주한미군 감축은 탈 냉전기에 들어서서 다시 제기되는데 과거와 달리 미 의회가 주도하는 감축이었다. 미 의회는 국방지출법의 넌·워너수정안을 통해 4만 2,000명이던 주한미군의 규모를 1991년 말까지 3만 6,000명 선으로 감축을 요구했고, 조지 H. W. 부시 행정부는 1992년 제2사단 3여단을 철수·해체했다. 이후 주한미군은 약 3만 6,000명 선을 유지했으나, 이명박 정부시절 다시 한 번 감축을 하여 현재는 2만 8,000명 선을 유지하고 있다.

   이미 앞서 언급한 것처럼 전시작전통제권이 핵심 이슈로 부각된 것은 노무현 정부 시절이었고, 미국의 입장이 유보적인 입장에서 적극적으로 선회하였다. 그 배경에는 한국 내 반미 분위기도 있지만, 과거의 경우와 마찬가지로 미국의 대외정책과 군사전략 변화가 더 큰 영향을 준 것으로 평가된다.

   현재 미국 내 분위기는 북한의 위협이 근본적으로 변화(전략적 변화라고 평가함)하고 있고 날로 심각해지는 상황 하에서 한국정부가 전시작전통제

표 11.2 주한미군 규모 변화[10]

연도	주한미군 규모	변동사항
1945	7만	패전한 일본군의 무장해제를 위해 제24군단 한반도에 주둔
1947	3만	제2차 세계대전 종전 후 급속한 동원 해제 단행에 의한 주한미군 감소
1949	495	군사안보회의 문서 NSC 8/2 채택, 군사고문단(KMAG)을 제외한 주한미군 철수
1950~1953	32만 6,863	한국전 발발로 유엔군으로 참전
1954	22만 3,000	한미상호방위조약 발효 후 1단계 철수
1957	7만	추가 철수
1971	4만 3,000	닉슨독트린, 7사단 2만 명 철수
1979	3만 9,000	카터, 주한미군 감축계획에 따라 3,400여명의 주한미군 철수
1989	4만 4,000	넌·워너수정에 따른 3단계 감축안 (동아시아 전략구상, EASI)
1992	3만 6,450	조지 H. W. 부시 행정부의 3단계 감축안에 따라 7,000여명 철수 (1단계)
2004	3만 7,997	한미 양국 제11차 「미래 한미동맹 정책구상」 회의에서 주한미군 2만 5,000명까지 단계적 감축하기로 합의
2008	2만 7,968	이명박 대통령과 조지 W.부시 대통령의 정상회담에서 '주한미군 현 수준(2만 8,500명) 유지' 합의
2009~현재	2만 8,500	

권 전환을 서두르는 것에 대한 우려가 있다. 전시작전통제권 전환에 관한 논의는 한국 방위의 핵심 요소라 할 수 있는 연합방위체제가 흔들리고 한미동맹이 약화되고 있다는 이미지를 만들어 북한의 오판을 초래할 가능성이 있기 때문이라는 입장이다. 전시작전통제권 전환은 미국의 대(對)한반도 방위의무의 약화로 이어질 수 있다는 지적도 있다.

한국의 능력이 획기적으로 확충되어 한국 주도 방어가 실현될 수 있는 상태라면 전시작전통제권 전환을 미룰 이유는 없지만 현재 그리고 당분간은 어렵다는 것이 일반적인 평가이자 전망이다. 이와 관련된 것은 한국의 군사력과 운용능력이 과연 목표하는 수준으로 향상될 것인지에 대해 의문을 가지고 있다. 한국정부가 국방개혁을 추진하고 국방력 확충을 위해 국방비를 증액한다 하더라도 2020년대 초반까지 한국이 주도하는 한국방위 달성은 어려울 것이라는 전망이 우세하다.[11] 무슨 전력을 어느 시점까지 어느 정도를 확보할 것인지에 대해서는 아직까지 한미 간에 협의와 합의가 이루어지지 않고 있다. 한국정부는 주로 3축(Kill-Chain, KAMD, KMPR)과 관련된 전력증강에 중점을 두고 있으나, 미국측은 기초전력과 전쟁지속능력부분에 대해 우려를 가지고 있다. 또한 미국의 우려는 한국군 지휘관의 전쟁지휘통솔능력이다. 한국군의 물리적 능력보다는 기획과 실전 경험 부족을 이유로 들고 있다.

3. 효율적인 지휘와 협조체계 구축

전시작전통제권 전환과 긴밀히 연결되어 있는 문제는 한미 양국군에 대한 지휘구조이다. 즉 한국군으로 전작권이 전환되고 난 이후 한국군과 주한미군 사이에 어떠한 협력과 지휘구조를 가져야만 효율성을 담보할 수 있을 것인가 하는 문제이다. 한국전쟁이 발발한 이후 한국군과 주한미군은 단일 통합 지휘구조를 유지해 오고 있다. 1978년 한미연합사령부가 설치되기 이전에는 한국군이 유엔군사령관의 통제 하에 있는 구조를 가지고 있었다. 유엔결의안의 이행(전쟁수행, 정전체제 유지, 그리고 후방지원)을 담당하고 있는 유엔군사령관은 한국정부가 통제하거나 영향을 미칠 수 있는 대상이 아니었다. 1978년부터 현재에 이르기까지는 한미연합사령부를 중심으로 하는 지휘구조를 유지해 오고 있으며, 한미 양국의 국방부 장관과 합참의장의 공동지휘 하에 있는 현 체계는 한국정부의 영향력과 통제력이 어느 정도 확보된 체제이다. 이러한 지휘구조는 한미연합사사령관이 전시작전통제권을 보유하고 있다는 것을 전제로 하고 있다. 전시작전통제권이 한국군으로 전환될 경우에는 새로운 지휘와 협조체계가 있어야 한다.

한국 국방부는 미래 지휘구조와 관련하여 "한국군 4성 장군을 사령관, 미군 4성 장군을 부사령관으로 임명해 현 연합사와 유사한 지휘·참모체계를 할 것"이라고 설명했다. 2018년 10월 31일 워싱턴에서 개최된 제50차 한미안보협의회의 공동성명을 통해 이러한 입장이 재차 확인되었다.[12] 한 때 미측은 '통합단일지휘체계(integrated single command structure)'가 유지되는 한 누가 사령관직을 맡는 것은 문제가 되지 않는다는 유연한 입장을 보였으나 입장에 변화가 감지되기도 하였다. 브룩스(Vincent Brooks) 연합사사령관은 이 문제에 대해 직답을 피했고 그간 진행되어 왔던 논의가 중지된 것으로 알려져 있다. 새로운 지휘체계에 대한 한미 양국 정부 간 합의와 재확인에도 불구하고 미군을 다른 나라의 장성이 지휘한다는 것에 대해 워싱턴(특히 의회)의 분위기는 매우 부정적이고, 정서상 수용하기 힘든 방

도표 11.1 지휘구조 비교

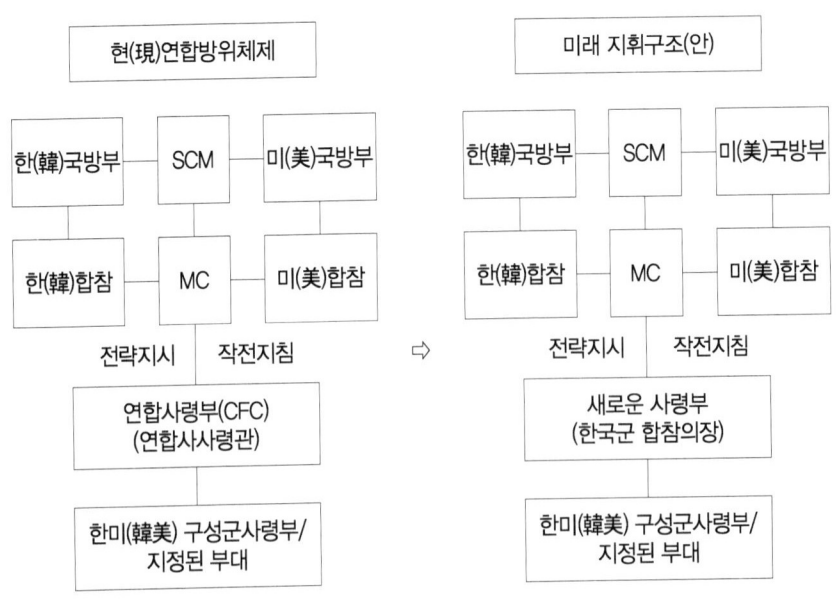

안으로 보인다.

통합단일지휘체계와 대별되는 지휘체계는 일본자위대와 주일미군 간에 유지되고 있는 병렬형 지휘체계(parallel command structure)로서, 한국군과 주한미군이 완전히 분리되어 각자의 독립성을 가지고 운영되며, 필요할 경우에만 협조를 하는 형태이다. 제도적으로 상대방 군에 대한 통제나 관여는 할 수 없는 체제이므로 독립성이 보장되나, 문제는 협의, 협조, 협력의 수준과 범위가 통합단일지휘체계에 비하여 떨어진다는 점이다. 일본은 이러한 문제점을 보완하기 위해 각 수준별 협의체를 두고 있고 지속적으로 통합형으로 변환하는 것을 추진해 왔다. 결과적으로 제도적으로 통합되어 있지는 않지만 실질적으로 통합되어 있는 것처럼 작동할 수 있도록 협의장치를 도입·강화해 왔다. 그러나 이와 같은 미일방위협력체제는 한미 간에 존재하는 통합단일지휘체계와는 거리가 먼 것으로, 협의채널과 제도는 있으나 통합되지는 않은 것이다.

또 하나의 비교대상이라고 할 수 있는 북대서양조약기구(NATO) 역시 한미동맹과 유사한 통합단일지휘체계를 가지고 있다. 북대서양조약기구는 각국의 상주대표들로 구성된 최고의 의사결정기구인 북대서양위원회(NAC: North Atlantic Council), 군 대표들로 구성된 군사위원회(MC: Military Committee) 그리고 그 밑에 통합사령부(Allied Command)를 두고 있고 총사령관은 한미연합지휘체계와 같이 미군 4성 장군이 맡고 있다. 북대서양조약기구는 한미동맹과는 달리 다국적군으로 구성되며, 육·해·공으로 구분되는 것이 아니라 북부유럽, 남부유럽, 중부유럽 등과 같이 지역 혹은 전구로 구분하여 편성되어 있다는 점에서 차이가 있다. 28개국의 군대를 병렬형 지휘체계를 가지고 운영한다는 것은 거의 불가능하다. 따라서 북대서양조약기구는 통합단일지휘체계를 통해 효율성을 달성하고자 하는 것으로 평가된다.

전시작전통제권이 전환되면 지휘체계도 조정되어야 한다. 지휘체계의 조정문제는 협력의 범위와 강도에 큰 영향을 미치는 문제이며, 군사작전

시행의 효율성과 성공에 큰 영향을 미치는 핵심적인 문제이다. 통합된 단일지휘체계는 작전의 효율성과 협력의 범위·강도를 보장하는 측면이 있으나, 독립성과 자율성의 제한이 따른다. 반면, 병렬형 지휘구조는 독립성과 자율성을 보장할 수 있으나, 효율성과 지원의 수준과 범위에서 문제점을 가지고 있다. 기본적으로 단일 지휘구조를 유지하여 군사적 효율성을 확보하는 차원에서 접근하여야 하며, 한국군 장성이 신뢰할 수 있는 기획 및 지휘능력을 가지고 있음을 확신하도록 해야 한다. 다시 말하자면 기계적인 측면과 구조적 측면도 중요하지만 체제를 운영할 수 있는 능력(소프트웨어

도표 11.2 미일 간 안보협력에 관한 포괄적 메커니즘

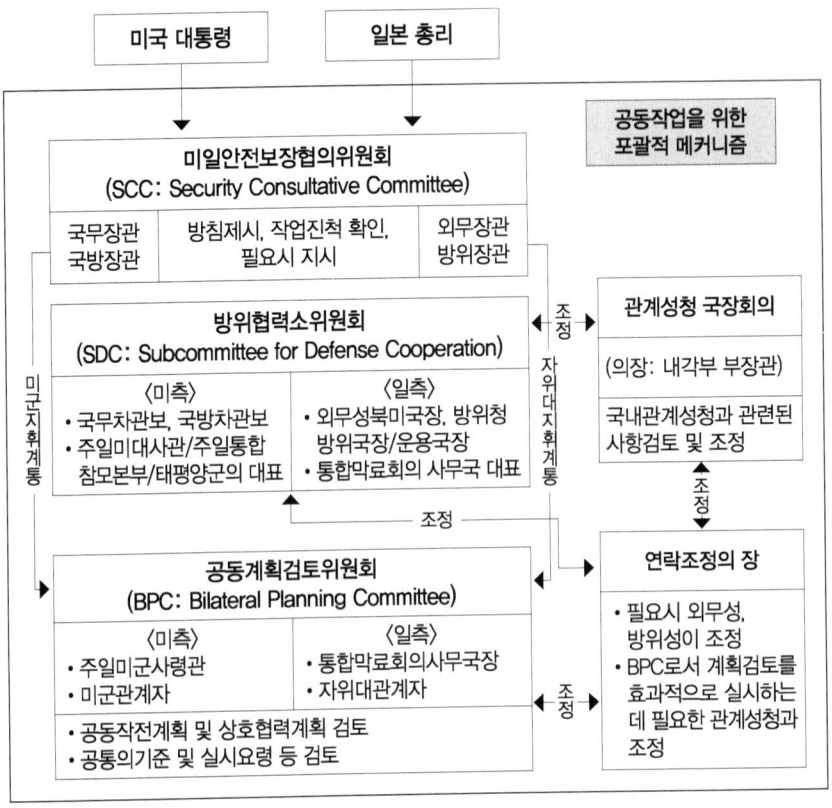

출처: 防衛庁, 『防衛白書』(東京: きょうせい, 平成 18年 8月), p. 212.

와 휴먼웨어)을 확보하는 것이 더 중요하다.

한 가지 유념해야 할 것은 지휘구조 개편은 기본적인 한미 간 협의의 틀을 바꾸지는 않는다는 점이다. 즉 최상위에 있는 한미 양국의 대통령 간의 협의, 국방장관 간의 협의체인 한미연례안보협의회, 그리고 합참의장 간 회의체인 군사위원회체제는 지휘구조의 변경과는 무관하게 유지된다. 한마디로 말하면 의사결정의 체제에는 변함이 없고, 단지 시행의 주체가 바뀌는 것이다. 지휘체계 변화를 안정적으로 관리하고 제대로 작동되도록 하기 위해선 상위의 협의체의 기능을 강화하여 신뢰를 쌓는 것에도 관심을 갖고 노력해야 한다.

4. 방위비분담 문제

한미 양국은 주한미군의 안정적 주둔을 위한 여건을 제공한다는 차원에서 1991년부터 한미 방위비분담금 합의에 관한 협상을 정기적으로 진행하여 분담금에 합의하고 집행해 왔다. 도표 11.3에서 보는 바와 같이 방위비분담(SMA: Special Measures Agreement)은 우리가 제공하고 있는 방위분담 중 일부분에 해당된다. 한국정부가 제공하는 분담금은 인건비, 군사시설건설, 군수지원 등에 관한 것으로 대략 50~60% 이상이 다시 한국에게 돌아온다.

방위비분담과 관련된 주요 이슈는 적정 수준의 방위비분담금의 규모, 현금 대 현물의 비율, 그리고 투명성을 보장하기 위한 제도적 장치 등이다. 또한 방위비분담 형식에 관한 논의도 있다, 즉 일본과 같이 미국이 제시한 항목을 검토하고 제공할 항목을 설정하고 부담하는 소위 말하는 '소요충족형' 대 한국과 같이 세부 항목이 아닌 총액을 중심으로 협의하고 설정하는 '총액방식' 중 어느 것이 더 타당하고 합리적인 방식인가에 대한 논란이다. 마지막으로 제공된 방위비가 어떻게 사용되었는지를 확인할 수 있는 제도적 장치를 마련하는 것이다.

도표 11.3 　한국의 방위비분담 체계

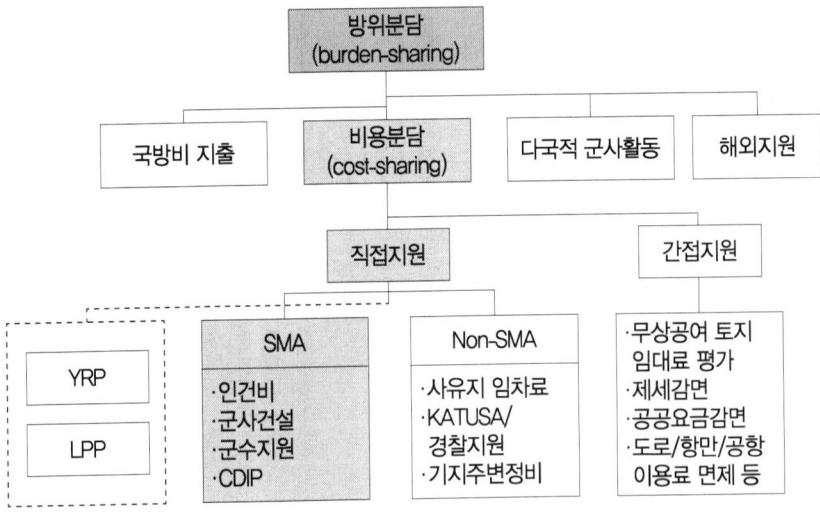

출처: 백재옥, "한·미 방위비분담 현황 및 향후 과제," 『주간국방논단』 제1670호 (2017), p. 2.

1) 적정규모의 방위비분담

2018년 현재 작동중인 9차 합의는 2018년 12월까지 유효하며 2018년 말까지 협의를 진행하여 합의를 도출해야 2019년부터 새로운 10차 방위비분담 사이클로 들어갈 수 있다. 과거 협상과 달리 제10차 방위비분담 협상(SMA: Special Measures Agreement)은 트럼프 대통령의 개인적 관심사항이라는 점이며, 트럼프 대통령은 선거기간 중은 물론 취임이후에도 한국이 주한미군 주둔 비용 100%를 부담해야 한다는 점을 지속적으로 강조해 왔다. 지난 20여 년간 미 의회를 중심으로 '공정한 방위비분담(equitable burden sharing)' 문제가 제기되었지만 단 한 번도 방위비분담이 대통령의 개인적 관심사항이 된 적은 없다는 점에 비추어 볼 때 매우 특이한 상황이며, 제10차 방위비분담을 둘러싼 협상이 어렵게 될 것이라는 점을 시사하며, 한미동맹에 부정적인 영향을 미칠 가능성을 배제할 수 없다.

2017년 1월 취임한 트럼프 대통령이 대선 과정에서 한국을 포함한 일본,

표 11.3 　한국의 방위비분담 현황

협정 구분		분담금 결정방식	분담금 규모 지급현황
1차 1991.1.25. 서명	1991	- 1995년 3억 달러 분담 목표 - 주둔비용 1/3 분담을 목표로 증액 - 매년 분담금 협상 실시	1.5억 달러(1,073억 원)
	1992		1.80억 달러(1,305억 원)
	1993		2.20억 달러(1,694억 원)
2차 1993.11.23. 서명	1994		2.60억 달러(2,080억 원)
	1995		3.00억 달러(2,400억 원)
3차 1995.11.24. 서명	1996	- 전년도 분담금 기준(달러화) 매년 10% 증액 합의 - 3개년 분담금 일괄 결정 - 1998년의 경우 IMF로 인해 3차 협정 개정 교환각서 체결 (1998.6. 서명) • 애초 3.99억 달러와 구매력에서 동일한 가치를 제공하기로 하고 원화+달러화로 지급하기로 함	3.30억 달러(2,475억 원)
	1997		3.63억 달러(2,904억 원)
	1998		2,456억 원+1.35억 달러 (4,082억 원)
4차 1999.2.25. 서명	1999	- 1999년 분담금은 1.412억 달러+2,575억 원으로 정하고 기간 내 인상률은 실질 GDP 변동률과 소비자물가지수 변동률을 적용하여 산출 - 인건비와 군수지원의 일부를 원화로 지급(분담금의 57%)	2,575억 원+1.412억 달러 (4,411억 원)
	2000		2,825억 원+1.549억 달러 (4,684억 원)
	2001		3,045억 원+1.67억 달러 (4,882억 원)
5차 2002.4.4. 서명	2002	- 2002년 분담금은 5,368억 원+0.588억 달러로 정하고 기간 내 인상률은 전년도 분담금의 8.8%와 전전년도 GDP 디플레이터만큼의 증가액을 합산 - 군사건설비 중 5%를 현물로 지원	5,368억 원+0.588억 달러 (6,132억 원)
	2003		5,910억 원+0.647억 달러 (6,686억 원)
	2004		6,601억 원+0.723억 달러 (7,469억 원)
6차 2005.6.9. 서명	2005	- 분담금 연 6,804억 원으로 기간 내 인상률 동결 - 2005년부터 100% 원화 지급	6,804억 원
	2006		6,804억 원

계속

표 11.3 계속

협정 구분		분담금 결정방식	분담금 규모 지급현황
7차 2006.12.22. 서명	2007	- 2007년 분담금은 7,255억 원으로 정하고 2008년 분담금은 물가상승률 반영 - 군사건비 중 10%를 현물로 지원	7,255억 원
	2008		7,415억 원

8차
2009.1.15.
서명
	2009	- 물가상승률 수준 인상, 4% 상한선 설정
		- 군사건설 현물 단계적 전환
		  • 2009년 30%, 2010년 60%,
		    2011년 88%
		  • 미측: 사업선정 및 설계, 한측: 시공
		    사 선정 및 공사집행(한미 공동 감독)
			7,600억 원

	2010		7,904억 원
	2011		8,125억 원
	2012		8,361억 원
	2013		8,695억 원
9차 2014.2.2 서명	2014	- 2014년 분담금은 9,200억 원으로 정하고, 2015~2018 분담금은 전년도 분담금에 대한 물가상승률만큼의 증가 금액 합산 - 모든 해당 연도에 적용되는 물가 상승률은 4% 초과하지 않음	9,200억 원
	2015		9,320억 원
	2016		9,441억 원
	2017		9,507억 원
	2018		–

출처: 백재옥, "한미 방위비분담 현황 및 향후 과제," 『주간국방논단』 제1670호 (2017) 및 국회예산정책처의 자료를 바탕으로 필자가 재구성.

사우디, 그리고 유럽 각국들이 적정 수준의 방위비분담을 하지 않고 있다고 비난했고, 2017년 7월 1일 워싱턴에서 개최된 제1차 한미정상회담에서도 트럼프 대통령은 한미자유무역협정의 불공정성과 함께 공정한 방위비분담 문제를 제기했다. 트럼프 대통령의 이해와 입장과는 달리 의회를 포함한 미국측 분위기는 한국의 방위비분담 수준을 긍정적으로 평가하고 있다. 그러나 불행히도 이러한 분위기가 트럼프 대통령의 생각을 바꾸거나 협상 결과에 결정적인 영향을 미치지는 못할 것이다. 트럼프 행정부의 입장에서는 방위비분담 총액을 얼마나 늘리느냐가 가장 핵심적 이슈이다. 트럼프 대통령은 미군 주둔비용 100% 분담을 요구한 바 있고, 이 액수는 약 2조원 정도일 것으로 추정된다.[13]

미국은 사드배치, 증가되고 변화된 연합훈련의 횟수와 강도, 주한미군 전력 증강 등을 주장하며 방위비분담 증액을 요구할 것으로 예상된다. 한국정부로서는 트럼프 대통령이 주장하는 100% 방위비분담은 수용할 수 없으나, 어느 정도의 방위비분담 증액은 불가피할 것이다. 이 문제가 한미동맹의 근간을 흔들만한 파괴력을 가지고 있지는 않지만 감정적 앙금을 남기고 미국의 대한반도 방위공약의 약화(예를 들어, 한국이 제공하는 수준으로의 주한미군 규모 축소 혹은 훈련 규모/횟수/내용 축소 등)를 초래할 가능성을 배제할 수 없다.

두 가지 방향에서 접근할 수 있다. 하나는 최대한 방위비분담 증액 비율을 낮추는 것이고, 다른 하나는 방위비분담은 늘리되 반대급부를 확보하는 것이다. 첫 번째 방안과 관련하여 한국이 주장할 수 있는 것은 한국의 미국산 무기구매이다. 한국은 미국 무기의 최대 수입국으로 연간 약 6~7조 원 가량의 무기를 구매하고 있다는 점을 강조하여 방위비분담 이외 부분에서 한국의 기여를 부각시키는 방안이다. 두 번째는 한미 간 방위산업분야에서의 협력을 강화하여 일자리를 만들고 시장으로의 진출을 공동으로 모색하는 것이다. 이 두 가지 방안 모두 미국 내 일자리를 만들고 무역수지를 개선하는 효과를 발휘할 수 있기 때문이다. 그러나 미국측은 방위비분담과 이 두 가지 문제를 연계하는 것에 부정적일 수 있다.

앞으로도 미국은 지속적으로 한국이 적정 수준의 방위비를 분담할 것으로 요구할 것이고 특히 한국의 경제력이 커질수록 이러한 요구는 더욱 강해질 것이다. 반대로 한국의 역할과 임무가 확장되고 미군에 대한 의존이 감소할수록 방위비분담에 대해서는 소극적인 입장을 보이게 될 것이다. 따라서 한국과 미국은 방위비분담의 필요성은 공감하면서도 얼마가 적정한 방위비분담인지를 두고 논쟁하고 협상하게 될 것이다.

2) 현물 대 현금의 비율 문제

방위비분담의 두 번째 문제는 어떻게 현금과 현물을 적절히 혼합하느냐 하는 문제이다. 방위비분담금을 제공하기 시작한 초기에 한국은 현금을 지불하였으나, 제8차 방위비분담 협상을 계기로 현물(in-kind)을 제공하는 것에 합의하고 그 부분을 상당히 증가시켰다. 현금 대신 현물이 차지하는 비율을 높이고자 하는 것은 한국이 가지게 될 재정적 부담을 줄이고 필요한 부분에 필요한 품목을 제공하고 쓰이도록 하여 불용액이 발생하지 않도록 하기 위한 목적을 가지고 있었다. 또한 현물을 제공할 경우 한국에서 생산된 물품을 구매하여 미군에 제공하게 되므로 경제적으로 한국에게 이득이 되고 통제력이 강화될 수 있다는 판단이 있기 때문이다. 따라서 한국은 현물 비중을 높이고자 하는 입장을 취하고 있다.

이와는 반대로 미국은 현금지원을 선호하고 있다. 물론 현물을 제공받는 것도 일정 부분에서 수용하고 있기는 하나 현금으로 지원을 제공받았을 경우 자신들이 사용하고자 하는 곳에 사용하기가 용이하고 전용이 가능하다는 점을 고려하고 있기 때문이다. 기술적인 측면에서 미국은 한국에 제공하는 현물이 미국의 기준에 부합되지 않을 수 있다는 문제를 제기할 수 있다. 이러한 문제를 해결하기 위해 제공될 현물이 가져야 할 기본 요건을 설정하고 충족되지 못하는 물품을 거부할 수도 있을 것이다. 기본적으로 미국은 자신들이 원하는 곳에 사용할 수 있는 현금을 제공받기를 원한다는 점은 불변할 것이다.

100% 현물지원, 100% 현금지원은 현실적으로 불가능하므로 현물지원을 선호하는 한국과 현금지원을 선호하는 미국 간에 절충점을 찾는 것이 관건이다. 현금이 꼭 필요한 부분을 설정하고 이외의 부분에 대해서는 현금 수준에 상응하는 현물지원을 제공하는 것을 원칙으로 설정하는 것을 모색해야 할 것이다. 따라서 무엇이 현물지원에 해당하는 것인지, 반대로 현금지원 대체가 불가한 것이 무엇인지에 대한 협의와 합의가 있어야 한다.

3) 방위비분담 결정 방식과 투명성 문제

방위비분담을 결정하는 방식(formula)은 미국과 일본 간에 사용되고 있는 소요충족형과 미국과 한국 간에 사용되고 있는 총액선정방식으로 대별된다. 소요충족방식은 미국이 항목별로 필요한 소요를 제시하고 일본과의 협의를 통해 적정소요를 확정하고 제공하는 방식이다. 이에 반해 총액형은 총액을 설정하고 추후에 항목별 사용내용을 설정하는 방식이다. 각각의 방식이 장단점을 가지고 있기 때문에 어느 것이 더 합리적이고 현실적인지를 확정적으로 이야기하기는 곤란하다.

소요충족형은 수혜국(미국)이 지원받고자 하는 항목을 설정하고 타당성을 설명해야 한다는 점에서 합리성과 투명성이 제고되므로 방위비분담의 목적에 부합된다고 볼 수 있다. 또한 과도한 지원을 최소화할 수 있다는 장점도 있다. 반대로 총액형은 왜 그러한 총액이 필요한지에 대한 근거가 취약하고, 제공된 총액이 어떻게 쓰여졌는지를 확인할 수 있는데 한계를 가지고 있다. 반대로 항목별 협상 혹은 소요충족형에 비해 세세한 항목을 따질 필요가 없다는 측면에서는 상대적으로 협상이 용이하다는 점을 가지고 있다. 소요충족형의 경우는 매년 항목별로 소요를 제기하고 타결해야 한다는 번거로움이 따르고, 이에 비해 총액형은 한번 타결하면 다년간 지속되므로 연례적인 협상을 해야 하는 부담이 덜하다. 또한 소요충족형은 항목별 소요 변동에 따라 지원의 총액 규모가 매년 바뀔 수 있는 가능성을 가지고 있으므로 예산편성·확보에 어려움이 있는 반면, 총액형은 상한선을 정함에 따라 예측성이 확보되고, 예측하지 못했던 추가 비용이 발생하더라도 수혜국이 부담을 질 필요가 없다는 것도 장점이다.[14]

마지막으로 방위비분담과 관련된 문제는 투명성을 확보하는 문제이다. 한국이 제공한 방위비가 합목적적으로 쓰여 지고 있는지를 확인할 수 있는 장치를 마련하는 것이 필요하다. 현재는 미국측이 정보 제공·공개와 같은 협조를 할 경우에만 이를 확인할 수 있다. 즉 정부의 예산집행에 관한 검증 및 결산절차에 관한 제도, 규정이 없기 때문에 방위비가 제대로 사용되었는지를 확인할 수 없다. 따라서 방식 변환의 문제를 고려할 때는 집행의 투명성을 확보할 수 있는 방안인지도 고려해서 결정해야 한다.

현실적으로 일부에서 주장하듯 총액형에서 소요충족형으로 전환하는 것은 쉬운 일이 아니다. 사용과 전용의 용이성 등을 고려할 때 미국은 현재와 같은 총액형을 유지하기를 선호할 것이다. 또한 미국은 총액형이 소요충족형 방식보다 행정적 부담이 적다고 판단하고 있을 수 있다. 그럼에도 불구하고 한국이 강력히 요구할 경우 산정방식의 전환은 가능할 것이다. 산정방식의 변환이 반드시 방위비분담의 감소로 이어질 것이라고 확신할 수는 없다. 우리가 예상하지 못했던 부분을 항목에 포함할 수 있기 때문이다. 또한 항목의 선정 과정이 순탄할 것이라고 장담할 수도 없다. 어떠한 방식을 선택하더라도 장단점을 가지고 있으므로 어떤 방식이 절대적으로 낫다고 단언할 수는 없다. 한 가지 변하지 않는 것은 한국의 입장에서 주한미군의 주둔이 필요하다고 판단하는 한, 주한미군의 안정적 주둔을 위해 일정 수준의 분담을 질 수 밖에 없다. 따라서 분담을 지는 만큼의 유무형의 이익을 확보하는 차원에서 이 문제를 접근하는 것이 현실적이고 바람직하다.

상황과 여건의 변화에 따라 동맹의 성격과 목표를 조정하는 것은 필요하며, 이러한 목표를 달성하고 동맹을 효율적으로 운영하는 데 필요한 장치와 구조도 조정되어야 한다. 동맹의 구조와 운영에 관한 문제 중 핵심적인 것은 전시작전통제권, 지휘구조 그리고 방위비분담이고 이는 서로 연동되어 움직일 수밖에 없다. 전시작전통제권이 환수될 경우, 임무 설정에 따른 새로운 지휘 및 협조체계가 필요하며, 방위비분담 역시 수준과 규모에 부합되도록 조정해야 한다. 즉 동맹체제는 환경의 변화와 목표의 수정에 따라 효율성을 보장할 수 있도록 진화해야 하며, 이는 동맹의 건전성을 좌우하는 데 중요한 영향을 미친다. 또한 이러한 문제를 접근하고 해결함에 있어서 감정을 앞세우기보다는 이성적인 판단과 효율성을 기준으로 접근해야 한다는 점에도 유념해야 한다.

■ 주

1) 수도방위사령부와 2군에 대한 통제권은 방어준비태세가 격상되더라도 한국군 합참의장이 보유한다.
2) 북대서양조약기구(NATO: North Atlantic Treaty Organization)도 한미동맹과 유사한 체계를 가지고 있다. 평시 유럽동맹군총사령관(SACEUR: Supreme Allied Commander Europe, 미군 4성장군)은 회원국들의 군에 대한 통제권을 가지고 있지 않으나, 유사시 회원국들로부터 각국이 보유하고 있는 병력의 10~25% 정도를 배속 받아 통제권을 행사한다. 단, 독일의 경우는 90%를 배속시킨다.
3) 이승만 대통령은 '현 전쟁상태가 지속되는 동안'이라는 단서조항을 붙임으로써 작전지휘권을 넘기면서도 협상 카드를 완전히 놓치지는 않으려 했다. 김일영, 조성렬, 『주한미군: 역사, 쟁점, 전망』(파주: 한울, 2003), pp. 54-56.
4) 유엔군사령관은 전쟁수행, 정전협정체제 유지, 후방지원의 3가지 임무를 수행했었다. 1978년 한미연합사가 창설됨에 따라 작전통제권은 한미연합사령관에게 이양했고(사실상은 동일인), 정전협정체제 유지 기능과 후방지원 기능은 아직도 유엔군사령관이 보유하고 있다.
5) 국방변환과 관련하여 U.S. Department of Defense, "Elements of Defense Transformation," http://www.oft.osd.mil/library/library_files/document_383_Elements OfTransformation_LR.pdf (검색일: 2018. 10. 16); Ronald O'Rourke, "Defense Transformation: Background and Oversight Issues for Congress," *Congressional Research Service Report* (November 2006), https://fas.org/sgp/crs/natsec/RL 32238.pdf (검색일: 2018. 10. 16)을 참조하기 바람. 핵심은 전면전을 상정한 대처보다는 비전면전에 대응하기 발달된 과학·기술(특히 정보 및 통신기술)을 활용하여 테러, 내전, 내란, 테러리스트에 의한 대량살상무기 사용 등과 같은 새로운 위협과 도전에 대응할 수 있는 능력, 체제, 절차를 구축하는 것에 있다.
6) 당시 미 국방부는 주한미군을 경량화·기동화하여 스트라이커 여단으로 재편하는 것을 목표로 추진하였다. 이는 궁극적으로 지상군 중심으로 구성된 주한미군의 감축을 의미하는 것이었다.
7) 이명박 정부 출범 초기 미국은 이명박 정부가 전시작전통제권 전환 재연기를 요구할 가능성에 대해 높은 관심을 가지고 있었고, 재연기 자체에 대해 부정적인 입장을 가졌던 것으로 파악된다. 이러한 미국의 입장에는 이명박 정부가 국방에 충분한 투자와 노력을 하지 않고 미국에 의존하려는 생각이 강하다는 평가가 저변에 깔려 있었다.
8) The National Archives of the United States, "Second Annual Report to the Congress on United States Foreign Policy — 25 February 1971," Public Papers of the Presidents of the United States, Richard Nixon, 1971 (Washington D.C.: United States Government Printing Office, 1999), pp. 223-224.
9) 당초 닉슨 행정부는 7사단은 물론 2사단까지를 포함해 지상군 전부를 철수한다는 것을 목표로 했었다.
10) U.S. Department of Defense, "Base Structure Report — Fiscal Year 2009 Baseline," https://dod.defense.gov/Portals/1/Documents/pubs/BSR2009Baseline.pdf

(검색일: 2018. 10. 16); Tim Kane, "Global U.S. Troop Deployment, 1950-2005," *The Heritage Foundation*, https://www.heritage.org/defense/report/global-us-troop-deployment-1950-2005 (검색일: 2018. 10. 16); "Report: huge increase in US troops in South Korea," Hankyoreh, 21 March 2013, http://english.hani.co.kr/arti/english_edition/e_international/579051.html (검색일: 2018. 10. 16); 외교부 보도자료, "주한미군 감축협상 결과," 2004년 10월 7일, http://www.mofa.go.kr/www/brd/m_4080/view.do?seq=291167 (검색일: 2018. 10. 16); "1953년 주한미군 32만 5,000명에서 현재는 2만 8,500명 주둔," 『주간경향』, 2013년 6월 11일, http://weekly.khan.co.kr/khnm.html?mode=view&artid=201306041629531&code=113 (검색일: 2018. 10. 16); "전략 다이제스트 2016," http://www.usfk.mil/Portals/105/Documents/2016%20Strategic%20Digest_Korean.pdf (검색일: 2018. 10. 16); 국방부, 『2012년 국방백서』 (서울: 대한민국 국방부, 2012); 국방부, 『2014년 국방백서』 (서울: 대한민국 국방부, 2014); 국방부, 『2016년 국방백서』 (서울: 대한민국 국방부, 2016); 국방부, "한미 동맹의 과거·현재·미래," http://www.mnd.go.kr/user/boardList.action?command=view&page=1&boardId=O_50735&boardSeq=O_50745&titleId=null&id=mnd_010701040000&siteId=mnd(1945~1949) (검색일: 2018. 10. 16) 등을 참조함.

11) 국방부는 2018년 업무보고에서 연합방위를 주도하는 한국군의 핵심군사능력 확보와 관련, 6월 중으로 기존에 수립했던 계획을 재검토하고, 이 검토 결과를 고려해 2019년 예산과 5년 단위 국방중기계획, 합동군사전략목표기획서(JSOP) 등의 조정 소요를 판단할 것이라고 보도했다. 또한 국방예산 중 방위력개선비의 비중을 올해 31%에서 내년 33%, 2023년 37%로 각각 상향 편성할 계획이라고 밝혔다. 국방부, "2018년 업무보고서," http://www.korea.kr/archive/expDocView.do?docId=37817&group=S (검색일: 2018. 10. 16).

12) 2018년 10월 31일 워싱턴에서 개최된 제50차 한미안보협의회에서 채택한 공동성명 9항에는 "양 장관은 2013년에 작성한 미래 지휘구조 기록각서의 개정안과 한국 합참·유엔사·한미연합사 간 '관계관련약정'을 승인하였다. 양 장관은 현재의 연합사령부 구조를 지속 유지하기로 하고, 미래 연합군사령부에서는 한국군 4성 장성이 사령관을 맡고 미군 4성 장성이 부사령관을 맡도록 한다는 공동의 공약을 재확인하였다"라고 명시되어 있다.

13) 트럼프 대통령은 해당국이 주둔비용을 100% 부담하지 않을 경우 분담수준에 맞추어 주둔 규모를 축소해야 한다는 입장도 고려하고 있는 것으로 파악된다. 이럴 경우, 한국이 현재와 비슷한 수준의 방위비를 분담할 경우 주한미군의 규모가 현재의 절반 수준으로 감축될 수도 있다. 물론 의회에서 주한미군의 최소규모(22,000명)를 설정한 법안이 통과되었으나, 의회가 설정한 최소규모 이하로의 감축이 불가능한 것은 아니다. 이러한 2019 국방수권법안의 공식 명칭은 공화당 소속 존 매케인 상원의원의 이름을 딴 '매케인 NDAA'로 붙여졌다. "트럼프, '주한미군 감축 제한' 국방수권법안에 서명," 『조선일보』, 2018년 8월 14일, http://news.chosun.com/site/data/html_dir/2018/08/14/2018081400515.html (검색일: 2018. 10. 16).

14) 방위비분담에 관한 상세한 내용은 박휘락, "한국 방위비분담 현황과 과제 분석: 이론

과 사례 비교를 중심으로," 『국방정책연구』 제30권 1호 (2014), pp. 153-188; 박휘락, "한국과 일본의 대미 방위비분담 비교: 분담금 협상방식을 중심으로," 『입법과 정책』 제7권 2호 (2015), pp.5-32, 국회입법조사처 등을 참조함.

참고문헌

1. 한글문헌

국방부. 『2012년 국방백서』. 서울: 대한민국 국방부, 2012.
_____. 『2014년 국방백서』. 서울: 대한민국 국방부, 2014.
_____. 『2016년 국방백서』. 서울: 대한민국 국방부, 2016.
김일영, 조성렬. 『주한미군: 역사, 쟁점, 전망』. 파주: 한울, 2003.
박휘락. "한국 방위비분담 현황과 과제 분석: 이론과 사례 비교를 중심으로." 『국방정책연구』 제30권 1호 (2014).
박휘락. "한국과 일본의 대미 방위비분담 비교: 분담금 협상방식을 중심으로." 『입법과 정책』 제7권 2호 (2015).
백재옥. "한·미 방위비분담 현황 및 향후 과제." 『주간국방논단』 제1670호 (2017).

2. 영어문헌

The National Archives of the United States. "Second Annual Report to the Congress on United States Foreign Policy — 25 February 1971." Public Papers of the Presidents of the United States, Richard Nixon, 1971. Washington D.C.: United States Government Printing Office, 1999.

3. 일본문헌

防衛庁. 『防衛白書』. 東京: ぎょうせい, 平成 18年 8月.

4. 신문잡지 자료

"1953년 주한미군 32만 5,000명에서 현재는 2만 8,500명 주둔." 『주간경향』. 2013년 6월 11일. http://weekly.khan.co.kr/khnm.html?mode=view&artid=201306041629531&code=113 (검색일: 2018. 10. 16).
"북·미, '70년 반목의 역사' 획기적 전환점 앞에 서다." 『경향신문』. 2018년 6월 11일.
"트럼프, '주한미군 감축 제한' 국방수권법안에 서명." 『조선일보』. 2018년 8월 14일. http://news.chosun.com/site/data/html_dir/2018/08/14/2018081400515.html (검색일: 2018. 10. 16).
"Report: huge increase in US troops in South Korea." Hankyoreh. 21 March 2013. http://english.hani.co.kr/arti/english_edition/e_international/579051.html (검

색일: 2018. 10. 16).

5. 인터넷 자료

국방부. "한미 동맹의 과거·현재·미래." http://www.mnd.go.kr/user/boardList.action?command=view&page=1&boardId=O_50735&boardSeq=O_50745&titleId=null&id=mnd_010701040000&siteId=mnd(1945~1949) (검색일: 2018. 10. 16).

국방부. "2018년 업무보고서." http://www.korea.kr/archive/expDocView.do?docId=37817&group=S (검색일: 2018. 10. 16).

외교부 보도자료. "주한미군 감축협상 결과." 2004년 10월 7일. http://www.mofa.go.kr/www/brd/m_4080/view.do?seq=291167 (검색일: 2018. 10. 16).

"전략 다이제스트 2016." http://www.usfk.mil/Portals/105/Documents/2016%20Strategic%20Digest_Korean.pdf (검색일: 2018. 10. 16).

Kane, Tim. "Global U.S. Troop Deployment, 1950–2005." The Heritage Foundation. https://www.heritage.org/defense/report/global-us-troop-deployment-1950-2005 (검색일: 2018. 10. 16).

O'Rourke, Ronald. "Defense Transformation: Background and Oversight Issues for Congress." Congressional Research Service Report (November 2006). https://fas.org/sgp/crs/natsec/RL32238.pdf (검색일: 2018. 10. 16).

U.S. Department of Defense. "Base Structure Report — Fiscal Year 2009 Baseline." https://dod.defense.gov/Portals/1/Documents/pubs/BSR2009Baseline.pdf (검색일: 2018. 10. 16).

U.S. Department of Defense. "Elements of Defense Transformation." http://www.oft.osd.mil/library/library_files/document_383_ElementsOfTransformation_LR.pdf (검색일: 2018. 10. 16).

한미정보체계 비교와 정보협력

12장

석재왕 (건국대 안보·재난관리학과)

- 비교정보의 유용성과 한계 _ 384
- 정보의 역사와 환경의 변화 _ 387
- 정보체계: 구조, 기능, 활동 _ 393
- 정보활용과 통제 _ 400
- 한미정보협력의 구조와 과제 _ 406

미국의 정보기관은 한국의 근대 정보기관의 형성·발전 과정에서 지대한 영향을 미쳐왔다. 한미 양국의 정보기관은 정보협력을 통해 다양한 안보이슈에 대한 평가와 위협 인식을 공유하면서 한미동맹의 실효성을 담보하는 요소로서 기능을 담당해왔다. 한미정보체계에 대한 비교는 정보 전반에 대한 통찰력과 폭넓은 이해를 제공함으로써 정보연구의 방법론적 발전은 물론 한국 정보기관의 발전방향에 대해서도 일정부분 시사점을 제공해줄 것이다. 이 글은 양국 정보기관의 역사와 환경 변화, 정보체계의 차이점과 유사성을 비교분석하고 이를 토대로 한미정보협력의 특징과 과제 등을 살펴볼 것이다.[1]

1. 비교정보의 유용성과 한계

정보기관에 대한 비교연구는 개별적인 연구 진행, 방법론의 결여, 기존 학계의 낮은 관심 등으로 인해 이렇다 할 성과를 거두지 못하고 있는 실정이다. 정보기관을 비교·분석에 따른 유용성은 다음 몇 가지로 생각해볼 수 있다. 첫째, 탈냉전이후 테러·WMD와 같은 다양한 안보위협의 등장과 이에 대한 정보활동에 대한 연구의 필요성이 증대되었다. 정보통신이 발달과 지구화의 진전으로 다양한 위협에 대한 정보수집 및 대응은 개별 국가의 정보활동만으로는 불가능하게 되었으며 관련 국가들과의 정보협력을 통해 해결할 수밖에 없기 때문에 정보기관에 대한 비교연구 수요가 증대되고 있다.

둘째, 정보연구의 과학화를 제고할 수 있다. 정보기관에 대한 단일 사례 연구보다는 여러 사례의 비교를 통해 정보기관 간의 유사성과 차이점을 탐구하는 것은 분명 정보연구의 과학화에 기여할 것이다. 셋째, 정보기관의 강약점과 긍·부정적 기능에 대한 이해를 통해 자국 및 타국 정보기관에 대한 비교 안목과 통찰력을 제공해준다.[2] 정보에 대한 새로운 접근과 현재적·잠재적 문제에 대한 해결능력을 제고하고 특히 정보기관의 개혁 과정에서 다른 국가들의 정보조직과 활동체계는 적실성 있는 교훈과 통찰을 제공해줄 것이다.[3]

넷째, 정책결정자를 위한 광범위한 지식을 제공하고 정보체계에 대한 규칙을 이해하는 데 도움을 줄 수 있다. 일반적으로 정책가들은 정보기관의 역할과 한계에 대해 이해가 부족한 경향이 있는데 정보기관에 대한 비교를 통해 자국 정보기관에 대한 이해도를 제고할 수 있다.

그러면 무엇을 비교할 것인지가 문제가 되는데 비교 대상은 정보개념, 활동, 조직, 문화, 기능, 환경 등 실로 다양하다. 헤스텟(G. Hastedt)은 정보학자들의 상이한 정보개념을 제시하면서 각 정의가 내포하고 있는 문제점을 비교분석한다. 정보개념에 대해 랜섬과 켄트(H. Ransom & S. Kent)는 '첩보수집과 처리'로 인식하는 반면, 갓슨(R. Godson)은 '분석,

비밀수집, 방첩, 공작'으로 정의한 차이점을 비교한다. 그리고 그는 방첩 개념은 법집행기관의 활동, 그리고 공작 개념은 경제제재나 군사력의 사용 등 외교활동과 차이점이 별무하다는 점을 지적하고 있다. 각국의 정보개념의 차이점에 대한 비교연구는 영국을 비롯한 영연방 국가에서도 미국의 정보개념을 수용하고 있기 때문에 별다른 시사점을 발견할 수 없다.[4] 이와 함께 헤스텟은 비교틀로서 국가들의 정보조직, 전략적 기습이나 정보실패와 같은 정보관련 문제에 초점을 둔 비교연구를 제시하고 있다. 한편, 백악관과 CIA에서 정보실무 경험을 갖춘 오코넬(K. O'Connel)은 정보기관의 비교 프레임을 매우 다양하게 제시한다. 그는 국가안보, 정보요구의 깊이와 다양성, 정보기관의 예산과 규모, 조직의 응집성(cohesion), 정보활동의 유형, 관리와 통제, 정보 생산자와 사용자, 정보협력 수준 등으로 나누어 설명하고 있다.[5] 오코넬의 분석틀은 비교 대상 변인들의 가중치나 우선순위를 고려치 않는 단순 나열식 비교라는 한계는 있으나 다양한 정보활동의 실제를 비교할 수 있는 이점이 있다.

이 밖에도 국가정보는 국가별 정치체제 유형, 정책과의 관계, NGO정보, 정보출처, 정보활동 동기 등과도 비교를 통해 함의를 찾아 볼 수 있다.[6] 먼저, 정치체제별로 보면 영미권 등 민주주의 국가에서의 정보개념은 '정책결정을 위해 가공, 정제된 첩보'로서 법집행정보나 정책과는 구분된다. 반면, 구소련이나 권위주의 국가들은 국내외 정보는 물론, 법집행정보와 정책 영역까지 포함하여 포괄적인 개념으로 사용하는 경우가 많다. 민주주의 국가들보다 권위주의 국가의 정보기관들은 분석보다는 정적 탄압 등 목적으로 국내정보 활동을 강조하며, 행정기관에 대해 우월적 지위를 유지하기도 한다. 또한 정보유형별로는 국가정보와 NGO정보 간의 비교가 가능한데 전자의 경우 국가안보차원에서 수집, 분석, 배포되는 정보로 평가자가 국회나 정부감독 기관인 데 비해, 후자의 경우 개별 NGO활동 목적이며 감독 기관은 후원자(Donor)가 될 것이다.

출처별로 구분해 볼 때 휴민트(HUMINT, 인간출처 정보)는 저비용으로 신속하게 입수할 수 있는 장점이 있는 반면, 기만에 취약하며 신뢰성이 낮다. 이와는 달리 기술첩보(TECHINT)는 비교적 고비용이나 획득한 첩보가 신뢰성이 높으며 접근이 어려운 지역(denied area)에 접근이 용이한 장점이 있다. 이밖에도 정보활동 동기면에서는 돈(뇌물), 이기심, 과시욕구, 애국심, 이성과 같은 요인들이 작용하고 있어 이들 상호간 의미 있는 비교연구가 가능할 것이다. 위에서 제시한 다양한 요소들 간의 비교를 통해서 정보조직과 활동의 특성이나 공통적인 속성을 제대로 이해할 수 있다. 일반적으로 비교연구에서는 자료 양식, 방법론, 특수성과 보편성, 그리고 실증과 규범 간 강조 정도가 쟁점이 된다. 그러나 아쉽게도 비교정보연구에 있어서 쟁점사안에 대한 체계적인 연구나 방법론적 합의는 아직 존재하지 않는다.[7]

위에서 제시한 유용성에도 불구하고 비교정보연구는 내외재적 한계에 직면하고 있다. 정보활동은 비밀리에 복잡다단하고 중첩적인 환경과 상호작용하면서 이루어지는 만큼 몇 가지 비교요소만을 선택해서 인과관계를 추론할 수 없는 경우가 많다. 정보활동과 조직에 개입하는 모든 상황적, 심리적 요인들에 대한 엄격한 통제가 불가능하며 사회과학의 이론화 과정을 그대로 적용하기 불가능하다.[8] 사례비교연구의 경우에도 미국과 영국 등 영연방 국가정보기관들을 제외하면 정치문화와 안보적 상황에 따라 정보기관의 조직이나 활동 유형면에서 상이성이 높게 나타나고 있어 비교연구를 통해 얻을 수 있는 연구성과는 그다지 만족스럽지 못할 수 있다. 무엇보다 서방 정보기관은 모범적이고 지향해야 할 대상으로 인식되는 반면, 아시아를 비롯한 저개발국가 정보기관은 열등하고 개혁의 대상으로 인식되는 것도 비교정보연구가 극복해야 할 과제이다.

2. 정보의 역사와 환경의 변화

1) 정보의 역사

(1) 미국

국가차원의 정보활동이 본격적으로 추진된 1940년 이후를 중심으로 미국 정보공동체 형성에 영향을 미친 역사적 사건들과 특징을 살펴본다. 미국 정보기관 형성에 영향을 준 요인들로는 일본의 진주만 기습(1941년), 국가안보법(1947년), 한국전쟁(1950~1953년), 의회 위원회의 정보조사활동(1975~1976년), 소련의 붕괴(1989~1991년), 데러방지 및 정보개혁법(2004~2005년) 등을 들 수 있다.[9] 이와 같은 요인들이 환경과 작용하면서 미국 정보공동체가 형성되는 과정에서 나타나는 일정한 경향과 특징들을 살펴보면 다음과 같다.[10]

첫째, 시기적으로 미국의 정보기관은 전시 또는 위기시에 형성되고 발전을 거듭해왔다. 제2차 세계대전 중의 정보조정실(COI, 1941년), 냉전직후 CIA(1947년), 9·11테러 이후 ODNI(2004년) 등의 설립에서 보듯이 조기경보를 통한 적국의 기습을 방지하여 미국의 안보를 수호하는 데 목적을 두고 정보기관이 발전해왔다. 냉전이 첨예화되면서 정보기관의 역할이 강화되는 가운데 1970년대 중반기에 이르러 미국 정보공동체의 기본 틀이 형성되었다.[11] 정보기관의 창설이 특정 정치적 사건 직후 정치개입이나 안보외적 요인에 주안을 두는 것이 아니라 미국 영토 밖의 외부위협을 평가, 해소하는 데 주안을 두고 제도적 발전을 이루어왔다.

둘째, 정보기관의 설립, 운영 및 감독 과정에서 변호사, 대학교수 등 외부 민간인들의 정보활동 참여는 매우 효과적이었다.[12] 이는 한국은 물론 영국 등 다른 유럽의 민주주의 국가와도 확연히 구분되는 점이다. 외부 민간 전문가들의 참여는 정보기관의 역량을 강화할 뿐 아니라 정보기관의 집단사고를 방지하고 정보실패를 줄일 수 있는 요인이 되기도 한다.

셋째, 정보공동체 형성 과정에서 군사정보나 군 우위의 경향이 지속되고 있다는 점이다. 제2차 세계대전과 냉전은 국방부 내 군정보기관의 창설을 정당화하였으며 이는 민간정보기관 CIA에 대한 견제의 의미도 내포되어 있었다. 신호정보를 담당하는 국가안보국(NSA, 1952년)을 비롯하여 국가정찰국(NRO, 1961년), 국방정보국(DIA, 1962년), 국가지형정보국(NGA), 육·해·공·해병대 정보부대 등을 통해 수집자산의 독점, 압도적인 인력·예산규모, 정치적 영향력 등 측면에서 우월적인 지위를 유지하고 있다.[13]

넷째, 통합과 조정(Integrity and Coordination), 견제와 균형(Check and Balance)원칙이 작동하고 있다. 수집·분석 통합 기능을 담당했던 COI, CIA전신인 중앙정보단(CIG), 중앙정보장(DCIA), 국가정보장(DNI) 등은 단편적인 전술정보 생산을 지양하고 국가차원의 통합된 정보를 생산하기 위한 제도적 표현으로 볼 수 있다. 또한 정보활동의 효과성과 민주성을 반영하기 위한 정보기관 통제방식은 실로 모범적이다. 정보기관 외적 통제 주체로는 의회, 행정부처, 합동정보공동체위원회(JICC) 등이 있으며, 정보기관 내부 통제기관으로 독립된 감사관(IG) 등은 정보기관의 권한 남용과 정보왜곡을 방지하려는 의지를 잘 보여준다.

(2) 한국

현대 한국의 정보기관의 역사는 1948년 해방과 더불어 육군정보국이 설립되면서부터 비롯되었으나 1961년 5월 중앙정보부가 창설되면서부터 비로소 국가차원의 통합된 정보활동이 수행되기 시작하였다.[14] 중앙정보부(훗날 안기부, 국정원)를 중심으로 한국의 정보기관의 형성 과정에서 나타난 주요 특징들을 살펴본다.

첫째, 처음부터 한국의 정보기관은 대북 정보수집과 방첩활동과 같은 본연의 임무와 함께 정권적 차원의 업무를 담당하기 위해 설립되었다. 중앙정보부의 설치 목적으로 "공산세력의 간접침략과 혁명과업수행의 장애를 제거하기 위해 국가재건최고회의에 중앙정보부를 둔다"고 한 규정에서 분명히 드러난다.[15] 정보기관의 국내정치 개입 근절 노력은 1961년 중정창설 이후 지속되어 왔으며 정보기관의 개혁에도 정치적 중립성에 대한 논란은 끊임없이 제기되었다. 문재인 정부에 이르러서야 종지부를 찍게 된 점은 다행이라고 하지 않을 수 없다. 둘째, 정보기관 창설과 운영 과정에서 민간 전문가들은 배제되거나 극히 제한적으로 충원되었다. 이는 미국과 달리 군의 정치개입이 30년간 지속된데다 상대적으로 외부 민간 정보전문가 인력풀이 부족한 데 기인한 것으로 보인다. 김영삼 정부 이후에야 민간관료들이 정보업무의 핵심역할을 담당했으나 폐쇄적인 조직운영의 문화와 관성을 단기간에 극복할 수는 없었다. 이로 인해 정보개혁 요구에 대한 무관심과 거부, 성찰적 태도의 결여, 경쟁력 약화로 이어지는 결과를 초래하였다. 미국의 정보기관이 설립 초기부터 고위직에 민간인들을 포진시키고 다양한 외부 인력들을 충원한 것과는 대비된다. 한편, 군정보기관의 폐쇄적 운영 행태는 민간정보기관보다 심하다. 군 특성상 일정 부분 불가피한 측면도 있으나 특정 학교 출신인맥이 지배할 경우 조직의 효과성, 국가안보 목표보다는 자칫 사적 이해관계나 집단사고에 의한 정보업무를 수행할 가능성이 높다.

셋째, 정보기관의 개혁과 발전은 합리적인 로드맵에 의해 추진된 것이 아니라 정치적 요인에 의해 이루어진 결과 정보기관은 장기적이고 정상적인 발전을 기대하기 어려웠다.[16] 1970년대 후반 이후 미국의 정보개혁을 통한 발전이 주로 정보기관 본연의 업무 수행의 실패에서 비롯된 정보실패의 개선책 마련이라는 차원에서 진행된 것과는 사뭇 다르다. 정권 교체기마다 단행된 한국의 정보개혁은 지속성과 전문성의 결여 등으로 소기의 성과를 이루지 못했다. 이 또한 미국이 1970년대 의회 처치위원회(Church Committee)가 정보위원회를 발족하여 정보기관의 불법 정치개입을 차단하고 정보활동을 제도적으로 지원해나간 사실과 차이가 있다. 정보실패를 방지하려는 종합적이고 성찰적인 노력 대신, 정치적 곤경이나 위기를 벗어나기 위한 임시방편적인 개편으로 일관하다보니 정권교체기마다 개혁의 대상으로 전락하는 경우가 많았다.

2) 정보환경의 변화

(1) 미국

오늘날 미국이 직면하고 있는 안보환경을 구성하는 요인은 어느 때보다 복잡다단하다. 우선, 핵정책과 베트남 전쟁의 부정적 기억들은 냉전기부터 지금까지 미국인들의 심리적 환경에 강하게 영향을 미치고 있다. 비핵화, WMD 및 신기술 확산 차단을 위한 미국정부의 통제노력은 안보정책에 최우선적인 과제로 자리 매김하고 있다. 또한 베트남전의 패배 경험은 테러와의 전쟁에서 또 다른 베트남화(Vietnamization)를 초래할지도 모른다는 우려감을 낳고 있다.[17] 탈냉전 직후 주적이 사라진 대신 테러, 마약, 초국적 행위자 등 비대칭 위협이 새롭게 부상하였다. 이와 함께 중국의 경제력 팽창과 소련의 대미 적대적 태도가 지속됨에 따라 주권국가들이 미국안보의 주요 관심사로 재부상하고 있다. 특히, 중국이 미국 및 서방권의 헤게모니에 도전함에 따라 힘의 전이로 인한 갈등과 긴장이 확산되고 있다. 이 같은 사실은 2017년 12월에 발간된 트럼프 행정부의 국가안보전략(NSS)에서 핵심 도전세력(key challenges)으로 중국과 러시아와 같은 수정국가들(revisionist powers)에 의한 도전을 가장 큰 위협으로 간주하고 있는 데서도 잘 드러난다.[18]

인종 및 종교문제, 내전과 같은 요인들이 WMD, 생화학 무기, 핵무기 등과 결부되어 복잡한 안보환경(complex environment)으로 작용하고 있다. 세계화의 진전으로 일국의 재난은 타 국가에 대해서도 엄청난 피해를 유발하고 있으며 비국가행위자들의 등장은 안보 주체를 다양화함으로써 불확실성이 한층 증대되었다. 또한 통신기술의 발달은 글로벌 상호의존과 외교, 안보정책의 복잡성을 증가시켰다. 개인과 국가들이 활용 가능한 정보의 증대는 미국이 통제할 수 없는 범위가 증가했다는 점에서 새로운 도전이 아닐 수 없다. 통신수단 사용 확대는 정보기관으로서 과학정보수집, 분석역량 강화와 함께 비밀주의 완화, 공개정보 활용 범위 확대, 정보 소비자의 정보요구 강화에 대비하고 적응해야함을 의미한다.

한편, 합의된 미국 국가이익은 존재하지 않지만 일반적인 국가이익에 대한 유형과 주요 내용을 살펴보면 다음과 같다.[19] ① 사활적(vital) 이익: 본토나 해외 주둔 군대에 대한 공격 차단 등 ② 매우 중요한(extremely important) 이익: 핵사용의 방지, WMD의 지역적 확산 방지 등 ③ 중요한(important) 이익: 대규모 인권위반 행위 차단, 민주주의나 다원주의 증진 ④ 부차적(secondary) 이익: 무역 불균형 시정, 민주주의 확산, 특정 분야 수출 증대 등으로 제시된다. 이를 요약하면 미국의 국가이익은 생존, 번영, 민주주의, 국제안정과 평화, 동맹관계 유지로 볼 수 있다. 미국의 국익과 영향력을 유지하기 위한 군사력, 비밀공작, 해외원조, 제재 그리고 공공외교 등 다양한 수단으로 활용하고 있다. 특히 군사력은 동맹에 신뢰를 부여하고, 힘의 투사 능력은 전범위에 걸친 미국의 이익에 대한 영향력을 행사할 수 있는 근원이 된다.

(2) 한국

한국의 안보환경은 다양한 행위자의 등장, 정보통신 기술의 혁명, 국제질서의 변화 등 글로벌 차원뿐 아니라 실제 영향을 많이 미치는 동북아 및 남북관계 차원에서부터 살펴볼 필요가 있다. 효율적인 다자안보기구나 집단안보기구가 부재한 동북아 지역에서의 협력이 양자관계나 쌍무관계에 의해 추진되고 있어 다양한 이슈를 해결하는 데 한계를 보여주고 있다.[20] 또한 중국이 신장된 국력에 상응하는 위상 확보를 추구하고 있는 관계로 역내 불안정성이 증대되고 있으며 중국의 경제력의 성장과 견제로 미국 일방주의와 연성권력의 독점은 점차 약화되고 있는 추세이다. 또한 최근 남북정상회담 이후 중국은 패싱을 우려하며 남북관계 및 미북관계 정상화 과정에서 영향력 확대를 시도하고 있다. 한편, 중북관계는 전통적 혈맹관계로는 복원되지는 않고 있으나 우호협력관계의 기본 틀 내에서 각자의 실익에 따라 조정되는 관계로 유지되고 있다. 중국은 한반도의 평화와 안정, 북한체제 붕괴 방지, 미국과의 경쟁을 고려한 대북정책을 추진하고 있다.

미중, 중일의 전략적 경쟁과 협력을 지속하고 있는 가운데 미국은 전통적인 한미일 남방 3각동맹관계를 활용하여 중국을 견제, 중국과 일본은 영토문제 및 대북제제 문제를 둘러싸고 협력과 갈등을 지속하고 있는 상황이다. 전통적으로 동북아 지역은 북한의 핵개발로 인해 안보질서가 동요하고 군비증강을 가속화해왔다. 21세기 동북아는 핵강국과 비핵국가들이 병존하면서 핵질서를 구성하고 있었으나 북한의 핵개발은 핵질서 파괴 및 역내 불안정성의 심화를 야기해왔다. 다만, 최근 남북정상회담 이후 동북아 지역 내 비핵화 논의 및 긴장완화 분위기가 창출되고 있으나 상황의 진전여부는 시간을 두고 지켜봐야할 것이다. 남북관계, 미북관계 개선시도가 진행되고 있는 가운데에서도 중국·일본 등 주변 국가들은 치열한 국가이익을 추구하고 있다. 한국은 미국과의 관계에서 대체로 추종적인 성격을 띠고 국가이익을 추구해왔으며 미국의 대북정책 변화에 민감하게 반응해왔다. 주변 강대국 사이에 놓인 지정학적 위치와 북한의 대남위협은 한국의 국가안보환경을 이루면서 안보전략 수립과 이행에 중요한 요인으로 작용해왔다.[21]

한편, 한국의 국가이익은 대부분 미국의 학자들이나 행정부의 견해를 수용하고 있는데 중요도를 중심으로 존망의(survival) 이익, 사활적(vital)이익, 중요한(important) 이익을 제시하고 있다. 또한 한국의 국가이익은 중요도에 따라 존망(survival) 이익, 핵심적(vital) 이익, 중요한(major) 이익, 지엽적(peripheral) 이익으로 구분하기도 한다.[22] 국가이익은 국가안전보장, 평화통일, 경제성장과 국가번영, 국위선양과 세계평화에 기여 등으로 구체화될 수 있다.[23] 한국은 반도적 위치로 인해 주변국가와의 지정학적 요인이 매우 중요하게 작용해왔으며 국가이익 추구나 위협의 대상면에서 북한 또는 북한과 관련된 사안에 국한되는 경향이 강하다. 문재인 정부 출범 직전까지도 북한의 직접적이고 명시적인 위협이 지속되고 있었다는 사실을 상기해볼 필요가 있다. 북한은 지난 70여 년간 요인 암살 및 납치 등 미시적 차원의 테러의 형태로부터 핵 및 미사일 발사 실험, 연평도 포격

등 거시적 차원의 직접적 군사 공격을 감행한 바 있다. 소련과 같은 주적(dominant enemy)이 사라진 미국의 경우와 달리 한국은 여전히 북한으로부터 존망의 위협에 직면하고 있다. 북한의 비핵화와 이를 둘러 싼 안보환경은 한국의 대외정책과 행동을 제약하는 구조적 요인으로 존재한다.

3. 정보체계: 구조, 기능, 활동

1) 구조와 기능

(1) 미국

미국은 세계 어떤 국가의 정보기관들보다 차별화된 정보시스템을 운영하고 있다. 첫째, 17개 정보기관으로 구성된 정보공동체(Intelligence Community)방식을 통해 국가안보를 추구하고 있다. 국가정보장(DNI)이 조정·감독하는 정보공동체는 독립된 정보기관이 CIA, 군정보기관, 민간정보기관으로 구성된다.[24] 정보공동체는 획일적인 명령체계가 아닌 느슨한 정부부처 연합체와 같은 것으로 권력 분립을 반영한 연방제적 성격과 부처 간 견제와 균형을 중시하는 미국적 가치를 반영하고 있다.

이와 같은 구조적 특성으로 인해 도표 12.1에서와 같은 복잡한 모습으로 나타난다. 미국 정보공동체의 구조와 기능 면에서 중요한 변화는 9·11 테러 이후 2004년도 국가정보장(DNI)직의 신설이다. 과거 정보기관의 통합적 운영을 위해 CIA장이 겸임했던 중앙정보장(DCI)직제를 폐지한 대신 창설된 DNI는 정보기관 간의 역학관계에서 변화를 가져왔다. DNI는 과거 CIA가 담당했던 대통령 일일보고(PDB: President's Daily Briefing)와 국가정보판단보고서(NIEs)를 생산하는 권한을 갖게 되었다. 뿐만 아니라 정보공동체 지휘부에 대해 정보수집, 분석, 방첩, 정보 자산획득, 인사, 예산과 관련하여 DNI지침을 하달하여 개별 정보기관을 조정할 수 있는 법적인

도표 12.1 미국 정보공동체 체계도[25]

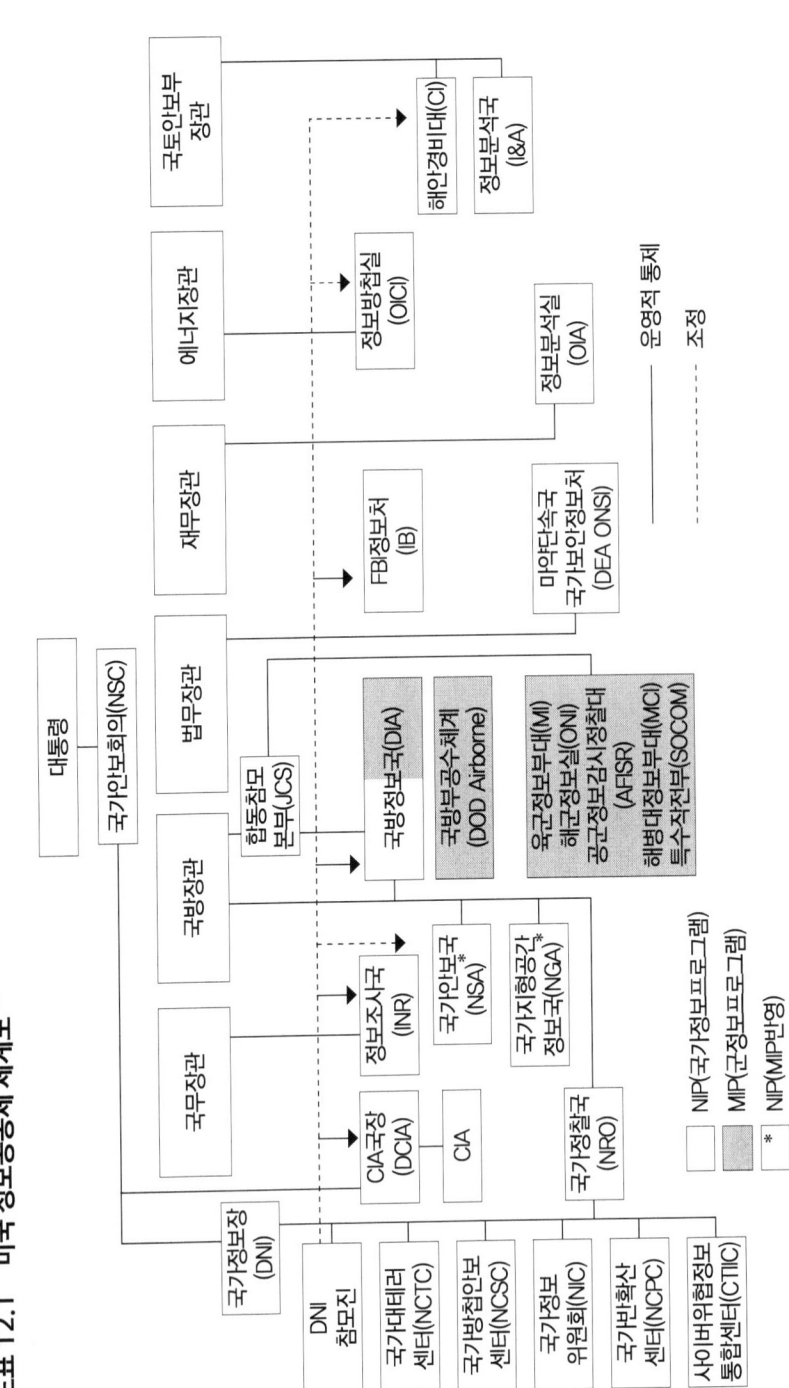

권한을 보유하고 있다.[26] 그러나 이 같은 통합력의 강화에도 불구하고 정보공동체는 중앙집권적인 명령체계로 전환된 것이 아닌 만큼 DNI의 실제 권한행사에는 한계가 있을 수밖에 없다. 각 부처 이기주의와 관료적 저항, 해외 공작 및 방첩활동에 대한 CIA권한 유지, 국방부의 첩보수집 및 배포 권한 보유, DNI인사와 관련하여 실제 백악관의 인사권한 행사 등이 정보공동체의 통합성을 저해하는 요인으로 작용하고 있다.

둘째, 해외정보와 국내정보를 분리·운영하는 형태를 유지하고 있다.[27] 분리형 정보시스템을 채택한 가장 큰 이유는 국내외 정보통합 운영에서 야기될 수 있는 시민적 자유나 인권침해를 차단하기 위해서이다. 외부 통제가 어려운 비밀정보기관은 자칫 게슈타포로 변질되어 국가안보 본연의 임무보다는 정치개입과 국민 사생활 침해와 같은 불법 활동의 유혹을 받기 쉽다. 이러한 우려를 불식하기 위해 미국은 냉전기나 9·11직후 정보개혁 과정에서도 국내정보기관의 설립을 용인하지 않았다. 미국의 국내보안정보활동은 법집행기관인 FBI에 의해 수행되고 있다는 점에서 유럽의 국내정보기관이나, 길(P. Gill)이 분류한 순수 국내정보국형 정보기관과는 다르다.[28]

셋째, 국가차원의 통합된 정보활동 수행을 위한 정보조직을 운영하고 있다. 정보공동체 구성 기관들의 이해관계를 조정하고 국내외 분리에 따른 정보 사각지대 발생을 최소화하기 위한 조치의 일환이다. CIA산하 국가비밀공작국(SNB), DNI, DNI 산하 국가대테러센터(NCTC) 및 국가정보위원회(NIC), 국방부산하 국가정보수집기관인 NRO, NSA, NGA 등이 대표적인 사례에 해당된다. 이들 기관은 단일 행정부처 내에 소속되어 있으나 분야별로 국가 전체 차원에서 정보활동을 수행하고 있다. 또한 2004년 합동정보위원회(JICC)를 설치하여 정보요구 우선순위 확정, 예산, 정보활동 평가 등 관련 DNI에 자문하는 역할을 수행하는 것도 동일한 맥락에서 이해될 수 있다.

넷째, 기존 국실과 같은 계선조직 이외 융합 센터(fusion center), 미션 매니저(mission manager) 등 다양한 조직형태를 운영하여 계층제와 관료적 이기주의에 따른 정보실패를 방지하고 정보소비자의 요구를 충족시키고자 노력하고 있다. CIA 조직의 경우 전통적인 구분 방식인 지역과 기능으로 구분하면서 이를 계선조직과 센터로 양분하여 운영하고 있다.[29]

다섯째, 다른 국가들에 비해 방대한 규모의 군사정보수집 및 분석조직을 유지하고 있다. 영국, 호주 등 영연방국가들은 통합된 국방정보기관을 운영하면서 자체 군정보부대 운영을 최소화하고 있는 반면, 미국은 1962년 국방정보를 총괄하는 DIA의 설립에도 불구하고 육·해·공군·해병대가 별도의 정보부대를 운영하고 있다.

(2) 한국

미국의 복잡한 정보조직에 비해 한국의 정보조직은 비교적 단순하다. 전세계에 걸쳐 군사력을 투사하면서 이익을 추구하는 미국의 정보기관의 조직규모와는 다를 수밖에 없다. 한국 정보기관은 다음과 같은 조직상의 특징을 나타내고 있다. 첫째, 국정원의 경우 대통령 직속 기관으로 국내외 및 수사기능을 통합한 정보기관 형태를 유지하고 있다. 앞에서 언급한 바와 같이 국정원은 5·16군사혁명의 과업수행 목적으로 1961년 창설된 이래 탈냉전기와 민주화 과정을 거치면서도 통합형 틀을 유지하고 있다. 문재인 정부가 출범하면서 안보와 무관하거나 거리가 먼 국내 정보수집이나 정보

해설 12.1

정보공동체(Intelligence Community) 명칭의 유래

원래 Community라는 용어는 아리스토텔레스 이후 사랑과 애정으로 결합된 인간집단을 의미하였다. 그러나 실제 미국의 정부 기관들은 조직·개인 간 갈등과 불신, 그리고 경쟁으로 얼룩져있었다. 이를 극복하기 위해 단일성(oneness), 전체성(wholeness) 그리고 공생(togetherness)관계를 강조하기 위해 붙인 명칭으로 1955년도 2차 후버위원회에서 공식적으로 사용되었다.

관(I/O)을 폐지하였으나 방첩 및 보안정보활동은 그대로 수행하고 있어 통합형의 기본 틀은 유지되고 있다.

둘째, 북한 및 해외정보 분야를 중심으로 정보활동이 이루어지고 있으나 조직 구성면에서 보면 여전히 국내정보기관의 비중이 높다. 국정원의 조직체계를 정확하게 알 수는 없지만 문재인 정부에서도 국내 정보를 담당하는 지부조직이 유지되고 있다는 사실이 이를 뒷받침한다.

셋째, 각 부처별 개별 정보활동위주로 정보업무가 이루어지고 있으며 정보활동을 통합·운영하는 시스템이 존재하지 않는다. 그 결과 정보기관, 행정부처 및 군정보기관 간 대통령에 대한 보고를 둘러싼 소모적인 경쟁이 치열하다. 청와대 국가안보회의(NSC)는 정책심의기관이라는 점에서 정보기관과 행정 부처들의 정보활동만을 대상으로 조정, 협의하는 미국의 JICC와는 차이가 있다.

넷째, 정보조직이 전통적인 편성 원리인 지역과 기능위주로 이루어지고 있다. 한국의 정보기관에서 정보기술의 발달과 전쟁 유형의 변화 등 정보환경의 변화에 따른 융합조직이나 네트워크 중심의 조직은 매우 제한적으로 운영되고 있다. 미국에서 융합적인 업무를 수행하는 저센터와 같은 조직도 기존 계선조직에서 다루기 어렵거나 애매한 업무를 처리할 목적으로 운영하고 있다.

2) 정보활동

(1) 미국

미국 정보기관 활동의 특징은 정보활동과 수단·범위 면에서 한국의 정보활동과도 뚜렷하게 구분된다. 권위주의 국가들이 국내정보나 방첩활동을 강조하는 것과는 달리 미국 정보공동체는 정보분석의 중요성을 매우 강조한다. 이는 국방, 외교정책의 수립과 추진 과정에서 지식으로서 정보분석이 비중 있게 반영되기 때문이다. 정보기관들은 상대국가의 의도와 능력을 정확하게 분석하고 정보실패 방지를 위해 다양한 분석기법을 적용하거나 분석관들의 자질 향상에 지속적인 노력을 기울이고 있다. 생산된 정보의 배포 범위를 보면 대통령, 부통령과 각 부처 장관, 지역 사령관, 행정부처 대상으로 규칙적으로 제공되고 있어 상대적으로 넓다. 배포되는 정보의 유형은 대통령 일일 브리핑(PDB: President's Daily Brief), 고위정보보고(SEIB: Senior Executive Intelligence Brief), 군사정보 요약, 국가정보판단보고서(NIE: National Intelligence Estimates)등으로 다양하다.[30]

　미국 정보기관의 비밀공작 수단은 심리전, 사보타지, 암살, 준군사공작 활동 등으로 어느 국가보다 다양하며 영향력을 행사하기 위한 수단으로 사용하고 있다. 미국이 국제사회에서 영향력을 행사하기 위한 수단으로 비밀공작 이외에도 해외원조, 제재 그리고 공공외교를 활용하고 있다.[31] 미국의 정보기관은 전 세계에 걸쳐 외국정부의 행태나 외국의 정치, 경제 및 사회적 사건 등에 영향을 행사해왔으며 공작활동이야말로 행정부처와 가장 차별화된 영역이다.[32] 비밀공작은 국가안보를 위해 불가피한 정보활동으로 인식되지만 인권을 중시하는 미국적 가치와 상반되는 점을 고려하여 다른 정보활동보다 의회통제가 강화되고 있다.[33]

　명확히 구분되는 것은 아니지만 CIA는 인간출처 정보(HUMINT)수집을, 군정보기관은 기술출처 정보(TECHINT, 테킨트)를 수집하는 기능을 담당해왔다. 과학기술을 중시해온 미국은 전통적으로 HUMINT보다는 TECHINT를 강조해왔다. 그러나 9·11 정보실패를 방지하기 위해 다양한 국가들의 문화와 언어에 대한 중요성을 이해하고 HUMINT수집을 강화하는 방향으로 개혁을 진행해왔다.

(2) 한국

한국의 정보기관의 정보활동은 주로 북한과 한반도 주변국가들을 대상으로 이루어지고 있다. 주요 정보수집의 목표는 북한의 대남전략 의도와 방향, 군사·정치·경제적 동향, 중국과 소련 등 친북성향 국가들의 대북정책 그리고 미·일·중·러 국가들의 대(對)한반도정책 등이 될 것이다. 최근에는 인터넷과 컴퓨터 등 정보통신 기술의 발달에 따라 사이버 공간이 국가안보에 중요한 영역으로 부상함에 따라 가상공간에서 첩보수집 활동을 강화하고 있다. 북한의 사이버 공격에 대비한 사이버 대응 정보활동의 역할도 오프라인상의 정보활동 못지않게 중요한 비중을 차지하고 있다. 한국도 HUMINT수집은 주로 국정원이 수행하고 있으며 TECHINT는 군정보기관인 합참 국방정보본부가 군사정보를 수집, 분석, 배포하는 업무를 수행하고 있다. 또한 국방정보본부는 해외 무관 파견, 정보협력 등 업무를 담당하고 있다. 또한 영상, 신호 첩보를 수집·분석하며 사이버 대테러 업무도 관여하고 있는 것으로 알려져 있다. 한국의 정보기관은 비밀공작보다는 첩보수집과 분석 위주로 정보활동이 이루어지는 경향이 있다. 성공적인 비밀공작을 위해서는 노하우와 자금 그리고 공작망 등이 필요한데다 공작이 실패할 경우 발생할 수 있는 외교문제의 발생 가능성을 우려한 것으로 보인다.

정보활동 유형 면에서 볼 때 문재인 정부 이전까지는 국내정보활동이 해외정보활동보다 비중 있게 다루어지고 있었으며 정치일정에 개입하거나 대통령의 정무적 기능을 보좌하는 역할까지 담당해왔다. 국정원의 정치개입 활동은 안기부, 국정원 등으로 정보기관의 명칭 변경에도 불구하고 지속되었으며 기무사의 민간인 사찰이나 세월호사건 관련 보고서에서 보듯이 한국의 정보기관은 민간, 군 막론하고 정치화되고, 일탈이 일상화된 상태에서 정보활동을 수행했던 것으로 드러났다. 한편, 정보와 정책관계를 보면 이들 양자 간의 합리적 연계성은 그리 높지 않은 편이다. 정보사령부는 주로 군사 휴민트 및 영상정보수집, 대북공작 업무를 수행하는 등 최근 업무 영역을 확대하는 것으로 알려져 있다.[34] 한국의 정보기관들은 미국과 달리 정보공동체나 정보조정협의체가 형성되지 않은 관계로 개별 부처의 이기주의가 매우 강해 국가차원의 통합된 정보활동이 이루어지지 않고 있다.[35] 위에서 기술한 한미 양국의 정보체계를 요소별로 비교하면 표 12.1과 같이 정리할 수 있다.

표 12.1 한미 안보환경 및 정보체계 비교

비교 요소		미국	한국
역사와 환경	정보 역사 및 정체성	전후, 냉전시 창설 민간전문가 참여 군우위, 다원주의	정치적 목적에서 창설, 외부 전문가 참여 제한, 군사문화 잔존
	정보통제	높은 수준 통제 사전 통제 가능	낮은 수준 통제 사후 통제 위주
	환경	중국 및 소련의 도전 테러단체, WDM확산 등	북한의 위협, 중국의 부상
정보체계	조지	국내외 분리 정보공동체 형식	국내외 정부 및 수사 통합 통합형, 부처 개별주의
	기능	정책 지원	정책지원, 정책이행, 정무적 기능
	중점 활동 방향	분석, 기술정보	수집, 휴민트
정보 활용	정책과 관계	정책에 의한 통제, 엄격한 분리	정책으로부터 자유, 사안에 따라 정보기관의 행정부처의 역할 대행

4. 정보활용과 통제

1) 정보활용: 정보와 정책

(1) 미국

정보활동은 최고 정보소비자인 대통령을 비롯하여 정책공동체의 요구를 반영하고 소통하는 가운데 이루어진다. 정보소비자들은 정책에 필요한 정보를 요구하고 평가함으로써 정보기관의 외부 환경요인으로 작용한다. 미국 정보기관의 대외 정보배포 범위는 한국의 정보기관보다 훨씬 광범위하고 일관성을 보여주고 있다. DNI는 대통령, 행정부처 장관, 기관장, 합참의장, 군 고위관계자, 상하원 및 위원회를 비롯하여 필요하다고 판단하는 기타 인사들에게 국가정보 등을 제공한다. 전통적으로 미국의 정보기관은 정책지원(Policy Support)에 일차적인 목적을 두고 업무를 수행하고 있다. 도표 12.2에서 보듯이 정보는 정책을 지원하면서도 정책 영역과는 분리되어 있으며 정책은 정보 과정에 침투할 수 없는 한계가 있다는 공감대가 형성되어 있다.[36] 정보는 '국가생존에 불가결한 지식'[37], '외교정책의 도구'[38]라는 정의에서도 잘 드러난다.

정책결정자들의 정보에 대한 우월적 관계는 정보요구-수집-분석-배포로 이어지는 정보순환(intelligence cycle) 과정에서도 확인할 수 있다. 정보소비자들의 요구에 따라 정보는 수집·분석·배포된다. 이들 정책결정자들은 피드백에 이르기까지 정보주기 전 과정에 걸쳐 관여하고 있다.[39] 미국에서 오래된 논쟁가운데 하나는 정보와 정책의 관계 설정에 관한 것이다. 양자 간에 거리를 두어야한다는 전통주의(traditionalism) 시각과 정보소비자들과 밀접한 관계를 강조하는 행동주의(activism) 시각으로 대별된다.[40] 도표 12.2에서 보는 바와 같이 미국의 정책기관은 정보기관에 대해 영향력을 행사할 수 없지만, 정보기관은 정책을 지원하는 기능을 수행한다. 이는 도표 12.2의 실선화살표가 정책에 대해 우월적 지위를 토대로 정보기관의 의지를 관철하고 있다는 점에서 차이가 있다. 이 같은 논의는 정보가 정책의 부당한 간섭이나 영향을 받지 않고 정책지원이라는 본연의 기능에 충실

도표 12.2 미국의 정보와 정책 간 관계

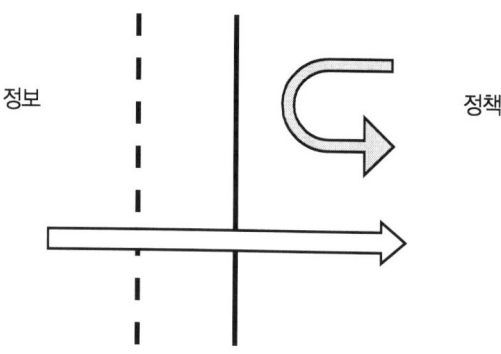

하려는 목적에서 비롯된 것이다. 이렇게 볼 때 정보기관은 국가안보 정책 결정을 지원하는 조직인 셈이다. 정보는 전시와 평시 그리고 위기시에 그 역할이 다소 상이하나, 전략적 기습의 방지, 장기적 차원의 전문지식 제공, 업무의 비밀성 유지 등의 기능을 담당하고 있다.[41]

(2) 한국

정보소비자 또는 정책과의 관계에서 한국의 정보기관, 특히 국정원은 최근까지 대통령에 대해서는 맹목적인 충성을 보인 반면 행정부처에 대해서는 우월적인 입장을 견지하는 양면적 태도를 보여왔다. 5·16혁명과업 수행이 중앙정보부 창설의 목적중 하나인 까닭에 정보기관의 정무적 판단과 정치활동은 통상적인 정보업무의 일부로 인식되었다. 이로 인해 남북관계와 해외 분야 업적에도 불구하고 비난과 개혁의 대상으로 폄훼되어 왔다.[42] 국정원은 대통령 직속기관으로 대통령의 지시를 수행하였으며 정기적인 보고는 오직 대통령에게만 집중되었다. 대통령은 국회의 반대에도 불구하고 원장을 임명할 수 있으며, 원장은 대통령으로부터 지휘, 감독을 받는다. 또한 대통령은 직원의 정원, 조직의 설치, 보안업무 기획조정권한도 대통령으로부터 승인을 받는다.[43] 말하자면 대통령은 인사, 조직, 정보활동 모든 면에 영향력을 행사할 수 있으며 정치적 목적으로 정보기관을 이용할 경우에도 이를 견제할 수 있는 장치가 사실상 전무하다. 대통령과 정보기관의 수직적 지배관계는 다른 어떤 환경요인보다 막강한 영향력을 미친다.

반면, 행정부처와 정보기관의 관계는 대통령과의 관계와는 매우 상반된 형태로 진행되었다. 한국 정보기관은 서방 정보기관과 달리 행정부로부터 지휘와 평가를 받지 않는 것은 물론 대통령 보고, 공직자 신상 보고를 통해 일반 행정기관을 견제하고 통제해왔다. 이 같은 업무 관행으로 행정기관에 대한 정보 지원업무는 부차적이었으며 상황논리에 따라 좌우되었다. 이와 같은 형태의 정보기관은 근대화 과정에서 대통령의 정책적 의지를 관철하고 국내외 통합적 정보활동을 통해 다소 순기능을 발휘한 것이 사실이다.[44]

그러나 국내에 치중된 정보활동은 외부 위협에 대한 조기경보 시스템 구축과 예산의 활동에 무관심하거나 정보의 정치개입을 초래함으로써 부작용을 양산하였다.[45] 대통령의 선호나 정권의 정책과 일치하지 않는 정보기관의 업무는 통제되거나 조정되었다. 행정부처들이 정권의 목표와 부합하지 않을 경우 충성심이 약하거나 잘못된 것으로 인식하기도 했다. 따라서 조정의 대상으로서 행정기관이 정보기관에 미칠 수 있는 여지는 거의 없다. 행정부처의 국정원 통제수단이 있다면 기재부의 예산 편성권, 감사원의 감사권, 검경의 수사권 관련 협의 정도이나 통제나 견제장치로는 거의 실효성이 없다. 도표 12.3 점선 화살표에서 보듯이 정책은 정보영역으로 미약하게 침투할 수 있지만 실선 화살표에서 보는 바와 같이 정부는 정책영역에 강하게 영향을 미칠 수 있다.

2) 정보통제

(1) 미국

미국의 정보기관에 대한 통제는 의회, 대통령, 행정부처, 법원, 언론 등 다

도표 12.3 한국의 정보와 정책관계

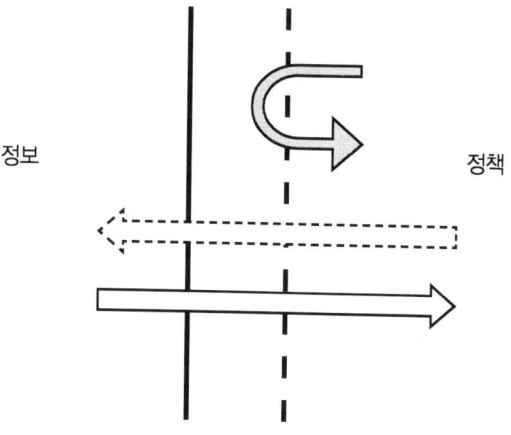

양한 행위자들을 통해 이루어진다. 그중에서도 입법권과 예산심의권을 가진 의회의 정보통제가 가장 중요한데 1975년 처치위원회의 불법정보활동을 조사한 이후 상하원 정보위원회가 창설되면서부터 구체화되었다. 의회의 정보통제는 대통령을 견제하고 행정부를 감시·비판하는 차원에서 이루어진다.[46] 따라서 행정부나 언론이 갖지 못한 입법권, 예산심사, 정보활동 승인, 조사, 인준 등의 권한을 활용하여 감독활동을 수행한다.

상원정보위원회는 15명으로 다수당의 위원수가 8명으로 소수당 위원수 7명보다 1명이 더 많은 형태로 구성된다. 이는 다수당에게 책임을 부여하고 당파성을 최소화하기 위한 조치로 보여진다. 반면, 하원정보위원회는 20인 이하로 구성되며 한국과 같이 의석 비율에 따라 배정이 이루어진다. 위원들의 임기는 2년으로 연임이 가능하며 최대 8년까지 재직할 수 있다. 미국 의회는 정보기관장의 임명 과정에서 청문회와 임명 동의권을 부여하고 있어 정보기관을 견제할 수 있는데 한국의 경우 청문회를 개최하더라도 대통령은 국회가 반대해도 정보기관장의 임명을 강행할 수 있다는 점에서 차이가 있다. 정보위원회 위원은 군사·외교·사법·세출위원회 소속 위원을 최소한 1인 이상 포함으로써 통제에 있어서 의원들의 전문성을 활용하려는 의도로 보이고 있다.

정보활동에 대한 통제는 1974년도 제정된 휴즈·라이언법(Huges-Ryan Act)에 의해 비밀공작의 의회보고를 의무화한 이래 방첩·분석·수집활동에 대한 통제도 실시하고 있으며 정보기관의 정보실패 방지책이나 정보역량 강화를 위한 개선안을 권고하기도 한다.[47] 또한 의회는 예산심의 및 승인권한을 통해 보유하고 있으며 비밀정보에 대한 완전한 접근권을 제도적으로 보장받고 있으며 정보활동에 대한 조사권한도 보유하고 있다.[48] 의회의 정보통제와는 달리 행정부의 정보기관에 대한 통제는 정보활동을 직접 명령하고 이행하는 과정에서 이루어진다. CIA를 제외한 미국의 대부분의 정보기관은 행정부처 산하에 설치되어 있어 부처장관의 지휘와 감독을 받고 있다. FBI는 법무부, NSA(국가안보국)·NRO(국가정찰국)·NGA(국가지형정보국)·DIA(국방정보국)은 국방부, OICI(정보방첩실)은 에너지부, INR(정보조사국)은 국무성, 정보분석실(OIA)은 재무부 산하에 각각 설치되어 있다. 이들 기관장은 대부분 차관보급으로 임명되고 부처 내 행정업무를 수행하는 여타 국실과의 교류는 제한되어 있는 것으로 알려져 있다.

의회의 승인과 대통령에 의해 임명된 독립된 감사관(IG: inspector general)은 부처의 장으로부터 일정부분 독립성을 유지하면서 조사권한을 보유하고 있어 내부 통제의 실효성이 어느 정도 보장된다.[49] 또한, 행정부처 장관들은 정보기관장의 임명과 정보예산을 전용할 경우 국가정보장(DNI)과 협의를 거쳐 시행하게 되어있기 때문에 독립된 정보기관보다는 절차적 투명성이 높다.[50] 대통령은 정보기관에 대해 정보기관장의 임면권을 행사하고, 대통령이 의장으로 있는 국가안보회의(NSC)를 통해 정보공동체에 대한 감독과 정보정책 방향을 제시하고 정보기관으로부터 자문을 받을 권한을 행사할 수 있다.[51] 뿐만 아니라 대통령은 백악관 예산관리국(OMB)을 통해 정보 예산항목을 명확히 하고 조정함으로써 정보활동 내용과 방향을 통제한다. 기타 법원의 판결이나 언론의 비판을 통해 정보기관의 일탈과 권한 남용을 방지한다.[52]

(2) 한국

한국은 1994년도에 정보위원회를 설치함으로써 정보통제가 제도적으로 이루어지게 되었다. 정보위원회는 임기 2년의 12명의 위원으로 구성되며 위원들의 수는 미국 하원정보위원회와 같이 의석분포를 반영하고 있다. 정보위원회는 월1회 비공개로 개최하게 되어있으며 회의 내용은 위원회 결의 후 정보기관의 동의가 있는 경우 공개할 수 있다. 정보위원장은 미국의 상원위원회와 달리 여당이 아닌 다수당 위원 가운데 선출되며 위원들은 2년 이내 대부분이 교체된다.

정보위원회는 입법권, 청문회, 예산안 심의권, 정보자료 요구권 등을 통해 정보기관을 통제한다. 미국 의회가 정보기관장에 대한 인준권한을 보유하고 있는 데 비해 한국 국회는 정보기관장 임명시 청문회를 개최하지만 대통령이 임명을 강행할 경우 저지할 수 있는 권한이 없어 효과적인 통제 수단이 되지 못한다. 예산안 및 결산안 심사 관련하여 국정원은 총액으로 보고하고 정보위원회의 심사는 예산결산특별위원회의 심사로 인정되어 있다.[53] 예산산출 내역과 예산안 첨부서류 제출은 생략이 가능하며 기밀활동비는 총액으로 타 기관 예산에 계상이 가능하다.[54] 미국과 달리 기밀 자료에 대한 의회의 접근은 상당부분 제한되어 있으며 정보기관들이 자료제출과 현황보고에 비협조적인 경우 의회의 예산 감시기능은 한계가 있다.

정보통제가 기능을 발휘하지 못한 이유로는 정보위원들의 잦은 교체로 인한 전문성 부족, 높은 당파성과 기밀누설, 의원들의 재선에 별다른 도움이 되지 않는 정보위원회 경력 등을 들 수 있다.[55] 한편, 행정부의 정보통제와 관련하여 국정원의 경우 유일하게 "감사원의 감사를 받을 수 있다"는 규정이 있으나 이 역시 국가안전보장을 이유로 제출을 거부할 수 있어 효과성이 의문시 된다.[56] 국정원장이 국무위원이 아닌 관계로 국회출석이나 자료제출을 거부할 경우 총리로 하여금 소명을 대신하게 되어 있는 현실도 정보통제의 한계를 보여주고 있다. 한편, 기무사, 국군정보사령부 및 합동정보본부와 같은 군정보기관의 경우 국방부장관의 지휘와 감독을 받게 되어 있어 외견상 정보통제가 가능한 것으로 보인다. 그러나 우리 군의 인맥 구조와 국방부 내 정보기관에 대한 통제 시스템의 부재 등으로 볼 때 효과적인 정보통제를 기대하기는 어렵다.

5. 한미정보협력의 구조와 과제

1) 연혁과 특징

정보협력(Intelligence cooperation)은 정보기관들이 정치적으로 유가치한 비밀첩보를 공유하거나 생산할 필요성이 있을 때 이루어진다. 정보협력에는 정보공유뿐 아니라 신뢰가 형성된 경우 비밀공작과 방첩과 같은 정보활동도 포함될 수 있다. 한국이 미국과의 정보협력을 시작한 시점은 임시정부 광복군의 항일 무장독립운동 시기로 거슬러 올라간다.[57] 광복군은 전략정보실(OSS: Office of Strategic Services)과 합동으로 국내 진격작전을 추진하였다. OSS는 광복군 요원들을 훈련시켜 국내에 진입시킨 후 일본군에 대한 후방공작을 전개한다는 계획을 수립하였으나 일본의 항복으로 인해 광복군의 국내 진공작전은 실행으로 이어지지는 못했다.

이후 1945년 8월 해방과 더불어 남북한 분단 상황에서 한반도에서의 정보활동은 미국 주도로 이루어졌다. 한국전쟁 이전 한국 내에서 정보를 다루는 주요 기관들로는 육군정보국, 한국에 파견된 소수의 CIA요원, 주한미군, 한국군사고문단(KMAG: The Korean Military Advisory Group), 1949년 6월 맥아더 극동사령부(FEC: Far East Command)사령관 지시로 설립된 한국연락관실(KLO: Korean Liaison Office) 그리고 주한 미국대

해설 12.2

전략정보실(OSS)

제2차 세계대전이 진행중인 1942년 6월 루즈벨트 대통령은 도노반(Will J. Donovan)의 권유로 전략정보생산과 강력한 비밀공작을 수행하기 위한 목적에서 창설하였다. 창설 당시 예일대 켄트(Sherman Kent) 교수, 하버드대 슐레진저(James R. Schlesinger), 랑거(William L. Langer), 콜럼비아대 페어뱅크(John K. Fairbank)와 같은 우수한 인력들이 참여하여 정보 분석 수준을 높였다. OSS는 영국 등 연합국과 합동공작을 통해 아시아, 아프리카 지역에서 활발한 비밀공작활동을 수행한 바 있으나 전후 1945년 10월 비밀정보기관에 대해 부정적인 시각을 가졌던 트루먼 대통령에 의해 해체되었다. 그러나 OSS활동과 인력은 미국 정보공동체 형성과 발전에 밑거름이 되었다.

사관이 있었다.[58] 한국정부의 독자적인 대북 첩보수집 능력이 매우 취약했기 때문에 일방적으로 미국의 정보지원에 의존했던 시기였다.

1948년 8월 정부수립과 함께 북한정보수집과 대북공작 활동 업무를 수행했던 미국의 방첩부대(CIC: Counter Intelligence Corps)업무의 대부분은 육군본부 정보국으로 이관되었다.[59] 따라서 미국과의 정보협력은 육군정보국을 중심으로 이루어졌다. 그러나 국가적인 차원에서 한미정보협력이 체계적으로 이루어진 것은 1961년 6월 국가정보기관인 중앙정보부가 창설된 이후였다. 이전까지 한국의 정보활동은 북한정보를 중심으로 단편적으로 이루어졌으나 중앙정보부가 창설됨으로써 북한정보는 물론 유럽, 중국, 아시아 등 여타 지역을 대상으로 한 정보활동이 수행되었기 때문이다. 민간정보기관뿐 아니라 군정보기관들도 군사정보와 관련하여 미국의 국방부 산하 정보기관과의 정보협력을 진행하고 있다.

이후 냉전기를 거치면서 현재까지 양국 간 정보협력은 대체로 미국이 기술정보와 해외정보를 제공하는 대신 한국은 북한정보를 제공하는 방식으로 이루어지고 있다. 한국과 미국의 정보협력은 주로 양자협정(bilateral agreement)에 의해 진행되어 왔으나 사안별로 일본 등 여타 정보기관이 참여하는 다자협정(multiple agreement)에 의해 이루어지는 경우도 있다. 양자든 다자 간 협력이든 신뢰와 상호 수혜적인 조건을 충족하는 것이야말로 정보협력의 지속성을 보장하는 필요조건이 된다.[60]

정보협력은 힘의 배분(distribution of power)의 측면에서 보면 대칭(equal)형, 비대칭(unequal)형, 극단적 비대칭형(extremely unequal)[61] 등으로 구분할 수 있는데 한미정보협력은 후견국가와 피후견국가 또는 강대국과 약소국사이에서 흔히 나타는 비대칭형 유형에 속한다고 볼 수 있다. 그리고 협력의 공식화(degree of formality)정도 여부를 기준으로 볼 때 공식적 정보협력과 비공식적 정보협력으로 나누어진다. 한미정보협력은 양국 간 정례적인 정보 공동 평가가 빈번하게 이루어지고 제도화된 점을 감안해 볼 때 공식적 정보협력 유형에 해당된다.

2) 의제와 방식

한미정보협력에 있어서 가장 중요한 의제는 북한의 핵문제와 북한 지도부의 동향이 될 것이다. 특히, 북한 핵능력과 고도화 수준에 대한 정확한 평가와 공유야말로 한미정보협력에 있어서 가장 중요한 사안이 된다. 북한 지도부의 동향과 의지 또한 북한 핵만큼 중요하다. 물리적인 핵 개발 역량과 위협수준은 궁극적으로 북한 최고지도부의 정치적 판단과 의지에 따라 결정되기 때문이다. 이 밖에도 재래식무기의 수준과 증강실태, 당정군 간부들의 동향, 경제·사회적 변화 실태, WMD개발 동향과 반확산, 대북제재 등도 주요 정보협력 의제가 된다. 정보협력은 사안에 따라 고위인사들로부터 담당관사이에 진행되고 있으나 양국은 국가이익과 대북인식이 다를 수밖에 없어 합동 정보평가 과정에서 불일치나 갈등이 종종 발생한다. 비핵화 목적과 과정에서도 한미 간의 국가이익과 목표가 상이한 만큼 원활한 정보협력이 어려울 수 있다. 다양한 소통 채널을 통해 양국 간의 이견을 최소화하고 공감대를 형성하는 것이 중요하다.

한편, 정보협력의 진행방식은 목적, 시급성, 정례화 정도, 참여자 수준 등에 따라 회의, 전화, 보고서 교환 등 다양하다. 일반적으로 회의 방식이 가장 많이 이용되는 가운데 시간적 여유가 부족할 경우에는 전화나 인편을 통해 정보를 교환하는 경우도 있다.

3) 성과와 과제

한미정보협력은 한미동맹 유지에 중요한 역할을 담당해오고 있으나 중요성에 비해 그다지 주목을 받지 못하고 있는 정보활동 분야이다. 북한과 대치중인 한국의 경우 미국과의 정보협력은 실로 양국의 안정적인 외교·안보정책을 뒷받침하는 데 필수불가결한 요건이 된다. 한미정보협력은 비단 북한문제 뿐 아니라 양국의 당면한 외교 현안들을 해결하는 데 있어서도 중요한 역할을 수행한다.[62] 그러나 정보협력은 다음에서 제시하는 이유로 원활하게 진행되지 못한 경우도 있을 것이다. 첫째, 한미 양국의 외교정책 목표나 안보위협 인식 차이에 기인한 갈등이 발생할 수 있다. 예를 들면, 대북인식과 북한의 도발 역량을 평가할 경우 북한에 대한 관점은 평가 과정에 중요한 영향을 미친다. 양 기관의 정보평가의 이 같은 차이는 북한 정보평가에 있어 통합되고 효과적인 대응을 어렵게 만든다.

둘째, 한미 양국의 비대칭적인 정보역량과 협력 패턴에 기인하는 문제점이 발생한다. 한국이 영상정보와 신호정보의 상당 부분을 미국에 의존하고 있는 상황에서 미국이 실시간 중요한 첩보를 제공하지 않을 경우 양국 간 불신과 한국의 국가안보에 부정적인 결과를 초래할 가능성이 높다. 미국 역시 한국으로부터 일정 부분 대북 휴민트를 제공 받고 있는 상황에서 자국의 이익에 중요한 첩보를 제공받지 못할 경우 한국정부의 동기나 정보협력의 실효성에 대한 의구심을 가질 수 도 있을 것이다.

셋째, 제공된 첩보가 언론에 노출되거나 제3국으로 무단 제공하는 경우에 정보협력이 제한될 수 있다. 제공받은 첩보가 언론에 보도됨에 따라 이를 탐지한 상대국가에 의해 추가 첩보수집이 불가능하거나 신뢰를 상실한 나머지 고급첩보 제공이 제한되거나 일시 중단되기도 한다. 넷째, 미국이 한국의 국내 정치문제나 대북정책 방향에 영향력을 행사하기 위한 수단으로 정보협력을 추진할 경우도 배제할 수 없다. 미국은 한국이 보유하지 못한 군사위성과 같은 기술정보 출처를 통해 북한의 핵시설물이나 대남도발 동향을 포착하여 한국정부나 국제사회에 제공함으로써 영향력을 행사할 수 있다.

정보협력이 효과적으로 이루어지기 위해서는 무엇보다 양국 정보기관 간의 신뢰형성이 중요하다. 동맹국가에 걸맞게 상호 필요한 정보를 적기에 충실하게 제공하는 것이다. 특히 상대측에 시급하게 요청하는 첩보나 정보를 공유하는 일이야말로 신뢰구축에 중요한 요건임은 말할 나위가 없다. 이 과정에서 제공받는 측에서는 제3의 기관에 무단 제공하거나 언론 등에 노출하지 않을 의무가 있다. 또한, 양 기관이 일방적인 아닌 상호 보완적인 차원에서 정보협력이 이루어질 때 지속 가능할 것이다. 미국이 필요로 하는 대북 휴민트나 우리 정부의 대북정책 의도를 미국에 신속히 제공, 협의함으로써 이에 상응하는 첩보를 한국측도 제공받을 수 있다는 점을 상기할 필요가 있다. 한국 정보기관의 독자적인 위성 수집 자산을 보유하고 이를 통해 미국과의 정보협력을 추진함으로써 기술정보 분야에서 비대칭성을 완화시켜나갈 필요가 있다.

또한, 정보협력의 채널을 다양화함으로써 국가차원에서 필요한 정보를 수집하고 정책 과정에 활용할 필요가 있다. 비단 정보기관 뿐 아니라 군·부문 정보기관들도 필요시에는 미국의 카운터파트들과 정보를 공유할 수 있는 시스템을 구비해야한다. 소수 기관들이 정보협력을 독점하는 데서 오는 정보왜곡을 방지하고 다양한 정보를 입수할 수 있는 강점이 있다. 다만, 이 경우 미국측의 오해와 부처 간의 과도한 경쟁 방지를 위한 콘트롤타워 구축이 요망된다.

정보실패의 방지나 정보의 효과성 극대화를 위해 정보협력은 국가안보에 중요한 요건으로 되었다. 글로벌화가 심화되는 상황에서 테러와 같은 초국적인 안보위협을 대처하기 위해서는 정보협력이 필수적 요소이다. 정보활동 비용의 감소, 기술적 한계 극복, 정보 접근 용이성 등 이점이 있으나 정보출처와 수단의 타협, 외교정책의 종속, 국제적 평판을 저하시키는 등 문제점을 야기시킬 수 있다는 점을 유의하여 진행할 필요가 있다. 지구상의 어떤 강대국가도 독자적인 능력으로만 정보활동을 수행할 수는 없으며 어떤 형태로든 타 국가들과의 정보협력을 통해 국가안보목표를 이루어나간다. 특히, 한국의 경우 남북분단의 현실과 한반도정세의 불확실성을 고려해볼 때 한미정보협력의 중요성은 아무리 강조해도 지나치지 않을 것이다. 정보의 공유와 소통은 양국 간 불신과 오해를 최소화하고 동맹의 유용성을 확인시킬 수 있는 최선의 전략이 될 것이다.

■ 주

1) 이 글에서 정보기관은 한국에서 국정원, 미국에서는 CIA, 행정부처 내 정보기관, DNI와 같은 민간정보기관을 위주로 비교분석하였다.
2) 예를 들어, 한국의 정보기관의 국내정보 분야에 대한 효과적인 개혁을 위해서는 미국의 FBI, 영국의 MI5, 캐나다의 CISI, 호주의 ASIO 등 정보기관의 역할과 조직을 비교연구함으로써 학술적, 실천적 함의를 도출할 수 있을 것이다.
3) 이 글에서 정보체계는 사회과학에서 일반적으로 수용되고 있는 체제이론(system theory)를 수용하여 '외부환경과 경계를 가지면서 정보기관 내에서 상호작용하는 요소들로 구성된 집합체'로 정의된다.
4) 이는 현대 국가정보에 대한 연구가 대부분 미국 학자들에 의해 주도된 결과 영국, 호주, 캐나다 등 영연방국가들을 비롯하여 기타 대부분 국가들도 미국적인 정보개념을 수용한데 기인한다. 석재왕, "미국과 영국의 정보연구 동향 비교," 『국가전략』 제21권 1호 (2015), pp. 154-157.
5) Kevin M. O'Connell, "Thinking About Intelligence Comparatively," *Brown Journal of World Affairs* 6-1 (Summer/Fall 2004), pp. 195-196.
6) 이 부분에서 제시된 비교 영역은 미국 학계나 정보 실무자들 사이에서도 제시되고 있는 것을 토대로 필자가 정리하였다.
7) Glenn P. Hastedt, "Towards The Comparative Study of Intelligence," *Conflict Quartely* 11-3 (Summer, 1991), p. 55.
8) 김웅진, 김지희, 『비교사회연구방법론』 (서울: 한울아카데미, 2000), p. 21.
9) Mark M. Lowenthal, *Intelligence From Secrets to Policy* (Washington D.C.: CQ Press, 2012), pp. 18-29.
10) Charles D. Ameringer, U.S. *Foreign Intelligence* (Toronto: Lexington Books, 1990), pp. 129-405.; Phyllis Provist McNeil, "The Evolution of the U.S. Intelligence Community – An Historical Overview," in Lock K. Johnson and James J. Wirtz (eds.), *Intelligence and National Security* (New York: Oxford University Press, 2008), pp. 5-20.
11) McNeil (2008), p. 13.
12) 변호사 도노반(M. Donovan)이 1941년 전략정보실(OSS)창설을 주도하자 예일대 역사학 교수 켄트(S.Kent)도 합류했다. 이후 CIA설립 과정에서 예일대 교수인 켄트(S. Kent), 하버드 교수 랑거(William L. Langer) 교수 등이 분석 관련 업무에 핵심적인 역할을 수행했다. 이후 정보기관에 대한 평가나 1970년대 정보기관의 권력 남용에 대한 조사, 1990년대 초 정보기관 효율성 평가, 9·11테러 이후 정보기관의 제도적 개혁 방안마련 과정에서 변호사나 의원 등 외부 민간전문가들이 실로 중요한 역할을 수행했다.
13) 정보공동체 내에서 군의 위상과 역할에 대해서는 다음 글을 참조. Roger Z. George, Robert D. Kline, *Intelligence and the National Security Strategist: Ending Issues and Challenges* (New York: ROMAN & LITTLEFIELD PUBLISHERS, INC., 2006), pp. 495-516.

14) 미국 CIA의 권유로 1959년 1월 육해공군 장교들로 구성된 '중앙정보부'가 설립되었으며 1961년 1월 '중앙정보연구회'라는 명칭하에 20여명의 요원으로 구성되었다. 그러나 이들 정보기관은 법적 근거도 없었으며 중앙정보기구로서의 위상이나 기능을 부여 받지 못했다. 전웅, 『현대 국가정보학』 (서울: 박영사, 2015), pp. 486-487.
15) 국가재건최고회의법 제18조(1961.6.10.) 국가재건최고회의, http://www.law.go.kr (검색일: 2018. 8. 8).
16) 1979년 10·26사건 이후 1980년 국가안전기획부 창설, 1992년 김영삼 정부 등장이후 안기부의 개혁, 1988년 김대중 출범이후 국가정보원으로의 개칭, 댓글과 특활비 상납으로 인한 2018년 이후 일련의 국정원 개혁 등으로 정보기관의 활동이 정치로부터로 점진적으로 단절되는 긍정적인 성과도 있었지만 제도적 차원에서 경쟁적 분석, 영상정보 역량 제고, 보안과 정보접근의 균형, 관리능력 제고와 같은 발전은 이루지 못했다.
17) Sam C. Sarkesian, John Allen Williams, Stephen J. Cimbala, *U.S., National Security* (Colorado: Lynne Rienner Punblishers, Inc., 2002), pp. 26-27.
18) 중국의 경제, 군사력의 증강과 동남아지역에서의 공세적인 군사행동, 그리고 2014년 3월 소련의 크리미아 합병이 이 같은 분석의 근거를 제공한다. Ronald O'Rourke, "A Shift in the International Security Environment: Potential Implications for Defense," *Congress Research Service* 7-5700 (20 July 2018), p. 7.
19) Graham T. Allison, Robert Blackwill, "A Report from The Commission on America's National Interests" (July 2000), pp. 6-8.
20) 한중일 간에 나타나는 영유권을 둘러싼 갈등, 군비경쟁, 에너지 자원 확보 분쟁 등을 권위적으로 해결할 수 있는 중재기구가 별무한 상태이다.
21) 한용섭, "부분별 국가전략의 상호관계와 우선순위의 변화," 백종천(편), 『한국의 국가전략』 (서울: 세종연구소, 2004), p. 109.
22) 구영록, 『한국의 국가이익: 외교정치의 현실과 이상』 (서울: 법문사, 1995), p. 10.
23) 한용섭 (2004), pp. 134-135.
24) Jeffery T. Richelson, *The US Intelligence Community* (Colorado: Westview Press, 2012), p. 12.
25) 본 체계도는 로웬탈(Mark M. Lowenthal)의 조직체계도를 토대로 필자가 다음과 같이 수정, 보완하였다. FBI Intelligence는 FBI 국가보안국(NSB), DEA 국가보안정보실(ONSI), Army는 육군정보부대(Army Military Intelligence, MI), Navy는 해군정보실(Office of Naval Intelligence, ONI), USAF는 공군정보감시정찰대(Air Force Intelligence Surveillance and Reconnaissance Resource, AFISRE), Intelligence는 경제방첩실(Office of Economic Counterintelligence, OICI), Intelligence Support는 정보분석실(Office of Intelligence Analysis Support, OIA).
26) Intelligence Community Directive Number1 (Policy Directive for Intelligence Leadership) (1 May 2006).
27) 유럽의 정보기관들이 국내외 정보기관과 별도로 법집행기관을 운영하고 있는 것과 달리 미국은 법집행기관인 FBI에서 방첩 및 국내보안정보활동을 수행하고 있는데 이는 법무부장관의 통제 하에 정보활동을 감독하고 인권침해 가능성을 최소화하려는

의도이다.
28) 길(P. Gill)은 정보기관의 권한 보유정도, 통제유무, 사회 내 침투 정도를 기준으로 국내정보국형(Bureau of Domestic Intelligence), 정치경찰형(Political Police), 독립된 보안국가형(Independent Security State) 등으로 분류하였다. Peter Gill, *Policing Politics: Security Intelligence and the Liberal Democratic State* (London: Frank Cass, 1994), pp. 60-61.
29) https://www.cia.gov/index.html (검색일: 2018. 8. 10).
30) Lowenthal (2012), pp. 65-66.
31) Eugene R. Wittkopf, Charles W.Kegley, Jr.James M.Scott, *American Foreign Policy* (Belmont, CA: Wadsworth/Thomson Learning, 2003), pp. 109-146.
32) Shulsky (2002), p. 75.
33) 민주주의국가 중 암살을 정보활동 수단으로 활용한 국가는 이스라엘 이외에 미국이 유일할 정도로 이는 미국외교정책 수단으로 활용하는 것으로 보인다. 또한 미국은 Huhges-Ryan Act(1974)을 제정하여 비밀공작에 대해 대통령의 승인과 보고 후 2일 이내 의회에 보고토록 하였으며, Intelligence Oversight Act(정보감독법, 1980)는 비밀공작이 의회에 사전 보고를 의무화하도록 하였다.
34) 국가정보포럼, 『국가정보학』 (서울: 박영사, 2006), p. 262.
35) 한국의 정보기관의 발전방안의 일환으로 정보공동체 형성 필요성에 대해서는 다음 논문을 참조. 석재왕, "한국형 국가정보공동체 형성 방안," 2018 국회 정보개혁 세미나 (2017. 11. 24).
36) Lowenthal (2012), p. 5.
37) Sherman Kent, *Strategic Intelligence for American Foreign Policy* (Princeton, NJ: Princeton University Press, 1965), pp. 3-4.
38) Abram N. Shulsky, *Silent Warfare: Understanding the World of Intelligence* (New York, NY: Brasseys UK Ltd., 1991), pp. 73-76.
39) Lowenthal (2012), pp. 5-6.
40) Stephen J. Cimbala,(eds.), *Intelligence and Intelligence Policy in a Democratic Society* (Dobbs, NY: Transnational Publishers, 1987), pp. 129-134.
41) Lowenthal (2012), pp. 2-4.
42) 김당, "한국의 국가정보기관," 문정인(편), 『국가정보론』 (서울: 박영사, 2001), p. 592.
43) 국가정보원법 제3조, 4조, 7조.
44) 김당 (2001), p. 591.
45) 정보의 정치화(Politicization of Intelligence)는 정보기관이 정보소비자의 선호나 요구에 영합하는 정보(intelligence to please) 생산하거나, 정보기관이 정치적 쟁점이 되거나 또는 대중들에 의해 논쟁의 대상이 되는 경우를 의미한다. 정보기관이 직접 정치에 개입하는 경우는 서방 학자들이 말하는 정보의 정치화와는 상이한 개념이다. Cimbala, Stephen J.(eds.) *Intelligence and Intelligence Policy in a Democratic Society* (Dobbs, NY: Transnational Publishers, 1987), pp. 25-44. 정보기관의 정치개입으로 인해 정치권과 대중들 사이에서 쟁점화되는 경우에는 정보의 정치화 현상으로 볼 수 있을 것이다.

46) 최평길, 『국가정보학』(서울: 박영사, 2015), p. 553.
47) L. Britt Snider, *The Agency And the Hill: CIA'S Relationship with Congress, 1946-2004* (Washington, DC.: Central Intelligence Agency, 2008), pp. 51-92.
48) Hans Born and Loch K. Johnson(eds.), "Who's watching the spies?" *Establishing Intelligence Service Accountablity* (Dulles, VA.: Potomac Books Inc., 2005), pp. 230-237.
49) Sophie Richardson, Nicholas Gilmour, "An annotated bibliography and comparative analysis," *Intelligence and Security Oversight* (Wellington: Palgrave Macmillan, 2016) pp. 14-19.
50) Intelligence Community Directive No. 1 (1 May 2006).
51) https://www.cia.gov/library/readingroom/docs/1947-07-26 (검색일: 2018. 8. 2).
52) 법원에 의한 정보통제의 대표적인 사례로 1978년 해외정보감시법(Foreign Intelligence Surveillance Act, FISA)을 통한 정보기관의 무분별한 국내정보활동 차단 사례를 들 수 있다. 따라서 FISA재판부는 외국인들의 감청 등 감시활동에 대해 영장실질 심사를 의무화하였다.
53) 국회법 제84조 제4항
54) 국가정보원법 제12조 3항
55) 최평길 (2015), pp. 557-561.
56) 국가정보원법 제13조 1항.
57) 한시준, "대한민국임시정부의 국내정보활동," 『한국근현대사연구』 제15집 (2000년 겨울호), pp. 66-106.
58) William B. Breuer, *Shadow Warriors: The Covert Action in Korea* (New York, NY: John Wiley & Sons, Inc., 1996), pp. 20-21.
59) 전웅, 『국가정보론』(서울: 박영사, 2015). p. 485.
60) Jeffrey T. Richelson, "The calculus of intelligence cooperation," *International Journal of Intelligence and Counter Intelligence* 4-3 (1990), p. 308.
61) 구소련과 위성 국가들과의 관계에서 나타난 유형으로 구소련의 정보기관은 자국 이익에 맞는 정보활동을 유도하기 위해 동유럽국가들의 정보기관을 지휘하고 정보요원들의 인사분야에까지 개입했던 것으로 알려져 있다.
62) 예를 들면, 2009년 북한에 억류되어 조사받던 여기자 2명에 대한 정보를 미국측이 한국측에 요청해옴에 따라 정보를 제공한 사실과 2009년 4월 5일 북한의 로켓발사 징후 포착부터 발사 궤적까지 한미 당국이 긴밀히 대응한 사례도 정보협력의 중요성을 잘 보여주고 있다.

■ 참고 문헌

1. 한글문헌

구영록. 『한국의 국가이익: 외교정치의 현실과 이상』. 서울: 법문사, 2006.
국가정보포럼. 『국가정보학』. 서울: 박영사, 2006.
문정인. 『국가정보론』. 서울: 박영사, 2001.
석재왕. "한국형 국가정보공동체 형성 방안." 2018국회정보개혁 세미나 21-32 (2017).
전웅. 『국가정보론』. 서울: 박영사, 2015.
최평길. 『국가정보학』. 서울: 박영사, 2015.
한시준. "대한민국임시정부의 국내정보활동." 『한국근현대사연구』 제15집 (2000). pp. 66-106.
한용섭. "국가전략의 상호관계와 우선순위의 변화." 『한국의 국가전략』 세종연구소 (2004) p. 109.

2. 영어문헌

Allison, Graham T., Robert Blackwill. *A Report from The Commission on America's National Interests* (2000) pp. 6-8.
Ameringer, Charles D. *U.S. Foreign Intelligence.* Toronto: Lexington Books, 1990. pp. 129-405.
Born, Han, Johnson, Loch K. (eds.). "Who's watching the spies?" *Establishing Intelligence Service Accountablity* Dulles, VA.: Potomac Books Inc., 2005. pp. 230-237.
Breuer, William B. *Shadow Warriors: The Covert Action in Korea.* New York, NY: John Wiley & Sons, Inc., 1996. pp. 20-21.
Cimbala,(eds.), Stephen J. *Intelligence and Intelligence Policy in a Democratic Society.* Dobbs, NY: Transnational Publishers, 1987. pp. 129-134.
George, Roger Z., Kline, Robert D. Kline, *Intelligence and the National Security Strategist: Ending Issues and Challenges.* New York: ROMAN & LITTLEFIELD PUBLISHERS, INC., 2006. pp. 495-516.
Gill, Peter, *Policing Politics: Security Intelligence and the Liberal Democratic State.* London: Frank Cass, 1994. pp. 60-61.
Hastedt, Glenn P. "Towards The Comparative Study of Intelligence." *Conflict Quarterly* 11-3 (1991). p. 55.
Johnson, Lock K., Wirtz, James J.(eds.). *Intelligence and National Security.* New York: Oxford University Press, 2008. pp. 5-20.
Kent, Sherman, *Strategic Intelligence for American Foreign Policy.* Princeton, NJ: Princeton University Press, 1965. pp. 3-4.
Lowenthal, Mark M. *Intelligence: From Secrets to Policy.* Washington D.C.: CQ Press, 2012. p. 5.
O'Connell, Kevin M. "Thinking About Intelligence Comparatively," *Brown Journal*

of World Affairs 6-1 (2004). pp. 195-196.
O'Rourke, Ronald. "A Shift in the International Security Environment: Potential Implications for Defense," *Congress Research Service* 7-5700 (20 July 2018). p. 7.
Richardson, Sophie, Gilmour, Nicholas, "An annotated bibliography and comparative analysis," *Intelligence and Security Oversight* (Wellington: Palgrave Macmillan, 2016)
Richelson, Jeffrey T. "The calculus of intelligence cooperation," *International Journal of Intelligence and Counter Intelligence* 4-3 (1990). p. 308.
Shulsky, Abram N. *Silent Warfare: Understanding the World of Intelligence.* New York, NY: Brasseys UK Ltd., 1991. pp. 73-76.
Snider L. Britt, *The Agency And the Hill: CIA'S Relationship with Congress*, 1946-2004. Washington, DC.: Central Intelligence Agency, 2008. pp. 51-92.

3. 인터넷 자료

국가재건최고회의법 제18조(1961. 6. 10) 국가재건최고회의 http://www.law.go.kr (검색일: 2018. 8. 8).
NSC https://www.cia.gov/library/readingroom/docs/1947-07-26 (검색일: 2018. 8. 2).

한국과 미국의 상호인식

13장

차두현 (아산정책연구원)

- 한미 상호인식의 역사적 변화 과정 _ 419
- 한국은 미국에게, 미국은 한국에게 어떤 존재인가? _ 424
- 한미의 상호인식에 영향을 미친 요인들 _ 433
- 해결되어야 할 상호 간의 착시(錯視) 현상 _ 444
- 어떤 상호인식이 최선인가? _ 446

'84:33.7'. 얼핏 보기에도 확연히 차이가 나는 이 두 수치는 각각 다른 두 시기 한국인의 미국에 대한 호감도를 나타낸 것이다. 전자는 미국의 퓨(Pew) 리서치센터가 2015년 실시한 여론조사 결과이고, 후자는 2002년 솔트레이크 동계올림픽 폐막 직후인 2002년 한국 갤럽이 실시한 여론조사에 따른 것이다.[1] 이와 같이, 한국인의 미국에 대한 호감도는 시대와 상황에 따라 변동되었지만, 대체적으로 50% 이상의 꽤 높은 수치를 나타내었다.[2] 미국인의 한국에 대한 호감도 역시 1990년대 이후 44~77% 사이에 위치하였고, 특히 2018년에는 77%로 당시 역대 최고치를 기록하였다.[3] 평균적으로 높은 호감도와 시대와 상황에 따른 높은 변동 폭(한국의 경우), 아마 이 두 가지가 한미 양국의 상호인식을 나타내는 가장 큰 특징일 것이다.

1. 한미 상호인식의 역사적 변화 과정

특이할 만한 것은 미국인의 한국에 대한 호감도는 1990년대 이후 거의 예외 없이 지속적인 상승치를 보였지만, 한국의 경우 호감도에 변동이 상대적으로 심했다는 점이다. 1990년대 초반 58~66%에 달하던 한국인의 높은 대미 호감도는 2002년 2월에 들어 34%로 급락했다. 이러한 지지율 변동은 위에서 이야기한 바와 같이 2002년 2월 8~24일간 미국의 솔트레이크시티에서 열렸던 동계올림픽에서의 한 사건과 깊은 관련이 있다. 쇼트트랙 1,500m 결승에서 미국의 오노(Apolo Anton Ohno)가 한국의 김동성이 진로를 방해했다는 제스추어를 취했고, 심판은 이를 받아들여 김동성의 금메달을 박탈했다. 결국 한국인들의 시각에는 오노가 부당하게 김동성의 금메달을 빼앗은 것으로 인식되었으며, 이러한 분노는 오노가 자신의 행동이 정당했다고 주장하면서 더욱 커졌다.[4] 이 분노는 지속적이지는 않았다. 표 13.1에서 보는 바와 같이, 34% 수준으로 떨어졌던 한국인의 미국에 대한 호감도는 그해 여름에는 50%선으로 다시 상승하였다.

그러나 12월에 들어 다시 급격히 감소하는 경향을 보였는데, 이는 2002년 6월에 발생하였던 "양주 여중생 사망사건(일명 '의정부 장갑차사건')"의 결과와 무관하지 않다. 사건이 6월에 일어났지만 그해 여름의 여론조사에서는 별 다른 영향이 없다가 12월에 미국에 대한 부정적 인식을 증폭시킨 원인은 재판결과가 발표된 것이 11월이었기 때문이었다. 사건이 일어난 6월 당시가 국내적 관심이 집중된 2002년 한일월드컵 기간이었던 것과도 무관하지 않은 것으로 판단된다. 그해 11월, 여중생 사망에도 불구하고 책임을 져야 할 두 미군이 무죄를 선고받고 출국했고 이 사실이 국내에 알려지자 시민단체를 중심으로 한 촛불 추모가 11월말부터 시작되었으며, 이는 한국인의 대미인식에 상당한 부정적 영향을 미쳤다.

여중생 사망사건으로 촉발된 미국에 대한 반감은 동계올림픽 당시에 비해 오래 지속되었다. 2003년 5월이 되어서도 한국인의 대미 호감도는 46%

> **해설 13.1**
>
> **양주 여중생 사망사건**
>
> 2002년 6월 13일 오전 10시45분경 경기도 양주시(당시 양주군)에서 미 2사단 44공병대 소속의 워커(Mark Walker) 병장이 몰던 미군 장갑차가 앞서 가던 여중생 신효순(14, 조양중2년), 심미선(14, 조양중2년)양 두 명을 치어 그 자리에서 숨지게 한 사고. 미 2사단은 사건 직후 이에 대해 사과했으나, 사망사건에 대한 형사재판권을 포기하지는 않았다. 이후 이 사건의 해석을 두고 한미 간 인식차이(교통사고 대 치사 사건)와 재판관할권에 대한 논쟁이 벌어졌으며, 결국 운전자인 워커 병장과 선임탑승자인 니노(Fernando Nino) 하사는 의정부 캠프 케이시(미 2사단 사령부)에서 열린 미국 재판에서 무죄를 선고받고 출국했다. 운전자인 워커 병장이 사건 발생 후 상당기간이 지나서도 정신적 고통을 호소할 만큼 이 사건이 미군의 고의에 의해 발생한 것은 아니었으나, 한국인의 시각에서는 사건 처리에 대한 주한미군의 미국식 정서와 태도, 형사재판관할권을 놓고 상당한 분노가 표출되었다. 사건이 양주시에서 일어났음에도 불구하고 '의정부 장갑차사건'으로도 불리는 이유는 문제의 장갑차가 주한 미2사단 소속이고 2사단 사령부가 의정부에 위치했기 때문이다.

선에 머물었는데, 이는 한국 내 '반미 감정' 혹은 '반미 정서'가 표출된 대표적인 사례로 남아 있다. 아마 이러한 부정적 정서의 지속은 솔트레이크시티 동계올림픽의 '오노' 사건이 며칠 사이에 진행된 것이었던 데 비해 여중생 사망사건의 경우 최초 사망에서 재판까지 5개월가량이 경과하였고, 이 과정에서 한미동맹과 관련된 다양한 부정적 단면이 노출되었기 때문인 것으로 판단된다. 대표적인 것이 당시 사망사고를 일으킨 미군 병사 2명에 대한 재판관할권 갈등으로, 유족과 시민단체들은 한국 법정에서의 재판을 강력히 요구했고 정부도 이 방향으로의 해결을 추진했으나, 미군 당국은 재판관할권의 이양을 거절했다. 한미주둔군지위협정(SOFA)에 따르면 미군

표 13.1 1990년대~2000년대 초반 간 한국인의 대미인식 변화 (%)*

	1993년	1994년	1999/2000	2002년 2월	2002년 여름	2002년 12월	2003년 5월
좋음	66	64	58	34	52	37	46
싫음	30	35		60	44	54	50
모름/무응답				7	3		4

출처: 오창헌, "한국인의 대미인식 변화에 관한 분석 – 반미감정을 중심으로," 『한국정치학회보』, 제23집 4호 (2015년 11월), p. 195.

* 표 안의 빈칸은 자료가 없는 경우에 해당.

범죄의 경우 미국측이 1차적인 형사재판관할권을 지니기 때문이었다. 또한 사망사건을 다루는 한미 간의 문화적 차이 역시 갈등의 원인이었다. 미국측이 이 문제를 주로 '보상'에 중점을 두고 접근했던 데 비해, 한국측은 여중생 사망이라는 정서적 분노에 의해 진정한 '사과'를 먼저 요구했다.

여중생 사망으로 인해 세계적 주목을 받을 정도였던 한국 내의 반미 정서는 2000년대 중반 이후 북한의 위협이 고조되면서 점차 해소된 것으로 판단된다.[5] 2006년 1차 핵실험을 시작으로 북한은 2009년과 2013년에 잇달아 핵실험을 단행하였다. 분명, 이러한 안보상의 불안요인은 한미동맹의 결속 필요성에 대한 한국 내의 공감대를 강화하여 반미 정서의 감소와 대미 호감도의 증대에 기여한 요인으로 볼 수 있다. 실제로 퓨 리서치센터의 2013년 자료에 의하면 한국 내 미국에 대한 호감도는 2002년 46%를 저점으로 하여 점차 회복되었다가 2007년 이후에는 70%대의 높은 수준을 보여주었다.

또 하나 주목할 필요가 있는 것은 2003년부터 한미 간 동맹조정에 대한 공식적인 논의가 이루어짐으로써 갈등이나 이견해소를 위한 장치가 만들어졌다는 것이다. 2003~2006년간 개최되었던 "미래한미동맹정책구상회의(FOTA: Future of the Alliance의 약자로 통칭)", 2007년부터 시작된 "한미안보정책구상회의(SPI: Security Policy Initiatives)" 등이 바로 그것

해설 13.2

한미주둔군지위협정(SOFA)

한국에 주둔하는 미군들의 민·형사상의 책임과 지위를 규정한 협정. '한미행정협정'이라고도 불린다. 정식 명칭은 "대한민국과 아메리카합중국 간의 상호 방위조약 제4조에 의한 시설과 구역 및 대한민국에서의 군대의 지위에 관한 협정(Agreement under Article IV of the Mutual Defense Treaty between the Republic of Korea and the United States of America, regarding Facilities and Areas and the Status of United States Armed Forces in the Republic of Korea)"이나, State of Forces Agreement의 약자를 따서 SOFA라고 통칭된다. 한국전쟁에 대한 미군의 참전 직후인 1950년 7월에도 유사한 성격의 협정이 체결되었으나, 정식 SOFA는 서울에서 1966년 7월 9일 서명, 1967년 2월 9일 발효되었다. 미국은 한국 이외에도 자국 군대가 주둔하는 국가와는 SOFA를 맺고 있지만, 통상 한미 간의 SOFA는 △ 형사재판권, △ 미군의 공무상 발생한 피해에 대한 배상책임, △ 환경오염 치유비용 등에 있어 다른 SOFA에 비해 불평등한 부분이 많다는 것이 한국의 인식이다. 1990년대 이후 SOFA 개정을 위한 한미 간 협의가 진행되고 있으나, 아직 합의에 이르지는 못 하였다. 다만, SOFA가 미군에만 특유한 것은 아니다. 한국 역시 해외파병 시 해당국가와의 사이에 SOFA를 체결한다.

이다. 즉, 한미 간에 민감하거나 시급히 해결되어야 할 이슈가 발생할 때마다 이를 수시로 논의할 수 있는 고위급 대화의 장이 존재함으로써 반미 정서의 차단에는 유리하게 작용하였던 것이다. 미국 행정부 변수 역시 동맹 조정 협의, 한반도 안보 문제의 부각과 함께 대미인식의 개선에 영향을 미친 것으로 판단된다. 실제로, 도표 13.1에서 한국인의 대미 호감도가 고공행진을 시작한 것은 2007년 이후로 이는 부시 행정부 말기, 오바마 행정부 1기 출범 시기와 일치한다. 도표 13.2에서는 이 사실이 보다 분명하게 부

도표 13.1 　한국 내 미국에 대한 호감도 변화

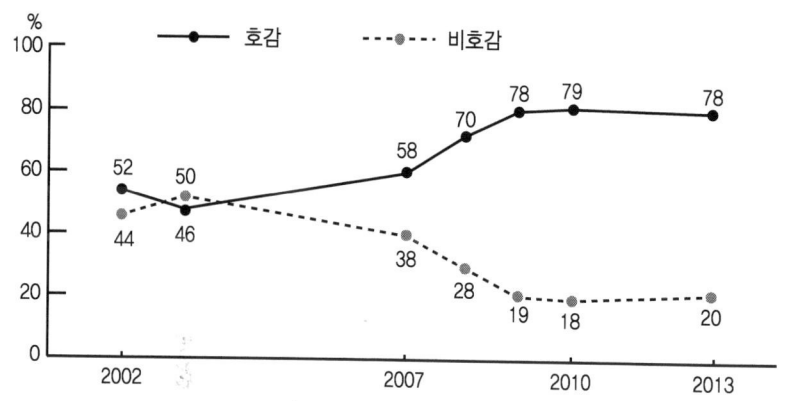

출처: Jacob Foushter, "South Koreans remain strongly pro-American," Pew Research Center Survey Report (6 May 2013), p. 1.

각된다. 동아시아연구원(EAI)이 주관하여 한국 리서치가 실시한 2009년 6월 실시한 여론조사 결과에 따르면 미국의 국제적 역할에 대한 한국인들의 긍정적인 인식은 오바마 행정부 출범 직후 급상승했고, 이는 오바마 정부에 대한 신뢰와 정확히 일치했다.[6]

한국에 대한 미국인들의 호감도는 1990년대 이후 큰 편차 없이 상승추세를 보여 왔다. 미국 갤럽의 2018년 조사결과에 의하면 미국인들의 대한(對韓) 호감도는 1990년대 이후 꾸준히 증가하였고 2018년에는 77%로 역대 최고치를 경신하였다. 이는 조사 응답자 4명중 3명이 긍정적 반응을 보였음을 의미한다.[7] 갤럽은 이 수치에 대해 별 다른 원인 분석을 하고 있지는 않았지만, 2018년 1~2월 사이 강원도 평창에서 동계올림픽이 개최되었었다는 상황을 고려할 때 한국에 대한 인지도 자체가 높아진 데 기인하는 것으로 판단된다. 대체적으로 1990년대 이후 계속 호감도가 상승하고, 특히 2000년대 이후 평균 50% 이상의 미국인이 한국에 대한 긍정적 인식을 지니게 되었다는 점은 한국의 국력성장과 무관하지 않은 것으로 판단된다. 또한, 미국인들의 경우 한국에서 발생한 미국 관련 각종 사건·사고에 대해

도표 13.2   미국의 국제적 역할과 부시/오바마 대통령 리더십 평가

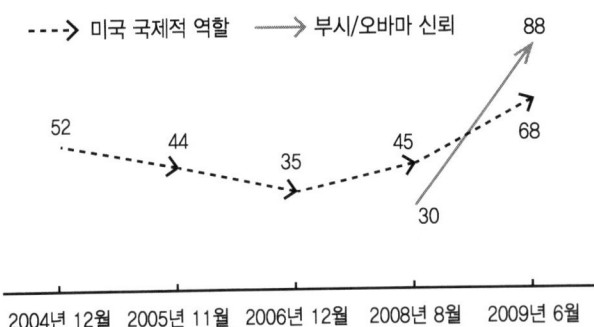

출처: 이곤수, 정한울, "한국인의 대미인식 특징 신뢰와 불신의 공존," EAI 여론조사 리포트, 제51호 (2009.7), p. 9.

큰 관심을 두지 않거나 인지하지 않았던 것으로 볼 수 있다.

2. 한국은 미국에게, 미국은 한국에게 어떤 존재인가?

그렇다면 한국인에게 비쳐지는 미국의 모습, 미국인이 생각하는 한국의 모습은 무엇일까? 아산정책연구원의 2015년 4월 조사는 한국인들이 떠올리는 미국의 모습을 잘 나타내주고 있다. 응답자 중 28.6%가 '미국'하면 떠오르는 이미지로 '자유시장이나 무한 경쟁 등 자본주의 경제'를 떠올렸다. '전쟁'이나 '한미동맹'과 같은 안보차원 이미지 역시 26.7%로 비슷한 비율을 차지했다. '민주주의 정치체제'라고 답한 한국인도 20.6%로 적지 않은 비중을 차지했다. 상당수를 차지했다. '애플'이나 '구글', '페이스북' 등 혁신적 기업(5.7%), 영화나 팝 음악 등 대중문화(5.2%)를 떠올리는 한국인도 있었다. 이는 그만큼 미국이 우리사회의 경제·안보·정치 그리고 사회·문화와 다양한 접점을 가지고 있음을 의미한다.[8]

이러한 현상은 한미관계의 역사를 고려해보면 당연한 결과라고 할 수 있다. 1945년 해방과 미군정(軍政)을 거치면서 현대적인 관계를 맺게 된 한

도표 13.3 미국인들의 한국에 대한 호감도 변화

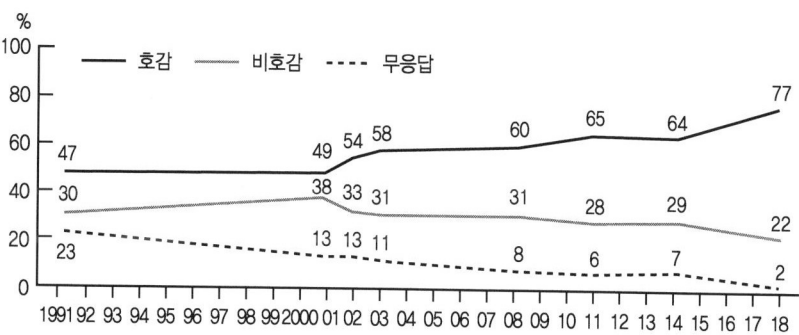

출처: Justin McCarthy, "South Korea's Image at New High in U.S.," Gallup U.S. Report (20 February 2018), p. 1

미관계는 1950년 한국전쟁과 1953년의 '한미상호방위조약'(10월 1일 체결, 1954년 11월 18일 발효)을 거치면서 동맹관계로 발전했고, 이후 미국은 한국에 대한 군사·경제 원조를 통해 한국의 성장에 적지 않은 영향을 행사해왔다. 1960년대~1970년대에 이르는 기간에는 '평화봉사단(Peace Corps)'의 한국 활동을 통해 교육·사회 분야 등에서 지원을 제공하기도 하였다. 무엇보다 민주주의와 시장경제라는 정치·경제체제를 한국과 미국이 공유하고 있고, 그 제도의 한국 이식 과정에서 미국이 적지 않은 역할을 했다는 인식이 현재의 한국 중년층 이상에서는 강하게 남아 있다는 점이 미국에 대한 이미지 형성에 영향을 미쳤을 것이다. 1990년대 후반 이후 진행되어 온 세계적 정보화(informationization) 과정을 미국이 선도했고, 미국 기업들이 활발한 사업 활동을 전개한 것 역시 청·장년층을 중심으로 한국인이 떠올리는 미국의 모습에 작용했을 것이다.

물론, 이러한 이미지 속에 반드시 긍정적인 것들만이 있다고 볼 수는 없다. '오노' 해프닝이나 여중생 사망사건에서 나타난 바와 같은 오만한 강대국의 모습, 동맹국에 대해 항상 우월자의 위치에서 자기의 기준만을 강요하려 하는 불평등·불공정한 파트너로서의 모습, 한국에 체류하거나 여행하는 미국인들의 일탈행위 등에 의해 유발된 반미 정서 역시 존재하는 것이

도표 13.4 한국인의 미국에 대한 이미지

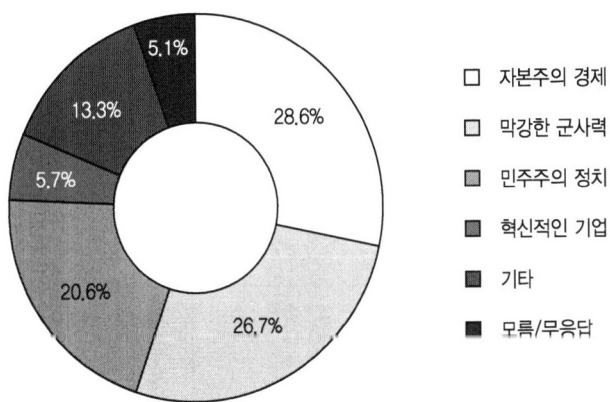

출처: 김지윤 외, "강대국의 조건: 한국인의 대미(對美) 인식, Asan Report(2015년 4월), p. 16

현실이다. 중요한 것은 이러한 반미 정서마저도 고정된 것은 아니라는 점이다. 한국 내의 부정적 대미인식은 시기별로 그리고 상황변화에 따라 급격한 변동을 겪어왔다. 2000년대 중반 이후 한국사회 내에 특별히 약화되거나 완화되었다고 보기도 힘들지만, 항상 일정부분 이상의 고정된 반미 정서가 존재한다고 볼 수도 없는 것이다.[9]

또 하나 주목할만 한 점은 50% 미만의 호감도를 나타낸 시점에서도 이를 다른 주변국들과 비교해 볼 때는 그 수치가 결코 '낮다'고 말하기 힘들다는 사실이다. 동아시아연구원(EAI)이 2004~2014년 사이 한국인의 다른 국가들에 대한 호감도 변화를 조사한 연구결과를 보면 이 사실이 잘 나타난다. 2010년대에 들어 특히 미중 간의 전략경쟁으로 인해 관심의 대상이 되고 있는 미국과 중국에 대한 호감도를 살펴보면 2004~2006년을 제외하고는 비교적 큰 격차가 나고 있음을 알 수 있다. 이는 1953년의 동맹결속 이후 60여년 이상을 지속해 온 한미관계와 1992년 수교를 맺은 한중관계와의 연륜의 차이일 수도 있고, 앞서 지적한 바와 같이 2006년 이후 북한으로부터의 안보위협이 부각되면서 생겨난 현상일 수도 있다.[10]

물론, 그렇다고 해서 한국인들이 세계 각국 중에서 미국을 가장 호감도

도표 13.5 한국인의 주변국에 대한 호감도와 미·중·일 국민의 한국에 대한 호감도

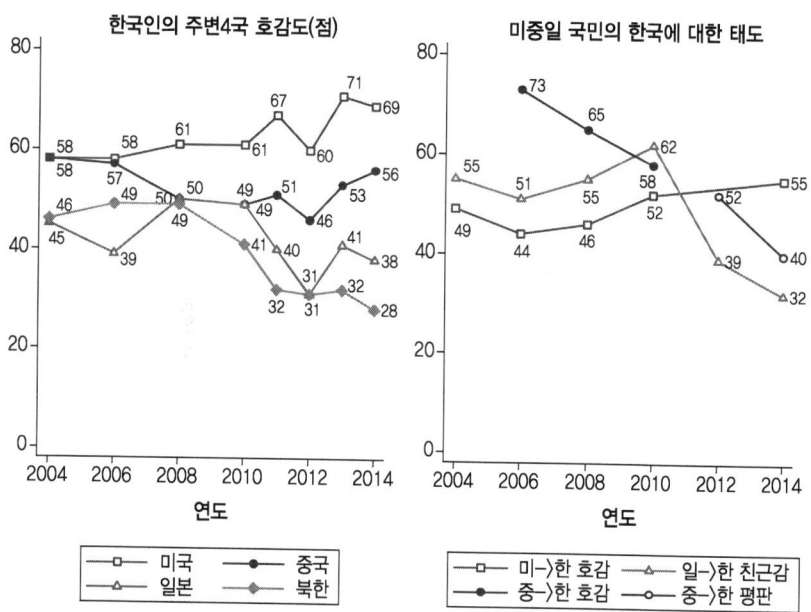

출처: 정한울, "KOREAN VIEWS 2014: 달라진 한국의 위상과 대외인식의 딜레마," EAI Opinion Review 2015-01(2015.1.20.), p. 3.

가 높은 나라로 보는 것은 아니다. 이는 동아시아연구원이 세계 각국의 '국제적 역할에 대한 인식'을 다룬 2013년 여론조사 결과에서 잘 나타난다.[11] '호감도'와 '국제적 역할에 대한 인식'을 동일하다고 보기는 힘들지만, 상대 국가에 대해 긍정적 인식을 반영한다는 점에서는 공통점을 지닌다고 할 수 있다. 도표 13.6에서 나타나는 바와 같이 한국인들이 국제적으로 가장 평판이 좋다고 꼽은 국가는 캐나다, 독일, 영국, EU 순이었으며, 미국은 25개국 중 7위(한국을 제외하면 6위)에 그쳤다. 그럼에도 불구하고, 미국의 국제적 역할에 대한 세계인들의 긍정적 평가 비율이 미국인들에 대한 조사결과를 제외하고 평균 44%였다는 점을 감안하면, 한국인의 긍정 평가율 58%는 상당히 높은 수치였다는 점에 주목할 필요가 있다. 도표 13.7에서 보는 바와 같이 미국의 국제적 역할에 대해 가장 긍정적으로 평가한 국

도표 13.6 한국인들이 보는 세계 각국에 대한 국제적 평판(%)

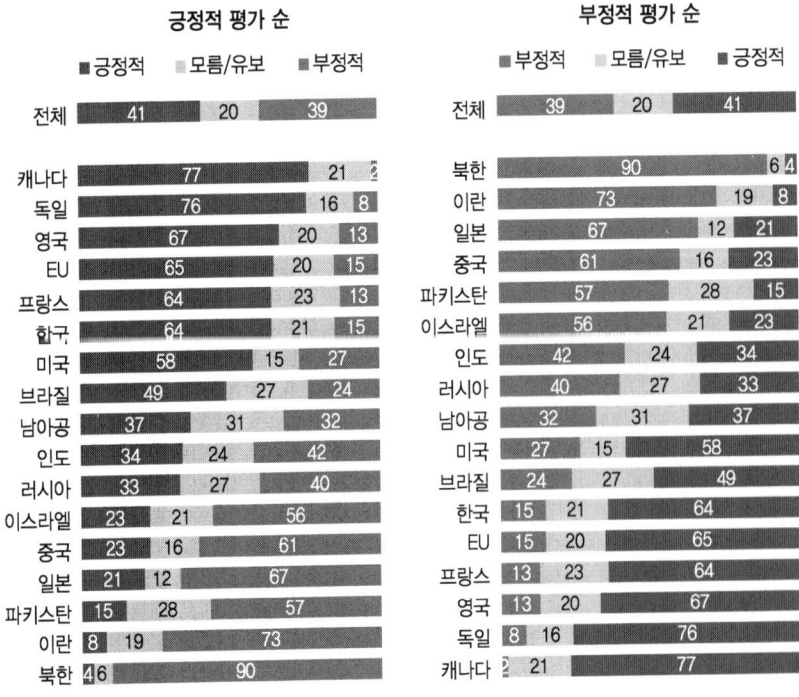

출처: 정원칠, "세계인의 눈에 비친 17개국의 국제적 평판" EAI 여론브리핑 134호(2013. 5. 23), p. 11.

민들은 가나(82%), 케냐(69%), 나이지리아(67%)의 경우였고, 아프리카 국가들을 제외하고 긍정평가 비율이 높은 지역은 남미였다. 멕시코를 제외한 나머지 칠레, 브라질 그리고 페루 국민들은 미국의 국제적 역할에 대해 대체로 긍정적이라는 평가를 내린 비율이 55%~62%에 달했다. 미국의 높은 공적개발원조(ODA: Official Development Aids)의 수혜국인 아프리카와 미국의 영향력이 지전략적으로 가장 높은 남미를 제외하고 미국의 국제적 역할에 대해 가장 긍정적인 평가를 내린 국민은 바로 한국인들이었다.[12]

미국인들 역시 한국인들이 보이는 각별한 호감도를 인식하고 있는 것으로 보인다. 『워싱턴 포스트(*Washington Post*)』는 2013년 5월 7일자 기사에서 앞서 언급한 퓨 리서치센터의 여론조사 결과를 소개하면서 "지난 10

도표 13.7 세계인들이 보는 미국에 대한 국제적 평판(%)

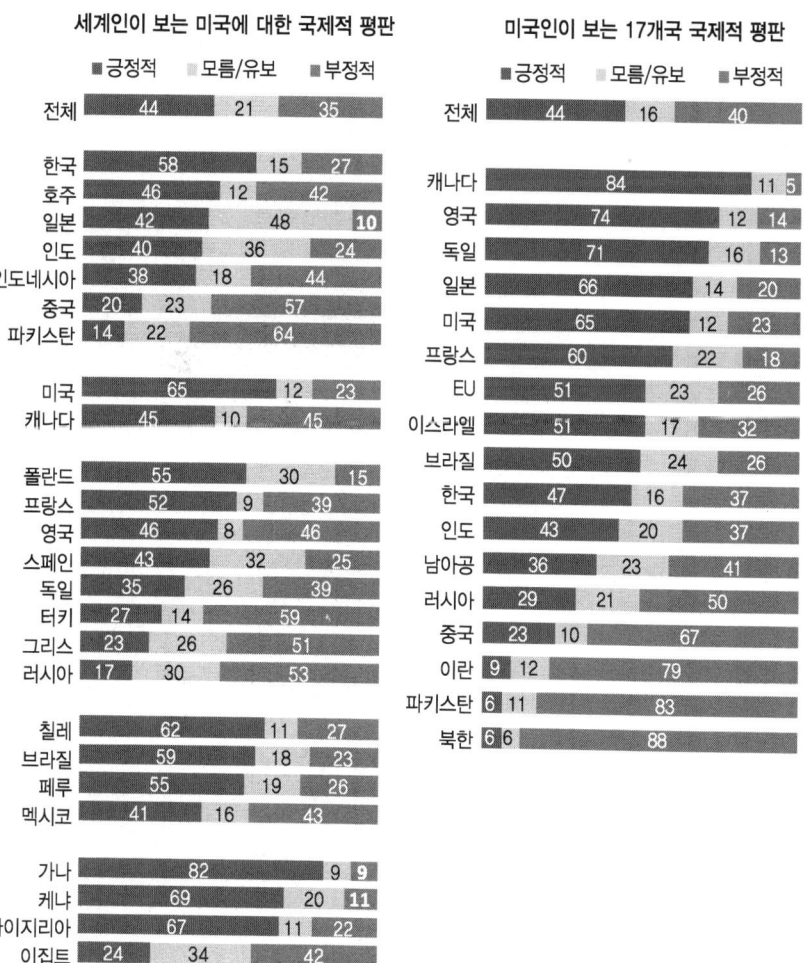

출처: 정원철, "세계인의 눈에 비친 17개국의 국제적 평판" EAI 여론브리핑 133호(2013. 5. 23), p. 13.

년간 한국인들의 대미여론은 회의적인 냉담에서 따스한 지지로 전환되었다. 오늘날 한국은 세계에서 가장 친미적인 국가의 하나이다"라고 평가한 바 있다.[13] 미국인들이 한국 혹은 한국인에게서 떠올리는 이미지가 어떤 것인가에 대해서는 세부적인 조사가 이루어진 적이 드물다. 전반적인 호감도나 국제적 평판에 대한 조사만이 이루어졌을 뿐이다. 다만, 한국인들에게 미국이 특별한 존재인 것처럼 미국인들 역시 한국을 평균 이상의 상대로 받아들인다는 점은 기존의 여론조사를 통해 확인할 수 있다.

2013년 동아시아연구원의 세계 각국의 '국제적 역할에 대한 인식'에 대한 여론조사에 따르면, 세계인들이 한국의 국제적 역할에 대해 '대체로 긍정적'이라고 답한 비율은 35%였다. '대체로 부정적'이라고 답한 비율은 31%였고 '모름/유보'라고 답한 비율은 34%였다. 한국이 국제사회에서 차지하는 경제규모나 오늘날 한류열풍의 확산에 따른 기대감과 견주어보면 차이를 보이는 결과라 할 수 있다. 실제 한국의 국제사회 영향에 대해 긍정적으로 평가한 비율이 가장 높은 국가의 국민은 바로 한국인들이었다. 한국인들 스스로는 "한국이 국제사회에 긍정적인 영향을 미치고 있다"고 답한 비율이 64%였다.

한국을 제외하고 긍정적으로 평가한 비율이 높은 국가의 국민들은 인도네시아와 가나 국민들이었다. 인도네시아에서의 응답비율은 58%였고 가나에서의 응답비율은 55%였다. 이 밖에 한국에 대해 전체평균(35%)보다 높게 평가한 국가는 아시아의 호주(45%)·중국(44%), 북미의 미국(47%)·캐나다(38%), 유럽의 스페인(43%)·영국(41%)·프랑스(37%), 남미의 칠레(40%), 아프리카의 나이지리아(48%)였다.[14] 국제사회의 영향력에 국한된 질문이었지만, 아시아권을 제외한 서구권에서는 상대적으로 미국의 한국인에 대한 평판이 높음을 알 수 있다. 유사한 결과는 동아시아연구원의 2014년 여론조사에서도 나타난다. 세계 17개 국가들의 국가이미지를 조사한 결과 '친한(親韓)'이라고 꼽힐 수 있는 대표적인 국가로는 가나, 호주, 미국이 거론되었다. 가나 국민의 63%, 호주 62%, 미국 55%로 한국에 대한 긍정적 평가가 과반을 넘었다.[15]

다소 역설적인 결과로, 한국에 대한 부정적인 이미지가 강한 국가로는 독일을 꼽을 수 있었다. 한국인들의 84%가 독일의 국가이미지에 긍정적인 평가를 하여 가장 이상적인 국가로 꼽았지만, 정작 독일 국민들 중 한국에

도표 13.8 세계인들이 보는 한국의 국제적 평판(%)

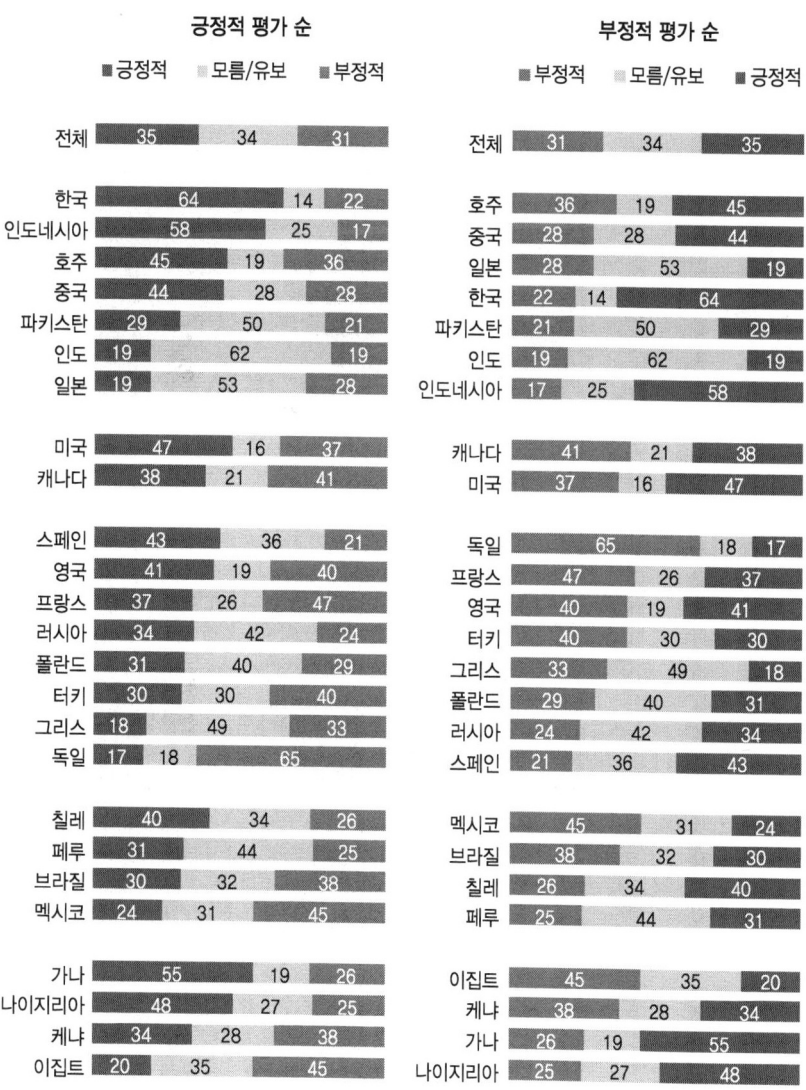

출처: 정원칠, "세계인의 한국 평판과 한국인의 17개국 평판," EAI 여론브리핑 134호(2013. 5. 23), p. 6.

대해 긍정적인 평가를 한 국민은 24%에 불과했다. 조사대상국 22개국 중 유일하게 한국에 부정적인 응답이 과반을 넘었다. 물론, 독일의 경우 대외

도표 13.9 2014년 22개국 한국에 대한 국가이미지 조사결과(%)

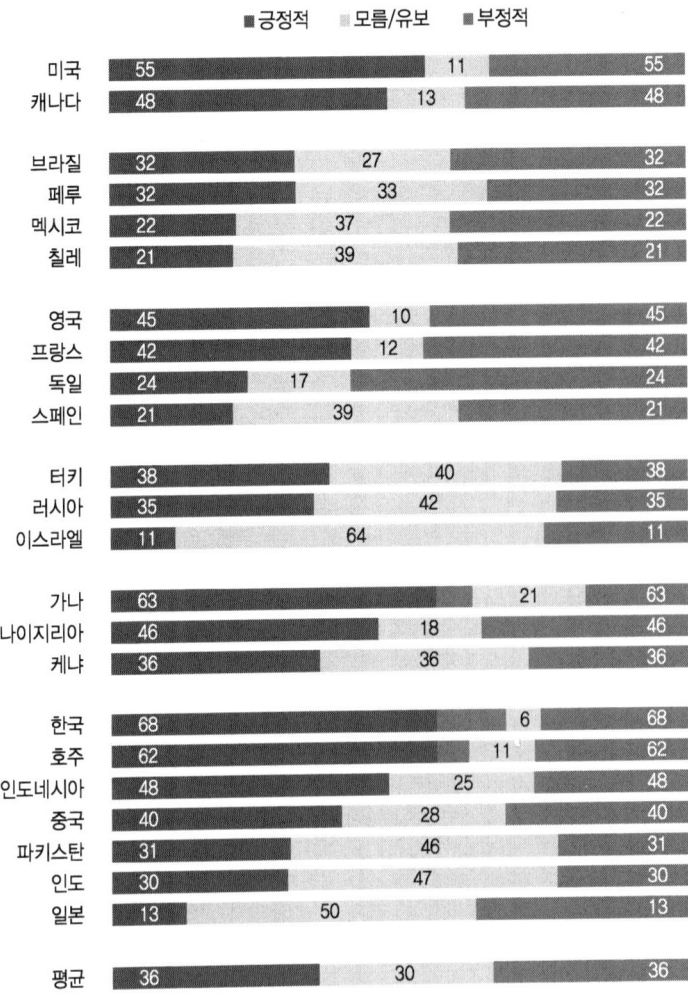

출처: 정한울, "한국이 본 세계와 세계가 본 한국의 국가이미지," EAI 여론브리핑 제140호(2014. 12), p. 10.

평가가 인색한 나라로서 한국에 대한 긍정평가 비율 24%는 상대적으로는 나쁜 결과는 아니며, 독일 국민들을 대상으로 국가 이미지를 평가한 17개국 중 한국은 6번째로 긍정평가가 높은 국가였다.[16] 그러나, 이는 이미지의 상호성이라는 면에서는 여전히 실망스러운 것으로서 한국의 미국에 대한 인식, 그리고 미국의 한국에 대한 인식과 잘 대비되는 점이라 할 수 있다.

3. 한미의 상호인식에 영향을 미친 요인들

1) 분단체제와 한미동맹

아마 한미 양국의 상호인식에 영향을 미친 가장 큰 요인은 '한미동맹' 체제일 것이다. 1953년(상호방위조약 체결 기준)부터 출발한 한미동맹체제에 대한 한국인들의 긍정적 인식이 미국의 이미지로 그대로 연결된 것이다. 그 평가에 있어 여전히 상반되는 부분이 존재하기는 하지만, 동맹체제를 통해 한국은 정치·경제·사회적 발전에 있어 적지 않은 긍정적 효과를 보았다. 이러한 역사적 경험은 1970년대~1980년대의 권위주의 시대에 안보와 반공을 중시하는 한국정부의 정책과 결합되어 한미동맹과 미국에 대한 강한 신뢰를 보장해주었다. 물론, 탈냉전시대 이후 한국에서의 민주화 과정과 연결되어 보수적인 정부 하에서도 반미 감정의 표출은 비교적 자유로운 경향을 보였다. 이로 인해 전반적으로 1990년대 이후 2000년대 이전까지 대북인식은 개선되는 반면, 미국에 대한 인식은 그 이전에 비해 상대적으로 악화되는 경향을 보이기는 하였다.[17]

그럼에도 불구하고, 한미동맹의 필요성에 대한 한국인들의 긍정적 인식은 여전히 확고하다고 할 수 있다. 2014년 아산정책연구원이 실시한 여론조사 결과 응답자의 93.3%가 향후에도 한미동맹이 필요하다고 답한 바 있으며, 필요하지 않다고 응답한 비율은 4.4%에 그쳤다.[18] 아산정책연구원의 2015년 조사 결과에서도 시대의 변화와 세대 차이에 관계없는 한미동맹의 역할과 미국에 대한 긍정적 인식이 확인된 바 있다. "미국의 도움으로 우리나라가 경제발전이 가능했다"를 긍정한 비율은 81.5%로 조사항목 중 가장 높은 동의를 받았다. 반대로 미국의 역할을 부정한 비율은 18.5%에 불과했다. 더 중요한 것은 이 경향은 연령대와 관계없이 동일했다는 점이다. "미국이 우리나라 민주화의 장애물이었다"라는 항목에 동의한 비율은 36.8%로 동의하지 않는 63.2%에 비해 절반 수준이었다. 1980년대 민주화를 직접 경험한 40대(44.0%)에서 미국이 민주화의 장애물이었다는 답변이 가장 많았던 반면, 전통적으로 미국에 호의적이었던 60세 이상은 무려 72.6%가 동의하지 않았으며, 20대 역시 65.0%가 여기에 동의하지 않았다 (동의: 35.0%).[19]

이러한 성향은 주한미군 주둔 문제에서도 그대로 나타난다. 동아시아연구원의 2017년 여론조사 결과에 따르면 주둔 미군 문제에 대한 설문은 한국 호주 그리고 미국인들을 대상으로 진행되었다. 그 결과 한국과 미국은 주한미군 문제에 대해 상당히 유사한 입장을 공유하는 것으로 나타났다. 미국은 응답자의 70%가 주한미군을 유지해야 한다는 입장을 내놓았고 한국도 62%의 비율로 이에 동의한 것으로 나타났다.[20] 미국의 경우에도 동맹체제가 한국에 대한 긍정적 평가의 주요한 동력인 것으로 평가하고 있다. 대표적인 것이 앞서 소개된 『워싱턴포스트』의 2013년 5월 7일자 기사로, 한국인들의 대미인식이 10년 사이에 긍정적으로 전환된 이유로 주한미군의 주둔 등 한미동맹 차원에서의 미국 기여를 들고 있다.[21]

그러나 한미동맹이 양국의 상호인식에 긍정적인 영향을 미치는 것만은 아닌데, 특히 한국인들의 시각에서는 한미동맹이 비대칭동맹(Asymmetric Alliance)이라는 속성이 미국에 대한 거부감을 유발해 온 원인이기도 하다. 1970년대 이후 한국의 비약적이고 꾸준한 국력의 성장에도 불구하고 미국

도표 13.10 한국 내 미국에 대한 호감도 변화

출처: 동아시아연구원, 『불확실성 시대의 아시아: 아시아-태평양 공동인식조사』(서울: 동아시아연구원, 2017.), p. 4.

과의 국력격차는 여전히 존재하며, 북한이라는 현실적 위협이 존재함으로 인해 비대칭성은 더욱 강화된다. 문제는 비대칭동맹에서 상대적 약자가 감수해야 할 '비용'의 몫이다. 다른 국가들에 비해 한국의 주둔군협정(SOFA)에 불평등한 요소가 많다거나, 한국의 대북/대주변국 정치에 있어서 미국의 눈치를 보지 않을 수 없는 현실도 '비대칭동맹'의 특성에 기인한 것이다. 동맹의 '비대칭성'은 다분히 주관적인 성격을 지니기도 한다. 이로 인해 상대적 강자가 별 다른 의도 없이 행한 일상적인 행동도 약자의 입장에서는

해설 13.3

비대칭동맹

동맹을 구성하는 구성원들끼리 기여(군사력 제공, 경제적 분담 등)와 수혜(안전보장, 외교적 위상 등)가 균형되지 않을 때, 이를 '비대칭동맹'이라고 한다. 이는 일반적으로 국력의 편차에 의해 발생하는 것이지만, 국력격차가 해소된다고 해서 반드시 비대칭성이 비례하여 시정되는 것은 아니다. 역으로 국력 편차가 여전히 크지만, 한 국가의 전략적 가치에 따라 비대칭성이 완화되기도 한다. 이는 동맹을 보는 각 구성국들의 기대와 실제 수혜가 얼마만큼 일치하는가의 차이에서 발생한다. 예를 들어, 한 국가가 상당한 지전략적(geo-strategic) 중요성을 지닐 때 그 국가는 국력의 편차에도 불구하고 그 국가의 동맹국들에 대해 상대적으로 높은 목소리를 낼 수 있다. 미국과 싱가포르의 안보협력관계가 이에 해당한다고 할 수 있다.

일반적으로 동맹을 형성한 국가들은 그 체제로 인하여 자기들이 원하지 않는 분쟁에 끼어드는 '연루(entrapment)'와 동맹국들의 안보공약이 제대로 이행되지 않는 '방기(abandonment)'의 위험성을 동시에 가지게 된다. 또한, '방기'를 두려워하면 '연루'의 위험성이 높아지고, 반대로 '연루'를 우려해 기여에 소극적일 경우 '방기'의 가능성이 높아진다. 이는 비대칭동맹이라고 하더라도 강대국과 약소국 모두에게 해당하는 딜레마이지만, 주로 약소국들이 겪게 되는 고민이기도 하다.

중요한 주권침해나 자존심의 상처로 받아들여질 수 있다. 대체적으로 한국 내에서 한미동맹에 대한 부정적 인식이 강화될 때는 이 비대칭의 속성에 대한 자각이 있는 시기였다. 그 대표적인 것이 앞서 소개한 '양주 여중생 사망 사건'이다.

2) 한국의 경제발전과 민주화

한국의 경제발전과 민주화 그리고 이로 인한 국력신장은 한미 양 국민의 상호인식에 긍정적인 영향과 부정적인 영향을 동시에 미친 원인이었다고 할 수 있다. 한국이 이룬 정치·경제적 성공은 한국과 미국이 체제 면에서 상당한 특성을 공유하도록 만들었다. 1950년대~1980년대에 이르는 한미동맹관계에 있어 양국의 최대의 이익은 한반도에서의 전쟁방지와 한국의 방위였다고 할 수 있다. 1990년대부터 본격화된 한국의 국력신장과 한국 사회의 민주화 그리고 세계적 냉전구도의 붕괴는 기존 한미동맹체제에 대한 중요한 변화의 동인인 동시에 공유이익을 확장하는 계기가 되었다. 무엇보다 양국은 현재뿐만 아니라 미래 안보환경 하에서도 자유민주주의, 시장경제, 인권, 국제평화 등의 핵심가치에 있어 폭넓은 공감대를 가지게 될 것이다. 불투명한 미래 안보환경 하에서 여전히 동맹의 가치는 유지될 것이라는 점 역시 한미 양국이 서로를 필요로 하게 만드는 가치이기도 하다. 한미동맹이라는 협력기제가 이미 오랜 세월을 통해 검증되었다는 점에서 여타 양자관계에 대해 신뢰성이 크다는 점도 고려해야 할 것이다.[22] 이러한 의식은 앞서 소개한 2014년의 아산정책연구원 여론조사 결과, 즉 한국인의 압도적 다수가 미래에도 한미동맹의 유지를 지지한 데에서도 그대로 나타난다고 할 것이다.

그러나 동시에 한국의 경제발전과 민주화는 한국인들의 입장에서는 여전히 비대칭동맹으로서의 성격을 지닌 한미동맹에 대한 자각을 강화하게 만드는 동인이 되기도 하였다. 즉 한국의 국력신장에 따라 고양된 자부심과 자긍심은 더 이상 과거와 같은 방식의 미국 주도 한미동맹 운영이 불가능한 환경을 만들었던 것이다. 한국인들이 동맹의 발전과 관련하여 SOFA 협정의 개정이나 전시작전통제권의 전환 등에 대해 지지를 보내는 것 역시 이러한 원인에 기인한다고 할 수 있다. 이러한 추세는 이미 한미동맹 성립시기부터 강대국(dominant power)의 위치에 있었던 미국의 입장에서는 당혹스럽게 받아들여질 수 있으며, 2000년대 중반의 동맹조정 과정에서 발생했던 양국의 이견과 파열음 역시 이러한 입장차에 기인한다고 할 수 있다.[23] 향후 한국의 국력신장이 계속되고 한미 양국의 국력격차가 좁혀질수록 역설적으로 형평성 있는 동맹/양자관계를 요구하는 한국인들의 시각과 이를 이해하지 못 하는 미국인들의 입장이 충돌할 가능성은 더 커질 수 있다.

동맹문제에 있어 미군이 직접 주둔하고 있는 한국인들의 입장과 미국인들의 입장이 일치할 수는 없으며, 이로 인한 시각의 편차 역시 존재한다. 보다 정확히는 동맹에 대한 관심도에서 한미 양국의 인식은 차이가 있다. 한국인들에게 동맹이 여전히 생존의 문제라면 미국인들에게는 대외정책의 일부이기 때문이다. 그러나 경제문제에 있어서는 미국인들 역시 한국과의 경제적 관계에 더 큰 관심을 가지는 것으로 판단된다. 이는 2008년 이후 지속되고 있는 한미 FTA 재협상 논란에서 잘 나타나고 있다. 한국인들 이상으로 미국인들 역시 FTA에 대해서는 민감한 반응을 보이고 있으며, 이는 트럼프 대통령의 재협상 정책에서도 그대로 나타나고 있다. 미국인들은 분명히 한국의 경제성장에 대해서는 동맹에 비해 더 잘 인식하고 있는 듯이 보이며, 한국이 월드컵이나 올림픽을 개최할 만큼 성장했다는 점은 미국인들의 한국에 대한 이미지 제고에는 분명 도움이 될 수 있다.

그러나 동시에 이것이 한미 무역관계에 있어서는 경계심을 촉발하는 원인이 될 수 있다는 점 역시 고려해야 할 것이다. 실제로, 한미 FTA 논란이 발생하던 초기단계인 2010년 11월 퓨 리서치센터가 실시한 미국인들의 타국과의 무역에 대한 의식조사에서 미국인들은 대체적으로 캐나다, 일본, EU 등과의 무역관계에 대해서는 이를 긍정적으로 인식하였으나, 한국 및

표 13.2 국가별 무역 증대와 자유무역협정의 영향에 대한 미국인들의 인식

무역증대에 대한 지지

다음 국가와의 무역증대가	미국에 유리(%)	미국에 불리(%)	모르겠음(%)
캐나다	76	14	9=100
일본	50	30	10=100
EU국가	58	28	14=100
인도	55	32	12=100
브라질	53	31	17=100
멕시코	52	37	11=100
한국	45	41	14=100
중국	45	46	9=100

자유무역협정의 영향에 대한 회의정도

NAFTA, WTO 정책 등 자유무역 관련 합의가	미국에 유리(%)	미국에 불리(%)	모르겠음(%)
2010년 10월	35	44	21=100
2009년 11월	43	32	25=100
2009년 4월	44	35	21=100
2008년 4월	35	48	17=100
2007년 11월	40	40	20=100
2006년 12월	44	35	21=100

* 퓨 리서치센터 2010년 11월 4일~7일 조사

출처: Pew Research Center, "Public Support for Increased Trade, Except With South Korea and China" *Pew Research Paper* (9 November 2010), p. 1.

중국에 대해서는 복잡 미묘한 반응을 나타내었다. 한마디로 한국과의 무역에서 발생하는 적자 문제에 민감하게 반응한 것이다.[24]

3) 주요 사건/사고

이는 주로 한국인들에게 국한되는 것이기는 하지만, 미국 혹은 주한미군과 관련된 주요 사건/사고들은 사건이 발생한 시기의 대미인식을 급격히 악화시키는 요인으로 작용했다. 이러한 대미인식 악화의 요인은 사건/사고 자체보다는 위의 두 요인들, 즉 한국인들의 자의식 성장과 비대칭동맹에 대한 불만이 결합됨으로써 그 파급력이 더욱 커졌다고 할 수 있다. 1992년 10월 28일 경기도 동두천시 기지촌에서 술집 종업원으로 일하던 윤금이(尹今伊, 살해 당시 26세)씨가 주한미군 2사단 소속 마클(Kenneth Lee Markle Ⅲ) 이병에게 살해당한 사건은 1990년대의 반미 감정을 유발했던 대표적인 사건이다. 이 사건은 단순한 살인사건 이상으로 그 방법의 엽기성과 잔인성, 그리고 피의자에 대한 한국경찰의 인신구속을 어렵게 한 당시의 SOFA 규정에 의해 한국 국민들의 공분을 유발한 사건이었다.[25]

2000년대에 들어서는 이미 앞에서 다룬 바 있는 솔트레이크시티 동계올림픽에서의 '오노' 사건과 '양주 여중생 사망사건'이 한국인들의 대미인식을 악화시키는 주요 사건이었다. 이 사건 이외에도 2000년 5월 주한미군 영안소 부책임자인 군무원 맥팔랜드(Albert McFarland)가 독성물질인 포름알데히드를 싱크대에 버리라고 명령한 사건이 발생하였다. 이는 당시 '주한미군 독극물 방류사건'으로 녹색연합과 주한미군범죄근절운동본부에 의해 이슈화되었으나, 2002년의 두 사건만큼의 파급영향을 미치지는 못 하였다. 포름알데히드 방류사건에서도 여전히 미군 당국의 자기중심적인 법률해석 관행이 나타났지만, 직접적인 인명피해가 입증되지 않았고 언론의 관심도 역시 상대적으로 낮았기 때문이다. 물론, 이 사건의 교훈은 2000년대 중반의 FOTA, SPI를 통해 주한미군 기지의 한강이남 이전이 협의될 당시 환경오염 치유책임과 관련된 한미의 논쟁을 유발하기도 하였다.

주한미군 혹은 미국과 관련된 사건/사고는 2000년대 중반 이후에도 발생하였지만, 이것이 한국 내의 반미 정서의 급격한 증폭으로 이어지지는 않았는데, 이는 크게 세 가지 원인에 기인한다고 볼 수 있다. 첫 번째, 주한미군 당국에서도 문제의 심각성을 인식하여 주둔지역 한국민들과의 우호를 강화하는 'Good Neighbor Program' 등을 강화하였고, 주한미군 관련 일탈행위가 언론에 보도될 때마다 내부적으로 주의를 환기시키는 조치를 취했다.[26] 둘째, 2000년대 중반의 동맹조정 과정은 한미 양국 간 적지 않은 갈등 이슈(비용분담, 안보환경 평가, 동맹의 형평성 논쟁 등)를 낳았지만, 또 다른 일면 한미 양국 모두에게 학습효과를 제공하였다. 즉, 한미 공히 상대방에 대해 어떤 태도를 보이는 것이 금기시되어야 하며 어떤 정도까지의 정책방향이 양해될 수 있는가에 대한 교훈을 얻게 되었다. 이에 따라 미국 역시 완전한 변화라고 할 수는 없어도 과거에 비해 달라진 모습을 보이기 시작하였다. 셋째, 한국에서 미국에 대해 비판적 시각을 지닌 시민단체나 NGO들의 활동은 미국 혹은 미군의 문제점들을 부각시키기도 했지만, 동시에 과거의 권위주의시대와는 다른 카타르시스의 효과를 발휘하기도 한 것으로 판단된다. 과거와 같이 미국 혹은 미군에 대한 불만을 억누르거나 자제해야 할 필요가 없어짐에 따라 분노의 수준도 상대적으로 낮아진 것으로 추정할 수 있는 것이다.

4) 북한의 존재

한반도가 남북으로 분단되어 있다는 사실, 그리고 북한이라는 한국과는 전혀 다른 체제의 존재는 한국인들의 대미인식이나 미국인의 대한인식에 대체적으로 긍정적인 영향을 미쳐왔다고 할 수 있다. 동맹 자체가 '공동의 적'을 전제로 하는 것이므로 60여 년 동안 지속되어 온 '한반도 방위동맹'에서 북한은 한미 양국 정부뿐만 아니라 국민들을 심리적으로 결속시키는 요인이 되어 온 것이다. 한국인들의 입장에서 북한의 호전적 대남정책은 미국과의 비대칭동맹을 감수하면서도 대응해야 할 최대의 위협이었으며, 극단적인 수준의 반미 감정을 억누르는 안전밸브의 역할을 담당했다고 할 수 있다. 미국의 입장에서도 '9·11테러' 이후 단순한 변방의 '악당국가(rogue state)'의 수준을 벗어나 잠재적 위협으로 떠오른 북한을 다루는 최대의 협력자로서 한국을 떠올릴 수밖에 없었을 것이다.

2018년 미국 갤럽의 여론조사 결과는 이를 잘 반영하고 있다. 2018년을 기준으로 북한에 대한 미국인의 호감도는 6%에 머물렀다. 2000년대 초반 이후 미국인들의 북한에 대한 인식은 매우 부정적인 상태로 지속되었으며, 2018년에는 응답자의 51%가 북한을 미국의 최대 적국의 하나로 인식하는 수준에 이르렀다.[27] 물론, 미국인들의 북한에 대한 위협인식과 반감이 한국에 유리하기만 한 것은 아니다. 미국의 많은 매체들이 한국의 경제적 성장이나 '한류' 등 문화적 트렌드를 소개하기보다는 북한의 일탈행위를 주요 기사로 보도해왔다. 이는 결국 한반도 전체에 대한 부정적 인식을 강화시켜 미국인이 생각하는 한국의 국가이미지에도 좋지 않은 영향을 미칠 수 있는 것이다. 미국인들의 한국에 대한 관심이 한국인들의 미국에 대한 관심보다 낮다는 점에서도 이러한 가능성이 커진다.

미래 남북한관계가 미국인들의 한국에 대한 인식에 어떠한 영향을 미칠 것인가도 관심거리이다. 긍정적으로 전망하자면 남북한관계의 개선과 교류·협력의 확대는 미국인들이 한반도를 과거에 비해 더욱 안정적이고 평화로운 곳으로 인식하게 만들 것이다. 이는 미국인들의 한국에 대한 인식 개선에 도움이 된다. 그러나 동시에 미국의 '동맹국'으로서 한국이 지니는 중요성은 감소하게 될지도 모른다. 한국인들 역시 미국이 제공하는 안보공약

도표 13.11 미국인들의 남북한에 대한 호감도 변화

출처: "South Korea's Image at New High in U.S.," Gallup Research Result.

에 더 이상 중점을 둘 필요성이 줄어들면서 미국에 대한 호감도 자체를 떨어뜨릴 수 있다. 60여년 이상을 한미 양국 국민들에게 공유되었던 동맹 프리미엄이 사라지는 순간이 도래할 수도 있는 것이다.

5) 떠오르는 중국

남북한관계의 발전이 가져오게 될 수 있는 한미 양국 국민들의 서로에 대한 인식 변화는 '떠오르는 중국(Rising China)'과도 밀접한 관련이 있다. 1992년 수교관계를 맺은 이후 한중관계는 질적·양적으로 급속히 신장하여 왔다. 이로 인해 한국은 안보는 미국의 도움을 받되 경제는 중국의 영향을 강하게 받는 이중적 관계구도를 형성하게 되었다. 이는 미중 간의 경쟁구도가 격화될 경우 과연 한국이 어떤 입장을 취해야 하는가의 선택의 문제를 필연적으로 초래하게 될 것이다. 실제로, 2016~2017년간 한국인들은 미국의 고고도미사일방어체계(THAAD: Terminal High Altitude Area De-fense)의 한국 배치를 둘러싸고 중국으로부터의 간접적인 무역보복에 직면한 바 있다. 동맹을 위주로 고려하자니 경제적 타격이 발생하고, 경제적 이익을 생각하자니 안보 공백이 우려되는 전형적인 '연루'와 '방기'의 딜레마가 발생한 것이다. 이는 미래로 가면서 더 큰 딜레마를 양산할지도 모른다. 도표 13.12에 나타난 것처럼 미국의 시카고국제문제이사회(Chicago Council on Global Affairs)가 이 실시한 2015년 여론조사 결과를 보면 한국인들은 향후 10년 내 중국의 아시아 지역 내 영향력이 미국을 압도할 것으로 보았다. 일본인들과 미국인들조차 중국의 영향력 우위를 전망했지만, 한국만큼 미국과 중국사이의 영향력에 대한 전망 편차가 크지는 않았다. 이 조사는 2025년의 시점이 되면 한국인들이 미국과 중국 사이에서 과거와는 전혀 다른 선택을 할 수도 있음을 암시하고 있다.

미국인들 역시 한국인들이 지니는 미·중 사이의 선택의 문제를 인식하고 있는 것으로 판단되며, 이러한 분위기는 특히 전문가 그룹을 중심으로

도표 13.12   향후 10년 내 아시아 지역에서의 주변국 영향력에 대한 인식 조사

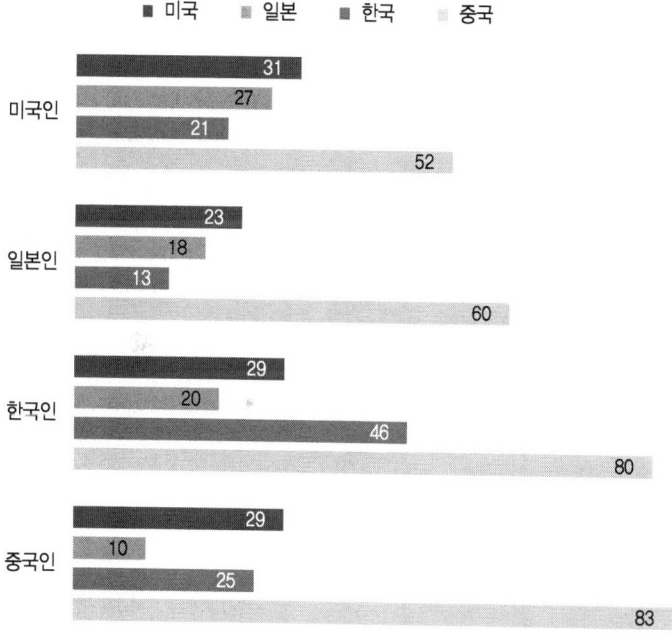

출처: 2015 Chicago Council Survey, Karl Friedhoff & Dina Smeltz, 『강력한 동맹관계, 분열된 여론: 한미중일 공동인식조사』 (서울: 동아시아연구원, 2015), p. 7에서 재인용.

확산되어 왔다. 1990년대 중·후반 이후부터 적지 않은 미국 학자들은 전통적인 동아시아의 관계구도상 통일한국은 친(親)중국적 색채를 띨 가능성이 있다고 지적하였다. 이러한 전망은 2000년대 이후에도 유지되어 왔으며, 한미의 안보협력에 무게를 두는 학자들까지도 미래에 거론될 수 있는 통일한국의 다양한 선택 중 하나로 친(親)중국 노선의 추구가 거론되기도 했다.[28] 특히, 미래의 세계질서는 중국과 이들의 잠재적인 아시아 내 협력국(일본, 한국 등), 그리고 미국 사이의 관계 설정에 의해 결정될 것이라는 주장도 제기된 바 있다.[29] 이를 고려할 때, 떠오르는 중국과 한국의 관계, 그리고 미중 간 전략적 경쟁의 정도는 미래의 한미관계에 적지 않은 부정적 영향을 미칠 수도 있다.

4. 해결되어야 할 상호 간의 착시(錯視) 현상

이렇듯 한미 간의 상호인식에는 다양한 요인들이 영향을 미쳤으며, 각 요인들이 지니는 긍정적 혹은 부정적 영향의 정도는 미래 한미관계의 전개에 따라 편차가 있을 수 있다. 무엇보다 한국과 미국이 상호 간에 얼마나 제대로 된 인식을 정립해 나가는가가 미래 한미관계를 좌우할 것으로 판단된다. 기존의 한미관계에서는 양국 공히 서로에 대한 착시(錯視)가 존재했으며, 이는 과도한 기대로 연결되었다. 이 기대가 충족되지 못 했을 경우 상대방에 대한 부정적 인식도 확대되었다. 한국인의 미국에 대한 시각은 일종의 애증(愛憎)이 담겨있으며, 이는 흔히 미국의 도덕성과 연관이 있다. 동맹국인 미국이 한국의 민주화를 더 적극적으로 지원해야 했었다는 기대, 미국이 세계적인 주도국으로서 자국의 이익 이상으로 타국을 배려해야 한다는 인식이 바로 그것이다.

국제정치나 동맹관계에서 강대국이 위상에 걸맞은 도덕성을 지녀야 한다는 한국인의 인식은 일견 타당하게 생각될 수도 있다. 실제로 이러한 기대는 미국에 대한 실망으로 나타나기도 했다. 동아시아연구원의 2009년 여론조사 결과를 살펴보자. 이 조사 결과 한국인들은 미국의 국제적 역할을 대체적으로 긍정적으로 평가하였지만, 미국이 자국의 이익에 집착한다는 강한 비판적 인식도 동시에 가지고 있다. 응답자 10명중 9명(92%)은 미국이 자국의 이익을 위해 군사적 위협을 이용한다는 생각을 가지고 있었으며, 이는 당시의 조사대상 20개국 중 가장 높은 수치였다. 또한, 한국인들은 미국이 한국과의 관계에 있어 자신의 이익을 위해 불공정하게 힘을 남용하고 있다는 인식을 가지고 있었고, 미국이 한국과의 관계에서 공정하다는 응답은 17%에 그쳤다. 국제법 준수 여부에 대해서도 마찬가지로, 한국인 다수는 미국이 다른 국가들에 국제법 준수를 요구하면서 자기는 잘 지키지 않아 위선적이라고 평한 바 있다.[30]

분명히 국제법 준수와 관련하여 타국에 요구하는 기준과 자국에 적용되는 잣대가 틀리다는 지적은 타당하다 할 수 있다. 그러나 자국의 국가이익에 집착하는 것은 미국뿐만 아니라 모든 국가들에 공통적으로 나타나는 현상이다. 또, 그 과정에서 필요하다면 군사력을 사용하는 것 역시 미국에만 적용되는 사례는 아니다. 한미관계에서 힘의 차이가 불러오는 협상 관행 역시 한국이 상대적인 약소국을 대할 때 그러한 배려를 하고 있는지를 되돌아볼 필요가 있다. 물론 국제관계에서 도덕성은 분명히 무시할 수 없는 존재이다. 그러나 국력에 의해 각국의 위상이나 협상력이 영향을 받는 현실적 국제관계에서 한 국가에게만 엄밀한 도덕성을 요구하는 것은 논리적으로 무리가 있다. 예를 들어, 한국이 미국과 함께 세계적인 강국으로 꼽히는 중국이나 러시아에 대해 이런 유형이나 수준의 도덕성을 요구한 적이 과연 있었는지를 되돌아볼 필요가 있는 것이다. 물론, 이러한 기대는 한국과 미국의 체제 유사성에 기인하는 것이기도 하다. 다른 어떤 국가보다도 성공한 시장경제와 민주주의적 정치제도를 보유한 국가로서의 미국에 대한 인식이 과도한 도덕성에 대한 기대로 나타났을 수 있는 것이다.

한국의 국력성장에 상응한 대우를 미국이 해 주기를 원하는 심리 역시 그렇다면 구체적으로 어떤 수준의 형평성 있는 관계를 형성해야 한다는 점을 제시해야 한다. 현실적 국제관계에서 국가 간 관계는 결코 '평등'하지 않다. 외교적 수사나 예우의 이면에는 예외 없이 힘의 논리가 작용한다. 주권을 지닌 국가 대 국가의 관계이기 때문에 평등해야 한다는 주장은 이상론일 뿐이다. 왜 SOFA 등 한미동맹의 관계를 규정하는 제도나 법안들이 타국에 비해 불리하냐는 주장 역시 한국의 입장에서는 당연히 나올 수 있는 요구이지만, 각 국가관계의 역사적 맥락이나 문화·법치 경험의 차이를 고려하지 않은 것이라는 지적에 직면할 수 있다. 무엇보다 세계 하위권의 국력에서 개발도상국을 거쳐 중견국으로 급성장한 한국과 애초부터 강대국의 위상을 지녔던 미국이 서로를 바라보는 입장은 서로 틀릴 수밖에 없다.

미국인들의 한국에 대한 시각에서도 이러한 착시는 어김없이 드러난다. 한국 내에서 반미 감정이 표출될 경우 이를 '배은망덕'한 일이라고 본다거나, 통일한국의 친중국화 우려에 대한 시각이 바로 그것이다. 미국 자신이 국가이익에 충실한 행보를 보이면서 한국에 대해서는 신뢰나 의리를 강조하는 것은 자기중심적 접근이라는 비판을 면하기 어렵다. 또한, 엄밀한 의미에서 수혜의 차이가 발생하기는 하지만, 한미 간의 관계는 1970년대 이후 일방적인 후원자-수혜자 관계(patron-client relationship)를 이미 벗어났다. 한국과의 동맹을 통해 미국 역시 국제적인 동맹네트워크의 파트너들에 대한 신뢰를 얻었으며, 아시아·태평양 지역의 전략적 거점들을 확보할 수 있었다. 미국인들이 한국을 보는 시각에는 이러한 사실이 간과되어 있는 것이다. 한미 간 무역역조에 대한 인식 역시 한국 산업의 적지 않은 부분이 FTA에 의해 부정적 영향을 받을 수 있다는 사실에 대한 성찰은 결여하고 있으며, 한국 상품의 경쟁력이 결국 미국 자체가 이에 대응할 기업능력을 갖추지 못한 데에서 비롯된 측면이 있다는 점도 애써 외면하고 있는 것이다.

5. 어떤 상호인식이 최선인가?

결국 미래에도 한미관계가 현재의 결속력과 상호 의존성을 유지하기 위해서는 양국 공히 새로운 접근법이 필요하다고 할 수 있다. 가장 우선적으로 필요한 것이 그동안 한미관계의 기초가 되어 온 동맹을 어떻게 진화시켜 나가야 하는가에 대한 양국 간 합의와 공감대이다. 이미 양국은 동맹관계를 '전략동맹' 관계로 발전시켜 나가기로 합의한 바 있다. 즉 양국의 협력 범위를 군사적 차원에만 국한하지 않고 정치·경제·국제관계 등 포괄적으로 확장·심화시켜나가기로 한 것이다. 그러나 이 '전략동맹'이 구체적으로 어떤 동맹을 의미하는지, 새로운 동맹체제 내에서 한미의 공통목표와 역할분담은 무엇인지에 대한 각론 부분에 대해서는 여전히 뚜렷한 밑그림이 그려지지 않은 것이 현실이다. 이제는 이 부분들에 대한 보다 현실적이고 지속 가능한 공감대가 형성되어야 한다.

적절한 갈등관리 역시 더욱 발전시켜 나가야 할 사항이다. 아무리 동맹관계를 맺고 긴밀한 협력을 유지해 왔다고 하더라도 이러한 관계구도가 일관될 수는 없으며 시기와 환경에 따라 양국이 견해를 달리하는 분야가 존재할 수밖에 없다. 북한이라는 공통의 위협이 희석될수록 미래의 위협을 상정하는 데 있어서도 서로의 견해가 틀릴 수 있다. 중요한 것은 이견이 존재한다는 사실이 아니라 그 이견을 적절히 수렴하고 양측의 공통분모를 극대화할 메커니즘이 정립되어 있는가의 여부이다. 협력적 이슈를 확장하는 것에 못지않게 갈등관리가 중요한 것이 바로 이 때문이다. 그동안 한미 양국 특히 한국의 입장에서는 한미 간 갈등현안이 발생할 경우 이를 드러내놓고 해결하려 하기보다는 수면 하에서 관리하려는 입장이 강하였다. 그러나 이는 많은 경우 상대의 의도에 대한 불투명성을 강화시켜 중·장기적으로는 불신을 증폭시키는 원인이 된다. 최근 현안이 되고 있는 남북관계 발전과 북한 비핵화의 연동 여부가 그 대표적 사례이다. 설혹 의견이 서로 다르다고 하더라도 이를 투명하게 드러내놓고 관리할 수 있는 환경과 메커니즘이 마련되어야 양국관계의 발전이 있을 수 있다.

마지막으로, 상호 간의 이해를 계속 확장하기 위한 노력 역시 강화되어야 한다. 즉, 기존의 정치·경제이익 중심 관심사에서 벗어나 상호 간의 문화나 역사, 사회체제와 관련해서 서로를 알아나가는 움직임이 있어야 한다. 이는 정부 간 외교의 몫이기도 하지만, 동시에 상대방의 국민들에게 다가설 수 있는 공공외교(public diplomacy)의 확장과 밀접한 관련이 있다. 미국은 이미 미국문화원 등을 통해 1950년대부터 이러한 활동을 펴왔고, 한국도 1990년대부터 활발한 대미 공공외교를 전개해 왔다. 그 결과 미국인들의 한국에 대한 관심이 우수한 한국산 제품이나 한국 문화의 매력, 그리고 K-pop 등으로 확장되고 있는 것은 한미 간 상호이해의 측면에서는 분명 바람직한 일이라 할 수 있다. 상호이해의 확대야말로 한국이 지향하는 보다 형평성 있는 관계, 미국이 바라는 호혜적 관계구도의 소중한 기초가 될 것이기 때문이다.

해설 13.4

공공외교

정부 간의 공식적 외교와 구분되는 개념으로, "외국 국민들과의 직접적인 소통을 통해 우리나라의 역사, 전통, 문화, 예술, 가치, 정책, 비전 등에 대한 공감대를 확산하고 신뢰를 확보함으로써 외교관계를 증진시키고, 우리의 국가이미지와 국가브랜드를 높여 국제사회에서 우리나라의 영향력을 높이는 외교활동"을 의미한다 (외교부 공공외교포털 정의). 공식외교가 상대국가의 정부부처를 상대로 전개되는 것이라면 공공외교는 1차적으로 외국의 여론주도층, 2차적으로는 일반 국민들을 주요 대상으로 한다. 공공외교는 추진 주체 면에서 정부부처뿐만이 아니라 공공기관이나 민간단체, 개인들에 의해서도 행해질 수 있다. 인사교류, 문화예술 행사, 교육 프로그램(유학 지원), 문화원 운영, 공적개발원조 등 그 국가의 하드파워와 소프트파워를 망라하는 다양한 수단이 사용된다. 한국의 경우 외교부와 산하 공공기관인 국제교류재단(KF: Korea Foundation)에 의해 주로 공공외교가 시행되지만, 여타 기관에 의해서도 점차 활발한 공공외교 활동이 펼쳐지고 있다. 문화자산을 활용하는 '문화외교' 역시 공공외교의 한 부분에 속한다.

주

1) Pew Research Center의 조사결과는 조사 대상국 중 미국을 뺀 39개국 가운데 필리핀(92%), 가나(89%)에 이어 세 번째로 높은 결과였다. "한국인 미국 호감도 84% … 2000년 이후 최고," 『연합뉴스』, 2015년 6월 25일자. 한국 갤럽의 조사 결과는 2002년 2월 26일 전국 성인 1,032명을 대상으로 실시한 전화 조사 결과로 응답자의 과반수인 59.6%가 미국이 '싫다'고 답했다. "미국 호감도/'미국이 싫다' 59.6%," 『조선일보』, 2002년 3월 3일자.
2) 실제로, Pew Research center의 조사결과를 소개한 『연합뉴스』의 2015년 6월 25일자 보도는 2003년의 45% 이후 점차 상승하는 추세를 보여주었으며, 대체로 70% 이상을 보여주었다.

3) Justin McCarthy, "South Korea's Image at New High in U.S.," *Gallup Research Result* (20 February 2018). https://news.gallup.com/poll/228050/south-korea-image-new-high.aspx.
4) 오노가 자기 행동의 정당성을 주장하고 한국인들이 이에 강력히 반발했던 당시의 분위기는 "오노가 친한파 됐다고?" 『조선일보』, 2009년 9월 25일자 참조.
5) 정한울, "KOREAN VIEWS 2014: 달라진 한국의 위상과 대외인식의 딜레마," EAI Opinion Review 2015-01 (2015.1.20.), p. 3.
6) 미국 매릴랜드 대학의 국제여론조사 연구기관인 국제정책태도프로그램(PIPA)과 '월드퍼블릭오피니언'(http://www.WorldPublicOpinion.org)은 세계 주요현안과 인권의식의 현황을 파악하기 위한 세계여론조사를 매년 실시한다. 2009년 동아시아연구원이 주관한 여론조사는 한국에 대한 조사의 일환으로 실시된 것이다.
7) McCarthy (2018), p. 1.
8) 김지윤 외, "강대국의 조건: 한국인의 대미(對美) 인식," Asan Report (2015년 4월), pp. 16-17.
9) 이내영, 정한울, "동맹의 변환(transformation)과 한국인의 대미인식 : 한미동맹 위기론과 대미인식 다원화 현상을 중심으로," 『국제정치논총』 제45권 3호 (2005년), pp. 81-104.
10) 한미수교의 경우 일반적으로 1882년의 조미수호통상조약으로부터 기산한다. 한미의 경우 다른 주변국들과는 달리 대한민국 정부수립 이후 별도의 공식수교 절차를 거치지 않았다.
11) 이 조사는 'BBC World Service'가 주관하고 국제조사기관 전문기관인 'GlobeScan'이 조사 참여국들과의 공동기획을 통해 2005년부터 매년 진행하고 있는 국제 여론조사 프로젝트였다. EAI는 한국을 대표하여 2005년부터 참여하였으며, 한국 내 여론조사 주관기관 역할을 담당하였다. 실제 여론조사 진행은 한국리서치가 맡았다. 조사에 참여한 국가는 가나, 그리스, 나이지리아, 독일, 러시아, 멕시코, 미국, 브라질, 스페인, 영국, 이집트, 인도, 인도네시아, 일본, 중국, 칠레, 캐나다, 케냐, 터키, 파키스탄, 페루, 폴란드, 프랑스, 한국, 호주의 25개국이었고, 평판을 평가하는 대상국가는 17개국이었다. 자세한 사항은 정원칠, "세계인의 한국 평판과 한국인의 17개국 평판," EAI 여론브리핑 134호 (2013. 5. 23) 참조.
12) 정원칠, "세계인의 눈에 비친 17개국의 국제적 평판," EAI 여론브리핑 134호 (2013. 5. 23), p. 11.
13) Max Fisher, "Anti-American countries can become pro-American. Here's how South Korea did it," *Washington Post* (7 May 2013). 이 기사는 특히, 『9·11 테러』 직후인 2002년의 Pew Research Center 여론조사 당시 한국은 중동국가를 제외하고는 가장 미국에 비우호적인 국가였다는 점을 소개하면서 이를 놀라운 전환으로 소개하고 있다.
14) 정원칠 (2013), p. 4.
15) 이미지 평가의 대상이 된 국가수와 조사대상 국가수가 차이가 남을 유의할 것. 평가 대상 국가는 17개국, 조사대상 국가 수는 22국이다. 자세한 내용은 정한울, "한국이 본 세계와 세계가 본 한국의 국가이미지," EAI 여론브리핑 제140호 (2014. 12. 31)

참조.
16) 정한울, "한국이 본 세계와 세계가 본 한국의 국가이미지," EAI 여론브리핑 제140호 (2014.12.31), p. 9.
17) 오창헌, "한국인의 대미인식 변화에 관한 분석 – 반미감정을 중심으로," 『한국정치학회보』 제23집 4호 (2015년 11월), p. 195.
18) 최강 외, "한미동맹의 도전과 과제: 한미관계와 동북아내 미국의 역할에 대한 한국의 인식," Asan Report (아산정책연구원, 2014.4), pp. 19-20.
19) 김지윤 외 (2015), pp. 17-18.
20) 동아시아연구원, 『불확실성 시대의 아시아: 아시아-태평양 공동인식조사』 (서울: 동아시아연구원, 2017.), p. 4.
21) Fisher, "Anti-American countries can become pro-American. Here's how South Korea did it."
22) 하영선 편, 『한·미 동맹의 비전과 과제』 (서울: 동아시아연구원, 2016), pp. 50-65.
23) 현재의 입장에서는 과거의 일이지만, 동맹조정 당시인 2005년 미 기업연구소(AEI)의 한반도 문제 전문가들이 2005년 한국과의 '원만한 이혼(amicable divorce)'을 주장하는 보고서를 낸 적도 있었다. 또한, 힐러리 클린턴 상원의원은 버웰 벨(Burwell B. Bell) 주한미군사령관의 인준 청문회 연설을 통해 한국이 한국의 경제적 성장에 대한 미국의 기여를 망각하는 '과거에 대한 건망증(historical amnesia)'에 빠져 있다고 지적하였고, 피터 브룩스(Peter Brooks) 미 국방부 아·태 부차관보가 한국사회 내의 반미 감정을 일종의 '배은망덕(ingrate)'라고 주장하기도 하였다. 이에 대해서는 위의 책 미주(尾註) 5번을 참조할 것.
24) Pew Research Center, "Public Support for Increased Trade, Except With South Korea and China," *Pew Research Paper* (9 November 2010), p. 1.
25) 미군 범죄자에 대해 미군 당국이 신병 인도를 요청하면 한국이 "호의적 고려"를 해야 하는 SOFA 규정이 문제였다. 물론, 이는 단순한 규정상의 결함이라기보다는 적극적인 사법권 행사에 소극적이었던 당시의 운영관행에도 그 책임을 물을 수 있다. 2000년대에 들어서는 2001년의 한미 SOFA 합동위원회의 결정에 따라 강력사건의 경우 한국 경찰에 의한 인신구속 및 수사가 보다 용이하게 운영상의 합의가 이루어졌다. 윤금이씨 살해사건에 대해서는 주한미군범죄근절운동본부 홈페이지(http://usacrime.or.kr/doku/doku.php)의 "미군범죄:주요사건" 항목을 참조할 것.
26) 실제로, 2007년 주한미군들이 홍익대학교 앞 유흥가에서 잦은 사고를 일으키자 주한미군 사령부가 잠정적인 홍대 출입조치를 취한 적도 있었다. 이에 대해서는 당시 YTN의 기사를 참조할 것. https://www.ytn.co.kr/_ln/0103_200702031741290608.
27) McCarthy, "South Korea's Image at New High in U.S.," p 2.
28) 예를 들어, 전직 해군장성인 맥데빗(Michael McDevitt)의 경우 통일한국이 추구할 수 있는 정책노선으로 ① 전통적 한미동맹의 유지, ② 중국의 영향권내에 편입되는 역사적 관계로의 복귀(친중), ③ 전략적 독립(독자노선 추구), ④ 중립화 등의 대안을 검토할 수 있다고 보았다. Michael McDevitt, "Security Challenge and Options in Northeast Asia," *The Korean Journal of Defense Analyses*, Vol XIII, No. 1 (Autumn 2001), pp. 33-34.

29) Immanuel Wallerstein, "Northeast Asia and the World System," *The Korean Journal of Defense Analyses*, Vol. XIX, No. 3 (Fall 2007), pp. 7-25.
30) 이곤수, 정한울, "한국인의 대미인식 특징 신뢰와 불신의 공존," EAI 여론조사 리포트, 제51호 (2009. 7), pp. 8-9.

■ 참고문헌

1. 한글문헌

김지윤 외. "강대국의 조건: 한국인의 대미(對美) 인식." Asan Report (2015년 4월).
오창헌. "한국인의 대미인식 변화에 관한 분석 – 반미감정을 중심으로." 『한국정치학회보』 제23집 4호 (2015년 11월).
이곤수, 정한울. "한국인의 대미인식 특징 신뢰와 불신의 공존." EAI 여론조사 리포트, 제51호 (2009. 7)
이내영, 정한울. "동맹의 변환(transformation)과 한국인의 대미인식: 한미동맹 위기론과 대미인식 다원화 현상을 중심으로." 『국제정치논총』 제45권 3호 (2005년).
정원칠. "세계인의 한국 평판과 한국인의 17개국 평판." EAI 여론브리핑 134호 (2013. 5. 23)
정한울. "KOREAN VIEWS 2014: 달라진 한국의 위상과 대외인식의 딜레마." EAI Opinion Review 2015-01 (2015. 1. 20).
정한울. "한국이 본 세계와 세계가 본 한국의 국가이미지." EAI 여론브리핑 제140호 (2014. 12).
최강 외. "한미동맹의 도전과 과제: 한미관계와 동북아내 미국의 역할에 대한 한국의 인식." Asan Report (아산정책연구원, 2014. 4)
하영선 편. 『한·미 동맹의 비전과 과제』. 서울: 동아시아연구원, 2016.

2. 영어문헌

Fisher, Max. "Anti-American countries can become pro-American. Here's how South Korea did it." *Washington Post* (7 May 2013).
Foushter, Jacob. "South Koreans remain strongly pro-American." *Pew Research Center Survey Report* (6 May 2013).
McCarthy, Justin. "South Korea's Image at New High in U.S.." *Gallup Research Result* (February 2018).
McDevitt, Michael. "Security Challenge and Options in Northeast Asia." *The Korean Journal of Defense Analyses*, Vol XIII, No. 1 (Autumn 2001).
Wallerstein, Immanuel. "Northeast Asia and the World System." *The Korean Journal of Defense Analyses*, Vol. XIX, No. 3 (Fall 2007).

한반도의 평화와 통일, 그리고 한미동맹의 미래

14장

김계동 (건국대 안보·재난관리학과)

- 한반도의 평화와 한미동맹의 미래 _ 454
- 한반도의 통일과 한미동맹의 미래 _ 460

국가 사이의 동맹은 조약에 의해서 이루어진다. 동맹을 체결하는 국가들은 공동의 위협을 받거나 공동의 적이 있을 경우에 동맹을 맺어서 상호군사적 지원을 약속한다. 따라서 동맹이 이루어지기 위한 조건은 공동의 위협이나 적이 있어야 하고, 동맹은 반드시 공식적인 문서로 된 조약을 체결하여 이루어진다. 그리고 각 국가의 의회에서 비준을 받은 이후 비준서를 교환하면서 동맹의 효력이 발생한다. 이러한 과정을 거친 조약은 대체로 국제사회에서 개입에 대한 국제법적 인정을 받는다. 원칙적으로 동맹을 체결할 당시에 인식되었던 공동의 위협이나 공동의 적이 사라질 경우에 동맹의 효력은 사라지고 동맹이 폐기되는 것이 원칙이다.[1]

1945년 제2차 세계대전이 끝나고 1947년부터 세계적으로 미국 중심의 자본주의와 소련 중심의 공산주의 진영으로 양분되면서, 양 진영은 내부적으로 다양한 동맹을 형성하면서 진영 대립을 지속했다. 사실 1989년 세계적인 차원에서 냉전이 종식될 때, 냉전시대에 체결된 동맹들은 그 동맹의 가치와 목표가 축소되거나 사라지게 되었다. 동유럽의 공산주의가 소멸되면서 동유럽 국가들이 조직했던 군사동맹체였던 바르샤바조약기구가 해체되었고, 그 동맹을 구성하고 있던 공산주의 체제들도 모두 붕괴되었다. 이에 따라 미국과 서유럽 국가들이 조직했던 군사동맹체인 NATO(북대서양조약기구)의 적이 사라지게 되었다. 이에 따라 1990년부터 NATO의 쇠퇴론 또는 해체론이 등장했다.

미국의 입장에서 볼 때, 만약 NATO가 해체된다면, 미국의 유럽에 대한 영향력이 급격하게 줄어들 것은 분명했다. 더구나 냉전이 종식된 이후 유럽인들은 미국에 대한 안보적 의존을 줄이려는 시도를 했다. 독일통일과 냉전종식의 영향을 받아서 서유럽 국가들끼리 추진하던 유럽통합이 더욱 긴밀하게 추진되었고, 특히 1992년에 체결된 유럽연합을 탄생시킨 마스트리트조약(유럽연합조약)에는 공동외교안보정책(CFSP: Common Foreign and Security Policy)이 포함되어 있었다. 독일과 프랑스는 '유럽안보의 유럽화'를 강조하며, 유럽군대를 창설할 움직임도 보이고 있었다. 서유럽의 공동 적이 사라진 상황에서 더 이상 안보를 미국에 의존할 필요가 없어지게 된 것이었다.[2]

유럽에 대한 영향력 축소를 우려하게 된 미국인들은 NATO의 역할변경을 시도했다. 원래 군사동맹체는 동맹을 체결한 국가들 중의 하나가 공격을 받은 경우, 다른 국가 또는 국가들이 자국이 공격을 받은 것처럼 생각하고 군대 파견 등 군사적 지원을 하는 것이다. 현대적 개념의 동맹은 대체로 방어동맹이기 때문에, 지역적으로 동맹이 효력을 미치는 지역은 동맹을 체결한 국가들의 영토에 한정된다. 이에 따라 NATO가 관할하는 지역은 가입국 16개국의 영토였다. 그런데 미국은 냉전종식 이후 유고슬라비아 등 NATO와 관련이 없는 지역에서 발생하는 분쟁에 NATO가 개입하도록 역할변경을 시도했다. 탈냉전 이후 인종분쟁과 종교분쟁 등 새로운 성격의 분쟁들의 숫자가 늘어나고 규모가 커짐에 따라 유럽의 불안정을 우려한 유럽의 NATO 가입국들은 미국이 시도한 NATO의 역할변경을 수용하였다. 1991년 11월 '평화와 협력을 위한 로마선언'에서 NATO의 역할확대와 변경이 이루어졌다.[3] 탈냉전 이후 NATO는 과거 적대국이었던 동유럽 국가들을 받아들여서 가입국을 늘리면서 굳건하게 존재하고 있다. 유럽에서 지역분쟁을 해결하기 위해서 탄생한 유럽안보협력기구(OSCE)가 무력화되고, 그 역할을 NATO가 맡게 된 것이다.[4]

한미동맹의 경우도 급격하게 변화하고 있는 한반도 정세의 영향을 받을 것이 분명하다. 유럽의 냉전이 끝났을 때 NATO의 가치와 위상의 변화가 논의되었듯이, 한반도에 평화가 다가올 때 한미동맹의 변화에 대한 논의가 있을 것으로 예상된다. NATO처럼 기능과 역할을 변경하며 동맹이 그대로 유지가 될지, 아니면 새로운 변화를 맞게 될지는 불분명하다. 이러한 점은 한반도 통일이 다가올 때 더욱 다른 모습을 보이게 될 것이다.

1. 한반도의 평화와 한미동맹의 미래

1990년대 초반 한반도에도 냉전해체의 바람이 불었다. 이 냉전해체의 바람은 남한과 북한이 호혜적인 입장에서 서로 적대감을 없애고 화해와 협력을 모색한 것이라기보다는, 북한이 심각한 체제위기에 처하면서 붕괴를 모면하려고 유연한 대외정책을 모색하면서 이루어진 냉전해체의 분위기였다. 북한은 1988년부터 미국과 북경에서 참사관급 관계개선 회담을 시작했고, 1990년부터는 일본과 관계정상화를 위한 접촉을 시작했다. 1990년부터 남북한은 총리를 대표로 한 고위급회담을 서울과 평양을 오가며 개최했고, 1991년 12월 제5차 회담에서 '남북기본합의서'(공식 명칭은 남북한 사이의 화해와 불가침 및 교류협력에 관한 합의서)를 체결했다. 이와 더불어 북한은 1990년부터 나진·선봉을 자유무역지대로 하는 경제개방을 시도했다. 남한도 이에 부응하여 1988년 7월 7일에 '민족자존과 통일번영을 위한 특별선언(7·7선언)'을 발표하여 남북한의 교류와 북한의 대외개방에 대한 협조를 공약했다. 이러한 북한의 체제위기 극복을 위한 다양한 노력과 남한의 상응조치로 한반도 냉전해체의 분위기가 무르익으면서 한반도의 평화가 정착되는 계기를 맞게 되었다.

앞서 언급한 유럽에서의 탈냉전과 함께 제기된 NATO의 쇠퇴 또는 해체 논의와 마찬가지로 한국의 일부 진보진영에서는 한미동맹의 변화 가능성 또는 주한미군 무용론에 대한 목소리가 나오기 시작했다. 이러한 한미동맹의 축소 변화 주장에 대한 대응으로 미국과 한국의 보수진영은 유럽에서와 마찬가지로 한미동맹의 역할변경을 조심스럽게 논의하기 시작했다. 당시 필자가 소속되어 있던 한국국방연구원은 미국의 랜드(RAND)연구소와 공동으로 한미동맹의 역할변경에 대해서 연구를 수행했다 (필자도 이 연구에 참여였다). 이때 한미동맹(주한미군)의 동북아 '균형자' 또는 '조정자' 역할론이 제시되었다. 당시 주한미군 기지의 이전도 논의되었다.

한미동맹의 역할변경에 대한 연구가 한참 진행되던 1993년 3월 북한이 핵확산금지조약(NPT)에서 탈퇴한다는 선언을 하면서 북한의 벼랑끝 외교가 시작되었고, 한반도의 냉전해체 분위기는 사라지고 말았다. 1989년 탈냉전 이후 체제위기에 직면한 북한은 붕괴되지 않으려고 유연한 외교정책을 추진했으나, 이러한 유연한 외교를 추진해도 체제위기를 극복하기 어렵다는 점을 간파한 북한은 정책을 180도 선회하여 벼랑끝 외교를 추진하게 된 것이다.[5] 한반도의 긴장상태가 고조되면서 한미동맹의 역할변경에 대한 논의가 사라지게 되었으며, 한국의 미국에 대한 안보적 의존이 보다 강화되었다. 당시 김영삼 정부는 북한 핵문제에 대한 한미공조정책을 추진했는데, 사실은 공조라기보다는 미국에 대한 안보적 의존을 강화하는 안보외교정책을 추진한 것이다.

1994년 10월 21일 미국과 북한은 제네바에서 핵문제를 해결하는 기본합의를 이루어 냈고, 당시부터 미국은 북한에 대한 접촉을 통한 변화와 연착륙정책을 구사했다. 이후 1998년에 들어선 한국의 김대중 정부는 북한에 대한 포용정책을 추진했고, 2000년에는 역사적인 남북한정상회담이 개최되어 한반도는 다시 평화 분위기로 접어들었다. 김대중 정부의 북한에 대한 포용정책은 노무현 정부에 의해서 계승되었지만, 2002년 북한의 제2차 핵위기가 시작되면서 평화와 긴장의 이중적인 상황이 전개되었다. 당시 미국 조지 W. 부시 행정부의 북한에 대한 적대정책과 북한의 핵위기 때문에 한편에서는 한반도의 긴장이 조성되는가 하면, 한국의 노무현 정부는 북한과 금강산 관광을 지속적으로 추진하는 동시에 개성공단도 완성을 하는 등 화해와 협력의 분위기를 이어 나갔다.

이러한 남북한의 평화가 어느 정도 유지되는 가운데에서 미국은 주한미군의 '전략적 유연성'을 한국이 받아들이도록 요구했다. 전략적 유연성은 '테러와의 전쟁' 이후 주한미군을 포함해 전 세계 미군을 분쟁지역에 신속하게 개입할 수 있도록 기동타격대 성격으로 재편하려는 계획이었다. 당시 많은 평론가들은 주한미군의 전략적 유연성의 중요한 타겟은 잠재적 경쟁 상대인 중국이라고 해석했으며, 노무현 대통령은 "우리의 의지와 관계없이 동북아의 분쟁에 휘말리는 일"을 우려하면서 처음에는 반대 의사를 보였다. 그러나 미국의 강력한 요구로 결국 한국정부는 전략적 유연성을 받아들이게 되었다.

이러한 과정을 거쳐서 변화해 온 한미동맹관계는 2005년 북한이 핵무기 보유 선언을 하고 2006년 핵실험을 시작하면서, 다시 말해서 안보적 위기가 다시 조성되면서 굳건하게 유지되어 왔다. 그러나 2018년 들어서 한반도 비핵화에 대한 협상이 순조롭게 진행되고, 이에 따른 한반도의 평화 분위기가 제고되면서, 한미동맹과 주한미군의 변화에 대한 언급이 점점 늘고 있다. 그렇지만 안보정세가 변화했다고 해서 공식적으로 체결된 동맹조약이 폐기되는 경우는 드물다. 체결 당사국들의 체제가 변화하거나 국가가 소멸한 경우에나 동맹이 변하는 경우가 나타난다. 예를 들어, 동유럽 공산주의 체제가 붕괴되면서 동유럽 국가들의 군사동맹체였던 바르샤바조약기구가 해체되었다. 이와 다르게 탈냉전에 따른 안보환경의 변화에도 불구하고, 서유럽의 자본주의체제는 변화가 없었기에 NATO는 유지되고 있다. 또한 소련이 붕괴되고 민주화된 러시아가 들어선 이후, 러시아가 과거 소련이 맺었던 조약들을 승계했지만, 소련이 1961년에 북한과 맺은 동맹조약은 폐기되고, 새로운 우호조약을 체결했다. 이 이외에 냉전시대에 맺은 조약들은 냉전이 끝났음에도 불구하고 거의가 그대로 유지되고 있다.

최근 들어 문재인-트럼프-김정은 세 지도자들이 한반도의 비핵화와 평화를 위해서 분주히 움직이고 있다. 2018년에 남북한정상회담은 세 번이나 개최되었고, 김정은이 조만간 서울을 방문하도록 약속이 되어 있다. 불가능해 보이던 미국과 북한의 정상회담도 싱가포르에서 개최되었다. 2018년 들어서 급격하게 상승되던 한반도 비핵화와 평화의 분위기는 남한, 북한, 미국 3국이 국가이익을 재점검하고, 양보할 것과 고수할 것들의 리스트를 만드느라고 조정기에 접어들었지만, 빠른 속도는 아니더라도 되돌아가기 어려운 평화를 만들어 나가고 있다. 과거에도 평화를 만들려는 여러 번의 시도가 있었지만, 끝까지 지속되지 못하고 역전이 되곤 했다. 하지만 이번의 평화 만들기 시도는 폭과 깊이에서 과거의 것들과 차이가 난다는 평가를 받고 있다.

물론 지금까지 나온 평화의 조치들 중에서 과연 방법론적인 측면에서 바람직한 것인지 평가해야 할 이슈들이 존재하고 있다. 그 대표적인 것이 '종전선언'이다. 1947년 세계적인 냉전이 시작된 이후 최초의 무력분쟁이었던 한국전쟁은 휴전체제가 유지되고 있는 상황에서, 세계적인 냉전이 종식되었기 때문에 한국전쟁도 종전을 하여 완전한 평화를 회복해야 한다는 것은 맞는 말이다. 얼마 전까지만 해도 한국전쟁의 종전에 대해서는 전쟁 당사자들이 평화협정을 체결하여 휴전협정을 대체하자는 주장이 대세를 이루었다. 그러나 언제부터인가 종전선언에 대한 이야기가 나오기 시작했다. 현재 한국전쟁은 휴전협정에 의해서 관리되는 휴전상태이기 때문에 종전선언만 해서는 안 되고, 휴전체제를 평화체제로 전환하는 메커니즘이 필요하다.

왜 1953년에 한국전쟁의 종전을 하지 않고, 휴전을 했을까? 여러 가지 이유가 있겠지만, 가장 큰 이유는 한국전쟁이 매우 복잡한 전쟁이었기 때문에 갑자기 종전을 하게 되면, 그 이후의 평화에 대해서 확신을 할 수 없었기 때문이었다고 생각된다. 일단 휴전을 하고 나서, 평화를 만들어 나가야 한다는 생각이 있었을 것으로 추정된다. 갑자기 종전을 하여 자국의 영향력이 축소되거나 소멸될지도 모른다는 우려를 한 한국전쟁 참여 강대국들의 이익도 고려되었을 수도 있다. 이러한 점에서 1953년 7월 27일의 휴전은 사실상(de facto)의 종전과 다름없고, 제도적인 평화를 만들기 위한 법적(de jure)인 종전만 남겨두었던 것이다. 그래서 휴전을 마감하고 종전을 하기 위해서 종전선언을 하자는 주장이 과거에는 없었고 평화협정 또는 평화체제만 언급되었던 것이다.

만약 지금의 상태에서 종전선언을 하게 되면 불필요한 문제점들이 등장할 가능성이 있다. 종전은 휴전을 대체해야 하는데, 종전선언을 하고 휴전협정을 유지하게 되면, 법과 현실이 동떨어지는 모순점이 생기게 된다. 지금 평화를 이루기 위해서 필요한 것은 종전선언이 아니라, 휴전체제를 대체할 수 있는 평화체제를 만드는 것이다. 정치적 선언이 아니라, 구체적으로 휴전협정을 대체할 수 있는 평화협정을 체결하든가, 아니면 남북한이 휴전협정을 폐기하면서 일반적으로 평화적인 국가관계로 관계를 발전시키는 것이다. 그러나 아직 남북한이 제도적으로 평화체제를 만들지 않고 일반적인 국가관계로 접어드는 것은 시기상조이며, 아직 그 정도로 화해가 된 상태가 아니다.

종전선언이 이루어지면, 유엔사령부의 존속 여부에 대해서 논쟁이 붙을 수 있다. 현재 유엔사령부가 존재하는 제1의 목적은 휴전체제를 관리하는 것이다. 그 다음으로 한반도의 평화를 유지시키기 위한 목적도 지니고 있다. 만약 종전선언이 이루어지면, 형식적으로는 전쟁이 끝난 상태이기 때문에 유엔사령부의 존속 여부에 대한 문제가 제기될 수 있다. 유엔사령부가 해체되면, 미군 장성이 유엔사령관을 맡고 있기 때문에 미국의 한반도에서의 영향력이 대폭 축소될 수밖에 없다. 이는 미국이나 한국의 군부와 보수층에서 원하지 않는 바이며, 특히 미국의 입장에서는 중국과 경쟁을 하고 있는 입장에서, 한반도에서의 영향력 축소는 바람직하지 않은 것이다. 이러한 점 때문에 미국은 종전선언에 대해서 소극적인 태도를 보이고 있다.

동맹은 평화에 기여를 하는가, 아니면 방해 요인이 되는가? 이에 대한 정답은 없지만, 동맹은 안정, 균형, 공존에 일부 기여하는 것은 사실이다. 강한 동맹이 존재할 때 분쟁의 발생빈도는 줄어들어서 '안정'이 된다. 강한 국가가 존재할 때 약한 국가들이 모여서 동맹을 맺으면 세력의 '균형'이 이루어진다. 이념적으로나 정치적으로 동질적인 국가들이 동맹을 맺게 되면, 그 동맹에 경쟁과 대립을 하는 국가들이 반대동맹을 만들게 되고, 이 두 동맹은 '공존'하게 된다. 동맹에 의해서 이루어지는 안정, 균형, 공존은 완성된 평화라 하기는 어렵고, 평화로 가는 과정이거나 평화의 일부분이다. 따라서 동맹은 직접적으로 평화를 만드는 것이 아니고, 평화는 경쟁하고 대립하는 국가들 사이의 화해와 협력이 제도화될 때 이루어진다. 따라서 평화를 만드는 과정에서, 그리고 평화를 유지하기 위해서도 적대적인 국가들이 다자적인 대화와 협상을 하는 화해와 협력의 제도적 장치가 필요하다.

1975년에 창설된 유럽의 다자안보협력체인 유럽안보협력회의(CSCE: Conference on Security and Cooperation in Europe)가 평화를 만들기 위한 제도의 대표적인 사례다. 1972년 미중화해, 미소핵무기제한협정 등으로 시작된 세계적인 데탕트의 분위기가 유럽까지 확산되면서, 냉전적 대립을 해소하고 화해와 협력을 추구하기 위한 평화체제가 모색되었다. 1975년 헬싱키에 유럽의 NATO와 바르샤바조약기구에 소속된 35개국의 대표들이 모여서 냉전의 완화와 평화를 모색하기 위한 의정서를 체결했다. 이 의정서에 의해서 CSCE가 탄생했는데, CSCE는 유럽에서의 긴장완화를 위한 다차원적 방안을 모색했다. 그 내용은 군사적 긴장완화뿐만 아니라, 국경선 문제, 인권 및 경제문제까지 다루는 포괄적 접근을 포함했다. 이러한 포괄적인 다자안보협력은 유럽에서의 냉전을 종식시키는 데 기여했고, 1991년 유럽재래식군사력축소협정(CFE)까지 이끌어 냈다.[6]

동북아도 마찬가지다. 동북아에 포진하고 있는 국가들의 숫자는 유럽국가들의 숫자보다 적지만, 더 복잡한 대립과 갈등 구조를 보여주고 있다. 더구나 최근 들어 중국세력의 부상으로 역학구조가 변화하고 있다. 이러한 상황에서 한반도의 평화를 만들고 정착시키기 위해서는 동북아 국가들의 협력과 보장이 절대 필수적이다. 지금까지 한미동맹은 한국전쟁 이후 한반도에 전쟁이 재발하는 것을 방지하는 데 기여했지만, 평화는 동북아 국가들이 참여하는 다자적 대화와 협력이 바탕이 되어야 한다. 평화가 이루어진 후 한미동맹이 어떻게 될지에 대해서는 그때 생각해야 한다. 지금부터 한미동맹의 약화를 우려하여 평화를 위한 역내 다자적 안보협력을 기피하여서도 안 되고, 다변적 외교를 소홀히 해서도 안 된다.

2. 한반도의 통일과 한미동맹의 미래

한반도 내에는 두 개의 동맹이 존재하고 있다. 남한은 한국전쟁이 휴전된 직후인 1953년 10월 1일에 미국과 동맹조약을 체결했고, 북한은 1961년 중국과 동맹조약을 체결했다. 냉전시대에 이 두 동맹은 이념적, 정치적, 군사적 대립을 조성하면서, 양 동맹의 체결국들 사이에는 극한적인 대립이 지속되었다. 세계적인 냉전이 끝난 이후에도 동북아의 냉전은 지속되고 있으며, 양 동맹도 굳건하게 생존하고 있다. 양 동맹의 참여국들은 3년의 한국전쟁을 경험했기 때문에 그 적대감의 골은 매우 깊었으며, 아직도 그 감정은 연속선상에 있다. 중국이 1978년 개방정책을 추진한 이후 40년 동안 점진적인 민주화를 이루면서, 한국과 미국에 대한 과거의 적대감은 많이 해소되었지만, 현재는 중국 국력과 위상의 상승에 따른 새로운 경쟁관계가 조성되고 있다. 특히 미국과 중국은 패권경쟁을 하고 있다. 남한에는 국내적으로 민주화가 이루어지면서, 중국과는 정상적인 외교관계를 유지하고, 북한에 대해서는 평화제의를 지속적으로 하고 있다. 특히 평화를 넘어서 통일을 향한 화해와 협력을 모색하고 있다.

남북한 통일은 한반도 내지는 동북아의 세력구조의 변화를 수반하기 때문에 주변국들은 자국의 국가이익을 계산하면서 여러 가지 반응을 보일 것이다. 독일통일의 경우에도 이 문제가 심각하게 등장하였다. 1989년 냉전이 종식되면서 다른 동유럽 국가들과 마찬가지로 동독도 체제붕괴의 과정에 들어갔고, 서독이 동독을 흡수통일하는 절차가 진행되었다. 서독이 동독을 일방적으로 흡수통일하는 데 대한 주변국들의 반대를 방지하기 위해서, 서독은 동독을 흡수하는 데 있어서 국제법적으로 합법적인 통일방안을 강구했다. 따라서 동독이 완전히 붕괴되기 이전에 서독이 개입하여 동독지역에 총선거를 실시하여 합법정부를 탄생시키고, 그 정부와 서독정부가 합의하는 방식으로 조약을 맺어서 통일을 시도했다. 서독이 붕괴된 동독을 일방적으로 흡수할 경우 국제사회가 서독의 동독지역에 대한 관할권을 인정하지 않을 상황을 대비하여 택한 방법이었다. 1990년 3월에 동독지역에 총선거를 실시한 결과 드 메지에르(Lothar de Maiziere) 정부가 탄생되었고, 그 정부와 서독정부가 통일조약을 체결하여 통일을 완성했다.

독일의 분단은 독일이 1945년 제2차 세계대전에서 패전한 이후, 전쟁에서 승리한 4개국(미국, 영국, 프랑스, 소련)이 분할점령했다가, 1947년 냉전이 시작되면서, 미국, 영국, 프랑스가 점령했던 지역이 서독이 되고, 소련이 점령했던 지역이 동독이 되는 분단 과정을 거치게 되었다. 따라서 독일의 분단은 4개국 분할점령으로부터 시작되었기 때문에, 독일이 통일을 하기 위해서는 국제법적으로 이 4개국의 통일 승인이 필요했다. 이러한 목적으로 동서독과 점령 4개국이 참여하는 2+4회담이 개최되었다. 2+4회담의 원래 목적인 독일통일에 대한 승인은 바로 이루어졌지만, 통일독일의 군사동맹 파기 또는 유지, 즉 NATO 회원권 탈퇴 또는 유지 문제로 진통을 겪으며, 4차 회담까지 개최되었다.

먼저 소련의 고르바초프(Mikhail Gorbachev) 대통령이 이 문제를 제기했다. 그는 통일된 독일이 NATO에서 탈퇴해서 중립국 지위를 가져야 한다고 주장했다. 냉전 시기에 동서독의 분단선을 경계로 해서 유럽에서의 자본주의 진영과 공산주의 진영의 세력이 균형을 이루어 왔는데, 독일 전체가 자본주의 진영으로 편입되면, 그동안 유럽에서 유지되어 오던 균형이 훼손된다는 논리였다. 고르바초프 자신은 동독이 서독에 편입되는 것에 대해서는 수용을 하지만, 독일 전체가 자본주의 진영으로 편입되는 것은 받아들일 수 없다는 주장을 했다. 그는 통일된 독일이 중립적 지위를 가져야 한다고 강조했다. 이러한 고르바초프의 주장에 대해서 자본주의 진영은 받아들이지 않았고, 고르바초프는 억지를 부리면서, 그렇게 NATO에 가입하고 싶으면, NATO에 가입하는 동시에 바르샤바조약기구에도 가입하라는 요구를 했다.

2+4회담에서 결론을 내리기 어렵다는 점을 간파한 서독의 콜(Helmut Kohl) 수상은 고르바초프와 단독정상회담을 개최하고 이 문제를 해결했다. 회담 결과 고르바초프가 통일독일의 NATO가입에 반대하지 않는 대신 서독은 동독에 주둔하고 있던 38만 명의 소련군 철수비용 부담, 통일 이후 3~4년 이내에 독일군대를 37만 명 이내로 감축, 그리고 소련에 대한 경제 지원을 약속하였다.[7] 서독은 막강한 경제력을 활용하여 통일독일의 NATO 가입권을 산 것이다. 이 에피소드는 분단국이 통일될 경우 통일국가의 외교적 방향 및 동맹 문제가 주변국들에게 매우 민감하다는 점을 보여 주는 사례이다.

한반도도 마찬가지다. 한반도가 통일이 될 경우 한미동맹이 그대로 유지되고 있다면, 중국과 러시아는 매우 민감한 반응을 보일 것이다. 통일은 주변국에 의한 것이 아니라 남북한이 주도하여 이룩하는 것이 바람직하지만, 통일 이후 주변국들과 우호관계를 유지하며 안전을 보장받는 것은 안정적인 통합을 하는 데 있어서 불가결한 요소이다. 더구나 통일이 되면 한미동맹의 주 대상국인 북한이 소멸될 것이고, 중국과 우호관계를 맺어야 하는 상황에서 한미동맹이 절대적으로 필요한지에 대해서 의문이 제기될 것은 분명하다. 독일의 경우는 지역에 존재하던 유럽의 안보를 위하여 설립 및 유지되던 NATO라는 지역 군사동맹체에 가입하느냐의 문제였지만, 한미동맹의 문제는 통일국가가 이 동맹을 유지하느냐 파기하느냐의 보다 직접적인 문제가 될 것이다. 다시 말해서 NATO는 독일만을 위한 것이 아니라 유럽이라는 넓은 지역을 대상으로 한 다자동맹이었지만, 한미동맹은 양자동맹이기 때문에 존재여부가 보다 심각하게 논의될 것이다.

무엇보다도 통일방식이 한미동맹의 존속여부를 결정할 것이다. 통일된 한 국가 내에 반대되는 성향의 두 개의 동맹이 존재할 수 없기 때문에, 적어도 통일 이후에 하나 이상의 동맹은 폐기되어야 한다. 남북한이 평화적인 합의통일을 할 경우, 통일 과정에서 정착될 평화 자체가 동맹을 불필요하게 만들 수 있고, 한 국가 내에 두 개의 동맹이 존재할 수 없다는 원리에 따라 두 동맹 모두가 폐기될 수 있다. 만약 남한이 북한을 흡수통일하게 되면, 통일국가가 강력한 어느 한 국가에 의존하는 안보정책을 추진하느냐 또는 주변국들에 대해서 등거리 외교안보정책을 추구하느냐의 선택에 따라서 한미동맹의 존속 여부가 결정될 것이다. 어떠한 방식의 통일이 되든 분단국 관리에 필요하던 한반도 내의 동맹들은 가치와 목표를 잃게 되어 동맹이 지속되어야 할 명분이 약화될 것은 분명하다.

주

1) Glenn H. Snyder, *Alliance Politics* (Ithaca and London: Cornell University Press, 1997); 김계동, "한미동맹관계의 재조명: 동맹이론을 분석틀로," 『국제정치논총』 제41집 2호 (2001).
2) 김계동, 『현대유럽정치론: 정치의 통합과 통합의 정치』 (서울: 서울대출판부, 2008), pp. 750-769.
3) North Atlantic Treaty Organization, "The Rome Declaration on Peace and Cooperation," 7-8 November 1991.
4) Alexander Moeans, "The Formative Years of the New NATO: Diplomacy from London to Rome," in Alexander Moeans and Christopher Anstice, *Disconcerted Europe: The Search for a New Security Architecture* (Boulder: Westview Press, 1994), pp. 31-32.

5) 김계동, 『북한의 외교정책과 대외관계: 협상과 도전의 전략적 선택』(서울: 명인문화사, 2012).
6) 김계동, "다자안보기구의 유형별 비교연구: 유럽 통합과정에서의 논쟁을 중심으로," 『한국정치학회보』 제28집 1호 (1994).
7) 김계동, 『남북한 체제통합론: 이론·역사·정책·경험』(서울: 명인문화사, 2006), pp. 240-250.

참고문헌

1. 한글문헌

김계동. "다자안보기구의 유형별 비교연구: 유럽 통합과정에서의 논쟁을 중심으로." 『한국정치학회보』 제28집 1호 (1994).
_____. "한미동맹관계의 재조명: 동맹이론을 분석틀로." 『국제정치논총』 제41집 2호 (2001).
_____. 『남북한 체제통합론: 이론·역사·정책·경험』. 서울: 명인문화사, 2006
_____. 『현대유럽정치론: 정치의 통합과 통합의 정치』. 서울: 서울대출판부, 2008.
_____. 『북한의 외교정책과 대외관계: 협상과 도전의 전략적 선택』. 서울: 명인문화사, 2012.
신욱희. "한미동맹의 연속성과 변화: 분석틀의 모색." 한국정치학회 연례학술회의 발표논문 (2000년 12월 8일).
전재성. "탈냉전과 동맹이론." 한국정치학회 연례학술회의 발표논문 (2000년 12월 8일).
황영배. "군사동맹의 지속성: 세력균형론과 세력권이론." 『한국정치학회보』 제20집 3호 (1995).

2. 영어문헌

Liska, George F. *Nations in Alliance: The Limits of Alliance*. Baltimore: Johns Hopkins University Press, 1962.
Moeans, Alexander. "The Formative Years of the New NATO: Diplomacy from London to Rome." in Alexander Moeans and Christopher Anstice. *Disconcerted Europe: The Search for a New Security Architecture*. Boulder: Westview Press, 1994.
North Atlantic Treaty Organization. "The Rome Declaration on Peace and Cooperation." 7-8 November 1991.
Rothstein, Robert L. *Alliances and Small Powers*. New York: Columbia University Press, 1968.
Snyder, Glenn H. *Alliance Politics*. Ithaca and London: Cornell University Press, 1997.

찾아보기

3

3개세계론 219
3부합동위원회(SWNCC: State-War-Navy Coordinating Committee) 7
3선 개헌 66
3자회담 69, 73, 77

4

4·19혁명 53-54, 57, 61-62, 64, 235
4·27 판문점 선언 347
4개년 국방태세검토(QDR) 102

6

6자회담 105, 198, 212, 217, 239, 244, 274, 319, 332-335

9

9·19 6자공동성명 319, 333-334
9·19군사합의서 109

10

10·26사건 73, 77
10·3합의 334

A

APEC(아시아태평양경제협력회의) 164, 260, 268, 308

C

CIA ☞ 중앙정보부 참조
CPTPP ☞ 포괄적·점진적 환태평양경제동반자협정 참조
CVID 340, 346

F

FTA ☞ 자유무역협정 참조

G

GATT 294, 308; GATT체제 294
GPR ☞ 해외주둔군 재배치계획 참조

M

MD(미사일방어)체제 165

N

NAFTA(북미자유무역협정) 293, 299, 307-308
NAPKO계획 5
NATO ☞ 북대서양조약기구 참조
NSC 48/2 18
NSC 68 18

S

SOFA ☞ 한미주둔군지위협정 참조
SWNCC ☞ 3부합동위원회 참조

W

WTO ☞ 세계무역기구 참조

ㄱ

갓슨(R. Godson) 384
건국준비위원회 8
결박(tethering) 195, 210
경로 의존성(path dependence) 174
경제개발협력기구(OECD) 87, 295
경제재건과 재정안정계획에 관한 합동경제위원회 협정(백·우드 협정) 55
고고도미사일방어체계(THAAD: Terminal High Altitude Area Defense) 158, 251, 442 ☞ 사드 참조
고립주의(isolationism) 124, 155, 307
공공외교(public diplomacy) 447-448
공동외교안보정책(CFSP: Common Foreign and Security Policy) 453
공적개발원조(ODA: Official Development Aids) 428, 448
공정무역 287, 292-294, 307, 312
공짜 안보(free security) 122, 125
광주항쟁 73, 77-78
구조주의적 현실주의 98
국가대테러센터(NCTC) 395
국가안보국(NSA) 388
국가안보법(National Security Act) 126
국가안보전략(NSS) 390
국가안보회의(NSC) 18, 24, 53, 131, 397
국가정찰국(NRO) 388
국방수권법(National Defense Authorization Act) 144

국방정보국(DIA) 388
국제개발처(USAID: US Agency for International Development) 58
국제부흥개발은행(IBRD) 126
국제통화기금(IMF) 126
군비경쟁 91, 152, 156, 159
군사동맹체제 172
군사위원회(MC: Military Committee) 369
군사정전위원회 74
군사혁신(RMA) 160
그랜드 전략(grand strategy) 159
금융위기 128, 163, 215, 247, 269-270, 292, 296
기술출처 정보(TECHINT, 테킨트) 398
긴급수입제한조치 289
긴급조치 9호 72
김정은 112, 136, 140, 147, 156, 177, 213, 234, 317, 321, 324-327, 343-347

ㄴ

남방 3각관계 193, 209, 216
남북기본합의서 237-239, 256, 454
내국민대우 298-299, 303
네오콘 160, 342
뉴노멀(new normal) 154-155
뉴룩(New Look) 48-50, 52-53, 57
닉슨(Richard M. Nixon) 34, 60, 62, 66-71, 73-76, 137, 142, 217, 267, 355, 364; 닉슨독트린 68, 364

ㄷ

다자무역체제 309
다자안보협력기구 219, 224, 226, 459
다자체제 307-309
달러의 금태환 68
대량살상무기(WMD) 160-161, 220, 241

대만관계법(Taiwan Relations Act) 143
대약진운동 59
덜레스(John Foster Dulles) 33, 131, 268
덩샤오핑(鄧小平) 142, 197, 217, 219
데탕트 47, 67-68, 267, 459; 데탕트정책 68-69, 75, 78, 142,
도광양회(韜光養晦) 219
도하라운드(Doha Round) 290
독립전쟁(Revolutionary War) 123
동맹의 딜레마 176, 211, 220
동맹조약 4, 29-32, 38-39, 192, 194, 204, 209, 211, 457, 460
동북아 균형자론 244, 272, 455
동북아평화협력구상(NAPCI) 94

ㄹ

랜드(RAND)연구소 455
로스토우(Walt W. Rostow) 57
루만(Niklas Luhmann) 261, 265, 267
루즈벨트(Franklin D. Roosevelt) 5-6, 125-127, 132, 135, 407

ㅁ

마셜(George Marshall) 127; 마셜플랜(Marshall Plan) 127, 135
마스트리트조약(유럽연합조약) 453
마오쩌둥(毛澤東) 128, 142, 196, 214, 217, 219
매카시즘 67
면직물 쿼터제 73, 75, 78
모스크바삼상회의 5, 12, 15
무역구제 295-296, 298, 303-304; 무역구제법 291; 무역구제조치 290
무역특혜연장법 290-291
무역확장법(Trade Expansion Act) 136-137, 288, 305-306, 312
문재인 87, 94-95, 112, 159, 173, 175- 176, 178-179, 232, 250, 275, 317, 343, 345, 362-363, 389, 392, 396-397, 399
미국 쇠퇴론 115
미국 우선주의(America First) 99, 105, 155, 173, 175, 287, 292, 297
미래한미동맹정책구상회의(FOTA: Future of the Alliance) 421
미소공동위원회 5, 13-15
민족자존과 통일번영을 위한 특별선언(7·7선언) 454
민주주의 민족전선(민전) 14
민주화 73-74, 91-92, 95, 162, 199, 205, 225, 232, 238, 242, 270, 396, 433-436, 444, 457, 460

ㅂ

바르샤바조약기구 453, 456, 459, 462
박정희 63-66, 71-72, 74-75, 77, 95, 235
반덤핑 287-291, 306-307; 반덤핑 관세 292, 306; 반덤핑 규제조치 291
반덤핑·상계관세조치 289, 306-309, 311
반미 감정 186, 191, 196, 420, 433, 439-440, 445
반미연합(anti-American coalition) 115
반혁명 사건 63-64
방기(abandonment) 211-212, 221, 267, 435, 442
방어준비태세(DEFCON: Defense Readiness Condition) 356
방위비분담 109, 133, 168, 352-355, 371-378
배타적 민족주의 154-156
밴스(Cyrus R. Vance) 65
베이징 컨센서스 269
베트남전쟁 58-59, 67, 75, 78
벨(Burwell Bell) 111
벼랑끝 외교 455
병렬형 지휘체계(parallel command struc-

ture) 369-370
병진노선 325
보호무역 294; 보호무역정책 137, 288; 보호무역조치 287, 291, 308
보호주의 113, 218, 288, 292-293, 308, 311
봉쇄정책(containment policy) 22, 68-69, 130-131, 196, 233, 239-240, 251
부산정치파동 51
부시(George W. Bush) 93, 104, 106, 133, 139, 159, 161, 167, 217, 243-244, 246, 319, 324, 332, 342, 360, 456; 부시독트린 160, 162
북대서양위원회(NAC: North Atlantic Council) 369
북대서양조약기구(NATO) 22, 105, 113, 126, 191, 232, 236, 246, 369, 453-455, 459, 461-463; NATO의 역할변경 453-454
북방 3각관계 189, 193-194, 209-210, 216
북방정책 193, 237, 253, 256
북중우호조약 189, 196, 201, 206, 209-210, 225
북진통일 17, 35, 37, 51-52, 233, 235
북한 핵협정 검토법(North Korea Nuclear Agreements Review Act) 140
북핵위기 101, 121, 216, 235, 245, 248, 309, 323-327, 329-330; 제1차 북핵위기 310, 322, 330, 351; 제2차 북핵위기 207-208, 238, 310, 448
북핵협상 212-214, 271, 316-318, 328-333, 335-339, 341; 북핵협상 악순환 335
불공정무역 289, 308-309; 불공정무역 관행 289-290, 309; 불공정무역조항 289
브레튼우즈(Bretton Woods)체제 68, 126
브렉시트 99, 155-156
비대칭동맹(Asymmetric Alliance) 167, 170, 172, 174, 195-196, 434-436, 439-440

비동맹국가 59
비선형 관세철폐 297

ㅅ

사드 103, 158, 200, 204 ☞ 고고도미사일방어체계(THAAD) 참조; 사드배치 109, 165, 169, 174, 177, 179, 197, 204-206, 264, 270, 272, 374
사전트(Noel G. Sargent) 54
사활적(vital) 이익 391
상계관세 287-291, 307; 상계관세법 291
상호군수지원협정(Cross-Serving Agreement) 166
상호안보협정(mutual security pact) 29
샌프란시스코체제 163, 166, 262, 266, 269, 271, 273, 276
샌프란시스코평화회의 266
서브프라임모기지 사태 296
설득의 권력(power-to-persuade) 134-135
세계무역기구(WTO) 145, 287, 290, 292-294, 299, 306-309, 312; WTO 분쟁해결절차 295, 307; WTO협정 293, 307
세력균형(balance of power) 26, 122, 171, 221-222, 264
세력전이 157, 163; 세력전이이론 216
세이프가드 287, 289-290, 292, 298; 농산물 세이프가드 299; 세이프가드 조치 287, 306-308, 311
소프트파워 220, 245, 448
수입대체산업화 55
스트롱맨 리더십 97
시진핑(習近平) 96, 102, 149, 151, 154, 156, 168, 173, 214-215, 247, 258
신속대응군(RDFs) 160
신자유주의 70, 153, 222
신지정학 263, 265, 276
신탁통치 5-7, 12-13, 15; 신탁통치안 5-6, 12

신태평양독트린 72
신현실주의 98
싱가포르 북미정상회담 109, 134, 137, 317, 340, 344

ㅇ

아베(安倍晋三) 98, 156, 166, 258, 272
아시아 외환위기 268
아시아로의 회귀(Pivot to Pacific) 134
아이젠하워(Dwight D. Eisenhower) 29-31, 34-35, 48-55, 57, 67, 130, 132-133, 194
안보딜레마 173, 179-180
안보포퓰리즘 152, 156, 173
앨리슨(Graham Allison) 157
얄타회담 6
에버레디작전(Operation Everready) 30-31, 51
역내포괄적경제동반자협정(RCEP) 265
연합권한위임사항(CODA: Combined Delegated Authority) 356
연합방위체제 366
연합토지관리계획(LPP: Land Partnership Plan) 352-353
예외주의(exceptionalism) 160
오바마(Barack Obama) 93, 100, 105, 133-134, 136, 139-140, 146, 163-165, 167-168, 173, 177, 217, 246-248, 272, 301, 319, 334, 342, 422-423
오바마케어(ObamaCare) 136
오일쇼크 68, 70
외자도입법 54
우드(Clinton Tyler Wood) 57
우루과이라운드 협상 294
워싱턴 컨센서스 269
워터게이트 사건 68, 76
월트(Stephen Walt) 175
윌슨(Woodrow Wilson) 124-125

유럽안보협력회의(CSCE: Conference on Security and Cooperation in Europe) 459
유럽재래식군사력축소협정(CFE) 459
유신체제 71, 74-75
유엔군사령부(UNC: United Nations Command) 51, 71, 110, 351
유엔한국임시위원단(UNTCOK: United Nations Temporary Commission on Korea) 15
의약품 특허 연계제도 299
이란 핵협정(JCPOA) 139-140
인간출처 정보(HUMINT) 385, 398
인계철선(引繼鐵線, trip wire) 32-33
인도·태평양 전략 88, 100-103
인천상륙작전 23, 51
인프라 거래 및 지원네트워크 101
일대일로(一帶一路) 88, 101-103, 190, 214, 263-264; 일대일로(一帶一路) 전략 88, 100-101
일방주의 조치 294

ㅈ

자동개입조항 32-33
자유무역협정(FTA) 172, 292, 296-297, 300-301, 306-308, 310
자유주의 국제질서(LIO: Liberal International Order) 152-155, 177
자율성-안보 교환모델 195
작전지휘권(Operational Command) 37-38, 357
작전통제권(Operational Control) 38, 64, 77, 357-358
잭슨주의(Jacksonianism) 125
저우언라이(周恩來) 28, 60, 219
전략동맹 446
전략적 삼각관계 274
전략적 유연성(strategic flexibility) 167, 352, 456

전략적 협력동반자관계 191, 197, 200, 203
전략정보실(OSS) 407
전술핵무기 329
전시작전통제권 38, 109, 351-357, 359, 361-367, 369, 378, 437
전쟁결의안(war resolution) 129
전통주의(traditionalism) 401
절차적 민주주의 154
정보공동체 388, 393
정보협력(Intelligence cooperation) 406
정전협정 47, 51, 53, 110
제네바합의 139-140, 142, 212, 239-241, 318, 324, 331-332, 338-339, 341
제네바협정 27-28
제로섬(zero-sum) 122
조화세계론(和諧世界) 219
존슨(Lyndon B. Johnson) 58-59, 61, 66, 71
종전선언 457-458
종합무역법 289, 294
좌우합작위원회 14
주한미군 독극물 방류사건 439
주한미군 철수계획 365
중국기회론 263
중국무역법안(PNTR) 145
중국위협론(China threat) 190, 263, 268
중국포위론 263
중립정책(Entangling Alliances with None) 124
중상주의 113
중앙정보부(CIA) 48, 126, 388
지식재산권 291, 294-296, 298-299
지정학 263, 276
집단안보체제 22, 232

ㅊ

참여정부 92-93

책임대국론(負責任的大國) 214, 219
천안함·연평도사건 205
최혜국대우 145, 298-299, 303

ㅋ

캐넌(George Kennan) 130
케네디(John F. Kennedy) 58, 60-61, 63
코리아게이트 사건 72, 75-76, 78

ㅌ

테헤란회담 6
통신 301조 289
통합단일지휘체계 368-370
통합사령부(Allied Command) 369
통화개혁 63
투자유치법 55
투자자·국가 간 소송제도(ISD) 298-300, 303-304
투키디데스 함정 157
트럼프(Donald Trump) 87, 89, 97-101, 105-107, 112-113, 133-144, 146-147, 173-177, 343, 347
트루먼(Harry S. Truman) 125-126, 128-132, 135; 트루먼독트린 14, 130

ㅍ

파리기후협정(Paris Climate Agreement) 136
판문점 남북정상회담 345
판문점선언 347
팔레비(Muhammad Rida Pahlevi) 69
퍼싱 원칙 109
페어딜(Fair Deal)정책 127
편승정책(bandwagoning) 222-223
평시작전통제권 38, 352
평화공존 5원칙 219

평화체제 458-459
평화협정 69, 110, 458
포괄적 전략동맹 87
포괄적 행동계획(Joint Comprehensive Plan of Action) 139
포괄적·점진적 환태평양경제동반자협정(CPTPP) 309-311
포드(Gerald R. Ford) 68-69, 71-72, 76
포로교환 27-28
포츠담회담 7
포퓰리스트 민족주의 97
푸틴(Vladimir Putin) 154, 156

ㅎ

하웰(William G. Howell) 135
한국방위의 한국화 352
한국형 미사일 방어체계(KAMD) 94
한미 FTA 93, 104, 203, 245, 288, 293, 295-297, 299-304, 311-312; 한미 FTA 개정협상 293, 304-307, 311; 한미 FTA 재협상 133, 136, 287, 437
한미경제원조협정 293
한미군사위원회회의(MCM) 94
한미동맹 4, 37-38, 40, 78, 87-98, 105-111, 114-115, 161, 165-167, 171-172, 191-196, 199, 204-206, 216, 232, 245-249, 257, 274, 324, 352-354, 360, 383, 409, 420, 433-434, 454-456; 한미동맹의 역할변경 455
한미상호방위조약 30-34, 37-39, 47, 51, 78, 90, 94, 129-130, 168-169, 189, 191, 194-195, 199-200, 210, 225, 232-234, 351, 364, 425; 한미상호방위조약의 비준 34, 37
한미안보정책구상회의(SPI: Security Policy Initiatives) 421
한미안보협의회의(SCM) 94, 109

한미연합군사령부(CFC: Combined Forces Command, 한미연합사) 38, 351-352, 357
한미일 삼각안보체제 261
한미주둔군지위협정(SOFA) 200, 420, 422, 445
한미합의의사록 35, 38, 47, 51, 78, 200
한반도 비핵화 공동선언 329, 338, 348
한반도 에너지개발기구(KEDO: Korean Energy Development Organization) 138
한반도평화프로세스 175, 178-181
한일협정 64; 한일협정 반대시위 62
합동정보공동체위원회(JICC) 388
해외주둔군 재배치계획(GPR: Global Defense Posture Review) 160-162, 167
핵보유국법 325
핵선제공격 244, 325, 327-328
핵억지 326; 핵억지력 319-320, 325, 334, 349
핵확산금지조약(NPT) 139, 241, 244, 253, 316, 321-322, 329, 331, 455; NPT 탈퇴 139, 239, 318-319, 330-331, 337
행동주의(activism) 401
행정명령(executive order) 135
허가-특허 연계제도 298
헤스텟(G. Hastedt) 384
헤징(hedging) 114
협력적 자주국방 359, 363
호소형 권력(bully pulpit power) 137
확장억지 94, 104, 109, 275
환태평양경제동반자협정(TPP: Trans-Pacific Partnership) 134, 136, 265, 293, 300, 307-311
후원자-수혜자 관계(patron-client relationship) 446
후쿠야마(Francis Fukuyama) 154, 179
휴전: 휴전반대 28-29, 38-39; 휴전협정 357

저자소개

김계동 (kipoxon@hanmail.net • 1, 14장)

연세대학교 정치외교학과 졸업
영국 옥스퍼드대학교 정치학 박사

현 건국대학교 안보·재난관리학과 교수

연세대학교 국가관리연구원 교수
국가정보대학원 교수(교수실장)
한국국방연구원 연구위원
한국전쟁학회 회장/한국정치학회 부회장/국가정보학회 부회장/
국제정치학회 이사
국가안보회의(NSC)/민주평통 자문회의/국군기무사 자문위원
연세대, 고려대, 경희대, 성신여대, 국민대, 숭실대, 숙명여대, 동국대,
   통일교육원 강사 역임

주요 논저

Foreign Intervention in Korea (Dartmouth Publishing Company)
『한국전쟁: 불가피한 선택이였나』 (명인문화사)
『북한의 외교정책과 대외관계: 협상과 도전의 전략적 선택』 (명인문화사)
『남북한 체제통합론: 이론·역사·정책·경험』 (명인문화사)
『한반도 분단, 누구의 책임인가?』 (명인문화사)
『현대유럽정치론: 정치의 통합과 통합의 정치』 (서울대학교출판부)
『국제관계와 세계정치』 (역서, 명인문화사)
『동북아정치: 변화와 지속』 (역서, 명인문화사)
『국가정보: 비밀에서 정책까지』 (역서, 명인문화사)
『현대 유럽의 이해』 (역서, 명인문화사) 외 다수

김준형 (joon6895@gmail.com • 5장)

연세대학교 정치외교학과 졸업
조지워싱턴대학교 석사·박사

현 한동대학교 국제지역학과 교수
　　청와대 안보실 자문위원
　　외교부 혁신위원장
　　대통령 직속 정책기획위원

풀브라이트 미국 교환교수
국정기획자문위원 역임

주요 논저
『전쟁하는 인간』(풀빛미디어)
『국가야, 왜 얼굴이 두 개야?』(양철북)
"한반도 비핵·평화의 길: 핵화-평화협정의 교환매트릭스의 유효성을 중심으로"
　(통일정책연구)
"아베정부의 안보정책전환과 미국의 재균형전략: 한미일 관계를 중심으로" (아세아문제연구)
"한국의 대미외교에 나타난 동맹의 자주성-실용성 넥서스: 진보정부 10년의 함의를 중심으로" (동북아연구) 외 다수

박태균 (tgpark@snu.ac.kr • 2장)

서울대학교 국사학과 졸업
서울대학교 대학원 국사학과 석사
서울대학교 대학원 국사학과 박사

현 서울대학교 국제대학원 교수
　　역사비평 주간
　　3.1운동, 대한민국 임시정부 100주년 기념위원회 학술자문위원
　　외교부 산하기관 감사위원 / 한국국제교류재단 운영자문위원

하버드 대학교 동아시아학과 초빙교수
한국사연구회 연구이사 역임

주요 논저
『우방과 제국, 한미관계의 두 신화』(창비)
『원형과 변용, 한국 경제개발계획의 기원』(서울대학교출판부)
『베트남 전쟁, 잊혀진 전쟁, 반쪽의 기억』(한겨레출판)
『박태균의 이슈한국사』(창비)
『한국전쟁, 끝나지 않은 전쟁, 끝나야 할 전쟁』(책과 함께) 외 다수

서정건 (seojk@khu.ac.kr • 4장)

서울대학교 정치학과 졸업
미국 텍사스대(오스틴) 정치학 박사

현 경희대학교 정치외교학과 부교수
　미국 Woodrow Wilson Center, Fulbright Fellow
　KBS 객원해설위원

미국 노스캐롤라이나주립대(윌밍턴) 정치학과 조교수
한국정치학회 연구이사, 한국정당학회 부회장 역임

주요 논저
『미국정치와 동아시아 외교정책』(공저, 경희대학교출판부)
『트럼프는 어떻게 미국대선의 승리자가 되었나』(공저, 오름출판사)
"The China Card: Playing Politics with Sino-American Relations" (공저,
　Political Science Quarterly)
"Wedge Issue Dynamics and Party Position Shifts: Chinese Exclusion Debates
　in the post-Reconstruction U.S. Congress, 1879–1882" (Party Politics)
"Vote Switching on Foreign Policy in the U.S. House of Representatives"
　(American Politics Research) 외 다수

석재왕 (sjwang3670@hanmail.net • 12장)

연세대학교 정치외교학과 졸업
연세대학교 행정학 석사
성균관대학교 정치학 박사

현 건국대학교 안보·재난관리학과 교수
    건국대학교 안보재난전융합연구소소장
    한국안전정책학회 회장/국제정치학회 이사

국가정보대학원 교수
조지타운대학교 방문연구원, 성균관대학교 겸임교수 역임

주요 논저
『국가정보학』(공저, 박영사)
『스파이 학교』(공역, 박영사)
"미국과 영국의 정보연구 동향 비교" (국가전략)
"이스라엘의 정체성과 정보활동" (경호경비학회)
"한국전쟁발발과 미국의 정보실패" (국가안보전략) 외 다수

신욱희 (shinir@snu.ac.kr • 8장)

서울대학교 외교학과 졸업
미국 예일대학교 정치학 박사

현 서울대학교 정치외교학부 교수, 서울대학교 정치외교학부장

국방부, NSC 자문위원
영국 런던대학교 방문학자
중국 북경대학교 방문학자
한국국제정치학회 부회장 역임

주요 논저
Dynamics of Patron-Client State Relations (American Studies Institute, Seoul National University)
『순응과 저항을 넘어서』 (서울대학교출판문화원)
『삼각관계의 국제정치』 (서울대학교출판문화원)
"구성주의 국제정치이론의 의미와 한계" (한국정치학회보)
"Searching for East Asian Security Theory" (Korean Social Science Journal)
외 다수

이상현 (shlee@sejong.org • 3장)

서울대학교 외교학과 졸업
서울대학교 외교학과 석사
일리노이주립대(어바나-샴페인) 정치학 박사

현 세종연구소 수석연구위원
  한국핵정책학회(KNPS) 회장, 한국핵물질관리학회(INMM-K) 이사,
  동아시아연구원 국가안보패널 위원,
  핵비확산 및 군축을 위한 아태리더십 네트워크(APLN) 멤버

한국국방연구원 연구원, 외교통상부 정책기획관 역임

주요 논저
『평화와 번영의 한반도: 한반도 평화실현과 국제협력』 (공저, 경제인문사회연구회)
『미국 신정부와 한미관계』 (공저, 세종연구소)
『김정은 체제 5년, 북한을 진단한다』 (공저, 민화협)
『동북아 국제질서의 변화와 우리의 대응전략』 (공저, KDI)
"트럼프 행정부의 국가안보전략(NSS): 국제정세 및 한반도에 대한 함의" (국가전략) 외 다수

전봉근 (jun2030@mofa.go.kr • 10장)

서울대학교 외교학과 졸업
서울대학교 외교학과 석사
미 오레곤주립대학교 정치학 박사

현 국립외교원 교수
국방부자체평가위원

대통령비서실 국제안보비서관
KEDO 뉴욕본부 전문위원
통일부 장관정책보좌관 역임

주요 논저
"동북아 세력정치와 한국안보" (국립외교원 정책연구시리즈)
"북한 핵 교리의 특징 평가와 시사점" (국립외교원 주요국제문제분석)
"문재인 정부 출범 이후 북핵 환경 평가와 비핵화 전략구상 모색" (국립외교원 주요국제문제분석)
"북한의 평창 동계올림픽 참가와 한국의 대응전략: 세력경쟁론과 전략론의 분석틀 적용" (국립외교원 주요국제문제분석) 외 다수

차두현 (21lancer@naver.com • 13장)

연세대학교 정치외교학과 졸업
연세대학교 정치학 석사
연세대학교 정치학 박사

현 아산정책연구원 객원연구위원
　북한대학원대학교 겸임교수
　민주평통 상임위원

한국국방연구원 국방현안팀장, 청와대 위기정보상황팀장
한국국제교류재단 교류협력이사 역임

주요 논저
『북한 권력구조와 권력엘리트』 (공저, 한국국방연구원)
『2025년 미래 대예측』 (공저, 김&장)
『한·미 동맹의 비전과 과제』 (공저, 동아시아연구원)
『한국외교 2020, 어디로 가야하나? 1』 (공저, 늘품)
Alliance For the Next Century: ROK US Security Cooperations toward 21st Century (공저, RAND) 외 다수

차창훈 (chcha@pusan.ac.kr • 6장)

연세대학교 정치외교학과 졸업
연세대학교 정치학 석사
영국 워릭대학교 정치학 박사

현 부산대학교 정치외교학과 교수

한국정치학회 연구이사
한국국제정치학회 연구이사
중국 사회과학원 글로벌전략연구원 방문학자
미국 조지타운대학교 방문학자 역임

주요 논저
『동아시아 거버넌스』 (공편, 오름)
『현대외교정책론 3판』 (공저, 명인문화사)
『현대 중국의 정치개혁과 경제발전』 (공편, 오름)
『거버닝 차이나: 현대 중국정치의 이해』 (공역, 심산)

"China's Search for Ideological Values in World Politics: Chinese Adaptation to Liberal Order Drawn from Political Reports of the Chinese Communist Party Congress since 1977" (Pacific Focus) 외 다수

채 욱 (wchae53@gmail.com • 9장)

고려대학교 독어독문학과 졸업
웨스턴미시간 대학교 경제학 석사
미시간대학교 경제학 박사

현 경희대학교 국제대학원 명예특임교수

대외경제정책연구원 원장
국민경제자문회의 위원
한국국제통상학회 회장
대통령자문정책기획위원회 위원 역임

주요 논저
『한·미 FTA 이후의 대미통상정책 방향과 과제』(공저, 대외경제정책연구원)
『선진통상국가 실현을 위한 중장기 통상전략』(공저, 대외경제정책연구원)
『한국경제의 이해』(공저, 교보출판사)
『국제통상론』(공저, 박영사)
"The Impacts of China's Accession to the WTO on the Exports of Asia Pacific Development Economics" (공저, Korean Social Science Journal) 외 다수

최 강 (choik@asaninst.org • 11장)

경희대 영어영문학과 졸업
위스콘신 주립대학교(메디슨) 정치학 석사
오하이오 주립대학교 정치학 박사

현 아산정책연구원 부원장
   민주평통 자문회의위원

국립외교원 기획부장
국립외교원 외교안보연구소장
외교안보연구원 미주연구부장
외교안보연구원 교수
한국국방연구원 국방현안팀장 역임

주요 논저

Mutual Security in the Asia-Pacific: Roles for Australia, Canada and South Korea (공저, McGill-Queen's Press)
『북핵 진단과 대응』 (공저, 아산리포트)
"통일추구과정에서의 주요·외교·안보·국방 분야 도전들" (KRIS 창립 30주년 기념논문집)
"A Thought on North Korea's Nuclear Doctrine" (공저, Korean Journal of Defense Analysis)
"Prospects for the U.S.-ROK Alliance: Returning to the Old Days or Marching to the Future?" (Asia Policy) 외 다수

최진욱 (choij1307@hanmail.net • 7장)

한국외국어대학교 정치외교학과 졸업
신시내티대학교 정치학 박사

현 한국외국어대학교 초빙교수
   리츠메이칸대학교 석좌
   통일연구원장, 북한연구학회장 역임

주요 논저

『현대북한행정론, 제2판』 (명인문화사)
『김정일정권과 한반도장래』 (한국외국어대학교 출판부)
"How to Stop North Korea's Nuclear Ambition" (Journal of Contemporary East Asia Studies)
"China's Security Dynamism and the Korean Unification" *Handbook on China* (Routledege) 외 다수

Understanding of the Contemporary ROK-US Relations

Contents

Part I The Beginning and Development of the ROK-US Relations

Chapter 1 Origin of the Contemporary ROK-US Relations
  Gye-Dong Kim(Visiting Professor, Konkook University)

Chapter 2 New Conjuncture in the ROK-US Relationship Under the Detente
  Tae Gyun Park(Professor, the Graduate School of International Studies, Seoul National University)

Chapter 3 South Korea's Policy toward the United States
  Sang Hyun Lee(Senior Research Fellow, the Sejong Institute)

Part II ROK-US Relations in the International System

Chapter 4 US Interests and Policies toward the Korean Peninsula
 Jungkun Seo(Professor, Department of Political Science, Kyung Hee University)

Chapter 5 East Asian International Politics and the ROK-US Relations
 Joon Hyung Kim(Professor, Handong Global University)

Chapter 6 China's Rise and the ROK-US Relations
 Changhoon Cha(Professor, Department of Political Science and Diplomacy, Pusan National University)

Chapter 7 The ROK-US Policy Coordination Towards North Korea
 Jinwook Choi(Visiting Professor, Hankuk University of Foreign Studies)

Chapter 8 Changing Security Environment in East Asia and the Korea-America-Japan Relations
 Wookhee Shin (Professor, Department of Political Science and International Relations, Seoul National University)

Part III Sectoral Controversies and Issues in ROK-US Relations

Chapter 9 KORUS FTA and Trade Issues
 Wook Chae(Honorary Distinguished Professor, Graduate School of Pan-Pacific International Studies, Kyung Hee University)

Chapter 10 The North Korean Nuclear Problem and North Korea-US Relations
> Bong-Geun JUN(Professor, Department of Security and Unification Studies, Korea National Diplomatic Academy)

Chapter 11 Issues of Structure, Framework, and Division of Labor in the ROK-US Alliance
> Kang Choi(Vice President, The Asan Institute for Policy Studies)

Chapter 12 Comparison of Intelligence Systems and Intelligence Cooperation between Korea and the U.S.
> Jaewang Seok(Professor, Director of Center for Security and Disaster Management, Konkuk University)

Chapter 13 The perceptions of Koreans and Americans on each other
> Du Hyeogn Cha(Visiting Research Fellow, The Asan Institute for Policy Studies)

Chapter 14 Peace and Unification of the Korea Peninsula, and the Future of the ROK-US Alliance
> Gye-Dong Kim(Visiting Professor, Konkook University)

명인문화사 정치학 관련 서적

정치학 분야

정치학의 이해
Roskin 외 지음 / 김계동 옮김

정치학개론: 권력과 선택, 13판
Shively 지음 / 김계동, 김 욱, 민병오, 윤진표, 최동주 옮김

비교정부와 정치, 제10판
Hague, Harrop, McCormick 지음 / 김계동, 김 욱, 민병오, 윤진표, 이유진 옮김

정치학방법론
Burnham 외 지음 / 김계동 외 옮김

정치이론
Heywood 지음 / 권만학 옮김

정치 이데올로기: 이론과 실제
Baradat 지음 / 권만학 옮김

민주주의국가이론
Dryzek, Dunleavy 지음 / 김욱 옮김

신자유주의
Cahill, Martijn Konings 지음 / 최영미 옮김

포커스그룹: 응용조사 실행방법
Krueger, Casey 지음 / 민병오, 조대현 옮김

문화로 읽는 세계
Gannon, Pillai 지음 / 남경희, 변하나 옮김

거버넌스의 정치학: 한국정치의 새로운 패러다임 모색
김의영 지음

한국현대사의 재조명
한국전쟁학회 편

성공하는 리더십의 조건
Keohane 지음 / 심양섭, 이면우 옮김

여성, 권력과 정치
Stevens 지음 / 김영신 옮김

국제관계 분야

국제관계와 세계정치
Heywood 지음 / 김계동 옮김

국제정치경제
Balaam, Dillman 지음 / 민병오 외 옮김

국제기구의 이해: 글로벌 거버넌스의 정치와 과정, 제3판
Karns, Mingst, Stiles 지음 / 김계동, 김현욱, 민병오, 이상현, 이유진, 황규득 옮김

현대외교정책론, 제3판
김계동, 김태효, 유진석 외 지음

외교: 원리와 실제
Berridge 지음 / 심양섭 옮김

세계화와 글로벌 이슈, 제6판
Snarr 외 지음 / 김계동, 민병오, 박영호, 차재권, 최영미 옮김

세계화의 논쟁: 국제관계 접근에서의 찬성과 반대논리, 제2판
Haas, Hird 엮음 / 이상현 옮김

글로벌 환경정치와 정책
Chasek, Downie, Brown 지음 / 이유진 옮김

핵무기의 정치
Futter 지음 / 고봉준 옮김

비정부기구(NGO)의 이해
Lewis, Kanji 지음 / 최은봉 옮김

한국의 중견국 외교
손열, 김상배, 이승주 외 지음

자본주의
Coates 지음 / 심양섭 옮김

지역정치 분야

동북아 정치: 변화와 지속
Lim 지음 / 김계동 옮김

동아시아 국제관계
McDougall 지음 / 박기덕 옮김

현대 중국의 이해
Brown 지음 / 김흥규 옮김

현대 미국의 이해
Duncan, Goddard 지음 / 민병오 옮김

현대 러시아의 이해
Bacan 지음 / 김진영 외 옮김

현대 일본의 이해
McCargo 지음 / 이승주, 한의석 옮김

현대 유럽의 이해
Outhwaite 지음 / 김계동 옮김

현대 동남아의 이해
윤진표 지음

현대동아시아의 이해
Kaup 편 / 민병오, 김영신, 이상율, 차재권 옮김

미국정치와 정부
Bowles, McMahon 지음 / 김욱 옮김

미국외교정책: 강대국의 패러독스
Hook 지음 / 이상현 옮김

세계질서의 미래
Acharya 지음 / 마상윤 옮김

알자지라 효과
Seib 지음 / 서정민 옮김

일대일로의 국제정치
이승주 편

북한, 남북한 관계 분야

북한의 외교정책과 대외관계: 협상과 도전의 전략적 선택 김계동 지음

북한의 체제와 정책: 김정은시대의 변화와 지속 체제통합연구회 편

북한의 통치체제: 지배구조와 사회통제
안희창 지음

남북한 체제통합론: 이론·역사·경험·정책
김계동 지음

한국전쟁, 불가피한 선택이었나
김계동 지음

한반도 분단, 누구의 책임인가?
김계동 지음

한류, 통일의 바람 강동완, 박정란 지음

안보, 정보 분야

전쟁과 평화
Barash, Webel 지음 / 송승종, 유재현 옮김

국제안보: 쟁점과 해결
Morgan 지음 / 민병오 옮김

전쟁: 목적과 수단
Codevilla 외 지음 / 김양명 옮김

국가정보: 비밀에서 정책까지
Lowenthal 지음 / 김계동 옮김

국가정보의 이해: 소리없는 전쟁
Shulsky, Schmitt 지음 / 신유섭 옮김

테러리즘: 개념과 쟁점
Martin 지음 / 김계동 외 옮김